Introduzione A'libri Dell'antico E Nuovo Testemento Per G.B. Glaire ...

by Jean Baptiste Glaire

Address:
HardPress
8345 NW 66TH ST #2561
MIAMI FL 33166-2626
USA
Email: info@hardpress.net

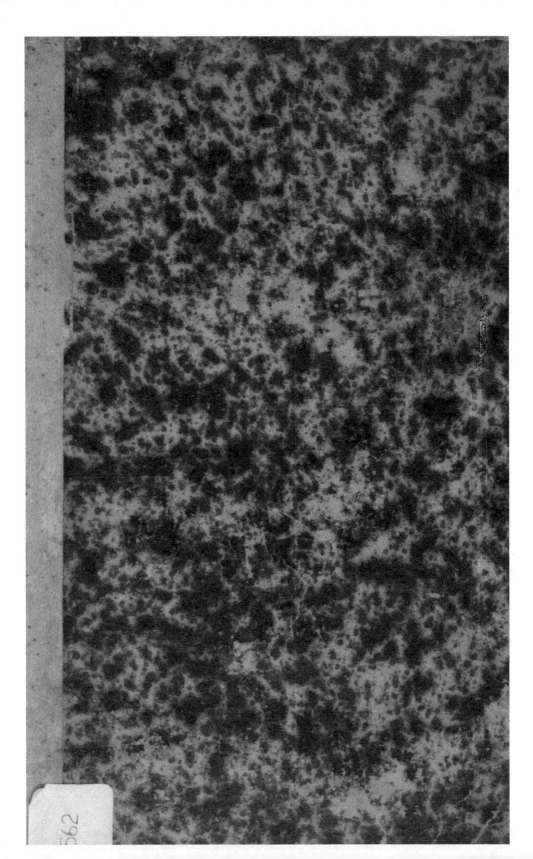

I Capitoli di tutta la bibbia sono 1283, Più
150 Salmi - I Cap. dell'antico testamento sono 925
i Cap. del nuovo sono 260.

L'ultima catività de' ... ... 70 anni cioè incominciò 605 o.
ni av. Xto. e finì 535 av. Xto. in questa ... si ... la ... e ...
la ... e la ... il ... e quindi ... da ... di ...
con il tempio di Gerusalemme con ...

... 24 ...

Ex-libris

Charles   Atwood

Kofoid

Tutta la Bibbia è compasta di... divisioni dello spirito... senza contare i 170

Salmi, ha Capitoli 1850 ed ha versetti 34.000.

I Cap. dell'antico Testamento sono 925 – I cap. del Nuovo Testamento sono 260.

I Versetti dell'antico Testamento sono 26037. I Versetti del nuovo testamento sono 7963.

– Nuovo Testamento –

1. Il Vangelo di S. Matteo ha Cap. 28. Versetti 1058
2. Il Vangelo di S. Marco ha Cap. 16. Vers. 677
3. Il Vangelo di S. Luca ha Cap. 24. Vers. 1151
4. Il Vangelo di S. Giovanni ha Cap. 21. Vers. 879
5. Gli atti degli Apostoli ha Cap. 28. vers. 1012
10. Le 14 Lettere di S. Paolo hanno Cap. 100 Vers. 2331
7. La Lettera di S. Giacomo ha Cap. 5 vers. 108
8. Le due Lettere di S. Pietro hanno Cap. 8 vers. 165
9. Le 3 Lettere di S. Giovanni hanno Cap. 8 vers. 132

10. La Lettera di S. Giuda ha Cap. 1. Ver. 25
11. L'Apocalisse di S. Gio. ha Cap. 22. Vers. 405

Cap. 260 – – Versetti 7963

Il Confessore di Mosè fu scritto da Gesù circa 1450 anni di Xto

BIBLIOTECA CATTOLICA

COMPILATA

PER UNA SOCIETÀ DI ECCLESIASTICI

———————

DELLE OPERE
VOL. XLII.

AVVERTENZA

Pel volgarizzamento della presente INTRODUZIONE dell' ab. G. B. GLAIRE e note appostevi, non che per lo SCHIZZO D' ARCHEOLOGIA BIBLICA aggiunto in fine con tavole iconografiche ecc., i SOCI COMPILATORI della BIBLIOTECA CATTOLICA, di Napoli, rappresentati dal loro Segretario sig. CAMILLO D'AMELIO, intendono godere di tutt' i privilegi che ad essi accordano le Leggi vigenti del Regno, intorno alla proprietà letteraria.

NAPOLI—TIPOGRAFIA DI VINCENZO MANFREDI

INTRODUZIONE

A' LIBRI

DELL'ANTICO E NUOVO TESTAMENTO

per G. B. Glaire

Consigliere dell' Università, Decano e Professore di S. Scrittura
alla Facoltà teologica di Parigi

RIDOTTA

IN COMPENDIO

*Prima versione Italiana con uno Schizzo
d'Archeologia Biblica e note*

Per cura de' Compilatori della Biblioteca Cattolica

Sublime regola di nostra Religione è
la S. Scrittura: regola non data da un
angelo, nè composta da un uomo, ma
largita a noi dallo Spirito Santo.
G.G.Olier, TRATT. DEGLI ORDINI SACRI

TOMO PRIMO

NAPOLI

ALL' UFFIZIO DELLA BIBLIOTECA CATTOLICA
in casa del sig. Camillo d' Amolio
strada Pignatelli a s. Giov. Magg. palazzo Fibreno, 1° p.°

1857

AVVERTENZA

DEGLI EDITORI

U*NA* Introduzione *allo studio della Bibbia, confacente a' bisogni dell' età nostra, e, quel ch' è più, scritta con ispirito cattolico, era ansiosamente desiderata da maestri e discepoli: il valente professore parigino, ab. G. B. Glaire rese paghi i desiderii comuni. Egli, fornito delle svariate cognizioni di scienze e di favelle, le quali sono necessarie a chi imprende simiglianti lavori, sostenne lunghe e severe vigilie, e pubblicò nel 1839 la* Introduzione storica e critica a' Libri dell'A. e N. Testamento. *L' opera tornò gradita a' suoi, come addimostra la seconda edizione stampatane dopo pochi anni, nel 1843; ed a' nostri, i quali avidamente accolsero il volgarizzamento di essa impreso in Napoli nell' anno medesimo. Ma l' eccellente lavoro del professor della Sorbona se da tutti fu ricevuto con plauso, non da tutti potè essere usato con frutto: imperocchè i sei tomi ond' è composto, richieggono un corso troppo lungo per que' giovani, i quali non possono spendere in questi studi assai tempo. L' Autore benevolo, vinto dalle premure fattegli continuamente, si piegò a ridurre in più ristretta forma le materie contenute ne' sei volumi, e benchè nemico a compendii, pub-*

blicò la presente Introduzione a' Libri dell'A. e N. Testamento ridotta in compendio.

Noi sapendo il desiderio de' nostri, e volendo al possibile promuovere gli studi della santa Bibbia tanto necessari agli Ecclesiastici, non abbiamo perduto tempo a deliberare se fosse o no opportuna la versione e la ristampa di questo nuovo lavoro del Glaire; il quale togliendo all' opera grande quanto non è addicevole a'meri prolegomeni biblici, ha saputo con la sua perizia talmente scegliere ed ordinar le materie, da schivare la forma gretta e stomachevole, cui per ordinario mostrano i compendi. Per queste ragioni ne abbiamo con la massima sollecitudine proccurata la stampa, la quale è compresa ne' due volumi, che offriamo al lettore.

Un egregio sacerdote del nostro Clero, solerte cultore della scienza biblica e dell' ebraica letteratura, D. ORAZIO AMELIA, *fornivaci questo fedelissimo volgarizzamento, a cui fu mestieri che aggiungesse due cose indispensabili, cioè alcune note dichiarative, e gli elementi dell'* Archeologia biblica. *Molti luoghi del testo avevano bisogno di schiarimenti o per la forma troppo oscura, la quale sarebbe riuscita inintelligibile a' novizi, o per qualche inesattezza sfuggita alla penna di un uomo, il quale ha per le mani subbietti tanto svariati e difficili, quali sono quelli riguardanti alla* Introduzione biblica. *L' indole del libro scritto appositamente pe' giovani, rendeva necessarie queste annotazioni, inutili pe' lettori eruditi. Il ch. Autore per restringere nella minor mole possibile la sua* Introduzione, *pensò dapprima omettere al tutto la trattazione delle antichità sacre; ma chi potea stimare prudente questo risparmio? Se studio parascevastico alla Bibbia è quello, che deve spianare l' intelligenza de' santi Libri, chi può mai stimar superflua l' Archeologia, la quale ha tanta parte nella esegetica? L'Autore medesimo se n' è addato, ed in una recentissima ristampa del suo Compendio, la quale non abbiamo sott' occhi, ha voluto supplire questo difetto. Noi frattanto pensammo di ottimamente provvedere alla istruzione de' cherici, ponendo nelle loro mani questa* Introduzione compendiosa si, ma di nulla mancante, *unendovi composta da quel dotto nostro Ecclesiastico l'* Archeologia.

L' opera, originalmente stampata in un grosso volume in ottavo, è stata da noi spartita in due tomi, i quali sono disposti nel

modo seguente. Nel primo abbiamo collocato l' Introduzione generale, *e quella porzione della* particolare, *la quale tratta de' Libri
legali, storici e profetici dell'* A. Testamento; *il secondo contiene
i Libri sapienziali del medesimo* A. Testamento, *i singoli libri del*
Nuovo, *e lo* Schizzo *di Archeologia biblica. A rendere poi vie meglio gradita la nostra impresa, abbiamo aggiunto allo* Schizzo *alcune carte geografiche ed iconografiche, le quali possono giovare
non poco a schiarire molti de' subbietti ivi trattati.*

*Possano le nostre cure, sempre accolte finora dagli studiosi con
benigno compatimento, riuscire allo scopo utilissimo, cui ci proponiamo, di rendere più agevole e comune nel giovine Clero l'intelligenza di quelle* Lettere che ci furono scritte dalla Città, onde
pellegriniamo.

Napoli a 30 di Ottobre 1857

I SOCI COMPILATORI
della
BIBLIOTECA CATTOLICA

NOZIONI PRELIMINARI

1. La *Santa Scrittura*, la quale è obbietto di questa *Introduzione*, è un Libro o piuttosto una raccolta di Libri scritti per ordine del medesimo Dio e con la inspirazione dello Spirito Santo, secondochè dimostreremo a suo luogo. In ciò essa differisce essenzialmente dalla *Tradizione*, la quale contiene pure la parola di Dio, ed ancora la parola scritta, ma non per suo espresso ordine e con la inspirazione dello Spirito Santo.

2. I nomi, che più comunemente vengono dati alla Santa Scrittura dagli Scrittori sacri, da' Padri della Chiesa e dagli Scrittori ecclesiastici, sono i seguenti: *I Libri sacri*; *i Libri santi*; *la Scrittura* o *le Scritture* per eccellenza; *le Lettere sacre*; *le Scritture sante*; *la Legge*; *la Biblioteca santa*; *Instrumento* o atto autentico contenente ordini, trattati, patti solenni, ecc.; *Pandetta*, ossia, raccolta di tutti i libri aventi il medesimo subbietto; *la santa Bibbia*, o semplicemente *la Bibbia*, che è un vocabolo dal greco βιβλία (*Biblia*) derivato nel latino, e vuol dire *libri*; finalmente *l'Antico ed il Nuovo Testamento*.

Queste varie denominazioni date alla Scrittura, e specialmente quelle di *Libri santi*, *Libri sacri*, sono molto aggiustate, contenendo essa la parola di Dio scritta da uomini divinamente inspirati; trattando della Religione, che tra tutte è la più santa e sacra cosa; essendo essa una sorgente di verità, e contribuendo potentemente alla nostra santificazione, comechè ci porga le regole più sagge e perfette del ben vivere.

3. Il nome *Testamento* ha indotto la divisione di tutta la Scrittura Santa in Libri dell'*Antico Testamento*, ossia, Libri contenenti

quella dottrina, che Dio ha rivelato agli antichi Ebrei; ed in Libri del *Nuovo Testamento*, o vogliam dire Libri, i quali contengono la dottrina rivelata ed insegnata dopo quel tempo da Gesù Cristo e dagli Apostoli.

4. I Libri dell'Antico e del Nuovo Testamento si suddividono in *proto-canonici* e *deutero-canonici*. I proto-canonici dell'Antico Testamento sono quelli ammessi dalla Sinagoga nel suo canone; i deutero-canonici sono quelli che la Chiesa cattolica ha aggiunto a quelli nel suo canone particolare. I proto-canonici del Nuovo Testamento sono i Libri, che sempre in tutte le Chiese sono stati senza dubbio avuti per canonici; sono poi deutero-canonici tutti quelli, de' quali in sul principio si è dubitato, ma che poi sono stati riconosciuti come parte essenziale della Santa Scrittura [1].

5. Finalmente dividonsi ancora i Libri santi in *legali, istorici, sapienziali* o *morali* e *profetici*. *Legali* dell'Antico Testamento sono i cinque Libri di Mosè; *storici* sono Giosuè, Ruth, i quattro de' Re, i due de' Paralipomeni, il primo di Esdra col secondo, detto ancora Nehemia, Giobbe, Tobia, Giuditta, Ester e i due de' Maccabei. *Sapienziali* o *morali* sono i Salmi, i Proverbi, l'Ecclesiaste, il Cantico de' Cantici, la Sapienza, l'Ecclesiastico. *Profetici* sono Isaia, Geremia, Ezechiele, Daniele ed i dodici Profeti minori.

Legali del Nuovo Testamento sono i quattro Evangeli; *storici* gli Atti degli Apostoli; *sapienziali* le Epistole di s. Paolo e quelle degli altri Apostoli; a' *profetici* appartiene l'Apocalisse [2].

6. Comechè la maggior parte delle quistioni, che ordinariamente sogliono essere trattate in una Introduzione a' Libri santi, possano essere considerate per due versi, cioè relativamente a questi oracoli sacri riguardati generalmente, o relativamente a ciascuno di essi in particolare; ognun vede che l'opera nostra naturalmente si divide in due parti principali, cioè Introduzione generale, e Introduzione particolare.

---

[1] Ved. il Capo II.

[2] Questa divisione, si noti bene, non è fatta con stretto rigore ; le varie denominazioni date a' vari Libri debbonsi sempre applicare alla parte principale di essi, a quella che propriamente forma il subbietto dominante di ciascun Libro.

PARTE PRIMA

INTRODUZIONE GENERALE

Le quistioni, che tratteremo in questa Prima Parte, si versano sulla eccellenza o autorità de' Libri santi, sulla loro canonicità, su' loro testi originali, sulle versioni principali e sulla loro interpretazione.

CAPO PRIMO

Dell' eccellenza o dell' autorità della Santa Scrittura

La Santa Scrittura può essere considerata o indipendentemente dalla sua divina inspirazione, o come un libro sacro, cioè divinamente inspirato a' suoi autori dallo Spirito Santo.

ARTICOLO PRIMO

Dell' autorità della Scrittura considerata indipendentemente dalla sua inspirazione divina

La Santa Scrittura, anche senza riguardare alla sua divina inspirazione, offre al nostro rispetto ed alla nostra ammirazione tali titoli, e diritti tanto fermi da renderla di gran lunga superiore a tutti gli altri libri conosciuti.

1. Essa è un monumento venerando per la sua rimota antichità. « I libri dell' Antico Testamento, dice Bossuet, sono i più antichi libri, che abbia il mondo ¹ ». La verità di questa proposizione, specialmente quanto al Pentateuco, non potrebbe essere ragionevolmente contraddetta se non da monumenti fedeli, sicuri ed egualmente antichi, i quali rendessero a' libri di qualunque altro popolo quella stessa testimonianza, che ottengono i Libri del popolo ebreo. Or la cronologia e la storia, soli testimoni acconci al proposito, o del tutto mancano alle nazioni idolatre, o depongono a pro del Pentateuco.

Alcuni han tentato di far più antichi de' tempi mosaici i *King*, libri sacri de' Cinesi; il *Zend-Avesta*, codice religioso de' Persiani; i *Vedami*, libri sacri degl' Indiani. Ma nessun monumento cronologico o storico, al meno tra quelli ammessi dalla critica, ha confermato

---

¹) *Disc. sur l' hist. univ.* II part., t. XXXV, c. 27, p. 393, edit. Lebel.

questa pretensione; anzi e' bisogna aggiungere, che essa è affatto distrutta dalle numerose testimonianze de' più competenti giudici.

De Guignes afferma che l'antica storia cinese non è nè certa, nè autentica; che è priva di osservazioni geografiche e cronologiche; che essa è interrotta e sconnessa. Il Frèret confessa che quel periodo, il quale contiene la storia de' tempi anteriori alla dinastia di Han (206 innanzi Gesù Cristo), non è stato scritto nè sulle memorie contemporanee, nè pubblicato dopo un esame autentico; conchiude scrivendo essere questa una storia ritoccata dopo il fatto [1]. Il p. Ko o Cibot, missionario gesuita, allegando pruove irrefragabili della sua asserzione scrive così: « Non v' ha letterati nella Cina, i quali ignorino essere stoltezza il non accorgersi, che la nostra cronologia appena giunge, non dico *in modo certo ed indubitato*, *ma probabile e soddisfacente*, sino all' anno 841 innanzi Gesù Cristo. Conviene mai a' poeti, filosofanti, e cronachisti mettere in dubbio un punto avuto per deciso, sono già molti secoli, da' più dotti uomini della Cina? [2] »

Si aggiunga alle dette pruove l'autorità di uno scrittore, il cui giudizio non può essere qui sospetto: « Szü-man-zian, dice il Klaproth, cominciò la sua storia dall'anno 2637 avanti Gesù Cristo col titolo di Zü-ki, e la continuò sino al principio della dinastia di Tschang. Quantunque egli avesse avuto il comodo di molti documenti, pure la storia della Cina anteriore al secolo IX innanzi Gesù Cristo è molto incompiuta ed incoerente, comechè non fossero sempre concordi tra loro le fonti, donde egli ha attinto. Anzi solo cento anni dopo cominciano a dileguarsi le differenze cronologiche [3] ». L'origine de' *King* è per ciò a noi del tutto ignota; la loro compilazione nella forma attuale è involta in tenebre non meno dense. Dalle quali evidentemente si pare, che sconsigliato sarebbe pur troppo colui, il quale volesse mettere questi libri in confronto col Pentateuco.

Ancorachè si ammettesse che il *Zend-Avesta* sia opera di Zoroastro, pure l'antichità sua non uguaglierebbe quella del Pentateuco. Anquetil suppone che Zoroastro sia nato 589 anni innanzi Gesù Cri-

---

[1] Ved. *Mém. de l'Acad. des Inscriptions*, t. XVIII, e la *Dissertazione* di Frèret *sur l'antiq. et la certitude de la chronologie Chinoise*, nel t. X delle dette *Memorie*. — Noi sappiamo le obbiezioni fatte contro le asserzioni di questi due dotti; ma noi non temiamo di affermare, che esse non ci son parse tali da meritare la nostra attenzione. Veggasi nondimeno l'altra opera nostra: *I Libri santi vendicati* ecc. t. I, cap. 1, art. 4, versione della *Biblioteca Cattolica*, Napoli 1847.

[2] *Essai sur l'antiquité des Chinois*, nelle *Mémoires concernants les Chinois*, t. II, p. 240.

[3] *Asia Polyglotta*, p. 12.

sto '. Secondo Beausobre, questo legislatore de' Persiani sarebbe contemporaneo di Pitagora, il quale morì nel terzo anno della LXX⁰ Olimpiade, cioè nell'anno 495 innanzi Gesù Cristo ". Tommaso Hyde dice, che quegli viveva verso la fine della monarchia de' Medi, regnando *Guschtasp*, cui i Greci han tradotto ‹Τστάστ>ς, *Hystaspe*, e gli Arabi *Wiscctàsph*: ciò egli addimostra con gran numero di testimonianze tratte da scrittori persiani ed arabi '.

Quanto a' Vedami sarebbe necessario, per stabilirne solidamente l'antichità, che questa del pari poggiasse sopra monumenti certi. Ma G. Jones afferma, che e' non v'ha speranza di potere quando che sia formare un sistema storico presso gl'Indiani: perocchè questo subbietto, che di per sè è tanto oscuro, diviene oscurissimo a cagione delle finzioni, onde lo hanno avvolto i Bramini; questi per orgoglio si sono argomentati di salire ad un'antichità bugiarda, e perciò può stimarsi fortunato colui, il quale in questa faccenda può valersi di mere conghietture ⁴. Wilson confessa che nel sistema di geografia, cronologia e storia di questo popolo non si scontra altro che un'assurdità mostruosa ". Secondo Bentley, a cui però parecchi conoscitori delle cose indiane non consentono grande autorità, non v'ha un solo punto di storia o di cronologia anteriore a Gesù Cristo, il quale sia tale da poter essere determinato per lo meno con qualche verisimiglianza ⁶.

Il Colebrooke pare che faccia salire l'origine de' Vedami sino al secolo XIV, anteriore all'éra cristiana; ma questo dotto fonda la sua opinione sopra calcoli astronomici molto incerti, anzi e' medesimo la propone come una conghiettura affatto vaga, ed indegna perciò di essere sostenuta ⁷. « Le tavole astronomiche degli Indiani, alle quali si era attribuita un'antichità prodigiosa, scrive il Klaproth, sono state formate nel VII secolo dell'éra volgare, e posteriormente sono state riferite mediante computi ad un'epoca anteriore ⁸». Finalmente il Laplace aggiunge: « Le tavole indiane presuppongono un'astronomia molto perfezionata; ma tutto mena a credere che esse non sieno di alta antichità. . . . Generalmente queste tavole, massimamente

---

¹) *Zend-Avesta* t. I, II par., p. 60.

²) *Hist. des Manichéens*, t. 1, p. 31.

³) *Veter. Persarum ecc. religionis historia*, praef. p. 1, e cap. 23, 24, 2ᵃ edit.

⁴) *Asiatic researches*, t. II, p. 145.' — ⁵) *Ibid.* t. V, p. 241-296.

⁶) *Ibid.* t. VIII, p. 195-245. Nella medesima opera si possono leggere altre pruove intorno a questo difetto assoluto di ogni storia presso gl'Indiani, t. IX, p. 82-243.

⁷) *This, it must be acknowledged, is vague and conjectural* (*Ibid.* t. VI, p. 284).

⁸) Klaproth, *Mémoires relatifs à l'Asie*, p. 397.

per la impossibilità della congiunzione generale da esse supposta, provano che sono state compilate o per lo meno emendate in tempi moderni [1].

2. Questi libri sono autentici più che tutti gli altri. E dapprima essi riuniscono tutti i caratteri interni di autenticità: perocchè la critica più severa e minuta non pure non ha scorto in essi qualche cosa degna di riprensione, ma in vece è stata costretta a confessare che tutto ivi è perfettamente còsono con le circostanze de' tempi, de' luoghi, delle persone. Essi posseggono inoltre tutti i caratteri estremi di autenticità, avendo a loro pro la testimonianza di tutti i libri seguenti, i quali o espressamente li citano, ovvero li presuppongono. A pro di essi depongono la fede comune ed universale di tutto il popolo ebreo, il quale sempre gli ha tenuti per autentici; una quantità di monumenti, cioè leggi, feste, solennità ed altri usi, i quali non possono spiegarsi altrimenti che presupponendo l'autenticità di questi Libri. Finalmente a favore di essi parla l'impossibilità di presupporli: imperocchè essendo questi l'origine della Religione, della legislazione, del diritto pubblico di un' intiera nazione, non avrebbero potuto essere falsamente attribuiti al suo Legislatore, o a' suoi Profeti senza suscitare fortissimi richiami , nè avrebbero potuto guadagnarsi l'assenso concorde di un popolo intiero.

3. Questi libri, e specialmente que' di Mosè, sono stati scrupolosamente conservati. Bossuet, avendo parlato de' miracoli strepitosi visti dagli antichi Ebrei co' propri occhi, soggiunge: « Iddio, che ha fatto questi miracoli per rendere testimonianza alla sua unità ed onnipotenza, quale cosa poteva fare più autentica per conservarne la memoria, se non lasciarne tra le mani di un intiero popolo gli atti, che ne parlano, scritti secondo l'ordine de' tempi ? Questo noi abbiamo ne' Libri dell' antico Testaménto, cioè . . . . ne' Libri, che il popolo ebreo ha sempre custodito con tanta religione [2] . . . Gli Ebrei sono stati il solo popolo, le cui convinzioni sacre sono state tanto più venerate, quanto meglio conosciute. Tra tutti i popoli antichi sono il solo, che abbia conservato i monumenti primitivi della sua Religione , benchè questi contenessero tante memorie della infedeltà sua, e di quella de' suoi maggiori [3] ».Per verità,questi Libri sono stati sin dalla origine un monumento, perchè sin dalla origine sono stati un libro publico dato leggere e meditare a tutti; esso era il codice autentico della Religione, della giurisprudenza, della medicina e del governo.Una tribù intera aveva l'incarico di invigilare sulla loro con-

[1]) *Précis de l'histoire de l'astronomie*, p. 18, 20, Paris 1821. Molte a'tre testimonianze analoghe stanno nella citata nostra opera: *I Libri santi vendicati*, t. I, c. 1, art. 4.

[2]) Bossuet, *Disc. sur l'hist. univ.* II part.,t. XXXV, c. 27, p. 392-93.

[3]) *Ibid.* p. 395.

servazione: una successione non interrotta di Profeti attentamente pigliava cura che nessun'alterazione fosse loro recata. Gli Ebrei scismatici delle dieci tribù, e dopo di essi i Samaritani, i quali seguitarono la Religione loro, avevano tra mani il Pentateuco, e dal canto loro vegliavano per tenere lontano da questi libri qualunque corrompimento. Dopo la cattività gli Ebrei ellenisti, i quali faceano uso della versione de' Settanta, gli Ebrei scismatici di Eliopoli, le tre sette, che si formarono in Gerusalemme, cioè i Farisei, i Sadducei e gli Esseni, non avrebbero potuto di concerto recare qualche interpolazione a' detti Libri; nè avrebbero lasciato di gridare al sacrilegio, se qualcuna tra esse fosse stata tanto audace da corrompere le Scritture in qualche punto essenziale. Finalmente l'esperienza ha provato che questi Libri sono stati mantenuti senza alterazioni sustanziali: perocchè tutti i manoscritti e tutte le versioni sono quanto alla sustanza concordi, e la maggior parte degli errori, che per umana debolezza sono in essi incorsi, possono essere emendati con le regole di una sana critica.

4. Questi libri contengono la storia più convenevole alla natura delle cose ed a' più certi monumenti. Il mondo e gli uomini non sono eterni, hanno dovuto essere creati; e ciò appunto viene insegnato da Mosè sin dalle prime pagine del *Genesi*. Tutte le nazioni in conseguenza han dovuto avere una origine comune: e di ciò ci assicura Mosè nel X° capitolo del *Genesi*: il quale a giudizio del Bochart è una dimostrazione della verità della sua narrazione. Le tradizioni di tutti i popoli presuppongono un grande cataclismo, che ha sommerso la terra; e di questo diluvio appunto ci ha parlato Mosè lasciandone tanti ragguagli. Finalmente tutte le famiglie della terra essendo uscite d'un medesimo stipite, necessariamente han dovuto muovere da un punto centrale. E quanto a ciò nessuno insino a quest'ora ha potuto smentire con diritto que' dotti laboriosi, i quali avendo studiato, come e quanto è ad uom consentito, nell'origine e nella storia di tutti i popoli del mondo, hanno affermato che questo punto centrale non può essere altro da quello indicato da Mosè, e che qualunque altro punto non potrebbe rendere conto della dispersione de' vari rami della famiglia primitiva. Si aggiunga, che questa storia è altresì tra tutte la più ordinata e connessa. Tutti gli avvenimenti si sostengono e chiedono a vicenda. « Che dirò, dice il mentovato Bossuet, che dirò del consenso de' Libri della Scrittura, e della testimonianza ammirabile, che tutti i tempi del popolo di Dio scambievolmente si rendono? L'età del secondo tempio presuppone quella del primo, e ci manoduce a Salomone. La pace si è acquistata mercè le guerre: e le conquiste del popolo di Dio ci fanno risalire sino a' Giudici, sino a Giosuè, sino all'uscita di Egitto. Vedendo un intiero popolo, che esce d'un regno ove era straniero, ognuno si riduce a me-

moria il modo, onde vi è entrato. Subito ti si fanno innanzi i dodici Patriarchi; ed un popolo, il quale si era sempre stimato una sola famiglia, naturalmente ci mena ad Abramo, che n'è lo stipite ' ». Or la storia di Abramo ci conduce a Sem, dal quale egli discende, e va persino al diluvio ed a Noè. La storia di Noè ci conduce a' Patriarchi, che vissero innanzi il diluvio, e ad Adamo, che è il padre di tutti gli uomini. Che sono dopo ciò tutte le storie, o per dir meglio tutte le favole degli altri popoli, messe in confronto con la storia de' nostri santi Libri, la quale determina il principio delle cose, le origini, i nomi, le abitazioni de' popoli diversi ? Quale può stare a paro di questa, la quale poggia la narrazione sopra monumenti incontrastabili, segue il popolo sin dal suo cominciamento, ed è tanto strettamente connessa, che non si può smuoverne un sol punto senza scrollare il resto ?

5. La dottrina contenuta in questi Libri è purissima e sublime. Non v' ha cosa più esatta di quello, che essi ci insegnano intorno a Dio ed al culto a Lui dovuto; intorno all' uomo ed al fine di esso; tutta la morale non è meno pura ed è consona con la ragione. L' amor di Dio con tutto il cuore, e quello del prossimo come sè stesso, sono i precetti della Legge e de' Profeti. La legislazione di Mosè è tanto perfetta, che per lo spazio di tre mila anni non ha avuto necessità nè di cangiamento, nè di modificazione. Leggi l' ab. Guéneé, Bullet, il *Diritto Mosaico* di Michaëlis *, e la *Politica sacra* del Bossuet, ed avrai una pruova novella della perfezione di questo codice di leggi. E per verità lo scopo di questa legislazione è il più grande e nobile che un legislatore si possa prefiggere, cioè quello di conservare la fede di un Dio Creatore dell' universo, e di preparare le vie al grande Salvatore del genere umano. Quest' ultimo scopo è lo scopo generale di tutta la Scrittura; i Libri sacri, benchè scritti da diversi autori e con grande intervallo di tempo, cospirano nondimeno a questa unità di disegno. E questo scopo ammirabile comincia a trasparire sin dalla narrazione della caduta dell' uomo; il Messia è la semenza, che deve schiacciare il capo al serpente. Questo Messia è pure ricordato ad Abramo, ad Isacco, a Giacobbe, allorchè Iddio disse loro, che in questa discendenza dovevano essere benedette tutte le nazioni della terra. Questo pensiero è più svolto da' Profeti, e specialmente da Isaia, il quale pare meglio Evangelista che Profeta; esso ha avuto il compimento in Gesù Cristo, il quale venne a salvare il genere umano, ed a diffondere nel mondo la conoscenza del vero Dio.

6. Lo stile de' sacri Scrittori è soprattutto notevole per la sua su-

---

') *Discours sur l' hist. univ.* II part. t. XXXV, c. 27, p. 401.

') Il Michaëlis però co' suoi principii razionalisti ha detratto non poco alla sublimità della Legislazione Mosaica.

blimità: la maniera alta e piena di energia, che essi adoperano nel parlare di Dio, o con cui fanno parlare Iddio, è affatto loro propria, nè si scontra dove che sia. Omero, Virgilio, Orazio, sono languidi allato a Mosè, Giobbe, Isaia, Dàvide ed agli altri Profeti. Gli stessi poeti orientali, i quali per favella, imaginazione e clima più s'appressano a' poeti ebrei, sono moltissimo da questi lontani quanto ad energia e sublimità. Quindi il Ravius ha voluto provare la divinità della poesia ebraica dalla eccellenza di essa, ed i letterati e poeti più celebrati *di tutti i tempi e di tutte le nazioni* si sono argomentati di mostrare la sublimità de' poeti ebrei; noi citeremo solo quelli, che possono più facilmente essere consultati, cioè Bossuet, Fénélon, Rollin, le Batteaux e Fleury nella Francia, R. Lowth in Inghilterra, Ancillon, Herder, Eichhorn in Germania.

7. Questi Libri divini hanno esclusivamente la proprietà di riferire veri miracoli e vere profezie; e queste e quelli sono diretti ad approvare e giustificare la dottrina, che contengono. Essi contengono veri miracoli: imperciocchè, dimostrato essere Mosè l'autore del Pentateuco, ne viene per conseguenza, che egli ha preso gli Ebrei per testimoni delle piaghe di Egitto, del passaggio del mar Rosso, della manna piovuta dal Cielo, e degli altri prodigi del deserto: queste cose erano avvenute sotto gli occhi del popolo, e quel che è più, questo popolo ha pienamente creduto quanto Mosè ha scritto. Chi può mai pensare che un uomo sennato, quale certamente fu Mosè, abbia preso più milioni di uomini per testimoni di avvenimenti pubblici, notorii ed affatto straordinari, i quali non fossero veramente avvenuti? In qual modo mediante menzogne tanto imprudenti, e facili ad essere scoperte per imposture da' più rozzi uomini, avrebbe potuto Mosè salire a tanta autorità da reggerli, da punirli tuttochè mormoranti, e da imporre loro pesantissime leggi? Quindi si pare che i fatti miracolosi ivi narrati sieno realmente avvenuti. Lo stesso deve dirsi degli altri prodigi narrati ne' nostri Libri santi. Questi furono fatti pubblici ed importanti, i quali hanno ottenuto fede in quello stesso tempo in cui furono scritti, cioè quando vivevano que' testimoni che avrebbero potuto smentirli, se mai fossero stati falsi. Non potendo noi poi fare rassegna di tutte le Profezie, ci terremo a dire di alcune chiare ed irrefragabili. Ne' Libri dell' antico Testamento è chiaramente predetto, che la conoscenza del vero Dio sarebbe communicata a' Gentili per mezzo degli Ebrei. Le prime predizioni di questo strepitoso avvenimento sono state fatte ventidue secoli innanzi Gesù Cristo, cioè quando l'idolatria, che inondava la terra, rendeva la profezia affatto inverisimile. Nondimeno questo fatto è avvenuto, e noi stessi ne vediamo il compimento. Mosè e gli altri Profeti han predetto la schiavitù di Babilonia ed il ritorno da essa: ancora questa predizione si è perfettamente avverata. È avvenuta la ruina e distruzio-

ne di Babilonia profetizzate da Isaia e Geremia. Finalmente solo chi volontariamente chiude gli occhi alla luce, può non vedere, che tutte le profezie scritte da' Profeti intorno al Messia sono state letteralmente compiute in Gesù di Nazareth.

8. Finalmente questi Libri sono stati svolti ed ammirati da' più dotti uomini dell' antichità ecclesiastica, Origene, s. Girolamo, s. Agostino, s. Basilio, s. Gregorio di Nazianzo, s. Crisostomo ecc., Bossuet, Fénélon, Fleury ed altri molti profondi ingegni de' tempi moderni. Essi sono stati esaminati da' più abili e severi critici. Grozio, Bochart, R. Simon, e mille altri, i quali non hanno fatto altro che rendere a questi Libri alte testimonianze della propria ammirazione. Essi hanno trionfato pienamente, allorchè sono stati impugnati da Voltaire, Bolingbrocke e da tutta la schiera degl' increduli venuti dietro a que' primi. « Gli antichi nemici della nostra Religione, dice il Bullet, non trovavano altro ne' sacri scrittori che difficoltà mosse da superficiale lettura. Non avviene lo stesso a coloro, che si levano contro questi Libri a' dì nostri: essi hanno, sto per dire, messo nel crogiuolo i Libri santi; hanno adoperato le congetture della critica, le oscurità della cronologia, le favole degli antichi popoli, le opere degli scrittori profani, le iscrizioni delle medaglie, le incertezze della geografia de' primi tempi, i sofismi della logica, le scoperte della storia naturale, le esperienze della fisica, le osservazioni della medicina, le sottigliezze della metafisica, le ricerche della filologia, le profondità della erudizione, la cognizione delle lingue, le figure della rettorica, le regole della grammatica, i processi di tutte le arti; in somma tutto hanno messo in opera gl' increduli per cogliere in fallo i nostri santi Scritti ». Ma tutti questi sforzi sono tornati inutili, e questi violenti assalti sono riusciti a meglio stabilire la divina autorità de' santi Volumi. Anzi era loro riservato un altro trionfo non meno glorioso: gli uomini, cioè, i quali negli ultimi tempi sono saliti a grande rinomanza per sublimità d'ingegno e per profondità di sapere, hanno fatto a gara per pagare il tributo della loro ammirazione a' santi Libri. In verità chi può avere professato riverenza alla Bibbia meglio che Descartes? Pascal ne faceva le sue delizie, e la sapeva quasi tutta a mente. Newton confessava, che essa è il libro più autentico tra tutti, nè stimò perduto quel tempo, ch' e' spese nel chiosare l' Apocalisse. Leibniz trovava l' origine de' popoli affatto consona a quella descritta da Mosè, e questa conformità lo riempiva di stupore. Basta leggere quel capitolo scritto da Bacone *della dignità delle scienze pruovata dalla Scrittura*, per comprendere qual conto questi ne facesse: egli non temè di affermare che il mezzo sicuro per aggiungere ad una vera cognizione dell' origine del mondo

---

*) *Réponses critiques*, préf. p. vii, viii.

è la cognizione dell' opera de' sei giorni. Eulero leggeva ogni dì un capitolo della Bibbia; Fréret, tanto noto per la sua erudizione ed audacissima critica, diceva essere necessaria la lettura de'santi Libri per formare un vero dotto. Finalmente G. Jones, apertamente dichiara, che se egli avesse scorto difetto nella storia della santa Scrittura, l'avrebbe abbandonata senza esitare; ma esaminatala profondamente, egli era obbligato a confessare che i principali punti della narrazione mosaica sono confermati dalle storie de'popoli antichi e dalle favole della costoro mitologia: che si trova più filosofia e verità, più eloquenza e poesia nella raccolta de' nostri santi Volumi, che in tutti gli altri libri, nelle cui favelle era egli sperto.

ARTICOLO II.

Dell' autorità della Santa Scrittura considerata come divinamente inspirata

Quattro differenti aiuti hanno potuto avere i sacri scrittori nel comporre le loro opere, cioè: la *rivelazione*, l'*inspirazione* propriamente detta, l'*assistenza dello Spirito Santo*, il *movimento pio*.

La *rivelazione* è la manifestazione soprannaturale di una verità ignota per lo innanzi a colui, al quale è stata manifestata. Così mediante la rivelazione Iddio fece conoscere a Noè il tempo dèl diluvio, ed ha manifestato a' Profeti quanto essi ci hanno insegnato intorno al Messia, e quanto essi hanno scritto intorno ad altri avvenimenti, che non potevano conoscere naturalmente.

L'*inspirazione* propriamente detta è quel soccorso soprannaturale, il quale influendo sulla volontà dello scrittore sacro, lo eccita e lo determina a scrivere, ed illustra nel tempo stesso l'intelletto di lui in modo da suggerire a lui per lo meno la sustanza di quello, che deve scrivere [1]. Questo è il senso, che noi diamo alle proposizioni, nelle quali proveremo che la Scrittura santa è stata divinamente inspirata a' sacri Scrittori.

L'*assistenza dello Spirito Santo* è quel soccorso, col quale lo Spirito Santo regola l'intelletto del sacro Scrittore nell'uso delle sue facoltà in guisa, che esso eviti qualunque errore. Questo è il soccorso, che Gesù Cristo ha promesso alla sua Chiesa, e che la rende infallibile nelle sue decisioni.

Il *pio movimento* finalmente è un soccorso ordinario, col quale Iddio dà ad uno scrittore pio pura intenzione nello scrivere, e seconda gli sforzi che esso fa per non discostarsi in nulla dalla ve-

---

[1] Ved. il corollario alla fine di questo capitolo, e riscontra Cornelio a Lapide in *II Tim.* III, 16. Gottlob Capzov, *Critica sacra*, p. 43, 2ª edit.

rità, ma senza dargli veruna sicurtà di essere infallibile. Potremmo allegare in esempio l'autore della *Imitazione* di Gesù Cristo.

QUISTIONE PRIMA

La Santa Scrittura è stata composta per inspirazione divina?

Gli anomei, antichi eretici, furono i primi a negare la inspirazione della Santa Scrittura. Ne' tempi più a noi vicini Grozio e Spinosa hanno sostenuto che i libri storici non sono stati inspirati. Giovanni le Clerc (*Clericus*) tra gli altri errori insegna, che i Profeti, benchè inspirati allorchè Iddio ha rivelato loro le cose future, hanno nondimeno scritto poi queste stesse cose in modo umano. Bahrdt sostiene che i sacri Scrittori non hanno ricevuto nessun soccorso soprannaturale, e che non sono stati nemmeno assistiti dallo Spirito Santo in guisa da essere preservati da qualunque errore [1].

Nondimeno questi nemici della inspirazione ebbero pochi partigiani quasi sino alla metà del decimottavo secolo: perocchè la maggior parte degli antichi protestanti confessavano l'inspirazione nel più stretto senso. Ma allorchè Toelner nel 1772 pubblicò la sua opera *sulla inspirazione*, e Semler nel 1771-1773 il suo *Esame del Canone*, l'antica dottrina della inspirazione fu impugnata in mille guise, specialmente nella Germania, nella quale pare che i critici abbiano pensato di divenire tanto più rinomati e gloriosi, quanto maggiore fosse il loro accanimento nel combatterla.

Tra i pochi protestanti tedeschi, i quali a' dì nostri sostengono la inspirazione de' Libri santi, sono alcuni, i quali concedono a questi un'autorità divina, ma nel senso che essi contengono verità rivelate. Essi poi non si curano se queste verità sieno state inserite ne' santi Libri per ordine ed inspirazione di Dio.

Prima di stabilire le due proposizioni seguenti, faremo notare che essendo l'inspirazione un fatto soprannaturale conosciuto solo da Dio e da colui, il quale è inspirato, non può essere provata in modo incontrastabile che mediante una testimonianza divina: e per questa divina testimonianza basta che un messo di Dio, avendo provata la sua missione con profezie e miracoli, attesti essere que' Libri segnati dal suggello divino, ovvero che come tali gli adoperi e consacri.

---

[1] Grot. *Votum pro pace ecclesiastica*, lit. *de Can. Script.*; Spinosa, *Tract. theol. polit.* c. XI; G. Le Clerc, *Sentiments de quelques théologiens de Hollande*; Bahrdt, *Opusc.* I, *de system. ac scopo Jesus*, cp. 7.

PRIMA PROPOSIZIONE

Tutt' i Libri dell' antico Testamento sono divinamente inspirati

Questa proposizione, che è di fede, si prova con la tradizione della Chiesa giudaica, con la testimonianza più manifesta di Gesù Cristo e de' suoi Apostoli, finalmente con la tradizione della Chiesa Cristiana e con la definizione della Chiesa Cattolica.

• 1. A' tempi di Gesù Cristo e de' suoi Apostoli tutta la Chiesa giudaica ammetteva questa inspirazione. Giuseppe e Filone, ambedue Ebrei e contemporanei loro, non ci lasciano alcun dubbio intorno a ciò. È vero che alcuni critici moderni hanno preteso, che gli antichi Ebrei non avevano un' idea bene precisa della inspirazione de' sacri Scrittori, e che tenevano i loro libri in conto di monumenti *nazionali* o *patriottici* [1], e per conseguenza affatto profani; però tale opinione non solo è manifestamente contraria alla storia, avendo tutta l' antichità generalmente creduto aver ogni popolo uomini illustrati dalle rivelazioni straordinarie della Divinità [2]; ma ancora cade di per sé esaminando le ragioni, sopra le quali hanno gli Ebrei fondato la loro credenza intorno a questo sacro dogma della loro Religione. « Non era permesso a tutti indistintamente lo scrivere, dice Giuseppe favellando degli Ebrei [3]: e perciò tra i loro libri non sono discordanze: ma i Profeti soli conoscevano i più antichi avvenimenti *per mezzo della inspirazione divina*, e scrivevano la storia del loro tempo con una *esattezza rigorosa* [4]. Quindi noi non abbiamo una moltitudine di libri, che si contraddicono e combattono: ne possediamo solo ventidue, i quali abbracciano la storia di tutto il loro tempo, e *che noi crediamo giustamente essere divini* [5] ». . . . Da' fatti si può giudicare della

---

[1] Veggasi tra gli altri Corrodi nell' opera *Versuch einer Beleuchtung der Geschichte des Jud. und Christl. Bibelkanons.*

[2] Cic. *de Divin.* I, 1.

[3] *Contr. Apion.* l. I, § 8.

[4] Il testo legge σαφῶς; la quale parola per lo più vale *chiaramente, manifestamente*; Favorino la spiega ἀληθῶς, *con verità*. A noi pare che il contesto favorisca molto la nostra versione, perocchè in questo luogo Giuseppe abbia per iscopo dimostrare che la storia degli Ebrei è stata scritta con maggiore esattezza, che quella degli altri popoli.

[5] Le antiche edizioni non hanno il vocabolo θεῖα; esse leggono semplicemente τὰ δικαίως πεπιστευμένα; ma Havercamp ha creduto dovere inserirlo nel testo, perchè esso è usato nel medesimo luogo riferito da Eusebio (*Hist. eccl.* l. X). Questa emendazione è giustissima e naturalissima: perocchè tolta la parola θεῖα la rimanente frase diviene oscurissima. Quindi Jahn, *Einleit. Theil.* I, S. 127, zwey. *Aufl.* I; Eichborn, *Einleit. Theil.* I, S. 144, *viert. Aufl.* ed altri critici l' hanno ammessa senza richiamo.

fede, che abbiamo nelle nostre Scritture; benchè sia corso di mezzo un tempo lunghissimo, pure nessuno è mai stato tanto audace da aggiungervi , toglierne o mutare la menoma cosa. Imperocchè tutti gli Ebrei hanno scolpito nel cuore sin da'teneri anni questo sentimento, che esse debbono essere tenute come *documenti divini*; e come tali debbono essere costantemente osservati, anzi per essi non si dovrebbe ricusare la morte, se questo sacrifizio fosse necessario ».

Filone non espone meno chiaramente e precisamente la sua sentenza. E impossibile leggere qualunque luogo delle sue opere senza trovarvi dinotato Mosè co' nomi di *Profeta, uomo mandato da Dio, ierofante*, ecc. Il medesimo scrittore cita il Pentateuco co' nomi di *Scritture sacre, libri sacri, discorsi sacri, discorsi profetici, parola di Dio, oracolo divino*. E questi titoli sono dal citato Filone dati egualmente agli altri sacri scrittori, ed alle loro opere. Egli poi non lascia di dichiarare che intendessero egli ed i suoi cittadini col nome di *Profeta*. « I Profeti di Dio, e' dice, sono quegl' interpreti pel cui organo E' fa conoscere i suoi voleri '». Anzi le sue proprie parole sono più manifeste, essendo letteralmente scritto così: « Iddio si serve de' loro organi come di strumento »; ed altrove: « Un profeta non dice nulla da sè, egli è solamente l' interprete di un altro, che gli *suggerisce* quanto dice. Mentre *egli è sotto l'impero della inspirazione divina*, resta distaccato da qualunque altra cosa; imperocchè la sua ragione si è ritirata per cedere il luogo allo *Spirito di Dio*, che è venuto ad impadronirsi dell' anima di lui, a mettere in movimento tutti gli organi della voce, ed a renderli acconci di esprimere chiaramente e distintamente ciò, che deve profetare " ». Scrive pure Filone in altro luogo: « Il Profeta è l' interprete di Dio, il quale detta a lui internamente i suoi oracoli '». Per non distenderci oltre il convenevole, ci limitiamo a queste testimonianze, le quali bastantemente addimostrano che gli Ebrei credevano essere tutti i loro Libri divinamente inspirati, cioè scritti col concorso positivo e reale della Divinità.

Oltre alle dette testimonianze di questa credenza degli Ebrei intorno alla inspirazione de' loro Libri, ne abbiamo altre, che non si possono rifiutare. Leggiamo nel secondo de *Maccabei* (VI, 23), che la legge è santa, e che Dio ne è autore; nel primo (XII, 9) e nel secondo (VIII, 23), che i libri raccolti da Esdra sono egualmente segnati col suggello divino; nel Libro della *Sapienza* (VII, 27; XI, 9) si dice che Mosè è un santo Profeta, e che la infinita Sapienza ha erudito gli

---

') *De monarchia*, l. I, t. II, p. 222, ed. T. Mangey.
') *De specialib. legibus*, t. II, p. 343.
') *De praemiis et poenis*, t. II, p. 417.

amici di Dio ed i Profeti; presso Baruch (IV, 1) è scritto, che i Libri degli Ebrei sono precetti divini.

Finalmente i due Talmud e tutti i Rabbini insegnano che tale è stata la dottrina degli antichi Ebrei: per forma che non solo gli Ebrei di Palestina credevano alla inspirazione de' loro libri, ma ancora gli ellenisti, gli scismatici di Eliopoli, i Samaritani e le tre sette che esistevano a' tempi di Gesù Cristo, cioè i Farisei, i Sadducei e gli Esseni [1].

Un consenso tanto conforme, universale e costante, quanto agli Ebrei di ogni luogo e tempo, deve avere un fondamento solido e ben forti motivi: e per fermo gli ha. Imperocchè 1° alcuni autori di questi Libri, come Mosè, avevano provata la divinità della loro missione con miracoli; 2° la maggior parte tra questi Scrittori furono Profeti; 3° tra questi Libri alcuni erano pubblicamente riconosciuti come opera di Profeti, altri erano stimati se non scritti, al meno approvati da Profeti; 4° alcuni Scrittori avevano ricevuto da Dio medesimo l'ordine di scrivere. Leggesi nell'*Esodo*, XVI, 14: « Scrivi queste cose nel libro » [2]; presso Isaia, VIII, 1: « Prendi un libro grande e scrivi su di esso »; presso Geremia, XXX, 2: « Scrivi in un libro tutte le parole che io ti ho dettato »; in Ezechiele, XXXIV, 2: «Figliuolo dell'uomo, scrivi, ecc. »; presso Habacuc II, 2: « Scrivi una visione ». Dalle quali cose apparisce che un'autorità divina assicurava agli Ebrei la inspirazione de' loro libri, e che perciò un'autorità divina assicura ancora a noi, che abbiamo ricevuto questi Libri in tutta la loro integrità, la inspirazione dell'antico Testamento.

2. A' tempi di Gesù Cristo l'inspirazione dell'antico Testamento era pel popolo ebreo un dogma di fede, siccome abbiamo innanzi dimostrato. Or se questa credenza fosse stata falsa, Gesù Cristo, il quale sceverò dalla Religione giudaica tutte le false tradizioni, onde l'avevano deturpato i Farisei, non avrebbe dovuto predicare contro un errore di tanto rilievo? Non era forse un dovere sacro al meno l'evitare studiosamente di confermarla con la propria testimonianza? Ma Gesù Cristo non ha mai detto una sola parola per riprovare questa cre-

---

[1]) Parecchi scrittori seguitando l'opinione di Tertulliano, di Origene, di s. Girolamo e di alcuni altri Padri, hanno affermato che i Sadducei ammettevano il solo Pentateuco: ma Giuseppe, il quale li riprende perchè rigettavano la tradizione, non avrebbe omesso di biasimarli ancora su questo punto. Veggansi le altre pruove a pro della nostra opinione presso R. Simon, *Hist. crit. du V. T.* l. I, c. XVI; Gabr. Fabricy, *Des titres primitifs de la révélation*, t. I, p. 125-126; *La Bibla de Vence*, *Dissertation sur les sectes des Juifs* [*].

[2]) Ved. ancora *Ex.* XXIV, 4, 7.

[*]) Di ciò si è fatto parola nello *Schizzo di Archeologia biblica* aggiunto a questa Instituzione, nel capitolo *De' Dottori*, art. *De' Sadducei.' Nota del Traduttore)*

denza: Egli combatte con fuoco le false tradizioni degli Ebrei, e le chiose arbitrarie aggiunte da' loro dottori alla Legge; ma da nessun luogo apparisce che Egli abbia riprovata la credenza intorno alla inspirazione de' Libri dell'A. Testamento. Al contrario, sempreché Egli parla di essi, ne parla col più grande rispetto; anzi apertamente li chiama *Legge divina, Scrittura divina, Oracoli dello Spirito Santo*; se ne vale ancora per provare la sua Divinità e missione divina [*]. Quindi, se Gesù Cristo, messo di Dio, anzi Egli medesimo Dio, provando la sua missione con miracoli cita i Libri dell'A. Testamento come divinamente inspirati, la loro inspirazione con questa testimonianza addiviene un fatto, di cui non è lecito dubitare.

3. Gli Apostoli formati alla scuola di Gesù Cristo, il quale spiegò ad essi particolarmente tutto il segreto della sua dottrina, hanno dovuto conoscere i suoi veri sentimenti intorno alla inspirazione della Scrittura: e perciò noi possiamo sicuramente fidarci della loro testimonianza. Or egli è certo, che essi non pure non hanno condannato la dottrina comune degli Ebrei intorno a ciò, ma al contrario sempre l'hanno supposta disputando con gli Ebrei o co' Gentili; ed imitando Gesù Cristo hanno dato alle Scritture i titoli di *sante*, o di *Oracoli divini* [*]. S. Pietro precipuamente non lascia ne' suoi discorsi di trarre argomenti dall'autorità divina della Scrittura [*]. S. Paolo procura di convertire gli Ebrei alla Religione di Gesù Cristo con stabilire la divina missione di Lui mercé citazioni della Legge di Mosè e de' Profeti: a questo proposito egli scrive, che lo Spirito Santo ha parlato per bocca del Profeta Isaia [*]. Ma s. Pietro ci somministra un argomento, il quale mentre ci fa conoscere la divinità delle Scritture, ci dimostra ancora il carattere dominante della loro divina inspirazione: « Non per volontà degli uomini, e' dice, sono state a noi anticamente annunziate le Profezie, ma per movimento ed inspirazione dello Spirito Santo han parlato i santi uomini di Dio [*] ». Giovanni Le Clerc ha preteso che « s. Pietro parla propriamente de' Libri profetici e non degl'istorici [*] »; ma nel discorso dell'Apostolo non v'ha nessun indizio, il quale ci obblighi di restringere queste parole a' soli libri profetici: anzi il suo ragionamento diviene più stringente, se parla in generale di tutti i sacri Scrittori, i quali secondo l'opinione degli Ebrei erano altrettanti Profeti. « Io so, dice R. Simon, che questo passo ordinariamente è piuttosto spiegato

---

[*] Matth. XI, 13, XV, 3-6, XIX, 2-6, XXII, 31, 43, XXVI, 54; Marc. VII, 9, 13; Luc. XVI, 16, 29, XVIII, 31, XXIV, 25-27, 44-46; Joan. V, 39, 46, X, 34·36.
[*] *Rom.* I, 2, III, 2, IV, 2, ecc.; *Gal.* III, 8, 16; *Hebr.* III, 7, XII, 27.
[*] *Act.* III, 18·25.—[*] *Act.* XXVIII, 25, 25.
[*] *II Petr.* I, 21.
[*] *Sentiments de quelques théologiens de Hollande.*

de' libri profetici che di tutta la Scrittura in generale; ma chi vuole alquanto considerare la connessione del discorso di s. Pietro, scorgerà ch' egli parla della Scrittura senza restrizione, e che il vocabolo *profezia* non deve in quel luogo essere inteso nel senso stretto di *profezia*; ma per tutta la raccolta delle Scritture, le quali a que' tempi erano dette ancora *profezia*: con questo nome gli Ebrei chiamano pure la maggior parte de' libri storici della Bibbia. Giuseppe pone nel numero di queste profezie tutt' i libri della Scrittura, essendo questi scritti o da Profeti o da uomini divinamente inspirati. Gli Ebrei caraiti dànno altresì il nome di *Hannevuàh* (הנבואה) *profezia*, a' ventiquattro libri del Vecchio Testamento. Nè io dubito che si debbano in egual modo intendere queste parole dell' Epistola di s. Pietro: *Ogni profezia della Scrittura*, cioè tutta la Scrittura la quale è profetica o inspirata. Imperciocchè gli Ebrei di que'tempi credevano, come quelli d' oggidì, che tutta la Scrittura sia inspirata: e questo ha voluto dinotare s. Pietro nella sua seconda Epistola, nella quale parla generalmente de' sacri Scrittori, e non de' Profeti in particolare: conciossiachè le predizioni riguardanti al Messia non sono limitate ne' soli libri profetici [1]. S. Paolo scrivendo al discepolo suo Timoteo, dice: « Sta fermo nelle cose che hai apprese, e che ti sono state confidate, sapendo da chi tu le abbia imparate, e considerando che tu sei stato nutrito sin dalla infanzia nelle lettere sacre, le quali ti possono erudire per la salute, mediante la fede che è in Gesù Cristo; imperocchè ogni *Scrittura essendo inspirata da Dio* è utile per istruire, per riprendere, per emendare, e per condurre alla giustizia, affinchè l' uomo di Dio sia perfetto e disposto ad ogni maniera di buone opere [2]. Finalmente s. Giacomo e s. Giuda, citando l' A. Testamento, presuppongono sempre che esso abbia una divina autorità [3].

4. La tradizione della Chiesa cristiana prova altresì in modo incontrastabile, che l' Antico Testamento è divinamente inspirato; ma

---

[1] *Réponse aux Sentiments de quelques théol. de Holland.* c. VI, p 61,62.

[2] *II Tim.* III, 14-17. Bisogna notare quanto a questo passo, che la Volgata legge: *Omnis Scriptura divinitus inspirata, utilis est ad docendum*; ma il Greco legge: Πᾶσα γραφή θεόπνευστος, καὶ ὠφέλιμος πρὸς διδασκαλίαν; or la congiunzione καὶ chiaro suppone che innanzi alla parola θεόπνευστος sia sottinteso il verbo sustantivo *est*, e perciò questo debb' essere messo anche innanzi ad ὠφέλιμος. L' antica Volgata legge come il greco, e questa lezione è conforme tanto alle versioni orientali, quanto alla spiegazione data da' Padri a questa testimonianza. Il testo greco legge, è vero: *Ogni Scrittura* e non già *Tutta la Scrittura*; ma l' articolo è ancora sott' inteso: imperocchè, se non fosse così, la frase riuscirebbe affatto falsa ed assurda. Inoltre il vocabolo *Scrittura* deve essere ristretto alle parole *sacras litteras*, che immediatamente precedono: e certo nelle Scritture dell' Antico Testamento era stato sin dalla fanciullezza erudito Timoteo.

[3] Jac. I, 10-12, 19. II, 1-4, 10, 11, 21, 23, 26. IV, 6, V, 17; Juda, I, II, 12, 16.

comecchè queste tali pruove sieno pure applicabili a' Libri del Nuovo
Testamento, anzi essendo questo il solo mezzo, che possa compiutamente dimostrare la inspirazione, noi le verremo dichiarando nella
proposizione seguente.

SECONDA PROPOSIZIONE

Tutt' i Libri del Nuovo Testamento sono divinamente inspirati

La verità di questa proposizione, la quale al par della precedente
è di fede, si prova mercè la Tradizione della Chiesa primitiva, con
la testimonianza costante della Chiesa in tutt' i tempi, finalmente col
consenso de' medesimi eretici.

1. La tradizione della Chiesa primitiva a pro della divinità de' Libri del Nuovo Testamento diviene una pruova invincibile della loro
inspirazione, se può dimostrarsi che tale è stata la sua dottrina, e che
dagli Apostoli abbia essa ricevuto quest' articolo del Simbolo della
Fede. Or quanto a ciò è impossibile dubitare nel minor modo possibile della fede della Chiesa primitiva: chi legge l'*Apologia* di Atenagora, la seconda *Apologia* di san Giustino, il capitolo X del primo
libro di sant'Ireneo *contro le eresie*, e la prefazione di Origene al suo
Trattato *de' Principi*, conosce quale sia stata la credenza della primitiva Chiesa intorno alla inspirazione de' Libri del Nuovo Testamento. Egli è pure impossibile presupporre che una dottrina, su cui poggia tutto l'edifizio della Religione cristiana, sia stata sparsa sin da'
primi tempi in tutte le Chiese fondate ed ammaestrate dagli Apostoli, e frattanto non sia ad essa pervenuta da' medesimi Apostoli, anzi
solo da essi. Nessuno può negare che i Libri del Nuovo Testamento,
avuti dalle primitive Chiese per divinamente inspirati, sono stati dati
ad esse da' medesimi Apostoli e da' costoro discepoli. « Leggete (dice s. Clemente, uno de' discepoli degli Apostoli), leggete le Scritture
sante, le quali sono oracoli dello Spirito Santo, e siate ben persuasi che esse non contengono veruna cosa ingiusta, falsa o favolosa[1] ».
S. Ireneo volendo provare contro gli eretici, che i quattro Evangeli
sono i soli veri, dà per motivo che essi sono riconosciuti nella Chiesa sparsa per tutta la terra[2]. Egualmente Tertulliano volendo stabilire l'autorità del Vangelo di s. Luca, allega il consenso unanime di
tutte le Chiese fondate dagli Apostoli, e delle altre Chiese, le quali
da quelle traevano origine[3]. Queste testimonianze dimostrano chiaro che nella Chiesa cristiana era tenuta come vera e pura quella sola dottrina, la quale giungeva sino a' tempi Apostolici; dal quale prin-

----

[1] *Epist. ad Corinth.* — [2] *Adv. Haeres.* l. III, c. I, II, XI.
[3] *Adv. Marc.* l. IV, c. V.

cipio come immediata conseguenza deriva, che la Chiesa primitiva ebbe dagli stessi Apostoli il dogma della inspirazione divina del Nuovo Testamento.

2. Questa dottrina è stata insegnata in tutte le epoche della Chiesa cristiana. Già abbiamo veduto come s. Clemente, discepolo degli Apostoli, chiami le Scritture *gli oracoli dello Spirito Santo*. S. Giustino, che viveva nel II secolo, scrive nella sua seconda *Apologia*, « che non bisogna attribuire a' Profeti inspirati quello, che essi dicono, ma al Verbo di Dio che gl'inspira »; e nel *Dialogo con Trifone*, «che nella Santa Scrittura non sono contraddizioni, e se qualche volta pare che ve ne sia alcuna, deve attribuirsi alla nostra debolezza, la quale non giunge ad intendere quegli scritti ». Finalmente nella prima *Esortazione a' Gentili* insegna, che i sacri Scrittori non hanno avuto bisogno di arte per comporre, e che essi non hanno scritto con spirito di dissensione ed animosità; perocchè essi non hanno fatto altro che purificarsi per ricevere l'operazione dello Spirito Santo, il quale, discendendo dal Cielo a guisa di un archetto affatto divino, si è servito degli uomini scelti da Lui a questo uffizio a guisa di uno strumento musicale per rivelare a noi la cognizione delle cose celesti e divine.

I Padri del III secolo insegnano la stessa dottrina. Quindi s. Ireneo sostiene che « noi siamo obbligati a credere alla Scrittura santa, come quella che è perfetta, essendo dettata dal Verbo di Dio e dal suo Spirito [1] ». Egli dice in altro luogo che ne' libri di Mosè, scrive Mosè, ma Gesù Cristo parla: *Mosis litteras, verba sunt Christi* [2] » Atenagora, avendo detto nella sua *Legazione* indirizzata agl'Imperatori Marco Aurelio, Antonino ed Aurelio Commodo, che i sacerdoti ed i sapienti del gentilesimo sono caduti in errori parlando di Dio, della materia e del mondo, soggiunge: «Ma quanto a noi, abbiam per testimoni de' nostri sentimenti e della nostra fede i Profeti, i quali essendo condotti ed illustrati dallo Spirito Santo, hanno parlato di Dio e delle cose divine. . . . Credete voi cosa giusta e degna della ragione, di che l'uomo è fregiato, voler decidere, a forza di ragionamenti del tutto umani, di una fede e di una Religione poggiate sull'autorità del divino Spirito, il quale ha guidato e mosso i Profeti valendosi della loro bocca, siccome l'uomo si vale degl'istrumenti ? [3] » Clemente Alessandrino dice che « la bocca del Signore e lo Spirito Santo hanno profferito tutto quello, che si legge nella Scrittura [4] ». Tertulliano sostiene in vari luoghi delle sue opere, che i libri dell'Antico e del Nuovo Testamento sono scritti per inspirazione dello Spirito Santo. Origene prova espressamente questa verità nel suo Trattato *de' Prin-*

---

[1]) *Adv. Haeres.* l. I, c. XLVI, XLVII. — [2]) *Ibid.* l. IV, c. III.
[3]) *Legat. pro Christ.* l. II, c. XLVII. — [4]) *Exhort. ad gentes.*

cipi ',] ed osserva ne' libri contra Celso ° che « gli Ebrei ed i Cristiani sono di accordo intorno a questa verità, cioè che i Libri della Santa Scrittura sono scritti per inspirazione dello Spirito Santo». S. Cipriano dice in due parole che lo Spirito Santo parla in tutte le Scritture: *Loquitur in Scripturis divinis Spiritus Sanctus* '. Finalmente un antico scrittore, il quale ha scritto contro l'eresia di Artemone, e che è citato da Eusebio ', formalmente afferma che « coloro, i quali non credono essere stati i Libri della Santa Scrittura dettati dallo Spirito Santo sono infedeli ».

I Padri de' secoli seguenti parlano con la medesima chiarezza e precisione. « Gli oracoli degli Ebrei, dice Eusebio, il quale viveva nel IV secolo, contengono predizioni e responsi divini, ed hanno una forza del tutto divina: il che li rende infinitamente superiori a tutti i libri degli uomini, e fa conoscere che Dio ne è l'autore '». Verso il medesimo tempo s. Atanasio, nel libro della interpretazione de' Salmi indirizzato a Marcellino, afferma che « tutta la Scrittura dell'Antico e del Nuovo Testamento è stata scritta mercè l'inspirazione dello Spirito Santo ». La stessa dottrina è insegnata da s. Basilio, s. Gregorio di Nazianzo, s. Ilario, s. Ambrogio, s. Girolamo, s. Epifanio, s. Giovanni Crisostomo, s. Agostino. Quest'ultimo Padre specialmente dice che « il Mediatore ha parlato dapprima per mezzo de' Profeti, poi colla sua propria bocca, e finalmente per gli Apostoli .... che Egli ha pure composto una Scrittura, alla quale noi crediamo ecc. '». Teodoreto, nella Prefazione a' Salmi, assicura che « il linguaggio de' Profeti è l'organo dello Spirito Santo, e questa è la loro speciale proprietà, secondochè leggesi ne' Salmi: *La mia lingua è come la penna di uno scrittore, il quale scrive con grande velocità '*». Bisogna notare che Teodoreto usa il nome *Profeti* nel senso generale di scrittori inspirati: e' medesimo ci ammonisce di ciò.

S. Gregorio il Grande, il quale viveva nel VII secolo, avendo riferito le varie opinioni intorno all'autore del Libro di Giobbe, decide la quistione in questa sentenza: « È inutile indagare chi ha composto questo Libro, essendo certo presso i fedeli che lo Spirito Santo ne è l'autore. Veramente adunque esso è stato scritto dallo Spirito di Dio, perocchè Egli ne ha inspirato i pensieri all'autore, che lo ha scritto, e si è servito delle parole di lui per trasmettere insino a noi atti di virtù, degni di essere da noi imitati. Noi saremmo senza meno dileggiati, se leggendo le lettere spediteci da qualche ragguardevole personaggio, poco ci curassimo e della persona dell'autore e del senso delle parole per intrattenerci inutilmente a ricercare con quale

---

') *De Princip.* l. IV, c. I.—°) *Contra Cels.* l. V.—') *De opere et eleemos.*
') *Hist. eccl.* l. V, c. XXVIII.—') *Praep. evang.* l. XIII, c. XIV.
') *De Civit. Dei*, l. XI, c. II, III.—') *Ps.* XLIV, 2.

penna abbiale esso scritte. Per lo che saputo essere lo Spirito Santo autore di quest'opera, se noi con molta curiosità ci fermiamo a disaminare chi è colui che l'ha scritta; che altro facciamo se non disputar della penna , mentre possiamo utilmente profittare delle lettere che leggiamo ?¹ » Chi si pone a scorrere il periodo de' secoli susseguenti, sempre troverà che i santi Dottori, gli scrittori ecclesiastici ed i teologi han professato la medesima fede intorno alla inspirazione del Nuovo Testamento.

3. Il consenso unanime degli eretici aggiunge nuova forza alle varie pruove, che abbiamo esposte. Tra quella moltitudine innumerabile di sette antiche e moderne, le quali si sono separate dalla Chiesa fondata da Gesù Cristo, nemmeno una sola ha rimproverato alla Chiesa,aver questa per capriccio introdotto il dogma della inspirazione divina,e di essersi quanto a ciò allontanata dalle instituzioni del suo divin Fondatore. Solo nel IV secolo gli Anomei, stretti dalla forza delle testimonianze di s. Paolo, le quali erano loro opposte, pretesero che l'Apostolo avesse qualche volta parlato come uomo senza essere illustrato dallo Spirito Santo. Ma questo miserabile ripiego fu rigettato come una novità empia e blasfema,e subito fu affogata negli anatemi di tutte le Chiese cristiane². Finalmente,semprechè sono surti critici audacissimi per combattere questa credenza,essi si son trovati sempre in opposizione colla credenza universale. Quindi Spinosa, Toelner e Semler hanno avuto a contraddittori non pure tutti i cattolici, ma ancora tutte le Chiese protestanti, tutt' i Greci scismatici e tutte le sette degli eretici appartenenti alla Chiesa orientale. In breve,questi nemici del dogma della inspirazione si son messi a cozzare con una tradizione unanime, costante,universale ed antica; perocchè nessuna origine, tranne quella de' tempi apostolici, potrebbe esserle assegnata. Quindi per coprire il loro errore col mantello della verità essi fanno il poter loro ond'evitare questo tribunale, dalla cui pesante autorità sono oppressi; e fanno uso di sotterfugi, i quali in nessun modo valgono a contrappesare quest' autorità, siccome vedremo.

Difficoltà *proposte contro la inspirazione della Santa Scrittura,* *e* **Repliche** *alle medesime*

Dif. 1ª. La tradizione, dice G.D. Michaëlis, in ultima analisi si riduce alla testimonianza della Chiesa primitiva; la quale non ha alcun mezzo per attestare il fatto della inspirazione: perocchè essendo questa per natura occulta e nascosta a'sensi,non può essere obbietto di alcuna testimonianza ³.

—————

¹) *Praef. moral. in Job.*—²) Ved. s. Epiph. *Haeres*. 76.
³) *Introd. au N. T.* t. I, part. I, c. III, sect. 2, p. 112 seg. vers. franc. di G. G. Chenevière.

Repl. L'inspirazione certamente è avvenuta nello spirito de' sacri Scrittori; ma essa, quantunque nascosta, può essere stata conosciuta da' sacri Scrittori, e da essi manifestata alla Chiesa. Pruova evidente di questa manifestazione è la definizione, onde la Chiesa ha dichiarato, sin da' primi tempi, che i Libri del Canone sono inspirati. Imperocchè, siccome abbiamo detto innanzi, una persuasione tanto universale, costante ed antica, deve necessariamente avere una causa; e da altra parte è manifesto che questa causa non può essere altra che la dichiarazione pubblica fatta dagli Apostoli e dagli altri sacri Scrittori, con la quale hanno affermato, essere i loro scritti divinamente inspirati. E per ciò la testimonianza della Chiesa primitiva non ha per obbietto il fatto occulto della inspirazione, ma questa dichiarazione pubblica e solenne fatta dagli Apostoli ad essa intorno alla inspirazione de'loro scritti. E così il fatto pubblico di questa dichiarazione diviene una pruova irrefragabile del fatto nascosto della inspirazione.

Dif. 2ª. I sacri Scrittori confessano che essi hanno scritto non senza pena e senza molta fatica. Per ciò l'autore del secondo de' *Macabei* dice che non ha impreso un'opera facile, ma un lavoro di grande applicazione e di molto fastidio [1]; anzi egli afferma ancora che se la narrazione sua è quale alla storia conviene, i suoi desiderii sono satisfatti; ma se al contrario è scritta in maniera meno degna del suo subbietto, bisogna a lui darne tutta la colpa [2].

R. La dichiarazione data dagli avversari al capo XV, vers. 39 del secondo de' *Macabei* potrebbe essere rigettata come non esatta [3].

Aggiungasi che la inspirazione, siccome è stata da noi definita (alla fac. 11), non esclude nè la fatica, nè l'industria de' sacri Scrittori; perocchè essa non fa che spingere la loro volontà a scrivere, illustrando il loro intelletto in guisa da renderli immuni da qualunque errore. E ciò basta per dare a'loro scritti il suggello dell'autorità divina. L'autore poi del secondo de'*Macabei* dimanda l'indulgenza del lettore, perchè egli presuppone unicamente che abbia potuto trascurare le regole del genere storico componendo la sua opera, ovvero che il suo stile possa non essere molto elegante : ma e' non intende parlare di errori di fatto in quelle cose che riferisce.

Dif. 3ª. Gesù Cristo e gli Apostoli essendo Ebrei hanno chiamato le Scritture dell'Antico Testamento *divine*, non nel senso d'*inspirate*, ma secondo il significato che questa parola aveva presso il popolo Ebreo, il quale con essa voleva intendere che questi libri contengono una dottrina eccellente e derivata da Dio.

———

[1] Capo II, vers. 27. — [2] XV, 39.
[3] Leggasi di fatto la giudiziosa osservazione del dotto Quatremére nel *Journal des Savants*, ottobre 1845.

R. Ma noi non possiamo conoscere meglio il sentimento degli Ebrei contemporanei di Gesù Cristo e degli Apostoli,che dalle testimonianze di Giuseppe e di Filone, ancor essi scrittori contemporanei. Or chi legge le loro testimonianze, riferite da noi innanzi, non può non riconoscere che gli Ebrei col nome di divina autorità de' loro libri intendevano l'inspirazione propriamente detta,e che a questa espressione non davano quel senso largo, che or piace a'razionalisti di aggiustarle.Che se contro ogni ragione persistessero essi nel volere trovar oscurità nel sentimento di questi due scrittori; le testimonianze chiare e numerose de'Talmud e degli antichi Rabbini sarebbero bastanti a dissiparla interamente.

Dif. 4.ª La testimonianza di Gesù Cristo e degli Apostoli non prova nulla a pro della inspirazione; perciocchè le pruove da essi ricavate dalla inspirazione della Santa Scrittura erano meri argomenti *ad hominem.* E se,seguendo l'opinione molto comune, gli Apostoli hanno potuto argomentare secondo certi sensi dati dagli Ebrei alle profezie dell'Antico Testamento', senza però approvarle; perchè non avrebbero potuto egualmente argomentare secondo l'inspirazione della Scrittura, senza però ammetterla ?

R. L'argomento citato dagli avversari si adopera molto radamente: per ciò se Gesù Cristo e gli Apostoli citano continuamente la Scrittura in tutt' i loro discorsi, sarebbe necessario presupporre che essi si opponessero sempre alle leggi comuni del linguaggio:e questa presupposizione è ad un tempo gratuita e ridicola. Poi, quando si usa l'argomento *ad hominem* è necessario far conoscere mercè la serie del discorso, ovvero con una manifesta avvertenza, che si adopera questa maniera di argomento : la qual cosa è indispensabile, allorchè il principio presupposto contiene un errore fondamentale, che deve essere assolutamente confutato. Nessuno può mai far uso di una falsa dottrina favellando con coloro, i quali non l'ammettono: e chi stabilisce punti di dogma, o precetti di morale non deve mai prevalersi di un errore fondamentale. Queste leggi sono sacre, e la ragione,l'equità prescrivele ad ogni moralista: e queste avrebbero Gesù Cristo e gli Apostoli violato, se avesse qualche fondamento l'opinione che noi confutiamo. Imperocchè 1° essi non ci han dato verun segno per scernere il loro vero sentimento, benchè la dottrina presupposta fosse un errore fondamentale, che dovevano espressamente rigettare ; 2° s. Paolo ha presupposto l'inspirazione della Scrittura disputando contro i Gentili, i quali non l'ammettevano; e la tradizione c'istruisce,che gli Apostoli hanno insegnato alle Chiese di valersene indistintamente contro tutt' i nemici della Religione Cristiana, tanto Ebrei che Gentili; 3° finalmente, s. Paolo, esortando Timoteo suo discepolo alla lettura della santa Bibbia, gli dà per motivo principale la inspirazione di essa[1], la quale è da' nostri avversari avuta in conto di errore capitale; e questo sino a' tempi loro avrebbe tenuto gli uomini lungi dalla intelligenza de' Libri sacri.

Dif. 5ª. È impossibile tenere per divinamente inspirata un' opera, la quale contiene falsità e contraddizioni.

R. Ma chi ha potuto finora dimostrare in modo satisfacente l' esistenza di una sola tra queste pretese falsità? Le contraddizioni sono solo apparenti. I razionalisti di Alemagna si vantano di averne fatto scomparire parecchie; e bisogna pur confessare, che essi, benchè trascinati in errori madornali da' loro falsi principi di esegesi e di ermeneutica, nondimeno per la loro erudizione profonda nelle lingue e scienze orientali hanno spiegato in modo soddisfacente parecchi passi, i quali essendo oscurissimi mettevano a tortura la più esatta critica. I quali effetti provano che nuovi sforzi e più profonde ricerche scemeranno di molto il numero di queste opposte difficoltà, e che il non poter spiegare le rimanenti è conseguenza della nostra ignoranza.

Diff. 6ª. Tutt' i popoli hanno libri, che essi tengono in conto di divini e sacri: i Persiani vogliono trovare una rivelazione divina nel loro Zend-Avesta, gl' Indiani ne' loro Vedami ed Ezur-Vedam, i Cinesi ne' loro cinque King, i maomettani nel Corano, i Rabbaniti nel Talmud. E se questi libri non sono divini, chi può pensare che i libri sacri de' Cristiani abbiano soli il privilegio esclusivo, che comunemente è loro attribuito?

R: « La stupidità de' mentovati popoli, dice G. E. Janssens[2], i quali han comportato che scaltri cerretani diffondessero in mezzo a loro tutti i menzionati libri, è la cagione, per cui questi sono stati considerati come sacri e divini. Nulla dimostra la loro inspirazione: e poi la dottrina contenutavi, ora ridicola, ora superstiziosa, altrove chiaramente erronea come quella che insegna il politeismo, evidentemente dimostra essere questi libri opera degl' impostori, i quali gli hanno diffusi. Nessun uomo celebre per miracoli o profezie ha mai approvato questi libri come divini: e questo difetto li pone compiutamente in discredito.

« Lo scostumato Maometto soleva rispondere a que' della Mecca, agli Ebrei e ad altri, i quali chiedevangli premurosamente miracoli in pruova della sua missione: *Non sempre hanno gli uomini creduto a' miracoli*, ovvero: *Che egli non era stato inviato per operar prodigi, sì per predicare*. Purchè non debbano essere stimati miracoli, siccome a certi scrittori è venuto il ticchio di affermare, la storiella di quella colomba, che appressatasi a Maometto gli favellava

---

[1] *II Tim.* III, 14-17.
[2] *Herméu. sacrée*, c. II, § XI, t. I, p. 78-80, Paris 1833.

all' orecchio; la quale gherminella non era poi effetto di arte sopraffina: ovvero l' altra favoletta del cammello, che con lui s'intratteneva di notte e parlava solo a lui; cioè quando saviamente avea procurato di allontanare qualunque testimone. O in fine purchè non ci venga opposta quella famosa destrezza, onde seppe nascondere nella manica una parte considerabile della luna; alla quale egli poi volle restituire il mal tolto per riparare il danno recato a quel pianeta. Queste sono assurdità tanto buffonesche, che di per sè stesse si confutano.

« Osservate frattanto le intenzioni, che si prefisse Maometto nello scrivere il Corano! « Per piacere agli Ebrei, dice Leonardo Fraereisen [1], egli rigetta la Trinità de'Cristiani, rendendosi così pur gradito agli Ariani: mantiene però la circoncisione giudaica. Per cattivarsi la benevolenza de' filosofi preferisce il politeismo, o piuttosto lo stoicismo al deismo. Per affettar santità divieta l' uso del vino: per guadagnarsi i cuori col prestigio della speranza, promette agli uomini dopo la morte i Campi Elisi. Per sopperire a' bisogni de' suoi partigiani o de' suoi complici, raduna d' ogni banda somme ingenti col pretesto di limosine. Temendo di offendere i Cristiani decreta i nomi più pomposi a Gesù Cristo ed a' suoi Apostoli, è largo loro di elogi. Finalmente i precetti di Maometto furono tutti messi sulla base del guadagno, che ne potevano ritrarre i suoi ambiziosi disegni ».

« I Cristiani poi, continua Janssens, tengono i loro Libri santi per divinamente inspirati, perchè come tali gli hanno avuto da Gesù Cristo e dagli Apostoli, i quali hanno provato la loro missione divina con veri miracoli ed autentiche profezie ».

QUISTIONE SECONDA

L' inspirazione è comune a tutte le parti della Scrittura ? Anche a quelle che non hanno riguardo nè alla Fede, nè a' costumi?

Alcuni scrittori, anche cattolici, non hanno temuto di affermare che lo Spirito Santo non ha nè inspirato, anzi nemmeno soccorso con speciale assistenza i sacri Scrittori nelle cose, che non si riferiscono alla Religione. Errico Holden, tra gli altri, dice nella sua *Analisi della Fede Cristiana*, opera pregevole per altri capi: « La quarta cosa è che il soccorso speciale concesso all' Autore di ciascun Libro ricevuto nella Chiesa come Parola di Dio, si estende solo alle cose puramente dottrinali, ovvero che hanno relazione prossima e necessaria con la dottrina; ma nelle cose, che non entrano nello scopo del-

---

[1] *Brevis delineatio duorum impostorum magnorum, Muhammedis et Zinzendorffii,* Argentorati, senza data.

l' autore, e che riferiscono altro, noi crediamo che Dio non gli abbia assistiti altrimenti, che come Egli assiste tutti gli altri scrittori commendevoli per la pietà ' ».

PROPOSIZIONE

L' inspirazione si estende a tutte le parti della Scrittura, ancora a quelle che non riguardano nè alla Fede, nè a' costumi

Benchè non sia di fede che tutto assolutamente nella Scrittura sia stato divinamente inspirato, pure possiamo affermare che sia temerità ed audacia sostenere il contrario. 1° I fatti, ancora quelli che dapprima paiono scarsamente attenenti alla dottrina, formano la parte più considerabile della Scrittura santa. 2° Allorchè Gesù Cristo e gli Apostoli hanno attribuito a' Libri santi un' autorità divina, non hanno fatto nessuna restrizione. Anzi s. Paolo riferisce alla dottrina tutto quello, che è contenuto nella Scrittura santa: « Tutte quelle cose che sono state scritte, dice questo grande Apostolo, sono state scritte per nostra erudizione ' ». 3° L' opinione, che limita nel modo mentovato la inspirazione divina, è stata del tutto ignota alla Chiesa primitiva. 4° In molti casi si darebbe luogo ad errore, ammessa la sentenza opposta alla nostra; imperocchè molte sarebbero quelle circostanze, nelle quali si potrebbero scambiare come inutili e non pertinenti alla dottrina, con la quale essi sono direttamente collegati. 5° Il Concilio di Trento, benchè si ammetta che non tronchi ogni quistione, è oltremodo favorevole alla opinione nostra. Ecco le sue parole: « Se qualcuno non riceve come sacri e canonici questi Libri intieri con tutte le loro parti, siccome sogliono essere letti nella Chiesa cattolica, e siccome sono nell' antica edizione Volgata latina ... sia anatema ' ». Quindi si può tenere come certo, che quanto è contenuto nella Scrittura, è divinamente inspirato.

Difficoltà

Diff. 1ª. La Scrittura non ha altro fine, se non quello d' istruirci della Religione; essa non ci vuole erudire nelle verità umane, cui non importa sapere: ecco la ragione, per la quale pare che Dio non sia intervenuto nelle cose puramente umane. — 2ª. Gli Apostoli non

---

') Holden, *Analysis Fidei christianae*, l. I, c. V. Ved. R. Simon, *Hist. crit. du N. T.* c. XXIV, p. 295-297. Dobbiamo però notare che Holden (*ibid.*) ammette il principio, nulla di falso stare nella Scrittura: *Quamvis enim nullam complectatur Scriptura falsitatem*, ecc. Noi seguitiamo il parere di R. Simon; l' Autore avrebbe dovuto spiegare meglio il suo sentimento.

') *Rom*. XV, 4. — ') *Conc. Trid*. Sess. IV, t. I, p. 36, 37.

erano infallibili in tutto ciò che dicevano, ma solamente in quelle cose, che predicavano quanto alla Fede e costumi: perchè dunque non si può fare la medesima distinzione quanto a' loro scritti? — 3ª. Non sarebbe indegno dello Spirito Santo concedere il suo soccorso per cose triviali? Chi può, a modo di esempio, affermare che s. Paolo per inspirazione ha scritto a Timoteo di recargli il mantello da sè rimaso a Troade in casa di Carpo? che sino a quel tempo presso di sè aveva il solo s. Luca, e che aveva rimaso Trofimo infermo in Mileto? — 4ª. Spesso gli Scrittori sacri non sono certi affatto di ciò, che affermano: quindi deriva quella espressione usata sovente da loro, e che indica esitazione o dubbio: *circa, a un dì presso*. Or se lo Spirito Santo avesse loro dettato le cose che scrivevano, avrebbeli lasciati nella incertezza? — 5ª. Essi pongono talune opinioni false, o al meno tali da potersene dubitare; come queste, il sole si fermò, i cieli sono solidi, ecc. — 6ª. Citando le Scritture spesso cadono in errori di memoria. Quindi alcune volte gli Apostoli ed Evangelisti riferiscono le Profezie con altri vocaboli, ovvero citano un Profeta per un altro; la quale cosa non può conciliarsi con la inspirazione. — 7ª. Gli Apostoli certe volte confessano di parlare non per inspirazione, ma di proprio ingegno. Così s. Paolo nella prima a' *Corinti*, X, 10, 12, oppone i precetti del Signore al proprio consiglio. Anzi egli si pente, nella seconda Epistola, di ciò che aveva scritto nella prima, e confessa di parlare come uno stolto nel riferire le sue rivelazioni. — 8ª. Gli Apostoli sono stati soggetti ad errori, anche dopo la venuta dello Spirito Santo: imperocchè s. Pietro s'ingannò volendo sommettere i Gentili alle osservanze giudaiche. Per decidere la quistione della osservanza della Legge fu necessaria una radunanza: dunque ognuno degli Apostoli considerato separatamente, non era sufficientemente inspirato per deciderla? Aggiungasi: la intera Chiesa ancora, per confessione di tutti, può errare intorno a' fatti ed alle materie che non appartengono alla Religione. Finalmente, il solo Gesù Cristo, ch'è la stessa Verità, è al tutto esente da quale che sia errore.

R. Queste difficoltà sono piuttosto speciose che solide: 1° La prima poggia sopra un ragionamento del tutto falso. È vero che lo scopo principale della Scrittura è l'istruirci nelle verità della Religione; ma ne seguita per ciò che i sacri Scrittori non sieno stati mossi e diretti dallo Spirito Santo nello scrivere le altre parti delle loro opere? Ne deriva per ciò che possano in esse star mescolate con le verità della Religione le menzogne? Anzi appunto perchè la Santa Scrittura ci erudisce nelle verità della Religione, bisogna che non contenga nessuna falsità mista coa le cose vere. In caso contrario il falso sarebbe un pregiudizio contro il vero, l'errore potrebbe far dubitare della verità, ed allora ne scapiterebbe moltissimo l'autorità de' Libri santi, anzi svanirebbe del tutto.

2° La seconda difficoltà presuppone che gli scritti degli Apostoli sieno della stessa condizione che i loro discorsi; ma vi ha grande differenza. Affinchè gli Apostoli avessero avuto la infallibilità in tutti i loro discorsi, sarebbe stato necessario che lo Spirito Santo gli avesse continuamente inspirati e diretti ne' loro pensieri, nelle parole ed azioni. In questo caso sarebbero stati impeccabili: tali essi non furono, nè era necessario questo privilegio; conciossiachè essendo la loro predicazione ben distinta dalle loro familiari conversazioni, nessuno potèva essere indotto in errore; nè gli sbagli o mancanze, che potevano commettere nel commercio della vita, erano comuni con la loro dottrina. Il che non accade quanto a' loro scritti: questi sono stati composti per istruzione della Chiesa, dovevano servire di regola per la Fede de' Cristiani, ed essere tenuti nella Chiesa come Libri divini.

3° La terza difficoltà è stata già proposta a' tempi di s. Girolamo, e vittoriosamente confutata da questo santo Dottore nella *Prefazione* all' Epistola di s. Paolo a Filemone. Egli nota in fatti con molta ragione, non essere per nulla indegno dello Spirito Santo guidare lo spirito degli uomini in maniera, che questi evitino ogni errore anche nelle cose di poco conto. Nelle Scritture non tutte le cose hanno la medesima importanza; ma del pari nulla vi ha, che sia inutile: quelle cose, che apparentemente sono meno importanti, sono necessarie o all' integrità e semplicezza del racconto, o al collegamento delle cose.

4° La quarta non contiene una seria difficoltà. Quelle locuzioni di dubbio, *circa, a un dipresso,* non vogliono dimostrare che gli Scrittori non sono divinamente inspirati, perchè esse sogliono essere adusate nell' ordinario linguaggio degli uomini. Lo Spirito Santo senza meno sapeva il definito numero, ma non ha voluto palesarlo a' sacri Scrittori: ha voluto che questi avessero adoperato un linguaggio più naturale, qual è quello comunemente usato, non altrimenti che se avessero parlato di proprio ingegno.

5° La quinta facilmente si risolve riflettendo, che la Santa Scrittura non ha per iscopo l' insegnamento delle verità filosofiche, e però essa ha parlato delle cose a quel modo, onde sogliono ordinariamente favellarne gli uomini. Questa osservazione è di s. Agostino, il quale intorno a questo subbietto si esprime così: « Per dirlo in poche parole, i nostri scrittori han saputo, quanto alla struttura del Cielo, la verità; ma lo Spirito di Dio, il quale parlava per bocca loro, non ha voluto insegnare tali cose agli uomini, essendo esse inutili alla loro salute [1] ». Se dunque lo Spirito Santo ha voluto, che i sacri Scrittori parlassero di queste cose a modo affatto umano, nessuno può a diritto accusarli di falsità; sarebbe questa una stoltezza

---

[1] S Aug. *Lib. de Genesi ad litteram,* cap. IX.

simile a quella di chi volesse accusare di errore o di menzogna i copernicani e cartesiani, perchè questi ne' loro discorsi familiari parlano del movimento della terra e dell' anima delle bestie a mo' degli altri filosofi, benchè essi abbiano contraria opinione.

6° La sesta contiene due parti distinte: la prima dice, che gli Apostoli ed Evangelisti non hanno sempre citato le Profezie co' loro propri vocaboli: la seconda, che essi certe volte citano l' un Profeta per l' altro. Rispondiamo alla prima: è vero che gli Apostoli ed Evangelisti non han sempre allegato le parole stesse de' Profeti; anzi essi ne hanno mutato l'ordine, però ritenendone il senso: ciò era bastante al loro scopo. In ciò non v' ha nè sbaglio di memoria, nè vero errore. Alla seconda poi diciamo, che le ragioni allegate per mostrare che gli Scrittori del Nuovo Testamento si sono ingannati citando un Profeta per un altro, sono prive di fondamento: e questo sentimento è di s. Girolamo e s. Agostino.

7° La settima è sostenuta da un equivoco di parole: benchè lo Spirito Santo abbia inspirato gli Apostoli in tutto ciò, che essi scrivevano, nondimeno tra le cose scritte alcune erano comandate da Dio, altre erano stabilite o consigliate da essi. Le prime sono precetti di diritto divino, le altre sono precetti umani o consigli; ma questi precetti o consigli dati dagli Apostoli sono egualmente inspirati da Dio. A ben intendere poi il senso delle parole di s. Paolo è necessario osservare, che questo santo Apostolo chiama *precetto* o *comandamento del Signore* quello, che è stato ordinato o prescritto da Gesù Cristo nel Vangelo: oltre a ciò egli dichiara, che gli Apostoli possono dare consigli non messi nel Vangelo, ossia nelle istruzioni date da Nostro Signore a coloro, cui toccò la buona ventura di udire le sue parole. Ma questi consigli dati da s. Paolo o dagli altri Apostoli erano ancor essi inspirati dallo Spirito Santo, massimamente quando erano dati nelle lettere scritte per inspirazione: la qual cosa è da s. Paolo molto bene notata in quel luogo, nel quale avendo consigliato alle donne di non andare a seconde nozze, perchè praticando questo consiglio sarebbero più felici, soggiunge: « Ed io credo, che ancor io abbia in me lo Spirito di Dio[1] ». L' Apostolo per inspirazione particolare dava consigli tanto saggi, i quali divenivano parte delle Scritture divine, essendo messi nelle Epistole indirizzate a' fedeli. E tutta la Sacra Scrittura è *divinamente inspirata ed utile per insegnare ed istruire.*

Non è poi difficile rispondere a quello, che si è ricavato dalla seconda *Epistola a' Corinti.* Dapprima s. Paolo non si pente, parlando propriamente, di aver ripreso i Corinti, essendo tornate tanto utili la correzione e riprensione fatte loro ; solo ei vuol dire che egli ne ha

---

[1] *I Cor.* VII, 40.

preso tristezza partecipando di quella amarezza , che essi avevano
sentito. E'somiglia un padre, il quale vedendo il dolore, da cui è oppresso il figliuolo da lui garrito e corretto , e' stesso di rimbalzo risente la tristezza sentita dal figliuolo : ma nel tempo stesso si ralle-
gra nel vedere il figliuolo commosso e felicemente avviato su pel sentiero della virtù. In secondo luogo, allorchè l'Apostolo pare ammettere che egli opera e parla da stolto , non vuole intendere altro, se
non che quantunque in generale sia una specie di follia glorificare
sè medesimo; nondimeno egli è sforzato a far risaltare la dignità del
suo ministero ed i suoi travagli apostolici. La qual cosa è utile alla
edificazione de' fedeli, allorchè interviene la necessità di praticarla,
e sarebbe una specie di follia, mancando questa necessità.

8°. Finalmente rispondiamo all'ottava difficoltà, che noi non pretendiamo affermare essere stati gli Apostoli infallibili in ogni cosa.
Ancorchè ammettiamo che s. Pietro siasi ingannato, sebbene Tertulliano affermi essere la colpa a lui apposta un difetto di condotta, anzi che un errore di dottrina: *Conversationis vitium fuit, non prae-
dicationis*; ancorchè affermiamo che nelle difficoltà occorrenti gli
Apostoli potevano confirmarsi ed illustrare a vicenda; pure ciò non
vieta che essi sieno stati inspirati ne' propri scritti. Bisogna bene notare, che lo Spirito Santo, il quale ha in essi operato, non ha voluto rivelare loro talune cose immediatamente e senza i soccorsi co-
munali; anzi Egli ha voluto che essi se ne prevalessero, e per questa
strada gli ha condotti alla verità. Fra questi mezzi naturali il più efficace era il conferire tra loro sulle controversie, che potevano sorgere, e quindi di comune consenso deciderle. Questo mezzo adope-
rarono gli Apostoli; ma non per ciò stimarono, che in queste circostanze fosse loro venuto meno il soccorso dello Spirito Santo; anzi
essi dichiararono, che la quistione agitata era decisa per divina inspirazione: *Visum est Spiritui Sancto, et nobis*.

È vero che la Chiesa può errare intorno a' fatti e materie, che non
appartengono alla Religione; imperocchè essa è solamente destinata
a mantenere il deposito della dottrina ricevuta da Gesù Cristo e dagli Apostoli: essa non ottiene nuova rivelazione autentica e pubblica.
Lo stesso però non avviene della Santa Scrittura, la quale, siccome
innanzi abbiamo detto, è stata scritta per inspirazione di Dio, ed è
stata costituita una delle regole infallibili della verità e della fede
cristiana.

Finalmente, è vero che Gesù Cristo, Verità per essenza, ha per
natura il privilegio della infallibilità; ma gli uomini possono ricave-
re questo dono per grazia, per inspirazione, e per l'assistenza speciale e direzione dello Spirito Santo. Ed è questo appunto il caso degli Apostoli e degli altri sacri Scrittori, siccome abbiamo dimostrato
con pruove, la cui forza e robustezza non possono essere per nulla
infiacchite dalle proposte difficoltà.

QUISTIONE TERZA

La semplice assistenza è stata sufficiente a' sacri Scrittori in talune parti de' loro scritti, e l'inspirazione deve essere estesa persino alle parole, di cui hanno essi fatto uso?

Sino al secolo IX i fedeli si erano tenuti ad affermare, che la Santa Scrittura è divinamente inspirata; ma Agobardo, arcivescovo di Lione, che viveva in quel tempo, avendo più profondamente esaminato la quistione della inspirazione, sostenne in una lettera scritta ad un Fredegiso, che lo Spirito Santo non aveva dettato a' Profeti ed agli Apostoli i vocaboli e le espressioni, di che avevano fatto uso. Nel 1586 i pp. Gesuiti Lessio ed Hamelio sostennero in alcune tesi difese a Lovanio le seguenti proposizioni: I. *Ut aliquid sit Scriptura sacra, non est necessarium singula ejus verba inspirata esse a Spiritu Sancto.* II. *Non est necessarium ut singulae veritates et sententiae sint immediate a Spiritu Sancto ipsi scriptori inspiratae.* III. *Liber aliquis, qualis fortasse est secundus Machabaeorum, humana industria sine assistentia Spiritus Sancti scriptus, si Spiritus Sanctus postea testetur ibi nihil esse falsum, efficitur Scriptura Sacra.* Nell' anno seguente, e nel 1588 le Facoltà teologiche di Lovanio e di Douai censurarono queste proposizioni. I dottori di Lovanio le condannarono *in globo*, perchè esse parevano molto simili all'antica eresia degli Anomei, i quali ardirono affermare che i Profeti e gli Apostoli spesso avevano parlato come uomini ordinari; ma quelli di Douai censurarono particolarmente ognuna delle proposizioni. Queste condanne non ritrassero Lessio ed Hamelio e parecchi altri Gesuiti dal sostenere la loro opinione; e Cornelio Lapierre (a Lapide) precipuamente ha poi insegnato che la inspirazione non è stata necessaria a' sacri Scrittori per scrivere le storie o le esortazioni, che avevano imparato o vedendole, o udendole, o leggendole, o meditandole; e che la semplice assistenza è stata loro bastante nelle mentovate circostanze. R. Simon si è dichiarato difensore di queste opinioni [1]. Noi, che non le ammettiamo tutte indistintamente, crediamo dover stabilire le proposizioni seguenti, che a noi paiono più probabili:

PRIMA PROPOSIZIONE

La semplice assistenza non è stata sufficiente a' sacri Scrittori
in nessuna parte delle loro Opere

1. Allorchè i sacri Scrittori ed i Padri della Chiesa hanno parlato

----

[1] *Hist. crit. du N. Testament,* c. XXIII, XXIV.

del soccorso soprannaturale, che hanno avuto gli autori della Scrittura nel comporre le loro opere; hanno applicato questo soccorso alla Scrittura in generale, senza fare la menoma restrizione, senza eccettuarne la menoma parte. Allorchè Gesù Cristo e gli Apostoli hanno chiamato l' Antico Testamento *Legge divina*, *Scrittura divina*, *Oracoli dello Spirito Santo*; quando tutti i dottori della Religione cristiana, parlando dell' Antico e Nuovo Testamento, hanno continuamente ripetuto, che le Scritture sono *gl' istrumenti, gli organi dello Spirito Santo, penne dello Spirito divino, corde mosse da un divino archetto*; non hanno segnata nessuna distinzione nè tra i differenti Libri, ond' è composta la Scrittura, nè tra le varie parti di ciascun Libro in particolare. Finalmente, quando s. Paolo ha egli stesso dichiarato, che *tutta la Scrittura è divinamente inspirata*; quando la tradizione, fedele interprete de' sentimenti del grande Apostolo, non ha mai dato luogo a limitazione della inspirazione ad alcune parti più o meno notabili della Scrittura; pare a noi che sia grande audacia e temerità affermare, che in certe cose i sacri Scrittori non hanno avuto altro soccorso dallo Spirito Santo, che la sola assistenza. Questo potrebbe affermarsi, se la semplice assistenza tenesse perfettamente le veci della inspirazione propriamente detta: imperocchè certo noi non abbiamo diritto di ammettere una maniera di soccorso, la quale non corrisponderebbe nè alla forza e proprietà de' vocaboli usati da' sacri Scrittori, nè a' sentimenti e parole de' Padri. Or la semplice assistenza, comunque si consideri, è inferiore alla inspirazione, avendo essa il solo scopo di guidare l' intelletto del sacro Scrittore nell' uso delle sue facoltà in guisa, che esso non commetta nessun errore: mentre poi l' inspirazione influendo ancora sulla volontà, lo spinge e determina a scrivere. Quindi nella semplice assistenza lo Scrittore medesimo si determina a scrivere liberamente e senza dipendenza da qualunque soccorso soprannaturale; ma nella inspirazione lo Spirito Santo è autore della determinazione presa dallo scrittore. Ecco un' altra differenza non meno notabile. Nella inspirazione Iddio detta o suggerisce allo Scrittore sacro, cui Egli anima col suo *soffio divino* (tal' è l' espressione usata da s. Paolo Ͽιόπνευστος), al meno la sustanza di quello, che deve dire, e lo conduce in modo, che non solo non può esso pigliare errore, o cadere in isbadataggini, per quanto si vogliano piccole; ma altresì in maniera che quanto esso scrive è la *pura parola* di Dio, ed ha solo Dio per autore. Al contrario nella semplice assistenza lo Spirito Santo nulla detta, nulla suggerisce; Egli fa solamente che lo scrittore, il quale ottiene il detto soccorso, non si valga malamente de' propri lumi. Quindi questo soccorso non è una illustrazione dell' intelletto, ma un aiuto esterno di Provvidenza, il quale veglia, affinchè lo scrittore non incorra in errori: e così quanto egli dice non

lascia di esser parola umana ; parola infallibile, è vero, ma parola, che ha per autore un uomo.

2. Se nella Scrittura fossero delle parti composte per mera assistenza, sarebbero in essa alcune parti inspirate, ed altre non inspirate, le quali per conseguenza non potrebbero essere dette parola di Dio, ma semplicemente parola umana. Or questa miscela di parole di Dio e di parole dell'uomo non solo non ha nessun fondamento, nè negli scrittori sacri, nè nella tradizione; ma è altresì formalmente opposta a queste due autorità, le quali chiaro affermano, tutta la Scrittura essere stata divinamente inspirata, e tutta intieramente contenere la parola di Dio.

3. Se i sacri Scrittori nel comporre le loro Opere avessero avuto il solo soccorso dell'assistenza, qual differenza sarebbe tra' loro scritti e le definizioni de' Concilì ecumenici ? Nondimeno la tradizione e la Chiesa medesima riconoscono un'immensa distanza tra queste due cose. Esse ci danno la Scrittura come la medesima parola di Dio, mentre poi tengono i decreti de' Concilì come spiegazione puramente umana, benchè infallibile, di questa divina parola.

4. Se la semplice assistenza non basta a rendere un'opera Santa Scrittura, quest'opera istessa per più forte ragione non può divenire parola di Dio, quando è stata composta senza questo soccorso e per industria affatto umana. La Chiesa, assistita dallo Spirito Santo, non può con le sue decisioni dichiarare altro, che quello che è stato già fatto: non è in poter suo il cambiare la natura di un libro, ella lo dà conoscere per quello ch' esso è; approvandolo, non può fare ch' esso sia stato composto dallo Spirito Santo, se realmente non è tale. E si è poi sempre e generalmente inteso per Santa Scrittura un'opera composta dallo Spirito Santo. Dalle quali cose apparisce, che la Chiesa non potrà fare che uno scrittore, mosso dal proprio spirito a scrivere un libro, sia stato pure mosso dallo Spirito Santo; e ciò con altri vocaboli suona così : un'opera composta per mera industria umana non potrebbe mai essere la parola di Dio in quel senso, che Gesù Cristo, gli Apostoli, i Padri e la Chiesa hanno sempre dato a questa espressione, quando l' hanno applicata alla Santa Scrittura.

SECONDA PROPOSIZIONE

L' inspirazione non si estende ancora alle parole usate
da' sacri Scrittori nel comporre le loro Opere

Benchè non abbiamo pensiero di condannare l' opinione contraria a questa, pure abbiamo per più probabile, che la inspirazione non appartiene ancora alle parole: ed ecco le ragioni, sulle quali stabiliamo il nostro sentimento.

1. L' inspirazione delle parole potrebbe con fondamento essere

ammessa, se fosse necessaria a stabilire la verità ed infallibilità della Scrittura, ed a provare che essa è la parola di Dio. Ma la Scrittura può avere ambedue i mentovati caratteri senza la inspirazione
delle parole, o, come dicesi, *verbale*. E per verità e' basta, che tutti
i pensieri ne sieno inspirati, e che lo Spirito Santo abbia vegliato
con un soccorso speciale, affinchè il sacro Scrittore adoperasse i vocaboli convenevoli per esprimere aggiustatamente le verità a lui suggerite. Con tutto ciò se alcuni vogliono ancora il soccorso della inspirazione *verbale*, sarà mestieri dire che le varie Chiese del mondo cristiano non hanno la parola di Dio; perocchè esse posseggono
versioni scritte in varie lingue, e però in vocaboli affatto differenti
da quelli, che sono usciti dalla penna de' sacri Scrittori.

2. La grande differenza di stile, la quale sta negli oracoli de' Profeti, negli scritti degli Apostoli ed Evangelisti, è altresì una pruova
molto forte contro la sentenza, che ammette la inspirazione *verbale*.
Ognuno di essi scrive secondo il genio, la educazione ed il secolo, in
che visse. Isaia, come nota s. Girolamo, di nobile lignaggio, allevato in corte de' re, ha uno stile terso, nobile, maestoso, in somma degno della sua educazione; Amos, al contrario, nato nell' umile capan-
na del pastore, e cresciuto tra gli armenti, non usa ne' suoi quadri e
somiglianze che le imagini della vita campestre[r]. S. Luca, sperto nella
lingua greca, scrive con molta purezza, mentre s. Paolo allevato, siccome e' medesimo dice, a' piedi dell' ebreo Gamaliele, parla un greco
duro e quasi barbaro. Finalmente s. Giovanni è diffuso, e qualche
volta cade nella ripetizione della medesima sentenza, la quale è chiamata *tautologia*; mentre s. Pietro è notevole pel suo stile conciso e
stretto. Posto ciò, e' pare più naturale attribuire queste differenze
nella maniera di scrivere piuttosto alla varietà d' ingegno degli Scrittori, che gratuitamente ricorrere al miracolo, dicendo che lo Spirito
Santo abbia voluto produrre, senza che i sacri Scrittori se ne avve-
dessero, una varietà di linguaggio tanto còusona al loro carattere e
tanto aggiustata a' loro differenti ingegni.

3. Finalmente la maniera varia, onde gli Evangelisti sogliono riferire le parole di Gesù Cristo, pare ci consenta di rigettare la necessità della inspirazione *verbale*. Imperocchè ammettendo quello che
non può essere negato, cioè che gli Evangelisti abbiano fedelmente
riferito ciò che era loro dettato dallo Spirito Santo, come potrebbesi giustificare questa diversità di espressione? Dirà taluno, essere questa diversità opera dello Spirito Santo? Ma allora noi non abbiamo
più le parole di Gesù Cristo ne' luoghi degli Evangeli, ne' quali sono
esse variamente riferite: imperocchè se queste parole divine appartengono a Gesù Cristo solamente quanto al senso, e se questo senso

---

[r] S. Hieron. in cap. III Amos, et Praef. in Jes.

non è, secondo la sentenza de' partigiani della inspirazione *verbale*, bastante a costituire la parola di Dio; necessariamente deriva, che questi tali luoghi del Vangelo non contengano le proprie parole di Gesù Cristo, il che è formalmente contrario al comune linguaggio della Chiesa.

Difficoltà

Diff. 1ª. L'inspirazione *verbale* è stata ammessa da' Rabbini e da' Padri della Chiesa, che più degli altri si sono consecrati allo studio della Santa Scrittura: sarebbe dunque temerità rigettarla. — 2ª. S. Paolo ne insegna che tutta la Scrittura è divinamente inspirata: la quale sentenza deve, per esser vera, applicarsi non pure alle cose, ma ancora alle parole contenute nella Scrittura. — 3ª. Tutta la Scrittura è non solo il pensiero, ma altresì la parola di Dio: e come potrebbe essere la parola di Dio, se Iddio non ne avesse dettato ancora le parole?

R. 1° I Rabbini, sostenendo l'inspirazione *verbale* si poggiano sopra ragioni troppo ridicole, e però la loro opinione non può essere qui di verun valore. I Padri della Chiesa poi, quantunque parlino con vocaboli pomposi e magnifici della inspirazione delle Scritture, pure in nessun luogo affermano esplicitamente, che essa appartenga ancora alle espressioni materiali del discorso. S. Agostino, parlando degli Evangelisti, dice che non bisogna attenersi alle parole di che hanno fatto uso, ma solo al pensiero da loro espresso [1]. S. Girolamo, benchè dica che ogni sillaba della Scrittura è piena di misteri, nel tempo stesso scrive che s. Paolo è volgare nel suo discorso, che commette solecismi, e che questo Apostolo veramente dice, sè ignorare l'arte dello scrivere pulito [2]. I quali Padri non avrebbero certo usato questo linguaggio, se avessero creduto, che tutto, perfino i vocaboli, fosse inspirato nella Scrittura. — 2° S. Paolo ha potuto dire con verità, tutta la Scrittura essere inspirata, e non per questo siam noi costretti ad estendere ancora alle parole questo divino soccorso. E per fermo, basta a giustificare quelle parole del grande Apostolo, che tutti i sensi contenuti nella Scrittura sieno inspirati da Dio, ossia che nessuna frase, nessuna parola sia non inspirata quanto alle verità contenute in essa. — 3° Il pensiero contenuto nella parola forma il fondamento della medesima parola, non già la lettera, la quale è l'espressione materiale: se dunque Iddio è autore del pensiero, può ancora con ogni verità essere autore della parola.

COROLLARIO

1° La definizione, che abbiamo data della *inspirazione*, è esattis-

---

[1] S. August. *De consensu Evangelistarum*, l. II. — [2] *II Cor*. XI, 6.

sima ed aggiustatissima, essendo perfettamente concorde con l' idea, che Gesù Cristo, gli Apostoli, gli altri sacri Scrittori, gli autori e-brei, i Padri della Chiesa e gli scrittori ecclesiastici ci hanno dato intorno a' soccorsi soprannaturali, de' quali hanno avuto mestiero gli autori de' santi Libri, per poter essere detto parola di Dio ciò, che essi hanno scritto. Essa è soprattutto conforme al vocabolo tanto chiaro e preciso adoperato dall'Apostolo s. Paolo, *Theopnevstos* (Θεόπνευστος): il quale vocabolo non è altro che la versione fedele dell' altro vocabolo *Rùach Elojím* (רוח אלהים), *soffio di Dio*, conse-crato presso gli Ebrei per indicare l' influenza esercitata dal divino Spirito su' Profeti, per la cui bocca voleva esprimere i suoi oracoli '. —2° Il *pio movimento* non ha potuto bastare a' sacri Scrittori per comporre le loro opere, perocchè esso non ha potuto loro comu-nicare il dono della infallibilità, che essi senza meno hanno avuto. Uno scritto non potrebbe essere tenuto come sacro senza l' assoluta certezza, che l' autore sia stato esente da qualunque inganno, o er-rore.—3° La semplice *assistenza dello Spirito Santo* senza inspira-zione sarebbe ancora insufficiente, siccome abbiamo dimostrato nel-la proposizione precedente.—4° Gli Scrittori sacri han dovuto avere il dono della *rivelazione* per lo meno nello scrivere quelle parti del-le loro opere, le quali contengono i misteri e gli avvenimenti futuri; perocchè tali cose essi non potevano mai conoscere per effetto dell'u-mana perspicacia. Non sapremmo poi persuaderci come la rivelazio-ne propriamente detta sia stata loro necessaria per tutto ciò che han-no scritto: tra queste cose molte erano certamente note ad essi o per testimonianza degli uomini, o per qualche altra via naturale, secon-do che essi medesimi fanno fede. S. Luca (I, 2, 3) dice in fatti, che egli racconta non le cose a lui rivelate da Dio, ma quelle che egli ha appreso da coloro, i quali sin dal principio furono testimoni ocu-lati de' fatti da lui presi a narrare. S.Giovanni ⁎ dichiara, che egli an-nunzia le cose vedute co' propri occhi, quello ch' egli ha udito, quello che ha toccato colle proprie mani.—5° Essendo la Santa Scrit-tura la parola di Dio, ed essendo stata composta per ordine suo e con la guida dello Spirito Santo, deve essere tenuta come una delle regole della nostra Fede e de' nostri costumi: cioè noi dobbiamo cre-dere quanto essa c' insegna, e valerci de' suoi documenti per norma della nostra condotta.

') Riscontrinsi *Num.* XXIV, 2; *I Sam.* (*I Reg.*) X, 6, 10, XIX, 20, 23; *Jes.* XLII, 1, LIX, 21; *Os.* IX, 7;

⁎) *I Joan.* I, 1.

CAPO II.

Della Canonicità della Santa Scrittura

1. La Canonicità de' Libri santi non è altro, siccome verremo dimostrando nel capitolo presente, che il fatto dell'inserimento di ciascun libro nel Canòne o Catalogo degli scritti divinamente inspirati*. Di qui deriva che ogni libro contenuto in sì fatto catalogo o canone deve essere necessariamente sacro, o divinamente inspirato. E per questo appunto le espressioni *libro canonico*, *libro inspirato*, *libro divino* sono spesso adoperate promiscuamente l'una in significato dell'altra*. Nondimeno a rigore di termini differenziano molto tra loro *inspirazione* e *canonicità*, conciossiachè la *canonicità* presuppone l'*inspirazione*; e per ciò un libro può essere stato composto per inspirazione divina, e nondimeno non essere stato noverato nel catalogo o raccolta sacra.

2. Que' libri che non sono nel Canone, vengono nominati *apocrifi*. Ma oltre a questi, nell'Antico Testamento sono mentovati parecchi altri, i quali da gran tempo sono perduti.

3. I nemici della Rivelazione hanno, specialmente in questi tempi ultimi, con ardore indicibile combattuto la canonicità delle Scritture; senza parlare di T. Hobbes e di Spinosa, i quali hanno sostenuto intorno al Canone delle Sante Scritture opinioni false e pericolose*; diremo di G. S. Semler, che può esser considerato come il padre de' razionalisti, e dopo lui di Corrodi. Costoro hanno in modo stranissimo abusato la loro erudizione profonda per stabilire princìpi, i quali da cima a fondo manomettono la divinità de' Santi Libri, e per conseguenza la loro canonicità*. Più recentemente Bertholdt, de Wette, Cellérier hanno sposto teoriche più o meno contrarie alla verità storica del Canone*. E specialmente il Cellérier, il quale fa professione di combattere il razionalismo, non si è ben guardato da questo errore, quando a cagion di esempio egli con tanta superficialità tratta dell'autorità canonica degli Agiografi. Haevernick, il quale ha scritto bene intorno alla canonicità de' santi Libri, e nel suo Commen-

---

*) La voce *canon*, o come dicesi in greco *kanon* (Κανὼν) propriamente suona *regola, legge*. Questo senso conviene perfettamente alle sante Scritture, le quali sono la regola della nostra Fede. Dal quarto secolo innanzi, questa voce è stata generalmente usata nel significato di *catalogo, raccolta*.

*) Suicer. *Thesaur. eccles.* voc. Κανὼν.

*) Hobb. *Leviathan*; Spinos. *Tract. theolog. polit.* c. X, XI.

*) Veggasi quello, che abbiamo detto a questo proposito a pag. 12.

*) Bertholdt. *Introd.* t. I, p. 70 seg. De Wette, *Introd.* § 7, 13; Cellérier, *Introd. à l'Anc. Test.* p. 298 seg.

to su Daniele, e nella sua Introduzione ed istoria del Canone dell'Antico Testamento; è incorso in certi errori comuni ancora a' più rigidi protestanti intorno alla quistione della canonicità. Finalmente fra' cattolici R. Simon, il p. Lamy, G. Jahn non sempre hanno usato vocaboli esatti, favellando di alcune quistioni riguardanti al Canone, siccome daremo vedere.

4. Il Canone de' santi Libri non è il medesimo sì per gli Ebrei, che pe' Cristiani; nè i Cristiani sono concordi intorno a questo punto: imperocchè i protestanti noverano tra gli apocrifi molti libri, che sono da' Cattolici avuti in conto di canonici.

SEZIONE PRIMA

Canone della Chiesa Giudaica

Se noi vogliamo avere una idea giusta e compiuta del Canone degli Ebrei, dobbiamo ricordarci che presso gli antichi popoli sempre a' ministri della Religione erano affidati gli scritti avuti come sacri e divini, affinchè gli avessero custoditi [1]; e che queste preziose raccolte erano depositate e conservate nel tempio [2]. Nè gli Ebrei, quanto a ciò, avevano differente costumanza. Noi in fatti sappiamo da molte testimonianze del Pentateuco, che questo Libro fu depositato nelle mani de' Sacerdoti e messo nell'Arca, o dallato all'Arca dell'alleanza, affinchè fosse conservato [3]; anzi prima che fosse compiuto, Mosè in certe circostanze pubblicamente e solennemente leggeva quelle parti, che già erano state scritte [4].

Quindi non si può dubitare che il primo Canone della Chiesa giudaica sia stato il Pentateuco, di cui è autore Mosè, legislatore del popolo ebreo, e Profeta ancora, anzi il massimo tra' Profeti. Quel Mosè, il quale aveva provata la sua missione con miracoli strepitosi, e pubblicando il Pentateuco lo aveva proposto come parola di Dio.

(0) Da Mosè sino allo scisma delle dieci tribù furono senza dubbio scrittori inspirati, i cui scritti erano avuti in venerazione dalla tradizione; ma non pare che i loro libri sieno stati messi nel Canone della Chiesa giudaica. Imperocchè, se di esso avessero fatto parte, quegli Ebrei, i quali fecero scisma dal resto della nazione, avrebbero dovuto conservare non solo il Pentateuco, ma ancora gli altri Libri

---

[1] Cf J. E. Jablonski, *Pantheon Aegypt.* Proleg. p. 94 seg.
[2] Euseb. *Praep. evang.* I, 9; Strabon. *Geogr.* l. XIV, p. 734, ed. Xylander; Diog. Laërt. IX, 6; Servius *ad Virg. Aeneid.* VI, 72; Onupbr. Panvin. *De Sibyl. et Carm. sibyl* p. 309.
[3] *Deut.* XVII, 18, XXXI, 9, 26.
[4] *Ex.* XXIV, 7. Vedi nell'altro nostro lavoro *Le Pentateuque avec une traduction française,* ecc. t. II, le note rilevanti alle ff. 124, 125 e 176.

anni 640.

scritti da Mosè sino a quest'epoca. È poi manifesto, non aver questi portato con sè altro libro che il Pentateuco, perchè i Samaritani han posseduto questo solo libro, cui avevano ricevuto dagli Ebrei scismatici.

Non sappiamo esservi stato altro Canone solennemente riconosciuto oltre quello attribuito ad Esdra, e di cui verremo trattando; ma è certo che da Mosè sino ad Esdra sono stati scritti molti altri libri inspirati, come *Giosuè*, *i Re* ecc., i quali hanno di molto preceduto la schiavitù di Babilonia: ed è pure certo che durante questo spazio di tempo agli Ebrei non è mancato un'autorità sufficiente per dichiarare la divinità delle loro opere; perocchè hanno avuto la stessa Chiesa giudaica ed i Profeti, il cui ministero straordinario non veniva mai meno. « Imperocchè, siccome scrive Eusebio, tra gli Ebrei non era diritto del popolo giudicare di coloro, che erano inspirati, o decidere intorno alle opere divinamente inspirate; quest'uffizio era riservato ad un picciol numero di persone assistite dallo Spirito Santo per decidere di queste cose; non altrimenti che gli autori di queste opere avevano il dono di una inspirazione speciale per iscrivere questi oracoli. Solo ad essi spettava l'autorità di consecrare i libri de' Profeti e di rigettare gli altri come falsi e supposti [1] ».

È certo che gli Ebrei hanno al presente un Canone delle Sante Scritture, il quale contiene trentanove Libri: tutti questi sono stati poi ridotti a ventiquattro secondo il numero delle lettere dell'alfabeto greco. Questi ventiquattro Libri sono: 1° il Genesi, 2° l'Esodo, 3° il Levitico, 4° i Numeri, 5° il Deuteronomio, 6° Giosuè, 7° i Giudici, 8° due libri di Samuele, 9° due de' Re, 10° Isaia, 11° Geremia, 12° Ezechiele, 13° i dodici Profeti minori, 14° i Salmi, 15° i Proverbi, 16° Giobbe, 17° il Cantico de' Cantici, 18° Ruth, 19° le Lamentazioni, 20° l'Ecclesiaste, 21° Esther, 22° Daniele, 23° Esdra e Nehemia, 24° i Paralipomeni. Ma gli antichi Ebrei univano Ruth al libro de' Giudici, le Lamentazioni di Geremia al libro delle sue Profezie, e così riducevano a 22 il numero de' Libri, per conformarsi alle ventidue lettere del loro alfabeto, siccome i Greci hanno diviso l'Iliade in 24 canti, quantunque questo poema possa essere diversamente spartito [2].

---

[1] *Praep. evang.* l. XII, c. XXII, p. 597, Paris. 1628.

[2] Gli Ebrei dividono in tre classi questi 24 Libri. La prima contenente il Pentateuco di Mosè chiamasi *Toràh* (תּוֹרָה); questo vocabolo comunemente è spiegato per *legge*, ma propriamente ha una significazione più estesa, e corrisponde all'idea di *dottrina, insegnamento, istruzione.* La seconda parte, che contiene Giosuè ed i Libri seguenti sino a Malachia, ultimo de' Profeti minori, è nominata *Nevijim* (נְבִיאִים), ossia *Profeti.* La terza contenente tutti gli altri libri, è distinta col nome di *Keduvim* (כְּתוּבִים), o

Questo Canone ammesso oggidì dagli Ebrei ha dato luogo alle due quistioni seguenti:

QUISTIONE PRIMA

Qual'è l'origine del Canone attuale degli Ebrei ?

Accennando, alla facc. 12, in modo generale che errori più o meno gravi sono stati sostenuti quanto alla Canonicità de' Libri santi, ci proponemmo di darli conoscere, quando sarebbe caduto in acconcio. La presente quistione ci dà occasione di dirne alcuni e combatterli.

Spinosa pretende, non essere stata la raccolta de' Libri santi compiuta prima de' tempi de' Macabei [1]. Riccardo Simon presuppone che tra gli Ebrei sempre, ed anche precedentemente ad Esdra, sieno stati degli scrittori pubblici, i quali conservavano ne' loro archivi gli scritti sacri, pubblicavano quelli che loro piaceva, con ordine affatto arbitrario, aggiungevano e toglievano a lor talento [2]. Molti critici de' dì nostri vogliono che il Canone delle Sante Scritture non fu chiuso a' tempi di Esdra, ma dopo di esso; anzi aggiungono che il Canone sia stato formato a poco a poco senza intenzione precedente ed a caso. Questa opinione è stata più che da altri difesa da Bertholdt e De Wette [3]. Cellérier, quantunque ammetta essere stato il Canone compiuto in un'epoca anteriore a' Macabei, pretende però che la formazione di esso sia opera di parecchie persone, ed anche di più generazioni. Secondo il suo parere Esdra forse cominciò, ed altri avranno continuato questo lavoro. E' soggiunge: « La tradizione degli Ebrei parla di una successione di dottori nominata *grande Sinagoga*. Nulla assolutamente ci assicura della loro infallibilità [4] ».

Queste opinioni vogliono dimostrare che parecchi libri si sono, molto dopo la schiavitù, introdotti nel Canone in maniera illecita; ovvero che questi Libri meritano poca fede e vi sono stati conservati in cattivo stato, siccome ha bene osservato Haevernick [5]; noi contro di esse fermiamo le proposizioni seguenti, le quali abbiamo in conto di probabilissime.

———

Scritti per eccellenza, cioè scritti divini: e questa idea esprime perfettamente il termine consecrato *Agiografi*. Or questi ultimi venivano così chiamati, perchè erano di autori divinamente inspirati, ma privi del carattere di Profeti propriamente detti. I Rabbini per rendere l'espressione compiuta hanno aggiunto: scritti *dallo Spirito Santo*. Egualmente i Padri della Chiesa han detto *grapheïa* (γραφεῖα) o *agiographa* (ἁγιόγραφα).

[1] Spinosa, *Tract. theol. polit.* c. X.
[2] R. Simon, *Hist. crit. du V. T.* l. I, c. 11.
[3] Bertholdt, *Einleit.* t. I, p. 70 seg.; De Wette, *Einleit.* § 13, 14.
[4] Cellérier, *Introd. à l'Anc. Test.* p. 362.
[5] *Mélanges de théol. reformée*, quad. 2, p. 171.

PROPOSIZIONE

Il Canone degli Ebrei ha avuto origine ed è stato chiuso a' tempi di Esdra

1. Il tempo venuto immediatamente dopo il ritorno dalla cattività era certo il più conveniente alla formazione del Canone de' Libri santi, ed alla sua determinazione irrevocabile. Imperocchè gli anni delle calamità avevano rannodato molto strettamente tra gli Ebrei la religione de' padri loro : essi accuratamente cercavano tutta quella consolazione, che potevano percepire dalla storia di un tempo più felice. Non mancarono alcuni tiepidi Israeliti, i quali preferirono rimanere nel luogo dell' esilio; ma gli altri, pieni di zelo, premurosamente fecero ritorno nella terra sacra. Quindi questa politica rivoltura aprì una novella epoca religiosa, la quale diè vita a nuove instituzioni religiose. Le sinagoghe ed i *sanhedrìn (sinedrìi)*, i quali appariscono con tanta importanza nella storia susseguente degli Ebrei, ripetono da quest' epoca i loro primi princìpi. Or il Canone de' Libri santi della nazione non ha potuto essere trascurato in questi tempi di universale ristorazione: nessuno può con ragione sospettare che gli Ebrei non abbiano avuto nè sollecitudine, nè zelo per questi Libri, che erano la base del loro reggimento teocratico, e che potevano da sè soli dar forza e solidità alla nuova colonia tanto debole per sè stessa. E che! appena morto Maometto il Corano fu raccolto da Abubekr [1], ed Esdra, Nehemia, i Profeti loro contemporanei, che tutti furono uomini tanto illustri, avrebbero avuto minor zelo per raccogliere i Libri sacri della loro nazione! « Zorobabele, Esdra, Nehemia, dice il p. Fabricy, riformarono gli abusi, fecero cessare molte prevaricazioni, e furono zelantissimi per l'osservanza delle constituzioni mosaiche. Come avrebbero costoro trascurato gli scritti, che erano tanto strettamente congiunti co' princìpi fondamentali di una Religione, di cui erano stati ristoratori? [2]» La presupposizione, adunque, è assurdissima, nè può essere ammessa da spiriti ragionevoli.

2. Se noi risaliamo nella storia degli Ebrei verso i tempi di Esdra e di Nehemia, troviamo sempre i loro libri trattati col più profondo rispetto e tenuti come parti formanti un sol corpo [3]. E questa maniera, onde essi consideravano i Libri santi, sarebbe inesplicabile, se il Canone non fosse già stato terminato e presentato al popolo come fregiato di sanzione divina.

---

[1] Hottinger, *Bibl. orient.* p. 106.
[2] *Tùres primitifs de la révélation*, t. I, p. 78.
[3] Si riscontrino i Libri de' *Macabei*, della *Sapienza*, di *Baruch*, i quali afforzano molto questa asserzione: veggasi pure ciò che abbiamo detto a proposito della inspirazione, alle ff. 13, 14.

3. La tradizione ebraica ci manda ancora a questi tempi di Esdra e Nehemia, quanto alla raccolta del Canone. La testimonianza più curiosa al proposito leggesi in quella parte del Talmud, che è tra tutte la più antica, e viene nominata *Pirkè Avòd* (אבות פרקי), *Capitoli de' Padri*. Questo libro contiene sentenze e comincia così: « Mosè ricevette la Legge del Sinai; egli la diede a Giosuè, questi a' seniori, i seniori a' Profeti, i Profeti a' membri della grande Sinagoga ». Questi ultimi sono dunque stimati come quel corpo della nazione, il quale fedelmente conservò la religione de' padri loro. Chi erano questi uomini? Il Talmud ne esprime il carattere con la sua ordinaria maniera, cioè con forma di apoftegma; esso dice: « Questi uomini hanno dette tre parole: Ponete una savia lentezza ne' giudizi, formate molti discepoli, stabilite una barriera alla legge [1] ». L' ultima sentenza allude al fatto avvenuto alle falde del Sinai [2], e significa che siccome Mosè mediante una barriera preservò la Legge da qualunque attentato, così la grande Sinagoga vegliò dal canto suo per osservare esattamente la Legge. Or secondo la *Mischnà*, la Massora [3] è questa barriera messa intorno alla Legge: e la Massora nei *Pirkè Avòd* è presa sempre per indicare i lavori e le tradizioni riguardanti al testo del Canone. Finalmente, secondo il mentovato libro, l' ultimo membro della grande Sinagoga fu Simone il Giusto [4]: e tutto concorda nel rappresentarci quest'uomo come il successore di Esdra [5]. Noi potremmo aggiungere altre testimonianze di tal fatto; ma ci contentiamo ad osservare che gli autori del Talmud di Babilonia dicono chiarissimamente, avere la grande Sinagoga messo termine al Canone de' Libri santi degli Ebrei [6].

4. L' autorità di Giuseppe, o anzi quella della sua nazione, perchè e' parla a nome di questa, afforza ancora la nostra proposizione. Noi abbiam visto, pag. 13, che gli Ebrei, come riferisce il nominato storico, aveano solo *ventidue libri da essi tenuti come divini*. Ei dice che cinque tra essi hanno per autore Mosè, i quali tra le altre cose contengono l'origine del mondo e le genealogie degli antichi Ebrei; che dalla morte di Mosè sino ad Artaserse, successore di Serse re de' Persiani, i Profeti hanno scritto la storia de' loro tempi in tredici libri; che i rimanenti quattro contengono cantici indirizzati a Dio e

---

[1] Veg. la *Mischnà*, ediz. Surenbusius, t. IV, p. 409.
[2] *Exod.* XIX, 12, 13.—[3] Ved. la *Mischnà*, ediz. cit. p. 442.
[4] *Ibid.* p. 210.—[5] *Ibid.* Comment. R. Bartenora.
[6] Talm. Babyl. *Baba bathra*, fol. 13, verso; fol. 15, verso. Benchè i dottori ebrei abbiano insegnato molte falsità a proposito di questa grande sinagoga, pure la sustanza di questa tradizione è incontrastabile; imperocchè essa è perfettamente conforme allo stato delle cose nel tempo, in cui fu rimessa la nazione giudaica dopo il ritorno della schiavitù di Babilonia.

regole di condotte. Finalmente e' dice che da Artaserse sino al suo tempo tutto è stato egualmente scritto in altri libri; ma questi non sono egualmente stimati degni di fede quanto i precedenti, essendo mancata una successione costante di Profeti [1]. Quindi questa successione non interrotta di Profeti è durata presso gli Ebrei da Mosè sino ad Artaserse;e però il Canone abbracciando questo spazio di tempo,non può essere collocato in un tempo posteriore. D' altra parte è provato che Malachia, ultimo de' Profeti, esercitò il suo ministero profetico verso la fine del regno di questo principe.

5. Il libro di Gesù,figliuolo di Sirach (l' Ecclesiastico),è stato composto in ebreo, probabilmente trecento anni innanzi Gesù Cristo,come pare abbia dimostrato il Jahn [2].Or questo libro avendo fatto memoria degli uomini illustri e degli scrittori degli Ebrei, ed avendo nominato Isaia, Geremia, Ezechiele,soggiunge i *dodici Profeti* senza verun altro contrassegno [3]. Ciò dimostra nel tempo stesso, e che gli scritti de' dodici Profeti minori erano già raccolti insieme, e che il Canone degli Ebrei era già cominciato, perchè in fatti in questo Canone i dodici Profeti minori vengono immediatamente dopo Isaia, Geremia ed Ezechiele [4].D' altronde,se si considera che tra il figliuolo di Sirach e Nehemia sono corsi circa cento anni di distanza;ognuno naturalmente dimanderà, come il libro di questo scrittore non ha potuto essere noverato nel Canone? La quistione si risolve facilmente colla nostra opinione; ma essa diviene insolubile per que' critici, i quali sostengono che a' tempi di Esdra e Nehemia il Canone degli Ebrei non era ancora chiuso.

6. Finalmente la tradizione delle Chiese cristiane pone ne' tempi di Esdra e Nehemia la formazione del Canone de'Libri che gli Ebrei hanno sempre considerato come sacri e divini.

_____

[1] *Contr. Apion.* l. I, § 8.

[2] *Introd. in libr. V. T.* p. 463, 464, 2ᵃ ediz.o l' edizione tedesca, p. II, sect. IV, § 249,p.927-932. Haevernich fa a questo proposito una osservazione, che stimiamo opportuno rammentare:«Oggidì comunemente si afferma, che questo libro sia stato scritto in epoca più recente. Nondimeno io son convinto che Jahn (*loc.cit.*)ha veduto quanto a ciò il vero.Un dotto moderno, certamente imparziale, è dello stesso parere (Winer, *De utriusque Siracidae aetate*,Erlangen1832),ed i suoi pregiudizi sul Canone impediscono a lui di ammettere pienamente questa opinione »; *Mélanges de théol. réformée*, 2 quad. p. 173.

[3] *Eccl.* XLVIII, 23, 25, XLIX, 8, 10, 12.

[4] Haevernick pretende che il versetto 10 (Volg.12)del capo XLIX sia una interpolazione,e che l'autore dell' *Ecclesiastico* ha studiosamente omesso i Profeti minori per non interrompere il filo cronologico della sua narrazione (Haevern. *Einleit. erst. Theil. erst. Abtheil.* S.64).Vedi intorno a tale opinione già sostenuta da Bretschneider (*Lib. Sirac.* graece, p. 662), quello che abbiamo detto nella introduzione particolare al libro dell' Ecclesiastico.

QUISTIONE SECONDA

Chi é l'autore del Canone degli Ebrei ?

1. Se l'autore del Canone degli Ebrei non può essere in maniera precisa determinato, bisogna convenire che molte testimonianze di vario genere concorrono a dimostrare che Esdra ha raccolto tutti i libri, i quali quantunque riconosciuti come divini non erano però raccolti insieme; ed Esdra li fece accettar come tali dalla sua nazione. Nominando però Esdra non vogliamo dire, che egli solo abbia compiuto questo lavoro, ed abbia eseguito questa rilevante missione: imperocchè vivevano tuttora i Profeti Aggeo e Zaccaria, e poco dopo vennero Malachia e Nehemia, il cui libro è stato inserito nel Canone dopo quello di Esdra. Perciò Esdra ha lavorato intorno al Canone, e Nehemia lo ha compiuto; e trovandosi l'autorità della Sinagoga riunita a quella de' Profeti, nulla mancava di ciò, che era necessario per obbligare tutta la nazione a ricevere il Canone munito di questa duplice autorità. Così osserva il dotto Huet, il quale soggiunge che per quanto fosse stato prezioso questo lavoro di Esdra, sarebbe riuscito inutile (*fructu tamen caruisset*) senza l'adesione legittima della Sinagoga [1].

2. Da' libri di Esdra e Nehemia apparisce che Esdra più di ogni altro fu incaricato di quanto riguarda alla Religione: egli mostra zelo ardentissimo, perseveranza ammirabile per l'osservanza della legge, per la ristorazione del culto e degli ordini divini. Egli tiene la Legge nelle mani, la spiega a' sapienti, e fa professione speciale di scrivere le parole, i precetti dell'Eterno ed i decreti di Lui quanto ad Israele. Di qui provviene l'epiteto di *Hassofér* (הסופר) o lo *Scriba*, il quale è spesso dato a lui, e che è divenuto per lui un soprannome [2]. Come dunque si può pensare, che quest'uomo non sia l'autore del Canone, o al meno che egli non abbia preso in esso la maggior parte?

3. La testimonianza degli Ebrei a questo proposito è sempre stata costante ed unanime. La tradizione de' Cristiani riunisce le medesime qualità. E se il sentimento di alcuni dottori della Chiesa è smodato quanto ad Esdra, siccome diremo più innanzi, questo non nuoce alla forza della pruova ricavata dalla loro testimonianza. Quindi Esdra è tenuto come l'autore del Canone degli Ebrei da s. Ireneo, da Clemente di Alessandria, Tertulliano, s. Basilio, s. Gio. Crisostomo, Teodoreto, s. Girolamo, ecc. [3].

---

[1] Huet, *Demonst. evang.* Prop. IV: *De Can. lib. sacr.* IV.
[2] Cf *Esdr.* VII, 10, 11, 12; *Neh.* VIII, 1, 3, ecc.
[3] S. Iren. *Adv. haeres.* l. III, c. XXI; Clem. Alex. *Stromat.* l. I; Tertull.

Difficoltà *proposte contro il compimento del Canone degli Ebrei, e* **Repliche** *alle medesime*

Diff. 1ª. Benchè Esdra e Nehemia, dicono dopo Spinosa alcuni critici di Alemagna, abbiano lavorato alla formazione del Canone degli Ebrei, pure non lo hanno finito: imperocchè molti tra' libri contenuti in questo Canone non erano ancora composti a' tempi di Esdra e Nehemia.

R. È vero che questi critici pretendono essere stato il libro di Daniele, a mo' di esempio, scritto a' tempi de' Macabei, e que' de' *Cronici* (Paralipomeni) e di Esdra essere stati *foggiati* a' tempi de' Seleucidi. Ma questa pretensione non ha altro fondamento che ipotesi affatto gratuite, delle quali mostreremo la falsità nella Introduzione particolare a ciascuno di questi libri.

D. 2ª. I medesimi critici oppongono ancora, che se i due Profeti Esdra e Nehemia avessero raccolto tutti i libri, che formano il Canone degli Ebrei, avrebbonli disposti con più natural ordine: avrebbero, per esempio, messo Daniele tra' Profeti, ed i Paralipomeni immediatamente dopo i Re.

R. Si può in varie guise rispondere a questa difficoltà. Dapprima l' asserzione de' nostri avversari avrebbe qualche peso, sol quando si dimostrasse che l'ordine attuale de' Libri santi nelle Bibbie ebraiche sia il primitivo: la qual cosa essi non potrebbero fare in guisa da tor di mezzo ogni dubbio, poichè nè la versione de' Settanta, nè Giuseppe mantengono l' ordine tenuto dalle dette Bibbie. Ma potrebbero poi i critici nostri avversarii anzi provare che Esdra e Nehemia senza nessuna ragione abbiano seguitato l'ordine mantenuto dagli Ebrei odierni nel formare il Canone? Se è vero, siccome leggesi nel *Talmud* e comunemente s' insegna dagl' interpreti, che i Paralipomeni sono opera di Esdra e Nehemia; noi non sappiamo perchè abbiano fatto male questi due Profeti collocandoli dopo i Libri, che hanno il nome di essi. Daniele poi non è stato messo nella classe de' Profeti, perchè non fu Profeta in quel senso, che pare abbiano gli antichi Ebrei dato alla voce *Navi* (נביא), la quale significava un uomo, che per speciale professione esercitava il ministero profetico. Gli uffizi da lui esercitati nella corte de' re di Babilonia, Media e Persia, erano tali, che dovevano, a quel che pare, escluderlo da questa classe; egli era un *Chozé* (חֹזֶה) o *Veggente*, simile a Davide e Salomone, le cui opere non sono state collocate tra' Profeti propriamente detti: siccome nemmeno il Pentateuco è stato tra questi noverato,

---

De habit. mul. c. III; Basil. *Epist. ad Chilonem.*; Chrys. Hom. VIII *in Epist. ad Hebr.*; Theod. *Praef. in Ps.*; Hier. *adv. Helvid.*; Leont. *De sectis*, act. 2.

benchè Mosè sia tenuto dagli Ebrei come un Profeta superiore a tutti gli altri Profeti.

D. 3ª. Secondo Bertholdt e De Wette, l'ultima classe de' Libri sacri fu compiuta, allorchè le due altre erano già chiuse. Dapprima fu raccolto il Pentateuco, poi i Profeti, a' quali furono aggiunti Giosuè, i due di Samuele e i due de' Re, perchè non esisteva ancora una terza classe. Finalmente si fece una terza raccolta di ogni specie di Libri, essendo già chiuse le due precedenti.

R. Una parte di questa terza difficoltà appartiene alla prima, e perciò noi risponderemo a quelle cose, che propriamente spettano ad essa. Come dicono Bertholdt e de Wette i Libri sacri degli Ebrei sono stati divisi in tre classi, essendo stati i libri medesimi o scritti, o trovati in tre differenti epoche. Ma questa presupposizione è sfornita di ogni pruova, perocchè nulla può assolutamente dimostrare che gli Agiografi, o libri della terza classe sieno stati scritti o trovati dopo degli ultimi Profeti ; anzi questa presupposizione è opposta alla credenza generale degli Ebrei e de' Cristiani. E per ciò una critica imparziale non permette che sia ricevuta.

SCOLIO

Dal detto nelle due quistioni precedenti si può agevolmente conchiudere, che il lavoro di Esdra sulle Scritture consiste principalmente in ciò: egli rivide i Libri degli Ebrei, emendò gli errori potuti cadere in essi, e formò un Canone di tutti quelli che dovevano essere tenuti come sacri. Quindi non si può affermare con l'autore del quarto libro di Esdra [1], con alcuni Padri della Chiesa e con parecchi scrittori moderni, che tutti i Libri santi degli Ebrei essendo stati arsi nell' incendio di Gerusalemme e del tempio, sieno poi stati dettati a memoria da Esdra. Noi rigettiamo egualmente l'opinione di Riccardo Simon, il quale afferma che questo principe de' dottori della Legge, siccome lo chiamano gli Ebrei, non abbia fatto altro se non accorciare le memorie più estese negli antichi scritti originali de' sacri Scrittori, alle quali egli aggiunse, tolse e recò mutazioni, secondo che stimava necessario. Questo ei fece, continua R. Simon, perchè era profeta o scrittore pubblico [2]. Nella nostra *Introduzione storica e critica* ecc. (tom. I) possono leggersi le ragioni che alleghiamo, per difendere la nostra sentenza, e per confutare queste due opinioni, che sono egualmente erronee.

---

[1] XIV, 19 seg.
[2] R. Simon, *Hist. crit. du V. T.* l. I, c. I.

SEZIONE SECONDA

Canoni della Chiesa Cristiana

Per meglio intendere quello, che verremo dicendo quanto a' differenti Canoni de' Cristiani, è necessario richiamare a memoria le cose dette alla facc.2; cioè, che i Libri dell'Antico e Nuovo Testamento si dividono in *proto-canonici* e *deutero-canonici*; che i proto-canonici dell'antico Testamento sono quelli noverati nel Canone della Sinagoga; i deutero-canonici poi sono quelli aggiunti a' precedenti dalla Chiesa cattolica nel suo Canone particolare. Proto-canonici del Nuovo Testamento sono i Libri, che sempre sono stati senza dubbio alcuno riconosciuti come canonici da tutte le Chiese: deutero-canonici poi sono quelli, de' quali si è dubitato da principio, ma poi sono stati riconosciuti come parte essenziale della Santa Scrittura.

I libri riconosciuti come canonici dalla Chiesa Cattolica sono i seguenti: 1° Dell'antico Testamento, i cinque libri di Mosè, cioè, il Genesi, l'Esodo, il Levitico, i Numeri ed il Deuteronomio; Giosuè, i Giudici, Ruth; quattro libri de' Re; due de' Paralipomeni; il primo di Esdra, ed il secondo col titolo di Nehemia; Tobia, Giuditta, Esther, Giobbe; centocinquanta Salmi, i Proverbi, l'Ecclesiaste, il Cantico de' Cantici, la Sapienza, l'Ecclesiastico; Isaia, Geremia e Baruch; Ezechiele, Daniele; i dodici Profeti minori, cioè: Osea, Gioele, Amos, Abdia, Giona, Michea, Nahum, Habacuc, Sofonia, Aggeo, Zaccaria, Malachia; due libri de' Macabei, cioè il primo ed il secondo. 2° Del Nuovo Testamento, i quattro Evangeli, secondo s. Matteo, s. Marco, s. Luca e s. Giovanni; gli Atti degli Apostoli; quattordici Epistole di s. Paolo, cioè una a' Romani, due a' Corinti, una a' Galati, una agli Efesii, una a' Filippesi, una a' Colossesi, due a' Tessalonicesi, due a Timoteo, una a Tito, una a Filemone, ed una agli Ebrei; due Epistole di s. Pietro; tre di s. Giovanni, una di s. Giacomo, una di s. Giuda, finalmente l'Apocalisse di s. Giovanni.

Tra' libri dell'Antico Testamento sono deutero-canonici i seguenti: 1° Sette libri intieri, cioè: Tobia, Giuditta, la Sapienza, l'Ecclesiastico, il primo e secondo de' Macabei, Baruch; 2° alcuni frammenti, i quali sono: nel libro di Daniele l'orazione di Azaria ed il cantico de' tre fanciulli nella fornace (cap. III, vers. 24-90); la storia della casta Susanna (cap. XIII); la distruzione di Belo e del dragone (cap. XIV); nel libro di Esther, i sette ultimi capitoli, cioè dal cap. X, vers. 4, sino al cap. XVI, vers. 24. Tutti gli altri libri sono proto-canonici.

La maggior parte de' libri del Nuovo Testamento sono proto-canonici; tra' deutero-canonici sono noverati i seguenti: l'ultimo capitolo di s. Marco, dal vers. 9 sino alla fine; i versetti 43 e 44 del cap. XXII del Vangelo di s. Luca, cioè la narrazione del sudore di sangue di Gesù Cristo sul monte degli ulivi, e l'apparizione dell'Angelo; il capitolo VIII dell'Evangelo di s. Giovanni, dal vers. 2 sino al vers.22, dove si narra il fatto della donna adultera; l'Epistola di s. Paolo agli Ebrei; quella di s. Giacomo, la seconda di s. Pietro, la seconda e la terza di s. Giovanni; quella di s. Giuda; finalmente l'Apocalisse di s. Giovanni.

I Protestanti non hanno il medesimo Canone tra le loro varie sette. Lutero ha rigettato tutti i deutero-canonici dell'Antico Testamento, e quasi tutti quelli del Nuovo. Calvino ha scacciato pure dal Canone tutti i deutero-canonici dell'antico Testamento, ma ha conservato quelli del Nuovo.

I libri deutero-canonici hanno dato luogo a quistioni di somma importanza: noi ne tratteremo le principali.

QUISTIONE PRIMA

I Libri deutero-canonici dell'Antico Testamento hanno mai fatto parte del Canone degli Ebrei?

Serario pretende che gli Ebrei abbiano fatto dopo Esdra un nuovo Canone delle Scritture, nel quale furono collocati i libri di Tobia, di Giuditta, dell'Ecclesiastico, della Sapienza e de' Macabei.

Genebrardo vuole, che presso gli Ebrei sieno stati tre Canoni differenti: il primo formato a' tempi di Esdra; il secondo nell'assemblea tenuta, com' e' dice, quando si deliberò per mandare i settantadue interpreti a Tolomeo Filadelfo; nel quale Canone furono aggiunti a'libri contenuti nel primo Tobia, Giuditta, l'Ecclesiastico e la Sapienza; il terzo finalmente, nel quale un' altra assemblea riunita per condannare i Sadducei inserì i libri de' Macabei [1]. Queste due opinioni non paiono degne di accoglienza per le ragioni che diremo.

PROPOSIZIONE

Gli Ebrei non hanno avuto Canoni posteriori a quello di Esdra

Per poter supporre che dopo Esdra sieno stati fatti uno o più Canoni delle Scritture, sarebbe necessario trovare nella storia o ne' Padri qualche testimonianza favorevole a questa presupposizione: or non solo non ne scontriamo alcuna simigliante, ma al contrario ne leggiamo molte, che mostrano imaginaria e falsa questa presupposizione, siccome aggiustatamente ha osservato il Martianay [2].

_____

[1] Serar. *Proleg. bibl.* c. VIII, q. XVI; Genebr. *Chronol.* l. II.
[2] G. Martianay, *Deuxiéme traité du Canon des livres de la sainte Écriture*, p. 96.

1. Giuseppe dice chiaro, che gli Ebrei non conoscevano altro che i ventidue Libri sacri composti sino al regno di Artaserse, e che essi non avevano in eguale venerazione quelli che sono stati scritti dopo quest'epoca [1]. Giuseppe non avrebbe potuto fare questa osservazione, se gli altri libri di Tobia, Giuditta ecc., fossero stati tenuti come canonici presso i suoi concittadini. Lo stesso dicasi quanto a s. Girolamo e s. Epifanio: questi santi dottori non avrebbero mai affermato sull'autorità degli Ebrei de'loro tempi, che il Canone delle Scritture conteneva solamente ventidue Libri, e che tutti gli scritti non contenuti in questo numero dovevano essere stimati apocrifi, se questi stessi Ebrei avessero ammesso un Canone di maggior rilievo di quello di Esdra.

2. È certo che i primi Cristiani hanno avuto dagli Ebrei Giuditta, Tobia, l'Ecclesiastico ecc. È ancora certo che al meno una parte de' primi Cristiani tenevano questi libri come apocrifi; or come avrebbero potuto tenerli per non canonici, se essi avessero fatto parte del Canone della Chiesa giudaica? Quindi gli Ebrei non hanno mai ricevuto, nè riconosciuto altri Canoni delle Scritture oltre quello, che fu formato a' tempi di Esdra.

Serario allega, è vero, a pro della sua opinione una testimonianza di Giuseppe, il quale nel secondo libro contro Appione cita questa sentenza come tratta dalla Scrittura: *Mulier vero in omnibus pejor viro, cujus nequitia mulierem etiam beneficam superat;* questa sentenza pare tratta dall'Ecclesiastico, cap. XLII, vers. 14: *Melior est iniquitas viri, quam mulier benefaciens.* Ma si può notare col Martianay che queste due massime non sono affatto simili: perocchè le parole *mulier vero pejor viro in omnibus,* non si leggono nell'Ecclesiastico. Di qui è facile conchiudere che Giuseppe non ha ricavato la sentenza riferita dal Libro dell'Ecclesiastico, cui egli non cita, ma piuttosto dalle tradizione e dall'uso, che l'avevano resa comune tra gli Ebrei, e l'avevano volta in proverbio volgare. Possiam anche dire col citato Martianay, che siccome è stato notato da molti dotti, Giuseppe riferisce solo in questo luogo varie massime di Mosè con vocaboli differenti da quelli usati dalla Scrittura; tra queste massime sta quella: *Mulier vero in omnibus pejor viro,* la quale allude a quelle parole del Genesi: *Sub viri potestate eris,* alle quali qualcuno ha aggiunto la sentenza dell'Ecclesiastico: *Melior est* ecc. Bisogna, da ultimo, notare che quest'ultima sentenza non appartiene al testo originale di Giuseppe, non trovandosi nell'antica versione fattane da Rufino [2]. Quindi l'opinione di Serario non pare ben fondata per essere anteposta a quelle ragioni, da cui è combattuta.

---

[1] Joseph. *Cont. Ap.* l. I, § 8.
[2] Martianay, *loc. cit.* p. 93, 94. — Che la sentenza di Flavio debba esse-

GLAIRE, INTRODUZIONE I,   4

QUISTIONE SECONDA

*Perchè i Libri deutero-canonici non sono stati
inseriti nel Canone ?*

I libri deutero-canonici non sono stati composti nel medesimo tempo: alcuni, come Baruch ed i frammenti di Esther erano composti a' tempi di Esdra e Nehemia; altri, come l'Ecclesiastico, la Sapienza ed i Macabei non ancora erano stati scritti. Premessa questa osservazione rispondiamo alla quistione.

1. Questi ultimi Libri deutero-canonici non sono stati inseriti nel Canone delle Scritture formato da Esdra, perchè non erano stati ancora scritti.

2. Quanto a' primi non è facile dichiarare sicuramente, perchè non sono stati compresi nel Canone degli Ebrei. Nondimeno possiamo fare una ipotesi, la quale non solo non è strana, ma è anzi molto verisimile. Basta presupporre che questi Libri, perduti prima di formare il Canone, sieno stati ritrovati, quando già era stato compiuto da Esdra il suo lavoro, e che gli Ebrei non vollero inserirli nel catalogo da lui formato. Questa presupposizione è molto naturale; perchè i libri di que' tempi antichi non potevano essere conservati con quella facilità, onde sono conservati i nostri. Essi erano in forma di rotoli composti di fogli distaccati tra loro, i quali appunto per ciò potevano facilmente andar perduti. Esdra dunque non potè noverarli nel Canone, perchè non gli ebbe tra mani, allorchè lo formò. È vero che quando furon poi trovati, era uffizio della Sinagoga l'aggiungerli al Canone, ma essa nol fece, perchè senza dubbio pensò non avere tanta potestà, essendo sfornita dell'autorità profetica. È noto che da Esdra sino a Gesù Cristo non sursero altri Profeti del numero di coloro, che regolavano ogni cosa con autorità divina, se non Aggeo, Zaccaria e Malachia: e questi vissero in tempi poco lontani da quelli di Esdra, sì che non poterono essere di aiuto alla Sinagoga per inserire nel Canone i Libri trovati. Stando così le cose, facilmente si intende, che la divinità di questi libri non parve tanto provata alla Sinagoga, che questa credesse poter da sè sola metterli a paro degli altri libri, i quali erano stati consecrati dall'autorità profetica.

_____

re per legge critica esclusa dall'opera, non affermiamo, nè neghiamo. Ma come possa reggere il giudizio del Martianay, accettato dal Glaire a braccia aperte, non sappiamo intendere. Le parole *Mulier vero in omnibus pejor viro* non si leggono nell'Ecclesiastico: ma come, *ad verbum?* certo non vi sono: quanto al senso sarebbe lungo dimostrare come vi sono contenute. Buono che la cosa è tale, che ogni attento lettore può da sè considerarla. Il Martianay poi aveva pur egli le sue critiche fisicose. (*Nota del Traduttore*)

QUISTIONE TERZA

La tradizione degli Ebrei è favorevole a' libri deutero-canonici ?

Il sentimento degli Ebrei intorno a' Libri deutero-canonici si può conoscere non dal solo Canone: vi ha un altro mezzo, che la stessa critica suggerisce, cioè la tradizione loro. È risaputo come la nazione giudaica si dividesse in due classi, una formata dagli Ebrei ellenisti, i quali parlavano il greco ed erano sparsi per tutto l'impero romano: tra questi moltissimi abitavano specialmente in Alessandria. La seconda classe era composta degli Ebrei di Palestina, i quali erano rimasi in Gerusalemme ed avevano mantenuta la favella ebraica. Or la tradizione di ambedue le classi è molto favorevole a' Libri deutero-canonici. Noi dunque possiam stabilire la seguente

PROPOSIZIONE

La tradizione degli Ebrei è favorevole a' Libri deutero-canonici

1. Gli Ebrei ellenisti credevano che questi Libri fossero di grande autorità; imperocchè se essi usavano la versione de' Settanta per leggere la Scrittura nelle loro Sinagoghe, si deve pensare che ammettessero tutti i Libri contenuti in questa versione: e comechè in questa versione stessero tutti i Libri deutero-canonici, e' si pare che ancora questi fossero da loro tenuti come sacri, anzi come divini, essendo messi dallato a quelli, che certamente erano avuti per divinamente inspirati. R. Simon, avendo parlato degli Ebrei di Palestina, dice: « Gli altri Ebrei (cioè gli Ellenici) leggevano egualmente tutti i libri e li consideravano come divini. Da essi sono passati alla Chiesa fin da' tempi degli Apostoli, i quali hanno adoperato questa raccolta della Bibbia greca per annunziare il Vangelo a tutta la terra, e non già la Bibbia ebraica, la quale era in uso presso un piccolo numero di Ebrei [1] ».

Bertholdt, parlando del Canone delle due mentovate classi di Ebrei, dice: « Se non può mettersi in dubbio che gli Ebrei di Egitto non hanno inserito nel Canone propriamente detto dell'Antico Testamento i libri apocrifi, è egualmente certo, che già innanzi Gesù Cristo gli avevano aggiunto alla versione Alessandrina come appendice; e se non li mettevano nel medesimo grado degli altri scritti sacri, non li tenevano però in conto di libri ordinari: leggevanli nelle loro famiglie, dapprima come libri religiosi ed utilissimi, e poi come sacri

---

[1] *Réponses aux Sentimens de quelques théologiens de Hollande*, c. XI, p. 110.

e santi. Finalmente li collocarono altresì, mediante l'uso pubblico, dallato a' Libri canonici, senza però metterli positivamente (*in these*) tra i detti Libri [1] ».

2. Gli Ebrei di Palestina concedevano grande autorità a' Libri deutero-canonici. In fatti s. Girolamo, che sapeva benissimo gli usi loro, dice parlando de' Libri di Tobia e Giuditta, che questi due Libri erano noverati nella classe degli Agiografi [2]. — Origene ci assicura che gli Ebrei, benchè non ammettessero nel Canone loro i libri di Tobia e Giuditta, non però li rigettavano collocandoli tra gli apocrifi [3]: e queste parole, secondo il linguaggio di Origene, vogliono dire, che gli Ebrei concedevano' a' mentovati Libri una certa autorità.

Giunilio vescovo di Africa, avendo enumerato que' libri storici, la cui canonicità non è mai stata messa in dubbio, soggiunge: *An alii libri nulli ad divinam historiam pertineant? Adjungunt plures Paralipomenon duos, Job unum, Esdrae duos, Judith unum, Esther unum, Machabaeorum duos. Quare hi libri non inter Canonicas Scripturas currunt? Quoniam apud Hebraeos quoque super hac re differentia recipiebantur, sicut Hieronymus, caeterique testantur [4].*

Le Costituzioni apostoliche, le quali appartengono al IV secolo, attestano che gli Ebrei leggevano il libro di Baruch nella Sinagoga nella festa della espiazione solenne: il che non avrebbero fatto certamente, se non lo avessero tenuto per divinamente inspirato.

---

[1]) Bertholdt, *Einleit.* 1, § 33, S. 97, 98. — Notino gli studiosi, che l'Autore ha addotto questa testimonianza di un Razionalista, per far vedere esser tanta la forza della verità, che non possa essere repressa nemmeno da quelli, i quali si argomentano di travisarla, e nascondere. Perciò la conclusione, che il citato Razionalista ricava dalle cose dette innanzi, non deve in tutta la estensione essere ammessa. Degli Ebrei ellenisti non abbiamo altri monumenti, i quali ci dimostrino il conto fatto da essi de' Libri deutero-canonici, tranne le allusioni di alcuni scrittori, ed il fatto della collocazione de' detti Libri nel Canone delle ss. Scritture: questo è indizio per provare che essi gli abbiano avuti per divini. Tutto il rimanente, che dice il Bertholdt, è congettura, ed è congettura formata secondo i suoi erronei principì (*Nota del Traduttore*).

[2]) Bier. *Praef. in libr. Tobiae et Praef. in libr. Jud.* In luogo di *Hagiographa* i manoscritti più antichi e corretti leggono *Apocrypha*, siccome nota il Martianay. Molte ragioni rendono più plausibile quest'ultima lezione: esse possono essere lette nella nostra *Introd. stor. e crit.* cit. t. I. Aggiungeremo che le poche parole dette a questo proposito dal dotto p. Perrone (*Tract. de locis theol.* p. II, c.1, *De sacr. libr. can. et auctor.* n. 45;) non paiono concludenti.

[3]) Orig. *Epist. ad Africanum* n. 13, p. 26, ediz. de' Benedettini. Questa testimonianza di Origene non è opposta a quella di s.Girolamo: perocchè questi due Padri non usano il vocabolo *apocrifo* nel medesimo senso, siccome diremo nell'art. II.

[4]) Junil. *De partibus legis divinae*, c. III.

3. I Rabbini medesimi hanno reso testimonianze onorevolissime a, Libri deutero-canonici; quindi l'autore del libro intitolato *Zemach David* dice nella sua Cronologia, all'anno 3448, che Gesù Ben Sira ha scritto il libro nominato Ecclesiastico; che questo libro è pieno di parole istruttive, di lezioni di sapienza, ecc.; che il Talmud lo pone tra gli Agiografi [1]; che gli antichi Rabbini citano molte sue sentenze in parecchi luoghi de' loro scritti. Il Rabbino Azaria parlando del medesimo libro dice nel suo *Meor henajim,* trattato *Imrè binàh,* cap. XXII, che questo libro non è rigettato da' dotti. Il libro della Sapienza, attribuito da' Rabbini a Salomone, non è trattato con minore stima. Può leggersi l'elogio fattone da Mosè Nachmanide nella Prefazione al suo Comento sul Pentateuco. Tra le altre cose dice aver egli visto questo libro scritto in lingua caldaica. Il R. Azaria, avendo parlato [della menzione fattane da Nachmanide, soggiunge nel trattato *Imrè binàh* capo LVII: « Quanto a me, e' pare che questo libro sia; stato o tradotto in lingua caldaica, o composto [2] in questa lingua da Salomone per mandarlo a qualche re, che abitava gli estremi paesi; dell'Oriente. Esdra si è occupato solamente de' libri scritti da' Profeti,' i quali avevano ricevuto quella specie di Profezia, la quale è detta inspirazione dello Spirito Santo, e che avevano composte le loro opere nella lingua santa. Quindi i nostri sapienti si sono regolati con prudenza ed intelligenza noverando nel Canone que' soli libri, che Esdra aveva in esso collocati ». Parlando del libro di Giuditta, nel capo LI, e del libro di Tobia, nel capo LVII, il nominato Rabbino fa la stessa riflessione. Egli fa ancora parola de' libri de' Macabei ne' capi LI e LVI del trattato *Imrè binàh.* Riferisce, nel capo LVII, che l'interprete de' Cristiani (cioè s. Girola-

---

[1]) בכלל כתובים. Nel linguaggio de'Rabbini il vocabolo *Ketuvim* o *Agiografi* dinota due classi differenti di scritti inspirati: alcuni hanno per autori Profeti favoriti dalla, Profezia detta dello *Spirito Santo* (רוח הקדש); altri sono stati composti da Profeti illustrati da inspirazione divina, ma di ordine inferiore, la' quale è chiamata *figliuola della voce* (בת קול) [1]. I primi sono stati inseriti nel Canone di Esdra, i secondi non sono stati in esso collocati: sono quelli, che, noi chiamiamo deutero-canonici. Questa materia può leggersi ampiamente trattata da Maimonide nel suo *Morè Nebochim,* tradotto da Buxtorf, e ne' suoi *Fondamenti della Legge,* tradotti da Vorstius. Giuseppe de Voisin ha raccolto parecchi luoghi di queste opere nella sua *Observationes in Prooemium Pugionis Fidei,* come pure alcune citazioni di altri Rabbini. Da lui abbiam preso le citazioni delle due opere rabbiniche, che non avevamo sottocchi.

[2]) Il testo riferito da de Voisin legge שחובד (*sciachuvàd*); ma bisogna leggere שחובר (*sciachuvàr*): imperocchè il verbo חובר (*chavàr*), da cui questa seconda voce discende, è molto adoperato da' Rabbini nel significato di *comporre* un libro.

mo) ha scritto aver egli voltato Giuditta e Tobia dal caldaico; ma
che non è avvenuto lo stesso di Baruch, perchè questi fu discepolo
di Geremia, quando sussisteva ancora il primo tempio. L'autore de'
Juchasin dice alla facc.12, che Baruch figliuolo di Neria ha ricevuto da Geremia la legge orale; e, alla facc.136, riferisce la storia della
casta Susanna nella stessa maniera, onde è riferita da Daniele.

Giuseppe dice che gli avvenimenti accaduti dopo la schiavitù sono
stati scritti da autori, le cui opere non hanno tanta autorità, sol perchè a que'tempi mancò una successione di Profeti certa tanto quanto le precedenti[1]. E ciò dimostra per lo meno che gli Ebrei facevano ciò non ostante gran conto di questi libri.

Tutte queste testimonianze bastano a dimostrare: 1° che se gli E-
brei di Palestina non hanno inserito nel catalogo de'loro scritti sacri i libri deutero-canonici, li veneravano nondimeno e stimavanli
molto autorevoli; 2° che gli Ebrei ellenisti li tenevano per sacri e
divini, benchè non li ponessero nello stesso grado de'libri canonici
propriamente detti.

I critici protestanti pigliando qui l'espressione *scritti sacri e divini* come stretto sinonimo di *libri canonici*, sostengono che gli E-
brei ellenisti non hanno mai potuto avere un Canone differente da
quello degli Ebrei di Palestina: il che secondo la loro opinione significa, che gli ellenisti non hanno potuto ammettere i deutero-canonici tra i Libri sacri. Vediamo quali ragioni adducano a pro della
loro opinione.

Difficoltà *mosse contro la tradizione degli Ebrei ellenisti a pro
de' libri deutero-canonici;* e **Repliche** *alle medesime*

Diff. 1ª. Gli Ebrei ellenisti, dicono Hornemann, Eichhorn, Haevernick[2], ed altri, siccome riferisce Filone, il quale doveva essere eru-
ditissimo in tutte le cose riguardanti alla Religione de'suoi concittadini, erano in communione con gli Ebrei di Palestina; imperocchè
essi lo spedirono una volta in Gerusalemme per offerire nel tempio
sacrifizi a nome loro[3]. Or questa sola circostanza dimostra bastantemente, che essi non dovevano ammettere altri libri, se non quelli,
che erano ammessi dagli Ebrei di Palestina.

R. Noi non intendiamo l'aggiustatezza di questa conseguenza.
Nessuno ignora che i Sadducei, per esempio, i quali in molti punti

[1] Joseph. *cont. Ap.* l. I, § 8.
[2] Hornemann, *Observat. ad illustr. doctr. de Canone V. T. ex Philone*,
p. 28, 29; Eichhorn, *Einleit.* I, S. 21, 22; Haevernick, *Einleit. erst. Theil*,
erste Abtheil. S. 69, ff., e *Mélanges de théol. réformée*, quad. 2, p. 214,
seg.
[3] Philon. *Opera*, t. II, p. 646, ed. Mangey.

si scostavano dalla dottrina delle altre classi di Ebrei, erano nondimeno in communione con questi. Potevano dunque gli Ebrei di Palestina e quelli di Egitto non usare il medesimo Canone, e nondimeno in molte altre cose professare la medesima Religione. Nè d'altra banda deve pensarsi che questa communione tra gli Ebrei delle due nazioni fosse così stretta, come si afferma. E per verità, gli Ellenisti avevano a Leontopoli un tempio innalzato contro il precetto della Legge; e ciò doveva certo essere cagione di grave scandalo per gli Ebrei di Palestina. Un tempio, un sommo sacerdote, leviti, sacrifizi riprovati dalla legge 'mosaica, non erano differenze enormi ne' più rilevanti precetti della Religione ? E si può dopo queste osservazioni affermare *che gli Ebrei ellenisti non erano indipendenti da' loro fratelli di Palestina, che il loro culto era uno ?* « Ma, dicono i nostri avversari, il loro tempio era fabbricato secondo il modello del tempio di Gerusalemme* ». Con queste parole essi ci vorrebbero dare ad intendere, che il delitto degli Ebrei di Egitto avesse pigliato origine dalla sola forma materiale del tempio; e vorrebbero far dimenticare, che l'enormità del peccato nasceva dalla violazione di una delle più sante leggi del Codice Mosaico, alzando sacrilegamente un luogo pubblico e solenne pe' sacrifizi; creando senz' alcun diritto Pontefice e leviti: in somma costituendo un culto in dispregio della legislazione, che essi veneravano come divina. Qual maraviglia adunque che questi Ebrei, i quali differenziavano nella base della Religione, abbiano consecrato nel loro particolare Canone que' libri, i quali non erano da que' di Palestina ammessi ? Gli Ebrei di Palestina non gli ammettevano, perchè probabilmente possiamo pensare, che essi avendo estremo abbominio generalmente per ogni letteratura greca, ricusavano questi libri, che erano scritti in greco *.

D. 2ª. Filone non meno che il traduttore dell' Ecclesiastico dividono le Scritture nel modo stesso, onde le divide il Canone degli Ebrei, cioè in Legge, Profeti ed Agiografi: or questa divisione presuppone che ancora il Canone fosse lo stesso.

R. Questo ragionamento non è a rigor di logica. Da che gli Ebrei alessandrini dividevano gli scritti sacri a quel modo, onde gli spartivano i loro fratelli di Palestina, non potrebbesi legittimamente ricavare, che ammettevano i medesimi libri. Per verità nulla vieta che essi ne abbiano avuto un maggior numero. Basta solo che quelli non ricevuti dagli Ebrei di Palestina sieno tali da poter essere collocati in una delle tre classi, nelle quali era il Canone diviso: e nessuno de' libri deutero-canonici può essere escluso da una di queste tre classi. La cosa è chiara sì, che non ha bisogno di essere dimostrata.

---

*) Haevernick, *loc. cit.*

*) Il Talmud proibisce d'insegnare la lingua greca a' giovanelli. Esso maledice anzi quel padre, il quale la insegnasse al figliuolo.

D. 3ª. Filone non ha mai citato i libri deutero-canonici, benchè li conoscesse: è questa una pruova evidente, che egli non li teneva in conto di canonici.

R. Se cosiffatta maniera di ragionare valesse qualche cosa, bisognerebbe affermare che Filone non ammetteva per Canonici i Libri de' Giudici, di Ruth, di Ester, di Daniele, del Cantico de' Cantici, delle Lamentazioni di Geremia, di Giobbe e de' Paralipomeni; imperocchè egli non cita nessuno di questi Libri ne' suoi scritti. Ma se tutti questi libri perchè non allegati da Filone, non erano ammessi nel Canone degli Ebrei ellenisti, non dovevano nemmeno stare nel Canone degli Ebrei di Palestina; conciossiachè, siccome dicono gli avversari, il Canone degli uni era lo stesso che quello degli altri. E chi potrebbe cansare la taccia di ridicolo sostenendo, che i Libri de' Giudici, Ruth, Giobbe, Esther, Daniele, il Cantico de' Cantici, le Lamentazioni ed i Paralipomeni non facevano parte del Canone degli Ebrei di Palestina?

Quindi, concedendo che col fatto gli Ebrei ellenisti non hanno ammesso nel Canone propriamente detto dell' Antico Testamento i libri deutero-canonici, non v' ha nessun motivo bastante per credere, che essi non abbiano potuto farlo.

QUISTIONE QUARTA

La tradizione delle Chiese cristiane è favorevole a' libri deutero-canonici ?

Tale quistione, a nostro giudizio, non potrebbe essere messa in dubbio: ecco perchè noi teniamo per irrefragabile la seguente

PROPOSIZIONE

La tradizione delle Chiese cristiane è favorevole a' libri deutero-canonici

1. Gli Scrittori del Nuovo Testamento hanno conosciuti i libri deutero-canonici, e se non li citano espressamente, fanno allusioni tanto chiare e manifeste alle cose contenute in questi libri, che è impossibile ingannarsi. « Non si tratta, scrive il Bossuet, di due o tre parole notate di sfuggita . . . . ma di versetti intieri tratti spesso ed a parola da questi libri [1] ». Quindi allorchè i protestanti stamparono le prime edizioni della Bibbia di Ginevra, cioè quando non ancora si erano con tutta l' animosità dichiarati nemici di questi libri; non po-

---

[1] Bossuet, *Projet de réunion*, ecc. Lettre XLI, t. XXVI, p. 508, ed. Lebel. Huet allega tutti questi passi nella sua *Dimostrazione evangelica*.

terono astenersi di notare al margine moltissimi luoghi de'libri deutero-canonici, riferiti negli scritti del Nuovo Testamento.

« Chi legge, dice R. Simon, attentamente gli scritti degli Apostoli, scorgerà che questi non pure leggevano la Bibbia in greco, ma
altresì questi libri, che ora sono predicati apocrifi, e che essi molte
volte gli hanno adoperati. La Chiesa Romana, che è una delle più
antiche Chiese del mondo, nel suo principio non ha avuto altra Bibbia che quella degli Ebrei ellenisti; ed allora essa ignorava questa
vana distinzione tra'libri canonici e libri apocrifi. Le chiese di Africa, le quali ripetono la loro credenza dalla Chiesa di Roma, hanno
nel medesimo modo ricevuto da questa la medesima Bibbia: il che
chiaro apparisce dalle opere di s. Cipriano, il quale ha nominato divini ed inspirati i libri, di cui parliamo, a quel modo onde nomina i
rimanenti libri della Santa Scrittura. . . . . In vano ci sono opposte le
testimonianze di alcuni dottori di Oriente e di Occidente, i quali, come diccesi, hanno approvato il Canone degli Ebrei. E' bisogna salire
sino all'origine e penetrare le ragioni, per le quali questi Dottori
hanno approvato l'opinione degli Ebrei di Palestina. Il commercio
avuto con questi, e la lettura de'loro libri, o in greco o in ebreo,
gli ha insensibilmente trascinati in una opinione opposta a quella,
cui sin dal principio tenne la Chiesa. Africano è uno de'primi tra
coloro, che hanno con calore sostenuto questa opinione: perocchè
egli aveva grande conoscenza della letteratura giudaica. S. Girolamo e Rufino per le medesime ragioni l'hanno seguitata; s. Agostino
al contrario ha mantenuto la credenza comune della sua Chiesa e
confermata in un Concilio di Cartagine [1] ». Quindi, dopo queste riflessioni molto aggiustate, gli Apostoli hanno dato alla Chiesa primitiva i Libri deutero-canonici come Santa Scrittura. E chi potrebbe mai credere, che la maggior parte delle antiche Chiese avrebbero con tanta concordia di credenza tenuto come divinamente inspirati questi Libri, se non avessero avuto tale insegnamento dagli A-
postoli?

2. L'*antica versione itala*, la quale giunge sino 'a' tempi Apostolici, ed è stata sempre in uso presso tutte le Chiese latine sino a
s. Girolamo, contiene i libri deutero-canonici.

3. Questi libri sono tenuti come parte del Canone sacro delle Scritture dal Concilio d'Ippona, tenuto nel 393, e da'Concili di Cartagine celebrati nel 397 e 419. Il Papa s. Innocenzo I scrivendo ad E-
superio vescovo di Tolosa, nel 405, noverò questi stessi Libri nel Ca-

---

[1]) R. Simon, *Rép.aux Sentim. de quel. théol. de Holland.* c.XI,p.110,111.
Questa osservazione di R. Simon è confermata da un'altra affatto analoga
addotta da Bossuet nel *Projet de réunion* ecc. Lettre XLI, t. XXVI, p.363,
ed. Lebel.

none. **Papa Gelasio fece lo stesso nel Concilio di Roma radunato nel 494** ': e da questo chiaro apparisce che sin dal V secolo le principali Chiese, quelle di Roma e di Africa, ammettevano i libri deutero-canonici. Nel 1441 Papa Eugenio IV nel suo decreto per gli Armeni pone senza veruna differenza i deutero-canonici tra i Libri sacri.

4. La Chiesa Greca del pari riconosce i libri deutero-canonici, ed ella, come confessa, fonda la sua credenza sulla sua antica tradizione: imperocchè nel secolo XVII i protestanti facendo premura perchè si unisse con loro, essa rispose con queste parole nel Concilio tenuto in Gerusalemme nel 1670 sotto il patriarca Dosideo: « Noi teniamo tutti questi libri (cioè quelli contenuti nel Canone del Concilio di Trento) come Canonici, li riconosciamo per Scrittura Santa; perocchè ci sono stati trasmessi da un' antica consuetudine, o meglio dalla Chiesa Cattolica ».

5. Tra gli scritti di s. Efrem e di altri Padri siriaci ed armeni, trovansi de' commenti su' deutero-canonici: di qui si pare dunque, che le Chiese di Siria e di Armenia erano concordi nel riconoscere, mercè l'uso che ne facevano, questi libri come sacri e divini.

6. L'ab. Renaudot, il quale ha studiato tanto profondamente nelle lingue e credenze de' cristiani di Oriente, afferma con pruove che tutti i libri, i quali sono ricevuti nella Chiesa Cattolica, sono ugualmente ammessi da' cristiani orientali; cioè da' Siri ortodossi o Giacobiti, da' Nestoriani, da' Copti, dagli Etiopi ed Armeni *.

7. Origene nella epistola ad Africano stabilisce come fatto costante, che i libri, di cui non facevano uso gli Ebrei nelle sinagoghe, erano letti nelle Chiese cristiane, senza veruna distinzione tra questi e gli altri libri divini.

Le difficoltà, che potrebbero essere opposte a questa proposizione, sono sposte più innanzi nella Quistione ottava.

QUISTIONE QUINTA

A chi tocca proporre il Canone de' Libri santi ?

Dalle cose dette intorno al Canone della Chiesa giudaica è facile giudicare, che gli Ebrei ammisero come sacri e divini que' soli libri, che tali loro dichiarò l'autorità della Sinagoga. I protestanti generalmente pretendono che si debba giudicare della canonicità de' Libri

---

*) Il sentimento unanime de' critici attribuisce a Gelasio il decreto, che porta il nome di lui: secondo Cave, alcune antiche raccolte lo attribuiscono al Papa Damaso: ma in questo caso sarebbe più antico, e per ciò più venerando.

*) *Perpètuité de la Foi*, t. V, c. VII.

santi da un carattere di evidenza, che essi pensano scoprire ne' libri ammessi da loro come canonici; ovvero, dicono, la canonicità
de' Libri santi si deve conoscere mediante una testimonianza,che lo
Spirito Santo rende nel cuore de' privati.Per ciò essi conchiudono
« non v' è bisogno nè di tradizione, nè di altri libri (apocrifi), nè di
canoni ecclesiastici per compiere il Canone sacro [1] ». L'ultimo mezzo proposto finalmente da' protestanti per discernere la canonicità
de' Libri santi, è il consenso di tutte le sette:ed a questa opinione si
appigliano coloro, i quali seguitando il Courrayer hanno rinun-
ziato a' due precedenti modi,cioè al carattere di evidenza ed alla testimonianza interna dello Spirito Santo. I cattolici sostengono che
questa regola de' protestanti è affatto insufficiente, e stabiliscono come verità incontrastabile, che la sola Chiesa ha il diritto di decidere
se un libro sia o no canonico;e per ciò solo a Lei spetta proporre un
Canone' de' Libri santi. Le ragioni, sulle quali poggiano la loro sentenza, sono esposte nella seguente

PROPOSIZIONE

Alla sola Chiesa appartiene proporre il Canone de' Libri santi

1. I Libri santi sono una parte della regola della nostra Fede; tutti i cristiani ammettono ciò: dunque la cura di proporceli e darceli
conoscere deve spettare a coloro, i quali sono stati da Gesù Cristo
preposti all'uffizio di condurci nelle cose, che alla Fede riguardano.
Or, siccome dimostrasi nel trattato della Chiesa, i Pastori sono stati da Gesù Cristo stabiliti per guide in quello, che appartiene alla
Fede; dunque alla sola Chiesa tocca il dichiararci quali sono i Libri
santi; i quali, siccome abbiamo detto, contengono quelle cose, che
debbono regolare la nostra Fede.

2. Aggiungi, o la Chiesa, o il carattere di evidenza, o i privati, o
finalmente il consenso unanime delle sette deve darci conoscere quali sono i libri canonici. Ma, venendo alla disamina di questi singoli
mezzi,conosciamo,che primariamente non può il carattere di evidenza inerente al libro stesso farci nota la sua canonicità: imperocchè
vediamo taluni libri, i quali sono certamente ammessi come canonici da' medesimi protestanti, e pure non esibiscono quel carattere di
evidenza mostrato da altri libri,i quali sono da essi scacciati dal Canone sacro. Per esempio, mettendo a confronto i Paralipomeni con

---

[1]) Haevernick, *Mélanges de théol. réform.*, quad. 2, p. 241. L'autore evidentemente mostra l' imbarazzo, o anzi l'impossibilità assoluta de' protestanti nel poter mai stabilire solidamente un punto di dottrina, volendo attenersi a'loro principi. Tutto il § 11 di Haevernick è un sofisma sconcia-
mente camuffato.

la Sapienza, e tenendo per regola questo carattere di evidenza; chi non sarebbe da questo stesso carattere di evidenza spinto a posporre i Paralipomeni alla Sapienza? conciossiachè quelli non contengono quasi altro che genealogie, e questa è pregevolissima non solo per sublimità di pensieri, ma ancora per le massime di pura e bella morale, delle quali è pieno. Ognuno sarebbe da questo carattere di evidenza indotto a confessare che i Paralipomeni considerati in sè stessi non hanno veruno indizio di divina inspirazione.

Ma nemmeno i singoli e privati uomini sono acconci a questo interessante discernimento de' libri canonici. La maggior parte degli uomini è ignorante, e perciò non sarebbe atta a sciogliere le quistioni, dalle quali dipende l'inspirazione de'Libri santi. Quest'uffizio vuole senza meno la disamina della tradizione, dell'uso delle Chiese, degli scritti de'ss. Padri, i quali hanno allegato questi libri: e questa disamina non è confacente alla condizione della maggior parte de'fedeli. Inoltre, siccome una è la Fede, così una deve essere la regola per fissarla: e se i privati avessero il diritto di determinare que'libri, i quali debbono essere la regola della nostra Fede, noi avremmo una quantità di regole differenti a cagione della discordia di sentenze fra i privati; e però la nostra Fede lascerebbe di essere una.

Nè il consenso unanime delle sette può essere mezzo acconcio a discernere i Libri canonici, perchè esso è soggetto a gravissimi incommodi. E per verità, se la canonicità di un libro dipendesse dalla fantasia delle varie sette, le quali possono moltiplicarsi smodatamente, ne verrebbe una incertezza spaventevole nella dottrina. Sarebbe, per esempio, necessario rigettare oggi quello, che ieri era tenuto per parola di Dio: parendo bene a qualche setta di non ammetterlo. Sarebbe pure mestieri rifiutare quasi tutta la Bibbia: poichè gli eretici precessori de'protestanti non hanno ammesso tutti que'libri, che questi credono Santa Scrittura. Per ciò sarà forza cacciar del Canone l'Evangelio di s. Matteo e le Epistole di s. Paolo, perchè erano rigettate dagli Ebioniti; tutto il Salterio, perchè i Gnostici lo dispregiavano; i cinque Libri di Mosè, perchè i Ptolemaiti non li ricevevano; le Epistole di s. Paolo a Tito, a Timoteo, agli Ebrei perchè non piacquero a'Marcioniti; l'Evangelio di s. Giovanni e l'Apocalisse, che furono ripudiati dagli Alogi; gli Atti degli Apostoli trattati come favole da'Severiani; finalmente i Proverbi, l'Ecclesiaste, Giobbe, il Cantico de'Cantici, perchè Teodoro di Mopsuesta, il quale ebbe tanti partigiani, negò l'inspirazione di questi libri, tra i quali l'ultimo è stato da esso avuto in conto di un'opera affatto profana. Quindi il Canone delle Scritture, il quale deve essere una regola fissa ed invariabile, varierà secondo il capriccio delle innumerabili sette, che possono sorgere nella Chiesa. Certo queste ragioni basterebbero a provare che alla sola Chiesa spetta proporre un Canone de'santi Libri;

ma noi abbiamo da allegare altre ragioni potentissime, sulle quali
poggia e sta salda la sua autorità.

3. Nessuno può ragionevolmente negare alla Chiesa un'autorità,
che essa ha esercitato in tutti i tempi. Or in tutti tempi dalle mani
della Chiesa hanno i fedeli ricevuto il deposito delle Scritture. I decreti della Chiesa in tutte le controversie han messo fine alle dispute
nate tra gli eretici, o ancora tra' Cattolici intorno alla Canonicità di
alcuni libri. Tutti i Canoni delle Scritture sono stati formati da' Concìli generali o particolari, ovvero da' Sommi Pontefici. E l'autorità
della Chiesa in questa materia è tanto ferma, che il Concilio di To-
ledo tenuto nel 400 profferisce l'anatema contro chiunque ammettesse per canoniche altre Scritture, che quelle riconosciute dalla Chiesa:
« Si quis dixerit, vel crediderit, alias Scripturas esse canonicas, praeter eas quas Ecclesia catholica recipit, anathema sit ».

4. Quest'autorità della Chiesa è stata rammentata da' ss. Padri;
s. Agostino precipuamente confessa che non crederebbe agli Evangeli,
se non fosse commosso dall'autorità della Chiesa Cattolica [1]. Dice altresì parlando degli Atti Apostolici, che egli è senza eccezione obbligato a credere a questo Libro, e ad averlo in conto di divino non altrimenti che gli Evangeli, appunto perchè la Chiesa Cattolica rende
uguale testimonianza a tutte queste Scritture [2]. S. Girolamo, siccome ha bene notato D. Martianay [3], ha ancora manifestato questo diritto naturale, che la Chiesa cattolica ha avuto in ogni tempo quanto al Canone delle Sante Scritture: e si vuole notare, che mentre questo dotto Padre ha spesso affermato non stare il libro di Giuditta nel
Canone, nondimeno non ha mai lasciato di averlo in istima, anzi lo
ha voltato dal caldaico in latino, perchè si leggeva averlo il Concilio
di Nicea numerato tra' Libri santi: « Sed quia hunc librum Synodus
Nicaena legitur computasse, acquievi postulationi vestrae [4] ».

Origene molti anni innanzi, volendo vendicare l'autorità divina
de' frammenti di Esther contro Africano, non assegna altra ragione,
se non che tutte le Chiese usavano questi frammenti, e li leggevano
come libro divino; che non dobbiamo conformarci agli Ebrei, nè ricevere da quest'infedeli la pura parola di Dio [5]. La stessa verità è

---

[1] « Ego vero Evangelio non crederem, nisi me Ecclesiae catholicae com-
moveret auctoritas »; Aug. *Contra Ep. fund.* c. V, n. 8, t. VIII.

[2] « Actuum Apostolorum libro necesse est me credere, si credo Evangelio;
quoniam utramque Scripturam similiter mibi catholica commendat auctoritas »; *Ibid.*

[3] J. Martianay, *Deuxième traité du Canon des livres de la sainte Écriture*, ecc. p. 248.

[4] Hier. *Praef. in lib. Judit.*

[5] Orig. *Epist. contra Africanum*, t. I, p. 15-17.

confermata da s. Ireneo, Tertulliano, Eusebio, Clemente di Alessandria, s. Epifanio, ecc. [*].

5. Alla Chiesa di Gesù Cristo deve essere concessa un' autorità almeno uguale a quella della Sinagoga. Or la Sinagoga aveva il diritto di proporre un Canone de' Libri santi, poichè i protestanti stessi, contro cui combattiamo, ammettono con tanta venerazione tutti i libri ammessi da quest' antica Chiesa. « È dunque certo ed indubitato, dice aggiustatamente il Martianay, che tocca alla Chiesa dichiarare quali libri debbano essere da' fedeli noverati tra le Sante Scritture: e coloro, i quali per un capriccio negano ad essa questo diritto, sono costretti o a rigettare il Canone della Chiesa giudaica, o a dire che questa di molto si avvantaggi sulla Chiesa Cristiana intorno a' punti fondamentali della Fede e della Religione. Imperocchè possono mai i protestanti riconoscere, ed ammettere come divini i libri del Canone giudaico, e nello stesso tempo sconoscere l' autorità della Sinagoga, la quale ne ha fatto la raccolta ed il catalogo? E se essi attribuiscono questo potere alla Sinagoga, e lo negano alla nuova Chiesa, che altro fanno se non altamente proclamare, che la Chiesa di Gesù Cristo è inferiore alla Chiesa antica, e che quella non ha ottenuto il diritto concesso a questa, cioè dichiarare quali sieno le Scritture canoniche? Qual pro sarebbe alla Chiesa novella l' essere stata formata dalla bocca del Figliuol di Dio, l'essere stata lavata nel Sangue dell' Agnello, l' aver ricevuto tutta la pienezza de' lumi e de' doni dello Spirito Santo? Che sarebbero tutte queste grazie, tutte queste prerogative della Chiesa Cristiana, se essa, come vogliono i protestanti, fosse da meno della Sinagoga nelle cose più essenziali della credenza e della Religione; quali sono appunto la dichiarazione de' Libri santi, e l' autorità di farne la raccolta? Apriamo dunque gli occhi alla ragione ed a' lumi della Fede, e non vogliamo essere tanto ciechi e testardi da disputare alla Chiesa Cristiana un diritto, che abbiamo concesso alla Sinagoga, ricevendo il Canone de' Libri sacri formato da essa [**]».

QUISTIONE SESTA

Quali sono i mezzi, di cui può valersi la Chiesa, per fissare la canonicità de' Libri santi?

Generalmente si ammette che la Chiesa non ha nuova rivelazione, nè nuova inspirazione per dichiarare la canonicità di un libro. Essa

---

[*] Iren. *adv. Haer.* l. III, c. I, II, XI; Tertul. lib *de Pudicitia*; Euseb. *Hist.* l. IV, c. XXIV, XXV; l. VI, c. XII, XXV; Clem. Alex. *Strom.* l. III; Epiph. *Haeres.* 42.

[**] J. Martianay, *Deuxième Traité du Canon des Livres de la sainte Écriture*, ecc. p. 250 seg.

è solamente assistita per decidere infallibilmente sulle verità, che Gesù Cristo e gli Apostoli le hanno confidato. Quindi la Chiesa usando i mezzi naturali, cioè la Scrittura e la Tradizione, può risolvere l'importante quistione, di che trattiamo. Su questo punto convengono tutti i Teologi; e lo stesso Bossuet, nella famosa controversia avuta con Leibniz intorno a' libri deutero-canonici dell'antico Testamento, non ha sostenuto un' opinione contraria a questa [1].

La canonicità di un libro è un fatto, che deve essere con certezza stabilito mediante la testimonianza degli uomini. Ed ecco i mezzi, che la stessa ragione prescrive per stabilirlo solidamente.

1° Se si tratta de' Libri dell' Antico Testamento, la Chiesa può valersi della tradizione degli Ebrei, quando è costante ed unanime: in questo modo essa ammette senza esitare tutti i libri contenuti nel Canone di Esdra. Essa si fonda ancora sull' autorità di Gesù Cristo e degli Apostoli, quando hanno citato questi libri come Santa Scrittura: finalmente usa la tradizione delle Chiese particolari, quando è certo che queste hanno noverato tra le Scritture canoniche i detti libri.

2° Se poi è parola di un Libro del Nuovo Testamento, la Chiesa non ha altro mezzo che la tradizione; perocchè tutti gli altri mezzi proposti da' protestanti sono insufficienti, siccome abbiamo dimostrato nella quistione precedente. La tradizione delle Chiese si conosce in due maniere: 1° esplicitamente, cioè quando un libro è espressamente allogato nel Canone delle Scritture; 2° implicitamente, cioè quando l' uso ha tenuto questo libro per divinamente inspirato, benchè non sia stato formalmente dichiarato canonico. Quest' uso delle Chiese può sicuramente conoscersi ne' seguenti modi: 1° se il libro è stato citato come Scrittura Sacra; 2° se è stato attribuito ad uno Scrittore inspirato; 3° se è stato letto nelle Chiese, attribuendogli autorità di libro divino; specialmente quando è stato letto in quelle parti della liturgia, nelle quali non si leggevano altre cose che parti della Santa Scrittura; 4° se esso è stato messo insieme con gli altri libri sacri nelle Bibbie scritte ad uso delle Chiese; 5° se questo libro è stato adoperato per comprovare i dogmi della Fede; 6° finalmente se que' medesimi, i quali non osavano mettere questi libri nel Canone, tanto per la forza di un uso contrario, quanto per l' autorità di alcune Chiese particolari; in pratica però non lasciavano di tenerli e citarli come Santa Scrittura. Sono questi i contrassegni, da' quali si può conoscere, se l' uso ha veramente ammesso un libro tra le sante Scritture. Se dunque sin da' primi secoli si scorge, che un libro è stato esplicitamente ammesso da alcune Chiese principali, e riconosciuto

---

[1]) Bossuet, *Projet de réunion*, ecc. Lettre XXXII, t. XXVI, p. 355, 356, ediz. Lebel.

equivalentemente' dall' uso di tutte le altre, non può cadere nessun dubbio intorno ad esso, e deve tenersi che esso sia stato equivalentemente ricevuto dalla Chiesa primitiva.

Se nella Chiesa si trovasse qualche discordia di sentenze intorno alla canonicità di un libro, si dovrebbe seguitare la regola designata da s. Agostino: « Allorché è quistione delle Scritture canoniche, il Cristiano deve preferire quelle ricevute da tutte le Chiese a quelle, che sono ammesse dalle une e non riconosciute dalle altre: tra que' libri poi, che non sono ricevuti da tutte le Chiese, bisogna preferire quelli stimati canonici dalle Chiese più autorevoli e più numerose a quelli, i quali sono ricevuti da Chiese meno principali e meno numerose. Se poi un fedele cattolico osserva che alcuni libri sono ricevuti dal maggior numero delle Chiese, ed altri sono avuti come canonici da Chiese più ragguardevoli, benché in minor numero, ma però più autorevoli (il che secondo s. Agostino è un caso rarissimo e difficilissimo), io penso che bisogni concedere a questi libri uguale autorità ' » .

Questi sono i mezzi, che naturalmente ha la Chiesa per determinare la Canonicità di un libro; e comecché ella sia assistita dallo Spirito Santo, gli userà sempre in modo da non cadere in errore. Imperocché essendo essa poggiata sulla promessa di Gesù Cristo, non sarà mai che incorra in uno sbaglio tanto rovinoso da dare come parola di Dio ciò, che sarebbe mera parola dell' uomo.

QUISTIONE SETTIMA

La Chiesa può mettere nel Canone i libri, de' quali si è qualche tempo dubitato ?

I Protestanti, e specialmente Leibniz e le Courrayer, han preteso che la Chiesa non abbia il diritto di dichiarare canonico un libro, sul quale fossero caduti dubbii; i Cattolici al contrario sostengono di comune sentenza, che nessuno può contendere alla Chiesa questo diritto. Essi per ciò stabiliscono come certissima la seguente

PROPOSIZIONE

La Chiesa può mettere nel Canone alcuni libri de' quali si é dubitato

1. La tradizione della Chiesa intorno alla inspirazione di alcuni libri può essere più o meno chiara nelle varie Chiese: molte circostanze possono contribuire ad oscurarla, ed ancora ad estinguerla in taluni luoghi particolari: potrebbe altresì avvenire che essa si spegnes-

---

') Aug. *De doctr. christ.* l. II, c. VIII, t. III, p. 23.

se in tutti i luoghi, perocchè il deposito della Fede non sta legato alla conservazione di un libro. Ma se la inspirazione di un libro può
oscurarsi ed anche spegnersi in alcune Chiese particolari, si può facilmente intendere la ragione, per la quale alcune Chiese, che si sono trovate in tali circostanze, hanno dubitato della Canonicità di questo libro. Nondimeno può avvenire che la Chiesa universale, la quale non deve esaminare la tradizione di una sola Chiesa particolare,
ma quella di tutte le Chiese del mondo cristiano; la quale non deve
solo aver di mira le denominazioni potute dare ad un libro sacro da
alcuni privati, ma molto più l'uso costante fattosene nella maggior
parte delle Chiese, e specialmente nelle più autorevoli e più antiche;
chiaramente scorga che la maggior parte delle Chiese ha approvato
implicitamente o esplicitamente ¹ questo libro sacro, e però ragionevolmente lo inserisca nel Canone delle sante Scritture.

2. La Chiesa ha il diritto d'inserire nel Canone que' libri de' quali si è qualche tempo dubitato, non altrimenti che d'inserire nel Simbolo della Fede que' dogmi, che sono stati per qualche tempo contrad-
detti. Questo ultimo diritto è stato dalla Chiesa esercitato sempre
senza richiami. Per esempio, ella così ha noverato tra' dogmi della
Fede cattolica la validità del Battesimo conferito dagli eretici, benchè questa verità fosse stata negata in altri tempi da alcune grandi
ed antiche Chiese; e quest'atto di autorità esercitato dalla Chiesa è
stato concordemente approvato dagli stessi protestanti.

3. L'inspirazione de' Libri deutero-canonici del Nuovo Testamento è stata in altri tempi contraddetta: si è, a modo di esempio, dubitato della divinità dell'Apocalisse, dell'Epistola agli Ebrei, delle E-
pistole di s. Giuda, di s. Pietro e di s. Giovanni; nondimeno per confessione della maggior parte de' protestanti la Chiesa ragionevolmente ha collocato questi Libri nel Canone delle sante Scritture.

QUISTIONE OTTAVA

*Il Concilio di Trento ha avuto ragioni sufficienti per inserire
nel Canone i libri deutero-canonici dell'antico Testamento ?*

I Protestanti, e specialmente Leibniz e le Courrayer, sono con
grande animosità surti a contraddire al decreto del Concilio di Trento intorno alla Canonicità de' Libri santi ². Ne' tempi più a noi prossimi questo stesso decreto è stato obbietto alle accuse di Haevernick,
il quale pretende che « la Chiesa Cattolica non era del tutto sfornita

_____

¹) Vedi la Quistione precedente.
²) Leggi le due lettere indirizzate da Leibniz a Bossuet intorno a questo
subbietto, e le Courrayer nella sua versione della *Storia del Concilio di
Trento* per Fra Paolo.

GLAIRE, INTRODUZIONE I, 5

di uomini illuminati, da' quali avrebbe potuto trarre pro nelle sue decisioni sul Canone; ma comecchè essa fosse presa da cieco odio contro i Protestanti, il Concilio di Trento non ebbe altro di mira che le superstizioni radicate nella maggior parte de' suoi Dottori [1] ».Noi siamo intimamente persuasi che il sacro Concilio ha avuto que' motivi, che sono sufficientissimi a giustificare pienamente la sua condotta innanzi ad ogni imparziale protestante. I motivi sono i seguenti.

PROPOSIZIONE

Il Concilio di Trento ebbe ragioni sufficienti per inserire nel Canone i libri deutero-canonici dell' antico Testamento

La verità di questa asserzione è stata già stabilita da quelle cose, che abbiam detto nelle Quistioni terza e quarta: sarà dunque bastevole mettere qui sottocchi al lettore un breve sunto delle varie pruove, che ivi abbiamo sviluppate.

1. Mettendo il Concilio di Trento nel Canone delle Sante Scritture i libri deutero-canonici dell' antico Testamento, ha potuto valersi della tradizione degli Ebrei; imperocchè gli Ebrei ellenisti usavano, nella lettura della Bibbia nelle loro Sinagoghe, la versione de' Settanta, la quale conteneva i libri deutero-canonici; a questi essi concedevano grande autorità, e gli avrebbero messi dallato alle Scritture propriamente dette Canoniche, quando furono composti o scoperti, se avessero avuto Profeti, i quali con la loro autorità gli avessero collocati nel Canone [*]. Gli Ebrei di Palestina potevano avere una seconda ragione per non mettere questi Libri nel loro Canone, cioè, perchè questi non erano scritti in ebraico: ma checchè sia di ciò, essi avevano questi Libri in grande venerazione, siccome è addimostrato dalle molte testimonianze allegate nella Quistione terza.

2. Il Concilio di Trento ha potuto adoperare altresì la tradizione delle Chiese Cristiane, la quale è favorevolissima a' libri deutero canonici: perocchè gli Scrittori del Nuovo Testamento non solo hanno conosciuto questi libri, ma hanno molte volte fatto allusioni ben ma-

---

[1] Haevernich, *Einleit.* 1, 88, 89, e *Mélanges de thél. réform.* quadr. 2, p. 239, 240.

[*] Questa ragione può valere per gli Ebrei di Palestina, non per gli Ellenisti. Quali documenti ci assicurano, chè questi non mettessero nello stesso grado che i proto-canonici i libri deutero-canonici ? Al contrario l' inserire nella Bibbia, contenente i libri divinamente inspirati, i libri deutero-canonici, è un argomento bastante a dimostrare che questi fossero dagli Ellenisti avuti come Santa Scrittura. Noti dunque lo studioso, che la ragione addotta dall'Autore deve limitarsi agli Ebrei di Palestina, i quali, come riferisce Giuseppe, non misero i rimanenti Libri nel Canone per mancanza di autorità profetica. (*Nota del Traduttore*)

nifeste a questi libri. Anzi essi gli hanno dati alla Chiesa primitiva come Santa Scrittura: imperciocchè l'antica versione Itala, la quale è de' tempi Apostolici, contiene questi libri; e molti antichi Concilì gli hanno ammessi. La Chiesa greca fondata sulla sua antica tradizione egualmente gli ammette, nè l'uso fattone dalle altre Chiese di Oriente è meno costante, o meno concorde. Finalmente Origene stabilisce come fatto certo ed irrefragabile, che questi libri erano letti nelle Chiese cristiane senza veruna distinzione insieme con gli altri libri divini [1].

Difficoltà *opposte alla decisione del Concilio di Trento intorno a' Libri deutero-canonici dell'antico Testamento, e* **Repliche** *alle medesime*

La maggior parte di queste difficoltà è risoluta dalle cose dette nelle Quistioni precedenti: per ciò qui addurremo quelle sole, che han mestiero di speciale disamina.

Diff. 1ª. La Chiesa, dicono gli avversari, non riceve nuova inspirazione, e però deve necessariamente poggiarsi sulle testimonianze, allorchè deve giudicare di un fatto: e queste testimonianze debbono essere universali e costanti. La canonicità di un libro non è altra cosa che un fatto; ed a pro de' libri deutero-canonici dell'antico Testamento non vi ha testimonianze unanimi e costanti.

R. La tradizione, quanto a' detti libri, è in sostanza unanime: perocchè da una banda la Chiesa Occidentale gli ha ammessi nel suo Canone senza mai variare, e dall'altra la Chiesa Orientale gli ha sempre riconosciuti mediante l'uso fattone, inserendoli nel corpo della Bibbia, citandoli come canonici, leggendoli come divinamente inspirati. Quindi su tal punto esiste uniformità tra queste due Chiese, e la sola differenza, che si può notare, è questa: quella tradizione, che in Occidente è esplicita e manifesta, in Oriente è implicita [2]; ma essa è certa nell'una e nell'altra Chiesa, ed egualmente ci attesta che gli Apostoli hanno riconosciuto l'inspirazione de' Libri deutero-canonici, avendone fatto uso, ed avendo consegnato alle Chiese nascenti la Bibbia de' Settanta, nella quale sono compresi tutti.

Nè è poi necessario che la tradizione sulla quale la Chiesa si fonda, quando deve decidere certi punti relativi alla Fede, sia universale, costante, uniforme: imperocchè la validità del Battesimo conferito dagli eretici, contesa gran tempo in tutte le Chiese di Affrica, è stata giudicata come dogma di Fede dalla Chiesa universale, nè i protestanti hanno disapprovata questa decisione [3].

---

[1]) Ved. la Quistione IV.—[2]) Ved. le Quistioni VI e VII.
[3]) Ved. la Quistione VII.

D. 2ª. Affinchè il Concilio di Trento potesse con pena di anatema dichiarare qual verità certa e ferma, qual dogma di Fede cattolica ciò che era dubbioso non solo nella Chiesa greca, ma altresì
nella latina; era mestiero che avesse intorno a ciò que'lumi,che non
aveva l'antichità, cioè più numerose ed autorevoli testimonianze di
Padri e di Concili. Chi non vorrà poi tenere come assurdo, che una
assemblea di teologi, nella maggior parte poco eruditi , abbia conosciuto la tradizione meglio che gli antichi Padri, i quali vivevano
nell'Oriente, a Gerusalemme ed Alessandria, che furono culla delle
tradizioni cristiane? Deve il loro giudizio prevalere su quello di Melitone, vescovo di Sardi in Lidia nel II secolo; di Origene, di s. Epifanio, di s. Gregorio Nazianzeno, di s. Girolamo, e finalmente del
Concilio di Laodicea,i quali hanno scacciato dal loro Canone i libri
deutero-canonici ?

R. « Gli Ebrei, siccome ha bene osservato Janssens, avendo messo differenza tra que'libri che noi chiamiamo proto-canonici, e deutero-canonici, nè avendo messo questi ultimi nel loro Canone; è poi
venuto in conseguenza che taluni Padri antichi della Chiesa non hanno noverato nel loro Canone i libri deutero-canonici, seguitando
quanto a ciò il sistema degli Ebrei. Ecco perchè Melitone, avendo
percorso l'Oriente e consultato gli Ebrei di Palestina, mandò ad O-
nesimo, il quale lo aveva interrogato quanto a ciò, *un catalogo de'
libri non controversi* (τῶν ὁμολογουμένων τῆς παλαιᾶς Διαθήκης κατάλο-
γον); in questo non erano numerati i deutero-canonici dell'Antico
Testamento, come nemmeno i libri di Ester e di Nehemia. Altri antichi Padri ancora rigettarono dal Canone il Libro di Ester.

« È vero che Origene ha dato un Catalogo simile, quanto alla sustanza, a questo di Melitone [1]; ma questo è altresì compilato secondo il sistema degli Ebrei; anzi egli apertamente scaccia dal Canone
i libri de'Macabei [2]. Ma non però in altri scritti lascia di citare come parte delle sante Scritture i libri de'Macabei,la storia di Susanna, Tobia, Giuditta [3] e l'Ecclesiastico [4]; dalle quali citazioni e' ricava argomenti. Egli fa osservare in generale [5] che gli antichi Ebrei
non hanno messo nel Canone molte parti della Scrittura, perchè sono di vergogna alla loro nazione; e che la Provvidenza di Dio ha
ordinato che questi libri venissero a conoscenza de'Cristiani.

« S. Epifanio, s. Gregorio di Nazianzo, s. Girolamo e taluni altri
Padri antichi non fanno, è vero, memoria che de' soli proto-canonici nel Canone dell'Antico Testamento; ma questo non prova altro,
se non che essi han voluto dare un catalogo di que'Libri santi,della

---

[1] Euseb. *Hist. Eccl.* l. VI, c. XVIII.
[2] *Comment. in Joan.*—[3] *Contra Julium Africanum.*
[4] *Contra Celsum* l. VIII. — [5] *Contr. Jul. Afric.*

cui canonicità tutti sentivano egualmente; non hanno voluto inserirvi quelli, la cui autorità era contraddetta, appunto perchè gli Ebrei ponevano differenza tra questi e quelli, che ora sono nominati proto-canonici.

« Nondimeno s. Epifanio cita come Santa Scrittura i libri della Sapienza e dell' Ecclesiastico; s. Gregorio di Nazianzo allega come Libri santi Baruch, la Sapienza, l' Ecclesiastico e la storia di Susanna. S. Girolamo tra le altre testimonianze adducendo quella della Sapienza cap. III, dice: « Secondo la Scrittura, la sapienza non entrerà nell' anima del malvagio 'a »; ed un' altra volta rammentando il capo XXII dell' Ecclesiastico, soggiunge: «La Santa Scrittura ci insegna che un discorso importuno è simile alla musica in tempo di lutto ² ».

« È vero che s. Girolamo nella Prefazione a' libri di Salomone dice: « Siccome la Chiesa legge i libri di Giuditta, di Tobia e de' Ma- « cabei, senza però noverarli tra le Scritture canoniche; così sarà pur « bene che essa legga questi due libri (la Sapienza e l'Ecclesiastico) « ad edificazione del popolo, non per farli servire a confermare l'au- « torità de' dogmi ecclesiastici ».

« Per mostrare che in questo luogo s. Girolamo non contraddice a sè stesso, basta osservare che egli non ha voluto dare intendere altro, se non che questi libri non stavano nel numero de' proto-canonici, nè avevano autorità uguale all' autorità di questi presso tutte le Chiese; e per ciò non potevano riuscire autorevoli contro coloro, i quali non li tenevano in conto di canonici. Le testimonianze da s. Girolamo ricavate da' libri della Sapienza e dell' Ecclesiastico, e che noi abbiamo innanzi allegate, non lasciano verun dubbio intorno alla venerazione, in cui questo santo Dottore aveva i detti libri.

« S. Girolamo dice ancora nella sua Prefazione a Daniele: « Da- «niele, siccome lo leggono gli Ebrei, non contiene nè la storia di Su- «sanna, nè l'inno de' tre fanciulli, nè le favole di Belo e del dragone».

« Ma nella sua Apologia contro Rufino, lib. II, cap. IX, e' dichiara di avere così parlato secondo la opinione degli Ebrei: «Mostra di es- « sere un calunniatore colui, il quale mi appone a delitto l'aver rife- « rito le parole, onde gli Ebrei sogliono esprimersi parlando della « Storia di Susanna, dell'inno de' tre fanciulli , e come essi dicono « delle favole di Belo e del dragone ; imperocchè non è stata mia « intenzione dichiarare il mio sentimento , ma solo quello che so- « gliono dire gli Ebrei contro di noi a questo proposito ² ».

Quanto al Concilio di Laodicea, cui i nostri avversari oppongono in certo modo al Concilio di Trento, faremo dapprima notare che

_____

') *Comment. in cap. XVIII Jerem.* — ²) *Ep. XXXIV ad Julian.*
³) Janssens, *Herm. sacr.* c. I, § 8, t. I, p. 34 seg., Paris 1833.

l' autenticità del Canone LX, il quale contiene il catalogo de' libri sacri, è soggetta a grave contesa: e se essa è giudicata con una critica severa, non può essere sostenuta [1]. Aggiungi, che questo stesso Canone non ha numerato tra i libri canonici quello dell' Apocalisse, e che in conseguenza la maggior parte de' protestanti, tenendo oggidì questo libro per canonico, si oppongono direttamente al sentimento di questo Concilio, di cui essi vogliono far uso, come di un'autorità irrefragabile.

Ma per rispondere direttamente alla difficoltà, e supposto autentico il canone LX del Concilio di Laodicea, diremo che il Concilio di Trento ha potuto comprendere nel Canone delle Scritture que'libri, che quel primo Concilio non avea inserito nel suo; perchè la tradizione può essere più investigata e meglio giudicata da un Sinodo ecumenico assistito dallo Spirito Santo, che da un Concilio particolare. Per ciò mentre in Laodicea un Concilio particolare ha potuto lasciarsi imporre dal Canone di Melitone, in Trento al contrario un Concilio generale ha potuto dichiarare con giudizio infallibile canonici questi libri; avendo considerato la testimonianza esplicita e sempre costante della Chiesa Occidentale, ed avendo dall' un de' lati veduto che la Chiesa Romana ha in tutt' i tempi tenuto per canonici i mentovati libri, e dall'altro, che la Chiesa d'Oriente con l'uso gli ha riconosciuti concordando quanto alla sostanza con la Chiesa Latina.

D. 3ª. I Concili di Cartagine e di Roma, allegati nella Quistione IV a pro de' libri deutero-canonici, sarebbero favorevoli alla canonicità di essi, sol quando si dimostrasse avere i Padri di questi Concili avuto intenzione di fare un catalogo de' Libri inspirati. Or questo non potrebbesi provare. Al contrario pare più verosimile, che questi Padri abbiano avuto intenzione di formare un catalogo de' libri ecclesiastici, ossia di quelli che potevano essere letti nelle Chiese, senza considerare se fossero o no canonici.

R. A piena confutazione di questa difficoltà basta citare le parole del Concilio di Cartagine radunato nel 397: « Item placuit, ut praeter Scripturas canonicas, nihil in Ecclesia legatur sub nomine divinarum Scripturarum. Sunt autem canonicae Scripturae Genesis, Exodus . . . . Salomonis libri quinque, libri duodecim Prophetarum, . . . Tobias, Judith, Esther . . . . Machabaeorum libri duo ecc. ». Il Concilio di Roma tenuto nel 494 non usa vocaboli meno espliciti e chiari [2].

---

[1] Può leggersi una eccellente discussione di questo subbietto uell' opera intitolata: *Sessio IV Concilii Tridentini vindicata, seu Introductio in Scripturas deutero-canonicas Veteris Testamenti in tres partes divisa,* per Sacerdotem Aloysium Vincenzi Sammaurensem, in Romano Archigymnasio litterarum hebraicarum professorem, Romae 1842, 2 vol. in-8°.

[2] A questa replica si può aggiungere quello, che dice Bossuet, *Projet de*

D. 4ª. L' essere stati i Libri deutero-canonici sin da' primi tempi inscritti nel corpo delle Scritture, non è una pruova a favore della loro canonicità: imperocchè la versione de' Settanta conteneva egualmente il terzo di Esdra ed il terzo de' Macabei, i quali sono sempre stati riguardati come apocrifi.

R. È vero che in alcuni manoscritti ad uso de' privati questi due libri sono messi nel corpo della Bibbia; ma essi non si leggono nella prima versione, e nemmeno negli antichi manoscritti. Imperocchè in questo caso il Concilio di Gerusalemme non avrebbe omesso di parlarne; ma esso non ne fa memoria. D' altra banda se questi libri fossero stati congiunti con gli altri nelle versioni fatte ad uso della Chiesa greca, avrebbero dovuto essere tenuti come canonici. Finalmente, l' antica versione Itala, fatta sopra un antico manoscritto di quella de' Settanta, non ha mai contenuto questi libri: e ciò evidentemente dimostra che cosiffatti libri non istavano nella versione de' Settanta.

D. 5ª. I Padri, è certo, han citato i libri deutero-canonici, ma hanno pure citato il Pastore di Hermas, il terzo e quarto di Esdra, il libro di Henoch, ed altri libri, che nessuno vorrebbe noverati tra i canonici. Anzi essi, i Padri, citando i mentovati libri, hanno adoperato quelle medesime forme, con le quali citavano le Sante Scritture: *Il Signore dice*; *dice la Scrittura.* E per ciò le citazioni ricavate da' deutero-canonici ne' coloro scritti non sono pruova della canonicità de' medesimi.

R. Senza ragione si stabilisce paragone tra alcune rarissime citazioni di Henoch, di Hermas ecc., quasi fatte a caso da due o tre Padri, e quelle che continuamente ricavano da' deutero-canonici moltissimi Padri e Dottori, non pure della Chiesa Occidentale, ma altresì della Orientale. Alcuni Padri hanno pure usato quelle forme, *dice il Signore, dice la Scrittura*, citando que' libri, che generalmente sono riconosciuti per apocrifi; ma questo non può altro provare, se non che questi pochi Padri malamente hanno tenuto come divinamente inspirati i detti libri: non si può da ciò derivare che sia un argomento fiacco ed inutile a pro de' deutero-canonici quello ricavato dall' uso, che innumerabili Dottori delle due Chiese hanno fatto della mentovata forma [1].

D. 6ª. L' uso di leggere nella Chiesa primitiva i libri deutero-canonici non è una prova rigorosa a pro della loro canonicità, avendo quest' uso ancora luogo per que' libri, i quali non sono mai stati te-

---

réunion, ecc. Lettre XLI, t. XXVI, art. XXXII, XXXV, p. 490-492, ed. Lebel.

[1]) Per bene intendere in che maniera i Padri citino i libri deutero-canonici ed apocrifi, è necessario leggere Bossuet, *loc. cit.* n. 19, 52, p. 483, 501.

nuti per divinamente inspirati, come il Pastore di Hermas, la Lettera di s. Barnaba, le Lettere di s. Clemente, e gli Atti de' Martiri, i
quali erano letti ad edificazione del popolo, non per comprovare i
dogmi della Fede.

R. Quello, che abbiam detto a proposito delle citazioni de' deutero-canonici può applicarsi alla lettura di questi stessi libri. Questi e-
rano letti nella Chiesa a quel modo, ond' erano citati da' Padri, cioè
come divini, come parte delle Sante Scritture, e però come acconci
a confermare i dogmi della Fede cristiana: mentre poi gli altri libri,
de' quali è parola, si leggevano nella Chiesa, perchè erano stimati
utili ed atti alla edificazione de' fedeli. E per continuare il nostro paragone faremo osservare, che s. Attanasio, sempre che parla del libro della Sapienza, lo cita come Scrittura santa; mentre poi quelle
poche volte, in cui fa memoria del Pastore, non dice altro che *il Pa-*
store, l'utilissimo libro del Pastore. Potremmo citare ancora l'autorità di molti altri Dottori della Chiesa, ma ci contentiamo di riman-
dare il lettore alla introduzione particolare al libro della Sapienza;
ivi noi alleghiamo una testimonianza di s. Agostino, la quale è pregevolissima, perchè nulla lascia a desiderare; e facciamo pure osservare che nella Chiesa primitiva leggevansi egualmente tutti gli altri
libri deutero-canonici.

D. 7ª. Ma perchè, dicono i Protestanti; ma perchè il Concilio
di Trento ha costituito dogma di Fede quello, che per lo innanzi era
una mera opinione tra' Teologi anche Cattolici? Qualche tempo innanzi al Concilio di Trento s. Antonino, Tostato, Dionigi Cartusiano,
il Cardinale Ximenes e specialmente il Cardinale Gaetano hanno sostenuto una sentenza affatto contraria alla decisione del Concilio.

R. Molti tra' Teologi opposti non hanno rigettato i libri deutero-
canonici; essi confessavano essere questi libri letti e riconosciuti nelle Chiese come Santa Scrittura; solo temevano di collocarli nel numero di quelli, che ed erano ammessi dagli Ebrei, ed erano stati ricevuti in ogni tempo. Altri, come il Gaetano, hanno potuto dubitare
della loro canonicità, solo perchè sono stati sedotti o dalla sentenza
di alcuni Padri, i quali pareva non avessero riconosciuto l'autorità
di questi libri; o da' Canoni della Chiesa Orientale, de' quali non a-
vevano rettamente inteso lo spirito. Questi Teologi non hanno seriamente ponderato l'uso, che avea fatto di questi libri il popolo Cristiano, nè la tradizione della Chiesa Romana, la quale deve a qualunque
altra essere anteposta. Comechè poi questi Teologi avessero in venerazione cosiffatti libri, e ne facessero uso, non è parso spediente alla
Chiesa di obbligarli, pena l'anatema: allorchè poi la Chiesa ha visto
che gli eretici positivamente li rigettavano, tenendoli inferiori agli
altri in autorità, anzi reputandoli affatto apocrifi, ha giudicato necessario vendicare la loro canonicità, mettendoli nel numero degli altri

libri della Santa Scrittura. E certamente nessuno spirito ragionevole e spregiudicato, specialmente quando avrà scrupolosamente esaminato i vari titoli che questi libri hanno per conciliarsi la nostra venerazione, potrà negare che il Concilio di Trento con grandissima sapienza abbia fulminato l'anatema a tutti coloro, i quali ricusano di ammetterli tra i libri sacri e canonici.

SCOLIO

Siccome riferiscono il Pallavicino e Paolo Sarpi [1], allorchè nel Concilio di Trento fu agitata la quistione de'libri canonici, si formarono nell'assemblea varie opinioni. La prima fu di que' Padri, i quali volevano si facessero due classi differenti di libri sacri: una contenente i libri ammessi sempre come canonici, l'altra contenente i libri avuti in dubbio. I sostenitori di questa sentenza dicevano, che questa distinzione era stata fatta da s. Agostino, da s. Gregorio Magno parlando de'libri de'Macabei, e da s. Girolamo: soggiungevano che il Cardinale Gaetano in una lettera dedicatoria a Papa Clemente VII aveva affermato doversi quella regola seguitare come infallibile. La seconda sentenza fu di que' Padri, i quali chiedevano fosse tutta la Bibbia spartita in tre classi: nella prima venissero collocati i libri avuti sempre per canonici; nella seconda que'libri, che essendo stati avuti in dubbio, erano poi stati coll'uso riconosciuti per canonici, come l'Apocalisse; nella terza in fine si ponessero que' libri, de'quali tuttora si dubitava, come i Macabei, ecc. La terza sentenza fu di que' Padri, i quali non ammettevano nessuna distinzione, e chiedevano si dichiarassero canonici allo stesso modo tutti i libri contenuti nella Volgata latina. Quest'ultima opinione prevalse, ed il Concilio nella IV Sessione fece il seguente decreto: *Si quis libros integros cum omnibus suis partibus prout in Ecclesia Catholica legi consueverunt et in Vulgata latina editione habentur, pro sacris et canonicis non susceperit . . . . anathema sit.*

Alcuni scrittori, tra' quali il p. Lamy e Jahn, pensano che tuttora corra differenza tra i libri proto canonici e deutero-canonici, la quale dal Concilio non è stata tolta; ma questo sentimento è temerario [2].

_____

[1] Pallav. *Stor. del Conc. di Trento*, l. VI, c. XI, n. 4; Sarpi *Ibid.* l. II, n. 47.

[2] Lamy, *Appar. Bibl.* l. II, c. II; J. Jahn, *Introd. in Lib. V. T.* p. I, c. II, § 30. — Pare che questa sentenza meriti qualche nota maggiore della semplice temerità. L'opinione del Lamy è scusata da alcuni, i quali accagionano quello scrittore solo d'inesattezza nell'esporre i suoi pensieri. Come poi la sentenza del Jahn si limiti alla sola temerità, noi non sappiamo conoscere. Basta il solo modo, onde egli parla de'libri deutero-canonici, a manifestarlo per uno di coloro, i quali non sanno riverire altra autorità che quella della propria sapienza. (*Nota del Traduttore*)

Tutti i mentovati libri sono stati egualmente dichiarati canonici con tutte le loro parti senza eccezione alcuna: il che vuol dire che sono stati tutti egualmente riconosciuti come divinamente inspirati. Perciò nessun cattolico può negare a' deutero-canonici quella stessa autorità, che si attribuisce a' proto-canonici. Nè deve far ombra a chicchessia, se nelle dispute gli Ebrei ed i Protestanti non concedono a' deutero-canonici autorità pari a quella de' proto canonici: imperocchè quanto a' primi è da notare, che i soli proto-canonici bastano a trarli d'errore; quanto a' secondi bisogna rammentare, che essi appunto per ciò sono eretici, perchè disconoscono non solo l'autorità de' deutero-canonici, ma altresì quella della Chiesa Cattolica, dalla quale debbono i fedeli apprendere la dottrina della Fede.

APPENDICE

De' Libri apocrifi [1] e de' libri perduti

1. Prima del IV secolo il vocabolo *apocrifo* era generalmente adoperato nella significazione di *segreto*, ed era dato a que' libri, che non si leggevano pubblicamente; ma dopo quest'epoca fu usato per dinotare que' libri, che non sono compresi nel Canone delle Scritture. Questi libri si dividono in due classi: la prima contiene i libri, i quali possono essere letti con profitto, benchè composti da autori incerti, ignoti e senza autorità: tali sono il terzo e quarto di Esdra, il terzo e quarto de' Macabei, l'orazione del re Manasse, la quale è citata nel secondo de' Paralipomeni come ricavata dalle parole di Osai; il Salmo 151 aggiunto a talune edizioni della Bibbia de' Settanta; il Prologo al libro dell'Ecclesiastico; la breve Prefazione alle Lamentazioni di Geremia, un discorso della moglie di Giobbe scritto in greco ed aggiunto in fine al secondo capitolo di questo libro, insieme con una Genealogia di Giobbe ancora scritta in greco e messa in fine del libro. La seconda classe de' libri apocrifi contiene tutti quelli, i quali sono stati composti o da' Rabbini, o dagli eretici, o dagli empii, o da taluni poco eruditi Cristiani; questi sono zeppi di storie favolose, di errori e menzogne. Tali sono i Salmi di Adamo ed Eva, il libro delle Generazioni di Adamo, l'Evangelio di Eva, l'Ascensione e l'Assunzione di Mosè, il piccolo Genesi, il Testamento de' dodici Patriarchi ecc. A questa classe appartengono altresì molti falsi Evangeli, come l'Evangelio secondo gli Ebrei, gli Egiziani, i dodici Apostoli; l'Evangelio secondo s. Pietro, Paolo, Bartolommeo, Matteo, Tommaso, Andrea, Filippo, Taddeo, Barnaba, Nicodemo;

-----

[1] Il vocabolo *apocrifo* deriva dal greco ἀποκρύπτειν, *celare, tener nascosto.*

l' Evangelo siriaco e gli Evangeli di Basilide, Apelle, Taziano; gli Atti di Andrea, Filippo, Tommaso, rigettati dal Concilio di Roma tenuto sotto Papa Gelasio, ecc. [1].

Una osservazione importante deve farsi qui, cioè non tutti i Padri della Chiesa hanno dato il medesimo senso al vocabolo *apocrifo*: per esempio s. Cirillo di Gerusalemme, s. Girolamo, s. Epifanio, i Padri di Africa e la maggior parte de' Padri latini pare abbiano attribuito questo nome a que' libri, la cui autorità non era abbastanza riconosciuta, e talmente, manifestata nella Chiesa, che potessero essere noverati nel Canone delle Scritture. Origene, al contrario, e molti tra i Padri greci pare abbiano ristretto questo vocabolo alla significazione di libri supposti dagli eretici e pieni de' costoro errori [2].

2. Tra i libri, che non han mai formato parte del Canone delle Sante Scritture, e si trovano nondimeno o citati nelle Scritture, o negli scritti de' Padri della Chiesa, molti sono perduti. Noi faremo solo memoria di quelli, di cui i sacri Scrittori hanno fatto menzione nelle loro opere. Sono i seguenti: il Libro dell' Alleanza [3]; il Libro delle Guerre del Signore [4]; il Libro de' Giusti [5]; il Libro del Signore [6]; i Libri di Samuele, Nathan, Gad, Semeia, Addo, Ahia, Jehu [7]; il Libro degli Annali de' re di Giuda e d' Israele, rammentato frequentemente ne' libri de' Re; i Discorsi di Osai [8]; le azioni di Osia, scritte da Isaia [9]; 3000 Parabole, 1005 Cantici e la Storia naturale di Salomone [10]; l' Epistola del Profeta Elia al re d' Israele [11]; il Libro di Giovanni Hircano [12]; le Descrizioni di Geremia [13]; i Libri di Giasone [14]; finalmente si cita tra' libri perduti la Profezia di Henoch, allegata da s. Giuda (vers. 14). Di questa opera diremo trattando dell' Epistola del mentovato Apostolo.

---

[1] Vedi Fabricius, *Codex Pseudo-epigraphus V. Test. et Codex Apocryphus N. T*.

[2] Ved. Ellies Du Pin, *Dissert. prélim. sur la Bible*, l. 1, c. 1, § 2; e Bossuet, *Projet de réunion*, ecc. Lettre XLI, t. XXVI, n. 34, p. 491, ed. Lebel.

[3] *Ex*. XXIV, 7. —[4] *Num*. XXI, 14.

[5] *Jos*. X, 13; *II Reg*. 1. 18. —[6] *Is*. XXXIV, 16.

[7] *I Par*. XXIX, 29; *II Par*. IX, 29, 30; XII, 15; XIII, 22; XX, 24.

[8] *II Par*. XXXIII, 19. —[9] *II Par*. XXVI, 22.

[10] *III Reg*. IV, 32, 33. —[11] *II Par*. XXI, 12.

[12] *I Mac*. XVI, 24. —[13] *II Mac*. II, 1.

[14] *Ibid*. vers. 21.

CAPO III.

De' testi originali e delle principali versioni della Santa Scrittura

SEZIONE PRIMA

De' testi originali della Santa Scrittura

I testi originali della Santa Scrittura possono essere considerati in vari modi, i quali hanno dato luogo a varie quistioni: noi qui tratteremo di quelle, che ci sono parse più rilevanti.

QUISTIONE PRIMA

In quale lingua sono stati scritti i Libri santi?

1. I Libri dell' antico Testamento sono stati generalmente scritti in ebraico, eccetto il libro della Sapienza ed il secondo de' Macabei, i quali sono stati scritti in greco. Il libro di Tobia non si sa con certezza, se sia stato scritto in ebraico, greco o caldaico; lo stesso deve dirsi di Giuditta, il cui testo primitivo da alcuni è creduto caldaico, da altri greco. Nel primo libro di Esdra, in Daniele e Geremia leggonsi parecchi passi in lingua caldaica. Gli ultimi sette capitoli di Esther, gl' intieri libri dell' Ecclesiastico, di Baruch ed il primo de' Macabei sono stati scritti in lingua ebrea, ma da gran tempo si son perduti i testi originali.

2. I Libri del nuovo Testamento sono stati composti in greco; il solo Evangelio di s. Matteo è stato scritto in ebraico, siccome diremo a suo luogo; ma l'originale è perduto.

QUISTIONE SECONDA

I testi originali della Scrittura sono stati alterati?

I testi autografi della Scrittura sono stati perduti da gran tempo; a noi ne sono rimasi gli apografi, o vogliam dire copie. Bisogna dunque sapere se queste copie sieno giunte a noi senza alterazioni, cioè se sono conformi agli originali. Essendo tale quistione egualmente confacente al testo ebreo dell' antico Testamento, ed al greco del Nuovo, noi dimostreremo l' interezza di ambedue i testi. Ma soprattutto bisogna notare che le alterazioni sono di due maniere: alcune gravi tendenti a mutare la sostanza de' fatti e della dottrina, altre leggieri, le quali non ledono queste parti essenziali di un libro. Le altera-

zioni della seconda specie ordinariamente non sono altro che sbagli
degli amanuensi: la critica sacra si studia di scoprirli, ed indica i
mezzi acconci ad emendarli [1].

ARTICOLO PRIMO

Dell' integrità del Testo ebraico dell' antico Testamento

Gli Ebrei generalmente pretendono che il testo ebreo attuale è affatto conforme all' originale, e provano la loro sentenza con questa
ragione. I Massoreti, dicono essi, hanno non pure tolto tutti gli errori incorsi nel testo, ma altresì assegnato alcune regole per trascri-
verlo ; e ciò ha reso impossibile qualunque interpolazione. Questa
opinione, al meno quanto alla prima parte, è stata seguitata da' protestanti; i quali hanno molto interesse a sostenerla, perocchè tutte
le loro versioni sono fatte sul testo ebraico. Questa sentenza ha avuto, ed ha tuttora qualche partigiano tra' Cattolici.

D' un' altra parte parecchi critici, e Protestanti e Cattolici, hanno
preteso che i testi originali sieno stati corrotti o per malizia degli
Ebrei e degli eretici, o per colpevole negligenza adoperata nella conservazione di questi sacri depositi. Senz' andar troppo lungi diciamo, che il p. Morin dell' Oratorio fu il primo a gittar dubbiezze sulla purità de' testi originali; poi Cappel, Vossio ed il p. Pezron hanno
espressamente sostenuto che l' attuale testo ebreo sia corrotto, e perciò debba essere emendato sulla versione de' Settanta [2]. Queste due
opinioni saranno combattute nelle proposizioni seguenti.

PRIMA PROPOSIZIONE

Il testo ebreo dell' antico Testamento non è esente da errori di amanuensi

1. Una interezza perfetta ed assoluta, la quale avesse preservato il
sacro testo dagli errori degli amanuensi, esigerebbe un miracolo continuo; ossia Iddio avrebbe dovuto rendere infallibili questi scrivani, affinchè avessero cansato qualunque errore. Ad esigere poi questo mira-

---

[1] Questa critica, che ha per obbietto la determinazione delle varie lezioni
del testo corrotto, si chiama critica verbale, terapeutica o medicinale. Essa
è differente da quella, che chiamasi alta (sublimis) critica, la quale non si
intrattiene ad esaminare la lettera di un testo, ma insegna i caratteri necessari a discernere i libri autentici da' supposti.

[2] J. Morin, Exercit. biblicae; L. Cappel, Critica sacra; J. Vossius, De septuaginta interpr. P. Pezron, Antiquité des temps rétablie et défendue contre les Juifs et les nouveaux chronologistes; où l' on prouve que le texte
hébreu a été corrompu par les Juifs; avec un Canon chronologique depuis
le commencement du monde jusqu' à Jesus-Christ.

colo non v' ha ragione alcuna:imperocchè la Scrittura non deve necessariamente andare esente da questi lievi errori per essere regola di Fede e di costumi; basta che in essa si mantenga senza alterazione quello che serve a nutrire la nostra Fede, ad emendare i nostri costumi. In questo modo la Parola di Dio raggiunge il suo scopo,nè la Provvidenza è obbligata a mantenere questa rigorosa interezza.

2. Ma è certo che questo miracolo non ha avuto luogo: perocchè se fosse avvenuto, tutti i manoscritti ebrei dovrebbero concordare non solo nelle cose essenziali,ma ancora nelle cose di minore importanza: or questo non apparisce nè da' manoscritti antichi, nè da' moderni. I moderni fatti sulla Massora, benchè sieno più concordi tra loro, come quelli che sono stati emendati con uniformità di princìpi; non sono nondimeno perfettamente uniformi, essendo in molti luoghi della Bibbia varietà di lezioni tra gli Ebrei orientali ed occidentali. Le varianti lezioni di Ben-Ascer e di Ben-Nephtali, le quali sono notate in tutte le Bibbie ebraiche, sono una pruova della discordanza, che sta fra' manoscritti. Finalmente le varianti,raccolte in numero straordinario da Kennicott e dal de Rossi,non lasciano alcun dubbio intorno a ciò. Nè i manoscritti antichi sono meglio concordanti; imperocchè gli autori della Massora confessano che quando hanno impreso il loro lavoro,i manoscritti adoperati contenevano grandi e numerose variazioni. S'aggiunga, che sopra antichi manoscritti è stata eseguita la versione de' Settanta, quella di Simmaco, di Teodozione, di Aquila e altre greche versioni:e tutte queste non sono concordi con quelle, che abbiamo oggidì. Bisogna dunque conchiudere che sieno caduti errori in alcuni esemplari.

SECONDA PROPOSIZIONE

Il testo ebreo dell' antico Testamento non è corrotto nelle cose essenziali [*]

La venerazione degli Ebrei verso i Libri santi, il culto da essi in certo modo renduto ad ogni parola, anzi ad ogni lettera in essi contenuta, rendono impossibile pensare che essi in qualche epoca della loro storia abbiano potuto smettere questo sentimento divenuto naturale. Anche a' dì nostri non v' ha nessuno Israelita, il quale non sia preso da orrore, se a lui ne si proponga l' audacia di qualche alterazione sulla Legge di Mosè e su' Profeti. Nondimeno se gli Ebrei si fossero resi colpevoli di questo peccato, avrebbero dovuto commetterlo o prima o dopo de'tempi di Gesù Cristo:or è certo che in nessuno di questi due intervalli sia avvenuta qualche interpolazione.

----

[*] Bisogna notare che noi confutiamo qui scrittori cattolici,e per ciò possiamo valerci de' princìpi ammessi da ogni Teologo ortodosso:queste pruove non sarebbero bastanti contro gli Ebrei o i Protestanti.

1. Noi abbiamo due testimoni, che non possono essere rifiutati, intorno alla interezza del testo ebreo innanzi Gesù Cristo. Filone ci assicura che gli Ebrei avevano conservato i libri di Mosè senza averne mutato una parola [1]; e Giuseppe afferma egualmente che questo popolo ha grande venerazione e profondo rispetto a' Libri sacri, in tanto che nessuno in sì lunga serie di secoli abbia mai osato aggiungere, o togliere qualche cosa [2]. Ecco perchè quando s. Giustino sospettava avere gli Ebrei corrotto il testo sacro, Trifone rispondeva che egli considerava questo peccato più grave di quello commesso da chi adorò il vitello di oro, da chi consecrò i fanciulli agl' idoli, facendoli passare pel fuoco, e da chi uccise i Profeti.

2. S. Girolamo, la cui testimonianza in questa materia è autorevolissima, era tanto convinto della fedeltà , onde gli Ebrei avevano conservato le Scritture ebraiche sino al suo secolo, che non poteva tenersi di sgridare quelli del suo tempo, i quali accusavano questo popolo di aver corrotto il loro testo originale. « Chi pretende, dice questo Padre, che sì fatta alterazione sia avvenuta dopo del nostro Dio e Salvatore, e dopo la predicazione degli Apostoli, mi muove il riso: e come potrò astenermi di ridere a spese di coloro, i quali pensano avere il Salvatore, gli Apostoli ed Evangelisti citata la Scrittura in quel modo, nel quale doveva essere falsata dagli Ebrei (*ut Salvator et Evangelistae et Apostoli ita testimonia protulerint, ut Judaei postea falsaturi erant* [3]) ». Il medesimo Padre dice pure: « Se alcuno osa affermare che gli Ebrei hanno nella successione de' tempi alterato i libri sacri, oda quello, che ha risposto Origene a tale quistione (*huic quaestiunculae*), nell' VIII volume de' suoi Commenti sopra Isaia. Ivi egli dice che Nostro Signore e gli Apostoli, i quali riprendevano acremente gli altri delitti de' dottori della Legge e de' Farisei, non avrebbero omesso di rinfacciar loro anche questo, che sopra gli altri è enorme [4] ». S. Giustino faceva osservare a' Greci, che la Provvidenza di Dio a pro della Chiesa Cristiana aveva inspirato agli Ebrei il desiderio di essere fedeli depositarii de' Libri dell' Antico Testamento, i quali son divenuti proprietà del Nuovo (*hi libri, qui Religionis nostrae proprii sunt*). Egli ne spiegava la ragione, e diceva che se la Chiesa avesse ricavato dal proprio seno le Scritture, i nemici della verità avrebbero avuto qualche pretesto per sospettar di frode; ma ricevendole dalla Sinagoga, è chiaro che questi libri sono stati scritti da uomini santi per formare la dottrina della Chiesa [5]. S. Agostino estende vie meglio il suo argomento e dice, che egli non teme di affermare che dovrebbe essere insensato colui, il

---

[1] Philo apud Euseb. *Praep. evang.* l. VIII.
[2] Joseph. *Cont. Ap.* l. l, § 8. — [3] Hier. *Com. in c. VI Isa.*
[4] *Ibid.* — [5] Just. *Dialog. cum Tryph.* § 73.

quale pensasse aver gli Ebrei, per quanto si presuppongano malvagi, potuto indettarsi per indurre mutazioni nel sacro testo, i cui codici erano dispersi per tutta la terra [1].

3. Molti scrittori han preteso che questa falsificazione del sacro testo fosse avvenuta dopo s. Girolamo; ma questa opinione è sfornita di ogni pruova: imperocchè, siccome ha osservato Du Pin, la versione di s. Girolamo, la quale è stata fatta sull'ebreo, è generalmente conforme a questo testo: la qual cosa deve dirsi pure delle versioni di Aquila, Simmaco e Teodozione. Queste versioni sono monumenti certi, i quali rigettano la pretesa falsificazione: e noi sfidiamo quelli che vogliono sostenerla, a produrre testimonianze rilevanti, le quali mostrino la versione di s. Girolamo discordante dal testo ebreo attuale. Questo dovrebbero essi fare, se volessero rendere verisimile la loro sentenza [2].

4. Le due sette rivali e nimiche, cioè i Rabbaniti ed i Caraiti, rendono impossibile ogni accusa di simil fatta: i primi sono partigiani accaniti della tradizione, i secondi non ammettono altro che la lettera del testo. Se dunque i Massoreti avessero indotto le più lievi falsificazioni, i Caraiti non le avrebbero mai ammesse, ed i loro manoscritti dovrebbero discordare dal testo attuale: ciò che non si osserva.

5. Un'altra pruova non meno forte si desume dal numero grande de' Cristiani, i quali dopo s. Girolamo hanno coltivato con frutto la lingua ebraica; come ancora da' moltissimi critici profondi, i quali con ardore incredibile e con instancabile costanza si sono messi a studiare e disaminare severamente il testo ebraico. Tra ambedue queste classi nemmeno uno ha reclamato contro questa pretesa interpolazione.

6. Finalmente se gli Ebrei fossero stati capaci di corrompere le loro Scritture in odio della Religione cristiana, siccome presuppongono i nostri avversari, « perchè avrebbero lasciati intatti tutti que' magnifici oracoli, che sono il fondamento della Fede nostra, e che aperto riprovano la loro incredulità, per quanto essi si argomentino di schivarne la forza? Ciò non hanno essi fatto: dunque e la Legge, ed i Profeti, e tutto quello che appartiene al corpo della Bibbia, è rimaso nella sua piena integrità. Essi han voluto anzi darci le armi contro di sè, che con mano sacrilega alterare la Parola di Dio [3] ».

Non neghiamo che alcuni Padri pare facciano questo rimprovero agli Ebrei; ma questi santi Dottori giudicavano delle alterazioni re-

---

[1] « Absit ut prudens quisquam, vel Judaeos cujuslibet perversitatis atque malitiae tantum potuisse credat in codicibus tam multis et tam longe lateque dispersis »; Aug. *De civ. Dei*, l. XV, c. XIII.

[2] Ellies Du Pin, *Dissert. prelim. sur la Bible*, l. I, c. IV, § 4.

[3] G. Fabricy, *Des titres primitifs de la révélation*, t. I, p. 154.

lativamente alla versione de' Settanta,da essi paragonata con le versioni greche di Aquila, Teodozione e Simmaco, nelle quali leggevano taluni luoghi degni di riprensione. Essendo generale opinione de' primi tempi della Chiesa che la versione de' Settanta fosse stata fatta per divina inspirazione, essa era dal maggior numero de' Padri tenuta come l'unica regola delle loro dispute contro gli Ebrei: questi poi dal canto loro opponevano sempre il testo ebreo, come l'originale, di cui era uopo fare uso per decidere le quistioni occorrenti[1]. Di qui nacque l'opinione che fosse stato maliziosamente tolto dal testo ebreo per opera degli Ebrei tutto quello, che leggevasi nella versione de' Settanta, e mancava nel testo ebreo.

Un'altra ragione, che giustifica le accuse degli antichi Padri, si ricava dalle alterazioni, che la versione di Aquila, molto usata dagli Ebrei, aveva recato in parecchi luoghi al vero senso, che i Settanta avevano dato alle Profezie. Può soprattutto riscontrarsi la celebre profezia d'Isaia, cap. VII, 14. Quindi nella presente controversia non si dimandava, se gli Ebrei avessero davvero corrotto i testi originali delle divine Scritture; ma solo si disputava delle versioni fatte su'testi originali. Ed in questo senso chi può riprendere i Padri per le accuse fatte agli Ebrei di aver corrotto i sacri Libri?

7. Quanto a' Libri di Mosè, abbiamo una pruova irrefragabile della loro interezza: questa pruova ci è somministrata dal Pentateuco Samaritano[2]. Ed in verità, quest'opera, la quale è stata conservata dal detto popolo con grandissima diligenza, è appieno conforme col testo ebreo, al meno quanto alla sostanza: imperocchè le differenze che stanno tra ambedue i testi, sono per lo più di poco conto. Quindi sennatamente scrisse il Bergier: « È assai maraviglioso che se ne trovino tanto raramente in due testi,i quali da più di mille anni stanno in mano a due popoli, che mortalmente si odiano tra loro, e non hanno mai fatto comunanza[2] ».

Queste pruove sono certamente bastevoli a stabilire l'integrità dell'attuale testo ebreo nelle cose essenziali, ed a mostrare quanto falsamente opinino alcuni, avere gli Ebrei potuto corrompere le sacre Scritture date ad essi in deposito. « Questo è un fatto, dice il p. Fa-

---

[1]) R. Simon; *Hist. crit. du V. T.* l. I, c. XVIII.

[2]) Il Pentateuco Samaritano non è altro che il Pentateuco ebreo, siccome era innanzi la schiavitù di Babilonia, ed innanzi Esdra; cioè scritto con gli antichi caratteri, che oggidì chiamansi samaritani, perchè sono stati conservati da questo popolo. Gli Ebrei al contrario nel tempo dell'esilio usarono i caratteri caldaici. L'origine di questo libro risale fino a'tempi di Salmanasare, il quale mandò in Samaria uno de' sacerdoti delle dieci tribù di Israele da lui menate cattive in Assiria, afflnchè insegnasse a'popoli idolatri, mandati come colonia in Samaria, la maniera di onorare il vero Dio.

[3]) Bergier, *Dict. théol.* art. SAMARITAIN (*texte*) de l'Ecriture.

bricy, che solo l' ignoranza o il pregiudizio possono oscurare o fare
sconoscere. Non ci curiamo di que'critici saputelli, i quali non fanno
alcun caso di tante testimonianze dell' antichità intorno alla esattezza degli Ebrei d' ogni luogo e tempo nel mantenere questo prezioso
deposito, ed intorno alla riverenza che essi hanno sempre avuto verso i Libri santi ² ».

APPENDICE

Delle principali edizioni del Testo ebreo
dell' Antico Testamento

Quantunque innumerabili sieno le edizioni della Bibbia ebraica,
tre sono nondimeno i testi fondamentali: 1° quello stampato a Son-
cino nel 1488 in-fol., il quale è divenuto rarissimo; 2° quello, che sta
nella Poliglotta di Compluta, 1517; 3° la seconda edizione della Bibbia di Daniele Bomberg, 1526. Su queste tre sono state fatte le rimanenti edizioni: però ve ne ha talune, le quali in parte sono state e-
mendate su' manoscritti. Tra queste è notevole quella di Giuseppe A-
thias, ebreo, stampatore di Amsterdam: fu pubblicata nel 1661 e 1667
in 2 vol. in-8°. Queste due edizioni sono di grande rinomanza; ma
quella di Van der Hoogt, la quale ha riprodotto ambedue le citate
edizioni con alcune varianti nel 1705, vuole esser preferita.

Le Bibbie impresse presso Cristoforo Plantin sono purgatissime.
Lo stesso è a dire della bella edizione fatta in Halla nell' alta Sasso-
nia da D. G. E. Michaëlis nel 1720. Le note messe ad illustrare il
testo rendono pregevolissima questa edizione. La Bibbia di Jahn (Vien-
na 1807, 3 vol. in-8°) è del pari commendevole per accurata correzione. Questa edizione è importante, perchè ha mantenuto que'soli accenti massoretici, i quali sono detti *disgiuntivi*. Quella di Reinec-
cius, pubblicata da Doederlein e Meisner (Lipsia 1793), e ristampata ad Halla e Berlino nel 1828 (3 vol. in-12°) con una prefazione di
Giorgio Cristiano Knapp è non pure esatta, ma contiene altresì una
giudiziosa scelta delle varianti di Kennicott e di G. B. de Rossi.

Porremo fine a questo catalogo notando che le Bibbie pubblicate
dalla Società biblica lasciano qualche cosa a desiderare quanto al-
l' esattezza: l' edizione poi (in-18° grande) fatta in Lipsia nel 1834,

---

*) G. Fabricy, *Des titres primitifs de la révélation*, t. I, p. 160. Vedi pure Martianay, *Défense du texte hébreu et de la chronologie de la Vulgate,
contre le livre de l' Antiquité des temps*; Le Quien, *Défense du texte hébreu
et de la version Vulgate, servant de réponse au livre intitulé, l' Antiquité des temps* ecc. (du p. Pezron); Jo. Gottlob Carpzovius, *Critica sacra*; Petr.
Guarin, *Praef. in Gram. hebr. et chald.*; Rob. Bellarmin. *De Verbo Dei*;
Brianus Walton, *Prologom. in Biblia polyglotta*.

con una prefazione di Rosenmüller, ci è parsa da preferire, benchè abbiamo scorto in essa alquanti errori.

ARTICOLO II.

Dell' integrità del Testo greco del Nuovo Testamento

Da quello che abbiam detto innanzi (p. 77), ognuno ha potuto comprendere che un libro è soggetto alle alterazioni leggiere per inavvertenza degli amanuensi, ed alle interpolazioni gravi, le quali alterano la sostanza de' fatti e la dottrina insegnata. Noi concediamo senza esitazione che il testo greco del Nuovo Testamento non sia stato preservato, meglio che il testo dell' Antico Testamento, da quel genere di leggieri errori, i quali sono il retaggio di ogni libro scritto dalla mano degli uomini; ma nel tempo stesso sosteniamo che esso si è sempre mantenuto puro ed esente da quegli errori, o interpolazioni notabili, le quali alterano la sostanza delle cose rivelate. Ci fondiamo sulle ragioni espresse nella seguente

PROPOSIZIONE

Il Testo greco del Nuovo Testamento non è corrotto nelle cose essenziali

1. È cosa certa, che gli originali de' Libri del Nuovo Testamento sono stati per un certo tempo nelle Chiese, per le quali sono stati scritti, o alle quali sono stati mandati: questi stessi originali sono stati poi trascritti, e le copie fattene si sono mano mano sparse in tutte le Chiese, ove erano pubblicamente lette. Questo fatto esclude ogni dubbio, riflettendo quanto i primi Cristiani venerassero gli scritti degli Apostoli ed Evangelisti. Se queste copie fossero state infedeli, nessuno avrebbe omesso di scoprire la frode confrontandole con gli originali; e le Chiese fondate dagli Apostoli non avrebbero mai comportato l' uso di queste copie, quando si fossero accorte delle loro adulterazioni. Aggiungasi che tutti i fedeli, i quali avevano veduto e letto gli originali, sarebbero stati testimoni di queste falsificazioni [1].

2. Essendo tra tutti gli esemplari una conformità perfetta, al meno quanto alla sostanza, bisognerebbe necessariamente affermare che tutti questi esemplari, senza eccettuarne un solo, sieno stati falsati nella stessa guisa. La quale ipotesi è ridicola e chimerica: perocchè presuppone necessariamente una congiura unanime e perfetta tra una moltitudine innumerabile di amanuensi, per fare le stesse interpolazioni. Or questa connivenza era affatto impossibile.

---

[1] Cf Ellies Du Pin, *Dissert. prélim.*, l. I, c. I, § 4.

3. Se il testo greco del Nuovo Testamento fosse stato sustanzialmente corrotto, dovrebbe certo assegnarsi un *tempo* a questa falsificazione; ma ciò è impossibile, dovendo quest' epoca essere necessariamente o anteriore, o posteriore a s. Girolamo. Se è anteriore, chi può rendere ragione della condotta di Papa s. Damaso, il quale obbligò il santo Dottore ad emendare la Volgata sul testo greco; e chi può giustificare la condotta della Chiesa, la quale accettò questa emendazione? Se poi si dice essere stata quest' adulterazione posteriore a' tempi di s. Girolamo, l' ipotesi è ugualmente impossibile. Imperocchè nelle opere de' Padri greci da s. Girolamo sino alla scisma di Fozio noi leggiamo quel medesimo testo greco, che oggidì abbiamo ne' nostri testi a penna e stampati. E se dopo la scisma i Greci si fossero resi colpevoli di questo corrompimento, i Padri del Concilio ecumenico di Lione e Firenze non avrebbero taciuto intorno ad un punto di tanta importanza; anzi essi avrebbero obbligato i Greci ad abbandonare un testo essenzialmente corrotto.

4. In varie epoche sono state fatte riviste e confronti di manoscritti notabili; ed in ogni tempo il risultamento di questi rilevanti lavori è riuscito favorevole alla purezza ed integrità del testo, ed ha mostrato che le varianti, benchè innumerabili, cadevano sopra cose di poco conto.

5. Finalmente il confronto del testo greco con tutte le versioni antiche e moderne dimostra altresì in modo chiarissimo, che questo testo si è sempre mantenuto puro ed intatto nelle cose essenziali.

APPENDICE

Delle principali edizioni del Testo greco del Nuovo Testamento

Tra le innumerabili edizioni del Testo greco del Nuovo Testamento citeremo le seguenti: 1° L' edizione di Compluta, un vol. in-fol. stampata nel 1514: è senza spiriti e senz' accenti; 2° l' edizione greca e latina senza distinzione di capitoli fatta in Basilea nel 1527 da Giovanni Froben, un vol. in-fol.; 3° Il Nuovo Testamento greco di Roberto Stefano, Parigi 1546 in-16°; 4° quello del 1500, in-fol., questa edizione è superiore a quante ne ha pubblicate Roberto Stefano; 5° l' edizione greca di Errico Stefano 1568, 2 vol. in-16°; 6° il Nuovo Testamento impresso dagli Elzevir nel 1633: questa tra tutte le edizioni di que' tipografi è la più esatta.

Potremmo ancora citare le edizioni di Griesbach, Schulz, Scholz, Lachman, Tischendorf, ecc.; ma queste sono opere di mera erudizione e fondate sulla scienza teoretica de' manoscritti, la quale è soggetta a molte incertezze ed è troppo inchinevole all' arbitrio. Benchè lodiamo i nobili sforzi di questi dotti critici, non osiamo però affermare che i loro lavori sieno riusciti a darci un testo più puro ed emendato.

SEZIONE II.

Delle principali versioni della Santa Scrittura

Le versioni dell'Antico e Nuovo Testamento sono generalmente divise in *orientali* ed *occidentali*, ovvero in *antiche* e *moderne*; le moderne sono ancora dette *volgari*, essendo nella maggior parte scritte in lingue volgari. Di queste varie versioni noi non c'intratterremo molto a lungo, tranne le due che sono dette de' Settanta e Volgata: esse sono state sempre autorevolissime, e per ciò meritano una più esatta trattazione.

ARTICOLO PRIMO

Delle versioni antiche

Sono chiamate versioni antiche la Versione di Alessandria, detta de' Settanta, l'antica Itala, la Volgata latina; le versioni greche di Aquila, Teodozione, Simmaco; quelle conosciute col nome di Quinta, Sesta e Settima edizione, e le raccolte di Origene; parecchie altre in alcune lingue di Oriente, cioè la Samaritana, la Caldaica, la Siriaca, l'Araba, l'Etiopica, la Persica, l'Egiziana o Coptica, l'Armena; finalmente la Gotica e la Slava.

§ I. *Versione di Alessandria o de' Settanta*

Questa rinomata versione, la quale, siccome diremo, ricava il suo nome da alcune circostanze appartenenti alla sua storia, ha dato motivo a varie ed interessanti quistioni.

QUISTIONE PRIMA

Qual è l'origine della versione de' Settanta?

Aristea, che è tenuto come Ebreo proselito, e che si denomina uffiziale delle guardie di Tolommeo Filadelfo, re di Egitto, descrive nel seguente modo la storia di questa versione.

Questo re, volendo arricchire la biblioteca che faceva in Alessandria, diede incarico al bibliotecario Demetrio di procurare la Legge degli Ebrei. Demetrio scrisse al sommo Sacerdote Eleazaro per avere un esemplare della Legge insieme con gl'interpreti, che doveva-

no volgarizzarla nel greco. Aristea fu uno de' tre deputati a questa
legazione. La dimanda fu satisfatta: Eleazaro consegnò a' legati un
codice della Legge mosaica scritto con lettere di oro, ed aggiunse settantadue Ebrei per tradurla, scegliendone sei per ogni tribù [1].
Tolommeo li pose nell'isola di Faro presso Alessandria[2].Ivi messisi a
lavorare compirono la versione in settantadue giorni [3]. Aristobulo [4],
Filone e Giuseppe dicono pressochè le medesime cose che Aristea [5].

S. Giustino, venuto in Alessandria, udi narrare questo fatto dagli
Ebrei, i quali aggiungevano che i settantadue interpreti erano stati
messi in settantadue cellette separate, e che avendo ognuno finito il
proprio lavoro, furono tutte le versioni trovate perfettamente unisone, benchè eseguite da ognuno de' settantadue separatamente. Questo Padre narra ancora, che furongli mostrati i ruderi di queste settantadue cellette. Molti Padri della Chiesa hanno seguitato questa
tradizione; anzi alcuni hanno aggiunto ad essa qualche circostanza;
ma tutti non hanno allegato altri monumenti, se non quelli che abbiamo accennati. S. Girolamo, il quale ha studiosamente esaminato
la Versione de' Settanta, e però ne ha conosciuto i difetti, non aggiusta veruna credenza nè alla storia di Aristea, nè alla tradizione degli Ebrei. Volgendo verso la metà il secolo XVI, Ludovico Vives, dotto
spagnuolo, fece nascere dubbi sull' autore del libro, che porta il nome di Aristea [6]. La sua opinione fu seguitata da Leone de Castro,
Salmerone, Scaligero, ed altri [7]. Ma Umfredo Hody più di ogni altro
ha preso a confutare questa storia con erudizione e robustezza di raziocinio [8]: egli si ha trascinato dietro tutti i critici protestanti. Dopo

[1] Probabilmente di qui viene il nome versione de' *Settantadue*, o meglio
Settanta nel numero rotondo, e non già da' settantadue Dottori, che compo-
nevano il grande Sanhedrin (Sinagoga), che approvò questa versione: imperocchè questo nome *Versione de'Settanta* non si legge in nessun autore,
il quale non sia molto posteriore ad Aristea. S. Giustino ed i Padri venuti
dopo di lui le hanno dato questo nome per discernerla dalle altre versioni
greche più recenti.

[2] Questa circostanza ha dato il nome di *Versione di Alessandria* e *Versione Alessandrina* alla versione di che trattiamo.

[3] Aristea, *De S. Script. interpret.*

[4] Aristobulo aveva fatto un commento sul Pentateuco; ma quest'opera
si è perduta: ne sono rimasi pochi frammenti citati da Clemente Alessandrino e da Eusebio. Ved. Euseb. *Praep. Evang.* l. VII, c. XIII, l. VIII, c.
VIII, IX, l. XIII, c. XII; *Hist. eccl.* l. VII, c. XXXII; Clem. Alex. *Stromat.*
l. I, p. 342, l. V, p. 595.

[5] Philo, *De vita Mosis*, l. II; Joseph. *Antiq.* l. XII, c. II.

[6] J. Lud. Vives, *Comment. ad s. Aug. de Civit. Dei*, lib. XII, c. II.

[7] Leo a Castro, *Prooem. in Jes.*; Salmero, *Prolog.* VI; Jos. Just. Scaliger *ad Chron. Euseb.* an. 1734.

[8] Hum. Hody, *Dissert. contra historiam Aristeae de LXX interpr.* —Noi
abbiam letto con la più grande attenzione quelle cose, che il p. de Magi-

Hody parecchi scrittori cattolici si sono dichiarati nemici dell'autenticità del libro di Aristea: ma bisogna notare che questi scrittori, benchè non ammettano le circostanze, che tengono per favolose nel racconto di Aristea, ritengono la sustanza del fatto storico. «Nondimeno, dice Du Pin, bisogna che questa storia, benchè favolosa nelle circostanze, abbia un fondamento vero. Non mai Aristea e gli altri Ebrei di Alessandria si sarebbero messi a scrivere queste cose, se la Legge non fosse stata voltata in greco dagli Ebrei, regnando Tolommeo Filadelfo. Bisogna dire che una verità abbia dato occasione a questa favola, e che il detto principe veramente abbia chiesto e fatto eseguire una versione greca de' libri della Legge. Ecco il fatto, che può tenersi come certo; ma le altre circostanze sono tutte false o incerte. Non è nemmeno certo se questa versione sia stata fatta da settantadue persone, e forse questa, come le altre circostanze, è una invenzione degli Ebrei [1] ». R. Simon usa quasi il medesimo linguaggio: « Del resto, dice questo critico, che questa storia di Aristea, relativa alla versione greca de' Settanta, sia vera, e che gli Ebrei ellenisti vi abbiano poi aggiunto parecchie cose, siccome opinano molti scrittori; o che essa sia del tutto supposta: non si può dubitare che gli Ebrei di que' tempi abbiano voltato la Bibbia in greco, e che questa versione sia stata approvata da' medesimi Ebrei ellenisti [2] ». Queste testimonianze sono confermate dalla tradizione costante ed unanime degli Ebrei, de' Samaritani e de' Cristiani: e per ciò non è lecito dubitare che sotto Tolommeo Filadelfo, o Tolommeo Lago, padre e precursore di quello, come taluni pensano, sia stata veramente fatta questa versione greca.

QUISTIONE SECONDA

La versione de' Settanta, come l' abbiamo oggidì, è autentica?

Per versione autentica intendiamo quella che nelle cose relative a Fede e costumi rappresenta sufficientemente la sostanza e la forza del Testo sacro [3].

Il p. Morin, Vossio ed il p. Pezron dalle varianti, che leggonsi

———

stris ha opposto a' ragionamenti di Hody; ma non possiamo in tutto seguitare i suoi giudizi, quantunque, come a noi pare, Hody sia certune volte uscito de' limiti.

[1] El. Du Pin, *Diss. prél.*, l. I, c. VI, § 3.

[2] R. Simon, *Hist. crit. du V. T.*, l. II, c. II. Ved. pure Bergier, *Dict. théol*, art. *Septante*.

[3] Bisogna notare che il vocabolo *autentico* è qui usato in senso ben differente da quello, che comunemente gli abbiamo dato, sempre che abbiamo trattato dell'autenticità de' Libri santi, e precipuamente nel Capo I di questo Compendio.

tra il testo ebreo e la versione de' Settanta, hanno conchiuso, che
il testo ebreo sia stato corrotto dagli Ebrei, e che per ciò la versione
Alessandrina debba stimarsi Scrittura autentica. D'altronde Buxtorf,
Simeone de Muis ecc. partigiani accaniti del testo ebreo hanno sostenuto, che questa versione sia stata fatta sopra un testo ebreo corrotto, ovvero che essa sia affatto perduta. L'una e l'altra sentenza
si scostano dalla verità; la prima, benchè indirettamente, è stata
da noi confutata, allorchè abbiamo difeso come verità irrefragabile
la purezza ed integrità del testo ebreo (p. 77): alla seconda sentenza
opponiamo la seguente

PROPOSIZIONE

La versione de' Settanta, come l'abbiamo oggidì, è autentica

1. Una versione è, come abbiam detto, autentica, quando nelle
cose di Fede e costumi rappresenta sufficientemente la sostanza e la
forza del testo inspirato: e questo non può negarsi alla versione de'
Settanta, anche quale è oggidì. E per verità, questa versione, quale
era a' tempi di Gesù Cristo e degli Apostoli, e ne' primi tempi della
Chiesa, era senza dubbio autentica : imperocchè questa diedero gli
Apostoli alle Chiese da loro fondate; da questa versione fu fatta l'I-
tala antica usata dalla Chiesa Romana sino al VI secolo ; della medesima versione ha fatto, e fa tuttavia uso la Chiesa greca ; da essa
sono state ricavate le varie versioni consecrate presso la maggior
parte de' Cristiani orientali; questa è stata commentata da' santi Dottori della Chiesa latina e greca, usata ne' loro scritti diretti a confutare gli eretici, adoperata ne' Concili ; finalmente di questa versione
hanno fatto uso coloro, i quali han sostenuto tante fatiche per menare al lume del Vangelo tanti popoli barbari. Or, la versione de' Settanta de' nostri dì non differisce essenzialmente dall'antica conosciuta da' Padri e ricevuta dalla Chiesa universale sino al secolo VI: imperocchè, mettendo in parallelo tutti i luoghi citati o commentati da'
santi Dottori de' primi sei secoli con le edizioni attuali, noi troviamo la più grande conformità, se ne togli poche differenze. Di questa
versione abbiamo ancora due manoscritti, di cui nessuno nega la
grande autorità, cioè il Vaticano e l'Alessandrino: e questi manoscritti sono affatto conformi quanto alla sostanza con le nostre edizioni, le quali sono state fatte sopra di essi.

2. La cura, con cui la Chiesa greca ha dovuto conservare una versione sì veneranda, scritta nella propria lingua, commentata da' suoi
Dottori, costantemente letta nella sua liturgia, dichiarata ogni giorno nelle omelie de' suoi Pastori e rammentata continuamente mercè
dell'uso da essa fattone, basterebbe da sè sola a provare che essa

non ha potuto quanto alla sostanza patire adulterazioni. E se qualche eretico per confermare i suoi errori ha in qualche luogo viziata
questa versione, questa premeditata falsificazione non ha potuto in-
trodursi in tutti i manoscritti.

3. A queste pruove, che sono state maestrevolmente svolte dal
Walton [1], ponno aggiugnersi gli argomenti adoperati da noi a pro
della integrità del testo greco del Nuovo Testamento (alla fac. 83);
essi generalmente vanno bene applicati anche alla versione de' Settanta.

Difficoltà

Diff. 1.ª Aristea dice nella sua storia, che il testo ebreo e la Versione de' Settanta mirabilmente concordano e nelle cose e nelle parole: Filone ha scritto nel II libro della Vita di Mosè, che la versione greca corrisponde esattamente al testo ebreo. Nondimeno il
testo de' Settanta, come è oggidì, differisce molto dall'ebreo; nè
questa differenza riguarda solo le parole: imperocchè intieri versetti o mancano, o sono aggiunti ad uno de' due testi. Essendo poi
sufficientemente provata l'integrità del testo ebreo, bisogna necessariamente conchiudere che la versione attuale de' Settanta non è
autentica.

R. Queste differenze, per quanto si vogliano notabili, non riguardano nè alla Fede, nè a' costumi, nè alla sustanza della storia sacra.
Tutti i fatti principali, su' quali poggia la divinità della Religione
giudaica, sono perfettamente gli stessi in ambedue i testi. Perciò i
nemici della Rivelazione non potrebbero di qui ricavare nessun pro:
e Barbeyrac e le Clerc, i quali han preteso che i Padri per essersi
troppo fidati della versione de' Settanta sono, per unanime consenso,
caduti in errori teologici tali da privare di qualunque autorità le
loro testimonianze [2], s'ingannano palpabilmente. Imperocchè questa
versione esprime bastantemente tutto quello che dobbiamo credere
e praticare; e questi due scrittori penerebbero molto a notare qualche dottrina de' Padri relativa a Fede e costumi, la quale non sia del
pari provata da' testi originali della Bibbia o dalla tradizione della
Chiesa. Del resto, essi non dovrebbero accusare i soli Padri, ma altresì gli Apostoli, i quali avrebbero dato alle Chiese primitive una
versione tanto imperfetta ed erronea.

D. 2.ª Nondimeno la versione greca della storia di Tobia contiene, siccome ha notato il Calmet, errori contrari alla verità storica ed
alla santità delle persone, la cui santità è lodata dalla Chiesa. Dunque questa non può essere l'antica versione de' Settanta.

[1] B. Walton, *Prolegom.* IX, n. 37-44.
[2] J. Barbeyrac, *Traité de la morale des Pères*, c. II, § 3; J. Clericus, *Ani-
madv. in Ep. 72 S. Aug.* § 4.

R. L'opinione del Calmet a questo proposito è priva di fondamento: egli non adduce nessuna ragione, che la stabilisca in maniera solida, ed il p. Houbigant dimostra benissimo nella sua *Prefazione* al Libro di Tobia, che il dotto commentatore ha giudicato troppo severamente delle differenze che leggonsi nella versione greca del libro di Tobia, e che nessuna di queste differenze appartiene alla Fede ed a' costumi. Ecco le sole difficoltà, che meritano qualche attenzione: delle altre noi volentieri taceremo. Quanto alla sorgente ed origine di queste differenze, benchè sia impossibile scoprirle interamente, possiamo assegnare alcune cause, le quali rendono ragione della maggior parte di esse. Quindi, 1° la differenza de' manoscritti, su' quali sono stati fatti i due testi necessariamente ha dovuto trascorrere ne'medesimi testi. 2° L'alterazione accidentale o del testo ebreo, o del greco può ancora rendere ragione delle varietà: ognuno facilmente intende che questi due testi copiati tanto spesso, e per ciò esposti alle innumerabili inavvertenze degli amanuensi, con lo scorrere del tempo abbiano acquistato quelle differenze, che primitivamente non avevano. Origene a' suoi dì si doleva che la Versione de' Settanta fosse stata singolarmente alterata dagli amanuensi; e per rimediare a tale sconcio questo dotto Padre ed altri ancora successivamente pubblicarono più emendate edizioni. 3° La punteggiatura massoretica spiega ancora in parte queste differenze. Il testo ebreo de' Settanta non era segnato da' punti; e comechè questi molte volte influiscano sul senso, necessariamente è dovuto succedere, che quantunque i Settanta avessero avuto innanzi il medesimo testo, pure abbiano tradotto in modo differente da quello usato dagli Ebrei de' giorni nostri. 4° Una quarta causa è la traduzione libera e spesso erronea fatta dagl'interpreti greci. In fatti è noto che anche i Padri più favorevoli alla versione Alessandrina confessavano, che in certi luoghi quest'interpreti hanno anzi parafrasato che tradotto; che hanno omesse alcune cose, le quali stavano nel testo, e vi hanno aggiunto di quelle, che non vi erano; che hanno parlato de' misteri di Gesù Cristo in maniera molto oscura. Anzi s. Girolamo e tutti i dotti affermano, che essi in più di un luogo hanno franteso il senso. 5° Finalmente un'altra causa di queste varianti lezioni si può derivare dalla miscela fatta dagli amanuensi delle versioni di Aquila, Simmaco e Teodozione, ed anche della versione greca del testo Samaritano con la versione de' Settanta: per opera de' medesimi scrivani molti Scolii segnati da Origene nel margine sono stati introdotti nel testo. Le quali differenze, quantunque numerose ed importanti agli occhi de' critici, non provano che il manoscritto usato da' Settanta sia sustanzialmente differente dall'attuale testo ebreo: e comechè queste differenze, non sia superfluo ripeterlo, non riguardano nè alla Fede, nè a' costumi, non possono in nessuna guisa nuocere all'autenticità della versione de' Settanta, che abbiamo oggidì.

QUISTIONE TERZA

I Settanta sono stati inspirati ?

La maggior parte de' Padri della Chiesa, e molti scrittori recenti insegnano che i Settanta sono stati divinamente inspirati nella versione delle Sante Scritture. I Padri pare che siano stati indotti in questa sentenza dalla narrazione del miracolo avvenuto nelle settantadue cellette. S. Girolamo si scosta dal sentimento degli altri Padri nella Prefazione al Pentateuco, dicendo: «Et nescio quis primus auctor septuaginta cellulas Alexandriae mendacio suo extruxerit, quibus divisi eadem scriptitarint; cum Aristaeus ejusdem Ptolomaei ὑπερασπιστὴς, et multo post tempore Josephus, nihil tale retulerint. Sed in una basilica congregatos, contulisse scribant, non prophetasse. Aliud est enim vatem, aliud esse interpretem ». Il medesimo Padre però si appiglia a questa sentenza, allorchè nella seconda Prefazione a' Paralipomeni parlando di alcuni errori, che trovansi presso i Settanta, dice: « Nec hoc Septuaginta interpretibus, qui Spiritu Sancto pleni, ea quae vera fuerunt transtulerant, sed ecc. ». Gl' interpreti moderni pare che sieno stati indotti a seguitare questa sentenza dal timore di non poter altrimenti bene confutare le difficoltà mosse da certuni per negare l'autenticità della versione de' Settanta, la quale in moltissimi luoghi differisce, come abbiam detto, dal testo ebreo. Questa opinione a prima vista pare rispettabile; ma noi non la crediamo abbastanza provata, e per ciò teniamo per più probabile la seguente

PROPOSIZIONE

I Settanta non sono stati inspirati

1. Aristea e Giuseppe, i quali molto encomiano la versione de' Settanta, non parlano della inspirazione, la quale sarebbe stata acconcissima a metterla vie meglio in pregio. Anzi così ne parla Aristea: « Interpretes inter se contulerunt, disputantes et conferentes inter se de qualibet re, donec tandem in unum omnes convenerint; quae redegerunt in scriptis, et quod composuerunt, in ordinem redegerunt, quam poterant doctissime et elegantissime; ut quae omnium consilio et consensu disponebantur, in manus Demetrii traderentur ». Queste parole, siccome aggiustatamente osserva il Walton, da cui sono esse riferite, scacciano qualunque idea d' inspirazione: imperocchè se questi si sono a vicenda consultati, non hanno profetato: gli Scrittori inspirati non hanno mai avuto bisogno di consultare e discutere qual-

che punto di ciò, che scrivevano: essi scrivevano subito e senza disamina quello, che lo Spirito Santo dettava[*].

2. L'autore del Prologo dell'Ecclesiastico, il quale parla della versione della Legge e de' Profeti in lingua greca, la quale versione non può essere altra che quella de' Settanta, nulla dice di questa inspirazione: la sola osservazione fatta da questo autore intorno alla mentovata versione greca è questa, che il senso delle Scritture non è da essa espresso con la energia dell'originale.

3. Il principale argomento, su cui gli antichi si sono poggiati per provare l'inspirazione de' Settanta, è tratto dalla narrazione delle settantadue cellette, nelle quali separatamente chiusi gl'interpreti compirono il loro lavoro senza veruna communicazione tra loro, ed in maniera che le singole versioni furono trovate perfettamente unisone, senza differire tra loro nemmeno in una parola. Ma essendo questo fatto sospetto e molto incerto[*], ognun vede che egualmente incerto e sospetto debb'essere il fatto della inspirazione, il quale su quello è poggiato[*].

4. Se la versione de' Settanta fosse fatta per inspirazione dello Spirito Santo, sarebbe senza dubbio la perfettissima delle versioni; essa non si discosterebbe mai dal senso dell'originale inspirato, esprimerebbe tutta la forza de' vocaboli ebrei: essa soprattutto non estenuerebbe il senso di alcune Profezie celebri, che dagli Scrittori del Nuovo Testamento sono applicate a Gesù Cristo. Or tutti i detti caratteri non convengono all'attuale versione de' Settanta, nè a quella de' tempi di s. Girolamo, il quale, rimprovera ad essa tutti i mentovati difetti: purchè non voglia qualcuno sostenere con Usserio[*], essere state due le versioni de' Settanta: una perfettamente conforme al testo ebreo, e del tutto perduta; un'altra, che è la nostra, corrottissima. La quale distinzione è affatto chimerica: imperocchè la versione de' Settanta essendo stata diffusa per tante mani, non ha potuto perdere la sua interezza sostanziale, nè mai essere totalmente cangiata.

————

[*] B. Walton, *Prologom.* IX, n. 8. Si legge il testo di s. Girolamo citato più innanzi in questa stessa Quistione, e si vedrà che esso è perfettamente consono, quanto al senso, con queste parole del Walton. Notisi pure che quanto dice Aristea del lavoro fatto da' Settanta in comune, è di gran lunga differente dal travaglio ed industria ordinaria de' sacri scrittori. Vedi (p. 22) la nostra osservazione, intorno all'autore del II libro de' Macabei; essa farà scorgere questa differenza.

[*] Ved. s. Girolamo, *Praef. in Pentat.* e *Praef. in lib. Paralip.*

[*] V. G. Fabricy, *De titres primitifs de la révélation*, t. I, p. 204.

[*] Jac. Usserius, *De Graeca LXX interpretum versione syntagma*, Londini, 1655, p. 210 seg.

QUISTIONE QUARTA

I Settanta hanno tradotto tutto l' Antico Testamento ?

La maggior parte de' Padri ed interpreti, così antichi che moderni, pensano che i Settanta abbiano volgarizzato tutti i libri, che stavano nel Canone degli Ebrei a' tempi del sommo Sacerdote Eleazaro: altri, al contrario, credono che quest'interpreti hanno tradotto il solo Pentateuco. A questa sentenza aderiamo ancora noi per le ragioni espresse nella seguente

PROPOSIZIONE

I Settanta han tradotto il solo Pentateuco

A noi pare che il p. Fabricy abbia perfettamente ricapitolato le pruove, che stabiliscono la verità della nostra proposizione; e noi le allegheremo qui quasi a parola [1]:

1. « Io non nasconderò, dice questo scrittore, essere i dotti divisi intorno a ciò: ma quanto più si pesano le pruove dell'una e dell'altra parte, tanto più mi appare meglio provata quella sentenza, la quale mantiene avere i Settanta voltato in greco i soli libri della Legge. Dapprima non può negarsi, che quegli antichi scrittori, da' quali ripetiamo la storia di questa versione, abbiano parlato del solo Pentateuco. Aristea, Aristobulo, Filone, Giuseppe nella Prefazione alle *Antichità ebraiche*, e persino i Talmudisti usano questo linguaggio. Hody ha raccolto le testimonianze di tutti questi antichi [2]. Fra gli Ebrei moderni R. Gedalia [3] non s'appiglia a nessuna delle due sentenze. Il falso Giuseppe, scrittore oscuro, che non è più antico del IX secolo, vuole al contrario che i Settanta abbiano voltato in greco tutte le Scritture [4]. Questa opinione è seguitata pure da R. Azaria [5], ma questi scrittori ebrei direttamente si oppongono

---

[1] *Des titres primitifs de la révélation*, t. I, p. 223 seg. Prima di lui avevano detto quasi le medesime cose intorno a ciò R. Simon, nella *Hist. crit. du V. T.* l. II, c. II ; Du Pin, nella *Dissert. prélim.* l. I, c. VI, § 4, e molti altri.

[2] Humph. Hody, *De Bibliorum textibus originalibus*, ecc. l. II, c. VIII, p. 163.

[3] R. Gedalias, *La Catena della tradizione*, fol. 24 recto.

[4] Josippon Ben-Gorion, sive Josephus hebraicus videlicet: *Rerum memorabilium in populo judaico, tam pacis quam belli tempore gestarum, imprimis de excidio Jerosolymitano*, l. II, c. XXIII, l. III, c. II, Gothae et Lipsiae 1710, cum versione et notis J. Frid. Breithaupti, p. 155, 173.

[5] R. Azarias de Rubeis, *Imrè binah*, c. VII, fol. 47 recto.

al sentimento de' loro maggiori: *Quamquam*, dice s. Girolamo, *Aristaeus et Josephus, et omnis schola Judaeorum quinque tantum libros Moysi a LXX translatos asserant* [¹]. S. Girolamo ci assicura anzi che questa era altresì la sentenza de' dotti suoi contemporanei. *Quamquam eruditi solos libros Moysi ab illis* (LXX) *interpretatos esse probent* [²]. . . . Se questo illustre Dottore ha spesso citato col nome de' Settanta gli altri libri della Scrittura, non ha fatto altro che conformarsi all'uso del suo tempo [³]. . . . Sarebbe bene inutile intrattenerci più a lungo su tale quistione: Hody ha prevenuto tutte le difficoltà, che possono opporsi contro questo sentimento [⁴].

2. Ma l'esame critico di questa versione dimostra, meglio che qualunque altro argomento, non essere questa uscita interamente della penna de' medesimi autori. Chi confronta le varie parti di essa, non può illudersi a segno da non iscorgere, che la versione del Pentateuco è più letterale ed accurata che quella de' rimanenti libri. «Una delle principali pruove, che dà il maggior peso a quella sentenza sostenuta da' critici dopo s. Girolamo, nota il p. Fabricy, è questa: la versione del Pentateuco mostra traduttori affatto differenti da quelli, che han voltato gli altri libri della Scrittura. La versione greca è assai meglio castigata ne' cinque libri di Mosè, che negli altri, ne' quali appare una differenza sensibilissima di stile, maggiore o minore accuratezza nel voltare le medesime frasi, gli stessi vocaboli spesso usati dagli Scrittori sacri . . . Da ciò si ricava che quest'antica versione ha dovuto avere differenti autori [⁵]».

Fra tutte le difficoltà opposte a questa sentenza una sola merita qualche attenzione. Veramente, si dice, Aristea, Aristobulo, Giuseppe e gli altri parlano della sola legge, quando trattano della versione de' Settanta; ma essi col nome di Legge hanno inteso parlare di tutta la Scrittura, essendo questo il senso, che comunemente danno gli Ebrei a quel vocabolo. Ma Giuseppe parla in modo da non potersi pigliare sbaglio intorno al vero senso delle sue parole; imperocchè egli non solo dice che Eleazaro non mandò a Tolommeo tutta la Scrittura (οὐδὲ γὰρ πᾶσαν τὴν ἀναγραφὴν), sì solo la legge (ἀλλ' αὐτὰ μόνα τὰ τοῦ νόμου); ma ancora in tutto quel che seguita non rammenta altro che la legislazione mosaica, di cui encomia l'eccellenza mediante la santità di Mosè autore di essa [⁶]. È impossibile ricavare al-

---

[¹] Hier. in cap. V *Ezech.*, in cap. II *Mich.*, e in *Praef. Quaest. hebr. in Genesim.*—[²] Ibid. in cap. XVI, v. 13.

[³] Il p. Fabricy fa assai acconciamente osservare qui, che i critici ad esempio di s. Girolamo non danno altro nome alla versione greca di tutti i libri dell'Antico Testamento: questa è una maniera di parlare usata da tutti gli scrittori, ancora da quelli i quali tengono avere i Settanta tradotto il solo Pentateuco.—[⁴] Hody, loc. cit. p. 159 seg.

[⁵] G. Fabricy, l. c. p. 224.—[⁶] Fl. Joseph. *Proœm. Antiq.*

tra conclusione dalle parole di Filone intorno a ciò, quando sono lette senza prevenzione [1]. Aristea del pari parla della legislazione degli Ebrei, de' loro libri composti da Mosè, loro legislatore. Finalmente Aristobulo presuppone ancora che la sola legge di Mosè fu tradotta da'Settanta: ed in fatti forse non si è bene notato che Aristea, Aristobulo, Filone e Giuseppe usano spessissimo il vocabolo ἡ νομο-θεσία, il quale non può avere altro significato se non quello di legislazione mosaica; ed esso ci mostra in qual senso deve essere inteso il vocabolo ὁ νομος. Inoltre, chi legge attentamente la narrazione di Aristea, s'accorge che lo scopo di Tolommeo era satisfatto mediante la versione del Pentateuco, essendo questo solo libro il fondamento di tutta la constituzione civile e politica degli Ebrei. Col Pentateuco questo principe possedeva ancora il monumento autentico dell'origine e della storia di questo popolo.

È vero, che il vocabolo *Legge* si dava qualche volta ad altri libri oltre il Pentateuco; così nel Nuovo Testamento s. Giovanni cita i Salmi col nome di Legge, e s. Paolo il Profeta Isaia [2]; il R. Azaria dice ancora che in molti luoghi de' dottori ebrei il nome di Legge comprende i Profeti e gli Agiografi [3]; ma bisogna ben distinguere i tempi e le circostanze. Prima che fosse promulgato il Vangelo il nome *Legge* non era adoperato per esprimere tutto l'Antico Testamento: quest'uso è stato introdotto dopo che l'Evangelio è stato citato in opposizione con l'antica alleanza [4]. Del resto affinchè la difficoltà fosse di qualche peso bisognerebbe provare non solo che questo vocabolo nel secolo di Aristea aveva il senso ampio ricevuto poi, ma ancora che in questo senso è stato adoperato da Aristea, Aristobulo, Giuseppe, ecc. nella storia della versione de' Settanta; or tutto quello che abbiam detto nella proposizione, e particolarmente la testimonianza di s. Girolamo, giudice competentissimo, mostrano il contrario [*].

---

[1]) Philo, *De vita Mosis*, l. II, t. II, p. 138, 141, ed. Mangey.
[2]) Joan. I, 25, *Ps.* XXXIII, 19; Joan. X, 34, *Ps.* LXXXI, 6; *I Cor.* XIV, 21, Jes. XXVIII, 11.
[3]) R. Azarias, *Meòr. henayim.*—[4]) Hody, l. c. p. 160.
[*]) Questa distinzione tra tempo anteriore e posteriore alla promulgazione del Vangelo pare arbitraria. Allorchè Gesù Cristo allegava la testimonianza del *Salmo* LXXXI, 6, col nome di *Legge* (Joan. X, 34), non era certo promulgato ancora il Vangelo nel senso, in cui ordinariamente è usata la parola promulgazione. Nè pare, che possa sostenersi avere nel luogo citato non il Salvatore, ma l'Evangelista attribuito il nome *Legge* a' *Salmi*. Quanto a Flavio anche ci ha a ridire. Scrive questo storico nel II libro *contro Apione*, n. 4, così: Et. . . . *leges nostras cognoscendi desiderio tenebatur* (Ptolomaeus Philadelphus), *legendique sacrarum scripturarum libros, rogatum igitur misit sibi delegari viros, QUI EI INTERPRETARENTUR LEGEM* (τοὺς ἑρμηνεύσοντας αὐτῷ τὸν νόμον). Si par-

SCOLIO

Ancorchè si presupponesse, non essersi il lavoro de'Settanta limitato al solo Pentateuco, non potrebbe tenersi, avere essi voltato tutti i
libri, onde componesi l'Antico Testamento; imperocchè tra' libri deutero-canonici alcuni sono stati scritti in greco da' medesimi autori,
come il II de' Macabei, ed altri pertengono a noti traduttori; per e-
sempio l'Ecclesiastico è stato tradotto in greco dal nipote di Gesù, figliuolo di Sirach, dopo Tolommeo Filadelfo, e quasi duecento
anni innanzi Gesù Cristo. Quindi diciamo, che fatta la versione del
Pentateuco sotto Tolommeo Filadelfo, gli altri libri dell'Antico Testamento furono mano mano tradotti in varie epoche e da vari autori,
insino a che si formò una raccolta di queste versioni; di essa comunemente fecero uso gli Ebrei ellenisti, anche nelle loro Sinagoghe.
Essa finalmente divenne celebre col nome di versione de' Settanta dopo la pretesa storia de' settantadue interpreti, e specialmente delle
settantadue cellette.

QUISTIONE QUINTA

*La versione de' Settanta è la prima tra tutte le versioni
de' Libri santi ?*

Molti Padri della Chiesa, tra' quali Clemente Alessandrino ed Eusebio [1] affermano che alla versione de' Settanta andò innanzi un' altra versione greca della Legge: alcuni scrittori moderni, tra' quali
Bellarmino e Serario [2], hanno seguitata questa opinione, la quale
non ha altro fondamento che una testimonianza di Aristobulo citata
da Eusebio, e la congettura che i filosofi pagani più antichi di Tolommeo Filadelfo pare abbiano tolto molte cose da' libri di Mosè.
Queste ragioni esaminate con severa critica paiono deboli ed insufficienti ad abbattere quelle della sentenza opposta; noi per ciò senza
esitare proponiamo la seguente

––––––

la di legge e di altri libri della Scrittura, quando si esprime il desiderio di
leggere: si usa il solo vocabolo *Legge*, allorchè si narra della dimanda di
interpreti, i quali per soddisfare al desiderio dovevano voltare quella e
questi. Ciò noi notiamo storicamente, non per parteggiare più o meno a
qualcuna delle due sentenze. (*Nota del Traduttore*)
[1] Clem. Alex. *Stromat.* l. I; Euseb. *Praepar. evang.* l. IX, c. III, l. XIII,
c. XII.
[2] Bellarm. *De verbo Dei*, l. II, c. V; Serar. *Prolog. Bibl.* c. XVI, quaest. L.

PROPOSIZIONE

**Nessuna versione greca de' Libri santi è più antica
della versione de' Settanta**

1. Se prima de' Settanta fosse stata fatta altra versione greca, essa avrebbe dovuto esser nota agli Ebrei di Egitto, e specialmente a Demetrio, bibliotecario di Tolommeo, il quale aveva raccolto da ogni banda libri greci per arricchirne la biblioteca di Alessandria. Chi può dunque immaginare che egli avrebbe fatto patire tanto dispendio al re per avere una nuova versione, se già un' altra fosse stata fatta precedentemente ?

2. Giuseppe scrive che a' tempi di Tolommeo nessuno storico, e nessun poeta aveva osato valersi de' Libri santi, e che Teopompo e Teodotto, i quali avevano voluto citarne qualche testimonianza per inserirla ne' loro scritti, erano stati puniti da Dio [1].

3. Filone assicura che la Legge degli Ebrei era stata scritta in caldaico, e che così era rimasa per lungo spazio di tempo, e però ignota a quanti non sapevano questa lingua: egli stesso poi determina questo tempo dicendo che essa fu tradotta in greco per ordine di Tolommeo [2].

4. Nè la testimonianza di Aristobulo allegata da Eusebio varrebbe ad infievolire le pruove addotte: imperocchè primamente non è certo, se l' opera, onde questa testimonianza è ricavata, sia stata scritta da qualche Ebreo ellenista: e poi l' autore non parla di versione de' Libri santi in greco, ma solo afferma che alcuni avevano scritto in greco talune circostanze pertinenti alla storia e legge degli Ebrei. Una osservazione analoga è del pari confacente all' altra difficoltà tratta dall' uso, che han fatto i filosofi pagani degli scritti di Mosè. Questo fatto non è certo; ed ancorchè per vero s' avesse da ammettere, i nostri avversari non avrebbero diritto di conchiudere, che precedentemente alla versione de' Settanta sia stata fatta un' altra versione greca del Pentateuco: imperocchè i filosofi greci avevano potuto ricavare queste cognizioni dagli Egiziani, siccome osserva il Du Pin [3], o ancora da' Giudei, co' quali avevano conversato [4]. Giu-

---

[1] Fl. Josephi *Antiq.* l. XII, c. II.
[2] Philo, *De vita Mosis*, l. II. Su questa testimonianza è da notare, che Filone usa indistintamente le espressioni *lingua ebraica* e *lingua caldaica* per dinotare l'ebraica: per esempio egli dice, parlando delle leggi di Mosè, che esse furono scritte in caldaico : τὸ παλαίον ἐγράφησαν οἱ νόμοι γλωσσῇ χαλδαϊκῇ.
[3] Du Pin, *Dissert. prél.* l. l, c. VI, § I.
[4] Nel primo libro contro Appione si legge la conferenza, che ebbe Aristotele con un Ebreo.

GLAIRE, INTRODUZIONE I, 2

seppe afferma che molti storici, egiziani, caldei, fenicii e greci avevano scritto intorno agli Ebrei, e tra gli altri cita Ecateo Abderita,
che fu un filosofo de' tempi di Alessandro, ed aveva scritto un libro
intiero su questo popolo. I filosofi dunque potevano aver tratto da
queste varie fonti molte cose riguardanti alla Religione degli Ebrei,
nè vi è bisogno di ricorrere ad una versione greca della Bibbia.

QUISTIONE SESTA

Qual è il carattere della versione de' Settanta?

1. Noi presupponiamo essere cosa incontrastabile che la versione
de' Settanta sia stata fatta sul testo ebreo, e non già sul caldaico o
samaritano[1].

2. Questa versione, benchè scritta in greco, è piena di ebraismi:
vi si leggono molti sensi falsi, i quali provvengono in parte da una
cognizione troppo imperfetta o dell'arte grammaticale, o della scienza della interpretazione, ed in parte dal difetto di erudizione ne' suoi
autori. Ma nondimeno questa versione ha un gran merito; perchè
spessissimo volta l'originale con fedeltà notabile. *

3. La versione del Pentateuco è, come abbiam notato nella Qui-

---

[1]) La prima opinione, che è seguitata da molti Rabbini, non merita veruna considerazione, perchè poggia sopra ragioni debolissime; la seconda è
più speciosa: « ma, dice il p. Fabricy, è però priva di pruove sufficienti;
per ciò è rigettata da' migliori critici », Cf Des titres primitifs de la réve-
lat. t. I, p. 212.

*) Non dimentichino gli studiosi le cose dette innanzi dall'Autore, e leg-
gano quelle della Quistione seguente, intorno alle varianti tra i Settanta e
l'ebreo; cioè che Origene si doleva grandemente delle inesattezze scorse nella versione de' Settanta, e che a questo fine egli sostenne tante fatiche per
emendarla. Lo stesso ripete frequentemente s. Girolamo, il quale ancora
lavorò molto a questo fine. Ciò si vuole notare per non ammettere a chiusi
occhi questo giudizio intorno a' Settanta, il quale sente molto dello spirito
presuntuoso de' tempi nostri. Chi ci dà monumenti storici tali da poter definire della erudizione di quegl'interpreti, e da poter sentenziare sul loro valore nella scienza d'interpretazione? Quanto all'arte grammaticale, son
pure ciance le parole de' critici moderni: s. Girolamo è da tutti, se ne ec-
cettui pochi superbi ed eretici, avuto in pregio di profondo conoscitore della
letteratura ebraica; e pure a' tempi di s. Girolamo era perfettamente ignota
quest'arte grammaticale. Chi legge gli scritti di questo Dottore non trova
a ridire su questo punto. I precetti grammaticali sono merce molto recente;
essa va insieme co' punti vocali. Chi vorrebbe da ciò conchiudere che insino a questo tempo tutti coloro che ci precedettero, abbiano ignorato i principii della retta interpretazione? Bene però puossi conchiudere che questi,
che ora diciamo errori e falsi sensi, possano attribuirsi a qualunque altra
causa, non mai all'ignoranza de' precetti grammaticali, i quali imperfettis-
simamente sono stati elaborati ne' tempi moderni. (Nota del Traduttore)

stione IV, più letterale ed accurata. Quella de' Proverbi più si approssima al Pentateuco; e se è difettosa, gli stessi difetti svelano un certo genio: *cujus quoque errores ingenium produnt*, dice Jahn[*], la cui opinione noi seguitiamo nella presente quistione. Poi possono numerarsi i Giudici, Ruth ed i quattro libri de' Re, i quali pare appartengono ad un solo autore. I Salmi ed i Profeti sono stati tradotti da uomini, i quali non erano acconci di eseguire un lavoro tanto difficile. Geremia è stato voltato meglio degli altri Profeti: poi vengono Amos ed Ezechiele; Isaia però piglia l'ultimo luogo. La versione di Daniele, la quale in molti passi si scosta dall'ebreo, non è in uso da gran tempo, la Chiesa le ha sostituito quella di Teodozione. La versione dell'Ecclesiaste è letteralissima; in quella di Giobbe si osservano talune addizioni fatte alla parte prosaica, e talune diminuzioni recate alla parte poetica.

QUISTIONE SETTIMA

Quali riviste ed edizioni sono state fatte della versione de' Settanta?

1. La versione de' Settanta non ha potuto evitare la sorte di tutti que' libri, che sono trascritti. Molto tempo innanzi Gesù Cristo vi erano incorsi errori, i quali lasciando inalterata la sostanza delle cose, si moltiplicarono insieme con le copie, che si spargevano ad uso degli Ebrei e de' Cristiani. La sua cronologia relativamente al tempo della generazione de' Patriarchi fu alterata, e a quel che pare prima che nascesse Gesù Cristo. A' tempi di Origene nelle controversie tra i Cristiani ed Ebrei, questi ricusavano le citazioni della Scrittura ricavate da' loro avversari dalla versione de' Settanta; essi dicevano essere tale versione discordante dal testo ebreo, il quale era da essa ora mutilato, ora ampliato. Questo fu il motivo, per cui Origene nel III secolo ne imprese la emendazione: egli mise in confronto moltissime copie, segnando con un obelo le cose aggiunte, con un asterisco quelle che mancavano.

Questi segni usati da Origene furono con lo scorrere degli anni mutati o scambiati, e finalmente omessi: di qui si pare che la confusione dovè crescere molto nelle copie fatte sulle emendazioni di Origene.

Luciano, prete della Chiesa di Antiochia, il quale patì il martirio nel 311, fece una seconda rivista de' Settanta, emendando questa versione sul testo ebreo. Verso la fine del secolo III, o sul principio del IV, Esichio, Vescovo e Martire in Egitto, ne fece una terza; ma non si sa bene se adoperò gli antichi manoscritti di questa versione, ovvero il testo ebreo.

---

[*] J. Jhan, *Introd.* c. III, § 36, p. 50, 51, ed. 2ª,

Da queste tre emendazioni sono derivati tutti i manoscritti e tutte le edizioni della versione de' Settanta.

2. Le migliori edizioni de' Settanta sono: 1° quella di Alcala, nella Poliglotta dello stesso nome; 2° quella di Aldo, Venezia 1518; 3° quella di Roma, secondo il manoscritto del Vaticano, impressa per cura del Cardinal Caraffa, sotto Sisto V; 4° quella di Lamberto Bos con le varianti, Francker 1709; 5° quella di Grab, secondo il manoscritto Alessandrino, 1707-20; 6° quella di Breitinger co' segni degli Esapli, 1730-32. In queste ed in tutte le altre edizioni la Profezia di Daniele appartiene alla versione di Teodozione. La versione di Daniele, secondo i Settanta, fu stampata la prima volta in Roma 1772 in-fol., sopra un manoscritto del principe Ghigi, il quale è antico meglio di otto secoli: questo è il titolo della mentovata edizione: *Daniel secundum Septuaginta ex tetraplis Origenis, nunc primum editus e singulari codice Chisiano annorum supra 800* [1].

COROLLARIO

Da tutto ciò che abbiamo detto intorno a' Settanta, è facile conchiudere, che se questa versione non è stata divinamente inspirata a' suoi autori, è al meno un prezioso monumento. S. Girolamo, benchè ne noti le imperfezioni, e ne condanni l'abuso, che ne potrebbero fare coloro, i quali volessero anteporla a' fonti ebraici; in molti luoghi delle sue opere dice che essa è, e deve essere di grande autorità [2]. Noi non crediamo ingannarci affermando, che ci paiono troppo esagerati i vizi attribuiti a questa versione, la quale esaminata con diligenza, tiene molti sensi acconci ad essere facilmente conciliati col testo ebreo. « In quibus (scrive s. Agostino[3]) ab hebraica veritate putantur Septuaginta interpretes discrepare, et bene intellecti inveniuntur esse concordes [3] ».

§ II. *Della Versione Itala*

1. Le Chiese latine sin da' primi tempi hanno avuto una versione della Bibbia nella loro lingua; imperocchè essendo la Santa Scrittura uno de' fondamenti della Religione cristiana, la Chiesa non ha potuto lungamente stare senza una versione, la quale rendesse a lei familiare la cognizione de' Libri santi. Or comechè la lingua latina

---

[1] Il dottor Holmes avea impreso una nuova rivista della versione de' Settanta mettendo in confronto tutti i manoscritti di Europa; ma la morte non gli consentì il compimento del suo lavoro, il quale è stato ciò nullameno continuato da altri.

[2] Hier. *Apolog. adv. Rufinum*, l. II, et alibi passim.

[3] Aug. *De Civ. Dei*, l. XVIII, c. XLIV.

fosse la lingua volgare delle vaste contrade sommesse all'impero romano, fin da' primi secoli vennero fuori moltissime versioni latine della Santa Scrittura [1]. Tra tutte queste fu una, la quale alle altre soprastava per diligenza e chiarezza [2]: e per ciò fu generalmente più stimata ed a preferenza ammessa. Essa è chiamata da s. Agostino l'*Itala* [3], da s. Girolamo la *Volgata* o la *Comune* [4], e da s. Gregorio Magno l'*Antica* [5].

2. La versione Itala conteneva l'Antico Testamento tradotto dalla versione de' Settanta, ed il Nuovo dalla edizione greco-volgare. L'autore di essa ci è ignoto. Mill, il quale con grande diligenza ha esaminato per più di trent'anni il testo e le versioni del Nuovo Testamento, ha pensato che essa non sia opera di un solo interprete; anzi egli stima che ogni libro pertenga ad un differente volgarizzatore.

3. Nè vi ha maggiore certezza intorno all'epoca precisa, in cui fu fatta tale versione; nondimeno è molto probabile che essa sia de' tempi Apostolici: imperocchè la Chiesa Romana, Madre e Maestra di tutte le Chiese, non ha potuto essere per lungo tempo priva di una versione della Scrittura: e comechè sappiamo d'altra banda che nel III e IV secolo facevasi uso di questa versione, e che essa era tanto autorevole da essere chiamata da s. Girolamo *Volgata*, e da s. Agostino *Interpretazione comune*; pare non possa dubitarsi che essa sia stata la prima delle versioni latine, e che essa provvenga o da' tempi Apostolici, o da quelli che sono seguitati immediatamente. *

4. Quanto allo stile dell'Itala è necessario notare, che l'autore si è attenuto ad una versione letterale del greco de' Settanta, senza consultare il testo ebraico: « Essa è barbara ed oscura in molti luoghi, scrive du Pin, nè l'autore si è curato della purezza di lingua: nondi-

---

[1]) Aug. *De doct. christ.* l. II, c. II; Hier. *Praef. in Job.*

[2]) Aug. *Ibid.* l. II, c. XV.

[3]) Aug. *De civ. Dei*, l. XVIII, c. XV. È opinione che essa sia stata detta *Itala*, perchè fu fatta in Italia, e forse in Roma stessa.

[4]) Hier. *in Isai.* c. XIV, XLIX.

[5]) Greg. *Ep. ad Leandrum.* Venne così denominata per distinguerla dalla versione di s. Girolamo, di cui si cominciò a far uso ne' tempi seguenti.

*) Molti critici recenti, tra' quali sono ancora cattolici, tengono che la versione *Itala* sia stata fatta ad uso delle Chiese di Africa, perchè la Chiesa Romana ne' primi secoli non aveva necessità stretta di una versione latina. Per fermo è noto che Caio, preto della Chiesa Romana, confutò Proclo difensore dell'eresia de' Catafrigi usando la lingua greca: ciò avvenne regnando Antonino, cioè dal 211 al 217. S. Cornelio Papa scrisse a Fabio di Antiochia, per la scisma di Novato, e come si raccoglie da Eusebio, il quale riferisce alcuni frammenti di questa epistola, scrisse in greco regnando Decio, cioè dal 249-252. (Cf Euseb. *Hist. eccl.* l. VI, c. XX, e XXIV) (*Nota del Traduttore*)

meno la sua semplicità, e se è lecito dire così, la sua ruvidezza è mescolata con espressioni ardite, grandi, nobili e sublimi [*].

5. Questa versione fu emendata da s. Girolamo sotto il pontificato di s. Damaso, il quale affidò al s. Dottore un tale incarico. Questi emendò adunque il Nuovo Testamento: la emendazione dell' Antico cominciò dal Salterio, corretto da lui due volte. Questo Salterio così emendato sulla versione esaplare [*] de' Settanta fu ricevuto dalle Chiese delle Gallie e dichiarato autentico dal Concilio di Trento.[*] Il santo Dottore emendò egualmente tutti i Libri dell' Antico Testamento; ma di questa emendazione furon pubblicati solamente l' Ecclesiaste, il Cantico de' Cantici, i Proverbi e Giobbe; imperocchè, siccome egli stesso scrive in una lettera a s. Agostino, l' esemplare degli altri Libri fu a lui involato da un uomo di mala fede [*].

6. Nobilio Flaminio di Lucca tentò di rifare l' antica Itala, raccogliendone i frammenti che si leggono presso i Padri, o ne' libri liturgici, e supplendo il rimanente con una versione eseguita sopra i Settanta con stile consono a quello di quest' antica versione. Però comechè i Padri, siccome notano molti critici [*], non abbiano sempre citato l' antica Itala, ma altre versioni latine; nè possiamo esser certi che Nobilio ne' supplimenti abbia adoperato le stesse parole usate dall' antico interprete; nessuno può assicurare che la versione da lui dataci rappresenti fedelmente quest' antica Volgata [*]. Dom Sabatier

---

[*) Du Pin, *Dissert. prél. sur la Bible*, l. I, c. VII, § I, in fine.

*)Quanto al senso di questo vocabolo leggasi il § V di questo Art. I.

*)A schiarimento di questo punto, che non è di mera erudizione, si aggiunga: La prima emendazione del Salterio fu fatta da s. Girolamo in Roma, nè con grande accuratezza, ad istanza di s. Damaso: questa rivista è quella, che si chiama *Salterio Romano*. La seconda emendazione fu fatta in Betlem, con diligenza su' testi esaplari, ad istanza delle sante donne Paola ed Eustochia: questa fu adoperata dalle Chiese delle Gallie, ed è per ciò detto *Salterio Gallicano*. Questo *Salterio Gallicano* è quello della Volgata approvata e dichiarata *autentica* dal sacrosanto Concilio di Trento. Si noti che alcuni noverano una terza emendazione del Salterio fatta da s. Girolamo, e sostengono essere questa la edizione de' Salmi messa nella Volgata; ma una tale opinione, benchè sostenuta da scrittori autorevolissimi, non può essere seguitata, perchè dagli scritti di s. Girolamo non apparisce sentore di essa, ed il fatto le contraddice. (*Nota del Traduttore*)

*) Fabricy, *Des titres primitifs de la révél.*, t. I, p. 231 232.

*) P. D. Huet, *De claris interpretibus*, p. 110; Simon, *Disquis. crit.* p. 158, *Hist. crit. du V. T.* l. II, c. II; Du Pin, *Dissert. prél.* l. I, c. VII, § 1; J. Jahn, *Einleit. Theil.* I, *Kap.* III, § 60.

*) Nobilio pubblicò il suo lavoro in una edizione dell' antica Itala da lui eseguita in Roma nel 1588: questa è la stessa pubblicata a Parigi nel 1628 dal p. Morin, insieme col testo greco de' Settanta, secondo il famoso manoscritto Vaticano, siccome lo aveva fatto pubblicare Sisto V nel 1587. La raccolta de' frammenti di Nobilio è stata riprodotta con giunte nel VI volume della Poliglotta di Walton, n. 9.]

ha raccolto tutti gli antichi frammenti, che ha potuto trovare, e gli
ha inseriti nella raccolta da lui fatta delle antiche versioni latine.
Pare che nuove scoperte non fossero tanto facili dopo quest'opera,
stampata a Reims, e pubblicata ancora a Parigi nel 1749-51, in 3
vol. in-fol. Nondimeno il p. Blanchini ha trovato molte altre parti
sfuggite alle precedenti ricerche, e con queste ha ricevuto novello incremento la ricca edizione del dotto Benedettino [*]. Il medesimo p.
Blanchini ha pubblicato in Roma i quattro Evangeli dell'antica Itala; quest'opera è divisa in due tomi in-fol., ed ha il seguente titolo:
*Evangeliarium quadruplex latinae versionis antiquae seu veteris
Italicae.*

§ III. *Della Versione Volgata*

L'attuale Volgata, la quale ha preso nella Chiesa latina il luogo
dell'antica Itala, è stata sempre tenuta in grande autorità nella critica, e perciò ha fatto nascere alcune rilevanti quistioni. Molte di esse
sono dilicatissime, non si può negare; ma noi speriamo di appigliarci
sempre a quelle opinioni, che non possono essere disapprovate da'
più saggi ed illuminati Teologi.

QUISTIONE PRIMA

Chi è l'autore della Volgata?

Tale quistione, che è stata molto dibattuta nel secolo XVI, ha fatto nascere tre differenti sentenze, siccome ha notato il Serario [*]. Alcuni han sostenuto che s. Girolamo sia autore della Volgata; altri
hanno negato ciò; altri finalmente, tenendosi al mezzo tra queste due
sentenze, hanno detto che questo Padre sia autore di essa in parte: perocchè questa versione, veramente mista, è opera di vari interpreti. Noi senza intrattenerci a disaminare se queste tre opinioni
sieno in parte vere, crediamo poter stabilire come certa la seguente

PROPOSIZIONE

S. Girolamo è l'autore della nostra Volgata

1. È cosa certissima che questo santo Dottore ha tradotto tutti i
Libri dell'Antico Testamento, eccetto la Sapienza, l'Ecclesiastico, i
Macabei, Baruch e l'Epistola di Geremia: è pure certo che egli ha interamente riveduto e considerabilmente emendato il Salterio, che forma parte della Volgata. È del pari certo che se egli non ha tradotto

---

[*] Vedi il p. Fabricy, t. I, p. 235, in nota.
[*] Serar. *Proleg. bibl.* c. XIX, qu. I. Serario ha trattato con molta critica e lucidezza questa materia.

il Nuovo Testamento [1], lo ha riformato dall' un capo all' altro sul testo greco. E comechè questo lavoro di s. Girolamo abbracci quasi
tutta la Volgata, certo possiamo dare a questo Padre il nome di autore di una tale versione.

2. « Non si può dubitare, dice R. Simon, che la Volgata odier-
na sia veramente la versione di s. Girolamo, ad eccezione di alcuni libri, i quali si leggono nella Chiesa secondo l' antica Volgata, e tranne qualche cangiamento di poco rilievo in quella introdotto. E per verità, solo quelli, i quali sono fautori delle nuove
versioni fatte sull' ebreo, possono negare che la versione Volgata attuale appartenga a s. Girolamo.... Ma non è mestiero dilungarci
troppo su questo punto, per mostrare che solo a s. Girolamo si debba attribuire la Volgata. Egli è certo, che la versione così nominata
al presente è stata fatta sul testo ebreo, e che solo s. Girolamo tra
gli antichi fu acconcio a questo lavoro. Agostino di Agobbio e Ma-
riana, i quali di proposito scrissero intorno a ciò, hanno molto bene provato che s. Girolamo sia autore della versione, che oggidì
si usa nella Chiesa di Occidente col nome di Volgata [2] ». Sono queste
le parole del mentovato critico parlando dell' Antico Testamento.
Quanto al Nuovo egli adopera il medesimo linguaggio; difatti, avendo risposto alle difficoltà di molti scrittori moderni, i quali pretendevano che una parte del Nuovo Testamento della Volgata non fosse
di s. Girolamo, egli soggiunge: « A tutte le ragioni addotte innanzi aggiungi questa, che mi pare efficace. Ne' più antichi manoscritti della
nostra Bibbia latina non leggesi altro nome, che quello di s. Girolamo. Quelli, che ne han fatto la raccolta, la nominano la *Biblioteca*,
o Bibbia di *s. Girolamo*, per discernerla da quell' altra, la quale leggevasi prima di lui nell'Occidente [3] ».

3. Potremmo addurre moltissime altre testimonianze a pro della
nostra proposizione, ma noi ci contentiamo solo a quella del Jahn.
Questo critico avendo enumerato i vari lavori di s. Girolamo sulla
Bibbia, e trattato varie quistioni relative alla Volgata, conchiude essere questa la versione di s. Girolamo, e che egli non sa indagare la
ragione, per la quale è stata questa verità messa in dubbio nel secolo XIV [4].

QUISTIONE SECONDA

*Quali furono i mezzi e la capacità di s. Girolamo
nel tradurre la Santa Scrittura ?*

Parecchi protestanti han parlato con dispregio di s. Girolamo, appunto per isminuire il merito della sua versione. Fra gli altri Le Clerc

---

[1] Serar. *Op. cit.* q. III. — [2] R. Simon, *Hist. crit. du V. T.* l. II, c. II.
[3] R. Simon, *Hist. crit. des versions du N. T.* c. VII.
[4] Jahn, *Introd. in Libr. sacr. V. T.*, p. I c. III, § 67.

ha preteso che questo Padre non sapeva nè l'ebraico, nè il greco; anzi la sua audacia è trasmodata sino a definire s. Girolamo uomo senza giudizio, soprattutto nella scelta della vera lezione del testo e-breo[1]. Cosiffatta accusa, che fa onta al sapere ed al gusto di questo te-merario critico, è stata vittoriosamente combattuta dal Martianay[2], e del tutto sventata con giustissima indignazione da un dotto Prote-stante. La costui testimonianza è scevra d'ogni sospetto, perchè appartiene ad uno, il quale ha per altro verso severamente accusato s. Girolamo: essa è del Carpzovio[3].

Quindi noi non dubitiamo di stabilire come fermissima la seguente

PROPOSIZIONE

S. Girolamo aveva la capacità ed i mezzi necessari
per ben voltare la Santa Scrittura

Chi anche superficialmente legga la storia e le opere di s. Girola-mo, scorgerà d'una banda i grandi mezzi, che aveva per fare una buona versione de' Libri santi, e dall'altra una capacità bastante a trar profitto da tutti questi mezzi.

1. E per verità, egli ha potuto consultare molti antichi manoscritti, siccome dice egli stesso: « Et quoniam largiente Domino multis sa-crae Bibliothecae codicibus abundamus[4] ». Egli aveva sottocchi gli Esapli di Origene, e molte altre antiche versioni: ed in quel tempo tutti questi monumenti avevano subìto leggiere alterazioni, ed erano facili e molti i mezzi per ridurli alla vera lezione. Ben cinque abili

---

[1]) J. Clericus, *Quaestiones Hieronymianae*, passim.

[2]) Martianay, *Eruditionis Hieronymianae defensio adversus Clericum*. Ved. pure *Opp. s. Hier.* t. III, col. 1137 seg., e riscontra *Prolegom.* III in t. II *Opp. ejusdem*, § I seg.

[3]) Questa testimonianza del Carpzovio è preziosissima, e però merita di es-ser qui riferita: « Iniquum perquam censorem expertus est Jo. Clericum, in *Quaestionibus Hieronymianis*, adversus Martianaei Parisinam Operum Hie-ronymi editionem conscriptis, in quibus non editoris modo industriam, sed doctissimi quoque Patris lucubrationes vehementer exagitat, ac Hieronymo maxime, tam crassam hebraei sermonis ignorantiam (*Qu* IV, V, VI, VII), quam judicii, in investiganda vera lectione (*Qu.* XIV, *et alias passim*) stupiditatem exprobrat, et ἀκρισίαν .... Absit ut sanctis viri cineribus insultemus, et Her-culeos illos, quos in sacris literis ornandis ac explicandis hausit, labores alto supercilio despiciamus, aut venerandi Patris detegamus pudenda; quin grata potius mente ejus utamur lucubrationibus, scopulos, quibus allisus, hu-mani quid passus est, sollicite caveamus, sua tamen aetate reliquos Ecclesiae doctores ipsum longo post se intervallo reliquisse, et una cum aliis, qui Hie-ronymi vestigia feliciter presserunt, glaciem fregisse, ultro largiamur » (*Cri-tica sacra*, Proemium, p. 22).

[4]) Hier. *Epist. ad Florentium*.

Rabbini lo manodussero nella cognizione de' misteri e delle oscurità della scienza ebraica. Alla conoscenza dell'ebraico accoppiava quella del caldaico, del greco e del latino. Egli percorse l'Egitto e la Terra santa per apprendere la situazione e le distanze de' vari luoghi rammentati nel sacro Testo. Il suo commercio quasi abituale con gli Ebrei più istruiti, gli porgeva il mezzo di conoscere il senso di molti luoghi oscuri, siccome era stato sempre inteso dall'antico popolo di Dio, ed era confermato da qualche antica tradizione, ovvero da qualche uso tuttora praticato. Una vasta erudizione nella letteratura ed antichità profana gli davano un mezzo facile di meglio comprendere o la parte storica della Bibbia, o quella riguardante agli usi e costumi delle nazioni straniere.

2. I talenti naturali, di cui era s. Girolamo tanto felicemente ornato, lo rendevano acconcissimo di trarre grande pro da tutti questi mezzi. È impossibile scorrere un solo de' suoi libri senza ammirare in questo Padre un genio profondo, sublime, caldissimo; come ancora uno spirito vivo e penetrante, il quale scende sino al fondo delle difficoltà, le scandaglia perfettamente e le giudica a modo di critico abilissimo e consumato nell'arte sua. L'applicazione indefessa al travaglio ha dovuto necessariamente centuplicare le forze di uno spirito, che di per sé tanto era sublime.

3. Parecchi scrittori antichi e moderni confermano quello che abbiamo proposto qui. Tra gli altri Sulpizio Severo in poche parole dipinge il santo Dottore come uomo acconcissimo per ingegno e per sapere a voltare convenevolmente i santi Libri: «Vir enim praeter Fidei meritum dotemque virtutum, non solum latinis atque graecis, sed et hebraeis etiam ita literis institutus est, ut se illi in omni scientia nemo audeat comparare [1]». Scaligero dice che nessuno è mai stato più atto di s. Girolamo a tradurre le Scritture, a cagione della erudizione e conoscenza delle lingue: «Nemo majorem eruditionem et apparatum linguarum ad translationem Scripturae attulit post Hieronymum, quam Hieronymus [2]». Carpzovio, benché non interamente ammetta la sentenza di Scaligero, confessa nondimeno aver s. Girolamo superato di gran lunga tutt'i Dottori de' suoi tempi, ed aver egli dato pruove certe del suo sapere nella lingua ebraica, tanto ne' Commenti ricchi di note critiche sulle lezioni e varianti, e sulle diverse interpretazioni del testo; quanto nelle dotte Prefazioni e ne' rimanenti lavori biblici [3]. Questa testimonianza di un critico protestante tanto abile sarebbe certo sufficiente a stabilire solidamente la tesi, che sosteniamo; ma non ci dà il cuore di omettere le parole di R. Simon,

---

[1] Sulp. Sev. *Dial.* 1, n. 4, *inter Op. omn.* Lugd. Bat. 1635, p. 251.
[2] Scalig. apud G. Carpzov. *Crit. sac.* Proem. p. 22.
[3] Carpzov. *Ibid.* p. 21.

il quale ricapitola maravigliosamente quanto abbiamo detto a pro di
s. Girolamo: « Il più dotto de' Padri dopo Origene, dice R. Simon, è
senza dubbio s. Girolamo, il quale in certo modo può essere nominato l'Origene de' Latini: perocchè egli si studiò di dare alla Chiesa latina que' medesimi lavori, che Origene aveva dato alla Chiesa greca
intorno alla Bibbia. Anzi egli sorpassò Origene, sapendo più addentro
di questo nella lingua ebraica, ed avendo avuto maggiore conversa-
zione con gli Ebrei de' suoi tempi.... Si può dire avere egli avuto
più che tutti gli altri Padri le qualità necessarie per ben interpretare la Santa Scrittura, sapendo egli l'ebreo, il greco, il latino. Egli
non solo aveva letto ed esaminato le versioni greche degli Esapli di
Origene, ma aveva altresì conferito spesso co' più dotti Ebrei de' tempi suoi, e non scriveva quasi nulla intorno alle Sante Scritture senza prima consultarli. Arroge: egli aveva letto tutti gli scrittori greci o latini, i quali avevano scritto sulla Bibbia; ed era dotto nella letteratura profana: in guisa che si possa conchiudere, che nessun altro Padre ha avuto come lui quanto è necessario a formare un interprete de' Libri Santi [1] ».

Carpzovio, benchè colmi di meritati elogi l'ingegno ed i lavori
di s. Girolamo, nondimeno pretende che questo Padre non potrebbe
pareggiare, quanto a letteratura ebraica, Sante Pagnini, Arias Montano, Sebastiano Munster, i Buxtorfi ed altri dotti ebraizzanti moderni [2]. Noi senza volere invilire il merito di questi scrittori diciamo,
che essi erano non altro che filologi, i quali, come nota il p. Fabricy, hanno coltivato la lingua degli antichi Ebrei secondo le idee limitate degli Ebrei moderni; e che essi per lo più erano privi di quel
gusto fino e dilicato, che si scopre ad ogni passo nella lettura delle opere di s. Girolamo; di quella forza e sublimità di genio, che ab-
braccia un obbietto da ogni lato; finalmente di quella profonda erudizione, che è tanto necessaria ad un buon interprete de' Libri santi [3]. Aggiungasi che i progressi fatti nella letteratura ebraica dopo
il Carpzovio evidentemente dimostrano, che s. Girolamo ha afferra-
to il vero genio della lingua santa in moltissimi luoghi, i quali sono stati stravolti da' critici sì vantati da lui.

QUISTIONE TERZA

S. Girolamo è stato inspirato nel fare la sua versione ?

Molti teologi hanno preteso che s. Girolamo sia stato inspirato dallo
Spirito Santo nel comporre la sua versione, in guisa che abbia evi-

[1] R. Simon, *Hist. crit. du V. T.* l. III, c. IX.
[2] Carpzov. l. c. p. 22.
[3] G. Fabricy, *Titres primit. de la révél.*, t. II, p. 96.

tato qualunque lieve errore: *ut vel levissimum errorem vertendo commiserit*, siccome scrive tra gli altri il p. Morin [1]. Nondimeno moltissimi altri critici ed interpreti sostengono il contrario: noi abbiam seguitato questa sentenza che ci è paruta meglio sostenuta da valide ragioni, e la sosteniamo nella seguente

PROPOSIZIONE

S. Girolamo non è stato inspirato nel comporre la sua Versione

Non v'ha chi non intenda, che l'inspirazione divina essendo un fatto rilevantissimo, non deve essere presupposto leggiermente, ma deve essere fondato sopra ragioni gravi e solide e sopra argomenti ben saldi. Tutto questo manca alla inspirazione concessa da alcuni all'autore della Volgata.

1. Il medesimo s. Girolamo ci porge una pruova, per dire che egli non è stato inspirato nel fare la sua versione: egli dice che corre grande differenza tra un Profeta ed un Interprete, essendo il primo inspirato dallo Spirito Santo per annunziare il futuro, ed avendo il secondo bisogno solamente di erudizione e scienza de' vocaboli per voltare nella sua lingua quelle cose, che intende nella lingua straniera: « Aliud est enim vatem, aliud est esse interpretem: ibi Spiritus ventura praedicit; hic eruditio et verborum copia ea, quae intelligit, transfert [2] ». Con queste parole, applicate dal santo Dottore a' Settanta, ci dà a conoscere chiaramente che egli concedeva agl'interpreti della Bibbia un'autorità naturale, una industria puramente umana. Ma egli usa parole ancor più chiare parlando di sè stesso: « Hebraica nomina nos de aliorum editionibus in latinum sermonem expressimus, non tam explanationem dictionum, quam suspicionem nostram simpliciter indicantes [3] ». E queste parole non convengono ad uno scrittore assistito dal soccorso della divina inspirazione. Anzi il santo Dottore dice qualche cosa più manifesta delle precedenti: egli confessa di essersi ingannato voltando *refraenantem* in vece di *lascivientem*, e si emenda soggiungendo: « Melius reor proprium errorem reprehendere, quam dum erubesco imperitiam confiteri in errore persistere, in eo quod transtuli etc. [4] ».

2. L'antichità ecclesiastica non ha mai creduto a questa inspirazione; imperocchè intralasciando Rufino, Palladio ed altri nemici di questo santo Padre, s. Agostino apertamente nega questo dono a san Girolamo, allorchè riprovando la versione di lui tra le altre cose scri-

<hr>

[1] V. B. Walton, *Prol.* X, n. 6, 10, 11; Serarius, *Proleg. bibl.* c. XIX, 9, 8.
[2] Hier. *Praef. in Pental.*—[3] Hier. *in Ezech.* c. XL.
[4] *Ibid.* I, V.—*Comment. in c. XIX Isaiae.*

ve: « Aut obscura fuerunt, quae interpretati sunt LXX, aut manifesta. Si obscura, te quoque in eis falli potuisse credendum est [1] ». S.
Eucherio crede poter emendare un luogo della Volgata, il quale a
lui pare malamente voltato dal santo traduttore [2]; s. Ambrogio ha
fatto il medesimo quanto ad un altro luogo [3].

3. Trattando della versione de' Settanta abbiamo provato, che gli
autori di essa non sono stati inspirati: con qual fondamento adunque
concederebbesi a s. Girolamo un privilegio non concesso a questi antichi interpreti?

4. Nessuno ha mai preteso che l' antica Itala fosse stata divinamente inspirata al suo autore: anzi s. Girolamo spesso ne nota gli
errori, la emenda, la rigetta tanto nella sua versione, che nelle altre
opere. Perchè dunque sarebbe la nostra Volgata più privilegiata di
quest' antica versione, la quale ripete la origine da' primi tempi della nascente Chiesa latina, ed è stata sola in uso per sei secoli in questa Chiesa? Quindi, benchè noi abbiamo in grandissima venerazione la Volgata, teniamo come più probabile che essa non sia divinamente inspirata.

QUISTIONE QUARTA

Qual è il merito della Volgata?

Molti protestanti si sono messi con ogni sforzo a deprimere il merito della Volgata: d' un altra banda alcuni scrittori cattolici lo hanno esagerato sostenendo che essa sia divinamente inspirata; per
ciò hanno detto che essa è immune dal più lieve errore, ed hanno positivamente affermato che essa è molto più conforme alle primitive
sorgenti, uscite dalle mani de' Profeti ed Apostoli, e per questo lato
supera l' attuale testo originale [4]. Una savia critica prescrive una via
media tra questi due eccessi: noi faremo di trovarla e seguitarla fedelmente.

1. Gli argomenti adoperati nella Quistione II, con intenzione di
provare che il nostro santo Dottore aveva il talento ed i mezzi necessari per fare una buona versione delle Scritture; e le ragioni
esposte nella III Quistione per mostrare che il santo Dottore non è
stato inspirato, sono del pari pruove irrefragabili contro le due sentenze, che abbiamo pigliato a combattere in questa proposizione.

2. L' ingegno dato dalla Provvidenza divina a s. Girolamo, l' ap-

---

[1] August. *ad Hier. Ep.* X, c. VI.
[2] Eucher. c. XXVI, p. 267, *in IV Reg.* XVII, 30.
[3] Ambros. *De Sptr. S.* l. II, c. VI.
[4] Morin, *Exercit. bibl.* l. I, exerc. 6, c. XII, n. 9. Riscontrisi Titelmann.
Apol. pro vetere interprete; Melchior Canus, l. II, c. I; Salmeron. *Proleg.* III.

plicazione costante di lui, e gli aiuti svariati, che ebbe nel comporre la sua versione, formano un forte pregiudizio a favore della Volgata.

3. Gli scrittori ecclesiastici, i Teologi ed Interpreti cattolici, vissuti dopo s. Girolamo, concordemente lodano la fedeltà della Volgata; e per ciò noi pensiamo, che ogni critico non prevenuto ammetterà col Calmet essere un capolavoro nel suo genere tutto quello, che il dotto interprete ha tradotto dal greco o dall'ebreo: la Volgata sarà sempre avuta in conto di opera eccellente da'conoscitori imparziali, che che ne dicano i suoi nemici [1].

4. La Chiesa noverando s. Girolamo tra'più illustri Dottori, e sostituendo la sua versione all'antica Itala, di cui aveva fatto uso per sei secoli, ha fatto conoscere la grande stima, in che Ella ha avuto la Volgata.

5. I critici più abili ed i più dotti interpreti tra'protestanti hanno confessato la maggioranza che tocca alla Volgata. Ludovico de Dieu, versatissimo nelle lingue orientali, paragonando questa versione con quelle fatte da Beza ed Erasmo sul Nuovo Testamento, dice: « Se io affermo essere l'autore della Volgata, chiunque egli sia, un dotto, anzi un dottissimo uomo, non stimerò di avere malamente giudicato. Egli ha de' difetti, il confesso, ha pure de' barbarismi; ma non posso negare che lo ovunque ammiro la sua buona fede ed il suo discernimento in quegli stessi luoghi, ne' quali appare barbaro [2] ». Questo scrittore non si è limitato a queste sole lodi: egli spesso sostiene la Volgata e la difende da'nemici nelle sue osservazioni sull'Antico Testamento. Grozio rendendo ragione del motivo, che lo ha indotto a preferire la Volgata per testo delle sue annotazioni sull'Antico e Nuovo Testamento, dice così: « Io ho sempre fatto gran conto di questa versione, non solo perchè in essa non è alcuna cosa contraria alla sana dottrina (*nulla dogmata insalubria continet*), ma ancora perchè il suo autore è pieno di erudizione [3] ». Paolo Fagio dichiara saputelli e sfacciati coloro, i quali osano dir male di questa versione [4]. Drusio loda il Concilio di Trento per aver dato alla Volgata la sanzione della sua autorità, « perchè, egli dice, le versioni nuove non sono migliori di quest'antica, e forse hanno grandi difetti [5] ». Tommaso Hartwell Horne, benchè tra'critici non abbia grande autorità, può acconciamente essere allegato a pro della Volgata: imperocchè appartenendo egli alla setta anglicana, non può il suo giudizio essere

---

[1] D. Calmet, *Dissert. sur la Vulg.* t. I, p. II, p. 102, e *Bible de Vence*, *Prém. Dissert. sur la Vulg.* t.I, p.143, 5ª ed.
[2] Ludov. de Dieu, *in Notis ad Evang.* passim.
[3] Grotius, *Praef. annotat. in V. T.*
[4] Fagius, *Praef. ad collat. translat. V. T.*
[5] Drusius, *ad loca difficilia Pentat.*

sospetto, ed e' parla secondo l' opinione comune di coloro, che sono della sua Chiesa. Questo scrittore adunque dice, che quantunque la Volgata non sia nè inspirata, nè infallibile, siccome han detto alcuni teologi della Chiesa Romana; nondimeno è certo che in generale è una versione fedele, che essa esprime molto spesso il senso delle Scritture con maggiore esattezza che le versioni moderne, e perciò essa non deve essere trascurata nella critica biblica [1]. G. Gesenius, a cui nessuno vorrà seriamente negare preminenza nella scienza ebraica, quantunque sia prevenuto da' pregiudizi dogmatici e da un manifesto razionalismo, combatte spessissimo i significati delle parole ebraiche e le interpretazioni o di tutte le altre versioni, o de' commentatori ed ebraizzanti antichi e moderni, per mantenere i sensi dati a' vocaboli o alle frasi del testo originale dall' autore della Volgata. Chi vuole convincersene, non deve far altro che scorrere le ultime edizioni de' suoi lessici ebraici. Finalmente Walton, avendo riferito le testimonianze lodevoli de' più abili protestanti a pro della nostra Volgata, soggiunge: « Che il merito altissimo di questa versione lo ha determinato a metterla nella sua Poliglotta tra le altre versioni venerande per antichità: mentre non vi ha messo nessuna delle versioni latine fatte ne' tempi moderni [2]».

QUISTIONE QUINTA

Qual è il carattere della Volgata?

« S. Girolamo, dice il p. Fabricy, volle fare una versione nè barbara, nè troppo letterale: egli si pregiò di riuscire chiaro e preciso, e però poco si curò di un vocabolo di più o di meno del testo; suo scopo fu di rendere il senso. Questa regola deve esser tenuta da un abile interprete, e questa fu seguitata da s. Girolamo [3] ».

1. Il dotto Padre anche ne' luoghi tradotti fedelmente dall' ebreo usa spesso le forme dell' antica Itala, quando questa non si discosta molto dal testo: egli stesso ci ammonisce di ciò [4]. Dice d'altronde che egli non si è sommesso all' autorità di nessuno interprete, ma che ha avuto innanzi il testo ebreo, avvicinandosi a' Settanta più che ad al-

---

[1] T. H. Horne, *An Introd. to the critical study and knowledge of the holy Scriptures*, vol. II, p. 205, *third edit.*

[2] Walton, *Proleg.* X, n. 14 *sub fin.*

[3] Fabricy, *Des livres primitifs de la révélation*, t. II, p. 120. In questo luogo il p. Fabricy riprende R. Simon, il quale non si è spiegato con molta chiarezza intorno a ciò, anzi non è stato costante nelle sue osservazioni.

[4] « Nolumus ergo immutare quod ab antiquis legebatur, quia idem sensus erat .... sed et in hoc nulla sensus mutatio, et nos antiquam interpretationem sequentes, quod non nocebat mutare noluimus » (Hier. *Epist. ad Sunniam et Fretelam*).

tre versioni in que' luoghi, ne' quali essi non differiscono dall' ebreo. Questa regola e' dice di aver mantenuta per non offendere i lettori , dando alla sua versione troppa novità '. Finalmente afferma di a- vere adoperato qualche volta Aquila, Simmaco, Teodozione ".

Ne' luoghi oscuri e difficili egli usa interpretazioni conformi a'commenti de' più dotti spositori ebrei del suo tempo, ed attenendosi qualche volta troppo servilmente alla lettera del testo, rende la versione quando difficilissima ad intendere, e quando ancora affatto inintelligibile.

·· 2. Bisogna notare, che la lunga consuetudine di leggere alcune parole o certe frasi nell' antica Itala ha fatto sì che queste siansi intromesse nella presente Volgata: il che è avvenuto contro il proposito del nostro santo Dottore, il quale aveva avuto grande cura di toglierle. Moltissimi esempi ce ne porgono i libri de' Re e de' Proverbi: molti ancora ne' Salmi, pochi negli altri libri '.

· 3. Molti critici hanno opposto, che s. Girolamo si è scostato spessissimo dal testo ebreo , benchè avesse promesso di fare una versione dell' Antico Testamento solo sul detto testo. Ma questa difficoltà non ha fondamento, se si considerino le seguenti cose:1° Che il testo ebreo usato da s. Girolamo era certamente differente dal nostro in molti luoghi '. 2° Che la lingua ebraica ha moltissimi vocaboli di significazione equivoca ed indeterminata; e perciò il santo Dottore ha seguitato quella , che gli è parsa migliore. Del resto la Volgata, siccome abbiamo notato (p.109), nelle significazioni date a' vocaboli ed alle frasi del testo originale , ha spesso ragione di scostarsi da quelle de' Rabbini ed altri Interpreti moderni. 3° Che a'tempi di s. Girolamo non essendo ancora determinata la lezione del testo ebreo da' punti vocali, come al presente, è naturalissimo che egli abbia qualche volta letto questo testo diversamente da noi, e però lo abbia ancora voltato in modo diverso da quello , onde è stato espresso da' nuovi Interpreti. 4° Che non mai si è sostenuto nella Chiesa essere stato s. Girolamo inspirato o infallibile nel fare la sua

---

') « Hoc breviter admonens, quod nullius auctoritatem secutus sum, sed de hebraeo transferens magis me LXX interpretum consuetudini coaptavi; in his dumtaxat quae non multum ab hebraicis discrepant, ut nec novitate nimia lectoris studium deterrerem », Hier. *Praef. ad Comm. in Eccles.* et *Praef. in Pentat.*

') « Interdum Aquilae quoque Symmachi et Theodotionis recordatus sum», Hier. *Praef. ad Comm. in Eccles.*

') D. Calmet, *Dissertations* etc. t. I, p. II, p. 104; *Dissert. sur la Volgate.* Questa è stata ristampata nella *Bible de Vence*; il luogo, che citiamo qui, sta nel t. I, p. 146, 147, 5ª ediz.

') Quello, che diciamo qui, non è per nulla contrario a quanto abbiamo sostenuto più innanzi (p.78): ivi è parola delle alterazioni essenziali, le quali riguardano alla sostanza della cosa.

versione; il che noi abbiamo provato innanzi (Quist. III). perciò egli
ha potuto errare in certi luoghi non afferrando sempre il senso del
testo, che aveva sottocchi.

4. Bisogna ancora notare, che la versione del dotto Padre, la quale leggesi nella *Divina Bibliotheca Hieronymi*, pubblicata a Parigi
nel 1693 dal Martianay, non essendo stata emendata come la nostra
Volgata, differisce in molti luoghi da questa.

QUISTIONE SESTA

Come ed in quale tempo è stata la Volgata ricevuta nella Chiesa ?

Benchè la Volgata, la quale nella massima parte ha per autore e
correttore s. Girolamo, siccome abbiamo detto nella Quistione I,
sia superiore a tutte le altre versioni antiche: pure appena che apparve, mosse contro questo Padre una quantità di richiami ed amare censure, delle quali egli si duole in quasi tutte le sue Prefazioni ed
in moltissime Epistole. Alcuni lo accusavano di avere impreso questa
versione per mettere in discapito quella de'Settanta: altri pretendevano
che egli *giudaizzasse*, falsasse le scritture ed insultasse colle sue pretensioni all'autorità degli antichi. Ruffino, prete di Aquileia, fu il massimo degli accusatori di s. Girolamo. Se questo furioso uragano
non fece subito accogliere da tutte le Chiese latine la versione del
santo Dottore, non però le fece negare del tutto applausi : imperocchè gli uomini più dotti di quel tempo lo incuoravano a menare innanzi il suo lavoro. Lucinio, spagnuolo, zelantissimo delle Sante
Scritture, gli mandò dalla Betica a Betleem nell'anno 394 sei scrivani per copiare quanti più esemplari potessero della nuova versione. Vivendo ancora s. Girolamo, Sofronio voltò in greco una parte
della versione fatta dal santo Dottore sull'ebreo; nè il prete Filippo
volle usare altra versione ne' suoi comenti sopra Giobbe. Quelli, che
la denigravano in pubblico, non si tenevano d'ammirarla e segreta-
mente leggevanla[1]. Il medesimo s. Agostino, benchè avesse vietato alla
sua diocesi di usare la nuova versione, rese a quest'opera rilevante
tutta la giustizia meritata. Anzi « egli in seguito l'approvò talmente,
che ne compose lo *Speculum*, il quale è una ordinata raccolta de'
più belli luoghi morali della Scrittura, destinata a star tra mani a
que' fedeli, i quali non avevano nè l'opportunità, nè la voglia di
leggere tutta la Bibbia [2] ».

----

[1] Tutte queste particolarità si leggono presso s. Girolamo *Praef. in
Job, in Ps., in Esd. et Nehem., in Paral., Epist. ad Lucinium Baeticum,
de Script. eccles., Apol. contra Ruf.* l. II, *Epist.* XXVI *ad Marcellam*;
Ruffinus, *Invect. in Hier.* l. II.

[2] D. Calmet, *Dissert.* t. I, p. II, p. 102, 103, o *Bible de Vence,* t. I, p. 144,
145, 5ª ediz.

Nel V e VI secolo la nuova versione salì a grande autorità, perocchè nel VII secolo s.Gregorio il Grande dice,che a'suoi dì la Chiesa Romana faceva uso e dell' antica Volgata fatta su' Settanta, e della nuova versione di s. Girolamo fatta sull' ebreo [1];e questo santo Pontefice ne' suoi commenti sopra Giobbe seguì la nuova versione senza però intralasciare qualche volta l' antica. Ma egli dava la preferenza a quella di s. Girolamo, dicendo in un luogo che questa è più fedele [2], ed in un altro che bisogna aggiustar fede ad essa essendo più conforme all'originale [3].

Poco dopo s. Gregorio Magno, e verso l'anno 630, s. Isidoro di Siviglia diceva che la versione delle sante Scritture fatta sull' ebreo in latino da s. Girolamo era generalmente usata in tutte le Chiese: *Cujus editione omnes ecclesiae usquequaque utuntur* [4].Forse questo Santo parla delle Chiese di Spagna,in cui viveva; ma checchè ne sia, poco dopo s.Isidoro tutte le Chiese latine non fecero uso di altra versione che della Volgata,meno il Salterio de'Settanta, che fu sempre mantenuto. Quindi la forza della consuetudine ed il consenso unanime delle Chiese, le quali dovunque avevano ricevuto la Volgata, prepararono la strada al decreto del sacrosanto Concilio di Trento.

QUISTIONE SETTIMA

La Volgata attuale è differente dalla versione di s. Girolamo?

Sebastiano Münster ha preteso, nella prefazione alla sua versione latina, che la versione di s. Girolamo sia interamente perduta, eccetto l' Ecclesiaste ed il Salterio. Beniamino Kennicott, benchè non sia tanto strano, sostiene nel suo esame del testo ebreo dell'Antico Testamento, che la versione di s. Girolamo sia al meno perduta in parte. L'opinione del Münster è tale, che non merita nemmeno di esser confutata: quella del Kennicott è da noi pigliata a combattere vittoriosamente, come speriamo, nella seguente

PROPOSIZIONE

L'attuale Volgata nella sostanza non differisce dalla versione di s. Girolamo

« Tutto, dice il p. Fabricy, ci mena a credere che noi abbiamo ognora la versione originale di s.Girolamo,sia nella nostra Volgata, sia nelle opere impresse di questo Padre,sia ne'manoscritti [5] ».Di fatto, usando questi tre testimoni, non si può non rilevare che la nostra

---

[1] Greg.M.*Praef.in lib.Moral.in Job.*—[2] Idem,l.I Hom.X n.6,*in Ezech.*
[3] Idem, l. XX, in cap. XXX *Moral. in Job*, c. XXXII, n. 62.
[4] Isidor l. I *De officiis eccles.*
[5] G. Fabricy, *Des titres primitifs de la révél.* t. II, p. 98, not.

Volgata quantunque abbia talune differenze con la versione originale del santo Dottore, non se ne discosta quanto alla sostanza, alla
quale non hanno relazione le varietà.

1. La versione de' Profeti, come la leggiamo nella Volgata, è certo
tutta quanta opera del santo Padre; imperocchè essa è affatto conforme a quella che leggiamo ne' suoi commenti. Le differenze sono
di poco conto, e la più severa critica, senza pena riconosce e confessa, che queste leggiere differenze provvengono dalla varietà de'
manoscritti. Gli esemplari della versione di questo dotto Padre si
moltiplicarono, e perciò non poterono essere esenti da quegli errori,
i quali cadono comunemente nelle opere diffuse per molte copie. Or,
« posto ciò, dice il p. Fabricy, noi abbiamo nella Volgata la sua versione originale '».

2. La nostra Volgata contiene tutte le Prefazioni apposte da s. Girolamo alla primitiva versione, e tutti i luoghi più celebri tanto di-
fesi da questo Padre. Essa seguita quasi in ogni luogo le emendazioni fatte da lui, e quasi dovunque ha quelle cose, le quali mancavano ne' Settanta. Questa è dunque un' altra parte della versione di
s. Girolamo, la quale non si è perduta.

3. L'attuale Volgata è fatta sull' ebreo, eccetto alcuni luoghi presi
da altre versioni; or fino al secolo XIV nessuno dopo s. Girolamo
ha impreso questo lavoro. È vero, e noi lo abbiamo notato, che la
Volgata si allontana dalla versione originale di questo Padre, perchè tiene alcuni vocaboli e certe sentenze tolte dall'antica Itala, e
perchè non è esente da qualche miscela di altre versioni; ma le osservazioni di Martianay e Vallarsi bastano per farci discernere quello
che appartiene alla versione del Dottore della Chiesa.

4. Ancorchè supponiamo differenze più considerabili tra la Volgata e la versione, che leggesi nelle due edizioni delle opere di s. Girolamo pubblicate da Martianay, Vallarsi e Maffei; pure una buona
critica non potrebbe sentenziare che la versione usata dalla Chiesa
latina sia differente da quella fatta dal santo Dottore. Noi non possiamo nemmeno sospettarlo: imperocchè in questo caso sarebbe mestiero provare che la versione data a luce da questi editori non ha
mai sofferto nè i guasti del tempo, nè le negligenze de' copisti: in
somma, bisognerebbe provare che essa è assolutamente tale oggi,
quale fu uscendo dalla penna del suo autore. E chi potrebbe fare
ciò? Anzi, sono senza dubbio moltissimi manoscritti, i quali possono
ristorare questa versione e darcela molto più emendata di quella che
è nelle due edizioni rammentate.

') *Des titres primit.* ecc. t. II, p. 99.

APPENDICE

Delle riviste ed emendazioni della Volgata

1. Essendosi gli esemplari della Volgata considerabilmente moltiplicati col tempo, l'ardimento e la negligenza degli amanuensi e tipografi vi hanno indotto parecchi errori, anzi vi sono alcune cose aggiunte, altre tolte: ed allorchè si pongono in confronto tra loro le antiche edizioni, si scorge tra loro una notabile differenza. Ciò mosse Carlomagno sul principiar del secolo IX a commettere al dotto Alcuino la emendazione della Volgata secondo le migliori e più antiche edizioni. Nel 1089 fu ancora riveduta da Lanfranco Vescovo di Cantorbery, e verso la metà del secolo XII dal cardinale Nicola. In seguito sono venute le emendazioni della Sorbona, di Ugone da san-Caro, di Adriano Gumélly, di Alberto di Castellano, della Poliglotta di Alcala, di Roberto Stefano, di Henten e de' Teologi di Lovanio.

Il Concilio di Trento avea prescritto, che la Santa Scrittura sarebbe subito impressa quanto più correttamente si potesse [1]. I Pontefici Sisto V e Clemente VIII in esecuzione di questo decreto fecero stampare in Roma la Bibbia, avendola fatta prima esaminare e correggere da' più dotti teologi, e consultando sull'esempio de' santi Padri il testo ebreo, la versione greca e gli antichi manoscritti, allorchè gli esemplari discordavano, o il latino era ambiguo ed equivoco. Queste cose sono notate dal Papa Sisto V nella Bolla, che è premessa alla sua edizione latina fatta nel 1589 e pubblicata nel 1590 : *In iis tandem, quae neque codicum, neque doctorum magna consensione satis munita videbantur, ad Hebraeorum Graecorumque exemplaria duximus confugiendum*, ecc.

Nondimeno i revisori romani non hanno eliminato tutti gli errori; e noi ne siamo ammoniti nella Prefazione della nostra Volgata. Dicono i correttori, che essi hanno lasciato inemendati parecchi luoghi, i quali avevano bisogno di essere corretti, non solo perchè la prudenza consigliava che non si offendessero i popoli assuefatti da gran tempo ad un certo modo di leggere; ma ancora perchè è da presumere che i nostri maggiori seguitando queste lezioni avessero manoscritti più emendati de' nostri, i quali hanno potuto nel corso de' secoli patire alterazioni. Il Cardinale Bellarmino, uno de' correttori della Volgata, scrivendo a Luca di Bruges e ringraziandolo dell' opuscolo contenente le emendazioni della Volgata, che questi gli aveva mandato, dice : « Noi non abbiamo riformato la Volgata, con tutta la esattezza e con tutto il rigore, con che avremmo potuto;

---

[1] *Conc. Trid. Sess.* IV, decr. 2.

e per giusti fini abbiamo in essa lasciate molte cose senza emenda's. Lo stesso attesta Giovanni Bandin, che presedeva alla tipografia del Vaticano: *Fateor in Bibliis nonnulla superesse, quae in melius mutari possent* [a].

L'edizione della Bibbia fatta in Roma per ordine di Papa Sisto V. nel 1590 fu purgata, per cura e lavoro de' teologi adoperati da lui, da' più notabili errori, che stavano nelle edizioni precedenti. Gli otto Canoni o regole date da questo sommo Pontefice, per emendare la nuova edizione, sono frutto di una sana critica e dettate da uno spirito di squisita sapienza e prudenza. Ma con tutta la sua vigilanza e cura circa quaranta errori caddero nella sua edizione, i quali furono da lui proprio emendati ponendo su'luoghi erronei piccole strisce di carta incollate. Una nuova edizione fu pubblicata da Clemente VIII; ma quella di Sisto V, bisogna confessarlo, meglio corrisponde all'antica Volgata [b]. L'edizione di Clemente VIII apparve nel 1592, fu ristampata nel 1593 con alcuni lievi cangiamenti: e questa è stata il modello e l'originale del testo della Volgata, il quale è stato poi tante volte ristampato, e che oggi è nelle mani di tutti. Questa è la edizione da seguitare, secondo la Bolla di Clemente VIII; questa è la Volgata dichiarata autentica dal Concilio di Trento, radunato parecchi anni innanzi [c]. Ma essa non è ancora affatto esente da errori.

Tommaso James, protestante inglése, nel libro da lui intitolato *Bellum papale*, il cui scopo è di mostrare le differenze, che stanno tra la Bibbia di Sisto V e quella di Clemente VIII, e di porre in certo modo a contesa questi due Pontefici; ha veramente notato circa duemila differenze tra queste due Bibbie. Il p. Errico di Bukentop, zoccolante, ha ancora lavorato, ma con differente spirito, per notare le differenze delle Bibbie di Sisto V e Clemente VIII, e ne ha scorto moltissime sfuggite al James; ma egli sostiene, e può chiunque facilmente convincersene scorrendo queste varie lezioni, che nessuna è contraria alla Fede o a' costumi, e che tra le une e le altre non si tratta di altro, se non che di minore o maggiore esattezza [d]. Francesco Luca di Bruges ha segnato più di 4000 luoghi, che potrebbero essere emendati nelle Bibbie ordinarie stampate sopra quella di Clemente VIII [e]. Bellarmino lodò il suo lavoro, e gli scrisse che non vi era dubbio, stare tuttora nella Volgata molte cose da emendare: ed

---

[a] Bellarm. *Litteris Capuae datis* 6 dec. 1603.

[b] J. Bandin, *Epist. data pridie Calend. Aug.* 1604 *ad Moretum*, apud Francisc. Luc. Brug. *Praef. in annot. in N. T.*

[c] Veg. De Rossi, *Introduzione alla sacra Scrittura*, § LXVIII, p. 93, 94.

[d] Il decreto del Concilio di Trento, che dichiara autentica la Volgata, è dell'anno 1546.

[e] Bukentop. *Lux de luce*, l. III, c. I. — [f] Luc. Brug. *Praef. in annot. in N. T.*

altrettanto confessano i nostri più sperti critici ed i più dotti teologi. Nondimeno la Volgata, che è in uso nella Chiesa Cattolica, non lascia di essere la più perfetta e la migliore versione della Bibbia sì dell'Antico che del Nuovo Testamento, siccome abbiamo detto nella Quistione IV.

2. Delle edizioni fattene citeremo le seguenti. Le più antiche sono senza nome di luogo e senza data. La prima, che porta il nome del luogo e l'anno della stampa, è quella di Magonza, 1462, 2 vol. in-fol. Secondo questa è stata fatta l'edizione di Emmerick, 1465, 2 vol. in-fol.; d'Augusta, in-fol. 1466; di Reutlingen in-fol. 1469, di Roma, 1471, di Magonza 1472; di Napoli in-fol. 1476, di Venezia in-fol. 1476, di Parigi 2 vol. in-fol. 1476.

Nel 1542 uscì a luce in Venezia una edizione con questo titolo: *Biblia latina, auctore Isidoro Clario Benedicto cum scholiis* ecc. in-fol. L'autore pretende di avere scoperto più di 8000 errori nella Volgata, ed ha preso la maggior parte delle note da Sebastiano Münster. Il Prologo ed i Prolegomeni di Clario sono stati messi nell'Indice, e non si leggono nell'edizione del 1564.

Nel 1545 Roberto Stefano pubblicò una Bibbia latina con note attribuite a Vatablo, e con varie lezioni. Comechè Roberto Stefano nelle note sue, e supposte a quel dotto, facesse trascorrere la dottrina di Calvino, Vatablo, che era un buon cattolico, gli mosse un giudizio non potuto compiere per la morte sopraggiuntagli nel 1547. Questa edizione di Roberto Stefano è stata più volte ristampata ed in Parigi, ed altrove: « Si può far uso delle note purgate da' dottori di Salamanca nella loro edizione fatta a Salamanca, 2 vol. in fol. nel 1584, e ristampata più volte dopo [1].

L'edizione di Didot, 2 vol. in-4°, Parigi 1785, è notevole soprattutto per la bellezza e nitidezza de' caratteri: generalmente è tenuta per esattissima. Lo stesso è a dire di quella fatta in Lione, 1844, in-12°, da Lamberto Gentot [*].

QUISTIONE OTTAVA

*In qual senso il Concilio di Trento ha dichiarato
autentica la Volgata?*

La presente quistione ha mosso gravi litigi tra' Teologi ed Interpreti, sì cattolici che protestanti; e comechè il decreto del sacrosan-

---

[1]) D. Calmet, *Loc. cit.* part. III, art. 10.
[*]) Oggi la più accurata stampa della Volgata è quella in-8° fatta in Torino dal benemerito tipografo Giacinto Marietti, l'anno 1851. Poichè fu disaminata in Roma questa edizione, la sacra Congregazione dell'Indice con decreto approvato da Sua Santità dichiarò *eamdem caeteris editionibus post Clementem PP. VIII evulgatis praestare.* (*Nota del Traduttore*)

to Concilio abbia dato luogo a tali discussioni, noi crediamo necessario riferirne qui le parole. Si legge adunque nel secondo decreto della IV Sessione: « Sancta synodus considerans non parum utilitatis accedere posse Ecclesiae Dei, si ex omnibus *latinis editionibus*, quae circumferuntur sacrorum Librorum, quaenam pro authentica sit habenda innotescat, statuit et declarat, ut haec ipsa vetus et Vulgata editio, quae longo tot saeculorum usu in ipsa Ecclesia probata est, in publicis lectionibus, disputationibus, praedicationibus et expositionibus pro authentica habeatur, et ut nemo illam rejicere quovis praetextu audeat vel praesumat ». Parecchi protestanti hanno fatto rimprovero al Concilio di avere con questo decreto preferito la Volgata latina a' testi originali, e di avere vietato l' uso di questi dichiarandoli non autentici. Alcuni Teologi cattolici hanno pure pensato che il santo Concilio abbia davvero preferito la Volgata agli originali. Dall' altra banda pare che R. Simon tenga questo decreto come disciplinare; egli dice così:«Il decreto del Concilio di Trento è stato fatto pel buon ordine, e per evitare le confusioni, che le varie versioni avrebbero potuto metter su '». Noi crediamo più probabile che il sacrosanto Concilio non abbia voluto preferire la Volgata a' testi originali; ma nel tempo stesso crediamo che esso non ha dichiarato questa versione autentica nel solo senso che nulla contenga avverso alla fede ed a' costumi; crediamo altresì che sia errore il sostenere, che il Concilio nulla ha voluto decidere intorno alla conformità di questa versione co' testi originali, e solo abbiala voluto anteporre a tutte le versioni latine.

PRIMA PROPOSIZIONE

Il Concilio di Trento non ha anteposto la Volgata a' testi originali

1. Solo facendo violenza alle parole stesse del decreto, si può affermare che il Concilio abbia avuto intenzione di preferire la Volgata a' testi originali: imperocchè esso non fa veruna menzione di questi, e solo parla delle versioni latine, che andavano in giro: *ex omnibus latinis editionibus quae circumferuntur*. Il sacro Concilio dichiarando la Volgata autentica ha pure comandato di usare questa sola versione nelle publiche lezioni, nelle controversie, nelle predicazioni, nelle sposizioni della Santa Scrittura; nè può chicchessia rigettarla in queste circostanze per qualunque pretesto: ma nulla ha detto il Concilio de' testi originali. E chi può mai immaginare che il Concilio avrebbe serbato un silenzio tanto stretto intorno ad essi, se avesse avuto in mente di preferire a quelli la Volgata, e specialmente di vietarne l'uso come non più autentici ?

¹) V. Bossuet, *Instruction première sur la vers. du N. T. imprimée à Trévoux*, t. IV, p. 373, 374.

2. Il vero senso delle parole del Concilio non può sapersi meglio
che per testimonianza de' più dotti Padri, i quali ne furono membri:
questi sonó il Cardinal di santa Croce, che fu presidente nella sessione
IV, e poi fu Papa Marcello II; Melchiorre Cano, Vescovo delle Cana-
rie; Andrea Vega, Andrada, Laynez generale de' Gesuiti, il P. Salmerone, ecc. Tutti questi Teologi, non meno che il Cardinale Pallavicino, scrittore della Storia di questo Concilio, concordemente affermano, che il santo Sinodo non ha voluto nè preferire la Volgata a'
testi originali, nè interdire l'uso di questi. Il p. Salmerone dice chiaro: « Ivi non fu quistione alcuna de' testi ebraici e greci: si ebbe solo
pensiero di scegliere fra tante versioni latine, prodotte dal secolo nostro, una preferibile alle altre; ma il sacro Concilio ha lasciato in
piena ed assoluta libertà di coloro, i quali vogliono studiare più addentro nelle sacre Scritture, di consultare secondo il bisogno i fonti
greci ed ebraici . . . . ; noi potremo, senza scapitare in riverenza verso il Concilio, attingere argomenti e citazioni nel greco e nell'ebreo,
come testi primitivi della Scrittura '». Ed in questo senso hanno sempre inteso quel decreto i migliori Teologi, cioè il Cardinal Bellarmino,
il quale contro Calvino dimostrò non avere il Concilio preferito la
Volgata a' testi originali; Genebrardo, Ribera, Serario, Bonfrerio, San-
dero, Adam, Contzen, Tannero, Bannez, Dupin, Calmet, Bergier, ed altri.

3. Il Concilio prescrive l'uso della Volgata nelle pubbliche lezioni, nelle controversie, ecc.; ma parlando esso di sole versioni latine,
dal suo decreto conseguita, che tra tutte le versioni scritte in questa
lingua solo la Volgata deve essere usata nella Chiesa latina pel pubblico servizio. In questo senso hanno sempre interpretato questo decreto i più dotti Teologi cattolici: essi hanno pensato che esso riguardi a coloro, i quali sono ignoranti nelle favelle originali, o che
non vogliono fare uso de' testi originali. Quindi dopo il Concilio molti dotti Interpreti cattolici consecrarono le loro vigilie allo studio di
questi testi; ed altri ne' loro commenti sulla Volgata hanno citato gli
originali, dove riuscivano più acconci alla facilità e chiarezza.

4. Se il Concilio avesse preteso vietare l'uso de' testi originali come non più autentici, ne verrebbe per conseguenza che tutti i cattolici greci non avrebbero più santa Scrittura: imperocchè questi nella loro Chiesa fanno uso della versione de' Settanta per l'Antico Testamento, e dell'originale greco quanto al Nuovo. Lo stesso potrebbe
dirsi, e forse più ragionevolmente de' Siri, degli Arabi, degli Armeni
ecc., i quali usano Bibbie siriache, arabe, armene. E però, secondo
la opinione de' nostri avversari seguiterebbe, che tutti i Cristiani di
Oriente posseggono la Scrittura ne' testi e nelle versioni solenne-

---

') Salmer. *Proleg* III. Ved. ancora Andrada, *Defensio Tridentinae fidei*;
Bellarm., *De Verbo Dei*, l. II, c. X.

ménte rigettàte come non autentiche dalla Chiesa universale congregata nel Concilio di Trento. La quale conseguenza necessaria, posti i principi degli avversari, basta da sé sola a far rigettare la loro opinione.

5. Il Concilio di Trento non ha realmente anteposto la Volgata a' testi originali dichiarandola autentica, e yietando di rigettarla sotto qualunque pretesto; nè ha comandato di dispregiare il testo ebreo e la versione de' Settanta, quando sono erronei, o contrari alla Volgata [1], dichiarando questa sacra ed inviolabile, come affermano alcuni Teologi. Imperocchè questi non hanno fatto considerazione, che una versione non può essere più autentica dell' originale, posta la interezza di questo nelle cose sustanziali, siccome è il testo ebraico esente da alterazioni ed interpolazioni sustanziali. Vi sono degli errori, lo concediamo; ma non sono nè tanti, nè sì considerabili da riguardare la sustanza della Fede e de' buoni costumi; questi errori non hanno alterato nessun fatto importante nella parte storica. Questi errori possono essere emendati, e moltissimi sarebbero tolti di mezzo, se mediante una critica saggia ed illuminata si ponessero in confronto accuratamente i manoscritti e gli antichi interpreti. «Se pel testo ebreo si facesse quanto si fa per la Volgata, dice il Calmet, se si consultassero i manoscritti e gli antichi Interpreti con le regole di una saggia critica, sarebbero certo emendati moltissimi errori, e sarebbe esso reso più puro della medesima Volgata: imperocchè nessun altro testo è stato meglio e più fedelmente custodito del testo ebreo: forse il greco non ha avuto la medesima sorte. Il testo ebraico è ancora esente da sbagli grossolani e contrari alla purezza della Fede e de' costumi[2]». Finalmente i Teologi che combattiamo, pare abbiano altresì dimenticato, che il Concilio di Trento, dichiarando la Volgata autentica, ha però riconosciuto che in essa sono errori; imperocchè ha comandato che fosse stata stampata più che si potesse diligentemente: *Ut posthac sacra Scriptura, potissimum vero haec ipsa vetus et Vulgata editio quam emendatissime imprimatur*[3]. I pontefici Sisto V e Clemente VIII per eseguire questo decreto pubblicarono in Roma una nuova edizione della Bibbia, avendola prima fatta esaminare da dotti Teologi: i quali nell' eseguire tal lavoro consultarono il testo ebreo, la versione greca e gli antichi manoscritti in que' luoghi, ne' quali gli esemplari discordavano, o la versione latina era ambigua, siccome ne fa fede la Bolla di Sisto V messa innanzi alla edizione del 1590: «In iis tandem, quae neque codicum, neque doctorum magna consensione satis munita videban-

[1] V. Melch. Cano, *De locis theol.* l. II, c. XIII, XV; Greg. Valentia, l. VIII, c. V; Suarez, *in III part. D. Thomae*, q. 7.

[2] D. Calmet *Dissert*, p. II, p. 109.—[3] *Conc. Trid.* Sess. IV, decr. 2.

tur, ad Hebraeorum Graecorumque exemplaria duximus confugiendum, etc. ».

Quindi si può, come ha bene notato il Calmet, senza ledere l'autorità del Concilio o l'autenticità della Volgata, far uso de' testi originali per notare le discordanze, che possono stare tra questi e la Volgata [1].

SECONDA PROPOSIZIONE

Il Concilio di Trento non ha dichiarato autentica la Volgata nel solo senso,
che nulla contenga avverso alla Fede e costumi, e che è
preferibile a tutte le versioni latine

1. Se il Concilio col suo decreto avesse voluto limitarsi a dichiarare la Volgata autentica nel solo senso, che essa nulla contenga opposto alla Fede ed a' costumi, e che sia da preferire a tutte le altre
versioni latine, senza decidere nulla intorno alla sua conformità co'
testi originali; quale differenza sarebbe tra la Volgata e qualunque altra opera approvata dalla Chiesa? Essa sarebbe uguale a qualunque
libro comune, nè ci rappresenterebbe la parola di Dio. Allora questo
libro, che non sarebbe più santa Scrittura, sarebbe buono solo ad
edificarci, come molti altri, ed a nulla più. Questa conseguenza e
pare inevitabile.

2. Non deve tenersi come autentica una versione, la quale non
rappresenta la sustanza del suo originale: or se la Volgata non avesse
altro merito che quello di non dire nulla opposto alla Fede ed a' costumi, noi non saremmo per ciò certi che essa rappresenta bastevol-
mente i testi originali; imperocchè oltre a quello che riguarda alla
dottrina, questi testi contengono una parte considerabile, la quale
riguarda alla storia ed alla cronologia. Se dunque la Volgata non
rappresentasse fedelmente la sustanza di questa parte storica e cronologica, potrebbe essere quanto a ciò accusata d'infedeltà, e quindi rigettata: ed in tal modo sarebbe violata la prescrizione del Concilio, il quale ha fatto divieto a chicchessia sotto qualunque pretesto
di rigettarla: *Ut nemo illam rejicere quovis praetextu audeat vel
praesumat.* [*]

---

[1] D. Calmet, l. c. Può ancora leggersi intorno a ciò il p. Fabricy, il quale tratta tale quistione, molto a lungo, t. II, p. 61 e seg., non che Bellarmino
nella *Dissertazione sulla Volgata*, la quale è stata tradotta in francese e
messa nella *Bibbia di Vence*, t. I, p. 155, 5ª ediz.

[*] L'Autore poteva qui osservare che anche nelle cose relative alla
Fede ed a' costumi potrebbe essere rigettata la Volgata, se il Concilio non
l'avesse dichiarata concorde coll'originale. Avrebbe potuto qualcuno introdurre in essa frammenti de' santi Dottori, o trattati degli Scolastici, in
tutto conformi alla Fede ed a' costumi; ma non però sarebbero essi stati
la *Parola di Dio scritta.* In questo caso il lettore avrebbe avuto motivo di

3. Il sacro Concilio presuppone che questa versione rappresenta sostanzialmente gli originali, cioè la parola inspirata di Dio;allorchè ha dichiarato anatema chiunque dice, che i libri sacri contenuti nella Volgata non sono canonici [1]; allorchè ne ha prescritto l'uso nelle controversie, lezioni[i] pubbliche, predicazioni e sposizioni della santa Scrittura; allorchè le ha dato preferenza su tutte le altre versioni.

Si oppone, che tanto i Teologi presenti al Concilio, e promotori del decreto; quanto gli scrittori leali della storia del Concilio concordemente affermano, essere stata la Volgata dichiarata autentica nel solo senso, che nulla abbia discordante dalla fede o da' buoni costumi. Ma e' bisogna considerare il senso delle parole scritte da questi teologi e storiografi. Chi legge il Pallavicino, che è uno degli storiografi, intende chiaro che essi ebbero per iscopo il dichiarare non avere i Padri del Concilio preteso affermare che la Volgata sia immune da ogni difetto, anche leggerissimo; ma solo dissero che nessun errore grave ed importante, opposto alla Fede ed a' costumi sia in essa contenuto. Quindi non hanno essi inteso di limitare il decreto al senso che è dato a lui dagli avversarii. [*]

Si scorge dunque da una banda, che la Volgata,senza essere stata preferita dal Concilio di Trento a'testi originali, ha un'autorità irrefragabile in materia di dogmi e di morale; e dall' altra che la Chiesa dichiarandola autentica,l' ha riconosciuta con ciò conforme, quanto alla sustanza, alle sorgenti primitive, e che la sua dichiarazione considerata così non è un decreto di mera disciplina, ma un vero giudizio dottrinale.

§ IV. *Delle Versioni di Aquila, Simmaco e Teodozione*

1. Diffusa la Religione Cristiana, molti scrittori si posero a fare nuove versioni greche dell'Antico Testamento,col pretesto che la ver-

---

rigettar la Volgata, ciò che il Concilio ha divietato. Dunque quel decreto si estende ancora alla conformità sustanziale con gli originali. (*Nota del Traduttore*)

[1] *Conc. Trid. Sess.* IV, decr. I.

[*] Ancora qui si vuole notare, che i Teologi e storiografi del Concilio disputavano co' Protestanti, i quali a scapito del Concilio e della Volgata seminavano mendacii dicendo, avere quel decreto anteposto la Volgata a' fonti originali, e dichiarato questi non più autentici. La quistione dunque era fra originali e Volgata; perciò gli scrittori cattolici a dichiarazione della parola *Autentica* dicevano, avere il Concilio dichiarato che laVolgata non conteneva nulla avverso alla Fede o a' costumi. La opinione, contro cui giustamente scrive l'Autore,è posteriore; perciò malamente usa la critica chi vuole decidere di questa posteriore e nuova quistione con le parole usate da scrittori anteriori per una quistione affatto diversa. (*Nota del Traduttore*)

sione de' Settanta discordasse dal testo ebreo. La prima di questo genere è quella venuta a luce nell'anno XII dell'imperatore Adriano, cioè nel 128 di Gesù Cristo: essa ha per autore Aquila, giudeo di Sinopo città del Ponto. S. Girolamo in molti luoghi dice che Aquila è dottissimo, e che nella sua versione ha tradotto il testo parola per parola; ma con una fedeltà troppo scrupolosa [1]. Nondimeno Aquila volendo rendere la sua versione semppreppiù letterale, ne fece una seconda edizione, ma talmente oscura, che è difficile intenderla senza avere sottocchi il testo ebreo. Di questa versione sopravvanzano pochi frammenti, i quali leggonsi ne' Commenti di s. Girolamo su Geremia, Ezechiele e Daniele.

2. Simmaco nato in Samaria, Cristiano guidaizzante, o ebionita [2], fece la versione dell'antico Testamento verso la metà del secolo II; in vece di rendere il testo originale a parola, come Aquila, ne cerca il senso e lo esprime sempre con stile elegante, ma qualche volta troppo libero. Egli ritoccò la sua versione con una seconda edizione [3]. Ne restano frammenti.

3. Teodozione di Efeso ed Ebreo ebionita [4] compose la sua versione verso la metà del secolo II. Seguita ordinariamente i Settanta, eccetto i luoghi ne' quali a lui pare, che questi discordino dal testo ebraico: potrebbe dirsi che egli abbia fatto una rivista de' Settanta. Egli è meno libero di Simmaco, ma non vizioso nella lettera come Aquila [5]. La Chiesa ha fatto uso della versione di lui quanto a Daniele: della versione di questo autore rimangono, al pari che delle precedenti, pochi frammenti.

---

[1] Hier. *in Is.* c. XLIX, *in Ose.* c. II, *in Hab.* c. III, *Epist.* 138 *ad Marcell. Ep.* 125 *ad Damas.*—S. Girolamo anzi riprova in molti luoghi questa κακο-ζηλίαν (*inficetam aemulationem*), come e' la chiama, di voltare da una in altra lingua. Valga ad esempio quello del Deuteronomio (VII, 13), *frumento, vindemiae, oleo*, tradotte da Aquila secondo la etimologia ebraica χύμω. ὀπωρισμόν, στιλπότητα: *Quod nos possumus dicere FUSIONEM, POMATIONEM, ET SPLENDENTIAM . . . . Quanta enim apud Graecos bene dicuntur, quae si ad verbum transferamus, in Latino non resonant: et e regione, quae apud nos placent si vertantur juxta ordinem, apud illos displicebunt*, Ep. LVII, n. 11, *ad Pammachium.* Seguaci di Aquila sono stati moltissimi de' protestanti, tra' quali maggioreggia Sebastiano Chateillon, per errore chiamato *Castalio*; il quale nome fu per vanità da lui ritenuto. (*Nota del Traduttore*)

[2] Euseb. *Hist.* l. VII, c. XVII; Hier. *Praef. in lib. Esdr. et Neh.*

[3] Hier. *in Is.* c. I.

[4] Ireu. *adv. Haer.* l. III, c. XXI; Hier. *Praef. in Catal. Script. eccl. de Origene, e in Habac.* c. III.

[5] Hier. *Praef. in Job.*

§ V. *Delle edizioni quinta, sesta e settima, e delle raccolte di Origene*

1. Oltre le versioni de' Settanta, di Aquila, di Simmaco e di Teodozione, sono tre altre versioni greche, che furono trovate a' tempi di Origene: esse sono nominate *Quinta, Sesta e Settima*, perchè s' ignora il nome del loro autore, e perchè occupavano queste colonne negli Esapli di Origene. Tutte tre contenevano i Salmi ed i Profeti minori; la Quinta e Sesta avevano altresì il Pentateuco ed il Cantico de' Cantici; la Quinta e la Settima i due ultimi libri de' Re. Bruns ne trovò alcuni frammenti a Parigi in un esaplare siriaco manoscritto.

2. Il rimprovero degli Ebrei e Samaritani, fatto a' Cristiani di non avere, nè intendere le vere Scritture, fu il motivo che spinse Origene a porre in un quadro più versioni greche dallato al testo originale, scritto con caratteri ebraici e greci. Questi lavori di Origene sono citati dagli antichi co' nomi di *Tetrapli*, *Esapli*, *Ottapli*, o vogliamo dire, libro a quattro, a sei, ad otto colonne. Comunemente si pensa che i Tetrapli fossero il primo lavoro di Origene: essi contenevano le versioni di Aquila, di Simmaco, de' Settanta e di Teodozione, e formavano un'opera a parte [1]. Allorchè poi aggiunse a queste quattro versioni il testo ebreo scritto ebraicamente e grecamente, questo lavoro contenente sei colonne fu detto Esapli [2]. Questo rinomato Dottore avendo poi avuto due altre antiche versioni greche, le unì co' nomi di Quinta e Sesta agli Esapli, i quali così divennero una raccolta ad otto colonne [3]. Finalmente il dotto Padre, avendo scoperto un'altra versione greca, la riunì col nome di *Settima* alle precedenti, e questo lavoro avrebbe potuto addimandarsi *Enneapli*, o a nove colonne. [4]

Questa raccolta fu fatta con saggia ed illuminata critica. Origene non risparmiò fatica per togliere da' Settanta gli errori incorsi o per ignoranza o per fragilità degli amanuensi, ovvero per temerità di

---

[1] B. de Montfaucon, *Prael. in Hex. Orig.* c. I, § 3, p. 9 seg.

[2] T. Rufinus, *Interpret. Euseb. Hist. eccl.* l. VI, c. XIII.

[3] Epiphan. *De ponder. et mens.* c. XIX.

[4] Questi nomi *Ottapli* ed *Enneapli* non furono adoperati da Origene, il quale usò solo quelli di *Tetrapli* ed *Esapli*: nè gli Esapli furono denominati dalle colonne contenenti il testo ebraico e le quattro versioni greche, come dice l'Autore; in vece furono così chiamati perchè contenevano sei differenti versioni greche, oltre il testo ebraico scritto in due maniere di caratteri. Questa raccolta non mutò nome colla giunta della *Settima* edizione, perchè questa conteneva il solo Salterio. Così ricavasi da Eusebio, *Hist.* l. VI, c. XVI; nelle Annotazioni a questo luogo il Valesio dimostra che così debbe intendersi, e riprende l'errore di Rufino; cf p. 104, col. 2, p. 106, col. 1. (*Nota del Traduttore*)

vole. Esso contiene solamente alcuni Scolii su certi passi, molte favole, vocaboli greci, latini e persiani.

5. Abbiamo ancora delle parafrasi caldaiche di Giobbe, de' Salmi e de' Proverbi, attribuite dagli Ebrei a Giuseppe il Cieco, il quale viveva, come si dice, nel III secolo; ma lo stile più o meno barbaro, e l' opera in generale indicano un' epoca molto più recente. È poi certo che esse appartengono a differenti autori. Dathe ha provato che la parafrasi de' Proverbi è stata fatta sulla versione siriaca *Pescitò* [1].

6. Vengono poi tre parafrasi di Esther, ed una quarta delle parti deutero-canoniche di questo Libro; il Targum de' cinque *Meghillòd*, cioè di Ruth, di Esther, del Cantico de' Cantici, de' *Treni* o Lamentazioni e dell' Ecclesiaste: finalmente la parafrasi de' Paralipomeni. Tutte sono piene di giunte fatte al testo e di favole puerili, sono recentissime, e ragionevolmente sono dispregiate da' critici.

§ VII. *Delle versioni Samaritana, Siriache, Arabiche ecc.*

1. La versione Samaritana, che deve essere distinta dal Pentateuco Samaritano (cf p. 81), contiene i cinque Libri di Mosè; pare molto antica, benchè s' ignori la data precisa della sua origine ed il nomedell' autore. In generale traduce letteralmente il testo del Pentateuco Samaritano, su cui è stata fatta; e dove si allontana dalla lezione del detto testo, essa concorda sempre o con gli altri manoscritti del medesimo testo, o con la versione araba di Abu-Said, o finalmente col testo ebreo [2].

2. Tra le versioni siriache conosciute certo la più rilevante è la *Pescitò*, come comunemente la chiamano i Maroniti; è fatta sull' ebreo, ma non si sa nè quando, nè da chi. Certo è, che s. Efrem, il quale viveva nel IV secolo della Chiesa, la nomina come opera generalmente nota nella primitiva Chiesa. Questa versione quantunque fatta con grande esattezza sul testo ebreo [3], ha molta affinità con quella de' Settanta: il che mostra, che essa è stata o riformata su questa versione, ovvero aggiustata sulle versioni siriache fatte su' Settanta. Si nota pure che essa non è uniforme in tutte le sue parti: indizio che essa sia opera di vari autori [4].

---

[1] D. I. A. Dathius, *Opuscula ad criticam et interpretationem V.T. spectantia*, p. 106-129.

[2] V. G. B. Winer, *De versionis Pentateuchi Samaritanae indole dissertatio critico-exegetica*, Lips. 1817.

[3] Jos. Sim. Assemani, *Bibl. orient.* t. II, p. 282; R. Simon, *Hist. crit. du V. T.* l. II, c. XV.

[4] Jacob. Christoph. Iselius, *Specimen observationum ad orient. philolog. et crit. pertin.* cap. III; Le Long, *loc. cit.* c. II, p. 102; J. Jahn, *Introd.* p. I, c. III, § 51.

Il Nuovo Testamento, il quale è stato senza dubbio voltato dal testo greco, deve appartenere alla fine del II secolo, o al principio del III. Le migliori edizioni sono quelle di Egidio Gutbirio, Amburgo 1664, e quella di Gio. Leusden e Car. Schaaf, Leida 1717.

8. Generalmente le versioni arabiche non hanno grande autorità nella critica, o per la loro novità, o perchè non sono fatte su' testi originali, ma sopra altre versioni e con molta negligenza; o finalmente perchè la versione è spesso troppo libera, e gli amanuensi sono stati poco diligenti nel trascrivere gli esemplari. È opinione comune de' critici, che la versione araba dell'Antico Testamento, eccetto il Pentateuco, Giosuè, Giobbe, è stata fatta sul testo greco de' Settanta, emendato o da Esichio, o da Luciano; ma Roediger avendo più profondamente esaminato questa versione nella parte che contiene i libri storici, tranne Giosuè, i Paralipomeni ed Esther, ha conosciuto che la predetta opinione non è vera. Ecco quello, che pensa il nominato critico intorno a ciò: 1° La versione araba non riconosce per origine il greco de' Settanta; 2° le parti fatte sulla versione siriaca sono: i libri de' Giudici, di Ruth, di Samuele; i primi undici capitoli del primo de' Re, il secondo libro de'Re dal vers. 17 del cap. XII sino al cap. XXV inclusivamente; finalmente Nehemia dal vers. 28 del cap. IX sino al cap. XIII inclusivamente; 3° le parti fatte sul testo ebreo sono: nel primo de' Re i cap. XII e seg. sino al XXI inclusivamente; e nel secondo libro de' Re i primi undici capitoli con l'ultima parte del secondo; 4° la prima parte di Nehemia, cioè dal principio del libro sino al vers. 27 del cap. IX, benchè fatta dapprima da un ebreo sul testo originale, è stata poi interpretata da un cristiano, il quale ha seguitato la versione siriaca [*].

Oltre la versione o parafrasi araba del Pentateuco, composta sull'ebreo nel principio del X secolo dal Rabbino Saadia Gaon, e fatta con stile non molto puro, ne abbiamo un'altra attribuita ad un ebreo di Africa del XIII secolo, di stile più rozzo e barbaro, ma più letterale. Erpenio l'ha pubblicata a Leida nel 1662. Quanto al Nuovo Testamento ne abbiamo molte edizioni: alcune fatte sul greco, altre sulla versione siriaca, altre sulla coptica, altre finalmente sulla Volgata. La principale è quella de' quattro Evangelii, Roma 1590,

---

[*] Emilio Roediger, *De origine et indole arabicae librorum historicorum interpretationis libri duo.* Halis Saxonum, 1829. — I critici, quando vogliono acquistar rinomanza affatto nuova, sono pur troppo piacevoli co' sogni della loro imaginazione; ma tra tutti nessuno pare che possa stare dallato a questo famoso del Roediger. Chi non direbbe che egli sia stato presente alla compilazione di questo centone, che secondo lui sta nella versione araba de' libri storici? Certo, noi non possiamo entrare giudici in questa lite; ma il giudizio del critico è tale da non poter essere ricevuto a chiusi occhi, come par che faccia l'Autore. (*Nota del Traduttore*)

nella quale è la versione Volgata interlineare: essa pare fatta sul greco. È stata inserita con alcune emendazioni nella Poliglotta di Parigi, poi in quella di Londra, ma con molte nuove correzioni.

4. La versione etiopica dell'antico Testamento, conosciuta da noi, pare la medesima mentovata da s. Giovanni Crisostomo [1], e fatta nel IV secolo, cioè quando Frumenzio ordinato Vescovo da s. Attanasio andò a predicare la Religione cristiana nell' Abissinia: è fatta su' Settanta. Di questa versione è stampata solo una parte; ma il Museo britannico di Londra possiede una versione intiera della Bibbia in un manoscritto, che Bruce portò d' Oriente. Nel nuovo Testamento, fatto pure sul greco, il traduttore degli Evangeli pare che certe volte seguiti le lezioni di Origene, altre quelle di Luciano ed Esichio, ed altre volte quelle dell' antico testo. Esso è stato stampato a Roma nel 1548, e di questa edizione ha fatto uso il Walton nella sua Poliglotta.

5. Abbiamo una versione persiana del Pentateuco, la quale non è più antica del IX secolo, ed è stata fatta sull' ebreo. Una versione de' quattro Evangeli nella detta lingua è stata fatta dal siriaco e stampata in Londra nella Poliglotta secondo un manoscritto di Eduardo Pococke, il quale porta la data del 1314. Finalmente una terza versione persica de' quattro Evangeli è tenuta per molto recente. Abramo Wheloc e Pierson, editori, hanno annunziato questa versione come fatta sul greco; ma l' abate Renaudot sostiene che è stata fatta sulla versione siriaca.

6. La versione egiziana o coptica dell' antico Testamento pare fatta sul greco de' Settanta nel II o III secolo. Essa è stata publicata in parte. Abbiamo due versioni del Nuovo Testamento, una in dialetto memfitico [2], impressa ad Oxford nel 1716 da Daniele Wilkins, sembra appartenere al III secolo, essendo stata generalmente usata nel IV: l' altra in dialetto saidico, la quale pare della medesima epoca ed è stata pubblicata ad Oxford nel 1799.

7. La versione armena fu fatta su' Settanta da Mesrob nel V secolo: a questo traduttore è attribuita l' invenzione delle lettere armene. Il dottor Zobrab, armeno, dopo molte riviste publicò in Venezia nel 1805 la grande edizione critica, di cui avevangli dato incarico i Lazaristi.

8. Socrate, Sozomeno e Filostorgio [3] dicono che Ulfila, Vescovo

---

[1] Chrys. *Hom.* II *in Joan.*

[2] La lingua coptica si spartiva in tre dialetti: il *saidico*, da Said nome dell' alto Egitto; il *memfitico* o *coptico* propriamente detto, usato nel basso Egitto, il *bascomauro* a levante del Delta, come ha dimostrato il Quatremère nelle sue *Recherches sur la langue et la littérature de l' Égypte.*

[3] Soc. *Hist. eccl.* l. IV, c. XXVII, o XXXIII, secondo altre edizioni; Sozom. *Hist. eccl.* l. VI, c. XXXVII; Philostorg. *Hist. eccl.* l. II, c. V.

de' Goti nel IV secolo, diede a questo popolo i caratteri gotici e fece una versione della Bibbia, eccetto i Libri de' Re. Non rimane di essa altro che i quattro Evangeli, con qualche lacuna; ma nel 1817 l'illustre Cardinal Angelo Maj scoprì nell' Ambrosiana due manoscritti palinsesti contenenti quasi tutte le Epistole di s. Paolo, senza numerare due frammenti di s. Matteo, i quali riempiscono una delle lacune. Il dotto Carlo Ottavio Castiglione publicò una parte di questi manoscritti a Milano nel 1819, ed un' altra parte pure ivi nel 1839. La versione gotica è stata fatta sopra un testo greco; l' antichità e fedeltà le hanno dato un luogo dignitoso nella critica.

9. La versione slava è stata fatta verso la metà del secolo IX da Cirillo e Metodio fratelli di Tessalonica ed apostoli slavi. È stata pubblicata a Praga nel 1570: l'edizione fondamentale è quella di Ostrog del 1581. Una nuova è stata fatta a Mosca nel 1783. Il Nuovo Testamento è stato pubblicato varie volte in tutto e in parte a Mosca, a Kiow ed altrove. Questa versione è stata fatta sul greco de' Settanta; benchè poco antica non è senza utilità per la critica.

ARTICOLO II.

Delle versioni moderne in lingua latina e volgare

Noi non abbiam pensiero di numerare tutte le versioni moderne; massime quelle composte nella lingua de' vari popoli del mondo: ci limiteremo a far conoscere alcune di quelle, che sono state scritte nelle favelle occidentali; e parlando delle versioni in lingua volgare esamineremo la quistione importante e tanto dibattuta intorno alla lezione della Bibbia in lingua volgare.

§ I. Delle versioni recenti in lingua latina

Le principali sono: 1° quella di Sante Pagnini fatta su' testi originali, e stampata a Lione nel 1527 con due Brevi de' Papi Adriano VI e Clemente VII, i quali ne approvano la stampa. Essa è pregiata per la fedeltà: Arias Montano nel 1572 ne fece una edizione emendata, la quale sta nelle Poliglotte di Parigi e di Londra. 2° La versione dell' antico Testamento del p. Houbigant. È da tutti ammesso che il dotto prete dell' Oratorio spesso eccede nelle emendazioni, massime relativamente al testo ebreo, e fa poco conto delle antiche versioni: nondimeno Papa Benedetto XIV l'onorò d' un Breve e d' una medaglia, ed il Clero di Francia gli assegnò una pensione. 3° Quella del p. Weitenauer gesuita, pubblicata nel 1768-1773, è di un latino purissimo, ed è stata fatta su' testi originali dell'Antico e Nuovo Testamento. 4° La versione dell' antico Testamento fatta sul-

l' ebreo ed illustrata con note filologiche e critiche da Gio. Augusto
Dathe professore di lingua ebraica a Lipsia. L' autore non si attiene
a seguitare le parole del testo, ma piuttosto si studia di esprimere il
pensiero de' sacri Scrittori. Nondimeno in molti luoghi avrebbe potuto essere più letterale senza nuocere alla chiarezza.

§ II. *Delle versioni nelle lingue volgari*

Diremo delle principali versioni italiane, spagnuole, tedesche, o-
landesi e francesi.

1. Una versione italiana antichissima è quella di Nicola Malermi
o Malerbi, monaco camaldolese: è fatta sulla Volgata, e fu stampata a Venezia nel 1471, in 2 vol., col titolo *Bibbia volgare istoriata.*
— Nel 1530 Ant. Bruccioli ne pubblicò una, che fu messa all' *Indi-*
ce: era fatta sull' ebreo o versione latina di Sante Pagnini, e sul testo greco. La migliore edizione è quella di Venezia, 3 vol. in-fol.
1540, e 4 vol. co' commenti del medesimo, 1544. L' edizione riveduta
da Tudeschi e pubblicata nel 1560 è stimata più corretta che le altre.
— Una versione italiana pregiatissima è quella fatta da Antonio
Martini, Arcivescovo di Firenze: questi meritò un Breve molto onori-
fico di Pio VI, del 17 marzo 1778.

2. Gli Ebrei hanno una versione spagnuola dell' antico Testamento stampata a Ferrara nel 1553: è tradotta a parola dall' ebreo. —
Cipriano de Valére, protestante, ha fatto stampare una versione di
tutta la Bibbia su' testi originali; ma questa versione è una edizione
nuova di una più antica, fatta da Cassiodoro de Reyna e stampata a
Basilea nel 1569. — Nel 1542 Francesco de Enzinas pubblicò il nuovo Testamento in lingua spagnuola, e nel 1556 Gio. Perès ne fece
una nuova edizione.

3. Le Bibbie tedesche più antiche sono senza data: qualche volta
si vede scritto con mano l' anno della stampa. La più antica tra quelle, che hanno la data in maniera certa, fu impressa a Norimberga e
ad Augusta nel 1477. Sonvene parecchie altre edizioni di Norimberga ed Augusta, e tutte sono fatte sulla Volgata. — Martino Lutero è
stato il primo, che abbia fatto una versione della Scrittura in lingua
tedesca su' testi originali: non essendo gran fatto contento di questa
prima edizione, la emendò. Da essa sono state fatte moltissime edizioni. Molti protestanti presi dallo spirito di parte hanno tenuto questa versione in conto di capolavoro: noi senza negarle quel merito,
che ragione le consente, affermiamo riciso che essa non è degna di
questo titolo. Da che gli studi di critica e di esegesi biblica sono stati
ravvivati e condotti al presente incremento, si sono ricreduti gli am-
miratori di questa versione. Chi non sa al presente, che a Lutero
mancavano conoscenze indispensabili ad un buono interprete? Checchè ne sia, la sua versione è stata la base di tutte le versioni de' po-

poli settentrionali: il che è facile a spiegare, riflettendo che quasi tutti questi popoli hanno abbracciato gli errori di Lutero.—Dopo il Concilio di Trento sono state fatte molte altre versioni tedesche:notevoli sono quella di Costier, 1748; di Weitenauer, 1781-1783; di Braun, 1788; di Fischer, 1784; e di Brentano, 1797. L'opera di quest'ultimo arricchita di commenti è stata continuata prima da T. A. Dereser, e poi da G. M. Agostino Scholz.—Ve n'ha due, delle quali dobbiamo dire qualche parola. La prima è quella di Gio. Davide Michaëlis, pregevole per la eleganza di stile: essa quantunque sia alcun poco letterale, è nondimeno chiara, e spesso dà intendere al lettore le più dilicate oscurità del testo sacro: è illustrata da moltissime note, le quali le aggiungono merito. La seconda è di Guglielmo Martino de Wette, il quale dà saggio di molto sapere nel sacro idioma: È una versione molto letterale, e pare che l'autore abbia voluto voltare ogni parola ebraica in una tedesca. Così in molti luoghi è difficile dare un senso chiaro alle frasi usate [1].

4. Le versioni olandesi sono antichissime; ma per lo più le Bibbie anteriori all'anno 1548 non portano il nome dell'autore. Nel 1544 Nicola van Winghe ne publicò una, nella cui prefazione dice di avere usato una Bibbia flamminga stampata in Olanda nel 1478. Essa fu emendata da' Teologi di Lovanio e publicata in Anversa nel 1599: è stata spesso ristampata. — Non faremo qui parola delle versioni protestanti, nè di molte altre fatte da' preti appellanti: diremo solo qualche cosa di quella fatta da Guglielmo Smits. Questo dotto Zoccolante ha tradotto in olandese la maggior parte de' Libri santi secondo la Volgata: lo stile è elegante e chiaro. Vi ha premesso prolegomeni dotti, ma alquanto prolissi; vi ha pure aggiunto dissertazioni, note critiche e grammaticali, carte e figure. Un altro Zoccolante il p. Van Hove ha continuato questo eccellente lavoro. I Libri tradotti sono il Genesi, l'Esodo, il Levitico, i Numeri, il Deuteronomio, Tobia, Giuditta, Esther, Giobbe, i Salmi, i Proverbi, l'Ecclesiaste, il Cantico de' Cantici, la Sapienza e l'Ecclesiastico: tutta l'opera compone 21 volume in-8°, Anversa 1744 ed anni seguenti.

5. Le versioni francesi sono molto conosciute, e ci dispensano dal farne l'enumerazione. Qui dunque ci terremo a dire in poco quello, che abbiamo detto nel tom. I della nostra *Introduzione storica e critica* ecc. quanto alle due principali versioni francesi, cioè quella di Sacy e l'altra di le Gros, nominata *Bibbia di Colonia*. La prima, riveduta in alcune parti, è stata messa dal Calmet ne' suoi *Commen-*

---

[1] Crediamo necessario ammonire il lettore, che le versioni fatte da' protestanti generalmente contengono errori più, o meno gravi: molte di quelle publicate da' cattolici di Alemagna non sono al tutto irreprensibili. L'amor di novità bene spesso gli ha trascinati a seguitare con molta leggerezza interpretazioni audacissime.

*ti sul senso letterale della Bibbia,*nella *Bibbia di Vence* ed in quella del p. de Carrières. La seconda non era altro che un miscuglio di due differenti versioni: imperocchè una parte sola de' Libri Santi era stata ivi tradotta su' testi primitivi con le differenze della Volgata; l'altra sulla Volgata con le diversità di questi medesimi testi. Questa versione in sostanza è quella di Sacy con alcuni cangiamenti. Nel 1753 uscì a luce in Colonia una nuova edizione, nella quale tutte le parti della Bibbia sono realmente tradotte su' testi originali con le differenze della Volgata. La versione di le Gros è senza meno la migliore, che abbiamo nella nostra favella, tanto per lo stile che per la fedeltà; solo debbono eccettuarsene alcuni errori messi nel Nuovo Testamento, i quali appartengono alla dottrina giansenista.

ARTICOLO III.

Della lettura della Bibbia nelle lingue volgari

Avendo fatto conoscere le principali versioni nelle lingue volgari, non sapremmo omettere di notare e confutare gli errori, ne' quali sono caduti i Protestanti ed i Giansenisti quanto all'uso di queste versioni. Essi hanno preteso: 1° che la Scrittura debba essere sempre letta al popolo in lingua volgare, anche nella celebrazione della liturgia; 2° che la lezione della Scrittura è non solo utile, ma assolutamente necessaria a tutti, anche alle femmine; 3° che debba essere indistintamente concessa a tutti; 4° che i Pastori della Chiesa non hanno verun diritto di proibire questa lettura. Queste asserzioni sono meri errori, e noi li confuteremo nelle proposizioni seguenti.

PRIMA PROPOSIZIONE

La Chiesa non è obbligata a leggere le Scritture in lingua volgare

1. È noto che a' tempi di Gesù Cristo e degli Apostoli gli Ebrei celebravano i publici uffizi religiosi in ebreo, che allora non era lingua volgare. Nondimeno Gesù Cristo e gli Apostoli non hanno mai condannato quest'uso: come dunque potremmo condannarlo noi?

2. Se la Chiesa fosse realmente obbligata a leggere al popolo le Scritture in lingua volgare, gli Apostoli fondando le Chiese avrebbero dovuto fare voltare le Scritture nelle lingue de' popoli, cui essi convertivano alla Fede: quindi fin da' primi tempi del Cristianesimo avrebbero dovuto farsi versioni delle Scritture in molti e vari idiomi. Ma quale fondamento storico della primitiva Chiesa, o quale critica potrebbe provar questo fatto?

3. I contadini non intendevano in Africa il latino a' tempi di s. Ago-

stino; e nondimeno in Africa non furono mai fatte versioni in lingua
punica, nè la liturgia fu mai con questa lingua celebrata.

4. La Chiesa occidentale sin da' primi secoli non ha mai letto le
Scritture nella liturgia in altra lingua, che nella latina, benchè questa dalla detta epoca cessasse di essere volgare. Or potrebbe mai presupporsi che Ella avrebbe usato questa lingua, se fosse stata obligata
a fare l'uffizio pubblico nella lingua volgare?

5. Finalmente se la Chiesa fosse obbligata a leggere a' fedeli la
Scrittura in lingua volgare, sarebbe costretta a mutar lingua nella
liturgia, secondochè variano le lingue: e questa mutazione menerebbe a gravissime conseguenze. In primo luogo sarebbe molto difficile
il voltare tutti i libri liturgici nelle lingue di tutti i popoli, i quali
appartengono alla Chiesa Cattolica, ed il mutarli secondo il cambiamento delle favelle. Secondo, sarebbe quasi impossibile mantenere
salde ed invariate le sacre preci della liturgia e le forme de' Sacramenti tra queste versioni e mutazioni numerose e frequenti. Terzo,
questa diversità di favelle usate nel pubblico uffizio sarebbe di ostacolo alla communicazione delle Chiese tra loro: per esempio, un prete francese non potrebbe offerire il divin Sacrifizio nel paese, in cui
non fosse intesa la sua lingua: imperocchè secondo i principi de' nostri avversari i fedeli debbono intendere tutti, anche i più semplici,
la lingua, nella quale si esercita il culto religioso; ed appunto per ciò
essi hanno l'audacia d'imporre alla Chiesa il dovere di leggere le
Scritture in lingua volgare. Al contrario è cosa più confacente, che
la Chiesa, la quale è cattolica o sparsa per tutta la terra, perchè
tiene nel suo grembo uomini pertinenti a tutte le lingue del mondo,
usi nella liturgia e nell'uffizio la lingua più generalmente nota, la
quale tutti i vescovi e tutti i preti debbono necessariamente imparare. Quarto, se i preti potessero celebrare nelle favelle volgari la Messa e l'uffizio, mano mano trascurerebbero la lingua latina, e non
intenderebbero più la Volgata, gli scritti de' Padri e de' Concili, la
cui conoscenza vuol essere perpetua nella Chiesa. Quinto, vi ha talune lingue tanto basse ed imperfette, che non solo non sono acconee ad esprimere con bastante dignità e decoro la maestà de' divini
Misteri, ma in vece gli esporrebbero alla derisione de' popoli.

Egli è vero che ne si oppone, che se la liturgia si celebrasse in
lingua volgare, il popolo intenderebbe il senso delle parole della
Messa e sarebbe presente alla celebrazione dell'incruento Sacrifizio con più accesa devozione; ma è facile rispondere a questa difficoltà: 1° Il popolo con tutto ciò non intenderebbe tutte le parti
della Messa, sia perchè alcune per uso di tutte le Chiese debbono
essere recitate con voce sommessa in modo da non essere udita che
dal solo celebrante, sia perchè nelle chiese ampie e spaziose sarebbe impossibile far udire la voce a tutto il popolo. Aggiungi, che il

senso di queste preghiere è in certi luoghi tanto profondo e misterioso, che non può essere inteso senza lunghe e sublimi dichiarazioni de' Padri e Dottori della Chiesa: che se lo stesso sacerdote senza studiare e meditare in queste parti non potrebbe afferrarne la mistica
intelligenza, come vi riuscirebbe il volgo de' fedeli? 2° Al difetto della intelligenza si può bene supplire e co' libri, dove si leggono le
preci adoperate nella Messa, e molto più con le istruzioni de' Pastori; per cui voce e ministero il popolo fedele apprende che la Messa
è il Sacrifizio del Corpo e Sangue di Gesù Cristo. E che altro è necessario per ben assistere a questo Sacrifizio adorabile? È comprova-
ta dall' esperienza, specialmente ne' paesi dominati dal Protestantesimo, che i cattolici assistono con più divozione alla Messa, quantunque non ne intendano tutte le preci, che i protestanti nelle loro pratiche religiose celebrate in lingua volgare. E ciò è sufficiente per provare che la disciplina della Chiesa, quanto alla celebrazione della liturgia in lingua volgare, è bene fondata.

SECONDA PROPOSIZIONE

La lettura della santa Bibbia non è assolutamente necessaria a tutti

1. La lettura privata della Santa Scrittura è certo necessaria a' pastori delle anime, essendo loro raccomandata e dalla medesima Scrittura e da' Canoni; ma non però potrebbesi provare che essa è necessaria a tutti i fedeli indistintamente. I Protestanti ed i Giansenisti
non hanno mai potuto allegare un sol passo della Bibbia, dal quale si addimostri questa necessità. La Tradizione non solo non porge
loro nessun argomento favorevole, ma al contrario ne insegna una
dottrina opposta. Sant' Ireneo espressamente dice, che la tradizione
della Chiesa potrebbe diffondersi senza le Scritture; e reca ad esempio varie nazioni barbare de' suoi tempi, le quali avevano abbracciata la Fede e praticavano il Vangelo senza veruna Scrittura [1]. Tertulliano afferma, che la Fede, non la Scrittura salva gli uomini; che
la cognizione del Simbolo deve anteporsi alla curiosità delle Scritture; che chi non sa oltre il Simbolo, sa tutto [2]. Clemente d' Alessandria assicura, che la Fede si apprende senza il soccorso delle lettere [3]; e s. Agostino insegna espressamente che un uomo, il quale ha
fede, speranza e carità, non ha bisogno delle Scritture se non per
istruire gli altri; anzi molti con queste virtù vivono nella solitudine
senza aiuto de' libri [4].

2. Perchè questa lettura sarebbe necessaria a tutti i fedeli? Forse

---

[1] S. Irenaeus, *Adv. haeres.* l. III, c. IV.
[2] Tertull. *De praescript.* c. XIV. — [3] Clem. Alex. *Paedag.* l. III, c. XI.
[4] S. August. *De doctr. christ.* l. I, c. XXXIX.

per conoscere le verità della Fede? ma queste si apprendono per bocca della Chiesa, la quale parla con le predicazioni e catechesi. Forse per credere? ma la Fede è frutto della sommessione alle verità, che la Chiesa insegna a' fedeli, e non del proprio esame. Forse perchè la Scrittura è il cibo dell' anima? ma questo divin cibo nutrisce meglio e più sicuramente le anime cristiane, quando è loro preparato ed offerto dalla Chiesa, che quando esse lo preparano e prendono con la propria industria. Forse perchè con questa lettura deve santificarsi il dì del Signore, come afferma il p. Quesnel? Ma a ciò sono più che sufficienti l' assistenza al Sagrifizio divino ed alle cristiane catechesi, le partecipazioni de' Sacramenti, le altre opere di pietà, che può, sempre che gli piace, praticare ogni fedele.

TERZA PROPOSIZIONE

La lezione della Santa Scrittura non deve essere concessa a tutti indistintamente

Gli Scrittori sacri ed i Padri della Chiesa ci ammoniscono del pericolo, che verrebbe ponendo tra mani a tutti senza distinzione la Bibbia: la ragione e la esperienza sempreppiù comprovano queste autorità.

1. L' Apostolo s. Pietro insegna, che gli uomini ignoranti ed incostanti intendevano male le Epistole di s. Paolo, e così erano di rovina a sè medesimi: « In quibus sunt quaedam difficilia intellectu, quae indocti et instabiles depravant, sicut et caeteras Scripturas, ad suam ipsorum perditionem [1] ».

2. Lo stesso insegnano Origene, s. Ambrogio, s. Basilio, s. Gregorio di Nazianzo, s. Girolamo, s. Gregorio il Grande; i quali ci fanno notare essere nelle Scritture alcune cose, le quali non di edificazione, ma di scandalo tornerebbero a' lettori [2].

3. La ragione ci dimostra, che non essendo la Bibbia assolutamente necessaria a tutti i semplici fedeli per la eterna salute, siccome abbiamo dimostrato nella proposizione antecedente; non deve esserne concessa ad essi la lettura, quando questa tornasse in loro discapito. E ciò accade in molte circostanze: e dapprima, sarebbe molto pericoloso porre nelle mani de' giovani una Bibbia intiera; ivi troverebbero molte cose, le quali porrebbero a durissime pruove la loro virtù. Ancora gli Ebrei avevano cura d' interdire a' giovani la lettura di una parte de' Libri santi. « È costume presso gli Ebrei, scrive

---

[1] *II Petr*. III, 16.
[2] Origen. Hom. XXVII *in Num.*; Ambros. *in Luc.* l. IV, n. 26; Basil. *Ep. I ad Chilton. mon.*; Greg. Naz. *Or.* I, n. 81; Hier. *Epist. ad Paul.* et in c. E Ep. *ad Gal.*; Greg. Magn. l. XVII *Moral.* c. XIV.

Origene, che i dottori ed i sapienti danno leggere a' giovani tutti i Libri della Scrittura, ed ancora quelli delle loro tradizioni; ma sono riserbati ad una età più matura il principio del Genesi, il principio e fine di Ezechiele ed il Cantico de' Cantici '». San Girolamo poi determina quest'età a' 30 anni, e s. Gregorio di Nazianzo a' 25. E chi vorrà dopo queste autorità opporre pretesti legittimi per dare la Bibbia in mano a' giovani? Forse non è lo stesso il pericolo a' tempi nostri, ed a' tempi degli Ebrei? e non abbiamo noi le medesime ragioni per essere severi egualmente in così rilevante negozio?

Ma la lettura della Bibbia non nuoce solo alla gioventù: essa può riuscire pericolosa all'età più matura ed alla stessa vecchiezza, benchè per altro capo. Di fatto in ogni età può l'uomo essere Cristiano, sommesso alle leggi di Dio e della Chiesa, nè per ciò sarà egli esente da molte tentazioni pericolose in fatto di Religione. Chi non è abbastanza istruito, chi ha una fede vacillante, corre rischio di essere a sè medesimo di rovina leggendo un libro, nel quale spesso troverà cose, di cui non intende il vero senso, e che appunto perciò offenderebbero e scandalizzerebbero la sua fede vacillante. Noi potremmo allegare molti esempi di cristiani, i quali mentre affermano di star sommessi alla Chiesa in tutto, nondimeno tengono con tutto il cuore alcuni gravi errori, i quali paiono giustificati da alcuni luoghi della Bibbia da essi non intesi, e che non potrebbero mai intendere senza il precedente studio di quelle cose, le quali sono necessarie alla intelligenza delle Scritture.

4. La ragione ci insegna pure, che chi non legge la Scrittura con fede, umiltà, sommessione, purezza d'intenzione, in cambio di trarne pro, ne ricava danno indicibile. E l'esperienza quotidiana ci fa vedere, che molti tra coloro, i quali oggidì studiosamente chiedono la lettura della Bibbia, sono spinti da spirito di mera curiosità: essi vogliono leggere questi divini Libri per vedere, se sono opposti alle scienze naturali. Ed il consegnare i santi Libri a mani tanto impure sarebbe una profanazione: l'arca santa sarebbe messa in potere degl'immondi Filistei, la preziosa margarita sarebbe conculcata da' sozzi animali. Qual frutto darebbe questa semenza tanto pura e santa sparsa in terra tanto mal disposta? Lo scandalo e l'eresia. E per verità la storia della Chiesa ci addimostra, che la maggior parte delle eresie vengono dalla lettura della Bibbia fatta senza le indispensabili disposizioni dell'umiltà e purezza d'intenzione.

I Giansenisti insistono molto sull'autorità de' santi Padri, e dicono che questi esortano tutti alla lettura della Bibbia; ma essi non comprendono, o fingono di non comprendere, essere i tempi e le persone ben differenti. Quelli, che erano da s. Giovanni Crisostomo e-

---

') Origen. Hom. I in Cant.

sortati a questa lettura, erano uomini eruditi, docili e dipendenti dall' autorità de' Pastori; a questi uomini tornava utilissima la lettura della Bibbia, per ponderare tornati a casa quello, che era stato spiegato nella Chiesa: con questo mezzo restavano meglio scolpite in mente le sposizioni fattene da' Pastori. In questo caso la lettura della Bibbia non solo non riesce dannosa, ma reca molto frutto [1]. I Padri esortano con simili parole tutti i fedeli alla partecipazione della Eucaristia: concluderemo per ciò, che tutti, ancora gl' indisposti, debbono essere ammessi alla Communione? Quindi gli avversari, per valersi dell' autorità de' Padri, dovrebbero provare, che questi santi Dottori hanno esortato a questa lezione ancora quelli, i quali erano pieni di orgoglio, d' irriverenza verso i propri Pastori, e che come quelli rammentati da s. Pietro corrompevano il senso delle sante Scritture a rovina delle loro anime. Finalmente, chi potrebbe maravigliarsi, se oggidì la Chiesa fosse più severa che ne' tempi scorsi? Non potrebbe la Chiesa allegare giusti motivi a pro della severità attuale? Nessuno ignora, che dopo la nascita del Protestantesimo moltissime versioni erronee e pericolose sono state fatte; e nessuno parimente ignora, che le varie sette pullulate dalla pretesa Riforma continuamente appellano alla testimonianza della santa Scrittura, interpretata dallo *spirito privato*.

QUARTA PROPOSIZIONE

I Pastori della Chiesa hanno il diritto di vietare la lezione della Bibbia

1. Questa proposizione è conseguenza della verità stabilita innanzi: perocchè certamente appartiene a' Pastori della Chiesa interdire a' fedeli, affidati alle loro cure, tutto quello che può essere nocivo: e comechè abbiam dimostrato che la lettura della Bibbia in alcune circostanze è esiziale a taluni, i quali non sono forniti delle necessarie disposizioni; egli è manifesto che i Pastori della Chiesa possono vietarla a costoro, ovvero prescrivere che nessuno possa fare questa lettura, se prima il proprio Pastore non abbia giudicato essergli opportuna questa lezione.

2. La Sinagoga ha usato questo potere vietando la lezione de' primi capitoli del Genesi, di Ezechiele e del Cantico de' Cantici a coloro, i quali non erano giunti alla prescritta età. San Gregorio di Nazianzo ha lodato questa pratica, ed ha desiderato di vederla stabilita nella Chiesa: qual motivo adunque potrebbe far negare questo diritto a' Pastori della Chiesa cristiana? I Canoni della Chiesa primitiva non ci mostrano simile divieto, è vero; ma i Padri hanno baste-

[1] V. R. Simon, *Hist. crit. du V. T.* l. II, c. XXII; e *Hist. crit. des versions du N. T.* c. XLIV.

volmente statuito i princìpi di questa proibizione, avendo insegnato
che non deve darsi a tutti il medesimo cibo, ma a' fanciulli il latte,
a' robusti il pane. La proibizione poi della lettura biblica che altro
è, se non è conseguenza di queste regole dettate dalla prudenza e discrezione ? D'altronde, alcuni Padri hanno espressamente consigliato di non leggere indistintamente tutti i Libri della Scrittura. Origene voleva che non si fossero letti alcuni luoghi del Levitico; s. Basilio, consultato dal monaco Chillone intorno alla scelta delle letture,
gli rispose che egli dovea leggere il solo Nuovo Testamento, potendo la lettura dell'Antico essere dannosa a' deboli.

3. Parecchi Concìli hanno usato questo diritto, nè mai alcun cattolico ha fatto loro rimprovero di potestà usurpata. Il Concilio di Tolosa del 1229 nel IV Canone vieta a' laici l'uso delle versioni volgari,
e della Bibbia, eccetto il Salterio per gli uffìcii divini. Quello di Milano sotto s. Carlo Borromeo nel IV titolo dichiara, che non debbesi
concedere l'uso delle versioni della Bibbia, se non a coloro i quali ne
avranno avuto licenza o dal Vescovo o dalla Inquisizione, precedente parere del loro curato o confessore. Il Concilio di Cambrai, adu-
nato nel 1586, del pari prescrive che la lettura della Bibbia sia concessa dopo licenza ottenuta da' Vescovi o da' loro delegati.

4. I Sommi Pontefici hanno fatto simili divieti, sempre che era necessario per le occorrenti circostanze. Papa Innocenzo III, nella E-
pistola a' fedeli della diocesi di Metz, si duole di alcuni laici, i quali usavano versioni volgari, e dispregiavano le giuste riprensioni de'
loro Pastori intorno a ciò. La quarta regola dell'*Indice*, fatto da
Pio IV secondo l'intenzione e l'ordine del Concilio di Trento, dice,
che essendo certo per esperienza che una licenza generale di leggere la Bibbia in lingua volgare, data senza restrizione, è più nociva
che utile agli uomini, a cagione delle loro temerità; bisogna stare al
giudizio del Vescovo o dell'Inquisitore, affinchè previo parere del
curato o del confessore egli conceda in iscritto la facoltà di leggere
le Sante Scritture in lingua volgare, usando versioni fatte da autori
cattolici, a que' fedeli, i quali secondo il loro giudizio potranno ricavare da questa lettura qualche frutto pel loro spirituale progresso
nella fede e nella pietà. Chiunque poi oserà non far conto di questa
licenza, non potrà ricevere l'assoluzione de' suoi peccati.

Si è opposto che non essendosi ricevuto in Francia l'Indice, non
potrebbe ivi fare legge. Ma questo ragionamento è affatto falso. Importa poco, dice bene R. Simon, sapere che non è ricevuta in Francia la regola dell'Indice, la quale vieta a' privati la lettura della Bibbia in lingua volgare, se prima non ne abbiano avuto licenza. Chè basta il sapere, che i Teologi, i quali han composto questa regola, assicurano essere stato questo divieto conseguenza dell'esperienza: questa ha loro dimostrato, che le Bibbie in lingua volgare essendo mes-

se tra mani a tutti, ordinariamente recano più danno che pro alle cose religiose. Le ragioni di questi savi Teologi debbono essere pesate, e non deve chicchessia darsi pena per vedere, se la loro regola sia o no ricevuta in Francia ' ». Ma questa regola è stata ricevuta in moltissimi luoghi, e però nessuno può ragionevolmente allegare che non è stata approvata in Francia. Essa è in vigore nell' Italia, nella Spagna, nel Portogallo, ed in molti altri luoghi; anzi molti Concilii della Francia l' hanno ammessa. Que' di Aix, d' Avignone, di Bordeaux, di Arles, di Narbona, di Tours, di Tolosa, di Cambrai, di Malines e di Milano l' hanno ammessa ne' loro decreti.

5. Finalmente è sentenza de' più gravi scrittori e de' più dotti Teologi che la Chiesa può fare simile divieto. Così ha detto la Facoltà teologica di Parigi nella censura contro Erasmo, così Gersone, Alfonso de Castro, de Soto, e Catarino, i Cardinali du Perron, Bellarmino e Richelieu: così hanno insegnato Fromond ed Estio nel suo commento sopra s. Paolo.

COROLLARIO

Dalle cose dette in questo articolo possono facilmente ricavarsi queste conseguenze: 1° La Chiesa non ha mai vietato a' laici la lettura de' testi originali e delle antiche versioni. 2° Le versioni in lingua volgare non sono vietate in modo assoluto dalla Chiesa universale. 3° Alcune Chiese, che le hanno proibite, non hanno fatto divieto assoluto e generale a tutti i fedeli, ma solo a coloro, a' quali questa lettura può nuocere. 4° Queste versioni sono state vietate secondo le circostanze: di modo che se le circostanze mutassero, queste Chiese non ne farebbero più divieto. Ecco perchè ne' paesi protestanti, come l' Inghilterra e gli Stati Uniti, questa lettura è stata permessa, sia per ovviare alle difficoltà de' Protestanti, i quali accusano i Pastori cattolici di tenere i popoli nella ignoranza, sia per impedire a' cattolici la lettura delle Bibbie protestanti. 5° Quantunque non sia generalmente vietata la lettura delle versioni della Bibbia in lingua volgare, quando sono state fatte da autori cattolici ed approvate dagli Ordinarii; pure sarebbe molto pericoloso pe' semplici fedeli farne uso senza consiglio del proprio curato o confessore. 6° Non senza ragioni molti Sommi Pontefici hanno condannato la società stabilita in Inghilterra col nome di *Società biblica*, la quale ha per iscopo diffondere presso tutti i popoli versioni della Bibbia in lingua volgare: imperocchè non essendo la lettura di essa utile a tutti, e richiedendosi talune condizioni per usarne; è chiaro che non può essere data a leggere a tutti e precipuamente agl'ignoranti: inoltre essendo

') R. Simon, *Hist. critique des versions du N. T.* c. XLIV.

questo Libro oscuro e difficile, e volendo molta fede e sommessione, può essere la sua lettura occasione di errori e stranezze. Comechè poi la Scrittura non sia l'unica regola della Fede, s'intende che non può la sola lettura di questo Libro divino insegnarci tutte le verità, che dobbiamo credere o praticare; e comechè la Scrittura debba essere interpretata secondo la Tradizione delle Chiese primitive, e non secondo il privato sentimento; certo deve sviarsi colui, il quale trascurando le primitive Tradizioni, e non curandosi della Chiesa, la quale è infallibile Interprete delle Scritture, si ferma alla sola lettera di esse, e le spiega in senso umano. E questo è il motivo, per cui molti della Chiesa anglicana sono surti contro queste società bibliche e le hanno considerate come distruggitrici della dottrina e disciplina della loro Chiesa, la quale non poggia sulle sole Scritture, ma sulla Tradizione ancora de' primi secoli del Cristianesimo [1]. 7° I semplici preti non possono mai permettere a'fedeli la lettura delle Bibbie publicate da autori non cattolici: questa licenza appartiene esclusivamente alle autorità superiori. Queste hanno pure la potestà d'interdire l'uso di quelle fatte da'cattolici, quando non sono approvate dall'autorità ecclesiastica: nè basta a dare questa legittima sanzione alle Bibbie fare imprimere dall'editore sul frontespizio la epigrafe, che è oggidì divenuta di uso: *con l'approvazione del tale o tale Vescovo*: è necessario ancora che sieno stampate le parole proprie, onde il Prelato ha data la permissione, avendo prima fatto esaminare da' Teologi di sua scelta la Bibbia sommessa al suo esame. Tra le Bibbie francesi, che vengonsi da alcuni anni in qua publicando, alcune sono ristampe di antiche versioni, altre sono versioni nuove: le prime non han solo bisogno di riferire la loro antica approvazione, è ancor necessario che abbiano una dichiarazione autentica, emanata dall'autorità spirituale, la quale dichiari essere queste ristampe in tutto conformi alle antiche ed approvate edizioni. Di fatto s'intende, che molti sbagli essenziali possono cadere in tali riproduzioni, o per mala fede, o per ignoranza, o per incuria del nuovo editore [2]. Delle versioni nuove poi nemmeno una è approvata dall'autorità ecclesiastica. 8° È cosa molto pericolosa il concedere a'laici, ed ancora

---

[1]) Vedi il libro col titolo: *Riflessioni su' vantaggi di un Concilio tra la Chiesa Romana e l'anglicana per metter termine alle loro controversie*, per Samuel Vix, ministro anglicano.

[2]) Alcuni Teologi hanno giudicato essere severità eccessiva quello, che diciamo. Noi confessiamo ingenuamente di non intendere quanto sia giusto il loro rimprovero, massime per la Francia, dove da alcuni anni a questa parte la ristampa delle versioni della Bibbia si fa con incredibile leggerezza, ed è divenuta un mero oggetto di speculazione. Quindi noi non possiamo senza lesione di coscienza mutare sentenza, sino a che non sieno distrutte le nostre ragioni.

a quelli che sono molto istrutti, quelle versioni, che contengono il testo senza dichiarazioni. La Bibbia è piena di locuzioni affatto diverse da' nostri modi di dire: e quel lettore, il quale quantunque erudito non abbia fatto uno studio peculiare del linguaggio usato da' sacri Scrittori, continuamente cadrà in errori. Spesso una parola, che pare equivalente a quella del sacro testo, porge una difficoltà insolubile, se non sia convenevolmente spiegata. La Volgata latina avendo per lo più imitato la concisione dell'originale sacro, diviene inintelligibile, o al meno contraria al proprio senso in una versione, la quale non dichiari bene queste espressioni. Vi ha pure talune cose, le quali a prima vista ci fanno ombra; ma poi appariscono naturali, buone e lodevoli, essendo spiegate aggiustatamente. Quante difficoltà proposte da Voltaire ed altri filosofanti sono dissipate da una semplice osservazione storica o critica! Sono queste le considerazioni, che hanno spinto tutti i volgarizzatori, capaci di penetrare nello spirito della Chiesa, ad accompagnare sempre le loro versioni con note necessarie alla intelligenza vera delle Sante Scritture, e difenderle in questo modo dalle accuse temerarie degli empii.

APPENDICE

Delle Bibbie poliglotte

Sono state nominate poliglotte le Bibbie, le quali riuniscono insieme vari testi, o varie versioni in diverse lingue [1]. Benchè la prima opera di tal genere sia stata la raccolta di Origene, la quale riuniva testi e versioni di varie lingue; pure essa non è noverata ordinariamente in questa classe. * Alcune Poliglotte contengono tutti i Libri della Scrittura, cioè l'antico e nuovo Testamento: altre ne hanno una parte, cioè o l'antico o il nuovo Testamento, o ancora alcuni soli Libri dell'uno o dell'altro. Le prime sono dette *Poliglotte universali*, le altre *Poliglotte particolari*: diremo qualche cosa delle prime.

1. La prima Poliglotta generale è quella del Cardinal Ximenes, stampata nel 1515 in Alcala de Henares nella Spagna: comunemente è detta *Bibbia di Compluta o Alcala*. È contenuta in 6 volumi

---

[1] Il vocabolo *poliglotto* è composto da due parole greche: πολὺς vale *più*, γλῶσσα o γλῶττα suona *lingua*.

*) La raccolta di Origene non può avere nome di *Poliglotta*: essa non conteneva altro che due lingue, ebraica e greca; tutte le versioni usate negli Esapli erano greche: meritamente dunque non è noverata tra' lavori di simil fatta. Bene può dirsi però, che da Origene hanno avuto il primo modello i seguenti compilatori delle Poliglotte. (*Nota del Traduttore*)

in-folio, ed ha quattro lingue, cioè il testo ebraico, la parafrasi cal-daica di Onkelos sul Pentateuco solamente, la versione greca de' Settanta e l' antica versione latina o Itala. Non è stata messa in questa altra versione latina del testo ebreo, che solo quest' ultima: però vi hanno gli editori aggiunto una versione letterale del greco de' Settanta. Per rappresentare più esattamente gli antichi esemplari greci, gli editori hanno stampato il testo greco del nuovo Testamento senza accenti. In fine sta un apparato di grammatiche, di lessici e di tavole. — La seconda Poliglotta è quella publicata da Plantin nel 1569-1572: essa fu stampata in Anversa ed a spese di Filippo II re di Spagna; perciò ha avuto nome di *Poliglotta reale di Filippo II*, o di *Poliglotta di Anversa*. A quello, che era stato messo nella Poliglotta di Compluta, sono state aggiunte in questa edizione 1° alcune parafrasi caldaiche sopra Giosuè e tutti gli altri Libri della Scrittura, con la versione letterale delle medesime; 2° una versione latina letterale del testo ebreo a pro di coloro, che vogliono apprendere la lingua ebraica; 3° l' antica versione siriaca del nuovo Testamento in caratteri siriaci ed in caratteri ebraici co' punti vocali, affinchè facile ne riesca la lettura a coloro, i quali sanno il solo ebreo; vi ha pure una interpretazione latina: 4° finalmente un maggior numero di grammatiche e lessici, che in quella di Compluta, e vari trattatelli per illustrare i luoghi più difficili del testo. — Una terza Poliglotta è quella del 1586, 2 vol. in-fol. Contiene l' ebreo, il greco, la versione latina di s. Girolamo e di Sante Pagnini con le note di Vatablo: per ciò è stata nominata *Bibbia di Vatablo*. Questa Poliglotta, benchè fatta da un solo tipografo, cioè Girolamo Commelin, detto di s. Andrea, e senza altre mutazioni, porta differenti frontespizi: *Ex officina Sant-Andreana*, 1586; o *Heidelberg*, 1599, o finalmente *Ex officina Commeliana*. — La quarta Poliglotta è quella di Errico Hutter, stampata a Norimberga nel 1599. È in sei lingue, cioè ebraica, caldaica, greca, latina, tedesca, slava in alcuni esemplari, francese in altri, ed in taluni altri italiana. Lo stesso autore ha pure pubblicato il nuovo Testamento in dodici lingue, delle quali sei occupano la prima pagina, le rimanenti la seconda: le lingue della prima pagina sono, la siriaca, l' ebraica, la greca, l' italiana, la francese e la spagnuola: quelle della seconda pagina sono la latina, la tedesca, la boema, l' inglese, la danese, la polacca. Questo nuovo Testamento fu stampato nel 1600; l' autore lo ridusse a quattro lingue in una edizione fatta nel 1603. La quinta Poliglotta è quella di Le Jay, Parigi 1645: è preferibile alla Bibbia reale di Filippo II, perchè le versioni siriache ed arabiche dell' Antico Testamento sono state voltate in latino. Contiene ancora quanto al Pentateuco il testo ebreo-samaritano, e la versione samaritana in caratteri samaritani. Il Nuovo Testamento contiene ancora una versione araba con la sua versione latina:non vi sono nè apparati, nè grammatiche,nè lessici, come nelle altre due Poliglotte;e per questo lato questa grande opera è imperfetta,mentre è da pregiare per la nitidezza de'caratteri.—La sesta Poliglotta è quella stampata in Londra nel 1657, 6 vol.in fol.: è variamente nominata,*Poliglotta di Londra*,*Poliglotta d'Inghilter-ra*,*Poliglotta e Bibbia di Walton*;perocchè Briano Walton,che poi fu vescovo di Winchester curò questa stampa.Essa è sopra tutte compiutissima e commodissima:ivi si legge la Volgata riveduta e corretta da Clemente VIII,mentre in quella di Parigi la Volgata è presa dalla Bibbia di Anversa,cioè da una edizione precedente alla correzione fatta-ne.Il testo ebreo ha una versione latina interlineare,mentre nell'edizio-ne di Parigi non v'ha altra versione del testo ebreo che la sola Volgata.Il greco de'Settanta non è preso dalla Bibbia di Compluta,adoperato anco-ra nelle edizioni di Anversa e di Parigi:è il testo greco dell'edizione roma-na,al quale sono state aggiunte le varie lezioni di un altro esemplare gre-co antichissimo,detto *Alessandrino*,perchè venuto di Alessandria.La versione latina del greco de'Settanta è quella di Flaminio Nobile fatta stampare in Roma per autorità del Pontefice Sisto V.Nella Poliglotta in-glese vi è pure qualche parte della Bibbia in lingua etiopica e persiana, la quale non leggesi nella parigina:vi sono discorsi preliminari o prole-gomeni sul testo originale,sulle versioni,sulla cronologia,ecc.,con un volume di varianti di tutte queste differenti edizioni.Finalmente è sta-to aggiunto un vocabolario in sette lingue,fatto da Edmondo Castel in 2 volumi; sì che tutta l'opera è contenuta in 8 volumi in-folio.

2.Nel 1516 Agostino Giustiniani,domenicano,fece stampare in Ge-nova il Salterio in quattro lingue,cioè in ebrea,greca,araba e caldaica, con versioni latine e chiose.Due anni dopo fu pubblicato in Colonia per cura di Giovanni Potken in ebreo,latino,greco ed etiopico.Nel 1546 gli Ebrei di Costantinopoli fecero stampare due Pentateuchi in quattro lingue,ma con caratteri ebraici. Uno contiene in grandi caratteri il testo ebraico,il quale da un lato ha la parafrasi caldaica di Onkelos con caratteri mediocri,e dall'altro una parafrasi persiana composta da un Ebreo chiamato Giacobbe,col soprannome della sua città.A queste tre colonne è soprapposta sulla sommità delle pagine la versione araba di Saadias in piccoli caratteri,e sottoposta a piè delle pagine il com-mento di Rasci.L'altro Pentateuco stampato nel 1547,a tre colonne come il precedente,tiene nel mezzo il testo ebreo,dall'un lato una ver-sione in greco volgare,dall'altro una versione spagnuola.Ambedue le versioni sono in caratteri ebrei co' punti vocali, che determinano la pronunzia. Di sopra sta la parafrasi caldaica di Onkelos, di sotto il commento di Rasci.Giorgio Stiernhielm, luterano,pubblicò in quattro lingue gli Evangelii col titolo: *Quatuor Evangelia gothice ex ver-sione Ulphilae: item suecico, islantico et latino idiomatibus*, Sto-ckholm 1671.Finalmente Giovanni Dracontès di Carlostadio pubblicò a Wittemberga nel 1566 i Salmi,i Proverbi,Michea e Gioele in ebrai-co, caldaico, greco, latino e tedesco.

CAPO IV.

De' vari sensi della Santa Scrittura, e delle regole che debbonsi seguitare per bene interpretaria

ARTICOLO PRIMO

De' vari sensi della Santa Scrittura

Ognuno intende quanto rilevi a ciascun Cristiano conoscere il giusto senso della Scrittura, considerando che essa è depositaria delle sante verità, che menano a vita eterna; e che questi divini oracoli sono, come fin da principio abbiam notato, la norma della fede e de' costumi. Generalmente per senso delle Scritture s'intende quel pensiero, che lo Spirito Santo ha voluto significarci. Questo senso si spartisce in *letterale*, chiamato ancora *immediato* o *storico*, ed in *spirituale*, che è pure detto *tipico* o *mistico*: imperocchè ne' Libri santi, siccome nota s. Tommaso [1], hanno significazione non pure le parole, ma ancora gli obbietti espressi da queste parole. Il senso *figurato* è da alcuni tenuto come suddivisione del senso proprio, altri lo fan parte del senso spirituale: e per ciò nel leggere un interprete bisogna osservare come lo consideri.[*] A questi due primi sensi bisogna aggiungere due altri, uno detto *accomodatizio*, l'altro *mistico*.

§ I. Del senso letterale

Il senso letterale ha dato luogo a molte quistioni; noi tratteremo solo le seguenti, come quelle che più sono acconce ad ottenere lo scopo prefissoci.

---

[1] S. Thom. p. III, q. 1, art. 10.

[*] Il senso *figurato* può essere tanto *spirituale* che *letterale*: imperocchè quando ha relazione agli obbietti significati dalle parole sarà *figurato* o *tipico*, o *mistico*; i quali epiteti suonano il medesimo che *spirituale*: quando poi ha relazione alle parole sarà *figurato letterale*. Le parole si adoperano, come nota appresso l'Autore, nel senso *proprio* e nel senso *translato*: quando adunque sono nella Bibbia adoperate nel senso proprio, il senso sarà chiamato semplicemente *letterale* o *proprio*; quando poi sono adusate nel senso translato, allora sarà detto senso *letterale improprio*, *translato*, o *figurato*. Gli esempi addotti dall'Autore nella *Quistione prima* illustreranno questa osservazione. (*Nota del Traduttore*)

QUISTIONE PRIMA

In che consiste il senso letterale?

Gl'Interpreti non sono concordi intorno alla definizione del senso letterale. Alcuni pretendono che esso derivi sempre dalle parole prese nella significazione propria ; altri vogliono che essa provenga dalle parole della Scrittura prese nella significazione o *propria* o *metaforica*. S'intende per significazione *propria* quella che deriva dalla forza nativa de' vocaboli, e che mantiene alle parole il loro grammaticale valore. Quindi allorchè la Scrittura dice che Gesù Cristo *è stato battezzato da Giovanni Battista nel Giordano*, il senso letterale e proprio di queste parole è; che un uomo chiamato Giovanni ha realmente tuffato il Salvatore nel fiume nominato Giordano. Per significazione *metaforica* intendesi quella, che risulta da' vocaboli intesi non secondo la nativa e grammaticale loro forza, ma secondo la loro rappresentazione ed immagine nella intenzione di coloro, i quali ne fanno uso. Quindi allorchè la Scrittura dà a Gesù Cristo il nome di *Agnello*, non usa questo vocabolo nel senso proprio per esprimere l'animale così nominato, ma nel senso metaforico, volendo significare la mansuetudine infinita di Gesù Cristo, simboleggiata dall'agnello, che è simbolo ed emblema di dolcezza. Questa è la opinione più aggiustata e fondata, e però stabiliamo la seguente

PROPOSIZIONE

Il senso letterale è quello, che deriva immediatamente dalle parole della Scrittura intese nel loro significato proprio o metaforico

1. Se il senso letterale derivasse dalla sola significazione propria de' vocaboli, potrebbe qualche volta il senso letterale delle Scritture esser falso: imperocchè in questi libri sono proposizioni, le quali, prese nel senso proprio de' vocaboli, sono del tutto false; tali sono quelle che danno mani e piedi a Dio, o che attribuiscono a Lui le umane passioni. Questa sola conseguenza è bastante a far rigettare il principio, da cui deriva.

2. Tutti sono obbligati ad ammettere, che il senso letterale è quello voluto significarci immediatamente dallo Spirito Santo; quello che deriva dalle espressioni intese secondo gli antecedenti ed i conseguenti. Or questo senso non sempre discende dal valore proprio o grammaticale delle parole: esso molte volte proviene dal loro valore metaforico. Così nella espressione dell'Apocalisse: *Il leone della tribù di Giuda ha vinto* ¹, il sacro Scrittore non ha voluto

---

¹) *Apoc.* V, 5.

significare immediatamente che un lione propriamente detto ha vinto, ma la vittoria riportata da un lione inteso nel senso metaforico, cioè da Gesù Cristo. E per verità, gli antecedenti ed i conseguenti non altro senso ci addimostrano: essi non possono riferirsi ad un vero lione, ma assolutamente a Gesù Cristo, di cui si parla in questo luogo dell'Apocalisse.

SCOLIO

Il senso per esser letterale deve esser vero, cioè non deve opporsi nè al contesto, nè ad altro senso certamente vero, nè alla Tradizione della Chiesa: è ancor necessario che la forza del contesto, l'avvenimento o l'autorità, lo renda veramente letterale [1].

COROLLARIO

Stabilita la verità della nostra proposizione, è facile dedurne le conclusioni seguenti: 1° Ogni luogo della Scrittura ha necessariamente un senso letterale; imperocchè non può esservene alcuno, il quale co' suoi vocaboli non voglia esprimere qualche cosa, o propriamente, o metaforicamente. 2° Questo senso non potrebbe esser falso, essendo quello, che il sacro Scrittore ha voluto tramandare immediatamente allo spirito del lettore; quello, che scaturisce dalle parole di lui, intese secondo le leggi del discorso. Or lo Scrittore inspirato non può insegnare nessuna cosa falsa: imperocchè in questo caso lo spirito di Verità, che lo ha inspirato, sarebbe autore della menzogna : il qual pensiero è una empietà massima. 3° Essendo il senso letterale quello, che deriva dalla significazione propria e metaforica de' vocaboli, secondochè richieggono l'uso della lingua e la connessione del discorso, d'ordinario può esser conosciuto con certezza: e quando è sufficientemente dimostrato, ha forza di pruova teologica. Interessa dunque molto il conoscerlo bene: ed essendo sopra di esso poggiato il senso spirituale, prima cura dell'interprete deve essere la determinazione del letterale. Chi si pone a cercare lo spirituale, trascurando il letterale, fa come colui, il quale alza un edifizio senza fondamenti, e tira conseguenze senza premesse [2]. E benchè il senso spirituale, che ha per obbietto Gesù Cristo, la Chiesa, le virtù cristiane ed i beni della eternità, sia più nobile del letterale, il quale per lo più riferisce cose terrene e temporali: pure non è tanto fondamentale, quanto il letterale, che è senso primariamente significato; nè deve occupare un interprete, se non quando egli ha stabilmente fermato il senso letterale, su cui poggia tutto l'edifizio [3]. 4°

---

[1]) V. Salmeron, *Proleg.* VII, p. 71.—[2]) Idem, l. c.—[3]) Idem, l. c. p. 72.

Origene ed i Figuristi antichi e nuovi hanno a torto trascurato il senso letterale delle Scritture, col pretesto che questo sia troppo basso ed inutile al Cristiano, ed esagerandone le difficoltà per fare uso dell'allegoria.

QUISTIONE SECONDA

Lo stesso luogo della Scrittura può avere due sensi letterali?

Gl'Interpreti sono altresì divisi di sentenza intorno a ciò; il maggior numero però sta per l'affermativa. Noi teniamo come probabilissima, anzi come quasi certa l'opinione contraria;* per ciò non dubitiamo di stabilire [1] la seguente

PROPOSIZIONE

Uno stesso luogo della Scrittura non è capace di due sensi letterali

1. Il senso letterale è quello, che risulta immediatamente dalla significazione propria e metaforica de' vocaboli, secondo l'uso della lingua e la connessione del discorso: or l'uso della lingua e la connessione del discorso non consentirebbero due di questi sensi nel medesimo luogo, senza temerne confusione nelle idee, ed ambiguità nel discorso: le quali cose non possono convenire a quelle parole, le quali sono regola della nostra Fede.

2. Benchè Iddio sia Onnipotente, e possa esprimere co' medesimi discorsi vari sensi differenti, non seguita da ciò che nella Scrittura sieno luoghi contenenti più sensi letterali, come pretendono i partigiani dell'opposta sentenza. Per verità, pare che in questo caso Iddio dovrebbe dare de' mezzi per riconoscerli, affinchè sia tolta di mezzo l'ambiguità, della quale abbiamo detto nel primo argomento, e specialmente per impedire la molteplicità di questi sensi letterali,

---

*) L'indole di quest'opera non consente discussioni lunghe: perciò non possiamo dimostrare non essere nè *certa*, nè *probabilissima* l'opinione *contraria*, abbracciata dall'Autore. Solo daremo notare, che l'Autore spiegando in altra sua Opera la tentazione del diavolo, la caduta de' progenitori e la condanna data al serpente, confessa essere quel luogo del Genesi uno tra quelli, che ammettono duplice senso letterale. Ved. *I Libri santi vendicati* ecc. per G. B. Glaire, t. I, p. 107, Napoli, versione cit., 1848. (. *Nota del Traduttore*)

[1]) Qualunque sentenza si seguiti, bisogna sempre ammettere che l'abate di Villefroy ha menato troppo oltre il principio della molteplicità del senso letterale della Scrittura: secondo lui quasi tutti i Salmi e Profezie dell'Antico Testamento hanno due di questi sensi, uno relativo alla Chiesa giudaica, l'altro alla Chiesa cristiana.

la quale potrebbe così progredire all'infinito. Imperocchè, ammessa una volta l'opinione che qui combattiamo, possono essere imaginati quanti sensi letterali si vogliono: ed allora la Parola di Dio sarebbe un enigma inesplicabile, acconcio ad essere indifferentemente spiegato in ogni senso ed ancora ne' più opposti tra loro.

3. I nostri avversari affermano, essere taluni luoghi della Scrittura, i quali senza dubbio hanno due sensi letterali; ma la loro opinione è priva di fondamento [1]; imperocchè quelli addotti in esempio, o sono sensi mistici, o sensi particolari contenuti ne' vocaboli generali usati da' sacri Scrittori, o dilucidazioni, o finalmente conseguenze del senso generale voluto esprimere dagli Scrittori inspirati. Affinchè poi realmente fossero questi due sensi letterali, sarebbe necessario che non avessero tra loro nessuna relazione : ed in questo caso la Scrittura dovrebbe necessariamente divenire un enigma inesplicabile, il giuoco della imaginazione, un cumulo scompigliato di ogni idea bizzarra e contraddittoria.

4. Chi vuole affermare che un senso sia letterale, perchè è vero, abusa le parole, e confonde la vera nozione del senso letterale, il quale deriva dalla connessione degli antecedenti e de' conseguenti. Nè si dica che due sensi sono letterali, quando paiono collegati egualmente con gli antecedenti e conseguenti, per modo che i più sperti Interpreti non vi scorgano veruna differenza : perocchè in questo modo sarebbero moltiplicati questi sensi letterali, che i nostri avversari dicono essere ben pochi. E poi non si può conchiudere, che non vi sia nessuna ragione per preferire l'un senso all'altro, sol perchè non si scorge la ragione di questa preferenza. Se noi conoscessimo meglio la lingua della Santa Scrittura, e tutte le circostanze dipendenti da' luoghi, ne' quali vogliansi trovare più sensi letterali riuniti nella medesima espressione, forse avremmo una ragione di preferenza.

5. Allorchè vogliono aggiustarsi due sensi letterali alle parole della Santa Scrittura, non può farsi a meno di usare una estrema violenza alle parole : il che è facile scorgere leggendo per esempio le *Lettere* dell'abate di Villefroy, ed i *Principi discussi* de' Cappuccini suoi discepoli. Dalle quali opere apparisce, che il secondo senso nominato letterale non è altro che senso spirituale. È vero che tutti i difensori del duplice senso letterale non sono progrediti a questo segno; ma nondimeno essi non potrebbero applicare il loro principio senza fare maggiore o minor violenza al sacro testo.

6. Finalmente i nostri avversari poggiano la loro opinione sulla dottrina de' Padri della Chiesa, sull'autorità del Concilio di Laterano e sull'insegnamento de' Teologi scolastici. Ma una semplice lettura delle autorità opposte basta a far tosto intendere, che gl'Inter-

------

[1] Vedi la nota seguente.

prati, i quali le usano in modo maraviglioso, ne abusano dando loro un senso manifestamente violento. Quindi a nostro giudizio l'opinione, che ammette duplice senso letterale nella Scrittura, non è sostenuta da verun solido fondamento [1].

§ II. *Del senso spirituale*

Il senso spirituale è, quello espresso non dalle parole, ma dalle cose significate per mezzo delle parole: in guisa che questo senso è inviluppato e nascoso nelle cose medesime; ed in ciò esso è differente dal metaforico, il quale è nascosto immediatamente sotto le parole. Ecco perchè tutto quello che Mosè riferisce nel capitolo XXII del Genesi, nel senso letterale si applica ad Isacco, il quale doveva essere offerto in sacrifizio; ma nel senso spirituale s'intende di Gesù Cristo. Il senso spirituale si divide in *allegorico, anagogico* e *morale o tropologico*. Il senso è *allegorico*, allorchè le parole della Scrittura, oltre il senso da esse significato, riferiscono un obbietto appartenente alla Fede ed alla Chiesa militante. Così, per esempio, quello, che leggiamo nel Genesi (XVI e XXI) de' due figliuoli nati ad Abramo, l'uno dalla serva l'altro dalla libera, significa i due Testamenti, cioè l'Antico ed il Nuovo, siccome insegna s. Paolo [2]. Il senso è *anagogico*, allorchè le parole della Scrittura, oltre il senso letterale, ne contengono un altro relativo alle cose del Cielo; così s. Paolo ci scopre la vita eterna, ove si ha il vero riposo [3], in quelle parole del Salmo: *Io ho giurato loro nella mia collera, che essi non entreranno nel luogo del mio riposo*[4]: le quali parole letteralmente significano la terra promessa nella Palestina. Il senso è *morale o tropologico*, allorchè le parole della Scrittura, oltre il senso letterale, ne contengono un secondo relativo a' costumi; come, allorchè sotto l'obbligazione *di non legare la bocca al bue trebbiante* [5], s. Paolo ci mostra [6] il dovere di somministrare gli alimenti a' ministri del Vangelo. Tutti questi sensi della Scrittura possono essere riuniti in un medesimo obbietto, ma considerato sotto varie relazioni; quindi Gerusalemme nel senso *letterale* è la metropoli della Giudea: nell'*allegorico* la Chiesa di Gesù Cristo; nel *morale o tropologico* l'ani-

---

[1] I limiti di un *Compendio* non ci concedono di allegare queste autorità, siccome nemmeno quelle ricavate dalla stessa Scrittura: ma esse sono compiutamente esposte e perfettamente spiegate nell'eccellente opuscolo col titolo: *Dissertatio theologica, qua sententiam vulgo receptam, ESSE SACRAE SCRIPTURAE MULTIPLICEM INTERDUM SENSUM LITTERALEM, nullo fundamento satis firmo niti demonstrare conatur* Joan. Theod. Beelen, ecc. Lovanii 1845.
[2] *Gal.* IV, 23 e seg.—[3] *Hebr.* IV, 3.—[4] *Ps.* XCIV, 11.
[5] *Deut.* XXV, 4.—[6] *I Cor.* IX, 9, 10.

ma fedele; nell' *anagogico* la città celeste. Essi sono stati definiti ne' due seguenti versi:

> *Littera gesta docet: quid credas, allegoria:*
> *Moralis, quid agas: quo tendas, anagogia.*

Questo senso spirituale ha dato luogo a varie quistioni importantissime, che noi non possiamo omettere.

QUISTIONE PRIMA

Debbonsi ammettere sensi spirituali nella Santa Scrittura ?

Molti critici di Germania hanno preteso in questi ultimi tempi, che il solo senso letterale è vero, e però non debbonsi ammettere sensi spirituali: questa opinione è stata più che da altri sostenuta da Bauer [1]. Essa contiene un errore: il sentimento vero sarà espresso nella seguente

PROPOSIZIONE

Nella Scrittura debbonsi ammettere sensi spirituali

1. Gli Ebrei hanno in ogni tempo spiegato misticamente le Sante Scritture: pruova irrefragabile ce ne danno le loro parafrasi ed i loro commenti. E per verità in quelle ed in questi essi assegnano interpretazioni mistiche a molti luoghi della Santa Scrittura: e comechè sia provato essere state fatte le parafrasi ne' tempi, ne' quali la lingua ebraica cessò di essere volgare; noi dobbiamo conchiudere che i sensi spirituali giungono per lo meno sino al tempo indicato. A' tempi di Gesù Cristo questa maniera di spiegare i Libri santi era certamente in uso, non pure tra gli Ebrei ellenisti, ma ancora tra gli Ebrei di Palestina: noi la troviamo adoperata presso gli Esseni ed i Terapeuti mediante lunga ed antica tradizione [2].

2. L'interpretazione mediante il senso spirituale si trova confermata con l'uso fattone da Gesù Cristo e dagli Apostoli, i quali hanno spiegato allegoricamente molti luoghi dell'Antico Testamento. Quindi, per limitarci a pochi esempi, i quali potrebbero essere moltissimi, oltre quelli addotti nella definizione del senso spirituale, diremo che la storia di Giona inghiottito dal mostro marino è, siccome Gesù Cristo medesimo insegna, una figura della Morte e Risurrezione del Salvatore. Quello, che è detto nel Genesi di Agar e Sara, e de' due fi-

---

[1] Georg. Laur. Bauer, *Herm. sacr.* p. I, sect. 1, § 7, 8.
[2] V. Philo, *De circumcis.* t. II, p. 211, ed. Mangey, e *De septenario et festis diebus*, p. 292, e *De vita contemplativa*, p. 475, Joseph. *Ant.* l. XVIII, c. I, § 5.

gliuoli nati di esse, è, secondo l'infallibile spiegazione di s. Paolo, un' allegoria de' due Testamenti, cioè dello stato di libertà cristiana e di servitù giudaica.

3. I Padri della Chiesa, i Concili, i Sommi Pontefici, tutti gl'Interpreti antichi e moderni, cattolici e protestanti, tutte le sette eretiche, in somma tutti i Cristiani d'ogni tempo e d'ogni luogo hanno ammesso il senso spirituale.

4. Se non corresse nessuna relazione tra l'Antico e Nuovo Testamento, sarebbe qualche apparente ragione per negare la verità del senso spirituale: ma nessuno può negare questa relazione pur troppo manifesta. Tra' due Testamenti vi ha corrispondenza palpabilissima, allorchè si considera il numero sterminato di figure tanto naturali, che sono state notate da' Padri ed Interpreti.

5. L'istesso Bauer confessa, che la maniera d'interpretare la Scrittura nel senso spirituale era in uso innanzi Gesù Cristo: « Haec mystica litteras sacras Veteris Testamenti interpretandi ratio jam ante Christi aetatem usu recepta erat ' »; egli afferma pure che quest'uso è da' Giudei stato trasmesso a' Cristiani, i quali lo hanno mantenuto per lunghissimo tempo: « Deinde ab his (Judaeis) ad Christianos transierit, qui isti diutissime inbaeserunt '». Finalmente egli ammette, che tutti i Rabbini, tutti i Padri della Chiesa e tutti i Cattolici hanno in tutti i tempi difeso il senso spirituale, e si duole de' luterani e riformati, i quali hanno seguitata questa interpretazione, e l'hanno col loro genio coltivata: « Non solum autem pontificiorum interpretes, sed et lutheranae et reformatae ecclesiae addicti, hanc per traditionem acceptam interpretationem allegoricam receperunt, receptam excoluerunt, suique ingenii figmentis auxerunt et amplificarunt '». Con queste confessioni il Bauer profferisce la propria condanna: nè quella ragione, che è unica regola della sua critica, ci lascia supporre, che egli quanto a ciò sia illuminato più di tutti gli antichi e moderni.

QUISTIONE SECONDA

Ogni luogo della Scrittura ha un senso spirituale nel modo stesso, con cui ha un senso letterale?

Alcuni Interpreti hanno affermato, che il senso spirituale si estende a tutte le parti della Scrittura: per forma che, secondo essi, ogni luogo della Bibbia ha nel tempo stesso un senso letterale ed un senso spirituale. Quest' interpreti sono stati detti *Figuristi*; ed *Antifiguristi* sono stati nominati quelli, che sostengono il contrario. Tra'

') Bauer, l. c. p. 29.—') *Ibid.* p. 29, 30.—') *Ibid.* p. 43.

primi sono degni di nota, più che gli altri, Duguet e d'Asfeld; i quali nel libro *Delle regole per l'intelligenza della Santa Scrittura* estendono molto il principio delle allegorie: tra' secondi poi debbono noverarsi l'abate Leonardo, il quale oppose all'opera anzidetta la *Confutazione delle Regole* ed il *Trattato del senso letterale e mistico della Santa Scrittura secondo la dottrina de' Padri*; e Fourmont il seniore, il quale col nome di Rabbi Ismael Ben Abraham pubblicò contro quelle *Regole* un'opera col titolo: *Msacha* o *Cintura di dolore*. Noi opponendoci a' Figuristi stabiliamo come molto probabile la seguente

PROPOSIZIONE

Non tutti i luoghi della Scrittura contengono un senso spirituale

1. Vi sono molti luoghi della Scrittura, i quali non possono essere spiegati nel senso spirituale senza far uso di interpretazioni puerili e violente: sia pruova della nostra asserzione non solo quello, che è stato scritto a confutazione de'Figuristi; ma altresì quello, che essi stessi hanno scritto per stabilire la loro sentenza. Nessun lettore, che mezzanamente sia istruito nelle leggi della critica, potrà non essere offeso dall'abuso strano di molti luoghi, che i Figuristi vogliono spiegare secondo il loro sistema.

2. I Padri della Chiesa, quantunque pregiassero l'allegoria, non hanno mai allargato questo sistema nel modo voluto da' nostri avversari. «Mihi, dice s. Agostino, sicut multum videntur errare, qui nullas res gestas in eo genere litterarum aliquid aliud praeter id, quod eo modo gesta sunt, significare arbitrantur, ita multum audere, qui prorsus omnia significationibus allegoricis involuta esse contendunt[1]». San Girolamo si scusa per avere nella età giovanile interpretato allegoricamente il Profeta Abdia: «Mereri debeo veniam, quod in adolescentia mea provocatus ardore et studio Scripturarum allegorice interpretatus sum Abdiam Prophetam, cujus historiam nesciebam». Altrove egli riprende Origene per le eccedenti spiegazioni allegoriche, e lo chiama *delirus interpres*[2]. S. Epifanio non parla altramente, allorchè scrive: «Non omnia verba opus habent allegoria, sed prout se habent accipienda sunt[3]». La maggior parte degli altri Padri hanno egualmente confessato essere molti luoghi della Scrittura, i quali non possono essere spiegati in senso spirituale: basti allegare Eustachio, Eusebio di Cesarea, benchè ne'suoi commen-

---

[1] Aug. *De Civ. Dei*, l. XVII, c. III; ved. pure l. XVI, c. II, e *Cont. Faust.* l. XXII, c. XCIV.

[2] Hier. *Praef. in Abd.*, Idem *in cap. XXIX Jer.*, e *in cap. I Jonae*.

[3] Epiph. *Haeres*. LXI, l. II.

ti sia imitatore di Origene, s. Basilio, s. Gregorio di Nazianzo, s. Giovanni Crisostomo, Teodoreto, Tertulliano e s. Gregorio il Grande [1].

È vero, si oppone, che i Padri quantunque abbiano parlato nel
modo riferito, generalmente estendono molto il senso spirituale : e
se essi non dicono apertamente che ogni luogo dell'Antico Testamento ha un senso spirituale, pare al meno che affermino doversene la
massima parte spiegare allegoricamente [2]. Ma può rispondersi, senza condannare questa opinione de' Padri, è vero che essi sono stati spinti dall'autorità e dal metodo di Origene alquanto oltre i limiti; e che se da una banda hanno qualche volta potuto parlare in una
maniera non molto esatta, dall'altra ammettono alcuni principi i quali di molto restringono l'uso del senso figurato. L'abate Leonardo,
quantunque abbia ecceduto in talune cose, siccome vedremo più giù,
ha dimostrato questo punto in modo chiaro, tanto che nessuno buon
critico possa più dubitarne [3].

3. « Un grave e pernicioso errore, dice a proposito Janssens, è
quello di alcuni esegeti, i quali persuasi che ogni senso letterale rac-
chiude un senso mistico , hanno riempito i loro commenti di sensi
mistici affatto arbitrari. Di qui è provenuto, che alcuni Teologi poco
versati nello studio delle Scritture, attenendosi a' detti Interpreti si
sono armati contro gl'increduli e contro i protestanti con argomenti tratti da questi pretesi sensi mistici, i quali nulla provano. Con questa sconsigliata condotta hanno più nociuto che giovato; imperocchè hanno somministrato a' nemici della nostra Religione quel bu-
giardo pretesto, col quale essi vanno spacciando questi e non altri
essere i documenti della credenza presso i cattolici.

« Nè erano meno disviati dal vero coloro, i quali attenendosi ad
un sistema nato nelle scuole degli Ebrei, e fondato sulla interpretazione violenta delle Sante Scritture, cioè che le parole della Bibbia
hanno tutti que' significati che possono avere ; hanno creduto che
tra molti sensi possibili, o letterali, o mistici, era necessario scegliere il più nobile ecc. Chi esaminando questa regola non scorge, che
essa apre la porta a mille interpretazioni differenti, fa un tessuto di
misteri, allegorie, profezie arbitrarie; e nuoce anzi che giova alla

---

[1] Eustath. *De engastrimytho apud criticos sacros*; Euseb. Caes. *Praep.*
evang. l. VIII; Basil. *Hom. III in Hexam.*; Greg. Naz. *Orat.* I e II; Chrysost.
Hom. XIII in Gen., e *in Ps.* XLVI; Theod. *Praef. in Ps.*; Tertull. *De resurrect.*
carnis c. 19, 20; Greg. M. *Ep. ad Leand.* c. IV, e l. XXI *Mor.* c. I.

[2] Le loro testimonianze possono leggersi nella *Lettre d'un prieur à un*
de ses amis au sujet de la nouvelle réfutation du livre des Règles pour
l'intelligence des saintes Écritures.

[3] Leggasi la sua opera *Du sens littéral et du sens mystique des Écritu-*
res selon la doctrine des Pères, c. X, con in fine, per Appendice, le *Re-*
marques sur la lettre d'un prieur à un de ses amis, p. 8-12.

Religione attirando addosso a tutte queste spiegazioni, che sono parto dell'imaginazione e del capriccio, le satire degl'increduli e de' Protestanti? [1] »

Difficoltà *proposte da' Figuristi, e* Repliche *alle medesime*

Tra le molte difficoltà opposte da' Figuristi al sentimento proposto da noi sono varie facili a risolvere con la sola lettura di esse: per ciò noi ci intratterremo a dire di quelle che paiono più speciose.

Diff. 1ª. Secondo s. Paolo Gesù Cristo è lo scopo della Legge: *Finis legis Christus.* Quanto esiste è stato fatto per Gesù Cristo, e sussiste in Lui: *Omnia in ipso constant.* Tutto quello, che è avvenuto agli Ebrei, non fu altro che figura: *Haec autem omnia in figura contingebant illis* [2]. Quindi Gesù Cristo, come insegna l'Apostolo, sta in tutta la Legge, ed in ogni pagina di essa: Egli è dipinto in tutte le parti della Scrittura, e tutto l'Antico Testamento non essendo altro che figura del Nuovo, deve in ogni sua parte essere spiritualmente sposto.

R. Chi spiega le parole di s. Paolo nel senso della difficoltà, mostra di non intendere la Santa Scrittura, anzi di abusarla. Allorché s. Paolo dice che il nostro divin Salvatore è il fine della Legge, non si tratta di sapere se Gesù Cristo è ivi figurato e predetto: s. Paolo vuole mostrare, che solo Gesù Cristo è autore della giustificazione, la quale non potè mai essere prodotta dalla Legge per propria virtù di questa. In fatti il contesto prova chiarissimamente, che quel luogo suona così: La Legge, manifestando agli uomini il bisogno della giustificazione, e l'impotenza di ottenerla da sè medesimi, non faceva altro che manodurli al Messia, il quale doveva giustificare i credenti nel nome suo. Premessa questa spiegazione, Gesù Cristo è necessariamente il fine e termine della Legge: la quale verità sussiste sempre, sia che la Legge abbia una significazione figurativa, sia che non l'abbia. S. Paolo non pensa certamente alle figure dicendo che tutto sussiste in Gesù Cristo: in questo luogo egli non ha altro scopo, se non di stabilire la divinità di Gesù Cristo, ed in pruova di ciò dice, che quanto esiste, riconosce la esistenza dall'onnipotente braccio di Lui. Finalmente, se si considera, che il vocabolo di s. Paolo *figura* corrisponde al greco τύπος, il quale suona *esempio, modello*, siccome hanno benissimo notato Vatablo e Menochio; e che lo scopo dell'Apostolo in quel luogo dell'Epistola a' Corinti è

---

[1]) Janssens, *Herm. sacr.* t. III, p. 227-229. Per giustificare queste riflessioni di Janssens basti dire, che i partigiani giurati de' sensi spirituali sono giunti a tale da comporre una storia della Chiesa secondo quella dell'Antico Testamento.

[2]) *Rom.* X, 4; *Coloss.* I, 17; *I Cor.* X, 11.

di provare, che i Cristiani non contenti delle loro buone azioni, e de' doni che ricevono dal Cielo, debbono sempreppiù purificarsi e star vigilanti; si conoscerà che egli vuole semplicemente dire, essere tutte le cose avvenute agli Ebrei esempi per noi, dovere questi servire a noi di norma nelle circostanze. Le parole susseguenti dell' Apostolo dimostrano l'esattezza di questa spiegazione: « Questi fatti sono stati scritti per nostra istruzione, per noi che ci troviamo nella fine de' tempi. Chi dunque pensa di star fermo, vegli per non cadere [1] ». Finalmente, s. Paolo restringe quello ch' egli dice, ad alcuni fatti con quella espressione ripetuta due volte *haec autem* [2]: con che ci dimostra, non avere egli voluto stabilire, che tutti gli avvenimenti della storia giudaica sieno stati figurativi, senza eccettuarne nessuno.

Diff. 2ª. Negli scritti de' Padri non si legge veruna massima tanto inculcata e ripetuta, quanto questa: *La lettera uccide; vuole la morte con gli Ebrei, chiunque si ferma alla corteccia della Scrittura; lo Spirito vivifica ; bisogna innalzarsi al senso spirituale.* E forse queste parole non consacrano il principio de' Figuristi , i quali non si fermano mai alla corteccia della lettera che uccide, ma vogliono ovunque scoprire questo senso più nobile contenuto ne' tipi, e nelle figure ?

R. Queste massime sono certamente spesso ripetute da' Padri; ma que' santi Dottori non hanno mai preteso con ciò distruggere il senso letterale. « È vero , come nota l'abate de la Chambre, che i Padri, intesi più a formare santi che dotti uomini, spesso si sono messi a cercar sensi mistici nella Bibbia, massime quando parlavano al popolo per istruirlo. Ma il loro metodo è stato ben differente, quando trattavano con gli eretici: in questo caso si sono scrupolosamente attenuti al senso letterale, e lo hanno svolto in modo invitto. Per ciò la lettera in vece di uccidere, serve a stabilire i dogmi della Fede ed a respingere gli errori. 1° *La lettera della Legge uccide*, quando ostinatamente è fatta violenza alla significazione semplice e rigorosa de' termini, senza voler mai fare uso di nessun significato metaforico. Gli antropomorfiti ne hanno fatto lagrimevole esperienza: perocchè fermi nella forza grammaticale de' vocaboli hanno dato a Dio un corpo, dicendo che la Scrittura attribuisce a Dio piedi, mani, occhi ecc. 2° *La lettera della Legge uccide*, allorchè uno si ferma al senso letterale de' vocaboli, e non vuole ammettere lo spirituale, che molte volte essi contengono sotto la loro corteccia : questo è l'errore degli Ebrei, i quali sozzamente s'ingannano, applicando a' perso-

---

[1] *I Cor.* X, 11, 12. Leggi la pregevole opera dell'ab. de la Chambre, *Traité de la véritable religion contre les athées*, t. IV, p. 229 seg., Paris, 1736.

[2] Ταῦτα δὲ, *I Cor.* X, 6, 11.

naggi ed avvenimenti della loro storia que' caratteri, i quali solo al Messia o alla Chiesa sua possono essere applicati. 3° *La lettera del-la legge uccide*, allorchè è letta senza praticare fedelmente i suoi precetti, e senza credere ciò, che essa insegna. Ecco i sensi aggiustati e differenti, che possono darsi alle massime de' Padri allegate nella proposta difficoltà. I Figuristi ne abusano, allorchè vogliono stabilire sopra di esse, che universalmente ogni pagina ed ogni parola della Scrittura contenga figure. È chiaro, che questo sistema spone come pensieri di Dio quello, che è parto di riscaldata imaginazione ¹».

QUISTIONE TERZA

Debbonsi ammettere nella Scrittura i soli sensi spirituali indicati dagli Scrittori del Nuovo Testamento?

Tale quistione ha messo in grande esercizio i Figuristi ed i loro avversari: le ragioni addotte dagli uni e dagli altri sono nella massima parte riferite dalle opere allegate nella Quistione precedente. Non dobbiamo dissimulare, che la quistione presente è delicatissima: perocchè qualunque siane la soluzione, sarà sempre soggetta a difficoltà, e darà occasione a false applicazioni. Nondimeno noi crediamo poter sostenere l'opinione espressa nella proposizione seguente: imperocchè essa è non solo più probabile, ma altresì meno delle altre si discosta da quella de' Figuristi in qualche parte.

PROPOSIZIONE

Oltre i sensi spirituali indicati da' sacri Scrittori del Nuovo Testamento, ve ne sono altri, i quali possono essere palesati da un'analogia perfetta tra il senso letterale e lo spirituale

1. Per essere noi obbligati a restringere i sensi spirituali della Scrittura a quelli indicati dagli Scrittori del Nuovo Testamento, dovremmo averne divieto o dalla Scrittura medesima, o da una saggia

---

¹) *Traité de la véritable Religion*, t. IV, p. 233 seg. —Il precipuo scopo di s. Paolo nelle parole addotte da' Figuristi sta nel dimostrare la differenza grandissima tra l'Antico e Nuovo Testamento. L'Antico aveva la Legge, che dava cognizione del peccato da evitarsi, ma non conferiva per virtù sua insita la grazia per schivarlo; ecco la *Lettera uccidente*: è chiamata *Lettera*, perchè fu Legge scritta materialmente. Il Nuovo Testamento al contrario conferisce la grazia a' suoi cultori, i quali nell'esercizio de' precetti sono vivificati dallo Spirito Santo: ecco lo *Spirito vivificante*. Questa Legge nuova non è chiamata *Lettera*, perchè non è stata scritta materialmente: essa è invisibilmente stampata ne' cuori dallo Spirito Santo. (*Nota del Traduttore*)

critica. Or la Scrittura non dice nulla di ciò; e la sana critica, quantunque vieti di troppo estendere il senso mistico, come abbiamo sostenuto nella Quistione precedente, non comanda ad un Interprete, che ha stabilmente determinato il senso letterale, di non investigare un senso spirituale, allorchè questo ha un'analogia manifesta col senso letterale.

2. Generalmente tutti ammettono, che l'Antico Testamento è figura del Nuovo: la Tradizione chiaramente insegna ciò. I sacri Scrittori, e specialmente s. Paolo, hanno spiegato allegoricamente molti luoghi dell'antico Testamento; e comechè essi non abbiano insegnato di avere sino alle fondamenta esaurito questa miniera feconda; noi possiamo con ogni ragione conchiudere da questo silenzio, che lo Spirito Santo tiene ivi riserbate altre ricchezze non meno abbondanti, le quali debbono essere scoperte mediante l'analogia tra il senso letterale e spirituale.

3. Se fosse vero, che debbonsi ammettere solo i sensi spirituali indicati dagli Scrittori del Nuovo Testamento, i Padri della Chiesa si sarebbero limitati scrupolosamente solo ad essi, nè avrebbero investigato tanti sensi nuovi. E comechè l'ultimo tra questi santi Dottori non abbia preteso di avere affatto sviscerato questa miniera, dalla quale erano state tratte tante dovizie; noi abbiam diritto di conchiudere, che nella Santa Scrittura sono nascosti altri sensi spirituali.

Quindi noi ci discostiamo dalla sentenza dell'abate Leonardo [1], il quale sostiene essere inutile e pericoloso investigare altre figure oltre quelle manifestate dalla rivelazione del nuovo Testamento; essere questo un lavoro perduto, e questa perdita di tempo essere punizione dell'ardimento di coloro, i quali aspirano alla conoscenza di quelle cose, che lo Spirito Santo ha voluto lasciare ignorare. [*] Noi riproviamo questo principio, come quello che senza ambagi condanna di temerità tutti i Padri della Chiesa. Ma nel tempo stesso noi pensia-

---

[1]) *Réfutation des règles* ecc. p. 22, 23, 46, 66, 324, 338.

[*]) Da queste parole dell'abate Leonardo si manifesta una confessione ingenua della verità: nella santa Scrittura sono dunque altri sensi spirituali, i quali sono stati intesi dallo Spirito Santo, e la quistione si riduce solo a sapere se debbano o no essere investigati. L'abate Leonardo dice, che questo lavoro è perduto, anzi temerario, perchè tende a manifestare quello, che lo Spirito Santo ha voluto celare: ma chi non vede quanto egli s'inganni! Il Salvatore comandando agl'increduli Ebrei di trovare nelle Scritture testimonianze di sè, ed usando quella espressione: *Scrutamini Scripturas*, diè chiaro conoscere, che oltre il letterale v'era da investigare il senso spirituale (Joan. V, 39). Nè s. Paolo avrebbe detto essere le Scritture nostra dottrina, pazienza e consolazione, se fosse temerità investigarne i sensi spirituali (*Rom.* XV, 4). Notiamo queste cose, perchè pare che troppo timidamente l'Autore confuti la opinione del citato scrittore, quasi avesse egli stesso ad esser tenuto per *Figurista*. (*Nota del Traduttore*)

mo, che que' luoghi, i quali addimostrano questo senso spirituale, non debbono essere frugati in ogni parte della lettera: basta che la figura sussista nel generale, nè è necessario sminuzzarla co' più minuti ragguagli.

QUISTIONE QUARTA

Il senso mistico può servire di prova per stabilire una verità ?

Alcuni han preteso che il senso mistico non possa essere in nessun modo adoperato a provare le verità della Fede [1]. Due luoghi, uno di s. Girolamo, ed un altro di s. Agostino, pare favoriscano questa sentenza. S. Girolamo avendo detto, che la parabola, onde il regno de' Cieli è paragonato al lievito messo da una donna in tre misure di farina [2], è da alcuni applicata alla Santissima Trinità, soggiunse: « Pius quidem sensus, sed numquam parabola, et dubia aenigmatum intelligentia potest ad auctoritatem dogmatum proficere [3] ». S. Agostino, parlando del Genesi, scrive così: « Illud, quod magis propheta hujus libri auctor intendit, ut ejus narratio rerum factarum esset etiam praefiguratio futurarum, non est contentiosis et infidelibus sensibus ingerendum [4] ». Nondimeno noi sosteniamo la seguente

PROPOSIZIONE

Il senso mistico, quando è certo, può servire di pruova alle verità della Fede

1. Allorchè il senso mistico è certo, se ne possono dedurre pruove come dal senso letterale: imperocchè quando è certo, non può dubitarsi che esso sia stato inteso dallo Spirito Santo, oltre il letterale; e però contiene una verità rivelata da Dio. Ma per esser certi di ciò noi non abbiamo mezzi tanto sicuri, quanto quelli che ci dimostrano il senso letterale: per conoscere questo ordinariamente basta sapere il valore delle parole secondo gli antecedenti ed i conseguenti; ma la serie del discorso ed il suo collegamento non bastano ad intendere il senso mistico. I mezzi sicuri sono la Scrittura, la Tradizione, la spiegazione infallibile della Chiesa ed una corrispondenza perfetta tra la figura ed il figurato. Ma la pruova ricavata dal senso mistico è ordinariamente probabile, perocchè la corrispondenza non sempre si sostiene, quantunque qualche volta vi sia grande relazione; specialmente allorchè la Scrittura ci dà qualche sentore di esso, sì

---

[1]) V. Bonfrerius, *Praeloquia in totam Scripturam sacram*, c. XX. sect. IV, p. 76.

[2]) Matth. XIII, 33. — [3]) *Hier*. l. II in *Matth*.

[4]) Aug. lib. I c. *advers. Legis*, c. XIII.

che bisognerebbe essere molto testardo per non volerlo ammettere [1]. Così, per esempio, la Scrittura e la Tradizione dandoci conoscere Salomone ed il suo regno come figura di Gesù Cristo e del regno spirituale, noi siamo menati a tenere le ricchezze e la magnificenza di Salomone come figura delle ineffabili ricchezze del Salvatore, e la sapienza di quel re come tipo de' tesori infiniti della Sapienza increata, la quale abita in Gesù Cristo corporalmente. Il tempio di Salomone fabbricato con tante spese ci rappresenta con molta naturalezza il tempio spirituale edificato da Gesù Cristo co' suoi meriti e col suo sangue. Il volto di Salomone, cui tutti desideravano vedere, ci rappresenta quello del Salvatore, che gli uomini e gli Angeli desiderano sempre contemplare. Lo stesso dicasi d'Isacco, di Giuseppe, del passaggio del mar Rosso, ecc. E comeché il senso mistico, quando è stabilito da questa perfetta corrispondenza tra la figura ed il figurato, ordinariamente offre una pruova probabile; è facile comprendere quello, che dice s. Tommaso, cioè che i sensi mistici comunemente parlando non porgono argomenti teologici, e che le verità della Fede non debbono essere provate con questi sensi [2].

2. Gli scrittori sacri hanno qualche volta tratto argomenti dal senso mistico per stabilire la loro dottrina. S. Matteo, per esempio, parlando del soggiorno di Gesù Cristo nell'Egitto [3] dice che questo fatto è compimento di una Profezia riguardante il Salvatore, ed allega quest'oracolo: *Ut adimpleretur quod dictum est a Domino per Prophetam dicentem : Ex Aegypto vocavi filium meum* ; le quali parole erano state dette da Osea (XI,3) letteralmente del popolo ebreo tratto di Egitto da Mosè. Lo stesso Evangelista cita altri luoghi dell'Antico Testamento nel senso mistico [4]. S. Giovanni, nel riferire che a Gesù Cristo morto sulla Croce non furono spezzate le gambe, come a' due ladroni [5], dice essere ciò avvenuto per compimento della Scrittura: *Facta sunt enim haec ut Scriptura impleretur: Os non comminuetis ex eo* ; le quali parole erano state dette dell'agnello pasquale [6], il quale fu tipo di Gesù Cristo. Alcuni vorrebbero spiegare queste citazioni come mere simiglianze, come pura applicazione di un tempo passato ad una circostanza presente, di un fatto anteriore ad un fatto attuale: e per dirlo più brevemente e

---

[1] « Adde vero (dice Bonfrerio) subinde eam esse analogiam, proportionem et congruentiam inter figuram aliquam Veteris Testamenti, et rem in Novo Testamento exhibitam, ut difficile sit, modo absit pertinacia, hujusmodi sensum mysticum negare, maxime ubi ad hujusmodi sensum, aditum quemdam et fundamentum nobis Scriptura praebet »; *Praeloquia in totam Script. sacr.* c. XX, sect. IV.
[2] Thom. p. III, q. 1, art. 10.
[3] Matth. II, 15.—[4] Matth. II, 17, 18, XIII, 35.
[5] Joan. XIX, 36.—[6] *Ex.* XII, 46; *Num.* IX, 12.

più chiaramente, vorrebbero spiegare queste citazioni nel senso accomodatizio. Ma l'espressione *ut adimpleretur Scriptura* ecc. rigetta questa erronea spiegazione, siccome mostreremo nel paragrafo seguente.

QUISTIONE QUINTA

Quando gli Apostoli hanno citato l' Antico Testamento, hanno sempre tratto argomenti dal senso spirituale?

Grozio e con lui molti critici hanno preteso, che la maggior parte delle Profezie dell'Antico Testamento, citate dagli Apostoli nel Nuovo, non possono essere applicate a Gesù Cristo nel senso letterale, ma solo nel senso spirituale; che esse letteralmente sono state compiute in personaggi dell'antica Legge, i quali figuravano Gesù Cristo, e si sono avverate nel divin Salvatore in modo più perfetto e sublime [1]. R. Simon, quantunque non sia tanto chiaro, pure sembra affermare, che ammettendo gli Ebrei i sensi spirituali, gli argomenti de' sacri Scrittori del Nuovo Testamento sono argomenti *ad hominem*, molto acconci a convincere coloro, a' quali gli Apostoli parlavano [2]; e di qui si manifesta, che gli Apostoli allorchè citavano agli Ebrei gli oracoli profetici dell'Antico Testamento, usavano il senso spirituale.

PROPOSIZIONE

Spesso gli Apostoli hanno citato le Profezie dell'Antico Testamento nel senso letterale

1. È vero che gli Scrittori del Nuovo Testamento, illuminati ed inspirati dallo Spirito Santo, conoscevano i sensi spirituali e potevano adoperarli, tanto nel parlare a' fedeli, i quali credevano alla loro inspirazione, quanto nel confutare gli Ebrei, i quali non avevano la medesima fede: imperocchè questi sensi erano da essi ammessi, ed erano conformi alle regole della interpretazione mistica delle Scritture, la quale essi stessi seguitavano. Nondimeno male ragionerebbe chi volesse da ciò dedurre che gli Apostoli hanno preteso applicare gli oracoli profetici del Messia nel puro senso spirituale: imperocchè molte Profezie non possono appartenere al Messia in altro senso fuori che letterale; e sarebbe stoltissimo il pensare che queste sieno state dagli Apostoli applicate a lui in senso spirituale. Ne' sacri Libri degli Ebrei sono realmente molti luoghi, i

---

[1] Grot. *in Matth.* I, 22.
[2] R. Simon, *Hist. crit. du N. T.* c. XXI.

quali non riferiscono in nessuna maniera i personaggi dell' antica Legge: e Grozio insieme co' Razionalisti degli ultimi tempi hanno dato saggio di sforzi vani e puerili volendo spiegarli di qualunque altro, eccetto Gesù Cristo. E quantunque noi non ammettiamo come letterali tutte le Profezie, che taluni Interpreti letteralmente spiegano del divin Salvatore; pure teniamo certo doversi a Lui applicare letteralmente le seguenti: 1° Le parole da Dio indirizzate al serpente tentatore dopo la caduta de' primi parenti , e con le quali Egli predisse, che la posterità della donna avrebbegli schiacciato il capo [*]; 2° La promessa fatta da Dio ad Abramo di benedire nella discendenza di lui tutte le nazioni della terra [*]; 3° La predizione fatta da Giacobbe a Giuda suo figliuolo, che il Messia nascerebbe dalla posterità di lui [*]; 4° La promessa di Mosè agli Ebrei, che Iddio avrebbe loro inviato un Profeta simile a lui, e che se non lo avessero udito, il Signore ne avrebbe preso vendetta [*]; 5° Il Salmo XXI, il quale ci dipinge i patimenti del Salvatore, e che Gesù Cristo medesimo ha applicato a sè sulla Croce; 6° Il Salmo CIX, nel quale Davide parla di un Sacerdote secondo l'ordine di Melchisedecco, e di un Sacerdozio eterno; 7° La Profezia di Isaia, la quale annunzia che un fanciullo nascerà d'una Vergine, e sarà nominato *Emmanuele*, cioè Dio con noi [*]; 8° Il capitolo LIII del medesimo Profeta, nel quale sono pronunziate le sofferenze del Messia; 9° Il luogo, nel quale Daniele predice che Gesù Cristo sarà condannato a morire 70 settimane o 490 anni dopo la riedificazione di Gerusalemme [*]; 10° Le profezie di Aggeo (II, 7) e Malachia (III, 1), le quali annunziano, che il Messia verrebbe nel secondo Tempio, cui a que' tempi riedificavano gli Ebrei. Potremmo allegare molte altre Profezie, le quali nel solo senso letterale riferiscono Gesù Cristo; ma ci contentiamo alle dette, perchè sono le principali e bastano a rintuzzare la sentenza erronea degli avversari.

2. Se gli oracoli profetici fossero applicabili a Gesù Cristo nel solo senso spirituale, mancherebbe alla nostra Religione la pruova più necessaria, cioè quella ricavata dalle Profezie: imperocchè contro gli Ebrei non si può robustamente argomentare, se non col senso letterale, ovvero col senso spirituale bene espresso dall' Antico Testamento, o dalla tradizione universale. E comechè i sensi spirituali, adoperati dagli Apostoli ne' loro argomenti contro gli Ebrei, non fossero provati nè dall' Antico Testamento, nè dalla Tradizione universale di questo popolo; ne seguita che gli Apostoli non avrebbero in nessuna guisa potuto vincere l'ostinazione giudaica, la quale si sarebbe data per vinta solo al senso letterale.

---

[*] *Gen.* III, 15.—[*] *Ibid.* XXII, 18.—[*] *Ibid.* XLIX, 10.
[*] *Deut.* XVIII, 15.—[*] *Is.* VII, 14.—[*] Dan. IX, 24.

3. Senza negare che qualcuno degli argomenti adoperati dagli A-postoli contro gli Ebrei sia stato *ad hominem*, sosteniamo essere falso che essi abbiano sempre argomentato in questo modo: impe-rocchè, oltre le pruove da noi addotte contro Grozio ed i Razionali-sti che lo han seguitato, ed oltre quello che abbiamo detto innanzi (p. 23) intorno a questa maniera di argomenti, soggiungiamo che questa opinione deve essere rigettata come erronea, perchè è in e-stremo modo pericolosa. E per verità, in questa ipotesi la pruova sì convincente delle Profezie, con cui si stabilisce la divinità della Re-ligione di Gesù Cristo, sarebbe valida solo contro gli Ebrei, nè po-trebbe convincere i pagani. La quale conseguenza è dalla stessa ragione con disdegno respinta, ed è opposta al metodo di tutti i Pa-dri della Chiesa, i quali hanno fatto sì grande uso delle Profezie per convertire i Gentili. Questo è stato perfettamente dimostrato dal p. Baltus nella *Difesa delle profezie contro Grozio e R. Simon*, e nel *Trattato della vera religione dimostrata con le profezie* [1].

――――――

[1] Benchè quest'opera sia da pregiare per moltissimi capi, pure l'autore non è sempre forte ad un modo in tutte le Profezie, che pretende spiegare letteralmente del Messia: pare che egli supponga che una Profezia debba essere intesa letteralmente di Gesù Cristo e della Chiesa, sempre che gli Apostoli ne traggono argomento. La qual cosa non è sempre vera, ne è confessata da' migliori Interpreti. *

*) In tutta la quistione presente debbono gli studianti tener fermo questo principio: Le Scritture dell'Antico Testamento sono citate nel Nuovo da co-loro, i quali furono eruditi da Gesù Cristo medesimo nella interpretazione delle Scritture (Luc. XXIV, 45), e poi furono ancora inspirati nello scri-vere i loro libri. Ecco perchè non si può senza temerità inudita discettare, se bene o male sieno state citate le Profezie dell'Antico Testamento dagli Apostoli, se letteralmente o misticamente sieno state adoperate. Il senso mistico è senza dubbio più nobile del letterale, perchè riferisce obbietti più dignitosi; benchè sia secondario relativamente all'ordine, essendo pri-mo il letterale, pure esso è primario quanto allo scopo; ed allorquando è dimostrato da infallibile autorità, tiene la medesima forza del senso lettera-le. Or chi vorrà dubitare dell'autorità Apostolica? Chi, se non un eretico, sarà tanto audace da affermare, che s. Paolo si sia ingannato, o abbia mà-lamente argomentato usando le parole del Genesi (II, 2) in senso misti-co per provare la requie del Paradiso? Se avesse addotto tale argomento un Interprete, potremmo noi dubitare della verità di questo senso; ma ad-dotto da un Autore inspirato, da un Apostolo, diviene certissimo. In questi casi Iddio ha fatto manifesto con testimonianza infallibile quello, che per lo innanzi era nascoso. Perciò se gl' Interpreti non sempre riescono a di-mostrar letterali le citazioni apostoliche ricavate dall'Antico Testamento, non se ne smarriscono: essi stan saldi sull'autorità Apostolica, la quale gli assicura di un senso spirituale nascoso ne' luoghi allegati, ed inteso dallo Spirito Santo nell' inspirare lo Scrittore.

Si vuole ancora notare, che nelle Profezie non sempre si può seguitare

§ III. *Del senso accomodatizio*

1. Il senso è accomodatizio, quando le parole della santa Scrittura sono pigliate in senso differente da quello che hanno; cioè quando le parole sono adattate ad un obbietto differente da quello inteso dallo Spirito Santo: di qui si conosce che questo è un senso inteso dall'uomo, non dallo Spirito Santo, autore della Scrittura.

2. L'esempio de' Santi Padri e l'autorità della Chiesa, la quale usa tanto spesso nell'uffizio questa maniera di senso, dimostrano che è lecito in alcune circostanze pigliare le parole della Bibbia in altro senso ed applicarle ad un altro obbietto. Perciò i predicatori in ogni tempo hanno fatto grande uso di questo senso ne' loro sermoni: ma ad usarlo legittimamente è necessario osservare le tre regole seguenti.

REGOLA I. Non è mai lecito dare alle parole della Scrittura un senso diretto a falsare il senso vero. S. Girolamo con energia riprende coloro, i quali per nulla curandosi del senso inteso da' sacri Scrittori, applicano le costoro parole secondo la loro imaginazione e capriccio [1].

---

la regola, che prescrive l'esame degli antecedenti e de' conseguenti nella ricerca del senso letterale. I Profeti sogliono spesso dal tipo passare allo antitipo, cioè dalla figura al figurato, e viceversa da questo a quella; perciò non sempre si può trovare questa stretta connessione tra le cose precedenti e conseguenti; e questo vuol dire che taluni luoghi profetici riguardano due obbietti differenti, là dove la connessione delle cose uno ne darebbe vedere. Questo passaggio rapidissimo del Profeta dall'uno all'altro obbietto è indicato per lo più dalla magnificenza delle parole, le quali al tipo mal potrebbero convenire. A modo di esempio, la Profezia del capitolo LIV d'Isaia, ancorchè si ammetta con alcuni che letteralmente sia del ritorno dalla schiavitù e della riedificazione di Gerusalemme; pure in certi luoghi ha tali caratteri, che debbono essere spiegati della Chiesa; tali sono i versetti 10-15. Il cantico di Tobia (XIII) comincia a parlare della fine dell'esilio e di Gerusalemme riedificata; ma dal versetto 13-22 chi vorrà affermare che il santo Profeta continui a parlare di questa Gerusalemme terrena, e non passi a dire la magnificenza della celeste? La tradizione e l'autorità della Chiesa, a cui appartiene la interpretazione dogmatica delle sante Scritture daranno conoscere all'interprete esegetico i sensi spirituali certi, e gli faranno altresi discernere que' sensi letterali profetici, i quali sono nascosi nella connessione di antecedenti e conseguenti relativi ad altri obbietti.

Da ultimo vogliam notare, che noi non sappiamo quali sieno questi argomenti *ad hominem* usati qualche volta dagli Apostoli, come l' Autore dice: per ciò fino a che non sieno indicati per vedere se sieno veramente tali, ammoniremo i lettori a tenere come non dette quelle parole. (*Nota del Traduttore*)—[1] Hier. *Ep. ad Paulinum*.

REGOLA II. Non è mai lecito sporre come letterale il senso accomodatizio, ossia darlo credere senso inteso dallo Spirito Santo; nè
può essere usato a provare i dogmi della Fede ed i precetti della morale. La ragione di questa regola è semplicissima e naturalissima:
imperocchè venendo questi sensi accomodatizi dallo studio umano,
ed essendo mera opera dell'uomo, non possono avere autorità superiore alla loro origine; nè l'autorità umana può stabilire quelle verità, che debbono essere obbietto della nostra Fede e norma delle
nostre opere. Specialmente a questo senso possono applicarsi le parole di s. Girolamo, che noi abbiamo più volte riferite: *Pius quidem
sensus, sed numquam parabolae et dubia enigmatum intelligentia potest ad auctoritatem dogmatum perducere* [1].

REGOLA III. Del senso accomodatizio si deve far uso ne' soli trattati di pietà. Il sacrosanto Concilio di Trento condanna apertamente l'abuso di coloro, i quali applicano le parole della santa Scrittura a cose profane : esso comanda a' Vescovi di punire questi profa-
natori della parola di Dio [2].

3. Qui gl'Interpreti fanno una quistione, se gli Scrittori del Nuovo Testamento hanno qualche volta allegato le Scritture dell'Antico
in senso accomodatizio. Alcuni affatto negano, ed al contrario affermano che le citazioni fatte dagli Apostoli sono sempre o nel senso letterale o nel senso spirituale. Nondimeno altri ancora esatti
non hanno difficoltà di ammettere questi sensi accomodatizi negli
scritti apostolici, e ne allegano alcuni esempi [3]. Quindi, secondo
quest' Interpreti, i due olivi, di cui parla Zaccaria (IV), e che dinotano il sacerdote Gesù figliuolo di Josedech e Zorobabele, sono
nell' Apocalissi usati in senso accomodatizio (XI, 4), per significare
i due testimoni. Quello, che Mosè dice intorno alla giustizia lega-
le nel Deuteronomio (XXX), da s. Paolo [4] è applicato alla giustizia
evangelica. Nondimeno questi stessi Interpreti osservano, che l'u-
so di questi sensi nel Nuovo Testamento è molto raro. Resta solo
a conoscere in quale caso il senso è semplicemente *accomodatizio*,
o no. Diciamo perciò, che può certamente affermarsi non essere
il senso accomodatizio: 1° allorchè il sacro Scrittore usa una di
queste formole: *Così parla Dio, dice la Scrittura, affinchè la Scrittura si fosse compiuta* ; in questo caso esso dà come senso di Dio
quello delle parole citate. 2° Se lo Scrittore sacro ha per iscopo
nel fare la citazione di confermare qualche verità della Fede; non
potendo il senso accomodatizio essere per questo autorevole, sicco-

---

[1] Hier. *lib. II in Matth.* c. XIII.
[2] *Conc. Trid.* Sess. IV, decr. 2.
[3] V. Bonfrerio, *Prael.* c. XX, sect. VII; Scrario, *Proleg. bibl.* c. XXI, q. XIV.
[4] *Rom.* X, 6 seg.

me abbiamo detto innanzi. 3° Se il sacro Scrittore dice che la Scrittura è compiuta: imperocchè non essendo il senso accomodatizio inteso dallo Spirito Santo, non potrebbe dare compimento alla Scrittura. Quindi il Bonfrerio, avendo riferito alcuni passi citati nel Nuovo Testamento con la formola *ut Scriptura impleretur* ecc., soggiunge con ragione, che chi pretendesse affermare essere tutti questi luoghi applicati a Gesù Cristo nel senso accomodatizio, chiaramente confesserebbe che non sia nè Profezia, nè compimento di essa, là ove la Scrittura medesima c'insegna essere ambedue queste cose [1].

---

[1] Bonfrer. *Praeloq*. c. XX, sect. IV. — Con pace de' citati scrittori, e dell'Autore, che aderisce alla loro sentenza, diciamo, che il ragionamento addotto, intorno a' sensi accomodatizi usati dagli Apostoli, è del tutto inesatto. Gli Apostoli non solo sapevano la vera interpretazione della Bibbia, ma erano ancora inspirati: lo abbiamo detto innanzi, e lo ripetiamo qui, perchè non è mai soverchia la ripetizione di questi radicali principii. Ciò posto, non si può sostenere il sentimento sopra mentovato: imperocchè le citazioni dell'Antico Testamento nel Nuovo sono state fatte da chi sapeva bene il senso letterale e mistico delle Scritture, cioè dallo Spirito Santo, il quale è l'Autore di esse: questo rende la interpretazione, come dicono i giureconsulti *autentica*, perchè fatta dallo stesso Legislatore. Noi perciò non sappiamo intendere, come si possa senza temerità pretendere dall'uomo saperne più di Dio e posciachè Iddio ha fatto citare que' luoghi nel Nuovo Testamento, noi dobbiamo essere certi, che essi sono convenevolmente allegati, quantunque a noi non sia noto o il legame che congiunge le parole con gli antecedenti e co' conseguenti, quanto al senso letterale; o l'analogia, la corrispondenza degli obbietti, quanto al senso mistico. Noi non possiamo qui entrare a discutere i due luoghi allegati a difesa della sentenza che confutiamo; solo notiamo che essi sono gli Achilli della detta opinione, e sono allegati con tanta imprudenza, che chiunque si pone a leggerli, anche senza commento, può accorgersi dell'inganno. Tanta è la connessione, che molti interpreti, nè dozzinali, han pensato essere que' luoghi citati in senso letterale. In generale facciamo la seguente avvertenza, utilissima nella lettura ed esegesi della Bibbia; che molte cose dell'Antico Testamento non sono limitate a tempi, luoghi e persone; ma sono anzi dirette a quelle persone, a quegli obbietti, i quali appartengono alla medesima classe, ossia che hanno le medesime qualità, a qualunque tempo essi pertengano. Così, allorquando il Salvatore rimproverava agli Ebrei la loro incredulità (Matth. XV, 7, 8, 9), usava le parole d'Isaia come profetiche (XXIX, 13): Isaia le diceva agl'increduli de' tempi suoi, dunque il Salvatore le ha usate in senso accomodatizio? Oibò! diciam noi. Esse furon dette letteralmente de' primi Ebrei, misticamente de' secondi; ovvero letteralmente degli uni e degli altri, perchè notavano la medesima classe di persone. Gesù Cristo parlando agli Ebrei ha confutate molte false dottrine, che la malizia de' dottori aveva sparso nel popolo e faceva stimare parte della legge (Matth. V, 43): il Salvatore riprova queste massime ed insegna la vera dottrina, dicendo: *Ego autem dico vobis* ecc. (vers. 44). Po-

I Razionalisti di Germania sono caduti in gravi errori quanto al senso accomodatizio. Secondo questi critici, nessuna Profezia dello Antico Testamento si riferisce a Gesù Cristo nel senso letterale, e nemmeno nello spirituale, che da essi è tenuto come affatto imaginario: perciò secondo i medesimi, gli Scrittori del Nuovo Testamento hanno sempre usato il senso accomodatizio nel citare l'Antico Testamento. Quindi gli Apostoli in vece di stabilire le verità del Vangelo sul vero senso delle Scritture,che essi conoscevano benissimo, avendo a questo fine ricevuto lo Spirito Santo, hanno amato meglio usare sensi estranei, e secondo questi hanno argomentato, sopra di essi hanno stabilito le verità della Fede. L'argomento adunque delle Profezie, chiamato da s. Pietro *solido*: *Habemus firmiorem propheticum sermonem* [1], secondo questi audacissimi scrittori poggia sopra falsità e capricci.Questo solo articolo del simbolo professato da' Razionalisti abbatte dalle fondamenta il Cristianesimo, siccome ognuno intende.

§ IV. *Del senso mitico*

Il senso mitico è quello dato alla Scrittura, considerata come un libro contenente miti. Per *mito* (μῦθος) s'intende una tradizione allegorica destinata a tramandare un fatto vero, la quale collo scorrere degli anni è stata tenuta per vera, e per errore è stata creduta il fatto medesimo. Così, per esempio, la storia della tentazione e caduta de' primi parenti, e quella della torre di Babel, intese nel senso mitico , non direbbero altro che un'allegoria composta da un antico filosofo per ispiegare il male morale e fisico, e la diversità delle lingue: la quale allegoria nel correre degli anni sarebbe stata tenuta in conto di vero fatto.In quest'ultimo secolo è stata molto discussa la quistione, se la Scrittura contenga miti. I critici si sono divisi in due parti: alcuni per l'affermativa, altri per la negativa. Comechè la quistione sia stata mossa quanto all'Antico e Nuovo Testamento, noi crediamo necessario trattare di essa in due distinte proposizioni, per dimostrare che e l'Antico, ed il Nuovo Testamento sono affatto scevri da miti;e che il senso mitico applicato alle Sante Scritture è una chimera, è una sacrilega violenza.

---

trebbe qualcuno conchiudere da quel *vobis*, che egli non è obbligato alla dilezione de' nemici, perchè il Salvatore parlava agli Ebrei? No, certo: parlava il Salvatore a quanti ammettono quelle false dottrine, a tutta la classe di coloro, che nutricano velenoso odio. Egualmente si deve dire di que' luoghi, che paiono allegati in senso accomodatizio. Queste cose sieno dette in generale, perchè poi nel particolare ogni subbietto ha mestiero di peculiare dichiarazione. (*Nota del Traduttore*)

PRIMA PROPOSIZIONE

Nell'Antico Testamento non sono miti

Jahn pare abbia perfettamente dimostrato la verità di questa proposizione: noi quindi ci varremo delle pruove di questo critico contro i partigiani de' miti biblici: esse sono tanto chiare e decisive, che è impossibile opporre loro qualche ragionevole difficoltà.

1. « La ragione principale, su cui si fondano i difensori della interpretazione mitica dell'Antico Testamento, sta ne' principii di Varrone; il quale dice potere le età del mondo essere divise in tempi oscuri, tempi mitici e tempi storici. Presso tutti i popoli la storia dapprima è oscura ed incerta, poi mitica o allegorica, finalmente storica. Si domanda perciò: se questo fatto si scontra dovunque, perchè dovrebbesi negare quanto agli Ebrei?

« I testimoni, i quali possono meglio determinarci sulla legittimità della interpretazione mitica della Bibbia, sono senza dubbio i primi Cristiani, i quali furono da principio pagani, ed ebbero tra loro molti dotti e filosofi: a questi non potè essere ignoto il principio di Varrone. Essi conoscevano la mitologia degli Egiziani, de' Greci, de' Romani, de' Persiani; e la conoscevano molto meglio di noi. I novelli Cristiani sin dalla tenera età avevano potuto pigliar dimestichezza con questi parti della imaginazione religiosa; essi gli avevano per molto tempo avuto in riverenza; avevano potuto studiarli e scoprire tutte le sottigliezze d'interpretazione, la mercè delle quali era stato sostenuto il credito di questi monumenti. In seguito, allorchè i nuovi convertiti cominciarono a leggere la Bibbia, è probabilissimo, che essi di presente avrebbero conosciuto e sceverato i miti se in essa fossero stati: nondimeno essi non ravvisarono nella Bibbia altro che una storia pura e semplice. Bisogna dunque, secondo l'opinione competente di questi giudici antichi, confessare che v'ha grande differenza tra i miti de' popoli pagani e il genere della Bibbia.

2. « Potè, è vero, avvenire, che questi primi Cristiani, poco versati nell'alta critica, anzi poco capaci di applicarla, e dall'altra banda avvezzi a' miti gentileschi, poco fossero scossi da' miti biblici: ma è indubitato, che chi più è adusato a qualche cosa, meglio la riconosce, ancora nelle circostanze in che la forma apparisce dissomigliante. Se dunque le storie ebraiche sono miti, come non hanno potuto scoprirli i primi Cristiani? se essi non gli hanno ravvisati, dobbiamo dire che essi erano tanto impercettibili, che solo dopo diciotto secoli hanno potuto essere indicati.

3. « Chi vuole applicare alla Bibbia il principio di Varrone, non

trova in essa que' tempi oscuri o incerti, i quali dovettero precedere l'età de' miti: gli annali ebraici non li suppongono mai. Gli annali degli Ebrei differiscono essenzialmente da quelli di tutti gli altri popoli quanto alla origine delle cose. D' un'altra banda le più antiche leggende delle altre nazioni cominciano dal politeismo: esse non solo fanno memoria di alleanze tra gli dei e gli uomini, ma narrano ancora le impudicizie ed adulterii de' numi, descrivono le guerre degli Iddii, indiano il sole, la luna, le stelle, ammettono una turba di semidei, di genii, di demoni, e concedono l'apoteosi ad ogni inventore di arte utile. La cronologia, se pur ne contengono sempre, è o affatto nulla, o gigantesca; la geografia loro ci porge un campo di chimere; esse ci dimostrano tutte le cose come trasformate stranamente, e senza freno, senza modo si lasciano andare a tutte le stranezze della più stravagante imaginazione. Egli è poi ben altro delle narrazioni bibliche. La Bibbia all'opposito comincia dal dichiarare, che vi ha un solo Dio Creatore, la cui potenza è invincibile; E' vuole, ed in un batter d'occhio ha vita quello che vuole. In questo monumento divino noi non leggiamo nè l'idea di quel chaos chimerico degli altri popoli, nè una materia ribelle, nè un Ahriman, genio del male. Ivi la luna, il sole, le stelle non sono rappresentati come dii, ma in vece come obbietti destinati al commodo dell' uomo, a cui dànno luce, e misura del tempo. Tutte le grandi invenzioni sono fatte dagli uomini, i quali non lasciano mai di essere uomini. La cronologia procede con serie naturali, nè la geografia con maniera ridicola balza oltre i termini del globo. Ivi non trasformazioni, non metamorfosi; nessuna in somma di quelle cose, le quali sì chiaramente ci mostrano ne' libri de' più antichi popoli profani le orme della fantasia e del mito. E questa cognizione del Creatore, scevra di ogni superstizione, circostanza molto notevole in documenti tanto antichi, non può venire d' altra origine se non dalla Rivelazione divina. Imperocchè quello che è scritto in molti libri moderni, cioè, che la cognizione del vero Dio balza alla fine di mezzo al politeismo, è contraddetto da ogni storia, sacra e profana: ciò non accade mai. I filosofi stessi progredirono tanto scarsamente nella conoscenza del Dio unico, che allorquando i discepoli di Gesù Cristo annunziarono il vero Dio, quelli contro questi sostennero il politeismo. Ma qualunque sia l' origine di questa idea di Dio nella Bibbia, è certo che essa è tanto sublime, tanto pura, che innanzi ad essa mostrano bene quanto sono da meno i pensamenti de' filosofi greci più illuminati, i quali ammettevano una natura generale, un' anima del mondo. È vero che questa conoscenza di Dio non è perfetta, quantunque sia esatta; ma questa circostanza stessa addimostra, che quella cognizione fu perfettamente conveniente allo stato dell' uomo a que'tempi antichi. Questa imperfezione insieme col linguaggio figurato, ma chiarissimo e semplicissimo, de'documenti che ce ne parlano, dimostrano che nè Mosè, nè i suoi successori gli hanno inventati per attribuire loro un' antichità non mai avuta. Questa conoscenza di Dio, tanto notevole, ha dovuto essere conservata nella sua purezza dalla più rimota antichità, o piuttosto presso alcune famiglie dall'origine delle cose: e l'Autore del primo Libro della Bibbia ebbe per iscopo, nel comporlo, di opporre qualche cosa certa e ferma alle finzioni e trovati degli altri popoli in tempi meno antichi. E per fermo, qual nazione ha conservato un solo raggio della grande verità, che è proclamata dal primo capitolo del Genesi?

« Finalmente un'altra quistione si presenta: Come può concepirsi, che questi documenti della storia primitiva si sieno conservati senza corruzione fino al tempo, in cui furono messi insieme da Mosè? Non hanno essi potuto ricevere giunte dalla imaginazione poetica? Non è forse questo avvenuto alle tradizioni degli altri popoli?

« Si può rispondere, esser certo che le tradizioni bibliche, le quali hanno avuto la prerogativa di maggioranza su tutte le altre, hanno avuto questa medesima prerogativa ancora quanto al modo di tramandare le loro cognizioni. Esse erano facili a ritenere ed a conservare, appunto perchè di poca mole: esse certo furono scritte in un'epoca, nella quale non erano ancora state scritte le tradizioni degli altri popoli. La loro forma scritta, il loro linguaggio semplice, le loro nozioni precise ed elementari, sono in esse tanto notevoli, che se lo storico, il quale le radunò, si fosse argomentato d'interpolarle, si sarebbe dato scoprire in due modi: mediante le sue idee più recenti, e mediante il suo linguaggio più profondo e ricercato. E queste cose sono senza meno bastevoli ad ammonire i miei lettori, affinchè fuggano dalla interpretazione mitica di questi sacri monumenti [1] ».

---

*) Jahn, *Biblische Archaeologie. Erst. Theil. Vorrede*, S. 28 ff. Confrontando il testo di Jahn con la nostra versione, si troveranno certo alcune differenze nella forma di molti ragionamenti ed in certe espressioni. Lo abbiam fatto unicamente per dare a coloro che ignorano il tedesco, la opportunità di afferrare il vero pensiero dell'autore, il quale sarebbe loro parso poco concludente, se fosse stato esposto nella sua forma germanica. Abbiamo pure cambiato alcune espressioni poco esatte; ma ciò non può iscemare la forza delle pruove, la quale non poggia per verun verso sulle mutate espressioni.

Avrebbe dovuto il Glaire, fra le altre espressioni poco esatte, o inesatte, ammendare ancora quelle relative a' monumenti scritti, di cui si dice avere fatto uso Mosè: questa è l'opinione messa innanzi da coloro, che hanno voluto impugnare l'autenticità del Pentateuco. L'Autore la riprova trattando di questo punto contro R. Simon, Astruc e La Cène. Essa è inudita ed ignota a tutta l'antichità, la quale ha sempre tenuto, avere Mosè per ispirazione scritto il Pentateuco: le cose scritte da lui essere di tre maniere: alcune note per speciale Rivelazione, altre per pa-

Per ricapitolare questi vari argomenti di Jahn, i quali sino all'e-
videnza dimostrano quanto sia falso il ragionamento de' nostri avversari, diremo così : 1° I primi Cristiani , giudici competentissimi
nella materia di che trattiamo, non hanno scoperto miti nell'Antico
Testamento, ma una storia pura e schietta di avvenimenti positivi e
reali. 2° Presso gli Ebrei i tempi non sono mai stati oscuri o incerti, come presso gli altri popoli. 3° La cognizione di un Dio unico,
Creatore di tutte le cose, la quale si è sempre mantenuta tanto pura
presso i soli Ebrei , non ha potuto provenire dal politeismo: solo
una vera Rivelazione divina ha potuto comunicarla agli uomini.
4° Le storie dell'Antico Testamento sono le sole, che non mostrano
stravaganze ed immondizie; esse non mettono inciampi innanzi ad
un critico illuminato, il quale sia scevro da ogni spirito di parte e
da qualunque prevenzione. 5° Le tradizioni bibliche han potuto facilmente mantenersi pure da miti, non solo per la loro origine, ma
ancora pel modo, con che sono state scritte¹.

SECONDA PROPOSIZIONE

Nel Nuovo Testamento non sono miti

Noi non possiamo dare tutti i ragguagli necessari a provare compiutamente la nostra proposizione: imperocchè i partigiani de' miti del Nuovo Testamento in ultima analisi non adducono altra pruova della loro falsa sentenza, se non la impossibilità de' misteri e
de' miracoli; noi perciò dovremmo provare la possibilità e la esistenza degli uni e degli altri. Ma questa trattazione, che ci menerebbe troppo per le lunghe, è propria della Teologia: nondimeno
noi ne diremo tanto che basti per convincere, come speriamo, ogni
spirito ragionevole, il quale non voglia lasciarsi acciecare da' propri
pregiudizi.

1. Noi abbiamo dimostrato che nell'Antico Testamento non sono
miti, benchè l'epoca tanto rimota de' racconti contenuti nel Genesi,
a modo di esempio, potesse porgere qualche mentito pretesto per
supporne in quest'antico monumento. Or questa ragione sola non

---

triarcale Tradizione, altre perchè avvenute sotto gli occhi del medesimo
Mosè. (*Nota del Traduttore*)

¹) Possono intorno a' miti dell'Antico Testamento leggersi le opere di
Giovanni Errico Pareau, le quali hanno questi titoli: *Disputatio de mythica
sacri codicis interpretatione*, editio altera; ed *Institutio Veteris Testamenti*, passim. Può anche leggersi intorno a' miti, che alcuni han voluto trovare nel Pentateuco, il Jahn, *Einleitung in die göttlichen Bücher des A.
T.* II, Theil. I, Absch. § 18 ff. Ma il dotto critico in molti luoghi dà certe
spiegazioni affatto riprovevoli.— Leggasi pure la nota ¹) a fac. 174.

basta per farci tenere non già come impossibile, ma ancora come ridicola in estremo grado la pretensione di que' critici, i quali ne vogliono scoprire finanche ne' libri del Nuovo Testamento? Si deve riflettere che questi scritti sacri hanno per autori testimoni oculari o contemporanei de' fatti che narrano: imperocchè un fatto per essere travestito con circostanze favolose, deve passare di bocca in bocca, e mano mano deve venire acquistando circostanze semppreppiù straordinarie, insino a che degeneri in favola. Così i mitologi spiegano la formazione del mito storico. E quello che essi dicono, è vero sino ad un certo segno: questa teorica riguarda que' fatti antichi di origine puramente umana, i quali passando di bocca in bocca pel corso di molti anni, han potuto acquistare circostanze stranie e divenire favolosi. Or simile trasformazione non ha potuto avvenire quanto a' fatti contenuti nel Nuovo Testamento; primo, perchè gli autori di esso hanno scritto mediante la inspirazione di Dio; secondo, perchè gli Apostoli hanno riferito fatti recenti visti co' loro propri occhi, o appresi dalla bocca di coloro, i quali ne erano stati testimoni. Qual critico, ancorchè di poco lume, potrà rigettare queste riflessioni?

2. È chiaro, che non si possono ammettere miti ne' miracoli di cui s. Matteo e s. Giovanni, per esempio, erano stati testimoni: imperocchè essendo essi, come si ammette, pieni di sincerità ed incapaci di fingere, gli hanno narrati, come gli avevano veduto. E comechè secondo il loro racconto schietto e semplice, questi fatti non sono naturali, ma miracolosi, noi così dobbiamo intenderli. Essi han potuto poi sapere per relazione de' testimoni oculari que' fatti, che non avvennero in loro presenza: molti tra que' testimoni vivevano senza dubbio a' loro tempi. Quindi nessuno non intende, che a queste narrazioni importantissime sarebbe mancato il tempo di corrompersi e divenir favolose, anche supposto che esse fossero di origine tale, da poter essere sommesse alle peripezie delle cose puramente umane.

Opporrà qualcuno: Gli Apostoli ed Evangelisti per conciliare più riverenza al loro Maestro hanno immaginato i misteri della sua concezione, della sua tentazione, della sua trasfigurazione, della sua ascensione, ecc. Ma in questo caso i nominati scrittori sarebbero impostori, nè potrebbero essere celebrati da' mitologi come modelli di schiettezza e di candore, così nelle persone, che nelle opere. D'altra banda le narrazioni del Nuovo Testamento sono semplici, naturali, scevre di affettazione, aliene da ogni indizio favoloso: certune volte sono molto laconiche ed omettono molte circostanze, che paiono necessarie a satisfare una giusta curiosità; tali sono appunto quelle che riferiscono la infanzia di Gesù Cristo. Nulla ci è detto di ciò, che Gesù fece in Egitto ed in Nazareth ne' trent'anni della sua vita nascosta : tutto è involto in un silenzio profondo, meno la disputa co' dottori della Legge ; e questa grande lacuna nella storia del Figliuolo di Dio è riempita da quelle poche parole: *Et erat subditus illis.* Un istorico, che avesse voluto inventare circostanze favolose per nobìlitare il suo eroe, avrebbe usato con molto pro del suo scopo il detto periodo, ed avrebbe fatto operare al Salvatore miracoli innumerabili sì in Egitto che in Nazareth, siccome sappiamo che han fatto gli scrittori de' Vangeli apocrifi.

3. Finalmente i primi Cristiani, s. Luca, s. Paolo, de' quali abbiamo gli scritti; quando hanno parlato de' fatti contenuti nel Nuovo Testamento, gli hanno sempre riferiti come fatti reali: tutti i Padri della Chiesa più antichi e più dotti non hanno mai saputo nulla di questa forma mitica , nella quale vogliono i presenti critici involgere i fatti del Nuovo Testamento. Anzi è certo, che gli stessi mitologi non ci avrebbero pensato, se non avessero conosciuto che questa ipotesi dava loro un mezzo più facile degli altri, per ispacciarsi de' misteri e miracoli del Cristianesimo, i quali non possono stare con la loro nuova e falsa dottrina. *

Questi non sono i soli argomenti acconci a distruggere la ipotesi de' miti del Nuovo Testamento : le pruove, che si adducono a pro dell' autenticità e della divinità di questo libro, fanno ancora apparire la falsità di questo sistema ¹.

————

*) Anzi sarebbe da dire: se i mitologi avessero scorto, quanto è falsa ed opposta al fatto la loro ipotesi, non l'avrebbero addotta a sostegno del loro erroneo ed empio sistema; ma tal' è la condizione della menzogna e dell'errore. Notino ancora gli studiosi, che i miracoli operati dal Salvatore sono stati fatti per pruova della sua Divinità; molti tra essi sono stati fatti innanzi a coloro , i quali ostinatamente perfidiavano nella incredulità a segno da dire opere diaboliche le maraviglie del dito di Dio. Queste circostanze avrebbero scemato di molto , anzi distrutto l'autorità della narrazione, se gli Scrittori del Nuovo Testamento avessero voluto inventare maraviglie per aggiungere merito a Gesù Cristo. Nè dimentichino l' altro principio irrefragabile, che gli Apostoli hanno provato al mondo la verità de' detti, degli scritti e de' fatti con miracoli operati da essi, e con Profezia certissime, le quali avevano annunziato ciò, che essi predicavano. (*Nota del Traduttore*)

¹) Tutto quello, che riguarda la materia de' pretesi miti del Nuovo Testamento, è stato trattato con maniera compiuta e stringente dal dott. A. Luigi Cristiano Heydenrich, professore di Teologia a Herborn e direttore del Seminario. La sua opera, contenuta in tre quaderni, è stata pubblicata col seguente titolo: *Ueber die Unzulaessigkeit der mythischen Auffassung des historisen im Neuen Testament und im Christenthume.* Herborn 1831-1835.— Nella *Raccolta* LA SCIENZA E LA FEDE che forma parte della presente *Biblioteca*, sono parecchi articoli intorno a questa materia; cf, fra gli altri, i vol. III, VII, VIII e XI.

ARTICOLO II.

Delle regole necessarie per bene interpretare la Santa Scrittura

Chiunque vuole mettersi a spiegare la Santa Scrittura, deve, se non intende smarrirsi, conoscere ed osservare talune regole necessarie: esse sono o generali , cioè applicabili a tutti i sensi della Scrittura; o particolari, cioè convenienti solo a ciascuno de' sensi in particolare.

§ I. *Delle regole generali d' interpretazione*

REGOLA I. La Scrittura deve essere interpretata da sè medesima: così, quando Gesù Cristo o gli Apostoli hanno spiegato alcuni luoghi dell'Antico Testamento, quando i Profeti hanno fissato il senso di alcune leggi di Mosè, e generalmente sempre che uno Scrittore inspirato avrà determinato il senso di un luogo; nessuno può scostarsi da questo senso, il quale è dato dallo Spirito Santo medesimo. * Ogni senso, il quale si discosta dall' analogia della Fede, cioè contrario ad una verità chiaro espressa altrove e professata dalla Chiesa, deve essere rigettato come falso : perocchè lo spirito di Verità, autore delle Sante Scritture, non può contraddirsi.

REGOLA II. La Scrittura deve essere spiegata mediante la Tradizione delle Chiese primitive: ognuno intende che queste non avrebbero potuto essere concordi nello spiegare in un determinato senso le parole della Bibbia, se non lo avessero loro insegnato Gesù Cristo o gli Apostoli. E questa spiegazione tramandata a tutte le Chiese co-

---

*) Confronti il lettore questa regola con quello, che abbiamo notato innanzi parlando delle citazioni dell' Antico Testamento fatte nel Nuovo (p. 164, 167). Le cose ivi dette sono affatto cònsone a questa regola; nè per spiegazione de' luoghi dell' A. T. data da' Profeti, da Gesù Cristo, dagli Apostoli o da qualunque Scrittore inspirato, si ha da intendere un formale commento, ovvero una esplicita e diretta dilucidazione: basta la mera citazione di qualche luogo: il senso è determinato poi dal subbietto trattato là ove quel luogo è allegato. Così s. Paolo (*Ephes.*IV,8) adducendo quello del Salmo (LXVII,19), non ha dato dilucidazione, nè ha spianato il contesto del Salmo; ci ha solo indicato una Profezia. Lo stesso Apostolo (*Heb.* I,7) allega il vers. 4 del Salmo CIII, ma senza dichiarazione, senza sposizione: parla degli Angeli, ed adduce questo versetto a mostrare la loro natura; ecco per noi un argomento invitto contro tutti gli eretici e critici audacissimi, i quali han voluto dire, che ivi il Salmista non intendeva parlare di Angeli, sì di venti e fulmini. Questi due esempi sono bastevoli ad illustrare questo punto rilevantissimo: il lettore studioso potrà da sè far ricerca degli altri. (*Nota del Traduttore*)

mechè provenga da Scrittori inspirati, ha l' autorità istessa che la santa Scrittura.

REGOLA III. La Scrittura deve essere interpretata secondo il consenso unanime de' Padri: ma, come notano i Teologi, questo consenso deve riguardare alla Fede ed a' costumi, e deve essere moralmente unanime. Questo insegna il Concilio di Trento, allorchè *per reprimere gli spiriti inquieti comanda, che nelle cose di Fede e costumi, le quali hanno relazione col mantenimento della dottrina Cristiana, nessuno sia confidente ne' propri lumi, nè abbia l'audacia di volgere la Scrittura nel proprio suo senso, contravvenendo alla interpretazione, che ad essa ha dato e dà la santa Madre Chiesa, a cui appartiene giudicare del vero senso delle sante Scritture, o contra il concorde sentimento de' Padri* [1].

REGOLA IV. La Scrittura deve essere interpretata non con la sola ragione, come hanno preteso i Sociniani, e come oggidì sostengono i razionalisti; nè con rivelazioni immediate, come sognano gli entusiasti; nè per speciale soccorso dato dallo Spirito Santo ad ogni privato, come hanno sostenuto i rimanenti protestanti. Essa deve essere interpretata con l'autorità infallibile della Chiesa sia radunata, sia dispersa. Per ciò scrivea Vincenzo il Lirinese, che appunto perchè l' errore ha mille vie, la Chiesa Cattolica deve determinare la linea d'interpretazione [2]. Il Concilio di Trento fondato sopra una Tradizione costante ed universale ha pure dichiarato, che le sante Scritture non debbono essere interpretate in senso contrario a quello, che è indicato dalla Chiesa: perchè alla Chiesa spetta giudicare del vero senso de' santi Libri: *Ecclesiae, cujus est judicare de vero sensu et interpretatione Scripturarum sanctarum* [3].

REGOLA V. Non è lecito scostarsi dalla interpretazione unanime degli antichi e nuovi Interpreti cattolici, allorchè riferiscono quel sentimento come certo, e si tratta di Fede e costumi: imperocchè tutti quest' Interpreti non avrebbero potuto essere concordi sopra un senso, se non fossero stati ad esso condotti o dalla evidenza del contesto, o dall' autorità della tradizione. Quindi per discostarsi da un senso concordemente da essi esposto, bisognerebbe avere ragioni tali da provare che essi si sieno ingannati; sarebbe ancora necessario dimostrare, che queste ragioni non sieno state da' detti Interpreti conosciute; ovvero che se le hanno in parte scorto, qualche ostacolo ha dovuto nasconderne ad essi tutta la forza. Ma questo va sem-

----

[1] *Conc. Trid.* Sess. IV.

[2] «Necesse est propter tantos tam varii erroris anfractus, ut prophetiae et apostolicae interpretationis linea, secundum ecclesiastici et catholici sensus normam dirigatur»; Vinc. Lirin. *Commonit.* c. II.

[3] *Conc. Trid.* l. c.

pre inteso di quello, che non ha relazione co' dogmi e con la morale: perciocchè in queste cose la Tradizione, manifestata dall' autorità della Chiesa, toglie di mezzo ogni difficoltà.

§ II. *Delle regole particolari al senso letterale* [1]

REGOLA I. Le parole della Scrittura debbono essere intese nel senso proprio, e senza necessità non devesi far uso del senso metaforico. Questa necessità si ha, sempre che le parole intese nella significazione propria danno un senso manifestamente falso e contrario
o al senso chiaro di altri luoghi della Scrittura, o all' autorità della
Tradizione ed alle decisioni della Chiesa. Questa necessità non si ha
mai, quando il senso proprio manifesta misteri e cose incomprensi-
bili, massime quando sono state credute e definite dalla Chiesa: imperocchè Iddio può, anzi ci ha rivelato cose sopravvanzanti la nostra intelligenza. Senza ragione adunque i Protestanti, i Sociniani
ed i Razionalisti hanno voluto storcere il senso proprio delle parole
della Bibbia, per distruggere tutti i misteri.

REGOLA II. Per ispiegare un luogo della Scrittura in senso metaforico, è necessario, che la metafora supposta non sia nè avversa
all'uso degli Ebrei, nè alle leggi del discorso. Imperocchè se essa
fosse opposta alle leggi del discorso, nè tratta dalle cose note agli
Ebrei, i Profeti, che hanno scritto per essere intesi, non l' avrebbero usata. Questa regola è opposta a' falsi documenti di molti: 1°
de' protestanti, i quali contravvenendo a tutte le leggi del discorso,
danno nella spiegazione di quelle parole *Hoc est corpus meum*, il
nome del segno alla cosa significata : questa maniera è lecita solo
quando il segno è determinato a quella significazione dall' uso o da
una particolare convenzione: e questa cosa non avviene nel caso detto; 2° de' Sociniani, i quali attribuiscono alle più chiare parole significazioni metaforiche, le quali non solo sono violentissime, ma
non sono giustificate dall'uso; 3° de' Razionalisti tedeschi, i quali
per distruggere ogni idea soprannaturale, e con essa i Miracoli e le
Profezie, tramutano in allegorie, parabole o miti i più naturali racconti, e danno sensi assurdissimi a' discorsi de' sacri Scrittori.

REGOLA III. È necessario evitare studiosamente di spiegare in
senso metaforico quello, che deve essere inteso in senso proprio, e
di prendere in senso proprio quelle cose, le quali debbono essere dichiarate con senso metaforico. Origene, i Figuristi, Grozio, i Soci-

---

[1]) Per bene intendere le regole, che daremo in questo e nel seguente paragrafo, bisogna ricordare quelle cose , che abbiamo dette nell'Articolo 1,
intorno a' differenti sensi della Santa Scrittura.

niani, i Protestanti di Germania hanno fatto naufragio sul primo scoglio: sul secondo poi gli Ebrei carnali, gli Antropomorfiti, i Marcioniti, i Cristiani giudaizzanti ed i Millenarii antichi e moderni.

REGOLA IV. Per conoscere il senso letterale bisogna sapere le varie significazioni delle parole, non solo le proprie, ma altresì le metaforiche: imperocchè essendo il senso letterale quello, che proviene dalle parole prese secondo queste varie significazioni, è assolutamente necessario conoscere queste. Mezzi per conoscere le varie significazioni de' vocaboli sono: 1° le versioni antiche; 2° l' autorità degli Ebrei; 3° il confronto della lingua ebraica con quelle che da essa sono derivate, o che sono ad essa analoghe; 4° finalmente i luoghi paralleli, i quali riferiscono la medesima cosa. De' quali mezzi si fa uso, solo quando la significazione del vocabolo è oscura, ed è variamente intesa dagl' Interpreti antichi e moderni. Questa osservazione deve essere applicata ancora alla regola seguente.

REGOLA V. Bisogna determinare tra tutte le significazioni di una parola quella, che è convenevole al luogo pigliato a dichiarare. A questo fine è necessario conoscere: 1° la sintassi e gl' idiotismi della lingua ebraica; 2° la natura delle cose, di che si tratta; 3° gli antecedenti ed i conseguenti; 4° lo scopo dell'autore; 5° le circostanze storiche, cioè l'Autore del libro; il tempo e 'l luogo, in che è vissuto; le ragioni per cui ha scritto; gli avvenimenti storici, de' quali parla; le cognizioni, gli usi, i costumi di questo tempo; la storia naturale del luogo dell'Autore; 6° finalmente i luoghi paralleli, ne' quali è narrata la medesima cosa, ed il parallelismo poetico. Questi mezzi non s' hanno a stimare necessari per determinare il senso di ogni parola; ma ne' luoghi oscuri e difficili ad intendere, non se ne può fare a meno. Chi poi volesse illustrare, meglio che sia possibile ad uomo, tutte le difficoltà, che si scontrano in questo libro divino, dovrebbe conoscere la storia e le antichità del popolo ebreo, quelle delle nazioni straniere rammentate da' sacri Scrittori, la cronologia di que' tempi antichi, la geografia de' luoghi nominati nella Bibbia, la storia naturale della Palestina, il clima, gli animali, le erbe, le piante, le pietre preziose di essa. A tutto ciò bisogna aggiungere la cognizione della sua architettura, del suo calendario, delle malattie e della medicina, onde quelle erano a que' tempi antichi curate.

§ III. *Delle regole particolari al senso mistico*

REGOLA I. Non si deve cercare un senso mistico in ogni luogo della Scrittura: questo è un abuso, che noi abbiamo confutato scrivendo contro i Figuristi nell' Articolo I.

REGOLA II. Il senso mistico si conosce per mezzo o della Scrittura, o della Tradizione, quando esse spiegano misticamente qualche luogo dell'Antico Testamento e del Nuovo; o finalmente mediante una perfetta corrispondenza tra il tipo e l'antitipo, cioè tra la figura ed il figurato. Alcuni avversarii de'Figuristi hanno trasgredito questa regola, siccome abbiamo detto nel citato Articolo I.

REGOLA III. Il senso mistico non può essere adotto in pruova, purchè non sia certo, siccome abbiamo detto nell'Articolo I.

APPENDICE

Degli errori de' Protestanti moderni quanto all'ermeneutica sacra, e confutazione de' loro falsi principî

Benchè noi, avutane occasione, abbiamo dato conoscere ed abbiamo confutato parecchi errori de' Protestanti moderni, nondimeno stimammo necessario riunirli qui insieme, affinchè il lettore possa averne un'idea meglio aggiustata e compiuta. Comechè poi tutti i mentovati errori poggino sopra falsi principî di esegesi, ognuno intende il fine, che ci ha mosso a collocare in questo anzi che in altro luogo il sunto, che siamo per farne.

§ I. *Degli errori de' protestanti moderni relativamente alla sacra ermeneutica*

1. I primi Protestanti, per rigettare con qualche apparenza di ragione l'Eucaristia e gli altri Sacramenti furono costretti ad intendere in senso figurato le parole di Gesù Cristo e degli Apostoli, intese da tutta l'Antichità cristiana in senso proprio, e dalle leggi del discorso mostrate tali da essere spiegate secondo il naturale valore de' vocaboli. Ammesso quel falso principio, col quale fu statuito potersi, anzi doversi intendere in senso tropico le parole del sacro testo, quando paiono opposte alla ragione nostra; i Sociniani ne tirarono tutte le conseguenze. Subito sparvero il peccato originale, e l'eternità delle pene; la consustanzialità del Verbo, la processione dello Spirito Santo, il mistero della Trinità, l'Incarnazione e la Soddisfazione di Gesù Cristo furono impugnate, nè poterono essere difese co' principî della pretesa riforma. Il Socinianismo guadagnò tutte le altre sette protestanti; e benchè il popolo si attenesse ancora agli antichi simboli, i ministri avevano una fede affatto differente. Bossuet aveva preveduto e predetto tutti questi eccessi. Ma essi non dovevano contentarsi a cacciar del trono il Figliuolo di Dio, e a rinnegare tutti i suoi misteri: dovevano giungere sino a distruggere ogni Rivelazione ed a mutare la millantata riforma nel deismo. Fino verso la metà del secolo XVIII era stata venerata, come abbiamo detto (p. 12), la inspirazione de' Libri santi: ma nella mentovata

epoca Toelner e Semler impugnarono il dogma fondamentale della riforma, ed ebbero tale successo, che al presente si possono numerare que' Protestanti, che mantengono l'antica credenza. Propriamente da che è cominciato questo errore, ha pigliato origine quella, che è detta *nuova esegesi*. La quale ha dato il bando a' principi irrefragabili ammessi da' vecchi Protestanti; cioè che la Scrittura dell'Antico e Nuovo Testamento contiene la parola di Dio, che è da noverare tra le regole della Fede, che è immune da ogni errore o contraddizione, che deve essere spiegata da sè, che ogni interpretazione contraria all'analogia della Fede deve essere riprovata. Giorgio Lorenzo Bauer nella sua Ermeneutica del Nuovo Testamento, ed Ammon nelle note sull'Ermeneutica del Nuovo tengono questi principi come fonti di errori e come gravissimi ostacoli alla intelligenza delle Scritture. Essi, avendo impugnato la inspirazione de' sacri Scrittori, sono progrediti sempreppiù nel loro errore: hanno perciò negato contenersi nella Scrittura la Rivelazione, ed hanno affermato essere quella chiamata divina sol perchè contiene verità morali e religiose, perchè stabilisce idee di Dio e della creazione più pure e naturali di quelle, che leggonsi ne' libri degli altri popoli. Comechè poi le Profezie ed i Miracoli sono pruove stringentissime della Rivelazione fatta a' Profeti ed agli Apostoli; i nominati novelli esegeti hanno messo tutto in opera per distruggere questi due motivi di credibilità. Le Profezie, secondo essi, non sono altro che o vaghe predizioni di un più felice stato, di una nuova età di oro, siccome leggonsi ne' profani scrittori; ovvero l'annunzio di particolari avvenimenti potuti prevedere da' Profeti per via di congetture nate da una grande perspicacia di mente; o finalmente, se sono troppo chiare, impudentemente affermano che esse sono state scritte dopo il fatto. I miracoli non sono, secondo i loro principi, altro che fatti naturali trasformati dalla ignoranza degli Apostoli, o dalla credulità degli Ebrei e de' Cristiani in fatti miracolosi, i quali la nuova esegesi ha pigliato a spiegare secondo verità. E per dare saggio della novella interpretazione riferiremo la maniera, onde essi distruggono i più strepitosi prodigi di Gesù Cristo e degli Apostoli. I pastori di Betlem, che si dicono illuminati dalla gloria del Signore, non videro altro lume, se non quello di una lanterna messa loro innanzi gli occhi. Gesù Cristo nuotava, o camminava sul lido, allorchè si dice avere Egli camminato sulle onde; e quando con voce imperiosa abbonacciò la tempesta, prese il timone e con mano esperta campò il battello dalla fortuna. Naturalmente si spiega il nutrimento dato miracolosamente a più migliaia di persone, dicendo che egli avea riserbato in occulte conserve i cibi offerti, o che le turbe consumarono quel cibo, che ognuno avevasi messo in tasca antecedentemente. Erano presi da letargo i morti da Lui risuscitati, nè E' medesimo era veramente morto, quando fu annunziata la sua Risurrezione. La sua discesa all'inferno vuol dire che fu sepolto; e la sua Ascensione al Cielo si spiega facilmente affermando, che egli col favore di una densa nebbia si sottrasse dalla presenza de' suoi discepoli, e passò alla opposta china del monte. Un fulmine cadde innanzi a s. Paolo, allorché questi si vide involto in una luce celeste, tra la quale gli apparve Gesù [1]. Le varie lingue, che parlavano i primi fedeli, erano state da essi apprese naturalmente: tutti i demoniaci del Nuovo Testamento erano infermi o lunatici. Sono queste le interpretazioni assurde ed empie che leggonsi ne' commenti de' nuovi esegeti, come Ammon, Thiess, Gabler, Flugge, Eckermann, Paulus ed altri di questo immondo branco. Sono questi i lumi recati dalla nuova esegesi: la quale sarebbe meno nauseante ed irragionevole, se con audacia negasse l'autenticità del Nuovo Testamento; anziché pretendere di spiegare in maniera così violenta e ridicola i prodigi in esso riferiti. Questa verità era stata intesa da Mauvillon di Brunswick, allorché interrogato dal suo amico de Knoblanch consigliere a Dillenburgo intorno alla spiegazione naturale, che potrebbe darsi a' miracoli del Vangelo, rispose con semplicità: « Voi uscireste più facilmente d'impaccio dicendo, che nessuno ignora le malizie, che narrano simiglianti avventure; che esse sono narrate da insigni mentitori, e che è una mera storiella tutto ciò, che è allegato a provare la loro probità [2] ».

2. Vinti questi nuovi esegeti dalla forza delle pruove, le quali stabiliscono l'autenticità della Scrittura, hanno imaginato una maniera d'interpretazione molto acconcia al fine propostosi, cioè di fare ad ogni costo andare in fumo tutto il soprannaturale della Bibbia. Avendo essi notato molti miti negli scrittori pagani, hanno stimato opportuno pretendere, che anche gli Scrittori dell'Antico e Nuovo Testamento abbiano fatto uso di miti. Quindi per essi sono narrazioni mitologiche la storia della Creazione, della caduta di Adamo, del diluvio, di Giuseppe, di Sansone: anzi l'impudentissimo Bauer nella Ermeneutica dell'Antico Testamento è giunto al segno da dare le regole per dichiarare questi miti. Il Wecklein, mandato nel 1805 dal governo prussiano a Munster per insegnare ivi la nuova esegesi, non si peritò di affermare nelle sue lezioni, che il rapimento di Henoch e di Elia era tanto vero quanto quello di Ganimede; che l'apparizione dell'Angelo ad Agar nel deserto era di ugual valore che l'apparizione di Apollo a Diomede; che il comando fatto da Dio a Ciro, la voce udita da Caino erano pregiudizi, sogni o ima-

---

[1]) Ved. il barone de Starck, *Entretiens Philosophiques*, p. 136-140, Paris 1821.

[2]) *Ibid.* p. 41.

ginazioni; che Abramo, Isacco, Giacobbe per illusione credettero parlare con Dio; che Iddio soccorse Noè nella fabbrica dell' arca, come Diana soccorse Strofio; che Dio diè forza a Gedeone ed a Sansone a quel modo, onde Giove diè vigore a' Troiani. Queste sono le empietà beffarde ed assurde, che sfrontatamente insegnò in una scuola cattolica l'allievo di Schelling, e di Paulus, ambedue professori alla Università di Wurzburgo, e zelanti patroni della nuova esegesi. Una interpretazione de' sacri monumenti tanto strana ed empia doveva menare alla incredulità totale: e perciò senza tema hanno quest'interpreti affermato, essere il JEHOVA degli Ebrei non Creator del mondo e Padre degli uomini, ma uno di quegl' iddii de' quali non si può determinare il numero: un nume per cui ogni cuore sensibile restava chiuso, e da cui ogni spirito pensante si alienava; un feticcio, un penate della famiglia di Abramo, di Davide, e ne' tempi posteriori innalzato alla dignità di Creatore del Cielo e della terra da Salomone e da' Profeti. Mosè essere un impostore, la Religione mosaica priva di miracoli e di umanità, i Profeti scaltri ingannatori, la fede in essi avere introdotto e fomentato la incredulità sulla terra [1].

3. La mano non regge la penna per dichiarare le bestemmie, che questi svergognati profferiscono contro Gesù Cristo, gli Apostoli ed il Nuovo Testamento: diremo adunque in iscorcio le somme cose. Secondo questi maravigliosi lumi della nuova esegesi, Gesù Cristo è un *nobile teurgo ebreo*, un entusiasta, il quale non aveva intenzione d'ingannare; ma è stato ingannato, prima che fosse stato agli altri occasione di errore: che gli Apostoli erano uomini di intendimento crasso e limitato, e quantunque fossero di retta intenzione, non erano fatti per comprendere il loro maestro e per innalzarsi all' altezza, nella quale egli era collocato [2]: che gli scritti del Nuovo Testamento non possono produrre una Religione bene collegata e bene avverata; essi contengono vere contraddizioni, e sarebbe meglio nulla conoscere delle azioni e della persona di Gesù Cristo; che la Bibbia, massime il Nuovo Testamento, è un ostacolo al progresso de' lumi, e che non essendo più confacente pe' nostri tempi è divenuto affatto inutile; che questo documento è una sorgente di fanatismo acconcio a fare ricadere gli uomini nel papismo; da ultimo che potrebbe ognuno bastare a sè medesimo in fatto di Religione, se si sopprimesse questo libro, anzi se si giungesse persino a dimenticare il nome di Gesù Cristo [3].

4. La nuova esegesi, distrutta la Rivelazione ed ogni Religione positiva, si è ancora occupata del corrompimento della morale cri-

---

[1] Cf *Entret. philosoph.* p. 136, 137.—[2] *Ibid.* p. 120-122.
[3] *Ibid.* p. 136, 137.

stiana; conseguenza inevitabile, conciossiachè la morale poggi sulla
Fede. Per ciò quest'interpreti senza rossore hanno affermato doversi
noverare tra le reliquie del monachismo la monogamia e le unioni
non procedenti da matrimonio; la sensualità fuori del matrimonio
essere tanto immorale quanto nel matrimonio stesso; questa doversi
schivare da chi vuole, solo perchè si oppone agli usi delle persone,
con le quali vivesi; gli eccessi in essa commessi essere per lo più puniti con la perdita dell'onore e della salute [¹]. Vedi frutti della nuova esegesi! Dottrine empie, bestemmie orrende, che i moderni dottori con mano ferma hanno scritto ne' loro libri, e con viso melato
hanno predicato alla gioventù!

§ II. Confutazione de' falsi principî di ermeneutica de' Protestanti moderni

Non è opera difficile confutare i falsi principî, su' quali poggia la
orribile egesi de' protestanti moderni.

1. Il solo annunzio delle empie massime loro basta a farle rigettare
con orrore da tutti coloro, i quali hanno conservato qualche senso
di Religione: imperocchè chi può tenere come regola legittima d'interpretare i Libri santi quella, che distrugge ogni Rivelazione, annulla
le Profezie, i Miracoli, i Misteri, i dogmi e la morale? quella interpretazione, che tiene Gesù Cristo per un entusiasta o un impostore,
gli Apostoli per uomini o furbi o stupidissimi, tutte le Chiese del
mondo dalla loro origine sino a' dì nostri per schiave della ignoranza e del fanatismo?

2. La Scrittura non deve essere interpretata in quel modo, che
nessuno vorrebbe usare nella interpretazione di qualunque libro profano: e chi non sarebbe accusato di sfrontatezza, se osasse interpretare gli storici ateniesi e romani, siccome osano i nuovi esegeti interpretare le storie tanto chiare e semplici del Nuovo Testamento?
Leggendo in Tito Livio e Svetonio fatti meravigliosi, ognuno dice
essere questi storici caduti in errore; ma nessuno osa far violenza
alle loro parole per pescare in esse fatti, a' quali gli autori non
hanno mai pensato. I libri del Nuovo Testamento sono autentici,
per confessione degli stessi esegeti moderni: per ciò debbono essere
presi nel loro senso proprio e naturale, nè può chicchessia, senza
violazione di tutte le leggi del discorso, trovare in essi tropi tanto insoliti e straordinari, quanto sono gl'imaginati dalla nuova interpretazione per eliminare Misteri e Miracoli. Chi volesse ammettere simili tropi negli altri libri, non lascerebbe di oscurare le leggi

-----

[¹] Ibid. p. 156, 157.

più manifeste, non potrebbe non alterare la più costante ed universale dottrina.

3. Il Nuovo Testamento, che sin da' primi tempi fu tra le mani de' Cristiani, e che fu una delle regole della loro fede e de' loro costumi; necessariamente ha dovuto essere inteso al meno ne' punti essenziali , e questa intelligenza del senso di questo divin libro ha dovuto mantenersi e tramandarsi perpetuamente nella Chiesa. Sempre poi la Chiesa ha creduto fermamente, che Gesù Cristo è Dio, che egli ha preso la carne, che è morto per noi, è risuscitato, è salito al Cielo per prepararci il luogo, che Egli ha veramente operato i Miracoli riferiti nel Nuovo Testamento. Questo dunque è il senso legittimo e vero del Nuovo Testamento, nè varrebbero ad estinguerlo tutti gli sforzi de' nuovi esegeti. Questo consenso unanime delle Chiese primitive, relativamente a' punti di dottrina del nuovo Testamento ed a' fatti sustanziali della Religione, è simile ad uno scoglio, su cui romperanno tutte le nuove interpretazioni de' Protestanti, Sociniani e Razionalisti. *

---

*) Aggiungasi che sin da' primi tempi i Padri, i Dottori, i Vescovi, i Concili, la Chiesa universale hanno detestato e condannato quegli uomini, i quali hanno osato esporre in altro senso le parole del Vangelo, ed hanno confessato una fede affatto contraria a quella della Chiesa, e più o meno consuonante con le empietà de' nuovi esegeti. Questo dunque dimostra, che la Chiesa era certissima del senso, in cui debbonsi intendere i fatti narrati nel Nuovo Testamento. S. Ireneo, scrivendo a Florino contro i partigiani di Marcione, dice che egli giovanetto aveva conversato con s. Policarpo vescovo di Smirne e discepolo degli Apostoli, e che dalla bocca di lui aveva udito i colloquii avuti da questo illustre uomo con gli Apostoli e specialmente con s. Giovanni: fra le altre cose parlava de' miracoli e della dottrina del Salvatore: *prout ab iis, qui verbum vitae ipsi conspexerant, Polycarpus acceperat, eodem prorsus modo referebat, in omnibus cum Scriptura sacra consentiens* (Euseb. Caes. Hist. eccl. l. V, c. XX). Soggiunge il medesimo s. Ireneo, che se innanzi al venerando Policarpo fossero state proferite le bestemmie di Cerdone, Marcione ed altri eretici de' primi tempi: *Exclamaturum continuo, et obturatis auribus suis dicturum fuisse prout ipsi moris erat: Deus bone, quae me in tempora reservasti, ut haec sustinerem! Atque ex loco ipso aufugiturum, in quo seu stans, seu sedens, ejusmodi sermones audiisset* (Ibid). La necessità scusa qualunque apparenza di diffusione : si tratta di un subbietto di somma importanza, perciò non sarà inutile soggiungere come conseguenza delle cose premesse le rilevanti parole di uno Scrittore anonimo, riferito dal medesimo Eusebio, e da taluni stimato Caio Prete Romano: confutando i partigiani dell'eresia di Artemone (*quas Christum merum hominem esse dicebat*), scrive queste memorande parole : *Proinde istos, qui infidelium auribus ac disciplinis ad stabiliendam haeresis suae opinionem obutuntur, et subtili impiorum hominum versutia SIMPLICISSIMAM DIVINARUM SCRIPTURARUM ADULTERANT FIDEM, remotissimos esse a fide quid at-*

4. Non si debbono mai supporre, specialmente nelle storie scritte con stile semplicissimo, tropi insoliti e straordinarii, ellissi o reticenze non consentite dal contesto: la profondità delle cose dette, la loro apparente incompatibilità con le nostre idee non sono ragioni per fare ciò; altrimenti il linguaggio umano sarebbe in modo mirabile indeterminato e vago. L'uso comune del discorso, il contesto, lo scopo dell'autore, e le altre circostanze sono i mezzi, che debbono servire a determinare il senso delle parole di un libro qualunque. Nè perchè una parola può avere qualche volta alcune significazioni strane negli scrittori orientali, come ancora ne' greci e latini; si può stabilire, senza violare le leggi del buon senso, questa medesima regola quanto agli Scrittori sacri, a solo fine di distruggere i miracoli ed i misteri; massimamente quando tutta l'antichità ha preso queste parole in senso proprio ed ordinario. I novelli esegeti, i quali questo vogliono fare e fanno, distruggono le leggi della retta ermeneutica.

Ma sarà bene sviluppare alquanto e provare questi rimproveri, che facciamo a' Protestanti, Sociniani e Razionalisti partigiani della nuova esegesi. I Protestanti contro l'uso del discorso e l'autorità degli antichi hanno introdotto un tropo nelle parole, con le quali il Salvatore istituì l'adorabile Eucaristia. I Sociniani mediante tropi e metafore, di cui non possono giustificare l'uso, distruggono i dogmi più rilevanti del Cristianesimo, quali sono la Trinità, la Divinità di Gesù Cristo, il merito della soddisfazione, creduti in ogni tempo nella Chiesa: e facendo ciò essi violano tutte le leggi del discorso, e peccano contro il buon senso pretendendo di sapere intendere la dottrina apostolica meglio de' discepoli degli Apostoli e delle primitive Chiese fondate da questi. Finalmente i Razionalisti tedeschi, i quali non veggono oltre natura ne' miracoli più strepitosi del Vangelo, sono obbligati a dire, che gli Scrittori sacri sono caduti in grossolano inganno stimando miracoli i più comuni e naturali successi, ovvero che quelli hanno usato un linguaggio stranissimo e straordinario tanto da indurre in inganno tutti i Cristiani, e che era riservato a' lumi della nuova esegesi mostrare il vero senso di quelle parole. La prima ipotesi distrugge ogni autorità della testimonianza apostolica; la seconda è un assurdità palpabile, essendo audacia il pretendere dopo diciotto secoli di sapere meglio de' contemporanei comprendere il senso di una storia. Se fosse lecito d'introdurre in un libro ellissi, che non sono chieste dal contesto, di dare alle parole significati rari e non pruovati dall'uso de' tempi, ne' quali scriveva

---

tinet dicere ? . . . . *Aut enim sacras Scripturas a Sancto Spiritu dictatas esse non credunt, ac proinde infideles sunt: aut semetipsos Spiritu Sancto sapientiores esse existimant, ac proinde quid aliud sunt quam daemoniaci?* (*Ibid.* l. VI, ult.) (*Nota del Traduttore*)

l'autore; non rimarrà nessuna istoria, per quanto sia chiara, esente da tenebre.

5. È vero che non tutti i Razionalisti de' giorni nostri procedono sino a questo segno; la loro empietà non è tanto svergognata; queste orribili bestemmie non hanno mai macchiato i loro scritti: ma essi suppongono che la Scrittura non è inspirata, che non contiene nessuna Rivelazione: se non ammettessero questo principio, non potrebbero affermare che nella Scrittura sono contraddizioni, falsità, miti; nè potrebbero indebolire le Profezie ed i Miracoli a segno da spiegarli come avvenimenti meramente naturali. In sostanza, la verità non trae alcun pro da quella moderazione nelle parole: imperocchè la dottrina di questi più moderati esegeti non lascia di distruggere i fondamenti del Cristianesimo distruggendo la divina autorità della Scrittura, la quale è divinamente inspirata e contiene reali Profezie e veri miracoli: siccome è invittamente dimostrato dagli Apologisti.

Molti de' teologi tedeschi si sono dichiarati difensori della Rivelazione; tra gli altri possiamo allegare Neander, Steudel, Twesten, Hahn, Olshausen, Heubner, Hengstenberg, Tholuck, Haevernick: ma essi sono protestanti e però sono costretti ad ammettere il principio stabilito da Lutero, che il senso interno di ogni uomo può solo decidere della verità o falsità di una dottrina. Di qui deriva che tutti i loro argomenti rimangono snervati ed inefficaci a combattere il Razionalismo, il quale si schermisce con questo principio radicale della Riforma. L'autorità della Tradizione, l'autorità della Chiesa Cattolica sono le sole armi opportune, il solo scudo impenetrabile da opporre a' Razionalisti; e questa verità è necessario far loro riconoscere.

PARTE SECONDA

INTRODUZIONE PARTICOLARE

L' Introduzione particolare si divide in otto sezioni, le quali trattano le seguenti cose: la prima è assegnata al Pentateuco ; la seconda a' libri storici dell'Antico Testamento ; la terza a' Profetici; la quarta a' Sapienziali; la quinta agli Evangelii ; la sesta agli Atti Apostolici ; la settima alle Epistole Canoniche; l'ottava ed ultima all' Apocalisse.

OSSERVAZIONI PRELIMINARI

NELLA prima parte abbiamo dimostrato che tutti i libri dell'Antico e Nuovo Testamento sono stati scritti per ordine di Dio e per inspirazione dello Spirito Santo: abbiamo pure dimostrato essere questi oracoli divini giunti a noi puri di qualunque alterazione sustanziale tanto ne' fatti, che nella dottrina. Sarebbe però inutile e superfluo trattare della divinità ed interezza de' singoli libri: nondimeno talora sarà mestiero dire di ciò per rispondere a qualche speciale difficoltà.

Notiamo pure, che in questa *Introduzione* noi dobbiamo attenerci alle difficoltà generali: le particolari formano il subbietto dell' altra opera nostra, che ha per titolo: *I Libri Santi vendicati* ecc.

PRIMA SEZIONE

Introduzione particolare al Pentateuco

CAPO I.

Del subbietto del Pentateuco

Il nome *Pentateuco* viene da due vocaboli greci πέντε, *cinque*, e τεῦχος, *libro*. Or i cinque libri contenuti nel Pentateuco sono il *Genesi*, l'*Esodo*, il *Levitico*, i *Numeri*, il *Deuteronomio*. Questi nomi si leggono nella Versione de' Settanta, donde sono trascorsi nella Volgata. Nelle Bibbie ebraiche ognuno di essi, eccetto i *Numeri*', piglia nome dalla prima parola, onde ciascun libro incomincia. Tutti i cin-

_____

*) Nondimeno nel *Prologo Galeato* di s. Girolamo questo Libro è ancora nominato dal primo vocabolo, onde comincia, siccome diremo a suo luogo.

que Libri sono dagli Ebrei nominati תּוֹרָה, *Toràh*, *Legge* [1], essendo
ivi contenute le Leggi, che Iddio diede al popolo ebreo.

Il *Genesi*, ebraicamente בְּרֵאשִׁית, *Berescid*, *nel principio*, in greco Γένεσις, *origine*, è così nominato, perchè ivi è narrata l'origine
del mondo. Contiene la creazione dell'universo, di Adamo e di Eva;
la storia della loro innocenza e felicità, della loro colpa e castigo;
le generazioni da Adamo sino a Noè, e la corruzione dell'antico mondo. Descrive poi la storia del diluvio e di Noè, stipite del mondo nuovo; la costruzione della torre di Babel, la dispersione de' popoli, la
serie delle generazioni da Noè ad Abramo. Leggesi ivi ancora la vocazione di Abramo, padre del popolo di Dio, la sua storia, le promesse a lui fatte, la legge della circoncisione, la distruzione delle cinque
città peccatrici, la storia di Isacco, la promessa fatta da Dio a questo, la fine della storia di Abramo. Finalmente ci dà leggere questo
Libro la storia di Giacobbe e le promesse a lui fatte da Dio, la numerazione de' figliuoli di Edom o Esaù, padre degl'Idumei; la storia
del patriarca Giuseppe, l'emigrazione della famiglia di Giacobbe in
Egitto, le benedizioni profetiche date da questo Patriarca a' dodici
figliuoli suoi ed a' due di Giuseppe: nelle quali benedizioni è annunziato il Messia. Il Genesi perciò ne' suoi 50 capitoli contiene, secondo i computi cronologici di Usserio, 2369 anni, cominciando dalla
Creazione sino alla morte di Giuseppe.

L'*Esodo*, in greco Ἔξοδος, *uscita*, in ebraico וְאֵלֶּה שְׁמוֹת, *Veèlle
scemód*, che vuol dire *E questi i nomi*, racconta la schiavitù degl'Israeliti in Egitto, la nascita e vita di Mosè, le dieci piaghe di
Egitto, il passaggio del Mare Rosso, la manna del deserto, la legge
data sul monte Sinai, la costruzione del Tabernacolo e la descrizione de' vasi, arnesi ed ornamenti di esso. I 40 capitoli di questo Libro
narrano 145 anni di storia del popolo ebreo, dalla morte di Giuseppe sino al secondo anno della loro uscita di Egitto.

Il *Levitico*, in greco Λευιτικὸν, è così detto dalla tribù di *Levi*,
per la quale massimamente fu scritto. In ebraico è chiamato וַיִּקְרָא,
Vajiqrá, cioè *E chiamò*, perchè come abbiamo detto, questa è la
sua prima parola. Contiene 27 capitoli, ne' quali sono scritte le leggi da osservarsi da' Sacerdoti e Leviti, trattasi del loro ordine e ministero, de' sacrifizi che essi dovevano offerire, e delle feste da celebrare. I Rabbini lo hanno perciò nominato *Legge de' Sacerdoti e
legge delle offerte*. I fatti in esso narrati contengono lo spazio di
un mese, cioè dalla costruzione del sacro Tabernacolo, la quale cadde nel primo giorno del primo mese dell'anno secondo dell'uscita di
Egitto, sino al secondo mese, quando fu numerato il popolo.

_____

[1] Vedi la nota 2, p. 39, ove abbiamo fatto una osservazione su questo
nome.

I *Numeri*, in greco 'Αρθμοι, in ebraico sono chiamati da s. Girolamo [1] וידבר, *Vajdabbér*, cioè *E disse*, perchè con questa parola comincia il Libro; ma questo nome non è usato, ed invece in tutte le Bibbie ebraiche è addimandato במדבר, *Bemidbár*, che è la quinta parola del Libro, e vuol dire *nel deserto*. Questo titolo è ad esso convenientissimo; perchè esso non solo contiene la numerazione de' guerrieri d'Israele, de' primogeniti e de' Leviti, donde ha tratto il nome greco e latino; ma ancora le leggi date da Dio agli Ebrei nel deserto, e la storia del popolo mentre abitò ivi. I 36 capitoli abbracciano circa 39 anni, cioè dal secondo anno dell'uscita di Egitto sino alla fine de' 40 anni, ne' quali gli Ebrei furono pellegrini nel deserto. I capitoli XXII, XXIII, XXIV narrano la storia di Balaam, cui Balac, re de' Moabiti, chiamò per fare maledire agli Ebrei: ma in vece questi furono benedetti, e fu da quel Profeta prenunziata la loro futura prosperità. Tra le altre cose Balaam disse questa (XXIV, 17): *Una stella uscirà da Giacobbe, ed una verga sorgerà da Israele: essa percuoterà i duci di Moab, manderà in rovina tutti i figliuoli di Seth.* La Tradizione Giudaica e Cristiana insegna, che questo luogo è una profezia riguardante al Messia. Nel capitolo XXII, 28, leggesi che l'asina di Balaam parlò: il quale luogo ha dato occasione a varie interpretazioni. Alcuni han pensato, che il discorso dell'asina non sia altro che una fantasia del Profeta suo padrone; altri credono, che sia un racconto di Balaam a' Moabiti, narrato da questi stessi all'Autore del Libro de' Numeri: ma la massima parte degli Interpreti ragionevolmente tiene per certo avere l'asina realmente parlato [2].

Il *Deuteronomio*, Δευτερονόμιον, o *Seconda Legge*, ebraicamente אלה הדברים *Élle haddevarim*, cioè *Queste le parole*. Contiene 34 capitoli, ne' quali leggesi una ripetizione delle leggi già conosciute, parecchie leggi nuove, ed alcune spiegazioni delle antiche. Questa seconda legge fu pubblicata da Mosè poco innanzi la sua morte [3], la quale cadde negli anni del mondo 2553. Narra la storia di circa due mesi.

La legislazione forma la parte principale del Pentateuco. La Ge-

---

[1] Hier. *Prol. Galeat.*

[2] Ved. *I Libri santi vendicati* ecc., t. I, p. 472 seg., dove abbiamo a lungo discusso questa storia.—Notisi, che le sentenze mentovate, le quali vorrebbero spiegare in altro modo il fatto dell'asina, possono essere sostenute solo da quelli, i quali non tengono come inspirata la Scrittura: imperocchè chi ciò crede, non può dubitare del fatto, il quale è spiegato dall'autorità infallibile della Santa Scrittura medesima. Il Principe degli Apostoli afferma che *subjugale mutum animal, hominis voce loquens, prohibuit Prophetae insipientiam* (*II Petr.* II, 16). (*Nota del Traduttore*)

[3] *Deut.* XXXI, 9-13, 24-26.

nesi è una Introduzione, la quale ha con la legislazione un collegamento necessario, senza cui le rimanenti cose sarebbero incompiute: imperocchè non possono intendersi bene le leggi degli Ebrei, ignorata la loro origine, e le relazioni avute con Dio da' loro maggiori. I fatti storici scritti negli altri libri erano acconci solo a darci conoscere o la maniera, onde fu la legge data agli Ebrei; o la loro testarda resistenza; o i castighi, onde Iddio punì i prevaricatori; o i prodigi operati per liberare il popolo dalla servitù egiziana e condurlo nel deserto; o finalmente l'opportunità e l'occasione di ciascuna legge.

CAPO II.

Dell' autenticità del Pentateuco

La comune sentenza attribuisce il Pentateuco a Mosè; la quistione adunque dell'autenticità si riduce a conoscere, se sia Mosè veramente autore di questo Libro. Pochi critici hanno ricusato di attribuirlo intieramente a lui; ma un gran numero, specialmente tra' tedeschi, ne attribuiscono a lui pochi frammenti di leggierissima importanza. Essi si fondano sul pretesto, che il Pentateuco non dia vedere altro che semplici memorie: alcune di queste sono, essi dicono, scritte da Mosè, altre da qualcuno de' suoi contemporanei e raccolte da qualche compilatore, il quale non contento di metterle insieme, vi ha fatto molte giunte. Alcuni vogliono, che questa compilazione sia stata fatta tra' tempi di Giosuè e Samuele, altri a' tempi di Davide, alcuni altri nel tempo dell'esilio babilonese, molti altri finalmente a' tempi di Esdra. Secondo Riccardo Simon Mosè avrebbe scritto le sole leggi del Pentateuco, lasciando la parte storica agli *Scribi* o *pubblici notai*, i quali avevano il titolo di *Profeti*. Carlo le Cène, ministro protestante, ed Astruc, medico di Bruxelles, pensano essere il Genesi una mera compilazione di varie memorie scritte da autori ignoti, le quali Mosè non fece altro che mettere insieme [1]. Le quali opinioni sono tutte più o meno indirizzate a distruggere l'autenticità del Pentateuco: noi confuteremo le une nella proposizione seguente, la quale, benchè non sia di Fede, pare irrefragabile; [*] e combatteremo le altre nelle nostre repliche alle Difficoltà degli avversari.

----

[1]) Le Cène, *Bible*, t. I, p. 9, col. 2, e p. 10, col. 1; Astruc, *Conjectures sur les mémoires originaux, dont il paroît que Moïse s'est servi pour composer le livre de la Genèse, avec des remarques qui appuient, ou qui éclaircissent ces conjectures*, Bruxelles 1753.

[*]) Se per proposizione di Fede s'intende una definizione di Concilio, può dirsi che non sia di Fede esser Mosè autore del Pentateuco: perocchè nessun Concilio, per quanto sappiamo, lo ha definito. Ma siccome non solo quello, che è definito da' Concili, appartiene alla Fede; non possiamo ade-

PROPOSIZIONE

Mosè è autore del Pentateuco

I. PRUOVE ESTRINSECHE. Tra queste pruove vanno noverate la tradizione costante ed unanime degli Ebrei e de' Cristiani , il Pentateuco Samaritano, la testimonianza dell' antichità profana.

1. L' autenticità del Pentateuco è presso gli Ebrej un dogma fondamentale, e tra' Cristiani è al meno un fatto costante e tenuto come essenziale nella storia della Religione. * Alcuni eretici de' primi tempi pare abbiano dubitato, se fosse Mosè autore di tutto quello che leggiamo ne' libri, i quali portano il nome suo: essi non sapeva-

rire all' opinione dell' Autore. Per aversi una dottrina di Fede cattolica bastano due requisiti: 1° La Rivelazione di Dio pe' Profeti, Apostoli, o Scrittori canonici; 2° L' insegnamento della Chiesa, la quale proponga quella dottrina come rivelata: questo insegnamento può derivare tanto da un Concilio, quanto dal sentimento generale de' fedeli. Ed ambedue questi requisiti concorrono nel subbietto. Abbiamo la Rivelazione, che c' insegna essere Mosè autore del Pentateuco. Innumerabili sono i luoghi della Santa Scrittura, che ce ne assicurano: citeremo i principali del Nuovo Testamento, Matth. XIX, 7, 8, XXII, 24; Marc. VII, 10, X, 5, 4, XII, 19; Luc. XVI, 29, 31, XX, 28, XXIV, 27; Joan. I, 17, 45. Sappiamo la opposizione, che ci può esser mossa per distruggere la nostra asserzione, ed è questa : Ivi si parla della Legge data per mezzo di Mosè; si dice dunque Mosè autore, cioè banditore della Legge, non del Pentateuco, ove questa Legge è contenuta. A questa difficoltà opponiamo due repliche: la prima è, che presso gli Ebrei il Pentateuco era chiamato *Legge*, siccome tutti sanno; la seconda più diretta è questa: Leggonsi nel Nuovo Testamento altre testimonianze, dalle quali apparisce Mosè autore del Pentateuco , Marc. XII, 26: non si parla di leggi, sì dell' apparizione di Dio a Mosè, e si dice essere questa scritta in *Libro Moysi*. Luc. XXIV, 27, ove si parla delle Profezie riguardanti al Messia, le quali non stavano letteralmente espresse nelle Leggi, ma sì nel volume, che ivi è attribuito a Mosè: *Et incipiens a Moyse*. Joan. I, 45, Filippo annunzia a Nathanaele il Messia, il quale era annunziato nel Libro di Mosè, non nelle Leggi: *Quem scripsit Moyses in lege*. Finalmente negli *Atti Apostolici* (XV, 21) s. Giacomo afferma, che sin da' tempi antichi si leggeva ogni Sabbato nella Sinagoga Mosè: forse le leggi da lui pubblicate ? no, ma il Libro scritto da Mosè, il Pentateuco, e secondo gli Ebrei la Legge, ove tra le altre cose stavano i precetti delle cerimonie e della legge data al popolo.—In secondo luogo abbiamo l' insegnamento della Chiesa, la quale col sentimento generale de' fedeli propone questa dottrina come rivelata; ciò non occorre dimostrare, perchè andremmo troppo per le lunghe in un articolo troppo manifesto. L' Autore medesimo nella proposizione seguente, n. I, dice esser questa *Fede pubblica ed universale della Chiesa*. (*Nota del Traduttore*)

*) Leggi la nota precedente.

no addurre altra pruova contro questa fede pubblica ed universale della Chiesa, se non l'impossibilità di conciliare la loro dottrina con alcuni passi di Mosè. Nel modo stesso Eichhorn in questi ultimi tempi ha sostenuto generalmente l'autenticità del Pentateuco; ma disperando di potere con una spiegazione pura e semplice del testo conciliare le difficoltà, che il Pentateuco metteva innanzi al sistema dogmatico da lui formatosi precedentemente, ha preteso nell'ultima edizione della sua *Introduzione*, che le parti principali di questo Libro fossero una compilazione fatta nel tempo scorso tra Giosuè e Samuele; e che se Mosè ne ha scritto qualche frammento, non hanno però lasciato di pigliar parte a quest'opera i contemporanei di lui, ed il compilatore molto vi ha aggiunto di proprio. Ma nè l'opinione degli antichi eretici, nè la nuova opinione di Eichhorn varrebbero a contrappesare la testimonianza unanime di tutta la nazione giudaica, la quale depone intorno ad un fatto, che è tutto suo, ed è avvenuto in mezzo ad essa, sotto gli occhi de' suoi padri. Chi scorre tutti i libri dell'Antico Testamento, o storici, o profetici, scorgerà due cose: 1° essere stato supposto come fatto certo presso gli Ebrei, che Mosè ha lasciato un libro contenente le sue leggi; 2° che questo libro, di cui parlano così spesso i sacri Scrittori, e che essi attribuiscono a Mosè, è il Pentateuco di oggidì.

I. Gli Ebrei hanno sempre tenuto come fatto certo, che Mosè ha lasciato un libro contenente le sue leggi. E dapprima il Pentateuco medesimo ci insegna, che Mosè è autore di alcuni scritti: nel capitolo XVII, 4, dell'Esodo Iddio comanda a Mosè di scrivere *nel libro* le perfidie degli Amaleciti, la guerra sostenuta contro di essi, la loro futura distruzione. Nel medesimo libro (XXIV, 47, XXXIV, 27) si dice chiaro, che Mosè ha scritto non solo le leggi, ma ancora le varie apparizioni di Dio, e però la parte storica del Pentateuco. Nel capitolo XXXIII, 1, 2, de' Numeri si legge, che Mosè ha descritto le fermate degli Ebrei nell'Arabia Petrea. Il Deuteronomio ne fa sapere, che Mosè scrisse la legge e la diede a' Sacerdoti, figliuoli di Levi... ed a tutti i Seniori d'Israele... E quando ebbe finito di scrivere in un libro gli ordini di questa legge, diede lo scritto a' Leviti, i quali portavano l'arca dell'alleanza del Signore, dicendo: Pigliate questo libro e ponetelo dallato all'arca del Signore vostro Dio, affinchè serva di testimonianza contro di voi [*]. Questo libro scritto da Mosè, e messo tra le mani de' Sacerdoti, è quello stesso, che i re dovevano trascrivere per loro uso, siccome comandava la legge [*]; è quel medesimo, che fu trovato nel Tempio sotto Giosia [*]. E o si voglia intendere della Legge intiera, o sia da restringere al solo Deuteronomio,

[*] *Deut.* XXXI, 9-26. — [*] *Ibid.* XVII, 18, 19.
[*] *IV Reg.* XXII, 8, 2; *Par.* XXXIV, 14.

dalle citate testimonianze apparisce chiaro, che Mosè è autore di tutto il Pentateuco, imperocchè il Deuteronomio è il compendio, la ricapitolazione de' libri precedenti (ved. p.189); e però tutti debbono essere opera del medesimo autore.

Tutti i Libri dell'Antico e Nuovo Testamento rendono testimonianze chiarissime all'autenticità del Pentateuco. La parte storica, non meno che quella riguardante alla legislazione sono in essi citate. Basta dare un'occhiata a quelle Bibbie, le quali notano le concordanze del sacro testo, per conoscere, che tutti gli Scrittori divinamente inspirati, da Giosuè sino all'Apostolo s. Giacomo, hanno riferito in molti luoghi le parole di Mosè, o hanno fatto chiare allusioni ad esse [*].

Finalmente Filone, Giuseppe, tutti i Talmudisti e Rabbini ci danno il Pentateuco come opera di Mosè.

II. Negli Scrittori dell'Antico e Nuovo Testamento si trova citato un *Libro della Legge*, attribuito costantemente a Mosè: e questo libro, che in tutti i tempi ed in tutte le età è stato riverito come il codice delle leggi religiose, civili, politiche e militari del popolo ebreo, non può essere altro che quello da noi chiamato Pentateuco: Dapprima, il Pentateuco è il solo libro conosciuto, il quale abbia portato il nome di Mosè: i nostri più accaniti avversari sarebbero in grande impaccio, se volessero smentirci intorno a ciò. Ed in questo caso con quale fondamento negherebbero al Legislatore degli Ebrei un'Opera attribuita a lui da tutta la sua nazione concordemente, per farlo autore di non so qual altro libro, di cui non rimane alcun vestigio nè nella storia, nè nella tradizione giudaica? Secondamente, i passi de' vari autori dell'Antico e Nuovo Testamento, ove si fa menzione de'libri di Mosè, o presuppongono, o indicano, o riferiscono in termini espressi alcuni fatti e talune leggi, le quali si leggono nel Pentateuco: anzi questi luoghi non dicono veruna cosa, la quale non sia in qualcuno de' cinque libri di Mosè. E qual prova più stringente della identità del Pentateuco e del libro, il quale è perpetuamente citato col nome di Mosè? In terzo luogo, que' caratteri medesimi, onde sono designati nel Pentateuco gli scritti attribuiti a Mosè, convengono affatto a'libri, che portano il suo nome. In fatti si dice nel Pentateuco (ved. p.192) che Mosè *scrisse i discorsi del Signore, le parole dell'alleanza, le apparizioni di Dio e le mansioni degli Ebrei nell'Arabia Petrea* ecc. E non sono forse questi i subbietti dell'Esodo, del Levitico, de' Numeri e del Deuteronomio? Quanto al Genesi noi abbiamo fatto osservare (p. 188), che essa è una Introduzione a' libri seguenti. * Quarto, finalmente, è cosa generalmente

---

[*])Nel tomo III della nostra *Introduzione storica e critica* abbiamo allegato e dichiarato molti di questi luoghi.

*) Per quanto è certa la divisione attuale degli scritti di Mosè in cinque

ammessa, che gli Ebrei di tutt'i tempi e luoghi non hanno avuto altri costumi, altre usanze, altri principi di Religione , di politica, di morale, se non quelli del Pentateuco: nè è meno certo, che essi da Mosè hanno ricevuto le leggi e la Religione, che han sempre praticato. Questi soli fatti provano evidentemente , che il Pentateuco è il codice primitivo della legislazione degli Ebrei, e però lo scritto originale del loro legislatore.

2. Bossuet, parlando de' Samaritani, dice: « Una setta tanto debole pare, che abbia avuto sì lunga durata non per altro fine, se non per rendere testimonianza all' antichità de' libri di Mosè [1] ». Questa riflessione presuppone, che il Pentateuco Samaritano è molto più antico del Pentateuco ebreo, e che perciò appunto esso serve a stabilire l'autenticità di esso [2]. Infatti dalla storia de' Samaritani appare, che il loro Pentateuco o *Codice*, come è chiamato comunemente da'critici de' giorni nostri, appartiene almeno a quel tempo, nel quale uno de' successori di Salmanasar, re di Assiria, fosse quel medesimo che è chiamato Assaradone [3]; mandò a Samaria uno de' sacerdoti menati captivi per insegnare a' nuovi coloni idolatri la maniera, onde dovevano onorare il vero Dio [4].

3. Una moltitudine di scrittori egiziani, greci, latini dell'antichità hanno parlato di Mosè e delle sue leggi: ciò che conferma potentemente la tradizione degli Ebrei circa l'autenticità del Pentateuco. Presso Giuseppe , s. Giustino, Taziano, Clemente Alessandrino, Atenagora, Eusebio di Cesarea ecc. leggonsi le testimonianze di Manetone , Filocoro d' Atene, Eupolemone, Apollonio-Molone, Tolommeo-Efestione, Apione Alessandrino, Nicola di Damasco, Alessandro Polistore, Artapano ecc. intorno al legislatore degli Ebrei. Dioduro di Sicilia, Strabone, Giustino, abbreviatore di Trogo Pompeo, e Tacito parlano più o meno diffusamente della legislazione ebraica, e concor-

_____

libri, donde il nome Pentateuco, altrettanto è incerta la vera origine di essa. Comunemente viene attribuita a' Settanta; ma nè gli Scrittori del Nuovo Testamento, nè Flavio, al quale era nota questa versione, han mai fatto menzione di essa: i cinque libri sono citati col nome di Legge. Noi non vogliamo, nè possiamo disaminare tale quistione: solo dobbiamo fare osservare, che o sia questa divisione de' Settanta, o sia de' tempi primitivi del Cristianesimo, sarà sempre certo che originalmente i cinque attuali libri hanno formato un sol volume, scritto da Mosè in vari tempi: secondo che si succedevano gli avvenimenti , erano dal santo Profeta aggiunti agli altri già messi in iscritto. Per ciò l'autenticità di una parte si trae dietro quella delle altre. (*Nota del Traduttore*)

[1]) *Disc. sur l'Hist. univers.*

[2]) Ved. a p. 81, n. 2, quello, che abbiamo detto intorno al significato di *Pentateuco Samaritano.*

[3]) *I Esdr.* IV, 3.

[4]) Leggi du Voisin, *L'autorité des livres de Moïse*, p. I, c. II, p. 51-52.

demente chiamano Mosè fondatore e legislatore di questo popolo [1].
Giovenale[2] parla di Mosè, della venerazione con cui gli Ebrei conservavano i libri di lui, della costoro avversione a qualunque culto straniero, della osservanza del Sabbato, della circoncisione, dell'astinenza dalla carne porcina. Il retore Longino, nel *Trattato del sublime*[3], scrive così: « Il legislatore degli Ebrei, il quale non era uomo
comunale (οὐχ ὁ τύχων ἀνήρ), avendo perfettamente concepito la
grandezza e la potenza di Dio, l'ha espressa in tutta la dignità ad
essa conveniente nel principio delle sue Leggi con queste parole: *Dio
disse, sia fatta la luce, e la luce fu fatta; sia fatta la terra, e la
terra fu fatta*[4] ».

II. PRUOVE ESTRINSECHE. 1. Tutto quello, che il Pentateuco contiene relativamente alla storia ed alla Religione, come ancora relativamente alla politica ed alla geografia, scopre uno scrittore antichissimo, si affà perfettamente a Mosè antichissimo degli storici, e
solo a lui può convenire. La creazione del mondo, la primitiva innocenza, la corruzione dell'uomo, il diluvio, la dispersione de' popoli,
l'origine degl'imperi, la fondazione delle città, la topografia, la descrizione della vita domestica e pastorale de' Patriarchi, i loro ban-
chetti, funerali, matrimonii, sacrifizi sono descritti in maniera, che
debbonô necessariamente appartenere ad uno scrittore, il quale ha
composto la sua opera valendosi di que' monumenti, che la tradizione orale recente avea tramandato di padre in figlio sino a lui. E
tutto questo non può concepirsi, se non si presuppone uno scrittore vissuto in tempi remotissimi, e poco lontano dalla scaturigine delle primitive tradizioni: in somma, bisogna correre col pensiero a Mosè. Le
cose dette dall'autore del Pentateuco intorno all Egitto ed all'Arabia
mostrano, che egli aveva abitato ivi per lungo tempo: lo spirito egiziano, che si scorge nella sua opera, ha generalmente scosso tutti i
critici, senza eccettuarne l'istesso Vater, nimicissimo all'autenticità
del Pentateuco. L'autore si mostra appieno informato delle cose egi-
ziane, continuamente allude ad esse, ne toglie figure ed imagini:
parla esattamente del mare di Egitto, del disprezzo in che tenuti e-
rano dagli Egiziani gli stranieri ed i pastori; e di altre cose, che
lungo sarebbe riferire. In tutti questi ragguagli nulla è opposto alle
relazioni degli scrittori profani, allorchè queste sono conformi alla
verità. La legislazione ebraica è soprattutto notevole pel suo colore
egiziano. Spencer e Warburton hanno osservato la più grande so-

---

[1] Diod. Sicul. *Hist.* l. I, e *Fragm.* apud Photium, *Biblioth.* cod. 244;
Strabo, l. XVI; Just. l. XXXVI; Tacit. *Annal.* l. V, c. V.

[2] Satyr. XIV.—[3] Cap. VII.

[4] Ponno vedersi presso Huet (*Demonstr. Evang.*) e presso Grozio (*De
veritate Relig. Christ.*) le testimonianze più precise di moltissimi scrittori
profani intorno a Mosè ed agli scritti di lui.

miglianza tra i riti egiziani e mosaici: e nessuno , tranne Mosè vissuto in Corte di Faraone, avrebbe potuto essere meglio istrutto delle
leggi e regolamenti di Egitto per farne una scelta e porle tra le sue
leggi. * Eichhorn, parlando degli ultimi quattro libri del Pentateuco
scrive così: « Se v'ha cosa, che invittamente possa dimostrare all'a-
mico della verità l'alta antichità di questi libri , essa è senza meno
l'unione di quegl'innumerevoli contrassegni di una verità notevole
per tanti minuti ragguagli, che un impostore non avrebbe potuto in
tempo più recente imaginare. Voglio qui notarne solo due o tre. Gli
ultimi libri di Mosè certo suppongono molte cose tramandateci dalla
storia degli antichi Egiziani. Essi aborrivano i sacrifizi cruenti [1] ;
estinguevano ordinariamente la sete con l'acqua del Nilo [2]; le ferite
mortali erano presso di loro punite con la morte [3]; lo studio delle
cose naturali era riservato ad una sola classe di uomini abili, stimati maghi [4]. L' Egitto aveva una casta militare, ed un esercito sempre sulle armi [5]; le pietre preziose erano scolpite in castoni [6]. . .
Uno scrittore, che non fosse stato come Mosè istruito nella storia e-
giziana, avrebbe potuto paragonare l'antichità di Hebron con quella

---

*) Gli antichi trascrivendo le opere di Origene e di Eusebio di Cesarea
solevano apporre un φ, nota di φροντιστέον *cum solicitudine cavendum*, a
que' luoghi , che erano erronei nella dottrina della Fede. L'istesso dovremmo fare qui, non per indicare che l'Autore abbia di mala fede de-
clinato dalla verità, sì per mostrare che senza avvedersene s'è lasciato
pigliare all'esca da coloro, i quali per *fas et nefas* vogliono illustrare
e spiegare la Santa Scrittura colla scienza archeologica universale.L'autore a buon fine ha usato questo argomento ; ma non si è accorto che
Spencer e Warburton non lo hanno messo su col medesimo suo scopo, nè
si è avveduto che esso è da rifiutare perchè falsissimo. I citati e molti altri scrittori hanno messo tutto lo studio per derivare i riti e leggi mosaiche da' popoli idolatri,e così fare scapitare l'autorità della Bibbia. I limiti di questo compendio non consentono ragguagli, basti l'accennare la
circoncisione,che il Marsham vuole a spada tratta ricavare dall'Egitto,e
l'*Urim* e *Tummim*,a cui lo Spencer ed il Rosenmüller scoliaste assegnano
pari origine. L'Autore, la cui fede e pietà è nota a tutti, e che a solo
fine di zelare la Religione Cattolica ha sostenuto tante fatiche, non ha
posto mente alla falsità dell'accennato principio , nè alle conseguenze
rovinose, che da esso scaturiscono. In più di un luogo delle sue opere
se n'è valuto,e noi avremo occasione di parlarne nello *Schizzo di Archeologia biblica* aggiunto a queste Instituta: il lettore potrà riscontrare le
cose ivi discorse nel Capo assegnato alle leggi degli Ebrei, articolo *Ze-
lottpia*. Per ora sarà bastevole ammonire i giovani , che la Bibbia ha
tanti e tali titoli per cattivarsi l'umile soggezione de' nostri superbi intel-
letti, che può senza tema di scapito ricusare le miserie, le quali vengono ad essa offerte da que' *maliziosi Danai*. (*Nota del Traduttore*)
[1]) *Exod.* VIII, 22.—[2]) *Ibid.* VIII, 8.—[3]) *Ibid.* II, 15.
[4]) *Ibid.* VII, VIII, 14.—[5]) *Ibid.*XIV, 6.—[6]) *Ibid.* XXVIII, 9-11.

di Tanis? Uno scrittore più recente avrebbe potuto descrivere con uguale accuratezza la futura conquista di Chanaan? Non avrebbe in qualche luogo inserito il comando di distruggere tempii ed idoli de' Cananei, i quali a que' tempi non avevano altri luogi sacri, che altari e boschi, siccome scrive Mosè? In questi libri tu scorgi i progressi delle cognizioni e della civiltà: nella benedizione di Giacobbe, il Patriarca celebra la felicità di Zabulon, la quale emulerà la ricca e commerciante capitale de' Sidonii. Nel cantico di Mosè, il poeta vuol dire qualche altra cosa della medesima tribù, ed allude al vetro, che i Sidonii traevano dal fiume Belo, ecc. '».

2. La maniera, onde sono rappresentati i personaggi rammentati nel Pentateuco, offre una pruova non equivoca dell'autenticità di esso. Colui che parla nel Deuteronomio, ha certamente tutti i caratteri di un uomo, il quale co' più strepitosi prodigi ha tratto il suo popolo dalla schiavitù di Egitto, e che alle radici del Sinai gli ha dato leggi e reggimento. Egli parla ad un popolo testimone de' fatti chè rammenta, e continuamente invoca la testimonianza di esso: parla con tanto fuoco, con tanta veemenza e, tale autorità di convincimento, che possono a colui solo essere propri, il quale è stato testimone e strumento della liberazione del popolo. In somma, egli parla, come avrebbe dovuto parlare Mosè, e come tutte le circostanze chiedevano. E quale scrittore posteriore avrebbe potuto con tanta perfezione simulare tutte le circostanze di tempi, di luoghi, di persone, di eventi, affatto confacenti all'epoca presa a descrivere? Dunque possiamo conchiudere, che il Deuteronomio è opera di Mosè; e comechè esso supponga i quattro libri precedenti, è chiaro che Mosè sia autore di tutti i cinque libri a lui attribuiti col nome di Pentateuco.

3. L'ordine e la disposizione delle cose contenute nel Pentateuco si spiegano a maraviglia, ammesso Mosè per autore di esso. E primamente, è cosa molto naturale che un legislatore, il quale scrive la storia della sua legislazione, le faccia andare innanzi una introduzione, la quale insegni l'origine del popolo destinato ad avere le leggi, e la Maestà di Dio, il quale si degna essere il Re temporale di questo popolo. Questi preliminari erano necessari per far conoscere agli Ebrei la loro origine, la serie de' loro antenati, i diritti da questi rimasi loro in eredità. La Genesi dunque doveva far parte dell'opera di Mosè, legislatore degli Ebrei. Era ancora naturale insegnare

---

*) Eichhorn, *Einleit. in das A. T.* 3ª ed. § 442, nota, citata da I. E. Cellérier *Introduct. à la lecture de l'Anc. Test.* p. 427, 428. — Vedi pure Du Voisin, *L'autorité des livres de Moïse*, p. I, c. III, p. 64-66. Non dimentichi il lettore, che Eichhorn è un Razionalista, e per ciò non riconosce in Mosè e negli altri Profeti che la qualità di meri poeti. (*Nota del Traduttore*)

Agli Ebrei la maniera mirabile, onde erano stati liberati di Egitto, ed avevano ricevuto la legge sul Sinai; era naturale altresì istruirli de' prodigi del deserto, i quali avevano dato occasione a queste leggi, ed erano nel tempo stesso un potente motivo per farle osservare. A questo scopo è indirizzato l'Esodo; e se noi spingiamo oltre le nostre osservazioni, vedremo tutto negli altri libri essere perfettamente concorde co' tempi, co' luoghi e con le circostanze, nelle quali stette Mosè. Il Pentateuco dà vedere ripetizioni, trasposizioni, ed apparenti contraddizioni, cui un falsatore avrebbe con grande studio schivato. Spesso la narrazione è intercalata da lunghi discorsi, le leggi sono mischiate co' fatti, e non hanno quella connessione, quell'ordine, che si vede in ogni ben regolato codice. « Questa negligenza, siccome osserva il Du Voisin, questa confusione debbono stare nel Pentateuco, se Mosè ne è autore; egli non dovea usare transizioni studiate, riflessioni, schiarimenti per persuadere agl'Israeliti fatti avvenuti sotto i loro occhi; egli non tanto scrisse per insegnare, quanto per rammentare ad essi questi avvenimenti, e per trarne motivi da incuorarli alla osservanza delle Leggi. Son queste le cause delle ripetizioni frequenti, de' discorsi veementi, delle esortazioni, de' rimproveri, che naturalmente nascono di seno alla storia... Le leggi sono miste con la storia, perciocchè spesso un fatto dava occasione alla determinazione di una legge; sono riferite senz'ordine, perciocchè sono state scritte appena pubblicate [1] ».

4. Lo stile, ond'è scritto il Pentateuco, ci dà una novella pruova della sua alta antichità; la quale è scolpita sopra tutte le narrazioni del Pentateuco. Il linguaggio è oltremodo figurato sino ad Abramo; esso è pieno di imagini e semplicezza leggiadrissima, le quali con naturali colori dipingono la vita patriarcale. Nè la lingua delle rimanenti parti è mai opposta alla sua rimota antichità: non vi si legge un vocabolo, una espressione moderna; ed al contrario si trovano arcaismi, o espressioni primitive, le quali si fanno desiderare ne' libri posteriori. Imperocchè, quantunque la lingua ebraica abbia sempre mantenuto quel carattere di semplicità, il quale dalle altre la discerne, ha nondimeno fatto acquisto di nuove frasi, di nuovi vocaboli.

III. Pruova indiretta. 1. Nessuno potrebbe negare, che il Pentateuco, quale è oggidì nelle nostre mani, esisteva 250 anni innanzi Gesù Cristo, cioè quando fu fatta la versione de' Settanta.

2. Nessuno potrebbe negare, che da Esdra, vissuto 450 anni innanzi Gesù Cristo, gli Ebrei non hanno lasciato di leggere il Pentateuco, come titolo fondamentale della loro Religione.

3. Nessuno potrebbe, senza attirarsi la taccia di matto o strava-

---

[1] L'autorité des livres de Moïse, p. I, c. III, p. 66, 67.

gante, accusare Esdra per avere supposto a Mosè il Pentateuco. Esdra giunse nella Giudea nell'anno 458 innanzi Gesù Cristo; e sin dall'anno 536 av.G.C. Zorobabele era ivi ritornato insieme co' duci e con una parte del popolo, ed avea ristabilito l'antico culto *nella forma prescritta dalla legge di Mosè*, siccome leggiamo nel medesimo libro di Esdra [1]: dunque la legge di Mosè era conosciuta dagli Ebrei prima che Esdra venisse di Babilonia in Gerusalemme. In secondo luogo, sotto Zorobabele, e però prima che venisse Esdra, i Samaritani chiesero di ristabilire il Tempio insieme con gli Ebrei, ed allegarono per motivo la simiglianza di culto: *Ita ut vos quaerimus Deum vestrum* [2]; e ciò messo dallato a quello, che innanzi abbiamo detto (p. 194) del Codice Samaritano, dimostra che il Pentateuco esisteva assai prima di Esdra. Terzamente, gli Ebrei contemporanei di Esdra erano i figliuoli e nipoti de' prigionieri trasportati dalla Palestina in Caldea da Nabucodonosor: costoro avevano certamente una religione, un culto, una giurisprudenza : le leggi di questo popolo rinascente erano quelle stesse, che Zorobabele avea messo in vigore, quelle stesse che erano osservate in Gerusalemme ed in tutta la Palestina innanzi la schiavitù di Babilonia. Avrebbe potuto Esdra creare nuove leggi, e dar intendere agli Ebrei che esse facevano parte dell'antica Legislazione? Certo sarebbe più facile persuadere a' Francesi, che sin dall'origine della monarchia tutti i tribunali hanno costantemente reso ragione col Codice di Napoleone, e che non hanno mai conosciuto altre leggi !

4. È al tutto impossibile, che i libri di Mosè sieno stati supposti dopo la morte di Salomone. Una critica illuminata e scevra da prevenzione, se alcun poco riflette sulla rivoltura delle dieci tribù scismatiche, sulla rivalità, sull'odio e sulle guerre continue, che tennero dietro a quella ribellione; non potrà mai persuadersi che que' di Giuda e d'Israele si sieno qualche volta riuniti per scrivere una legge comune a' due popoli, e che l'uno abbia accettato l'opera dell'altro.

5. Finalmente il Pentateuco non ha potuto essere supposto nell'intervallo che separa Mosè da Salomone. Noi leggiamo nella storia degli Ebrei, che Salomone fece edificare un Tempio sontuoso ed aumentò la magnificenza del sacro culto ; ma quando questo Principe salì sul trono, era già stabilita la legge mosaica, si osservava il ministero levitico, e sacerdotale, si celebravano regolarmente le feste prescritte nel Pentateuco, ed era determinata la forma della Religione. Il regno di Davide non mostra nessuna innovazione a questo proposito: Saulle, Samuele e i Giudici non conoscono altra legge da quella di Mosè. È vero che sotto i Giudici spesso gli

---

[1] *Esdr.* III, 2.—[2] *Ibid.* IV, 2.

Ebrei furono colpevoli d'idolatria; ma negli stessi gravissimi peccati si scorgono tracce della legge mosaica. Micha, il quale rendeva
omaggio agl'idoli nella sua casa, pensava essere necessario a quest' uffizio un sacerdote della stirpe di Lèvi [1]. Innanzi Saulle, anzi
prima che Samuele pigliasse il reggimento, in un' epoca nella quale gli Ebrei vivevano senza freno e licenziosamente, l' Arca dell'alleanza era collocata in Silo, e ad essa ministrava un sommo sacerdote della stirpe di Aronne, i figliuoli suoi ricevevano le oblazio-
ni del popolo, anzi violavano sacrilegamente le leggi de' sacrifizi e
i doveri de' Sacerdoti [2]: vediamo ancora feste celebrate in determinato tempo, nelle quali gli Ebrei ascendevano alla casa del Signore
per adorarlo [3]; finalmente in questi tempi scomposti dall'anarchia e
dalla dimenticanza di Dio, troviamo mantenute le leggi, che regolavano i matrimoni tra' parenti e le successioni, come erano prescritte nel Pentateuco [4]. Quindi la legge di Mosè si trova in tutte
le epoche della storia giudaica: e per ciò è affatto impossibile la sua
supposizione, qualunque tempo si voglia ad essa assegnare.

Difficoltà

Diff. 1ª. La tradizione degli Ebrei non è autorevole a pro dell'autenticità del Pentateuco, perchè essa ci dà come autentici alcuni libri, i quali non sono tali; come Giosuè, i libri di Samuele, d'Isaia,
di Daniele. Questa tradizione è ancora fondata sull'autorità del
Pentateuco Samaritano, il quale giunge a' tempi venuti dietro alla
schiavitù babilonese: perciocchè Manasse, genero di Sanaballat, ri-
tiratosi presso i Samaritani, portò loro il Pentateuco degli Ebrei,
scritto con caratteri Samaritani.

R. Se tutti i detti libri dell'antico Testamento, i quali sono il
fondamento della fede avuta sempre dagli Ebrei verso il Pentateuco, fossero moderni tanto, quanto pensano gli avversarii; al meno
proverebbero che tale era l'opinione generale dell'epoca, nella quale si vogliono scritti. E comechè gli autori di essi abbiano senza
meno usato memorie più antiche di loro, è chiaro che quella tradizione universale diviene più antica. Ma noi a luogo debito faremo
osservare, quanto sia falsa e priva di fondamento l'opinione degli
avversari quanto a' libri di Giosuè, Samuele ecc. La loro asserzione, quanto al Pentateuco Samaritano, è affatto gratuita. « In ultima analisi lo so, dice ragionevolmente Cellérier, è stata impugnata
l'autenticità del Pentateuco Samaritano. Il celebre Gesenius è tenuto come quell'eroe, che lo ha abbattuto: nondimeno tutta la sua

---

[1] *Judic.* XVII, 9-13.—[2] *I Reg.* I, II.
[3] *Judic.* XX, 19.—[4] *Cf Ruth* IV col *Deut.* XXV.

scienza e tutta la sua spertezza non hanno potuto distruggere i fatti, i quali ci stan tuttora sottocchi, maravigliosi ed inesplicabili a quel modo, onde a' tempi di Eichhorn e degli altri difensori del Codice Samaritano. Allorchè Gesenius, come perito critico, ha analizzato le varianti di questo Pentateuco, ha ben potuto mostrare che esse generalmente sono alterate e degne di poca fede; egli ha potuto totalmente distruggere la cieca preferenza, che volevano taluni concedere alla cronologia di questo Codice. Ma quando poi si è messo tra le ipotesi per ispiegare in che modo avevano potuto i Samaritani usare questo Pentateuco tre secoli innanzi Gesù Cristo, senza averlo ereditato dagl' Israeliti; la sua dialettica è venuta meno, i suoi sforzi han dato giù. Senza mettermi in minuti ragguagli posso brevemente accennare, che nessun indizio storico, di qualunque maniera, è venuto in sostegno della ipotesi di Gesenius; anzi la possibilità di essa dipende da un' asserzione di Giuseppe, la quale messa in confronto col libro di Nehemia scopre uno sbaglio [1] e pare un errore [2] ».

Diff. 2ª. A' tempi di Mosè non vi era nè carta, nè pergamena, nè s' erano inventati i caratteri alfabetici: a que' tempi gli uomini scolpivano sulle pietre figure geroglifiche, atte solo a rammentare la sustanza delle cose. Mosè dunque non ha potuto scrivere il Pentateuco.

R. È certo, che gli antichi qualche volta scolpivano sulla pietra certi segni acconci a conservare la memoria di alcuni avvenimenti; ma di qui non si può conchiudere, che Mosè non avesse altri mezzi per scrivere il Pentateuco: chi vuole dedurre questa conseguenza, si mostra privo di logica e di critica. A questa difficoltà, fatta da Voltaire e rammentata a' dì nostri da parecchi scrittori tedeschi, ha risposto con molto spirito il Du Voisin: « Sono state scolpite sul marmo le iscrizioni de' monumenti eretti sotto Luigi XV : certo a que' tempi s' ignorava qualunque altra maniera di scrivere, e perciò l' Enciclopedia ed i cinquanta o sessanta volumi delle opere e ripetizioni di Voltaire stanno nelle biblioteche scritte sopra tavole di marmo. Questo ragionamento deve parere concludente a tutti coloro, i quali trovano concludente quello di Voltaire [3] ». Noi aggiungeremo essere falso, che a' tempi di Mosè non v' erano caratteri alfabetici: il contrario è sufficientemente provato da quello, che abbiamo detto intorno a ciò nel tom. II della nostra *Introduzione storica e critica*, alla quale rimandiamo il lettore.

Diff. 3ª. Le cose contenute nel Pentateuco sono tali, che alcune

[1] « Giuseppe pone l' origine della Chiesa Samaritana sotto Dario Codomano (*Archeol.* XI, c. VII, VIII), mentre leggendo Nehemia (XII, 28) si giunge a credere, che essa fu fondata sotto Dario Notho ».

[2] J. E. Cellèrier, *Introd. à la lecture de l' A. T.* p. 420.

[3] *L' autorité des livres de Moïse*, p. 1, c. IV, p. 76, 77.

suppongono cognizioni geografiche, che Mosè non poteva avere; ed altre non erano ancora avvenute a' tempi suoi, e sono a lui posteriori.

R. L' autore del Pentateuco, è vero, minutamente riferisce tutte le circostanze relative a certi luoghi limitrofi all' Eufrate, cioè ad un paese che pare non mai visto da Mosè: ma chi può negare che queste notizie geografiche e topografiche sieno a lui provenute dal suo avolo, il quale era stato co' figliuoli di Giacobbe nella Mesopotamia, ove scorre l' Eufrate? Quanto alle cose avvenute dopo la morte di Mosè diciamo, che trattene quelle le quali al meno sono dubbiose (e sfidiamo gli avversari a dimostrare che queste sono per essi sempre certe ed evidenti), poche rimangono, le quali appariscono di recente origine. Or presupponendo che questi pochi luoghi, i quali poi generalmente non sono altra cosa che nomi propri, o brevi dilucidazioni separate, sieno stati in tempi posteriori aggiunti all' opera autentica di Mosè, o da qualche amanuense, il quale forse introdusse nel testo qualche nota marginale, ovvero da qualche Profeta, come è più probabile e più comune sentenza, il quale avrà continuato alcune genealogie, o sostituito agli antichi nomi recenti e più noti a' lettori del suo tempo; potranno tali giunte recare pregiudizio all' autenticità del Pentateuco? Se fosse così, dovremmo negare l' autenticità delle opere di Omero e Virgilio, le quali hanno corso la medesima fortuna. In secondo luogo diciamo, che alcuni critici senza nessun fondamento allegano un venti passi, i quali non sono opere di Mosè: se si eccettuino i capitoli XXXIII e XXXIV del Deuteronomio, i quali comunemente sono stimati parte del libro di Giosuè [1], non si troverà un solo luogo, il quale possa legittimamente essere negato a Mosè. Chi vuole sostenere il contrario, si scosta da' rigorosi principì della logica, e mostra di non essere abbastanza pratico nella lingua ebraica, e d'ignorare tutto quello, che possono permettere nella esegesi le regole ben ferme di questa lingua.

Diff. 4ª. Leggesi nel primo de' Macabei (I, 59, 60), che i libri della Legge furono lacerati e gittati ad ardere, e che erano di presente uccisi coloro, presso cui era trovato qualche esemplare de' Libri dell' alleanza del Signore. Nel IV di Esdra (XIV, 21) leggesi pure, che sotto Nabucodonosor il fuoco distrusse la Legge, e che Esdra assistito da cinque scrivani ricompose i Libri santi consumati innanzi dalle fiamme.

---

[1]) Questi capitoli, ne' quali sono riferite le benedizioni date al popolo da Mosè prima di morire, la morte e la sepoltura di lui, sono il principio del libro di Giosuè. Ne' tempi antichi i Libri santi ordinariamente non tenevano nè titoli, nè sommarii, come abbiamo detto nel tomo I della nostra *Introd. storic. e crit.* essi formavano una serie continua, nè erano spartiti in capitoli.

R. La conseguenza tratta da queste memorie non è legittima. Dal libro de' Macabei, non può concludersi altro, se non che molti esemplari furono preda delle fiamme; e comechè tutti gli esemplari del Pentateuco non stessero nella sola Gerusalemme, nè nella sola Palestina, di leggieri s'intende che non tutti poterono essere bruciati. Appunto perchè erano puniti con morte coloro, che tenevano la legge, molti esemplari dovettero essere custoditi con somma cura; perciò leggiamo nel citato libro (III, 48): *essi aprirono i libri della legge*; ed altrove (XII, 9): *Avendo per nostra consolazione i Libri santi, i quali ci sono tra mani.* In secondo luogo diciamo, che il libro di Esdra è apocrifo, anzi in molti luoghi è favoloso: perciò il fatto allegato nella difficoltà potrebbe meritare fede nel solo caso , che fosse autentico e divinamente inspirato il libro, onde è tratto. Gli avversari suppongono, che quando fu Gerusalemme presa da' Caldei, avevano gli Ebrei que' soli esemplari della Legge, i quali stavano nell'assediata città; e perciò dicono essere periti tra le fiamme i Libri santi: ma questa è un' asserzione gratuita e falsa. ✶

Diff. 5ª. Il Pentateuco ha tutti i caratteri di una raccolta di frammenti composti in vari tempi da differenti autori ; lo stile, per esempio, in alcuni luoghi è conciso, in altri languido, altrove diffuso. Vi si leggono ripetizioni de' medesimi fatti, le quali non concordano tra loro, e vi sono frequenti iscrizioni e conclusioni, le quali paiono annunziare parti differenti. Tutte queste circostanze sono tali da provare che il Pentateuco non è opera di Mosè.

R. Noi vorremmo sapere quale scrittore, quantunque perito, sia esente da varietà nello stile, specialmente quando scrive in vari intervalli, e si attiene a rappresentare i più disparati obbietti con semplicezza , senz'arte, e co' colori, che meglio alle cose prese a scrivere sono convenevoli. Le ripetizioni non sono ripugnanti tra loro; ma e'si vuole porre mente ad una distinzione quanto ad esse: è necessario distinguere le leggi da' fatti, i quali sono ripetuti in vari luoghi. Le varie circostanze, nelle quali si trovava Mosè nel comporre la sua opera, lo hanno costretto a riferire più volte alcune leggi. Finalmente quanto agli avvenimenti diremo, che l'ignoranza

---

*) A sempre meglio smentire le parole degli avversarii giova fare una osservazione rilevantissima. Ancora che si ammettesse, nella sola Gerusalemme essere stati tutti gli esemplari della Legge , non può ammettersi che tutti fossero stati distrutti nell'arsione suscitata da' Caldei: la dimostrazione è facile. Il santo Profeta Geremia fu tanto accetto agli occhi di Nabucodonosor, che ebbe da lui potestà di fare quanto gli aggradisse, e di andare dove che volesse (Jer. XL): e chi può mai presupporre che l'uomo di Dio, Profeta nel tempo stesso e Sacerdote, non avesse pensiero de' Libri santi? Tanto è vero, che quella opinione è gratuita , anzi contraddetta da ragioni stringentissime ricavate dal fatto. (*Nota del Traduttore*)

o la dimenticanza di talune leggi di sintassi,le quali sono state severamente osservate da' sacri storici dell'Antico Testamento,han fatto commettere molti errori,siccome abbiamo altrove notato [1]. Pare che molti non abbiano compreso, che i sacri scrittori ripetono avvedutamente il medesimo fatto, quando lo giudicano necessario ad illustrare qualche altro avvenimento, che è il subbietto del loro principale racconto: e che spesso queste ripetizioni sono ricapitolazioni, le quali sono principale carattere dello storico. La medesima osservazione deve essere fatta intorno a certe formole,cui molti critici stimano iscrizioni e conclusioni pertinenti a diversi frammenti.

Diff. 6ª. Negli Stati bene ordinati, e specialmente nell' Oriente, non sono mai mancati scrittori, i quali avevano cura di porre tra le memorie i più rilevanti negozi della nazione, e di conservare questi atti negli archivi a ciò destinati.Per ciò è da supporre,che Mosè educato alla Corte di Egitto, e fornito di tutte le qualità convenevoli ad un perfetto legislatore, abbia costituito sin da' primordii del suo governo questi scrittori. Ciò supposto, Mosè come legislatore dovè scrivere quanto appartiene a' precetti e statuti, e lasciare il pensiero di raccogliere gli atti de' più rilevanti casi,per tramandarne memoria a' posteri, a' mentovati scrittori pubblici, cui possiamo nominare Profeti; perocchè la santa Scrittura dà questo nome a Samuele,a Nathan, a Gad ed a taluni altri, i quali scrissero gli annali de' loro tempi. In questo senso potrà dirsi, che tutto il Pentateuco è veramente di Mosè; perocchè quelli,che hanno formato questa raccolta, furono contemporanei di lui, anzi scrissero per suo ordine.R. Simon, autore di questa congettura, conchiude così: « Del resto, quanto a' libri di Mosè, come gli abbiamo oggidì nella presente raccolta, le giunte fatte agli antichi atti ci vietano di discernere quello, che appartiene a lui, dalle cose aggiunte da coloro, i quali gli sono succeduti, o dagli autori dell' ultima raccolta. Anzi,essendo questa compilazione in certi luoghi un compendio di antiche memorie, non possiamo con certezza asserire essere ivi scritte le genealogie in tutta la loro estensione [2] ».

R. Innanzi tratto è necessario notare le conseguenze, che dalla detta opinione derivano. Da' principii di R. Simon discende: 1° che Mosè non è autore della massima parte del Pentateuco, appunto perchè questa massima parte è storica. Perciò la storia della creazione, del diluvio ecc. non è cosa di Mosè;purchè non si attribuisca a Mosè l'opera de' pubblici scrittori del suo tempo, come fa R. Simon: e questa sentenza vince tutte le buffonerie, come quella che attribuirebbe a' re ed a' principi tutti i documenti, che si fanno ne'

----

[1] Ved. il nostro *Pentatéuque avec une version française*, ecc. passim.
[2] R. Simon *Hist. crit. du V. T.* l. I, c. VII; cf ancora c. I, II.

tempi loro per loro ordine. 2° Che noi non sappiamo realmente quali sieno le cose di Mosè, non potendo discernere le cose scritte da lui, e quelle aggiunte da altri a' libri che portano il nome di lui. 3° Che la veracità ed autenticità del Pentateuco dipendono dalla inspirazione di questi publici scrittori; or noi non abbiamo nessuna pruova ferma di questa inspirazione, anzi questa sentenza è rovinosa alla Religione. Aggiungi, che se Mosè avesse, come pretende il critico, scritto le leggi, ed altri le storie; dovremmo scorgere una sensibile differenza di stile tra le leggi e le storie, e tra le varie parti storiche del Pentateuco. Ciò non apparisce, ed al contrario esso porta i contrassegni della medesima mano. Vi sono altre cose da riprendere in questo sistema. « La tradizione degli Ebrei, dice il Du Voisin, non ha mai conosciuto questo collegio sempre sussistente di publici scrittori: la Scrittura tace, e Mosè, proclamato institutore di esso, non ne dà il menomo vestigio. Questo sistema è interamente fondato sul preteso uso *de'ben ordinati Stati*, e *sulla probabilità* che Mosè abbia secondato questa consuetudine: ma checchè sia di questa usanza, di cui sarebbe difficilissimo trovare orme sia *in Oriente*, sia altrove, ed orme anteriori a Mosè; noi diciamo che basta leggere il Pentateuco per conoscere, che esso è opera di un solo scrittore. I *precetti* e gli *ordini* sono talmente misti co' fatti, che non possono essere separati per attribuire quelli al legislatore, questi a' profeti o publici scrittori. La Scrittura nomina Profeti Samuele, Nathan, Gad, Ahia; ma non come pensa R. Simon, perchè furono compilatori degli Annali de' loro tempi, si perchè erano inspirati e predicevano il futuro [1] ». Aggiungeremo alle cose dette, che questo critico senza nessuna pruova pretende affermare, essere qualche volta il Pentateuco un compendio di antiche memorie.

Diff. 7ª. Per mettere in salvo da ogni rimprovero la riputazione di Mosè, considerato come storico, non v' ha altro mezzo che supporre il Genesi una mera compilazione di varie memorie scritte da autori ignoti e non pertinenti al popolo di Dio: in questo caso Mosè non avrebbe fatto altro che raccogliere insieme queste memorie per formarne una storia. Astruc peculiarmente pretende, che se non si ammette la sua opinione, trovansi nel Genesi moltissime pecche, indegne di uno scrittore quale Mosè. Ivi sono ripetizioni ristucchevoli, alternative bizzarre de' nomi di Dio, *Jehovàh* ed *Elohìm*; anticronismi o mutamenti ne' fatti, transizioni brusche ne' racconti, interpolazioni manifeste. Secondo l' opinione di Astruc, Mosè aveva raccolto dodici varie memorie, o frammenti di memorie riguardanti alla creazione, al diluvio universale, alla storia de' Patriarchi, e precipuamente a quella di Abramo e posteri di lui: Mosè per metterli insieme li dispose o

---

[1]) *L' autorité des livres de Moïse*, p. I, c. IV, p. 85, 86.

intieramente, o in compendio sopra dodici varie colonne, e collocò ogni parte della memoria o frammento nel luogo conveniente a fronte delle altre parti o frammenti corrispondenti: per forma che egli compose un' opera a dodici colonne, o forse per schivare confusione, solo a quattro colonne, cioè una specie di *Tetrapli*. Finalmente Astruc pretende, che dopo Mosè queste colonne sono state disordinate dalla negligenza degli scrittori, o dalla ignoranza de' cattivi critici, i quali volendo riunirli gli hanno confusi [1].

R. La sola sposizione della sentenza di Astruc è acconcia a mostrarne tutto l'arbitrio e la temerità: tanto è vero, che i critici partigiani di essa han dovuto più o meno rettificarla, ed oggidì è fatta quasi vieta. Noi abbiamo già replicato a quella parte della difficoltà, la quale riguarda alle ripetizioni, ed abbiamo mostrato che oltre la tradizione giudaica, la quale ha sempre tenuto Mosè autore, non compilatore del Genesi; l'unità del subbietto e la connessione de' fatti provano chiaro essere quest' opera tutta del sacro Storico. L'alternativa de'nomi di Dio si spiegherebbe facilmente presupponendo due memorie, delle quali una avesse sempre usato il nome *Elohim*, l'altra il nome *Jehovàh*. Ma forse questa regola non patisce eccezioni? Nella narrazione del sacrifizio d'Isacco (XXII, 1-19) Iddio è nominato *Elohim* ne' primi dieci versetti, e *Jehovàh* negli ultimi nove. E chi potrebbe imaginare, che la narrazione di questo solo fatto sia pertenuta a due diversi frammenti, de'quali l'uno narrasse la prima parte del fatto, l'altro la seconda? La storia del diluvio somministra un'alternativa molto più notevole: imperocchè il nome *Elohim* si legge in tutto il capitolo VI, meno nel versetto 8, ove sta l' altro *Jehovàh*; mentre poi questo leggesi ne' versetti 1,5,9 del capitolo VII, ed ambedue insieme nel versetto 16. Astruc però non ha preteso, nè potrebbe pretendere, che questo versetto 16 fosse una combinazione di frasi ricavate da due memorie differenti: perciò per ispiegare quest'alternativa sarebbe mestiero affermare, che Mosè ha potuto usare i due nomi per varietà di stile, ovvero per qualche peculiare ragione a noi ignota, ovvero che senza determinazione ha indifferentemente usato questi due nomi. Chi non ammetta che i due nomi *Elohim* o *Jehovàh* sono significativi, non giunge a giustificare le varie applicazioni fattene da Mosè.

Gli anticronismi scoperti da Astruc nel Genesi non provano nulla contro l' autenticità di esso: essi sono mere anticipazioni simili a quelle usate da tutti gli storici antichi e moderni, le cui opere non sono perciò da chicchessia messe in dubbio. Anzi chi per poco consideri l' indole delle narrazioni storiche, conoscerà senza difficoltà che nessun scrittore, il quale voglia essere semplice, può evitare sì fatte anticipazioni : imperocchè egli, non volendolo, è obbligato a seguitare la connessione de' fatti analoghi, anzichè l' ordine cronologico.

---

[1] *Conjectures sur la Genése,* p. 431-452.

Lo stesso diremo delle transizioni: se queste nel Genesi paiono *brusche*, remote, o ancora *affatto neglette*, bisogna darne colpa alla semplicità de' tempi remoti, ed al carattere proprio degli scrittori antichi, i quali mettevansi all'opera senza studio e ricercatezza. Qual maraviglia, se il più antico de' libri conosciuti non sia scritto secondo il genio e'l gusto del secol nostro! Ma anche a' dì nostri è forse una presso tutti i popoli la maniera di scrivere le storie? Ed intralasciando di dire degli orientali, i quali sono del tutto diversi dagli occidentali, lo stile storico de' tedeschi è forse simile a quello, che è generalmente in uso tra noi in Francia? E per questo senza alcun fondamento pretendesi negare l'autenticità del Genesi col solo pretesto delle transizioni brusche: quasi fosse addicevole alla gravità di Mosè, il quale non ha avuto scopo di scrivere un trattato didattico, attenersi ad un ornamento tanto frivolo.

Finalmente Astruc piglia un grande errore, allorchè pretende trovare nel Genesi interpolazioni, cioè come egli stesso spiega, alcuni luoghi, ne' quali si scorge interrompimento nella storia: si parla di cose strane agli Ebrei, come della guerra di Pentapoli, dell'origine de' Moabiti ed Ammoniti, delle famiglie di Nachor e d'Ismaele, de' figli di Abramo e di Cetura, del ratto di Dina, del matrimonio e della posterità di Esau insieme co'vari nomi delle sue mogli, della posterità di Seir, dell'abitazione di Giuseppe in casa di Putifare. Il libro del Genesi non si limita alla sola storia degli Ebrei; si estende, benchè non molto minutamente, alla origine de' popoli vicini, massime di coloro che appartenevano alla famiglia di Abramo. E, conosciuto questo scopo, ognuno comprende altresì che i fatti innanzi rammentati, e tenuti per interpolazioni dallo scrittore delle *Congetture*, pertenevano necessariamente all'obbietto principale, cioè alla storia de' Patriarchi e della loro posterità.

Avendo risposto direttamente alle difficoltà di Astruc, aggiungeremo che il Genesi, non meno che gli altri santi Libri, contiene la Parola di Dio, ed è scritta per inspirazione dello Spirito Santo. E se fosse, come vuole Astruc, una compilazione di due o tre più antiche memorie, le quali narravano i medesimi fatti, e furono da Mosè messe insieme; come potrebbe dirsi inspirato questo libro, come sarebbe parola di Dio? Per provare questa inspirazione, sarebbe necessario provare che le singole parti, onde è composto, fossero state inspirate, ossia che i loro autori fossero uomini inspirati da Dio. E comechè Astruc confessi di ignorare questi autori, anzi congetturando egli che molte tra queste memorie sieno provenute a Mosè da nazioni vicine agli Ebrei e straniere; ne seguiterebbe che il Genesi, raccolta di vari frammenti tolti da antiche memorie, sia inspirato a quel modo', onde i frammenti adoperati: cioè si dichiarerebbe, o che esso non è scritto con inspirazione, o che la sua inspirazione è incerta. Nè vale opporre che

Mosè sia siato inspirato per compilar queste memorie, ed assistito dallo Spirito Santo per ricavarne la sola verità; nè si dica essere ciò bastante a rendere inspirata l'opera sua. Imperocchè le parti compilate non lascerebbero di essere un' opera puramente umana; e Mosè limitandosi al solo copiarle e mettere insieme, non avrebbe potuto mutare la loro natura: esse avevano per autori uomini, la cui maggior parte non era del popolo di Dio, e per ciò i loro scritti sono parola di Dio nel solo senso, onde i versi de' poeti gentili allegati da s. Paolo.

Diff. 8ª. Come potrebbe il Genesi essere opera di Mosè, se contiene fatti avvenuti molto prima di lui, tra' quali molti non potevano giungere a sua conoscenza ?

R. Bisogna affermare che il difetto di monumenti contemporanei non ci permette discutere in certe cose la difficoltà secondo le consuete regole di critica: imperocchè non abbiamo nessun monumento comparativo, la cui mercè si possa o impugnare, o giustificare la storia contenuta nel Genesi. È dunque mestiero giudicar del libro dallo scrittore. L' autore del Genesi è quel Mosè, la cui missione è provata da tanti prodigi: e questi hanno scolpito su tutti i suoi scritti il suggello della Divinità, siccome vedremo appresso. Ma il legislatore degli Ebrei, oltre una rivelazione immediata di alcuni fatti, concessa da Dio a Lui, o a qualche anteriore Patriarca, non era privo di mezzi umani per scrivere la sua storia: questi furono la memoria de' primi avvenimenti sparsa tra le nazioni, le tradizioni domestiche conservate nella famiglia di Abramo, i monumenti eretti da' Patriarchi, i cantici e le memorie scritte ne' primi tempi.

1° L' epoca e le circostanze della creazione, come nota Du Voisin [1], le cui parole qui riferiamo in iscorcio; la caduta del primo uomo, il diluvio universale e la dispersione delle genti erano fatti di somma importanza, e però non potevano essere caduti di memoria agli uomini, quando Mosè scriveva la sua storia. I suoi antenati erano usciti di Caldea, egli aveva menato molti de' suoi giorni tra gli Egiziani, i quali insieme co' Caldei ripetevano origine da' tempi, che vennero immediatamente dietro al diluvio: la tradizione di questi popoli e quella di molti altri avvenimenti non potevano essere ignote a Mosè, perchè sono state sempre in vita presso i vari popoli della terra. D'altra banda la lunga vita de' primi uomini, della quale fanno memoria non solo Mosè, ma ancora antichissimi scrittori profani, e troviamo sino ad un certo segno l' assicurazione ne' fatti fisiologici [2]; era un mezzo facile di conservare la tradizione: imperocchè questa lunghezza di vita ravvicinava i tempi, nè scapitava per le mol-

---

[1] *L' autorité des livres de Moïse*, p. II, c. X, p. 294-309.
[2] Ved. *I Libri santi vendicati*, t. I, p. 242, 243.

te generazioni intermedie. Levi, bisavolo di Mosè, visse con Giacobbe, il quale avea conversato con Abramo, e questi aveva potuto convivere con tutti i suoi padri sino ad Arfaxad, figliuolo di Sem e nipote di Noè. I quali computi ci dimostrano, che Mosè ed i suoi contemporanei furono separati dal diluvio non più che per cinque o sei persone: e per ciò essi senza uscire della propria famiglia potevano agevolmente apprendere la storia di parecchi secoli: imperocchè la tradizione si risente non per la lunghezza del tempo, ma per le molte generazioni, che debbono tramandarla. Nè altramente poteva conservarsi la storia de'fatti anteriori al diluvio: Noè, il quale era vissuto 600 anni nel mondo antico, si collega con Enos figliuolo di Seth, e Lamech padre di Noè era nato, allorchè Adamo morì.

2° Gl'Israeliti oltre le tradizioni comuni a tutti i popoli conservavano studiosamente la memoria de' loro maggiori e di tutti gli avvenimenti relativi alla Religione. Ogni tribù particolarmente pigliava cura della storia del suo autore, e tutte riconoscevano il loro stipite comune in Giacobbe, Isacco, Abramo. I Patriarchi erano molto celebri e cari alla nazione, e perciò i padri credevano loro obbligo tramandare a' loro successori le più minute memorie della loro vita. Nessuna nazione ha mai avuto una storia tanto rilevante quanto il Genesi per gli Ebrei: perocchè questa conteneva i princìpi della loro Religione, le promesse di cui aspettavano i frutti, i titoli che assicuravano loro il possesso della terra di Chanaan, ove riposavano le ceneri de' loro Patriarchi.

3° I monumenti che sussistevano tuttora a' tempi di Mosè, diedero a questo storico un altro mezzo utile a scrivere la storia del Genesi. Questi monumenti innumerabili erano gli altari innalzati da Noè, Abramo, Giacobbe e dagli altri Patriarchi; i pozzi scavati per loro cura; il nome *Moria*, il quale era la dimostrazione del sacrifizio offerto da Abramo su questo monte; i nomi significativi dati a molti Patriarchi nell' occasione di qualche celebre avvenimento; la torre di Babele, conosciuta da tutti i popoli, ed acconcia a provare la narrazione di Mosè intorno alla dispersione degli uomini ed alla moltiplicazione delle lingue; le rovine e le ceneri di Pentapoli, le quali facevano fede della vendetta terribile esercitata da Dio sulle infami città; la circoncisione, monumento solenne della storia di Abramo; la caverna ed il campo vicino ad Hebron, comperati per questo Patriarca dagli Etei e destinati alla sepoltura della sua famiglia; la tomba di Rachele, che vedevasi a' tempi di Mosè; finalmente il nome Israele dato a Giacobbe per confermare la storia della sua lotta con l'Angelo. « Perciò, scrive il Bossuet, quando il popolo entrò nella terra promessa, tutto ivi celebrava la memoria de' loro maggiori ! le città, le pietre, i monti parlavano di questi uomini maravigliosi, e delle visioni magnifiche, onde Iddio avevali confermati nell' antica e vera credenza [1] ».

4° Finalmente tutto mena a credere, che Mosè trovasse tra gl' Israeliti antiche memorie, delle quali fece uso scrivendo il Genesi; al meno questa è la opinione di molti critici savi e dotti [2].

CAPO III.

Della interezza del Pentateuco

Gli avversari della Religione rivelata agli Ebrei pretendono, che il Pentateuco è andato soggetto non pure ad alterazioni leggiere, ma ancora ad interpolazioni sustanziali intorno a' fatti ed alla dottrina in esso contenuti. Le ragioni da essi addotte sono inette a distruggere la forza delle pruove sposte nella Introduzione generale a pro della integrità de' testi dell'Antico e Nuovo Testamento, le quali particolarmente vanno intese ancora de' Libri di Mosè. Ognuno può giudicarne dalla discussione seguente.

Difficoltà *proposte contro l' interezza del Pentateuco,* e Repliche *alle medesime*

Diff. 1ª. Nel IV *de' Re* (XXII, XXIII) leggesi che sotto Giosia fu trovato il libro della Legge di Mosè nel tempio dal sommo Sacerdote Helcia; che il re udendone la lettura si lacerò le vesti, fu preso da stupore egli ed Helcia; che i loro padri ossia antenati non avevano adempiute le parole di questo libro. Di qui derivano due necessarie conseguenze poco favorevoli all' autenticità del Pentateuco: primo, tutti gli esemplari del Pentateuco erano perduti, eccetto questo che fu trovato: secondo, è stato per ciò facile corromperlo.

R. Questo ragionamento potrebbe provare la possibilità dell' al-

---

[1] *Discours sur l' Histoire universelle.*

[2] Leggi tra gli altri; D. Calmet, *Préface sur la Genèse.*—L'opinione espressa qui dall'Autore è ben diversa da quella di Astruc e di altri: essa è cònsona a' princìpi teologici intorno alla inspirazione divina, la quale non esclude la fatica dello Scrittore sacro per la cognizione di quelle cose, che umanamente possono venire a sua scienza: fatica, che altri Scrittori divinamente inspirati confessano di aver sostenuto, siccome può ognuno conoscere dalle cose dette a p. 22. Non vogliamo però rimanerci di osservare, che la opinione intorno alle memorie scritte usate da Mosè è ignota all'antichità: il Calmet non ha saputo dire altro, se non: è *molto credibile che Mosè avesse delle memorie,* anzi e' si ferma alle sole genealogie, le quali con grande difficoltà avrebbero potuto conservarsi col solo mezzo della memoria. (*Nota del Traduttore*)

terazione, non già il fatto della corruzione indotta nel Pentateuco; la cosa è chiara. Ma il volume trovato non era una copia della Legge, sì l'autografo di Mosè. Per fermo, leggesi nel II de' Paralipomeni (XXXIV, 14): « Il Pontefice Helcia trovò un libro della Legge del Signore *scritto* per mano di Mosè, *librum legis Domini per manum Moysis* [1]. Quanto allo spavento ed all'afflizione, onde furo-

---

[1] Sappiamo quello, che potrebbe opporsi a questa pruova, e rispondiamo con Chais, *Comm. sur le II (o IV) livre de Rois*, XXII,8-10: «Ma questo esemplare del Pentateuco era l'*autografo*, o l'esemplare originale scritto da Mosè? 1° La cosa è possibile, nè vi ha chi possa provare il contrario. 2° Essa è al più verisimile tanto per la considerazione delle circostanze della narrazione del nostro storico, quanto per quelle delle espressioni dell'Autore del II de' Paralipomeni ; il quale narrando la scoperta di Helcia dice che questi *trovò il libro della Legge dell'Eterno per mano di Mosè*. Non neghiamo che queste ultime parole possono essere tradotte in altra maniera, cioè *data per ministero di Mosè*, siccome sono usate in molti luoghi della Bibbia (ved. *Exod.* IX, 35; *I Reg.* VIII,53, 56); ma d'un'altra banda devesi confessare, che esse sono suscettibili del senso dato loro da noi, il quale è letteralissimo e merita di essere preferito, anzi che rigettato. Così han giudicato Grozio, Giunio, Piscatore nella *Sinopsi di Polo*, il quale seguita i rammentati interpreti ne' suoi commenti; Patrick, Henri, i commentatori della *Bibbia inglese*, Wells, Dodd, Prideaux ed i dotti scrittori della *Storia universale*. D. Calmet avendo detto, che *questo libro della Legge era l'originale di Mosè*, soggiunge: *Il testo de' Paralipomeni pare tolga qualunque dubbio,che potrebbe muoversi intorno a ciò* (*Com. sul IV Reg.* XXII, 8). Alle quali autorità aggiungeremo un argomento esegetico. È principio ammesso in esegesi, che un vocabolo o una espressione deve essere intesa nel senso proprio e strettamente letterale, purchè qualche indizio del contesto non ne suggerisca un altro. Or nel contesto del citato luogo de' Paralipomeni non v'ha cosa, la quale ci obblighi a scostarci dalla significazione primitiva dell'espressione מֹשֶׁה בְּיַד *Bejàd Moscèh*, per *mano di Mosè*; anzi tutto concorre a farle ammettere. *

---

*) Un altro argomento,se non erriamo,invitto si può ricavare da un luogo parallelo,sfuggito alle ricerche de' critici.Nel primo di Esdra III, 10, si legge la medesima formola: *Per manus David*, con la sola differenza, che innanzi al nome *manus* sia la preposizione עַל (*Nghal*) in luogo del prefisso בְּ (*Bed*): ma ogni critico sa lo scambio di queste particelle, e però ci asteniamo d'addurne le pruove. Nè si dica, che i Leviti discendenti di Asaph lodavano Dio pel ministero di David, perchè sarebbe inettissimo il senso.Aggiungi: nel versetto 11 si esprimono le parole,onde lodavano Dio:*Quoniam bonus* etc.;queste determinano il significato di quelle עַל יְדֵי (*Nghaljedé,per manus*), cioè: *i Leviti cantavano con le parole inspirate di Davide*.Queste parole leggonsi ne' Salmi CV, CVI, CXVII: la loro citazione nel libro di Esdra recide ogni quistione intorno all'autore di questi Salmi: coloro, che gli hanno attribuiti ad altri che Davide, non hanno posto mente a

no presi il re ed il Pontefice Helcia, diciamo, che essi ebbero origine dalla lettura delle tremende maledizioni profferite da Mosè nel Deuteronomio contro i violatori della Legge, la quale era quasi venuta in dimenticanza per la spaventevole corruzione degli Ebrei. Imperocchè quelle parole: *I padri nostri non hanno ascoltate le parole di questo libro, per mettere in opera tutto quello che fu scritto per noi* [1], significano puramente e semplicemente, che per molti anni, cioè sotto i regni di Ammone e Giosia, erano state trascurate le letture pubbliche della Legge. Le cose scritte nel Deuteronomio confermano questa spiegazione: allorchè Mosè ebbe scritto la Legge, la diede a' Leviti dicendo: *Prendete questo libro, e mettetelo in un lato dell'arca del testamento del Signore vostro Dio, affinchè serva contro di voi per testimonianza.* Fabbricato il Tempio, questo libro insieme con l'Arca fu messo nel Santuario; e Giuseppe ne fa sapere, che stette ivi insino alle profanazioni di Manasse ed Ammone: allora i Sacerdoti furono costretti a porre in luogo nascosto l'Arca dell'alleanza ed il libro della Legge [2]. Adunque, se l'esemplare del Pentateuco ritrovato fu quello stesso scritto da Mosè, era appunto perciò un monumento augusto ed acconcio di eccitare in cuore al re ed al Pontefice i più vivi sentimenti religiosi.

Diff. 2ª. I testi ebreo, samaritano e greco sono considerabilmente discordanti tra loro intorno alla cronologia. Qual pruova più manifesta della corruzione del Pentateuco?

R. Chi vorrà statuire la sustanza di un libro nella minuta esattezza della cronologia? Sta veramente una discordanza cronologica

---

questo luogo di Esdra. Di qui resta ancora confutata la falsissima opinione de' razionalisti, i quali negano a Davide que' Salmi, ove si parla della schiavitù babilonese. (*Nota del Traduttore*)

[2]) *IV Reg.* XXII 13.

[3]) Joseph. *Antiq.* l. X, c. V.—Ancora la Santa Scrittura ci dà un leggiero cenno di questo fatto: le parole dette da Giosia a' Leviti, quando fu rimesso il culto del vero Dio, ci dan conoscere che l'Arca fosse in tempo delle profanazioni rimossa dal Santuario e portata in luogo più sicuro, *II Par.* XXXV, 3. Intorno alla difficoltà proposta dobbiamo osservare, che non sappiamo persuaderci, come dalla perdita del Pentateuco possa ricavarsi la corruzione di esso; siccome concede l'Autore agli avversari nel principio della sua Replica. Se il Pentateuco era perduto, come vogliono gli avversari, sopra di che potevano cadere le alterazioni e le corruzioni? Gli Ebrei a que' tempi erano stati tanto guasti dall'idolatria, che erano, nella sentenza degli avversari, venuti in perfetta dimenticanza del Pentateuco; come dunque potevano guastare ciò che non avevano più sottocchi? E poi se avessero avuto pensiero di alterarlo, lo avrebbero innanzi tratto corrotto nelle tremende minacce fatte da Dio a' cultori degl'idoli. O noi non intendiamo il nerbo della difficoltà, o essa è tanto insipida da non potere nemmeno far mentita pompa nel suo apparire. (*Nota del Traduttore*)

tra'tre mentovati testi. Secondo l'ebreo il diluvio p.e.cadde nell'anno del mondo 1656; il testo samaritano lo pone nell'anno 1307, la versione de' Settanta nel 2242. Qual' è la conseguenza di queste varietà? che sono caduti errori di cronologia nel testo samaritano e nella versione greca '; conciossiachè la Volgata, la parafrasi caldaica di Onkelos, le versioni araba e siriaca concordano col testo ebreo; e lo stesso testo samaritano ne' secoli IV e V concordava con l'ebreo, siccome riferiscono Origene e s. Girolamo. La cronologia de' Settanta pare studiosamente mutata sin da' tempi anteriori a Gesù Cristo: imperocchè essa assegna al tempo della generazione di quasi tutti i Patriarchi più di 100 anni, che gli altri testi; mentre poi concorda con l'ebreo nel tempo della intera vita. Nè si dica, che questa differenza dia facoltà di affermare, avere il Pentateuco patito corruzioni più rilevanti. « Dapprima, dice il Du Voisin, è certo, che quanto a' dogmi, alla morale, alla storia de' fatti miracolosi sono appieno conformi tutti i manoscritti del testo originale, delle versioni e delle più antiche parafrasi: e se qualcuno avesse tentato di corrompere il Pentateuco in una delle mentovate parti essenziali, alcuni esemplari avrebbero dovuto mantenere l'antica lezione, altri avrebbero esemplato la nuova, e perciò vedremmo discordanti tra loro i manoscritti. Un falsatore non tiene in suo potere tutte le copie di un libro diffuso tra gli uomini, ed una sola sfuggitagli sarebbe acconcia di tramandarci la vera lezione. Se la differenza di lezioni cronologiche è una pruova di alterazione nelle cifre numeriche del Genesi, la conformità delle altre parti del Pentateuco è una pruova certa della loro interezza. Vi ha anzi differenza essenziale tra l'interpolazione della cronologia e quelle che gl'increduli credono potere imaginare. Le date del testo ebreo sono state alterate* col solo pretesto di emendarle; l'errore che sta ivi, comunque sia stato introdotto, non può essere altro che l'effetto di ignoranza o di una erronea critica, non mai di premeditato corrompimento o di impostura. Una mutazione sì fatta non ha dovuto mettere in agomento la Religione degli Ebrei, a' quali non era proposta l'interpolazione degli scritti mosaici, ma la reintegrazione di quella lezione, la quale era stimata originale. Aggiungasi, queste emendazioni erano obbietto di due capitoli del Genesi, noti a pochi dotti, per lo più ignoti alla plebe. Mentre poi se le alterazioni avessero riguardato a' dogmi, alla morale, o alla storia del Pentateuco, lo zelo de' Sacerdoti e de' magistrati avrebbero vegliato per tener lungi questa frode ed empietà: tutta la

---

*) È difficile abbracciare intorno a questo subbietto una sentenza scevra da serie difficoltà: quindi deriva la varietà di opinioni su questi tre sistemi cronologici. Quello ammesso qui ci è parso più probabile; ma non lo teniamo affatto certo.

*) Vedi la nota precedente.

nazione sarebbe surta contro le novità, che avrebbero i malvagi voluto introdurre nella Religione de' padri suoi; un richiamo universale avrebbe soffocato nel nascere il proponimento sacrilego di corrompere le Scritture, il quale sarebbe venuto a notizia de' posteri col supplizio del suo autore, se mai fosse stato qualcuno tanto ardimentoso da concepirlo [1] ».

CAPO IV.

Della veracità del Pentateuco

Voltaire nella sua *Filosofia della storia*, l'autore dell'opera, che ha per titolo: *I tre impostori*, e generalmente i deisti sono giunti a tanta empietà da tenere Mosè in conto d'impostore. Nella proposizione seguente smentiremo questa imputazione sacrilega.

PROPOSIZIONE

Tutti i fatti contenuti nel Pentateuco sono irrefragabilmente veri

La veracità del Pentateuco diviene un fatto dimostrato ed irrefragabile, provato che Mosè suo autore ha potuto conoscere quanto riferisce, che egli non ha voluto ingannare gli Ebrei, e che quando ancora fosse caduto in errore quanto a' fatti narrati, sarebbe stato impossibile ingannare gli Ebrei. Questa pruova si stabilisce facilmente.

1. Mosè ha potuto avere facilmente conoscenza di tutte le cose narrate da lui ne' quattro suoi ultimi Libri: perocchè egli è stato storico contemporaneo e testimone oculato de' fatti, i quali sono obbietto della sua opera. Quanto al Genesi, non mancavano a lui mezzi per scriverne fedelmente tutte le parti: imperocchè, siccome abbiamo notato nel Capo II (p. 208), oltre le rivelazioni immediate, onde Iddio ha potuto illustrare ed erudire il suo servo fedele, egli aveva a sua disposizione la ricordanza de' primi avvenimenti sparsa tra le nazioni, le tradizioni domestiche mantenute nella famiglia di Abramo, le iscrizioni incise su' sepolcri, gli altari ed altri monumenti simili, finalmente i cantici e le memorie scritte de' primi tempi.

2. Mosè non ha voluto ne' suoi scritti ingannare gl'Israeliti: e di ciò fanno piena fede la sua probità, la sua autorità tanto ne' caratteri intrinseci del Pentateuco, quanto nella sua condotta. 1° Lo stile di Mosè è semplice, senza ornamenti, scevro di quelle precauzioni oratorie, le quali sono indirizzate a tener lontane le difficoltà nascenti dal suo racconto. Egli, essendo pieno di confidenza nella sua fedel

---

[1]) *L'autorité des livres de Moïse*, p. I, c. VI, p. 125-127.

tà, e narrando fatti publici e recenti, non si dà pensiero di convincere i suoi contemporanei: è contento ad erudire i posteri,e per ciò narra senza far dissertazioni, senza addurre prove. La descrizione della creazione del mondo, la quale in maniera mirabilissima appalesa i caratteri della verità, è da sè sola bastevole per fare sicurtà della esattezza e fedeltà di questo storico in tutti i suoi libri. Notisi pure, che il carattere de' personaggi, i quali compariscono nel Pentateuco, è perfettamente concorde con le loro azioni; e la brevità delle narrazioni,specialmente di quelle che poggiano sopra i più antichi avvenimenti,è una pruova che l'autore ne ha reciso tutte le circostanze dubbiose: e ciò forma una forte presunzione,o anzi una dimostrazione manifesta ed evidente della sincerità dell'autore. Finalmente, quelle antiche locuzioni, quella semplicezza arcaica, che sono sparse nel Pentateuco, semppreppiù confermano la veracità del suo autore. 2° Il carattere e la condotta di Mosè proclamano la sua sincerità e buona fede, respingono ogni pensiero d'impostura e di inganno: e primamente egli si mostra in ogni occasione legato di Dio con molta e tale semplicità da mostrarsi scevro di scaltrezza, fanatismo, frenesìa: egli prova la sua missione mediante veri miracoli operati nell'Egitto, come le dieci piaghe, e fuori dell'Egitto,come il passaggio del Mare Rosso: usando questi mezzi egli muove gli Ebrei a credere alle sue azioni e parole. Secondamente, egli non piaggia i grandi del suo popolo, come d'ordinario fanno gl'impostori;in vece li biasima con la più inesorabile severità, quando cadono in errori: basta leggere i suoi discorsi per restarne capace. Terzamente, la stessa ombra dell'empietà è tanto aliena dal suo carattere,che tutta la sua condotta respira il più tenero amore di Dio e l'orrore al vizio. In quarto luogo diciamo intorno a' suoi miracoli in Egitto, che egli ha operato questi prodigi innanzi la Corte di Faraone, molti ne ha fatto in presenza di tutti gli Egiziani. Oltre a ciò altri miracoli fece nel deserto avendo per testimonio due milioni di uomini, quale fu la divisione delle acque del Mare Rosso: egli pubblicamente diede la legge. E può essere questa la condotta di un uomo infinto e doppio? Mosè apparisce cultore della virtù non solo nella vita pubblica, ma ancora nella privata e nascosta: ne son pruova il fervore della sua pietà, la sua estrema umiltà, l'indifferenza pe'propri interessi, la sua universale carità, il zelo per la gloria di Dio.Egli tanto preferisce al suo bene privato i vantaggi del popolo affidatogli,che non teme di incontrare per lui qualunque pericolo. Iddio vuole sterminare questa nazione ribelle, e Mosè offre sè medesimo come vittima per salvarla: *Io vi prego, e' dice, di perdonare loro questo fallo ; o se nol fate, cancellatemi dal libro, che voi avete scritto* [1]. Che

---

[1] *Ex.* XXXII, 32.

cosa poteva sperare da un popolo indomabile, propenso alla idolatria, quasi sempre ribelle, anzi fin dal terzo giorno dell'uscita di Egitto ? del quale popolo egli dice così: *Che farò di questo popolo ? non anderà molto ch' e' mi lapiderà*[1]. Egli non avea d'innanzi grossi guadagni di dovizie e di gloria, rinunziando alle ricchezze della figliuola di Faraone, sua madre adottiva, per menare una vita errante per quaranta anni tra deserti incolti e spaventosi, a capo a un popolo indisciplinato e sempre scontento. Ebbe tanto cari gl'interessi della sua famiglia, che avendo costituito Aronne suo fratello nella dignità di Pontefice, elesse a duca del popolo Giosuè di altra tribù, e lasciò i suoi figliuoli confusi nella classe Levitica[2]. La stessa non curanza mostrò quanto alle ricchezze, cui non pensò mai di accumulare nè per sè, nè pe' suoi: *Voi sapete*, dice a Dio, *che io non ho mai nulla avuto da essi, nemmeno un asinello, nè ho mai fatto torto ad alcuno di loro* [3]. Avendo usato gli ultimi momenti della sua vita per inculcare a' grandi ed al popolo la più stretta osservanza della legge ed una inviolabile fedeltà verso Dio, muore povero lasciandosi dietro una posterità, la quale non fu notabile nè per dovizie, nè per onori. Mosè in vece di cattivarsi la benevolenza degl'Israeliti con adulazioni, continuamente rimprovera loro la durezza di cuore, l'ingratitudine, le ribellioni contro il Signore, la loro inclinazione all'idolatria [4]. La sua storia è piena di squarci, che tornano disonorevoli al suo popolo; nè egli crede di far onta alla tribù di Ruben narrando nel suo libro l'incesto di questo Patriarca con una delle mogli di suo padre, e la maledizione da Giacobbe moribondo scagliata addosso a lui ed a' posteri [5]: con la medesima sincerità egli narra l'incesto di Giuda con Thamar nuora di lui; il quale incesto ebbe tante vergognose conseguenze [6]. In breve, Mosè immola alla verità storica la memoria de' padri suoi, e l'onore della sua nazione. Un impostore non avrebbe certo imaginato questi fatti, ed uno scrittore mosso da fini umani avrebbeli addolciti se non soppressi. Prova ne sia lo storico Giuseppe, il quale tace nelle sue *Antichità* sull'incesto di Giuda, sull'adorazione del vitello di oro, sulle disonestà degl'Israeliti con le figliuole di Madian [7]; e noi vediamo che i Rabbini con mille sottigliezze ridicole

[1]) *Ex.* XVII, 4. — [2]) *Ex.* IV, 20; *Judic.* XVIII, 30. — [3]) *Num.* XVI, 15.
[4]) *Deut.* IX. — [5]) *Gen.* XXXV, 22: XLIX, 3. — [6]) *Gen.* XXXVIII.
[7]) *Num.* XXV. — La verità vuole che sia scagionato Flavio dal silenzio appostogli intorno alle figliuole di Madian: lo storico ebreo non tace assolutamente intorno a questo avvenimento, siccome può ognuno vedere nel libro IV delle *Antichità*, cap. VI, n. 6, 7, 8, 9, 10, 11, 12, 13. Solo è da riprendere che non lo esprime, benchè molto diffusamente, con que' colori, onde è dipinta nella santa Scrittura l'abbominazione commessa dal popolo. Anzi è da osservarsi, che in questa narrazione si discosta lo storico dal suo mal vezzo: perocchè egli molte volte, e specialmente quando ha da parlare

si argomentano di nascondere la vergogna e palliare i delitti de' loro maggiori. Mosè non dissimula i suoi falli, anzi mette in chiaro i propri errori e le imperfezioni: perciò narra l'omicidio commesso da lui sull'Egiziano, nè adduce ragioni acconce a giustificarlo [1]; più volte rammenta il peccato, che gli vietò di porre piede nella Terra Promessa [2]; qualche volta ricorda alcun fatto, che gli torna glorioso; ma la serie storica lo obbligava a ciò, e la sua narrazione è fatta in guisa, che la gloria non sia attribuita a sè, ma a Dio; affinchè ognuno chiaramente discerna le vie della Provvidenza a pro del popolo d'Israele. Finalmente, Mosè non pure fugge gli applausi con la pompa di un discorso vano, ma in vece non lascia scorgere ne' suoi scritti la più leggiera traccia, il menomo vestigio di amor proprio: ei pone in tanta dimenticanza sè medesimo, che il lettore non può correre a lui col pensiero; e per dipingere le azioni più sublimi, che possano riuscire gloriose ad un uomo, e le prove di coraggio e sapienza, le quali, il confessiamo, conciliano vivissima ammirazione, egli usa stile semplicissimo, espressioni comuni, concisione notabile.

8. Mosè non avrebbe potuto ingannare gli Ebrei, ancora che avesse avuto questa intenzione. Gli avvenimenti riferiti nel Pentateuco naturalmente si dividono in due classi, siccome abbiamo più volte osservato: la prima comprende que' fatti, che Mosè afferma essere avvenuti prima di sè; questi sono narrati nel Genesi. La seconda classe spone gli avvenimenti de' tempi, ne' quali ei visse; e questi sono contenuti ne' quattro libri susseguenti. Qualunque di queste due classi si voglia considerare, dobbiamo dire che Mosè non poteva assolutamente ingannare gl'Israeliti. Gli Ebrei conoscevano i fatti de' tempi anteriori nel modo stesso, che Mosè: di essi facevano testimonianza i documenti antichi conservati nelle famiglie, i cantici ed altri monumenti rimasi presso il popolo, finalmente la tradizione orale, la quale aveva potuto facilmente mantenersi tra gli Ebrei: queste testimonianze avrebbero reclamato contro l'impostura, se Mosè avesse voluto ingannare il popolo. L'istesso Mosè non poteva ignorare ciò;

di certe cose soprannaturali, usa un linguaggio equivoco, languido, e rimane in arbitrio del lettore pensare quel, che gli aggrada. Scriveva ad uso de' gentili, e per amor di gloria temeva di offenderli: dipinge al vivo certi critici della età nostra, i quali par che abbiano paura di apparire cattolici, e concedendo, e dilucidando vorrebbero rendere le cose altissime della Fede affatto uguali alla ragione. Chi vuole un saggio delle narrazioni di Flavio, può leggere la storia della lotta di Giacobbe, *Ant.* l. I, c. XX, n. 2, della strage de' Sichimiti, *ibid.* c. XXI, n. 1; de' sogni di Giuseppe l. II, c. II; de' sogni di Faraone, *ibid.* c. V, n. 4; de' terrori del Sinai, l. III, c. V, n. 2 ecc. (*Nota del Traduttore*)

[1] *Ex.* II, 11, 12.—[2] *Num.* XX, 12, 24; *Deut.* I, 37.

e solo questo doveva cessare ogni suo disegno di frode, supponendo
che egli avesse voluto trarre il popolo in inganno. Nè avrebbero questi malvagi disegni avuto migliore esito quanto a' fatti della seconda
classe; cioè intorno alle dieci piaghe, onde Iddio percosse gli Egiziani per obbligarli a dimettere il popolo; intorno al passaggio del Mare
Rosso, alla publicazione della legge sul Sinai, alla manna piovuta
nel deserto per cibo agl' Israeliti per quarant'anni, ecc. Imperocchè
sarebbe stato Mosè audacissimo ed impudentissimo degli uomini, se
avesse osato chiamare il popolo in testimonianza di fatti non più veduti da loro: il popolo poi avrebbe toccato l'estremo segno della stupidità, se non avendo mai veduto tali prodigi, avesse giurato sulla
parola di Mosè, ed avesse confessato di esserne stato spettatore. Questo traviamento non potrebbe di leggieri essere supposto in un sol
uomo: sarebbe poi sommo prodigio, se si dovesse affermare che esso
è avvenuto in un popolo composto di due milioni di uomini.

Alcuni increduli confessano non avere Mosè ingannato gl' Israeliti; ma essi pretendono che ha scritto il suo libro per rendere glorioso il suo popolo, col quale si era prima indettato. Ma chi vorrà concepire questa collusione trattandosi di due milioni di uomini? Come,
tra tanta gente nemmeno un solo ha publicato la menzogna, ha sver-
gognato l'impostura! Anzi non solamente nessuno ha mai reclamato, ma quel che è più mirabile l'intiera nazione ha mantenuto silenzio con tanta riservatezza, che nessuno de' contemporanei di Mosè
lo ha mai rivelato a qualche confidente tra' posteri: per forma che
tutti gli Ebrei susseguenti, da Mosè sino a noi, sono stati intimamente persuasi di tenere come verità quello che fu effetto di malvagia
impostura. Ma se Mosè ha scritto con iscopo di rendere illustre il suo
popolo, perchè ha fatto memoria di tante circostanze ignominiose?
perchè fa ad esso veementi rimproveri intorno alla idolatria, alle impudicizie, alle mormorazioni ed alle ribellioni contro il Signore e
contro sè? perchè lo chiama continuamente popolo ingrato, indoci-
le, duro e riottoso? Son questi i mezzi per piaggiare una nazione, e
cattivarsi la sua benivoglienza? Sono queste le vie per disporla ad
udire e ad ammettere menzogne evidenti a quel modo onde sono accolte le verità? Benchè si presuppongano fondati i rimproveri amari e
dispiacenti fatti da Mosè alla sua gente, pure questa non avrebbe mai
comportato che fossero inseriti nella sua storia, se Mosè non fosse
stato vestito dell'alta autorità di uomo, che tiene le veci di Dio sulla
terra: e quest'autorità non si avrebbe mai conciliato Mosè, se non
avesse operato alcun prodigio. Conchiudasi adunque così: la pazienza degli Ebrei nel sopportare i rimproveri fatti loro da Mosè, la do-
cilità nell'accoglierli, la venerazione verso i Libri, ne' quali sono
scritti, sono pruove irrefragabili della veracità de' fatti ivi narrati:
queste cose dimostrano, che Mosè non ha scritto i fatti maravigliosi
pel Pentateuco di concerto col suo popolo per aggiungergli nome.

Difficoltà

Diff. 1ª. Se tutt' i prodigi narrati nel Pentateuco fossero veri, gli antichi storici ne avrebbero fatto menzione; ma non se ne trovando vestigio alcuno negli scrittori profani, abbiamo una pruova sufficiente da questo silenzio per dire supposti i miracoli attribuiti a Mosè ne' libri, che portano il suo nome.

R. Ma Erodoto, Tucidide ed altri scrittori profani narrano dal canto loro molti avvenimenti straordinari successi a tempo degli storici ebrei; e frattanto questi negli scritti a noi trasmessi non hanno fatto menzione di tali avvenimenti: nè da questo silenzio han mai conchiuso gli avversari, che tutti questi fatti sieno favole ridicole. Nondimeno noi vogliamo più direttamente rispondere alla difficoltà: Che cosa potevano dire gli scrittori antichi intorno a fatti precedenti il diluvio, o avvenuti poco dopo; se essi a mala pena conoscevano i fatti della propria nazione? Tutti gli storici profani, di cui sopravvanzano gli scritti, sono di molti secoli posteriori a Mosè: qual maraviglia, se non fanno menzione di fatti avvenuti tanto tempo innanzi che venissero al mondo? Diodoro Siculo, Eforo, Timeo ed altri confessano di non avere notizie certe della propria nazione oltre i tempi della guerra troiana, la quale avvenne tre secoli dopo Mosè, tredici innanzi Gesù Cristo. Citino dunque i nostri avversari scrittori più antichi di Mosè, o al meno contemporanei a lui; e dicanci che avendo avuto questi occasione di parlare de' fatti contenuti nel Pentateuco, hanno di essi taciuto: in questo solo caso potrebbe avere qualche forza il loro argomento. Nondimeno se ha mestiero la storia di Mosè di straniere testimonianze, non sarà difficile produrne. Beroso Caldeo, Girolamo Egiziano, Abideno fanno memoria del diluvio di Noè; Beroso e Manetone parlano della longevità patriarcale; Abideno, Eupolemo, Estio rammentano la torre di Babele e la confusione delle lingue; Ecateo, Beroso, Eupolemo danno cenni della vita di Abramo; Alessandro Polistore scrive del sacrifizio di Abramo e delle azioni di Giuseppe; finalmente Artapano narra il passaggio del Mare Rosso [1]. Sarebbe assai scarsamente ragionevole, chi volesse che gli storici profani avessero reso conto degli avvenimenti propri alla piccola nazione giudaica.

Diff. 2ª. Mosè dice che gl' Israeliti uscirono di Egitto per ordine di Dio, ed andarono a possedere la terra di Chanaan; aggiunge che gli Egiziani si opposero alla loro partenza [2]. Ma Tacito, grave storico, narra negli *Annali* [3], che il dio Hammon comandò agli Egiziani

---

[1] V. Joseph, c. *Apion.* l. I; Tatian. Assyr. c. *Ethnicos*; Euseb. *Praep. evang.* l. IX, c. IV; Huet, *Demonstr. evang.* c. II.
[2] *Ex.* V. — [3] Lib. XXI.

di cacciare del loro paese gli Ebrei, i quali erano infestati da un morbo contagioso, ed erano venuti in abbominio alla divinità del Nilo. Scrive ancora Giustino [1], che gli Egiziani ebbero da' loro numi il comando di cacciare gli Ebrei dall'Egitto, perchè erano presi da malattia contagiosa. Nè questa è la sola contraddizione, che si trova tra Mosè e gli antichi scrittori. Egli dice, per esempio [2], che gli Israeliti erano tormentati dalla sete, e mormorando contro di lui, Iddio gli comandò di percuotere con la verga una rupe, da cui spicciò acqua. Tacito, al contrario, nel luogo citato dice, che le asine selvatiche fecero scoprire a Mosè queste abbondanti scaturigini. Le quali contraddizioni, dicono gl'increduli, sono bastanti a dimostrare qual conto s'abbia a fare delle narrazioni del Pentateuco.

R. Le assurdità scritte dagli storici profani intorno agli Ebrei sono state ampiamente confutate dallo storico Giuseppe ne' suoi libri contro Apione grammatico: noi però ci contenteremo a dire poche parole per dimostrare, che le testimonianze loro non possono star dallato all'autorità del Pentateuco. Ed in primo luogo diciamo: questi scrittori furono molto posteriori a' fatti riferiti nel Pentateuco, perciò non potevano esattamente esserne informati: di qui procede la grande discordanza tra essi e Mosè. Tacito, per esempio, negli *Annali* [3] scrive essere gli Ebrei per origine Cretesi, il nome *Judaei* per corruzione di *Idaei* provenire da *Ida*, monte dell'isola di Creta: e che ha mai che fare questo monte con la Giudea e con la storia degli Ebrei? Giustino [4] pretende, che gli Ebrei discendano da Damasco, città della Siria, e che Israele, ossia Giacobbe, abbia dato loro il nome *Giudei* da Giuda suo figliuolo: dice che il primo loro re fu Damasco, cui successero Abramo, Mosè, Israele; questi tra' precessori celebratissimo divise il suo regno in dieci parti, assegnandone una a ciascuno de' suoi dieci figliuoli; Mosè era figliuolo di Giuseppe, il più giovane de' figliuoli d'Israele, ed altrettali fandonie. Chi non si avvede, che Giustino in ogni suo passo incespica, e tutte le sue parole sono maravigliosamente lontane dal vero? E ciò basta, come a noi pare, per dar conoscere che questa prima asserzione di Giustino e Tacito è affatto gratuita, priva di fondamento, manifestamente falsa, e però inetta ad infiacchire menomamente la fede, di che è degna la storia mosaica. In secondo luogo, chi può mai imaginare, che una sorgente tanto nota alle famose asine selvatiche sia stata sconosciuta a quasi due milioni di uomini, vinti dalla sete, ammutinati, i quali studiosamente cercavano acqua per ogni luogo? E come, nessuno degli Ebrei si avvide, che quella scaturigine fluiva, prima che Mosè percotesse il macigno? Come avrebbe potuto Mosè

---

[1] *Ex Trogi Pompei Hist.* l. XXXVI.
[2] *Ex.* XVII.— [3] Lib. XXI.— [4] Lib. XXXVI.

operare tanta gherminella? È cosa nota, che Tacito piglia strafal-
cioni, sempre che esce a parlare della storia antica degli Ebrei [1]. Finalmente, gli scrittori profani si contraddicono scambievolmente in
tutte le cose che narrano degli Ebrei, della loro origine, delle guerre con gli Egiziani, del tempo e delle cagioni, per cui furono cacciati di Egitto, delle circostanze della loro fuga, e dello Stato che formarono ne' tempi posteriori. Pruova di ciò è Giuseppe Flavio, il quale confuta questi scrittori ponendoli in contraddizione tra loro. [*]

SECONDA SEZIONE

Introduzione particolare a' Libri storici dell' antico Testamento

I libri storici dell'antico Testamento sono: Giosuè, i Giudici, Ruth,
i quattro libri de' Re, i due de' Paralipomeni, il primo di Esdra, ed
il secondo nominato Nehemia, Tobia, Giuditta, Esther, Giobbe, i due
de' Macabei.

CAPO I.

Del Libro di Giosuè

Osservazione preliminare

Questo libro deriva il nome da Giosuè figliuolo di Nun, della tribù
di Efraim e successore di Mosè nel reggimento del popolo di Dio.
Giosuè, che i Greci han chiamato Ἰησοῦς Ναυῆ, in ebreo è detto הושע
Hoséeangh, da alcuni spiegato *Salvatore*, da altri *salute*; però questo nome fu poi mutato in יהושע, *Jehoschiangh*, ossia *Dio Salvato-*

---

[1] Hoocke, *Principia relig. nat. et revel.* t. II.

[*] Queste discordanze tra il sacro ed inspirato storico Mosè ed i profani
sono notabilissime ne' tempi, ne' quali era cominciato il Cristianesimo, mentre appariscono minori ne' tempi antecedenti. In questi cagione delle ciance, indegne della gravità storica, fu più che la ignoranza la malizia; gli Ebrei
erano non curati, e per dileggio erano bene spesso travolte le cose loro. Ne'
tempi venuti dopo, cioè quando cominciò la Religione Cristiana, possiamo
sicuramente affermare, la sola malizia aver tramutato i fatti. Il Cristianesimo è il perfezionamento della Religione Giudaica, non sia dunque maraviglia che i fatti di questa sieno stati alterati in modo da muovere le risa. Ri-
cordino i lettori tutte le calunnie apposte al Cristianesimo, delle quali soprattutto parla Tertulliano, e poi giudichino se sieno a proposito invocate le
autorità de' nominati storici da' nemici della Fede. Leggasi il capo VII del
Libro IV della *Storia ecclesiastica* di Eusebio di Cesarea, ed ivi si troverà
svolta l'origine di queste calunnie. (*Nota del Traduttore*)

re, o *Salvatore dato da Dio*, ovvero come altri vogliono, *di cui Dio è aiuto* [1].

ARTICOLO I.

Del subbietto e dello scopo del libro di Giosuè

1. L'autore narra le cose avvenute tra gli Ebrei dalla morte di Mosè sino a quella di Giosuè. Questo libro generalmente può dividersi in tre parti: la prima, dal capitolo I sino al capitolo XI, contiene la storia della occupazione della terra cananea; la seconda dal capitolo XII-XXII, descrive la terra di Chanaan e la divisione fattane tra le tribù; la terza, contenuta ne' capitoli XXIII, XXIV, narra la rinnovazione dell'alleanza e la morte di Giosuè nell'età di 110 anni. È difficilissimo, per non dire impossibile, determinare lo spazio di tempo occupato da' fatti, i quali sono narrati in questi 24 capitoli. Alcuni lo fissano a 7 anni, altri a 17, altri a 27 o 28, altri a 35; ma non vi ha ragioni tali da potere preferire l'una all'altra sentenza. La sola cosa, che pare certa in questa discussione cronologica, è questa: il tempo del reggimento di Giosuè non può essere minore di 7 anni, e non potrebbe estendersi oltre i 35.

2. Da' ragguagli predetti chiaro si scorge, che l'Autore ha avuto lo scopo di far conoscere al lettore il modo, onde ebbero compimento le promesse fatte da Dio a' Patriarchi intorno alla terra di Chanaan, e la parte toccata a ciascuna tribù [2].

ARTICOLO II.

Dell'autore del libro di Giosuè

Le sentenze sono varie intorno all'autore del libro, il quale ha per titolo Giosuè: nondimeno la più comune tra gli antichi e moderni lo attribuisce al medesimo Giosuè, e molti argomenti rendono probabile questa opinione. 1° Lo stile è antico e purissimo; esso è scevro di ogni vocabolo straniero, e perciò è simigliantissimo a quello di Mosè. 2° Leggesi nel capitolo XXIV, 26 : *Scripsit quoque* (Josue) *omnia verba haec in volumine legis Domini*, ecc. le quali parole pare riferiscansi a tutta la storia di questo libro, ed indichino avere Giosuè, ad esempio di Mosè, scritto l'avvenuto ne' tempi del suo reggimento;

---

[1] Il libro canonico di Giosuè è affatto diverso da quel libro, che ha lo stesso nome, ed è presso i Samaritani: questo è una cronaca, e storia de' fatti avvenuti dalla morte di Mosè sino all'imperatore Adriano; ma è molto male ordinata.

[2] Jahn, *Introd. in libr. sacr. V. T.* p. II, c. II, § 24.

esse ci dimostrano ancora che egli aggiunse questo al libro della Legge,
e lo fece scrivere sull' esemplare della medesima legge, il quale stava
collocato in un canto dell'Arca. 3° Nel medesimo capitolo (v. 29, 30),
ove sono riferite la morte e sepoltura di Giosuè, lo stile è differente
dal precedente: il che si nota pure nella relazione della morte e sepoltura di Mosè [1]. Giosuè ivi è nominato servo del Signore; e lo stesso titolo è dato a Mosè nel citato capitolo del Deuteronomio. Bisogna
dunque dire che questi luoghi sieno stati aggiunti da un altro, e che
i capitoli precedenti sono di Giosuè: siccome di Mosè è tutto il Pentateuco, mentre la narrazione della morte ecc. pertiene ad altro scrittore. 4° Il discorso di Caleb (XIV, 6-12), le parole di Finees (XXII,
16-20), quelle di Giosuè (XXIII, XXIV), riferite esattamente; il ragguaglio delle circostanze della guerra degl'Israeliti co' Cananei; i
nomi propri de' re, de' principi e di altre persone; la situazione e le
particolarità de' luoghi; le numerazioni e le divisioni della terra, e
molti altri fatti non possono provenire se non da Giosuè: il quale
viveva ne' tempi degli avvenimenti, aveva egli stesso fatto la divisione, avea dato battaglie a' re cananei, avea conquistato il loro paese e soggiogate le loro città. 5° Mosè avendo messo in iscritto la storia del popolo ebreo e le promesse fatte a' Patriarchi, abbiamo ragione di pensare, che il suo successore nel reggimento degl'Israeliti ad esempio di lui abbia scritto, o al meno fatto scrivere negli annali i più segnalati avvenimenti, secondo che venivano succedendo;
e specialmente il compimento delle promesse nel possesso della terra
di Chanaan. E questa ragione è vie meglio confermata dal bisogno
di descrivere i limiti assegnati a ciascuna tribù, potendo collo scorrere degli anni essere a questo proposito suscitati molti litigi. 6° Finalmente in questo libro ogni cosa dà indizi tali della Legge di Mosè
che noi siamo costretti a dargli per autore Giosuè, che fu amico,
compagno, ministro del legislatore degli Ebrei: Giosuè, il quale succedendo a Mosè nelle funzioni di lui, era affatto pieno dello spirito
e princìpi del santo Profeta.

Difficoltà *proposte contro l'opinione, che attribuisce a Giosuè*
il libro, il quale porta il suo nome, e **Repliche**
alle medesime

Diff. 1ª. L'antichità e purezza di stile, che notansi nel libro di Giosuè, e la cura, onde sono riferiti i fatti ed i discorsi, non dimostrano
precisamente, essere Giosuè autore del libro: queste cose al più provano, che l'autore, chiunque sia, fu contemporaneo dell'illustre duce
del popolo ebreo. 2° Quella frase: *Scripsit quoque omnia verba* ecc.,

---

[1] *Deuter.* XXXIV.

si riferisce non al libro di Giosuè, ma solamente alle cose relative alla rinnovazione dell' alleanza, della quale si parla ne' versetti antecedenti. 3° L' Autore del libro usa spessissimo la locuzione *usque in praesentem diem*, la quale presuppone un intervallo considerabile di tempo corso di mezzo agli avvenimenti ed alla loro narrazione. 4° Nel capitolo X, 13, la disfatta patita da' Cananei meridionali è confermata da una testimonianza tratta dal libro de' Giusti: questa disfatta a' tempi di Giosuè era notissima, nè avrebbe avuto Giosuè bisogno di testimonianza per renderla autorevole. Anzi, secondo molti critici, il libro de' Giusti è posteriore a Giosuè, perchè in esso si trova l' epicedio di Davide sulla morte di Saulle e Gionata. Quindi la citazione del libro de' Giusti nel libro di Giosuè indica uno scrittore più recente. 5° Leggesi nel libro di Giosuè (IX, 27) « *che Giosuè consecrò alcuni de' Gabaoniti al servizio di tutto il popolo e dell' altare del Signore . . . . nel luogo che il Signore avrebbe scelto, siccome fanno sino al presente giorno* ». Queste parole: *nel luogo che il Signore avrebbe scelto*, e quelle altre *la casa di Dio* (vers. 23) indicano certamente un autore che ha scritto, quando era già costrutto il Tempio di Gerusalemme. 6° In questo libro leggonsi ancora certi nomi, i quali sono stati dati ad alcuni luoghi in tempi posteriori a Giosuè, come *Tiro* (XIX, 29), *Galilea* (XX, 7), *Jecthel*, (XV, 38). Questi sono indizi, i quali non possono fare attribuire questo libro a Giosuè. 7° Dal libro de' Giudici chiaro apparisce, che i fatti narrati nel capitolo XV di Giosuè (vers. 13-20), come ancora la presa di Lezem fatta da que' della tribù di Dan (XIX, 47), sono posteriori alla morte di Giosuè. Certo è poi che non possono essere sue le parole, ond' è narrata la sua morte.

R. 1° L' antichità di stile, e l' esattezza della narrazione di alcuni fatti e discorsi non formano, è vero, una dimostrazione diretta e stringente per provare, che questo libro pertenga a Giosuè: ma senza dubbio sono acconce a dimostrare che esso è contemporaneo del capitano. E se è così, a chi può attribuirsi se non a Giosuè, successore di Mosè nella Profezia! a questi tempi non vi ha memoria di altro Scrittore divinamente inspirato tra gli Ebrei, nè questi hanno mai ad altri attribuito il libro. 2° Non è dimostrato che quelle parole: *Scripsit quoque* ecc. essendo dette del rinnovamento dell' alleanza, debbano assolutamente essere ristrette a questa sola. È certo, che Giosuè scrisse ed aggiunse al Pentateuco tutto quello, che riguarda alla rinnovazione del patto: or se queste parti, le quali sono le ultime del libro, sono state aggiunte al Pentateuco dal medesimo Giosuè; è molto verisimile che le parti anteriori altresì, le quali dovettero essere scritte prima, appartengano a Giosuè. 3° Giosuè avendo composto il suo libro verso la fine della vita, siccome non può dubitarsi, ed essendo perciò scorso un buon numero di anni dal passaggio del Giordano e dalla conquista della terra promessa sino al tempo dello scrivere; qual difficoltà possono muovere quelle parole *usque in praesentem diem*, se realmente erano trascorsi anni? S. Matteo scriveva poco dopo la morte di Gesù Cristo, ed ha pure adoperato questa locuzione (XXVII, 8; XXVIII, 15); nè mai alcuno ha pensato tirarne per conseguenza, che l'Evangelio avente il nome di lui non sia opera di questo Apostolo. Si vuole ancora notare, che quelle espressioni possono essere tenute come formole proprie dello stile orientale, le quali non debbono essere intese rigorosamente. 4° Nessuno ha mai saputo con certezza, che cosa fosse questo libro citato col nome di *Libro de' Giusti*, il quale nell'Ebreo è chiamato רֶפֶס הַיָּשָׁר (*Sépher hajasciár*), *Libro del Giusto*, e pigliando collettivamente la seconda parola, secondo il genio della lingua ebraica, *Libro de' Giusti*. In secondo luogo, gli scrittori contemporanei spesso allegano atti pubblici ed autentici del loro tempo, massime quando è mestiero sostenere la narrazione di fatti straordinarì: e poi il cantico di Giosuè fu composto immediatamente dopo il successo; perciò Giosuè, il quale scrisse dopo molti anni, potè benissimo citarlo nel suo libro. Secondo una altra ipotesi molto verisimile il *Libro de' Giusti* fu una raccolta di cantici, o inni composti per celebrare gli avvenimenti memorandi; perciò esso poteva essere più antico del libro di Giosuè, e nondimeno contenere altresì l'elegia scritta da Davide [1]: imperocchè queste opere sono di tale natura, che mano mano vengono crescendo nel correre de' secoli mediante i nuovi avvenimenti, i quali meritano ricordanza. Ma ancorchè confessassimo essere la citazione di questo testo più recente del testo medesimo, bisognerebbe rinunziare al buon senso ed alla sana critica per conchiudere, che tutto il libro non sia di Giosuè: imperocchè il testo citato potè essere da principio messo in margine come illustrazione, e poi dal margine potè trascorrere nel testo. 5° Quelle parole: *il luogo che il Signore avrà scelto*, e *la casa di Dio*, non dinotano il Tempio di Salomone, ma il Tabernacolo ove stava l'Arca del Signore. 6° Senza ragione si pretende, che i nomi *Tiro, Galilea, Jecthel*, sieno posteriori a' tempi di Giosuè: ed ancorchè tali fossero, mai si potrebbe dedurre, che Giosuè non sia autore del libro, in cui si leggono que' nomi. Imperocchè questi nomi nuovi o son passati dal margine nel testo per inavvertenza o consiglio degli amanuensi, ovvero sono stati mutati da qualche Scrittore inspirato per dare maggiore chiarezza alla storia, sostituendo a nomi meno noti quelli, che erano conosciuti da tutti. 7° Gl'interpreti sono di varia sentenza al meno intorno a' due avvenimenti riferiti nel libro di Giosuè, e ripetuti in quello de' Giudici. Dapprima la spedizione di Caleb, che leggesi nel libro di Giosuè (XV, 13-20), ed in quello de'

[1] *II Reg.* I, 18.

Giudici (I, 10-15), è stata, secondo alcuni, inserita nel libro di Giosuè
per anticipazione, affinchè procedesse con ordine la narrazione della
divisione toccata alla tribù di Giuda: è stata poi, secondo molti altri,
messa nel libro de'Giudici per ricapitolazione; perocchè il suo luogo
naturale è nel libro di Giosuè, essendo avvenuta a'tempi di questo illustre condottiero. La presa di Lesem, soprannominata Dan, è del pari
narrata in Giosuè (XIX, 47), e ne'Giudici (XVIII, 27 29), ove è chiamata Lais: generalmente si afferma essere avvenuta dopo la morte
di Giosuè, e che un Profeta inspirato, come Samuele o Esdra, ha creduto necessario inserirla nel libro di Giosuè per rendere compiuta la
storia riguardante la divisione della tribù di Dan. Imperocchè, se si
toglie da questo capitolo XIX, l'intero versetto 47, il testo rimane
legato e connesso, e parla della tribù di Dan nel medesimo stile, con
che si parla delle altre nel finire la descrizione del loro territorio: e
questa osservazione è di Huet [1]. È ancora comune sentenza, che le
parole relative alla morte di Giosuè non sono state scritte da lui: ma
non si può nè da questo, nè da' due fatti precedentemente allegati
conchiudere, che il libro attribuito a Giosuè non sia opera di lui,
senza toccare l'estremo segno dell'assurdo e del ridicolo.

COROLLARIO

Dalle cose discorse in questo articolo è facile conchiudere, quanto
sieno lontani dalla verità que' critici, i quali pretendono che il libro
di Giosuè non sia anteriore a'tempi della schiavitù di Babilonia; imperocchè quantunque si concedesse non essere opera di Giosuè, è al
meno certo, che esso è stato scritto innanzi il settimo anno del regno di Davide. In fatti nel capitolo XV, vers. 63, si dice, che la tribù di Giuda non potè giungere a cacciare i Jebusei da Gerusalemme, e che questi abitavano co' figliuoli di Giuda nella stessa città.
Questi Jebusei furono cacciati nel settimo anno del regno di Davide,
allorchè questi si rese padrone della rocca [2], e una tale circostanza
non sarebbe stata omessa nel libro di Giosuè, se questo fosse stato
scritto in un' epoca posteriore a questo fatto [3]. Aggiungasi che trovansi presso Isaia, Geremia ed Habacuc indizi sensibili di questo libro, siccome ha osservato Augusto Kueper, il quale ha messo in confronto molti luoghi di Giosuè e Geremia [4].

---

[1] Huet, *Demonstr. evang.* prop. IV, c. XIV, n. 6.
[2] *II Reg.* V.
[3] J. Jahn, *Introd.* p. II, c. II, § 27.
[4] A Kueper, *Jeremias lib. sacr. interpres atque vindex*, p. 54.

CAPO II.

Del Libro de' Giudici

Osservazione preliminare

Il Libro de' Giudici ha pigliato nome dall'obbietto principale, perchè contiene la storia de' duci, i quali governarono gl'Israeliti dalla morte di Giosuè sino a'tempi, ne' quali questi chiesero un re. Questi duci sono ebraicamente detti שופטים (*Sciophetim*) o *Giudici*; nè con questo nome sono indicati solo quelli, i quali amministrano la giustizia, o un magistrato qualunque; ma ancora coloro, i quali avevano nella repubblica il sommo potere per la pace e per la guerra.

ARTICOLO. I.

Del subbietto e dello scopo del Libro de' Giudici

Questo libro è composto di tre parti: la prima contiene sedici capitoli; la seconda i capitoli XVII, XVIII; la terza i capitoli XIX, XX, XXI. La prima ne fa sapere, che nella guerra fatta dalle tribù co' Cananei, alcune gli esterminarono intieramente, altre si contentarono a renderli tributarii; che in conseguenza l'Angelo di Dio loro predisse, che un giorno i Cananei prevarrebbero e trascinerebbero gli Ebrei nella idolatria. L'autore osserva, che gli Ebrei trionfarono de' nemici, quando furono fedeli a Dio; ma quando cominciarono ad essere indulgenti verso i Cananei, e strinsero con essi parentela di connubii, questi gl'indussero alla idolatria: che altri popoli li domarono, e che finalmente ritornati a Dio trovarono uomini straordinari, la cui mercè si sottrassero alla dominazione de' popoli nemici. Tutti questi ragguagli mostrano lo scopo dell'Autore, il quale ebbe pensiero di ammonire gli Ebrei ad osservare esattamente la legge data loro da Dio per Mosè, essendo questa l'unica via di felicità, pace e floridezza. Nella seconda parte l'autore narra, come Micha stabilì in casa sua un idolo ed un sacerdote destinato al ministero di esso, scegliendolo dalla tribù di Levi: come seicento uomini della tribù di Dan avendo rubato l'idolo a Micha e menato con sè il sacerdote, divennero idolatri, e si resero padroni della città di *Lais* o *Lesem*, dove si stabilirono. Questo fatto è in iscorcio narrato presso Giosuè (XIX, 47). Finalmente la terza parte contiene il racconto dell'onta fatta alla moglie di un Levita dagli abitanti di Gabaa, nella tribù di Beniamino; la narrazione della morte di costei e della distruzione della tribù di Beniamino, la quale ricusò di punire gli autori di quelle scelleratezze.

*

ARTICOLO II.

Dell' autore del Libro de' Giudici

Non si sa certo, chi sia l'autore di questo libro ; ma non si può mettere in dubbio, che esso non è recente, come pretendono gli audacissimi critici de' tempi nostri. Alcuni degli scrittori, che in questa trattazione sono più da pregiare, attribuiscono questo libro al sommo sacerdote Phinees , altri ad Esdra, altri finalmente a Samuele [1]: quest' ultima sentenza pare meglio fondata. In fatti vi sono le seguenti ragioni : 1° Kimchi, Abarbanel, e molti altri Rabbini co' Talmudisti pensano, che Samuele abbia scritto questo libro; nè gl'interpreti cristiani generalmente hanno altra sentenza. 2° Il tempo della composizione di quest' opera conviene perfettamente a Samuele: essa è stata scritta, quando i Jebusei erano padroni di Gerusalemme (I, 21), e però innanzi il regno di Davide. L'autore ripete ben quattro volte che ne' tempi, di cui parla, *non erano re in Israele*, e questa osservazione prova chiaro, che ne'tempi, ne' quali scriveva, gl'Israeliti erano governati da un re : e questo tempo de're, nel quale i Jebusei erano ancora padroni di Gerusalemme, è proprio del regno di Saulle, sotto cui viveva Samuele. 3° Finalmente, questo libro si addice al carattere di Samuele; perchè mostra lo spirito ed i precetti, che leggonsi nel libro, il quale porta il nome di lui [2].

Quindi Jahn, il quale non sarà certo tacciato di facile deferenza all'autorità, concede, che questo libro può appartenere a Samuele. Passiamo ad esaminare le difficoltà apposte a queste ragioni.

Difficoltà

Diff. 1.ª Le parole *Gerusalemme, casa del Signore*, sono state usate molto tempo dopo Samuele ; 2.ª quella osservazione, *allora non erano re in Israele*, ripetuta più volte, non poteva essere fatta da Samuele, il quale parlava a' contemporanei alla fondazione della monarchia: essa meglio si addice ad uno scrittore vissuto in tempi molto posteriori, ne' quali si era perduta la memoria dell'antico reggimento. 3ª Leggesi nel capitolo XVIII, 30, 31: *I figliuoli di Dan stabilirono Gionathan ed i suoi figliuoli sacerdoti nella tribù*

---

[1] Molti critici pretendono, che ciascun Giudice abbia scritto la storia del suo reggimento; ma questa opinione non pare probabile.

[2] « Itaque liber primis mox annis regis Sauli, forte, ut Thalmudici asserunt, ab ipso Samuele, cujus monita spirat, exaratus fuit »; *Introd. in Lib. sacr. V. T.* § 34.

di Dan, sino al giorno della trasmigrazione del paese ; e l'idolo di Micha stette presso di loro sino a che la casa di Dio fu in Silo. Or questa trasmigrazione deve essere o la Babilonese, o l'Assira : e perciò questo libro non può appartenere a Giosuè.

R. 1° Abbiamo già notato innanzi (p. 225), che l'espressione *casa di Dio* dinota il Tabernacolo contenente l'Arca del Signore, non il Tempio di Gerusalemme. Sfidiamo poi gli avversari a provarci, che la parola *Gerusalemme* sia stata usata molti anni dopo Samuele. 2° La seconda difficoltà, se avesse valore, proverebbe che questo libro ha dovuto essere scritto molti anni dopo Davide ; ma al contrario è certo, che è stato scritto innanzi il settimo anno del regno di lui ; perocchè quando fu composto il libro, i Jebusei non erano stati ancora soggiogati da Davide, il quale gli snidò nell'anno settimo del suo regno. 3° La maggior parte degli Interpreti sostengono con molta ragione, che la trasmigrazione, di cui qui si fa memoria, non è nè quella di Babilonia, nè quella delle dieci tribù sotto Salmanasare. Osservando il sacro storico, che l'idolo di Micha stette, mentre l'Arca fu in Silo; e' dà conoscere molto chiaro che il sacerdozio de' figliuoli di Gionatban durò pure sino a questo tempo: *Sublato autem idolo, quorsum idoli sacerdos ?* come nota il dotto Huet [1].

L'arca poi fu trasportata da Silo sotto Samuele, e però la trasmigrazione, di cui si parla, non è l'Assira, nè la Babilonese, sì la servitù degl'Israeliti sotto i Filistei, quando questi predarono l'Arca dell'alleanza:in questo tempo l'Arca cessò di stare in Silo, e la tribù di Dan, come quella che più era vicina a' Filistei, fu più delle altre oppressa. Un luogo de' Salmi pare togliere ogni dubbiezza : *Iddio rigettò il Tabernacolo che era a Silo, il suo proprio Tabernacolo, dove abitava in mezzo agli uomini. Egli diede la loro forza e la loro gloria in mano a' nemici e la rese captiva* [2]. Aggiungasi, che non è verisimile, che Davide e Salomone avessero lasciato durare questa idolatria nella tribù di Dan : nè l'empio Geroboamo avrebbe lasciato di abusarne per allontanare il popolo dal Tempio di Gerusalemme. Del resto, se si dimostrasse, che in questo luogo si parla della schiavitù sotto Salmanasare, potrebbe dirsi che esso è stato ritoccato da Esdra, o da qualche altro Profeta : ma non si potrebbe conchiudere, che Samuele non ha composto il libro, siccome l'opinione generale afferma.

---

[1] Huet, *Demonstr. evang.* prop. IX, c. XIV, n. 3.
[2] *Ps.* LXXVII, 60, 61.

ARTICOLO III.

Della divinità del Libro de' Giudici

La divinità di questo libro poggia sopra solidi fondamenti, egual-mente che quella di tutti gli altri Libri della Bibbia. S. Paolo nel discorso profferito nella Sinagoga di Antiochia a pro della nascente Religione di Gesù Cristo [1], e nell'Epistola agli Ebrei (XI, 32 seg.) allega i fatti narrati nel libro de' Giudici, siccome quelli riferiti nel Genesi, nell'Esodo, in Giosuè. Nondimeno all'autorità divina di questo libro si oppone una difficoltà dagl'increduli.

Difficoltà

Diff. Un libro, che encomia il tradimento e l'omicidio, dicono gl'increduli, non potrebbe essere divino : e questo appunto si legge nel libro de'Giudici intorno ad Aod e Giaele.

R. È necessario sporre brevemente il fatto, prima che si risponda alla difficoltà. Leggesi nel libro de' Giudici (III), che Eglon, re de' Moabiti, riunite le sue con le armi degli Ammoniti ed Amaleciti, e rendutosi padrone della città di Gerico, ridusse in servaggio gl'Israeliti. Dopo diciotto anni un uomo coraggioso della tribù di Beniamino, chiamato Aod mandato al re dagl'Israeliti per offerirgli doni, ossia il solito tributo, concepì il disegno di uccidere Eglon, e liberare il suo popolo. Messasi dunque sotto le vesti una spada a due tagli, andò al re, gli offerì i presenti e congedò i compagni : poi tornando in dietro con pretesto di communicare al re un secreto rilevante, gli ficcò la spada nel ventre e lo stese morto a terra. Indi chiamò alle armi gl'Israeliti, all'improvviso fu addosso a' Moabiti, i quali erano costernati per l'avvenuto, ne uccise circa dieci mila e rese la libertà al suo popolo.

Leggesi nello stesso libro (IV), che gl'Israeliti dopo la morte di Aod ricaddero nella idolatria, e però furono per venti anni oppressi da Jabin re di Azor nella terra di Canaan; ma essi fecero penitenza, e Debora, la quale giudicava Israele, eccitò Barac della tribù di Neftali a radunare un esercito di 10,000 uomini delle tribù di Neftali e Zabulon, per assalire Sisara generale di Jabin, e liberare il popolo d'Israele. Sisara aveva 900 carri falcati ed un numeroso esercito. Barac, scendendo dal monte Thabor, si gittò con tanto impeto su' Cananei, che li mise in rotta. Sisara costernato per questa inattesa disfatta pensò a salvarsi, e per trovare più sicuro e facile scampo la-

---

[1] *Act.* XIII, 20.

sciò il suo carro e fuggì a piedi.Giaele,moglie di Haber Cineo,il quale aveva fatto pace co' Cananei , nulla sapendo, come pare, del succeduto, e vedendo il generale fuggitivo, che passava innanzi alla casa di lei, lo invitò ad entrare. Quegli le raccomandò silenzio, caso che qualcuno venisse per sapere , se avesse gente in casa : Giaele gliel promise.Avendo sete e chiedendo acqua, la donna gli porse l'otre col latte, poi lo coprì con un mantello per dargli riposo : ma poco dopo accortasi che il generale dormiva, gli forò le tempie con un chiodo, e lo mostrò così a Barac, il quale lo perseguitava.

Senz'entrare a giustificare Aod o Giaele può dirsi, che la loro condotta non è odiosa, come sembra a prima vista. Perciò nulla vieta supporre, che Aod ha potuto credere secondo i pregiudizi del tempo e il diritto di guerra,il quale era molto più rigoroso in que' secoli rimoti, che egli poteva usare questo stratagemma. Lo stesso diremo di Giaele: essa potè pensare, che in quel caso, e specialmente secondo le leggi della guerra, la menzogna e la furberia fossero stratagemmi leciti contro Sisara. Aggiungasi, che non è chiaro quanto si suppone, essere stata illecita l'azione di Giaele, anche considerata in tutte le sue circostanze. Dapprima la morte di Sisara era giusta, perchè egli era nemico dichiarato del popolo di Dio, al quale perteneva questa donna: e le leggi della guerra concedono uccidere un nemico, ancora quando fugge. È certo che nessuno troverebbe a ridire su quest'azione, se Giaele avesse trafitto Sisara con un pugnale , allorchè questi entrò in casa. Si può opporre che Jabin era in pace con la famiglia di Haber Cineo; ma tutti i giureconsulti ammettono, che una convenzione più stretta deve essere mantenuta a scapito di una meno stretta, allorchè vengono in collisione, nè è possibile mantenerle insieme. Or l'alleanza de' Cinei con gl'Israeliti era più stretta della pace conchiusa co' Cananei ; perocchè quelli erano nemici del popolo votati all'anatema. Nè il diritto di ospitalità può obbligare,quando si tratta di pubblici nemici ed ingiusti oppressori del proprio popolo: il dovere dell'amore verso il proprio paese è superiore a quello della ospitalità. Sisara portò la pena della sua imprudenza chiedendo asilo ad una famiglia, la quale apparteneva al popolo, con cui esso guerreggiava: ed invano direbbesi,che Giaele indegnamente ingannò questo generale invitandolo a ricoverarsi nella sua tenda senza pensiero.Imperocchè forse da principio fu spinta questa donna a parlare così da un primo moto di compassione verso Sisara, avendo di fatto intenzione di nasconderlo; ma poi cominciando a riflettere che Sisara era nemico del suo popolo, e che essa era obbligata a dargli morte, si decise a trapassargli le tempia col chiodo del tabernacolo. « Giaele, dice Jahn, ignorando l'avvenuto, invitò di buona fede Sisara al riposo. . . . . ma riflettendo poi, che era per lei un delitto di stato salvare un nemico del suo popolo, lo uccise men-

tre dormiva : e così meritò gli elogi , non per aver fatto un' azione
santa, sì per avere mostrato gran coraggio ed amor patrio ' ». Ancora che supponiamo, che essa promise sicurezza a Sisara contrad-
dicendo alle sue vere intenzioni; diciamo che ella potè stimare questa condotta non già colpevole perfidia, ma stratagemma di guerra
lecito contro un nemico publico. Aggiungasi, che il diritto di guerra di que' tempi, e la condotta tenuta da' Cananei in simili occasioni
potevano agli occhi di una donna rendere legittimo tutto ciò, che
noi terremmo oggidì in conto di vile perfidia, di orribile tradimento.
E però nulla si può concludere contro la divinità del libro de' Giudici, qualunque opinione voglia seguitarsi intorno alla trattata quistione. *

CAPO III.

Del Libro di Ruth

Osservazione preliminare

Il libro di Ruth, in ebreo רוּת (Rud), piglia nome da una donna di
Moab, celebre tanto per la sua conversione alla Religione del vero
Dio, quanto pel matrimonio contratto da lei con uno de' principi della tribù di Giuda; e queste nozze sono state rese più illustri dalla posterità venutane. Questo libro può stimarsi continuazione del libro
de' Giudici, ed introduzione a quelli de' Re: imperocchè la storia in
esso narrata è avvenuta a tempo de' Giudici, e Davide, di cui esso
spone la genealogia, è stato il capo della famiglia regale di Giuda..

') Jahn, *Introd.* p. II, c. III, § 37.

*) Tutte le cose dette dall'Autore sono pregevoli ed acconce a ribattere
le accuse degl'increduli ; ma sono una via troppo lunga, ed alquanto difficile per giungere al fine. Vi ha una scorciatoia ammirabile e sicurissi-
ma. Iddio aveva fatto precetto al suo popolo di sterminare senza misericordia i Cananei (*Deut.* VII, 1-5); fu minacciata l'ira di Dio a' trasgressori
di questo precetto (*ibid.* v. 4). Queste genti empie non furono sterminate in
un sol atto, nè Iddio le volle distrutte subito, sì a poco a poco (v. 22, 23).
Ognuno sa la tremenda punizione, che Dio diede a Saulle, il quale trasgre-
dì questo precetto, ed insieme con la preda degli Amaleciti serbò in vita il
loro re Agag (*I Reg.* XV): il santo Profeta Samuele pieno di zelo fece in
pezzi questo re di propria mano (*ibid.* v. 33). Che si può dunque ridire sulle azioni di Aod e Giaele? Sono lodate, perchè furono esecuzioni di un precetto di Dio, e furono praticate in circostanze difficili, come quella di Aod;
ovvero da persone inette, e timide, come Giaele. Le ragioni, per le quali
Iddio volle consecrati all'*anatema* questi popoli, sono recate dagl' Interpreti; qualche cosa se ne può leggere nello *Schizzo di Archeologia biblica*.
(*Nota del Traduttore*)

ARTICOLO I.

Del subbietto e dello scopo del Libro di Ruth

1. Elimelech, della tribù di Giuda, volendo cansare la fame invalsa nel suo paese, andò con Noemi sua moglie, e con due figliuoli Mahalon e Chelion da Betlem nella terra di Moab; ove poco dopo morì. Mahalon e Chelion si disposarono a due moabite e gentili, chiamate Orpha e Ruth : ambedue dopo dieci anni morirono. Noemi pensò di ritornare in Betlem con le due nuore; ma cammin facendo, volendo lasciarle nella loro patria, appena potè ottenere che Orpha ritornasse a' suoi : imperocchè Ruth si ostinò a volerle tener dietro: ambedue con molto disagio giungono |in Betlem (cap. I). Ruth che non aveva figliuoli, andò per conforto alla miseria sua e della suocera, a spigolare nel campo di Booz, ricchissimo uomo della tribù di Giuda, e suo parente, al quale ella non era nota. Questi l'accoglie benevolmente, anzi le fa dare grano e cibo (II). Noemi, saputo ciò, manifesta la parentela con Booz; le consiglia di vestire i più magnifici abiti, e di porsi a dormire a'piedi di Booz, quando questi la notte si fosse messo a riposare nell' aia. Ruth praticò il consiglio di Noemi : il vecchio svegliandosi fu preso da turbamento, vedendosi dormire a piedi una donna: Ruth lo rassicura, se gli dimostra parente e lo prega, che per la legge del Levirato la tolga in moglie[¹]. Booz le dice , che ella ha un altro più stretto parente; se questi avesse rinunziato al suo diritto , egli avrebbela sposata (III). Quel parente rinunziò al diritto suo sulla porta della città con tutte le cerimonie prescritte : però Ruth diviene moglie di Booz, da cui nasce un figliuolo nominato Obed, avo di Davide re di Giuda (IV).

2. L' autore ha avuto scopo di mostrare, in che modo Davide discendesse dalla tribù di Giuda per Booz e Ruth ; come si compì la profezia di Giacobbe sullo scettro, che doveva toccare a questa tribù; e con quali mezzi la provvidenza di Dio piglia cura di coloro, i quali obbediscono a' suoi precetti.

ARTICOLO II.

Dell' Autore e dell' età del Libro di Ruth

1. Non potrebbe dirsi con certezza chi sia l'autore di questo libro: alcuni lo attribuiscono a Nathan, altri ad Ezechiele, altri ad Esdra, al

---

¹) Di questa legge si è parlato nello *Schizzo* di *Archeologia*, Capo delle *Leggi*, Art. *Levirato*.

tri a Samuele. L'ultima opinione è più comune, e comechè nulla le
sia contraddicente per ogni verso, è tenuta ancora come più probabile. Checchè ne sia, dicono parecchi Interpreti, v'ha ragione di credere, che l'autore, o uno degli autori de' libri de' Re abbia scritto il
libro di Ruth: perocchè vi si leggono alcune locuzioni singolarissi-
me, le quali non si trovano ne' libri precedenti, mentre sono frequenti ne' libri de' Re. La prima è questa: *Haec faciat mihi Dominus, et
haec addat*; la quale è una formola di giuramento imprecatorio, e
vuol significare: *Io voglio che Iddio mi colmi di mali*; essa si trova in Ruth (I, 17) e nel primo de' Re (III, 17; XIV, 44: XXV, 22):
nel II libro (III, 9, 35); nel III (I,23; XIX,2; XX,10);nel IV (VI, 31).
L'altra espressione è: *Scuoprire l'orecchio*,in luogo di *ammonire,
informare*:questa si legge nel testo ebreo di Ruth (IV, 4), e nel primo de' Re (XX,2), e nel II (VII, 27).Se fosse ben certo,come nota il
Calmet, che Samuele ha scritto una parte del primo de'Re,potreb-
be certamente conchiudersi,che egli è altresì autore di questo libro.

2. Intorno al tempo, in cui è stato scritto, nemmeno sappiamo alcuna cosa di certo: e tale quistione dipende dall'altra intorno all'Autore. Pare certo però, che l'Autore vivesse, quando era cessato il
reggimento de' Giudici; siccome è chiaramente dimostrato dalle parole iniziali del libro: *Nel tempo, in cui Israele era governato da'
Giudici*. E comechè nella fine del libro sia mentovato Davide, ci viene con quest'altro indizio scoprendo l'autore, che egli sia posteriore
a' Giudici. Alcuni moderni,come Eichhorn, Jahn, De Vette ecc. pretendono, che ha dovuto essere scritto molti anni dopo Davide; ma
sono fiacche le ragioni allegate da essi, e però noi non possiamo ade-
rire alla loro sentenza.

CAPO IV.

De' Libri de' Re

Osservazione preliminare

I due primi libri de' Re in altri tempi erano nelle Bibbie ebraiche
riuniti in un solo, che era nominato שְׁמוּאֵל סֵפֶר (*Sépher Scemuél*),
Libro di Samuele; o perchè si teneva esserne autore questo Profeta,o
perchè esso tra le altre cose narra la nascita,la storia, il reggimento,
la morte di questo Uomo di Dio. I due ultimi erano pure uniti in un
solo detto מְלָכִים סֵפֶר (*Sépher Melachìm*),*Libro de' Re*; il quale
nome è ad esso convenientissimo, come quello che narra le geste
de' re di Giuda ed Israele. Al presente gli Ebrei spartiscono i due
primi in primo e secondo di Samuele, e i due ultimi in primo e secondo de' Re. I Settanta ne fanno quattro libri separati col titolo di

Libri de' reggimenti, o de' regni (βασιλειῶν); la Volgata seguita la medesima divisione, usando il titolo di *Libri de' Re.*

ARTICOLO I.

Del subbietto e dello scopo de' Libri de' Re

1. I due primi libri de' Re, i quali come abbiamo poco innanzi os-servato, erano riuniti in un solo, riferiscono il concepimento, l'in-fanzia, il ministero profetico e politico di Samuele; poi il reggimen-to mutato, nel quale Saulle fu costituito primo re d'Israele. Segui-ta il racconto delle azioni di questo principe; la chiamata di Da-vide in corte per lenire co' dolci suoni dell'arpa le agitazioni di Saulle invaso dallo spirito maligno; la disfatta del gigante filisteo Goliath, per la quale Davide vincitore diviene sospetto a Saulle; il disegno di costui per uccidere Davide, la ritirata di Davide presso i Filistei. Si narra poi, come Saulle prima di dar battaglia a' Filistei volendo consultare l'ombra di Samuele, comanda alla pitonessa di Endor di evocarlo; e come il Profeta apparsogli fu nunzio della mor-te di lui e de' figliuoli. Quindi il sacro storico dice di Saulle ucciso in battaglia perduta contro i Filistei, e di Davide, della tribù di Giu-da, il quale gli succede. Undici tribù seguitano Isboseth, figliuolo di Saulle; ma nel secondo anno è ucciso questo re da' suoi, e sette an-ni dopo la morte di Saulle le undici tribù si sommettono a Davide. Questi espugna la cittadella di Sion, trasferisce da Hebron a Geru-salemme la residenza reale, ed ivi fa trasportare ancora l'Arca. Poi succintamente si narrano alcune altre geste di Davide. Ne' due ulti-mi libri si riferisce, che Davide accasciato dagli anni cede il trono al figliuolo Salomone, avendolo occupato per quarant'anni e mezzo. A Salomone, morto dopo quarant'anni di glorioso regno, succede il figliuolo Roboamo; ma subito dieci tribù gli si ribellano, e scelgono per re Geroboamo. Il popolo ebreo forma due regni separati, quello di Giuda, e l'altro d'Israele. A queste cose tiene dietro la storia di ambedue i regni sino alla schiavitù di Babilonia, con la quale ha fi-ne il IV libro.

2. Chi attentamente legge i quattro libri de' Re, non può non co-noscere lo scopo, che hanno avuto i loro sacri Autori nello scriver-li: essi vollero precipuamente continuare la storia del popolo di Dio, riferendone quello che alla Religione era pertinente, ed a quel pe-culiare reggimento, che il Re dell'universo si piacque avere degl'I-sraeliti.

ARTICOLO II.

Dell'Autore de' Libri de' Re

Affinchè la presente quistione sia trattata ordinatamente, la disamineremo prima relativamente a' due primi libri, e poi relativamente a' due ultimi.

1. I dottori ebrei comunemente pensano, che Samuele abbia scritto i primi 24 capitoli del primo de' Re, il quale è dagli ebrei nominato primo di Samuele: il rimanente è da' medesimi attribuito a' Profeti Gad e Nathan. La quale sentenza, seguitata da moltissimi interpreti cattolici, pare sia fondata su quel passo del primo de' Paralipomeni (XXIX, 29), il quale dice così : *Tutte le azioni di Davide, sì le prime che le seconde, sono scritte nel libro del Profeta Samuele, nel libro del Profeta Nathan, ed in quello del Profeta Gad.* Ma queste parole non sono molto chiare : esse dicono solamente, che Samuele, Nathan e Gad hanno scritto della storia di Davide; ma non affermano, che il primo e secondo de' Re sieno proprio le opere scritte da que' Profeti intorno a questo subbietto: e d'altra banda vi ha molte ragioni, le quali si oppongono a questa sentenza. Ed in primo luogo alcune osservazioni provano chiaro, che gli autori non sono contemporanei de' fatti narrati da essi. Leggesi nel primo de' Re (VII, 15): *Samuele non lasciò di giudicare Israele nel rimanente di sua vita ;* la quale frase non ha potuto certamente uscir della penna di Samuele. Nel medesimo libro (XXVII, 6) sta scritto, che Achis diè a Davide, il quale fuggiva l'ira di Saulle, la città di Siceleg, e poi si aggiunge : *In questo modo Siceleg è venuta in possesso de' re di Giuda, i quali la possedono tuttora* ; questa frase supponendo, che i regni di Giuda ed Israele erano già scissi, ha dovuto essere scritta dopo la morte de' profeti Nathan e Gad. Lo stesso va detto di altre simili osservazioni, le quali sono state fatte da' critici: e tutte quante dimostrano, che non è probabile avere Samuele scritto i primi 24 capitoli del primo de' Re, ed il rimanente del primo e del secondo essere opera de' Profeti Nathan e Gad. Perciò molti dotti, fondati sulla simiglianza di stile, sulla connessione de' subbietti, sulla serie de' fatti, sopra alcune citazioni ed altrettali indizi, tengono per certo, essere i due primi libri opera di una sola mano, nè di autore contemporaneo : benchè l'autore avesse usate le memorie rimase da' contemporanei, da' quali d'ordinario piglia i vocaboli, e aggiunge ad essi qualche cosa come dichiarazione. Ma qual è quest'autore ? Alcuni dicono Davide, altri il re Ezechia, altri Geremia, altri finalmente sostengono che Esdra fu lo scrittore di questi libri dopo la schiavitù. Quest'ultima sentenza è probabile, siccome verremo dicendo.

. 2. Intorno all' Autore de' due ultimi libri vi ha eguale disparità di parere. Alcuni han preteso, che Davide avesse scritta la storia del suo regno, della quale si legge la fine nel principio del III libro; altri han creduto, che vari autori, come Isaia, o Geremia, o il re Ezechia, avessero scritto ognuno la storia del proprio tempo. Ma Esdra è colui a cui più comunemente sono attribuiti questi due ultimi libri. L'autore, chi che fosse non ha potuto senza dubbio essere contemporaneo: perocchè egli nel IV libro (XXV) parla della schiavitù babilonese, posteriore a Davide di molti secoli, allo scisma delle dieci tribù, ed a molti altri fatti contenuti nel III e IV libro; anzi spesso egli manda il lettore a certi libri più antichi del suo, de'quali pare abbia fatto uso nello scrivere le sacre istorie. Ciò dimostra che egli ha scritto in epoca più recente.

Noi teniamo per probabilissima quella opinione, la quale afferma essere Esdra l'autore de'quattro libri de'Re. In primo luogo l'uguaglianza di stile, il sistema uniforme dello storico, il collegamento de' fatti concorrono per dimostrare, che essi sono usciti da una sola penna: e comecchè molti luoghi scritti in essi dimostrino un autore vissuto dopo la schiavitù di Babilonia; probabilmente si può affermare quest'autore essere Esdra, lo scriba dotto e sperto, il ristoratore del Canone de'santi Libri. In secondo luogo, generalmente ammettono i critici, che lo storico autore de'libri de'Re aveva tra le mani antiche memorie, da lui spesso citate, e raccomandate al lettore: con ciò egli fa testimonianza di averle usate, e di avere da esse ricavato i fatti, che narra in iscorcio; egli stesso, in vero, usa questa formola: *Il resto delle azioni di questo principe sta scritto ne'libri de' giorni de' re di Giuda e d'Israele.* Posto ciò diciamo, che tra gli Ebrei nessuno era acconcio come Esdra a scrivere una storia ben collegata degli avvenimenti successi nella gente giudaica, dal tempo in che questa fu governata da' Re. Egli era sacerdote [1], e dottore peritissimo, bene istrutto nella storia del suo popolo, le cui memorie scritte in vari tempi da autori contemporanei egli, come pare, aveva sottocchi. In terzo luogo, la cura, onde l'autore descrive quanto appartiene alla Religione, al Tempio, a'riti, alle feste, al culto del Signore, alla pietà de'principi, alla fermezza de'Profeti, alla punizione de'delitti, agli effetti della vendetta di Dio sopra gli empi e della bontà di lui verso i giusti; chiaro dimostra che l'autore di questi libri fosse sacerdote. Aggiungasi lo zelo per la casa di Davide, parlando egli de'Re d'Israele come di passaggio, ed avendo sempre gli sguardi fissi su quelli di Giuda; e la negligenza, con la quale e' parla della storia politica e degli avvenimenti temporali, tanto pregiati e lodati dal mondo; e sempre meglio sarà dimostrato, come nota il Calmet [2],

---

[1] *I Esdr.* VII.

[2] D. Calmet, *Préface sur les deux derniers livres des Rois.*

che l' autore di questi libri fu sacerdote. E tutti questi caratteri perfettamente si addicono ad Esdra, nè se ne potrà trovare un solo, il
quale non gli stia bene. Conchiudiamo però, che verisimilmente Esdra
è l'autore de' quattro libri de' Re.

Difficoltà

Diff. 1.ª L' opinione che attribuisce ad Esdra i quattro libri de' Re,
è opposta a quello de' Paralipomeni, riferito innanzi : *Tutte le geste
di Davide, le prime e le seconde, sono scritte nel libro del Profeta Samuele, nel libro del Profeta Nathan, ed in quello del Profeta Gad.*

R. Allegando innanzi (p.236) queste parole , abbiamo fatto osser
vare che molti interpreti ne hanno ricavato una conseguenza non
solo discordante dalle regole logiche, ma altresì smentita da molte
osservazioni,che leggonsi ne' libri de'Re.La difficoltà mossaci poggia
appunto sopra questa falsa conseguenza.Ripetiamo perciò,tutto quello, che può legittimamente dedursi da quel testo de' Paralipomeni, è
questo: Samuele, Nathan,Gad hanno scritto alcuni libri riguardanti
alla storia di Davide. Di leggieri consentiamo avere Samuele scritto
la sustanza degli avvenimenti riferiti ne' 24 primi capitoli del primo
libro, e che i due altri Profeti hanno composto la sustanza delle cose
rimanenti sino alla fine del II libro : nè ci pare sconvenevole ammettere ancora , che Davide, Ezechia, Geremia ecc., abbiano scritto molte cose, che sono sparse ne'quattro libri, se si può in qualche
modo provare questo fatto. Nondimeno pensiamo, che il loro lavoro
ha somministrato i materiali, co'quali uno scrittore posteriore, cioè
Esdra, ha composto i libri de'Re nello stato e forma, in che sono
oggidì.

Diff. 2.ª Non può negarsi, che ne'libri de' Re sono varie circostanze, le quali non concordano con l'epoca di Esdra. Per esempio,
l' autore dice nel III libro (VIII,8),che l'Arca era ancora nel Tempio
a'tempi suoi: alquanto dopo(XII,19) parla della separazione de'due
regni di Giuda e d'Israele,ed usa vocaboli, i quali mostrano che que'
due regni stavano tuttora in piedi.Altrove(VI,1,37,38;VIII,2) a desi-
gnare certi mesi usa i vocaboli זִו (*Ziv*), בּוּל (*Bul*),אֵתָנִים (*Edanim*),
i quali sono affatto differenti da quelli adoperati a'tempi di Esdra. ✱
Finalmente, l' autore parlando quasi sempre come contemporaneo,
e lasciando ben radamente questo carattere , mostra di essere ben
altro da Esdra.

R. Questa difficoltà può di leggieri essere conciliata col sentimento, che abbiamo difeso nella proposizione nostra : basta notare, che

---

✱) Vedi nello *Schizzo di Archeologia* quello che è detto intorno a' mesi.

due sono le maniere, di cui può valersi qualunque scrittore di storie: una sta nell'usare le memorie, che servono alla sua opera, in modo da renderle quasi proprie ; come quando parla in suo nome : l'altra è quella di compilare le memorie ed altri documenti, da' quali egli trae qualche cosa, senza mutar la forma primitiva, e trascrivendo a parola quello, che in essi trova. E nulla vieta supporre, che Esdra in quest'ultimo modo abbia scritto la storia contenuta ne' quattro libri de' Re ; ed in questa ipotesi perfettamente possono essere spiegate le varie difficoltà, le quali in altro modo sono inesplicabili. *

CAPO V.

De' Paralipomeni

Osservazione preliminare

Il nome *Paralipomeni* vien dal greco Παραλειπόμενα, il quale significa *cose omesse*: esso è stato da' Settanta imposto a' due libri, che vengono dopo i quattro de' Re, perchè questi due libri quantunque ripetano moltissimi fatti già narrati ne' Re, nondimeno riferiscono taluni avvenimenti e certe circostanze, che non leggonsi in verun altro libro della Scrittura. Gli Ebrei anticamente ne facevano un sol

---

*) A maggior dilucidazione di queste difficoltà si vuole notare, che il Calmet, la cui opinione seguita qui l'Autore, ammettendo questi principii intorno al modo di scrivere le storie, non ha inteso porre nel medesimo grado le sacre e profane: ha voluto il dotto Interprete usare quel principio confessato da tutti i Cattolici, che lo Spirito Santo nell'inspirare i sacri Scrittori, non gli ha fatti esenti da quelle ricerche e fatiche, che potevano adoperare per la conoscenza degli avvenimenti. Perciò Esdra, usando i monumenti storici precedenti, da essi trascrisse quello, che stimava opportuno alla sua opera. Questa scelta fu effetto della divina inspirazione, la quale mosse il sacro Scrittore ad usare l'uno, anzichè l'altro modo, e lo rese immune da qualunque errore: e potrebbe ancora con buon fondamento affermarsi, che le cose prese da Esdra fossero appartenenti a scrittori divinamente inspirati. Per verità spesso leggesi nella santa Scrittura, che Profeti abbiano scritto le gesta de' Re, e gli avvenimenti de' tempi loro. Ad ogni modo è mestiero osservare, che la ricerca dell'autore de' Paralipomeni è una quistione di critica : alla Fede appartiene sapere che questi Libri sono Scrittura Santa, la critica va poi indagando dell'Autore. Che le difficoltà sieno solubili, o insolubili monta poco : se sono solubili, allora diverrà vie meglio ferma la sentenza, che attribuisce ad Esdra questi libri ; se al contrario rimangono insolubili, diremo essere questa una delle mille cose, a cui la nostra pochezza non può aggiungere, e che Dio ha voluto tenere nascoste al nostro orgoglio. Rammentiamo l'epifonema del profondo Tertulliano: *Cedat curiositas fidei : cedat gloria saluti*; *De Praescript.* c. XIV. (*Nota del Traduttore*)

libro, e lo chiamavano הַיָּמִים דִּבְרֵי (*Divré hajamím*), *Parole de'
giorni*, o *annali* ; e questo nome corrisponde esattamente a quello, che è stato loro dato da s. Girolamo nel *Prologo Galeato* ,-cioè
Chronica.

ARTICOLO I.

Del subbietto e dello scopo de' Paralipomeni

1. La maggior parte di questi libri è una ripetizione de' fatti, che
sono riferiti ne' libri de' Re; le cose proprie loro sono queste: Nella
prima parte (cap. I-IX) sono riferite alcune genealogie, tra le quali
leggonsi certi fatti non rammentati in altri luoghi della Bibbia. Ivi
sta detto, che Mered, uno de' discendenti da Caleb, sposò una figliuola
di Faraone; che alcune famiglie di Giuda stabilite in Egitto ivi lavo-
ravano il lino finissimo (*byssus*), e che una tra esse per qualche tempo
regnò sopra Moab, e poi fece ritorno in Egitto. Ivi leggesi pure, che
i figliuoli di Efraim ebbero una rovinosa sconfitta dagli abitanti di
Geth, a cui avevano rubato gli armenti; e che Sara, donna discendente da Efraim, fabbricò l'alta e bassa Bethoron ed Ozensara; finalmente il racconto delle guerre della mezza tribù di Manasse oltre il
Giordano. Nella seconda parte, la quale comincia al capitolo X del
primo libro, e finisce al IX del II, v. 31, si trovano molte circostanze intorno al reggimento di Davide e Salomone, le quali sono in parte preziosi supplimenti al II e III de' Re. La terza parte, che comprende le cose narrate dal v. 31 del capitolo IX del II libro sino alla
fine di questo , parla dello scisma delle dieci tribù in modo molto
conforme a quello de' libri de' Re, ma in iscorcio. Lo stesso deve dirsi
della storia de' Re di Giuda, la quale contiene ragguagli interessanti
taciuti ne' libri de' Re: come per esempio le narrazioni relative alle
riforme religiose avvenute sotto Giosafat, Ezechia, Manasse e Giosia.
2. L'autore ebbe questo scopo e disegno principale: volle mostrare qual era stato innanzi la schiavità di Babilonia, e qual doveva essere dopo il ritorno da questa, la divisione delle famiglie; affinchè
ognuno rientrasse al possibile nell'eredità de' suoi padri: volle inoltre insegnare agli Ebrei il modo, onde rimettere in osservanza il culto di Dio. E perciò egli entra in molti ragguagli scrivendo le genealogie de' Sacerdoti e Leviti. De Wette per non avere inteso questo
scopo dell'autore, il quale si appalesa tanto chiaramente, ha scritto
contro i Paralipomeni con un odio invelenito, quale a mala pena potrebbe avere un pagano [1].

---

[1] Vedi più giù l'Articolo III.

ARTICOLO II.

Dell' autore de' Paralipomeni

La sentenza, che attribuisce ad Esdra la composizione de' Paralipomeni, pare molto probabile per le seguenti ragioni: 1° Questa opinione è quasi universale tra' Rabbini ed Interpreti cristiani, tanto Cattolici che Protestanti. Precipuamente il Carpzovio, che è un critico di giudizio tanto sano e retto in simili quistioni, si appiglia ad essa di molto buona voglia, non vedendone altra di uguale certezza: *Cum certior non suppetat* [1]. Eichhorn dice che essa può esser seguitata senza esitare (*ohne Bedenken*) [2]. 2° I caratteri intrinseci di questi libri favoriscono la detta opinione. Chi esamina i Paralipomeni attentamente e senza pregiudizio, difficilmente può non scorgere che essi sono opera di un solo autore; l'uguaglianza di stile, il legame de' fatti, le ricapitolazioni e riflessioni, che talune volte sono intercalate a' fatti, paiono pruove manifeste. Gramberg, benchè nimico acerrimo all'autenticità de' Paralipomeni, non può disconoscere che sono usciti da una sola penna. Inoltre è certo, che questo Scrittore viveva ne' tempi posteriori alla captività; molti fatti riferiti tolgono ogni dubbio: per esempio il decreto di Ciro [3], il quale concede il ritorno in Gerusalemme a' prigionieri di Babilonia; la memoria de' primi Ebrei, che abitarono Gerusalemme dopo l'esilio [4]. 3° L'autore usa vocaboli inusitati, o al meno non scritti ne' libri anteriori alla schiavitù: e fa uso ancora di certe maniere di parlare e di certi costrutti, i quali sono propri di Esdra [5]. 4° La fine de' Paralipomeni è affatto simile al principio del libro di Esdra: e Grozio nota essere molto antica questa maniera di continuare i libri; di essa ha fatto uso Procopio nella storia de' Vandali e de' Goti [6]. Tutte queste circostanze messe insieme convengono perfettamente ad Esdra, nè si può imaginare altro autore de' Paralipomeni dopo la schiavitù.

Difficoltà

Diff. 1ª. Se Esdra è autore de' quattro libri de' Re, non può essere autore de' Paralipomeni; imperocchè se sono ambedue queste opere di un solo scrittore, perchè ripete ne' Paralipomeni i medesimi fatti narrati ne' libri de' Re, e spesso co' medesimi vocaboli? Come si pos-

---

[1] Carpzov. *Introd.* p. I, c. XVI, § 3.
[2] Eichhorn, *Einleit.* Band. III, § 494.
[3] *II Par.* XXXVI, 22, 23.—[4] *I Par.* IX, 2 seg.
[5] D. Calmet, *Préf. sur les Paralip.* Eichhorn, loc. cit. e § 499.
[6] Grot. *Annotat. ad II Paral.* XXXVI, 22.

GLAIRE, INTRODUZIONE I,   16

sono spiegare certe differenze che notansi in altri fatti,o intorno alle
date, ovvero relativamente ad altre circostanze ? Qual' è la cagione
delle varietà nelle genealogie e ne' nomi propri ? [1]

R. Questa difficoltà è affatto simile a quella proposta innanzi (p.
238) contro l'opinione, che attribuisce ad Esdra i libri de' Re: però
simile sarà la risposta. Ricorderemo adunque le cose ivi dette, cioè
che uno scrittore può comporre la storia usando i monumenti in modo da formarli suoi, come avviene quando egli parla sempre in suo
nome; ovvero contentandosi a compilare le memorie ed altri documenti, da' quali prende il necessario al suo lavoro senza mutare la
forma, nella quale gli ha trovati scritti, e trascrivendoli fedelmente
a parola. E noi supponiamo, che Esdra in questo secondo modo ha
scritto la storia contenuta ne' Paralipomeni:ammessa questa sentenza, la quale non è nè impossibile, nè inverisimile, ogni difficoltà si
trova spianata. Esdra avendo innanzi molte memorie, ha creduto
bene usarle, come le trovava negli originali, senza darsi pensiero di
conciliarle e concordarle, senza curarsi delle ripetizioni de' medesimi fatti, quando più diffusamente, e quando più succintamente. Le
differenze nelle date, ne' nomi propri, ecc.possono essere aggiustate
in parte dalla critica; altre debbono essere attribuite a negligenza
degli amanuensi [2].

D. 2ª. Ne' Paralipomeni leggesi la genealogia di Zorobabele sino alla undecima generazione [3]: comecchè queste generazioni occu-
pino lo spazio di circa 300 anni, ognuno vede che di esse non potè
essere autore Esdra contemporaneo di Zorobabele.

R. Rispondiamo, che un Profeta inspirato da Dio volendo rendere compiuta questa serie genealogica de' discendenti di Davide, ha
aggiunto le generazioni posteriori ad Esdra. Quando la nostra opinione tiene tutti i caratteri della verità, non può essere distrutta da
simigliante addizione: questa è tanto avversa a quella, quanto i due
ultimi capitoli del Deuteronomio sono avversi all'autorità del Pentateuco.

D. 3ª. È vero che nel principio del libro di Esdra sta ripetuto
quello, che di Ciro leggesi in fine de' Paralipomeni ; ma ne' sacri
Scrittori non incontra esempio di tale natura : nessuno tra essi ha
ripetuto in principio di un libro quello, che avea detto in fine di un
libro anteriore. Perciò da questa simiglianza non può conchiudersi,
che Esdra sia autore de' Paralipomeni.

R. Concediamo che presso gli Scrittori dell'antico Testamento non
si osserva l'uso di ripetere in principio di un libro le cose dette in fi-

---

[1] D. Ceillier, *Hist. gén. des auteurs sacrés*, t. I, c. V, art. III, n. 5.
[2] Ved. appresso l'Art. III, — ed anche la nota del Traduttore a p. 245.
[3] *I Par.* III, 19, seg.

ne di un altro libro per collegare i fatti storici ; nondimeno diciamo
che in questa circostanza Esdra ha stimato opportuno fare così, per
indicare il luogo conveniente al suo libro tra gli altri della Santa
Scrittura, ovvero per altri fini a noi ignoti. La testimonianza allegata da Grozio dimostra, che quest'uso al meno non è insolito. Ma non
è poi del tutto vero, che ne'sacri Scrittori non sia alcun esempio di
tali connessioni. Mosè ripete nel principio dell' Esodo la numerazione della famiglia di Giacobbe, riferita innanzi nel Genesi (XLVI);
egli avea conchiuso il Genesi con la morte di Giuseppe : *Or Giuseppe morì*; e con queste stesse parole ripiglia la narrazione nel versetto 6 del primo capitolo dell'Esodo *.Dunque non può essere per tanto frivole ragioni abbandonata la sentenza, che attribuisce ad Esdra
i due libri de'Paralipomeni.

A R T I C O L O III.

Della veracità de' Paralipomeni

De Wette non contento ad impugnare l'autenticità de' Paralipomeni, ha voluto altresì sostenere che l'Autore di essi ha alterato e
corrotto il testo originale, che egli aveva sott'occhi. Nè il Gramberg
è meno avverso all'Autore sacro de'Paralipomeni. Parecchi altri Razionalisti di Germania hanno più o meno seguitato i loro passi : le
cose che diremo appresso, faranno giustizia alla loro stravagante ed
empia opinione.

1. In ambedue i libri, ma specialmente nel II, l'Autore spessissimo
riferisce antiche memorie, specialmente gli Annali de' re di Giuda e
d'Israele: e la sua fedeltà è tanto scrupolosa a questo riguardo, che
mantiene spesso anche le espressioni delle memorie usate. Così nel
primo libro (IV, 42-43) dice che 500 uomini della tribù di Simeone
disfecero i rimanenti Amaleciti vicino a' monti di Seir, e che essi abitarono in quel paese *sino al presente giorno*. L'autore scriveva dopo i 70 anni della schiavitù di Babilonia, cioè quando gli Ebrei era-

---

*) Noi abbiamo osservato nel nostro *Pentateuque avec une traduction
française*, ecc. t.II, *Exode*, p. 4, che propriamente col versetto 6 cominciano i fatti narrati nell'Esodo. — Ricordiamo a' lettori, che noi innanzi
(p.193) abbiamo osservato, che nessun monumento ci attesta essere stato
il Pentateuco originalmente scritto in cinque libri; anzi apparisce il contrario. Perciò la risposta, che dilucida la difficoltà opposta, è quella dall' Autore messa in primo luogo: Era necessario che Esdra indicasse il luogo da
assegnarsi al suo libro nella raccolta della Bibbia. Gli esempi addotti dal-
l'Autore debbono essere intesi a provare, che gli Scrittori de' santi Libri
hanno ripetuto in un luogo quello, che avevano detto in altro, quando stimarono opportuni questi schiarimenti. (*Nota del Traduttore*)

*

no stati trasportati dalla Palestina; dà dunque a conoscere chiaro di aver ricavato i fatti da memorie contemporanee. Nel II libro (V, 9), leggesi che l'Arca stette sempre nel Tempio *sino al presente dì*; ma quando gli Ebrei furono portati schiavi in Babilonia, era stato distrutto il Tempio: dunque l'autore parla riferendo il testo di una memoria contemporanea. La stessa osservazione può farsi su'capitoli VIII, 8 e XXI, 10 di questo libro II.

2. Molti luoghi de' Paralipomeni sono riferiti quasi a parola in altrettanti passi de'libri de'Re: e questa coincidenza non lascia dubitare, che queste due parti dell'antico Testamento sieno state estratte dalle stesse memorie contemporanee, cioè dagli Annali de' Re di Giuda e d'Israele. Aggiungasi che una gran parte de'fatti narrati ne' Paralipomeni sono riferiti egualmente dal Salmista, da'Profeti e da' sacri Scrittori del nuovo Testamento.

3. L'Autore riferisce con imparzialità i fatti vergognosi alla sua nazione, ed i fatti gloriosi per essa. Questa circostanza deve necessariamente provare a chiunque non è prevenuto la sincerità e buona fede dello scrittore, che ha avuto tanto coraggio.

Difficoltà

De Wette e Gramberg hanno fatto molte difficoltà contro la veracità de' Paralipomeni, le quali possono facilmente ridursi alle seguenti:

Diff. 1ª L'autore de'Paralipomeni si mostra dovunque tanto prevenuto a pro del regno di Giuda e de'Leviti, quanto nimico al regno d'Israele. Spesso la sua superstizione gli fa aggiungere circostanze miracolose a' fatti, che deve narrare. E quale fedeltà, quale veracità storica possiamo sperare da uno scrittore disposto a questo modo?

R. I nostri avversari sono in aperto errore intorno allo scopo ed al disegno principale di questo scrittore: ecco perchè gli attribuiscono sentimenti, che egli non ha mai avuto. Principale sua cura fu il dare molti ragguagli intorno alle funzioni, alle genealogie, alle famiglie ed all'ordine de'sacerdoti: delle quali cose egli ha parlato più diffusamente che l'autore de'libri de' Re [*]. Ma tutti questi ragguagli, ed ancora molti altri relativi alla Religione, inutili ne'tempi anteriori alla schiavitù, erano necessari ne'tempi a questa posteriori: perocchè sopra ogni altra cosa era necessario rimettere il culto, riedificato il Tempio. Durante l'esilio non avevano gli Ebrei necessità di conoscere i nomi de'Leviti scelti a cantare i sacri Inni, a suo-

---

[*] Noi facciamo astrazione dalla sentenza, che abbiamo seguitato intorno all'autore de'libri de'Re: gli avversari non l'ammettono, e però noi evitiamo una ipotesi, che potrebbe esserci contraddetta.

nare i musicali strumenti, a custodire il santo Tempio; ma ritornati
dall'esilio in Gerusalemme , quando doveva essere rimessa la loro
repubblica, ed il culto del Signore dovea avere la primiera forma;
quando ogni famiglia ed ogni cittadino dovea ripigliare il proprio
uffizio in nome de' suoi antenati,e con le antiche funzioni la paterna
eredità: non poteva lo storico, che aveva cura di comporre questa
parte della storia giudaica, tacere intorno alle mentovate cose. Egli
al contrario era nell'obbligo di essere diffuso intorno a quello , che
spettava al culto divino.

Non neghiamo, che l'autore de'Paralipomeni è diligentissimo nel
vituperare i principi promotori, o al meno tolleranti della idolatria,
e nel lodare i cultori e zelanti della vera Religione; ma chi vorrà essere tanto scemo di senno da farne un capo di accusa? Chi vorrà dì-
re,che lo scrittore sia per ciò animato da odio verso il regno d'Israele ? Era dovere di uno storico ebreo, chi che fosse,d'inspirare al suo
popolo orrore per l'idolatria, cagione di mali indicibili a'suoi fratelli, ed argomentarsi di accendere loro in cuore affetto alla vera Religione, fonte di salvezza e prosperità alla sua nazione. Nè questo
scrittore poteva meglio riuscire nel suo scopo, se non vituperando
l'empietà de're prevaricatori, e colmando di elogi quelli che erano
sempre rimasi fedeli al vero Dio. E questa riflessione è applicabile a
molte altre materie,che sono state omesse ne' libri de' Re.Lo scopo
delle due opere non è certamente uno, e perciò essi in alcune cose
debbono d.fferire. Nè ci intratterremo a discolpare questo scrittore
dall'accusa di superstizione, dalla quale derivano i nostri avversari
i miracoli scritti nella sua storia : in questa parte concorda l'Autore
de'Paralipomeni con tutti gli altri Scrittori sacri dell'antico e nuovo
Testamento, i quali hanno riferito ne'loro libri fatti miracolosi. Questa ipotesi assurda e ridicola è conseguenza necessaria del razionalismo, che tanto svergognatamente professano gli avversari. In molte circostanze abbiamo osservato, che i razionalisti non ammettono
miracoli; e però ogni fatto, ogni avvenimento, che non può essere
da loro spiegato secondo le leggi della natura, è una chimera. E comechè la dottrina de'miracoli in generale appartenga alla filosofia,
ed alla Teologia, nè soglia essere discussa in una introduzione alla
santa Scrittura,noi rimandiamo i lettori a' filosofi e teologi polemici,
i quali han trattato di ciò *ex-professo*: ci limiteremo qui a dire, che
l'autore de'Paralipomeni in tutta la sua narrazione mostra un carattere di sincerità e buona fede, il quale scuote ogni lettore non prevenuto.

D. 2ª. Le varietà innumerabili tra' libri de' Re e quelli de'Paralipomeni, intorno alle circostanze, a'tempi, a'luoghi, al numero degli
anni, alle enumerazioni delle persone, e finalmente intorno a'nomi
propri, sono pruova evidente, che l'autore de'Paralipomeni è di ma-

la fede, e che egli non si ha fatto coscienza di alterare e corrompere
il testo de' documenti adoperati nello scrivere la sua opera.

R. Non istaremo a far notare il difetto di logica, che esiste nella
mentovata difficoltà; essa salta agli occhi. Diremo solo col Calmet [1],
che se le varietà, da cui pretendono trarre pro i nostri avversari per
distruggere la veracità de' Paralipomeni, dovessero spingerci ad ab-
bandonar questi libri, ovvero a dubitare delle storie da essi narrate;
quale storico potrebbe evitare la taccia di mendace o falsatore? Nel-
l'antichità nessuna storia è meglio conosciuta, che quella delle conquiste di Alessandro il grande : molti scrittori gravi, giudiziosi, fedeli, esatti, contemporanei usando memorie de' tempi di Alessandro,
hanno scritto le geste di questo príncipe : nondimeno essi non concordano nemmeno in una numerazione del suo esercito, nelle somme trovate nelle vinte città, nel numero de' nemici uccisi, nel numero delle nazioni e città soggiogate. E quantunque sieno ne' loro scritti tali discordanze, nessuno però oserebbe dubitare della loro veracità. La storia sacra, continua il Calmet, è di autorità differente da
quella di cui parliamo : lo Spirito Santo governava ed inspirava coloro, i quali ci hanno dato le divine Scritture : ma ciò non vietava
che vari storici sacri usassero differenti memorie, e seguitassero il
sentimento delle memorie consultate. Nè sono contraddittorie queste
opinioni, che paiono diverse, essendo diversi i modi di conciliarle. [*]
Non sarebbe temerità a' dì nostri decidere di fatti tanto antichi e tanto autentici, col pretesto delle difficoltà, che vi si trovano ? Non è
cosa straordinaria, che libri i quali sono trascorsi tra tante mani da
tanti secoli, abbiano patito alcune alterazioni relative a date ed a
numeri. Allorchè si tratta delle Scritture sante e delle materie religiose, i nostri nemici sono inesorabili ed inflessibili : nel resto essi
sono di indole tanto facile ed arrendevole, che muove stupore. Certi
spiriti restano scossi e convinti dalle più insulse prove recate contro

---

[1] D. Calmet, *Préface sur les Paralip.*

[*] Questo non poteva avvenire, come essenzialmente opposto alla natura
della inspirazione divina, la quale preserva da qualunque errore gli Scrittori sacri ; l'errore non sarebbe stato schivato, se lo Scrittore fosse rimaso
in sua balìa nel seguitare questi vari sentimenti delle memorie usate. Uno
di questi sentimenti dovea esser vero, e però gli opposti falsi. I diversi modi di conciliare le opinioni diverse sono relativi all'interprete esegetico, il
quale nel buio propone quella sentenza, che meglio concorda con la verità;
e quando questa si è appieno scoperta, gli altri vari modi di conciliazione
sono trascurati come inutili. La vera origine delle difficoltà a nostro riguardo è la ignoranza di quelle circostanze storiche, che a' contemporanei
erano note e rendevano facile l'intelligenza del sacro testo. In questo senso
debbono essere pigliate le parole del grande Interprete, il quale non ha
con aggiustatezza espresso il suo concetto. Voleva adunque il Calmet significare, che noi ignorando se i sacri Scrittori abbiano parlato del medesimo

la Religione; mentre poi restano insensibili a' ragionamenti più solidi, che sono addotti a favore della medesima [1].

D. 3ᵃ. L'autore de' Paralipomeni tra le altre monete nomina i *darici*, ebraicamente אֲדַרְכֹּנִים (*Adarconim*) [2]: questa specie di monete non poteva essere rammentata nelle antiche memorie, che contenevano la storia de' tempi di Davide; perchè quelle furono conosciute dagli Ebrei in tempi molto posteriori.

R. Ancora qui i nostri avversari si mostrano poco riverenti alla logica. Dacchè i *darici* non erano usati a' tempi di Davide, e non si legge questa parola nella storia di questo principe, si può conchiudere che l'autore de' Paralipomeni abbia falsato le memorie autentiche, di cui ha fatto uso? Certo non potrebbe esser tenuto in conto d'impostore e falsario l'autore de' Paralipomeni, se si supponesse che quel vocabolo fu messo nell'opera sua da uno scrittore posteriore, il quale volle sostituirlo come più recente, noto e volgare, a quello che per essere antico era meno inteso dagli Ebrei più recenti. Nè questa supposizione potrebbe ragionevolmente essere contraddetta. Chi vorrebbe dichiarare sospetta d'interpolazione la sustanza di tali libri, sol perchè sia in questi trascorsa una di così fatte parole? L'autore di que' libri fosse Esdra, o altri, viveva dopo la schiavità di Babilonia siccome tutti generalmente concedono: ed essendo i *darici* conosciuti appunto in questi tempi [3], egli potè senza difficoltà ridurre le monete nominate nell'antico testo a quelle usate ne' tempi suoi, cioè alle monete persiane, delle quali ebbero gli Ebrei conoscenza mentre furono sommessi all'imperio de' Persiani.

---

fatto, e delle stesse circostanze che lo accompagnarono, non possiamo mettere in dubbiezza le loro narrazioni, essendo d'altra banda certissimi che essi non sono di origine umana. Aggiungansi le varianti de' codici per colpa degli amanuensi, e si avrà un'altra causa di difficoltà. È noto quello, che intorno a questo proposito scriveva s. Girolamo nella *Prefazione a' Paralipomeni*. Questa pare debba essere la sposizione delle parole del Calmet; e se per avventura c'inganniamo quanto a questo Interprete, nessuno, come ci sembra, potrà dire che ci siamo ingannati ancora quanto al subbietto. (*Nota del Traduttore*)

[1] Pare che il Calmet abbia ritratto i Razionalisti de' giorni nostri, i quali sono fanciulloni nel credere quanto è confacevole al loro sistema: non v'ha assurdo, a cui non facciano buon viso, anzi non accolgano con entusiasmo, quando esso è diretto ad invilire i santi Libri. Essi ogni dì non fanno altro, che riprodurre con compiacenza le puerilità confutate vittoriosamente migliaia di volte.

[2] *I Par.* XXIX.

[3] *I Esdr.* VIII, 27.

CAPO VI.

De' Libri di Esdra

Osservazione preliminare

Quattro sono i libri, che portano il nome di Esdra ; ma essendo il III e IV apocrifi, noi gli ometteremo. Il primo e secondo ne' tempi antichi erano riuniti in uno presso gli Ebrei; e senza meno di qui procede la causa, per la quale ambedue sono stati attribuiti ad Esdra, allorchè sono stati divisi. Essi così sono nominati ancora oggidì nelle Bibbie latine; ma nelle ebraiche il primo è conosciuto col nome di Esdra, il secondo col nome di Nehemia. Noi favelleremo divisamente di ognuno, essendo due opere diverse.

ARTICOLO I.

Del primo libro di Esdra

§ I. *Del subbietto e dello scopo del primo libro di Esdra*

1. Questo libro può dividersi in due parti: la prima contenuta ne' primi sei capitoli narra la storia di 20 anni, i quali cominciano col primo anno del regno di Ciro, re de' Persiani, e finiscono nell' anno VI del regno di Dario figliuolo d' Istaspe. L' autore parla del ritorno degli Ebrei a Gerusalemme , essendo loro duce Zorobabele , della ristorazione del culto di Dio, della riedificazione del Tempio, quando finì la schiavitù di Babilonia. La seconda parte, la quale si compone de' rimanenti quattro capitoli, narra, che Esdra nell' anno VII di Artaserse condusse nella patria gli altri Ebrei, ed ottenne dal re facoltà estesissime per rimettere in osservanza tra' suoi la Legge mosaica. V' ha ogni ragione per credere, che l' Artaserse nominato sia Serse il grande : perocchè a que' tempi i nomi de' re di Persia erano, come sono ancora oggidì appellativi ; ed *Artaserse* è composto da due nomi persiani, di cui l' uno vuol dire *forte, coraggioso*, l' altro *guerriero*. Serse nell'anno VII del suo regno ritornando ne' suoi Stati da una spedizione riuscita vana contro i Greci, e mosso dagli esempi di Ciro e Dario figliuolo d' Istaspe , volle rendersi propizio il Cielo beneficando gli Ebrei.

2. Dalle cose dette si scorge chiaro, come ci sembra, che l' autore ha avuto non pure scopo di mostrare, come sia surta dalle rovine la Chiesa, nella quale doveva nascere il Messia, ma ancora ha voluto dar conoscere i mezzi tenuti dalla Provvidenza per mantenere tra

le sventure ed i turbamenti della schiavitù la distinzione e l'ordine delle famiglie. Imperocchè se ciò fosse mancato, sarebbe altresì mancato il contrassegno necessario a riconoscere il Salvatore venturo. Da ultimo pare che l'Autore abbia voluto insegnare agli Ebrei la maniera, onde hanno avuto compimento le predizioni di Mosè e de' Profeti intorno alla fine dell'esilio ed alla riedificazione del Tempio [1].

§ II. *Dell' autore del primo Libro di Esdra*

Spinosa pretende, che i libri di Esdra, Nehemia, Daniele ed Esther sieno opere supposte, e scritte da' Sadducei molti anni dopo la ristorazione del culto santo nel tempio di Gerusalemme, avvenuta per opera di Giuda Macabeo [2]. Huet pare che pensi, non essere Esdra autore de' primi sei capitoli [3]. Molti critici più recenti aderiscono a questa sentenza, e pretendono non potersi questo libro attribuire ad una sola mano: De Wette dice essere ciò affatto evidente (*ganz offenbar*); Bertholdt afferma, che ancor quando i primi quattro capitoli fossero di Esdra, gli ultimi sei non potrebbero appartenergli [4]. Noi teniamo essere molto più probabile, che tutto il libro appartenga ad Esdra.

1. La nostra opinione è conforme a quella di quasi tutti gl'Interpreti antichi e moderni: il medesimo Huet non ne dissente [5]. Or questo sentimento tanto universale è di grandissima autorità, non potendo provenire da mero caso: bisogna dire che questo libro abbia in sè caratteri convenienti tanto a' tempi, in cui visse Esdra, quanto alla sua persona: o al meno che esso nulla mostri alle dette cose opposte.

2. Tra' nostri avversari moltissimi concedono, che gli ultimi capitoli sono opera di Esdra: noi crediamo potere da questa concessione concludere, che ancora i sei primi capitoli pertengono a questo santo Profeta: nè questa conclusione è sfornita di prove. 1° Il capitolo VI è intimamente connesso col VII; e la diversità di stile si spiega facilmente considerando, che Esdra ne' primi sei capitoli ha quasi citato a parola le memorie usate nello scrivere la sua storia. 2° La maniera di narrare è affatto simile nelle due parti; imperocchè siccome nella seconda (VII, 11-26) riferisce con le medesime parole tutto l'editto di Artaserse, così nella prima cita nel medesimo modo il decreto di Ciro (I, 2-4), e la lettera de' Samaritani (IV, 12-16). Aggiunga-

---

[1] V. Carpzov. *Introd.* p. I, c. XVIII, § 7.

[2] Spinosa, *Tract. theol. pol.* c. X.

[3] Huet, *Demonstr. evang.* prop. IV, c. XIV, *de lib. Esdr.*

[4] Bertholdt, *Einleit. Dritter Theil*, § 291; De Wette, *Einleit.* § 196.

[5] « Trita est et vulgaris omnium opinio librum priorem Esdrae... Esdràm habere auctorem: et vix quemquam ab hac sententia deflectentem reperias »; Huet, l. c.

si, che molte parole e locuzioni, le quali si scontrano nella seconda parte, leggonsi pure nella prima. 3° Chi con qualche attenzione scorre tutto il libro, deve necessariamente conoscere, che in ogni parte sta il medesimo ordine, lo stesso disegno [1]. 4° Finalmente, una storia tanto poco distesa, qual'è appunto quella contenuta nel libro primo di Esdra, non può essere attribuita a vari autori senza ragioni plausibili, ed acconce a sostenere questa sentenza [2]. Or queste ragioni non sono mostrate da' critici che confutiamo, siccome apparirà dalle cose che verremo dicendo nel corso di questa discussione.

3. La composizione stessa di questo libro dimostra, che esso è interamente opera di Esdra. Esso è scritto parte in ebreo, parte in caldaico: le parti caldaiche stanno dal vers. 8 del cap. IV sino al verso 19 del cap. VI, e dal vers. 12 del capitolo VII sino al vers. 27 del medesimo capitolo. Questo fatto muove una difficoltà, che i nostri avversari non possono sciogliere colla ipotesi della pluralità di autori, de' quali l'uno avesse scritto in ebraico, l'altro in caldaico. E per verità, questa opinione non solo è poco pregiata da' buoni critici, ma altresì non potrebbe spiegare la mutazione di lingua nel mezzo di una sezione, la quale è strettamente connessa con la precedente. Chi può supporre, che uno scrittore rimanga imperfetto il suo scritto, e che un altro lo ripigli ponendo in altra favella le cose omesse? Quest'alternativa di lingue non può spiegarsi altramente, se non supponendo essere stato tanto familiare all'autore ed a' lettori l'uso delle due lingue, che poteva quegli senza danno passare dall'uso dell'una a quello dell'altra. E nessun dubbio può muoversi, se diciamo che questo appunto sia avvenuto a' tempi di Esdra; il quale di stirpe sacerdotale, discendente da Aronne per Eleazaro, sapeva l'ebreo lingua nativa: egli doveva saperla, perchè era Scriba e dottore profondo nella legge di Mosè [3]. Buona parte della sua vita egli aveva menato in Babilonia, ed aveva appreso la lingua de' Caldei. Lo stesso dicasi degli Ebrei, pe' quali scriveva. Affermando dunque che Esdra è autore di questo libro, resta pienamente risoluta la difficoltà messa innanzi dalla composizione del libro.

4. Il carattere della lingua, nella quale è scritto questo primo libro, è perfettamente addicevole a' tempi di Esdra. Benchè esso non sia scritto con la purezza del Pentateuco, non è però molto da quello differente: le parole e locuzioni caldaiche provengono naturalmente dall'abitudine contratta con la favella caldaica da Esdra, mentre viveva in Babilonia. Or una lingua ebraica poco degenerata dalla primitiva purezza non può convenire ad uno scrittore più recente, il

---

[1]) C. F. Keil, *Apologetischer Versuch über die BB. der Chronik und über die Integritaet des Buches Esra*, Seit. 142-143.

[2]) Jahn, *Introd.* p. II, sect. 1, c. V, § 58. — [3]) *Esdr.* VII, 6.

quale si suppone vissuto in un tempo, in cui l'antico ebreo era disu-
sato, e la caldaica corrottissima era la lingua comune in Palestina. Lo stesso diremo delle parti caldaiche di questo libro. Gli arcaismi, che in esso si leggono, non consentono di attribuirlo ad uno
scrittore, che sarebbe antico quanto Giuda Macabeo, cioè recentissi-
mo. Imperocchè, quantunque la parafrasi di Onkelos sia molto simigliante alla lingua caldaica di Esdra, nondimeno non aggiunge a tutta la purezza di questa: molte forme grammaticali sono indizio di un'
epoca diversa.

Queste pruove, congiunte con quelle esposte nel capitolo precedente a pro della sentenza, che attribuisce ad Esdra i Paralipomeni,
e che sono applicabili alla tesi presente, rispondono alla maggior
parte delle difficoltà opposte da' nostri avversari. Perciò noi ne espor-
remo due sole.

Difficoltà *riguardanti l'autore del primo Libro di Esdra,* e Repliche *alle medesime*

Diff. 1ª. L'autore de' primi sei capitoli di questo libro non può essere Esdra : imperocchè l'autore di essi stava in Gerusalemme, allorchè gli uffiziali di Dario figliuolo d'Istaspe, preposti alla Siria, vennero in Gerusalemme per sapere con quale autorità gli Ebrei riedificavano il Tempio [1] : questo autore riferisce la risposta degli Ebrei e
parla in prima persona; il che mostra che egli era presente: *allora
noi rispondemmo loro dichiarando i nomi di coloro, che presede-
vano al lavoro* (vers. 4). Or Esdra non poteva stare in Gerusalemme
a' tempi di Dario, perchè egli vi andò sotto Artaserse Longimano,
come appare dal principio del capitolo VII.

R. Comunemente in due modi si risolve questa difficoltà. 1° Esdra potè andare due volte in Gerusalemme, prima con Zorobabele,
siccome è chiaramente detto nel libro di Nehemia [2] ed essendo ritornato in Babilonia per chiedere al re licenza di riedificare il Tempio, venne novellamente in Gerusalemme sotto Artaserse. Ma contro questa replica si può opporre, che è affatto gratuita la supposizione di un primo viaggio di Esdra a Gerusalemme con Zorobabele:
imperocchè il luogo del libro di Nehemia non pruova nulla a pro di
questa sentenza. E per verità non dà il citato luogo nessun indizio
per discernere, se l'Esdra ivi nominato sia quel medesimo dottore
della legge, di cui noi facciamo parola. L'Esdra del citato luogo è
senza dubbio un levita, di cui si fa menzione nel versetto 13 del medesimo capitolo XII di Nehemia; e da questo luogo chiaro si discerne essere questi differente dal dottor della legge nominato poi nel

---

') *I Esdr.* V, 3. — *) *II Esdr.* XII, 1.

versetto 26 col duplice titolo di *Sacerdote* e *Scriba;* i quali titoli sono stati aggiunti dall'autore del libro di Nehemia appunto per discernere queste due persone nominate col medesimo nome. 2°. La seconda replica è questa. Il testo, di cui si vale Huet per provare, che l'autore di questo libro fosse a Gerusalemme nel tempo di Dario figliuolo di Istaspe, non pare ragione sufficiente a trarre quella conseguenza: « Imperocchè, osserva bene il Du Pin, quando Esdra dice: *Noi rispondemmo loro,* parla a nome degli Ebrei; e questa è una locuzione ordinaria, di cui fanno uso gli storici parlando in nome della loro nazione; essi sogliono dire, noi dichiarammo la guerra, facemmo la pace, conquistammo la tale città, ecc., benchè nessuna parte avesse avuto lo storico in tali avvenimenti '». Ma l'uso costante della terza persona nella rimanente narrazione prova più che altro, a nostro giudizio, che l'autore non vuole affermare sè essere stato presente nella venuta degli uffiziali persiani in Gerusalemme. Perciò egli, narrato che gli Ebrei incuorati da' Profeti Aggeo e Zaccaria, cominciarono a riedificare il Tempio, dice: *Thàthanäi, Staburzanai ed i loro consiglieri si presentarono ad* ESSI *e dissero* LORO ecc. (v. 3). Così pure immediatamente dopo la risposta degli Ebrei, egli continua la narrazione nella terza persona (v. 5): *E l'occhio del* LORO *Dio guardi favorevolmente* ecc. L'autore, se fosse stato presente, avrebbe dovuto dire: *Essi vennero a* NOI, *e* CI *dissero: il* NOSTRO *Dio,* non già *il* LORO. E però conchiudiamo, che quantunque non si possa provare l'ipotesi di un duplice viaggio di Esdra per Gerusalemme, il secondo argomento fa del tutto rovinare l'opinione del dotto Huet.

D. 2ª. Nel II capitolo del primo libro di Esdra leggesi la genealogia e la dinumerazione degli Ebrei ritornati di Babilonia in Gerusalemme sotto Nehemia: e comechè queste due parti sieno quasi simili a quella riferita nel capitolo VII del II libro, il quale è stato scritto da Nehemia, è manifesto che il primo libro non possa essere attribuito ad Esdra.

R. Ancorchè concedessimo, che la numerazione oppostaci sia relativa a' tempi di Nehemia, non potrebbe ricavarsene verun pro contro la nostra sentenza. E perchè non avrebbe potuto Esdra riferirlo, se è certo che egli fu contemporaneo di Nehemia, siccome attesta il libro di costui ? * Ma la numerazione, inserita nel capo II del primo libro, e nel capo VII del II, non è quella degli Ebrei ritornati in Gerusalemme sotto Nehemia : essa riferisce i nomi degli Ebrei venuti con Zorobabele : *Qui venerunt cum Zorobabele* '. È vero che si legge a capo ad essi un Nehemia; ma questi è ben altro

---

*) Ellies Du Pin, *Dissert. prélim.* l. I, c. III, § 6.
*) *II Esdr.* VIII, 1 seg., XII, 25.—') *I Esdr.* II, 2; *II Esdr.* VII, 7.

dal Nehemia, che fu duce del popolo di Dio. Il medesimo Nehemia ci dà chiaro conoscere, che questa enumerazione è differente da quella, che conteneva i nomi degli Ebrei ritornati con sè; e che il Nehemia ivi nominato è un altro uomo avente lo stesso nome: *Io trovai una memoria ove era la enumerazione di coloro, i quali erano ritornati la prima volta; sulla quale stava scritto: Ecco quelli della provincia di Giudea, i quali sono ritornati dalla schiavitù,... i quali sono ritornati con Zorobabele: Giosuè, Nehemia, Azaria ecc.* [1] ». È cosa frequentissima nelle Scritture trovare più persone del medesimo nome. Il nome stesso Nehemia cen porge esempio irrefragabile: imperciocchè un Nehemia figliuolo di Helcia fu duce del popolo di Dio [2]; un altro Nehemia fu figliuolo di Azboc (III, 16); un altro è quello, di cui abbiam detto innanzi, cioè quello nominato nella enumerazione degli Ebrei che ritornarono in Gerusalemme sotto Zorobabele.

ARTICOLO II.

Del II libro di Esdra

Questo libro è chiamato *II di Esdra*, perchè anticamente gli Ebrei lo riunivano col primo, siccome abbiamo notato (p. 248). Esso è ancora nominato *libro di Esdra*, non solo perchè contiene la storia del reggimento di Nehemia , ma ancora perchè pare certo, che questo illustre duce ne sia autore, secondochè a luogo proprio dimostreremo.

§ 1. *Del subbietto e dello scopo del II libro di Esdra*

1. Nehemia, figliuolo di Helcia, coppiere di Artaserse re di Persia, saputo la triste condizione degli Ebrei rimasi nella Giudea dopo la captività, ottenne da quel principe, nell' anno XX del regno di lui, la facoltà di ritornare in Gerusalemme, e di riedificarne le mura. Imprese questa grande opera, e la condusse a fine, benchè molestato da' nemici del suo popolo, i quali si opposero. Rimase dodici anni in Gerusalemme, poi ritornò in Babilonia secondo la data fede; ma pochi anni dopo ottenne di nuovo licenza di tornare nella patria, dove fu inteso a sradicare gli abusi introdotti nel suo popolo, come per esempio, la profanazione del sabbato, il rifiuto di pagare le decime, i matrimoni con donne straniere ecc. Alcuni critici pensano, che questa riforma avvenisse un anno dopo il ritorno di Nehemia a Babilonia: ma oltre le rimanenti ragioni, che fanno guerra a questa

----

[1] *II Esdr.* VII, 5-7. — [2] *II Esdr.* I, 1.

sentenza, basta a farne conoscere tutta la debolezza osservare, che in uno spazio tanto breve Nehemia non avrebbe certo potuto trovare radicati quegli abusi, e specialmente i matrimoni con le donne straniere, donde erano nati figliuoli, i quali per lo meno toccavano l'adolescenza, siccome presuppongono chiaramente i versetti 24 e 25 del capitolo XIII [*]. Quasi tutti gl'Interpreti concordano nell'affermare che l'Artaserse di Nehemia sia quello soprannominato *Longimano*. La quale opinione quasi unanime è senza dubbio fondata su questa ragione: che il subbietto del libro di Nehemia e l'ordine de' fatti solo al regno del mentovato principe possono convenire.

2. Pare che Nehemia scrivendo il suo libro non abbia solo voluto dar conoscere lo stato civile e politico della sua nazione, ma altresì volle disegnare il triste quadro della Chiesa giudaica dopo il ritorno dalla schiavitù babilonese sino all'epoca, in cui essa doveva dare al mondo il Messia promesso da' Profeti, e simboleggiato sì vagamente dal medesimo Nehemia. Per verità chi legge attentamente la storia di lui, non può non scorgere relazioni ammirabili di somiglianza tra lui e Gesù Cristo. Egli ristoratore di Gerusalemme, riformatore de' costumi del suo popolo, protettore de' diritti del Sacerdozio, mediatore di una nuova alleanza e governatore del popolo di Dio: che cosa dunque mancava per renderlo tipo del Salvatore, il quale ha operato in modo infinitamente superiore a pro della Chiesa cristiana tutto quello, che Nehemia fece a pro della giudaica?

§ II. Dell'autore del II libro di Esdra

Spinosa, come abbiam detto innanzi (p.249), ha preteso, che questo libro sia stato supposto da qualche Sadduceo molti anni dopo Giuda Macabeo. Molti critici di Germania, come Bertholdt, De Wette ed altri ne attribuiscono una sola parte a Nehemia. S. Giovanni Crisostomo, il venerabile Beda ed altri, fondati certamente sull' antica consuetudine, la quale congiungeva in uno col primo questo II di Esdra, han pensato che questi sia ancora autore del secondo. Noi non troviamo ragioni bastanti per negare a Nehemia tutta l'opera: eccone i motivi. 1. Gl'Interpreti generalmente concordano nella sentenza, che Nehemia sia autore di questo libro: è vero che molti tengono non essere opera sua alcuni luoghi; ma questi sono par-

---

[*] A prevenire alcune difficoltà faremo osservare che l'espressione *in fi-ne dierum*, ebraicamente יָמִים קֵץ (*Leqétz jamím*) (XIII, 6), la quale da molti Interpreti è spiegata *nella fine di un anno*, propriamente suona *dopo un certo corso di tempo, dopo molti anni*. Pensiamo, che ne sia, a nostro giudizio, pruova decretoria l'assenza dell'articolo determinativo.

le menoma del libro, e possono omettersi senza necessità di negare a Nehemia la sustanza dello scritto.—2. I caratteri intrinseci del libro non ci lasciano, come sembra, dubitare, che esso sia realmente opera di Nehemia. E dapprima il principio del libro: *Parole di Nehemia, figliuolo di Helcia o Helchias*, è una pruova di quello che diciamo, sino a che non sarà dimostrato chiaramente, che, quelle sono parole di un impostore, il che non sarà mai fatto; perocchè in questo santo libro non solo non v'ha nessun vestigio d'impostura, ma tutto spira pietà, semplicezza, ingenuità maravigliosa. 2º Lo stile eguale dal principio alla fine è ancora una pruova legittima per tenere, che tutta l'opera sia della medesima mano. E le differenze notate provengono dalla deliberazione dell'Autore, il quale ha voluto mantenere in certe parti le parole stesse de' documenti adoperati nello scrivere il libro. Quando non v'ha questo caso, nessuno può negare l'uniformità, sulla quale noi ci siamo fondati per provare la nostra sentenza. 3º La lingua ebraica, nella quale è scritto il libro, non cede in purezza a quella di Esdra. 4º La forma della narrazione è costantemente eguale in tutto il libro. 5º I fatti sono sempre attribuiti a Nehemia, e riferiti a nome suo. — 3. Tutto quello, che è detto di Esdra, si attaglia perfettamente a questo famoso condottiero del popolo di Dio, non meno che al tempo ed alle circostanze, nelle quali e' si è trovato.

Difficoltà *proposte contro l'opinione, che attribuisce a Nehemia tutto il II libro di Esdra*

Diff. 1.ª Il secondo di Esdra fa menzione del sommo Sacerdote Jeddoa (XII, 11) o Jaddo, e del re Dario Codomano (v. 22): or essendo ambedue questi uomini del tempo di Alessandro il Grande, cioè più che 100 anni dopo il ritorno di Nehemia nella Giudea; è impossibile che Nehemia sia autore di questi luoghi.

R. Questa obbiezione pensa, che nel libro di Nehemia sia parola di quel Jaddo, il quale uscì incontro ad Alessandro, quando questi entrò in Gerusalemme; e di Dario Codomano, ultimo re de' Persiani vinto da quel conquistatore. Ma ambedue questi avvenimenti sono molto incerti: e molti valenti critici sostengono che Jeddoa, rammentato da Nehemia, è differente da Jaddo nominato da Flavio[1]; e che il Dario del II di Esdra non è l'avversario di Alessandro nominato Codomano; sì Dario Notho, figliuolo di Artaserse Longimano[2]. Nondimeno, ancorchè supponessimo essere il Jeddoa di Nehemia quel medesimo Jaddo contemporaneo di Alessandro, si può rispondere, nella Bib-

---

[1]) Joseph. *Ant.* l. XI, c. VIII.
[2]) Jahn, *Introd.* p. II, sect. I, c. V, § 63.

bia non è detto che egli fosse pontefice a' tempi di Nehemia, che nemmeno il padre di lui Gionatano esercitò questo uffizio, a cui fu elevato sotto Artaserse Mnemone, primogenito di Dario Notho; e la Scrittura ne fa menzione per indicare il tempo della nascita, la quale potè bene avvenire sotto questo re, non già per indicare il tempo del pontificato, che ottenne molti anni dopo. Dicono inoltre che il padre di Jaddo, Gionatano, essendo morto verso l'anno settimo di Artaserse Mnemone, il figliuolo nato sotto Dario Notho succasse a lui nella dignità pontificale verso gli anni del mondo 3607; che Jaddo esercitò quest'uffizio sino ad Alessandro il Grande, il quale cominciò a regnare negli anni 3668; e che non è necessario perciò dare a lui una vita di straordinaria lunghezza. Imperocchè ponendo che fosse nato l'anno decimo di Dario Notho, cioè nell'anno del mondo 3591, e che fosse vissuto sino al settimo anno di Alessandro, cioè nell'anno 3674, egli sarebbe aggiunto all'età di 83 anni.

Nondimeno molti critici trovano difficoltà in questa risposta: perocchè il sacro testo parla de' Leviti contemporanei di Eliasib, di Giojada, di Gionatano e di Jeddoa: la qual cosa non può essere intesa di altro tempo eccetto quello, nel quale i nominati esercitarono l'uffizio del Pontificato, e del Sacerdozio nel Tempio. Quando dunque si legge, che i Leviti venivano a tempo di Jeddoa, è mestiero assolutamente intendère al tempo del Pontificato non della nascita. Per queste ragioni la maggior parte degl'Interpreti amano meglio dire che i versetti 11 e 12 del capitolo XII sono stati aggiunti a tempo del Pontefice Simone, soprannominato Giusto. Qualunque sia la soluzione di questa difficoltà, la quale rendono più o meno incerta le varietà de' sistemi cronologici; noi faremo osservare con Jahn, che non v'ha ragione per negare, che Nehemia abbia potuto fare menzione non solo di Dario Notho, ma ancora de' Sacerdoti contemporanei suoi e di Jeddoa, che accolse Alessandro in Gerusalemme. Imperocchè Giuseppe ha confuso Dario Notho con Dario Codomano, e quel medesimo storico afferma essere Nehemia morto in età molto attempata: per forma che questi abbia potuto facilmente vivere sino a 90, ed anche sino a 100 anni [1].

D. 2ª. Nel capitolo XIII, 28, del II di Esdra, l'autore narra, che egli cacciò dal numero di coloro, i quali gli stavan d'appresso, Sanaballat figliuolo di Giojada. E comechè Giuseppe dica, che Sanaballat fu mandato in Samaria come satrapo da Dario, ultimo re de' Persiani [2], cioè Dario Codomano, egli è manifesto, che Nehemia non può essere autore di questo versetto.

R. Questa difficoltà è meno difficile della precedente. E dapprima

[1] V. Jahn, loc. cit.—[2] Joseph. Ant. l. XI, c. VII.

rammentiamo le cose dette, cioè, che Giuseppe erroneamente chiama quel Dario ultimo re de' Persiani; egli doveva dire Dario Notho. In secondo luogo egli è assolutamente necessario o rigettare la testimonianza di Giuseppe, o ammettere due Sanaballat; e seguendo questa seconda ipotesi nulla vieta di attribuire a Nehemia il versetto in quistione: imperocchè il primo de' due Sanaballat potè vivere sotto Dario Notho, e però a tempo di Nehemia. Il computo che soggiungeremo qui, pruova evidentemente, come ci pare, il nostro ragionamento. Nehemia dice, che Sanaballat da sè cacciato di Gerusalemme era Horonita, החרני *Choroni*, cioè di Horanáim nella terra di Moab; ma quello inviato da Dario ultimo re de' Persiani in Samaria era *Cuteo di origine*, χουθαΐος γένος. Se dunque Giuseppe è immune da qualunque errore in questa narrazione, è forza riconoscere due Sanaballat, uno Horonita, il cui figliuolo si disposò con la figliuola di Giojada, figlio di Eliasib, a' tempi di Nehemia; ed un altro Cuteo il quale a' tempi di Dario Codomano, ultimo re de' Persiani, diè la figliuola in moglie ad un Ebreo nominato Nicaso, come riferisce Flavio. *Nehemia ha parlato del primo Sanaballat, non del secondo: quindi qualunque opinione si seguiti, nessuna ci costringe a tenere, che il versetto 28 del capitolo XIII non sia opera di Nehemia.

D. 3ª. Le opere di Nehemia sono citate nel II de' Macabei (II,13); ma i fatti ivi narrati non leggonsi nel II di Esdra, che ha per nome Nehemia. Ecco una pruova, che il libro attribuito a questo illustre condottiero del popolo di Dio non è opera sua.

R. Sarebbe stoltezza negare, che nel libro di Nehemia non si leggano i fatti allegati nel II de' Macabei come riferiti negli scritti e memorie di Nehemia, *in descriptionibus et commentariis Nehemiae*; ma nessuno potrebbe ragionevolmente conchiudere di qui, che Nehemia non sia autore del libro, cui al presente abbiamo col nome suo. Alla difficoltà proposta si risponde variamente. In primo luogo si dice, che noi abbiamo una parte delle memorie di Nehemia; ovvero che questi oltre le memorie citate ne' Macabei compose ancora il libro, che al presente abbiamo col titolo *Verba Nehemiae*. Altri finalmente dicono, che Nehemia aveva composto alcune memo-

---

*) L'Autore è incorso in un *memoriae lapsum*. Non l'Ebreo, che tolse in moglie la figliuola di Sanaballat, fu nominato *Nicaso*, sì la donna da lui sposata, cioè la figliuola medesima di Sanaballat. L'uomo, lo sposo avea nome **Manasse**, fratello del Pontefice Jaddo: *Igitur cum pontifex pariter* (sc. Jaddus) *ac populus indigne hoc ferret, etfratrem* (sc. Manassem) *ob ara arceret, adit* Manasses *socerum Sanaballetem, et se quidem amare dicebat* filiam ejus NICASO, etc., *Ant.* l. XI, c. VIII, n. 2. Chi volesse altri ragguagli di questo fatto, può leggere quello che ne abbiamo detto nello *Schizzo d'Archeologia biblica*, Capo de' Leviti, art. *Del Sommo Sacerdote.* (*Nota del Traduttore*)

rie, le quali durarono fino a' tempi de' Macabei, e che da queste è stato ricavato il libro attuale; conservando però le medesime parole usate dall' Autore sacro, e solo facendo una scelta delle cose da lui scritte. Non v' ha nessuna di queste ipotesi, la quale non possa essere rigorosamente sostenuta; e però l' obiezione non è tale, che valga a distruggere la nostra sentenza intorno all' autore del II libro di Esdra.

CAPO VII.

Del Libro di Tobia

Osservazione preliminare

Il libro di Tobia è il primo de' deutero-canonici: noi abbiamo dimostrato la sua canonicità nel capo II della *Introduzione generale*.

ARTICOLO I.

Del testo originale e delle versioni del libro di Tobia

Non si sa con molta certezza in quale lingua sia stato scritto il libro di Tobia, se in ebraica, caldaica o greca. Origene afferma, che gli Ebrei lo leggevano in lingua ebraica [1]; ma questo testo ebraico probabilmente fu il caldaico usato da s. Girolamo, come verremo dicendo: imperocchè spesso ne' libri scritti da quel tempo, nel quale gli Ebrei cominciarono a fare uso dell'idioma caldaico, la lingua caldaica è designata col nome di ebraica. Se i due Tobia hanno scritto quest' opera [2] nel paese degli Assiri e de' Medi, vi ha qualche apparenza, dicono parecchi critici, che essi lo abbiano scritto nella favella del paese, cioè la caldaica, o siriaca. S. Girolamo ne ebbe un esemplare caldaico, il quale fu da lui tenuto in conto di vero originale. « Comechè il caldaico sia molto simile all' ebreo, dice il dotto Padre, io adoperai un uomo sperto nelle due lingue, e feci scrivere in latino tutto ciò, che egli mi dettava in ebraico: questa fu opera di un sol dì [3] ». Questa versione di s. Girolamo è quella, che noi seguitiamo, e che è stata dichiarata autentica dal sacrosanto Concilio di Trento.

La versione greca pare antichissima: essa è citata da' più antichi scrittori cristiani [4]. Abbiamo un' altra versione latina fatta sul testo

[1] Origen. *Epist. ad Africqn.*—[2] Ved. più innanzi, l' art. IV.
[3] Hieron. *Praef. in Tobiam.*
[4] V. Polycarp. *Ep. ad Philip.*; Clem. Alex. *Stromat.* l. I; Iraeu. *Insinuat.* l. I, c. XXX; Cyprian. *De opere et eleemosyna*; August. *De doctrina christiana*, l. III; Ambros. *lib. de Tobia* e de *offic.* l. III; Hilar. *in Psalm.* CXIX, n. 7.

greco, essa è più antica di quella di s. Girolamo, e fu sempre tenuta come la sola autentica ne' tempi precedenti s.Girolamo. D. Sabathier l'ha inserita nella raccolta delle antiche versioni latine de'Libri santi. Abbiamo due testi ebraici del libro di Tobia, uno pubblicato da Sebastiano Munster, un altro da Paolo Fagio; ma essi sono versioni recentissime fatte sul greco o sul latino, anzi spesso se ne scostano. L'edizione di Fagio si approssima più alla versione greca, e pare più esatta e castigata che quella di Munster. La versione siriaca inserita nelle Poliglotte di Parigi e di Londra pare fatta sulla versione greca, e potrebbe ancora dirsi eseguita sull'originale. Nondimeno sono tra loro differenze notabili.

ARTICOLO II.

Del subbietto del libro di Tobia

Il subbietto di questo libro non è altro, che la storia de' due Tobia, padre e figlio; la quale cadde nel tempo, in cui furono le dieci tribù menate in Assiria da Salmanasare. Tobia era della tribù di Neftali (I, 1) nell'alta Galilea : allevato dall'infanzia nel timore e nell'amore del vero Dio , inspirò gli stessi sentimenti in cuore al figliuolo. Distrutta Samaria da Salmanasare, fu menato schiavo in Assiria con la famiglia; abitò in Ninive capitale di quell'impero, ove spendeva i suoi dì in sollievo de'suoi concittadini:era tale la sua carità, che portava al sepolcro tutti que' defonti, di cui veniva in cognizione. A Salmanasare,morto dopo molti anni, successe Sennacherib, il quale oppresse con estrema durezza gli Ebrei: perciò Tobia fu privato de' beni e costretto a schivar con la fuga la morte minacciatagli: però ucciso Sennacherib da' propri figli , Tobia ritornò in Ninive sotto Assaradone. Un dì il santo vecchio prese sonno accanto ad un muro, alla cui cima avevano fatto nido le rondinelle: mentre dormiva gli cadde negli occhi lo sterco caldo di questi uccelli, e ne diventò cieco. La moglie Anna, avendo un dì recato in casa un capretto regalatole, Tobia pensando che fosse rubato, esortò la moglie a restituirlo al padrone: la moglie rispose con amari rimproveri, chiamando vana la speranza, che aveva sostenuto il santo uomo nelle avversità. Allora Tobia sfinito pel dolore pregò Dio di porre fine alla sua vita. Mentre che queste cose avvenivano in Ninive, nella città di Rages una fantesca di Sara, figliuola di Raguele, faceva rimproveri alla sua padrona, accusandola della morte di sette mariti: ella oppressa dall'amarezza supplicò egualmente Iddio, affinchè l'avesse chiamata a sè. Ma l'Angelo Raffaele venne a consolare l'una e l'altra famiglia (I-III). Tobia vedendosi prossimo a morte, dava salutari consigli al figliuolo, ed insieme con Raffaele lo inviò

In Rages per riavère da Gabelo dieci talenti imprestatigli (IV-V). La-vandosi un dì Tobia i piedi sulle sponde del Tigri, un pesce enorme se gli avventò per divorarlo: Raffaele gli comandò di trarlo in riva, di sventrarlo, e conservarne il cuore, il fiele, il fegato, come eccellenti rimedii: poi gli disse di chiedere in moglie Sara, figliuola di Raguele. Tobia obbedì, e messo sulle brage il cuore e 'l fegato del pesce, mediante il fumo esalatone cacciò il demonio Asmodeo, il quale aveva ucciso i sette mariti di Sara: questo fu da Raffaele incatenato nel deserto dell'alto Egitto (VI-VIII). Raffaele mandato in Rages dal padre di Tobia per ricuperare i dieci talenti dovuti da Gabelo, compì la sua missione, e ricondusse al buon vecchio il giovane Tobia con Sara moglie di lui : quegli ungendo gli occhi al padre col fiele del pesce, gli ridonò la vista (IX-XI). I due Tobia presi da riconoscente affetto pe' servizi avuti da Raffaele , gli offerirono cinque talenti; ma egli ricusandoli si scoprì, e dichiarò di essere uno di que' sette spiriti, cui Dio commette la esecuzione de' suoi comandi, e che hanno l'uffizio di presentare innanzi al trono del Signore le preghiere degli uomini. Finalmente i due Tobia muoiono in un' estrema vecchiezza (XII-XIV).

ARTICOLO III.

Della verità della storia di Tobia

Molti interpreti moderni, mossi dalle difficoltà che si trovano nel libro di Tobia, hanno affermato che esso è una parabola, con cui l'autore c'insegna, che Dio esaudisce le preghiere degli uomini pii, i quali ricorrono a Lui nelle afflizioni: la quale massima è chiaramente insegnata da Raffaele (XII, 15). Ma essendo esagerate molte di queste difficoltà, siccome verrem dicendo più giù; noi non dubitiamo di proporre la seguente

PROPOSIZIONE

Il libro di Tobia contiene una vera storia

1. Gli avversari non potrebbero aggiungere al loro scopo intieramente, considerando come parabola la storia del libro di Tobia: imperocchè chi potrebbe supporre, che lo Spirito Santo autore del libro abbia potuto inspirare certe cose, che essi tengono in conto di false ed opposte a' buoni costumi? Come avrebbe potuto far dire, che la città di Rages esisteva a' tempi di Tobia, se essa fu edificata molto dopo? che un Angelo abbia mentito, contravvenendo alla perfezione della natura angelica? In vano pretenderebbesi, che in una

parabola sono di nessuna conseguenza gli errori contro la storia e contro i costumi: essi non lasciano di essere opposti alla verità, e come tali ripugnano all' indole della santa Scrittura, la quale è dettata dallo Spirito di verità. Non essendo adunque fondato l' unico motivo, che fa sostenere la opinione della parabola; noi pensiamo che non si debba esitare ad ammettere come vera storia il libro di Tobia. — 2. La Chiesa cristiana e la Sinagoga l' hanno sempre tenuto come tale, benchè questa non lo stimi al presente canonico, non essendosi trovato nel tempo, in cui fu chiuso il Canone da Esdra. Quindi deriva il sentimento di tutti i Dottori della Chiesa, di tutti gl' Interpreti ortodossi. — 3. Finalmente, basta leggere con la più leggiera attenzione questo libro per essere persuaso, che esso contiene i caratteri di una vera narrazione storica, ed al contrario nessuno ne ha di quelli, che sono propri delle parabole. « Le parabole, dice il Crisostomo, sono talune narrazioni, nelle quali si usano fatti destinati a servire di esempio, ma non si nominano persone [1] ». Or nella storia di Tobia non solo le persone, ma tutte le altre circostanze sono determinate in maniera molto precisa. Ivi leggonsi i nomi propri delle persone e de' luoghi, le circostanze de' tempi, la successione de' re di Assiria, il principio e la fine del loro regno, il genere della loro morte. In questo libro si trovano i ragguagli di molte altre particolarità: tali sono la genealogia di Tobia, l' osservazione che egli divenne orfano, che fu allevato dalla sua ava Debora, che fu spenditore nella corte di Assiria ecc. * Se è lecito noverare tra le parabole una narrazione, che ha tanti caratteri di verità storica, nella Scrittura non rimarrà più veruna storia, ed il senso storico sarà tramutato in finzioni ed allegorie.

Difficoltà

Diff. 1ª. Strabone scrive, che la città di Rages o Ragia nella Media fu fabbricata da Seleuco Nicanore, cioè 300 anni innanzi Gesù Cristo; or comechè, secondo l' autore del libro di Tobia, questa città sarebbe stata 700 anni innanzi Gesù Cristo; debbesi dire che questo nome nel libro di Tobia sia supposto.

R. È cosa comune nel linguaggio degli storici, attribuire la fondazione di una città a quel principe, che l' ha ampliata o abbellita.

---

[1] S. Joan. Chrysost. *Homil. de divite.*

*) Molte di queste circostanze storiche del libro di Tobia appartengono al testo greco, nè si leggono nella Volgata, la quale, come ha notato l'Autore, è stata fatta sul testo caldaico. Queste due versioni sono in molte cose discordanti; e però ne debbono essere ammoniti i giovani, i quali senza frutto spenderebbero il tempo in ricercare nella Volgata alcune delle circostanze accennate nella pruova della proposizione. (*Nota del Traduttore*)

Così dicesi che Babilonia fu edificata da Nabuchodonosor, il quale non fece altro che compierla, allargarla e renderla tale, che a mala pena si sarebbe distinta dall'antica: *Non è ella questa la gran Babilonia, che io ho edificata?* diceva Nabuchodonosor [1]: e con queste parole voleva intendere della maggiore estensione e delle decorazioni fattevi da lui; perocchè Nemrod ne aveva gittato le fondamenta, e Belo l'aveva già allargata. Virgilio pure celebra Evandro come fondatore di Roma; e nondimeno la costruzione di questa capitale del mondo è comunemente attribuita a Romolo. Come dunque parlandosi di Rages non può dirsi, che esisteva 700 anni innanzi Gesù Cristo, benchè Strabone affermi che Seleuco Nicanore l'abbia edificata quattrocento anni dopo l'epoca detta? questo re potè compierla, ampliare, abbellire, il che nel linguaggio comune si esprime con la parola edificare.

D. 2ª. Ne' capitoli III, 7, IV, 21, leggesi, che Sara figliuola di Raguele, e Gabelo abitavano in Rages della Media; poi nel capitolo VI, 6, e nel IX, 3, sta scritto, che il giovane Tobia *stando in Rages*, mandò l'Angelo Raffaele verso Gabelo *a Rages*, città della Media. Questa è una contraddizione, che non può stare in una vera storia.

R. La Volgata dice (III, 7), che Sara abitava *in Rages, città de' Medi*, nol neghiamo; ma il testo greco dice *Ecbatane di Media*: così legge pure l'antica versione latina di s. Germano *de' Prati*, così le versioni ebraiche di Fagio e Munster, non altrimenti la versione siriaca. *Ecbatane* bisogna ancora leggere nel capo VI, 6, e nel capo IX, 3: per forma che ogni contraddizione sparisce dicendo, che il giovane Tobia stando in Ecbatane mandò a Rages Raffaele per iscuotere il debito di Gabelo, il quale abitava in questa città (IV, 21): così si toglie al postutto la difficoltà. Volendosi poi mantenere la lezione della Volgata, potrebbe dirsi, che Raguele e la figliuola abitavano in Rages nel tempo, che i sette mariti di Sara furono uccisi dal demonio; ma dopo questo lugubre avvenimento essi mutarono abitazione recandosi sulle sponde del Tigri. Il timore della vendetta de' parenti, o anzi il desiderio di abbandonare un luogo divenuto cagione di funeste rimembranze, e quel che è più, la direzione della Provvidenza erano ragioni bastanti per determinarli a cercare altra dimora. Forse poterono essere a ciò spinti da altre ragioni a noi ignote. Il certo è che quando si debbono conciliare le apparenti contraddizioni della storia profana, nessuno lascia di supporre quelle, che meglio può, e nessuno è tanto schifiltoso da rigettare quelle che sono molto probabili.

D. 3ª. Il vecchio Tobia e Sara, figliuola di Raguele, sentono nel medesimo giorno amarissimi rimproveri: quegli dalla moglie Anna,

[1] Dan. IV, 27.

questa da una fantesca del padre: nel tempo stesso l'uno e l'altra invocano la morte; nel tempo stesso ambedue sono consolati dall'Angelo Raffaele. Questi avvenimenti simultanei danno ad intenderci, che quella storia è parabolica.

R. Questi fatti simultanei sono certamente indizio di una peculiare protezione concessa da Dio a quelle due famiglie: e di questi fatti sono pieni tutti i Libri santi. Se poi qualcuno dimanda il fine, che Dio ha avuto concedendo questa straordinaria protezione della sua Provvidenza a quelle due buone famiglie; risponderemo che non è difficile investigarlo. Dio voleva rimunerare la pietà e le rare virtù delle famiglie di Tobia e Sara; Egli voleva fare risplendere la protezione speciale, che concede a' suoi servi fedeli, i quali con la santità della vita edificano i loro fratelli.

D. 4ª. In un luogo (I, 1, 2) si dice, che il vecchio Tobia della tribù e città di Neftali fu fatto captivo a tempo di Salmanasare re di Assiria; ma nel IV de' Re (XV, 29) sta scritto che Theglathphalasar, precessore del mentovato, s'impadronì del paese di Neftali e menò schiavi gli abitanti in Assiria. Questa discordanza prova chiaro, che la storia di Tobia non può essere tenuta in conto di vera storia, essendo il libro de' Re storico di sua natura.

R. Per rendere valida la obbiezione sarebbe mestiero dimostrare, che Tobia stava nel paese di Neftali, quando Theglathphalasar fece la prima captività, e che non potè fuggire in nessun modo. Egli è certo, che dopo la prima deportazione sotto Theglathphalasar, ed anche dopo la seconda sotto Salmanasar, anzi dopo la distruzione del regno d'Israele, erano rimasi in questo regno cittadini: imperocchè Giosia re di Giuda, come narrasi nel II de' Paralipomeni (XXXIV, 9) ebbe da essi somme considerabili per la riparazione del Tempio. Che cosa può dunque impedire di affermare, che Tobia nel tempo della prima deportazione sia scampato fuggendo?

Diff. 5ª. In questo libro l'Angelo Raffaele apparisce mendace. Egli dice (V, 7, 18): « Io appartengo a' figliuoli d'Israele; sono Azaria figlio di Anania il grande »; poi (VII, 3) soggiunge: « Noi siamo della tribù di Neftali, del numero de' captivi di Ninive »; ed altrove (V, 8): « Io spesso ho fatto le strade della Media, e sono stato in casa Gabelo, nostro fratello ». Queste menzogne non han potuto uscir di bocca ad un angelo, e possono spiegarsi bene ammettendo la parabola.

R. Le apparizioni degli Angeli sotto forme assunte, il loro commercio con gli uomini, sono cose soprannaturali: perciò non possono essere sommesse alle regole ordinarie delle umane azioni. Esse sono mezzi maravigliosi, de' quali Iddio giudica spediente fare uso per fini degni della sua Sapienza e Santità. Perciò quando l'Angelo Raffaele, pel pro di Tobia, assunse le fattezze di Azaria, figliuolo del grande Anania, bene potè dire sè essere Azaria, de' figliuoli d'Israele, della tribù di Neftali. Potè ancora rettamente affermare di avere spesso battuto le vie della Media, e di essere stato ospite di Gabelo: perocchè altre volte vestito di corpo mortale aveva per ordine di Dio percorso queste strade, ed ospitato presso Gabelo. Poteva ancora chiamare Gabelo *suo fratello*, perocchè con lui aveva comune il Creatore e Padre nostro Dio. Chi ha mai accusato di mendacie gli Angeli, i quali in altri luoghi de' Libri santi parlano ed operano in nome di Dio ? Quell' Angelo, che favellando a Giacobbe disse, *sé essere Dio apparsogli vicino a Bethel* [1], certo non mentì : perchè dunque in simili circostanze debbesi accusar di bugia Raffaele ? *

D. 6. Tobia (XIV, 7) predice che *la casa di Dio, la quale è stata bruciata, sarà riedificata*. Ma è certo, che il Tempio di Gerusalemme fu bruciato molti anni dopo la morte di Tobia.

R. Questa difficoltà può essere risoluta in due modi. In primo luogo dicendo, che Tobia parlando il linguaggio ordinario de' Profeti, ha espresso come passata la distruzione futura del Tempio. In secondo luogo supponendo, che nella Volgata sia incorso un errore, e che debba stare in futuro ciò, che la Volgata ha espresso col passato : imperocchè il futuro leggesi nelle versioni greche, siriaca, e nell' ebreo pubblicato da Fagio. Perciò nelle parole di Tobia è una duplice Profezia : una che predice la distruzione di Gerusalemme e del Tempio, l'altra che pronunzia la riedificazione dell' una e dell' altro.

D. 7. Leggesi ancora, che il demonio Asmodeo, preso d' amore per Sara, aveva per gelosia ucciso i sette mariti da lei sposati (III,8, VI, 14, 15). Come può stare, che il demonio, essere spirituale, abbia potuto patire gelosia ed amor carnale per Sara ? Questa circostanza non è convenevole ad una vera storia: siccome disdicevoli son pure quella del fumo esalato dal cuore e dal fegato del pesce, col quale fu cacciato il demonio Asmodeo ; e l' altra, che narra come

---

[1] *Gen*. XXXI, 13.

* I nomi Azaria, Anania nell' Ebreo sono di significazione affatto confacenti col ministero, pel quale fu mandato l'Angelo Raffaele. Azaria, ebraicamente עֲזַרְיָה (*Nghazarjàh*) suona *Adjutorium Dei*; Anania חֲנַנְיָה (*Chananjàh*) vuol dire *Gratia*, o *Commiseratio Dei*. Qual mendacio avrebbe dunque profferito Raffaele dicendo : Io sono l'aiuto mandato da Dio, e son figliuolo della misericordia di Dio; cioè l'aiuto mandatovi viene dalla grazia di Dio. Questo senso è nascoso, quindi non fu noto a Tobia; egli udendo nomi a sè noti, pensò che si facesse parola di quelle persone, le quali erano così nominate ; nè ebbe da Dio il lume necessario ad intenderne il vero senso, perchè l'opera della Provvidenza dovea essere compiuta a modo umano. Finita la missione, compresero il senso vero di quelle parole, le quali quando furono profferite, erano affatto consonanti con la verità. (*Nota del Traduttore*)

l'Angelo Raffaele afferrando il demonio lo incatenò nel deserto dell'alto Egitto (VIII, 3).

R. Il testo greco, non la Volgata, fa dire al giovane Tobia: *Io temo di morire, se entro nella camera di Sara . . . perchè un demonio l'ama.* Dalle quali parole deriva, che il giovane Tobia credeva secondo l'opinione volgare, avere il demonio Asmodeo ucciso i primi sette mariti di Sara, perchè era preso d'amore per lei. Ma non si scorge da nessun luogo, che il sacro Scrittore approvi, o riferisca come sua questa popolare credenza. È vero, che tra gli antichi alcuni hanno opinato, che gli Angeli buoni o cattivi avessero un corpo materiale, ed hanno conchiuso poter essi concepire passioni carnali; ma questa opinione già da gran tempo è stata abbandonata, ed è opposta al sentimento di tutta la Chiesa. Gli Angeli sono puri spiriti, dunque Asmodeo non potè sentire punture di amor carnale: esso uccidendo i mariti di Sara ha fatto quello, che avrebbe fatto un amante geloso; ma l'Autore del libro di Tobia dice chiaro, che Dio permise la loro morte, non solo per punire la brutale incontinenza di questi uomini, ma ancora per mantenere al pio e casto Tobia la sposa a lui destinata nella sua verginità. Se il fumo del cuore del fegato tratto dal pesce non aveva efficacia diretta sopra Asmodeo, che è spirito, potè nondimeno avere efficacia indiretta, cioè equilibrare in Tobia le passioni, la cui veemenza aveva dato occasione al demonio di strangolare i precedenti mariti. Chi si vorrà maravigliare della efficacia dell'odore esalato da quel cuore e da quel fegato, se è cosa nota essere egualmente efficaci a produrre lo stesso effetto varie piante? Finalmente le parole del versetto 3 del capitolo VIII non significano altro, se non che Raffaele, usando il potere avuto da Dio, spogliò Asmodeo di ogni potestà atta a nuocere, e lo confinò in un luogo, dove non gli era più permesso eseguire i disegni della sua cattiveria.

D. 8ª. Ne' capitoli II e XI si legge che mentre Tobia dormiva gli cadde negli occhi lo sterco di una rondinella, pel quale divenne cieco; e che il figliuolo col fiele del pesce gli ridonò la vista. Tutte queste circostanze sono confacenti ad una parabola, non ad una vera storia.

R. « Le lepri, scrive Plinio [1], dormono con gli occhi aperti, e questo avviene ancora a molti uomini ». Ciò avviene in fatti a coloro, che sono presi da paralisia in quel muscolo delle palpebre, il quale si chiama *muscolo orbiculare*: in questo caso ritirandosi la palpebra superiore l'occhio rimane sempre nudo. Questa malattia è stata chiamata *lagophtalmia*, perchè essa rende il sonno di chi la patisce simile a quello delle lepri. Se dunque Tobia dormiva in

---

[1] Plin. *Hist. nat.* l. II, c. XXXVII.

questo modo di sotto al muro, ove avevano fatto nido le rondini, potè senza difficoltà cadergli lo sterco caldo in ambedue gli occhi. Nè poi ripugna dire, che Tobia potè aprire gli occhi proprio nel tempo, che cadeva lo sterco; volendo ammettere che dormisse con gli occhi chiusi. È poi cosa nota, che lo sterco delle rondini, come quello di tutti i volatili in generale, è caustico, contenendo l'*acido urico*, il quale è acconcio a bruciare in certa guisa la cornea dell'occhio. Perciò quello sterco potè benissimo produrre negli occhi del buon Tobia una flogosi, cresciuta considerabilmente dallo stropiccio delle mani: il quale movimento naturale, anzi diremmo necessario in simili casi, produsse sull'occhio una sottile pellicola, chiamata dagli oculisti *glaucoma*. Perciò il sacro Scrittore dice (XI, 14), che nella guarigione uscì dagli occhi una pellicola somigliante a quella, che è la veste dell'uovo di sotto al guscio. Di qui si scorge, che l'organo della vista era rimaso sano, ed era solo coperto dalla mentovata pellicola: rimossa questa, sarebbe venuta la guarigione. Questa operazione a' dì nostri è comunissima, e si fa per mezzo di un ago. I medici poi concordemente affermano, che il fiele del luccio, del lupo marino o callionimo e di alcuni altri pesci hanno la virtù di guarire la *glaucoma*. Quindi il giovane Tobia adoperando il fiele di uno di questi pesci, potè restituire la vista al padre con un rimedio puramente naturale.*

ARTICOLO IV.

Dell' Autore del libro di Tobia

Estio pensa, che il libro di Tobia sia stato scritto dopo il ritorno dalla captività babilonese. Jahn pretende, che esso sia stato scritto 150, o al più 200 anni innanzi Gesù Cristo. Altri critici sostengono, che Tobia abbia scritto non altro che memorie, dalle quali poi è stata ricavata la loro storia. Noi al contrario teniamo, che i due Tobia sieno autori di questo Libro: ecco i motivi. 1° Questa sentenza è più generalmente ammessa. È vero, che molti commentatori moderni pretendono avere i due Tobia fatto delle memorie, raccolte e pub-

---

*) S'aggiunga *indicato da Dio soprannaturalmente per mezzo dell'Angelo*. La virtù di questo rimedio era ignota, siccome ci dimostrano le parole del testo greco: *Ivi ad medicos, qui mihi non profuerunt* (II, 10); e la dimanda del giovinetto Tobia all'Angelo: *Obsecro te, Azaria frater, ut dicas mihi quod remedium habebunt ista quae, de pisce servare jussisti?* (*Vulg.* VI, 7) In questa indicazione rifulge l'opera soprannaturale di Dio, il quale voleva premiare la pazienza del suo servo, e dare esempio di provvida cura a quelli che pongono in Lui le loro speranze. (*Nota del Traduttore*)

blicate poi da un autore più recente, il quale ha quasi sempre mantenuto le parole originali: ma questa ipotesi, la quale non distrugge
in sostanza la tesi da noi pigliata a difendere, è priva di solido fondamento, siccome si scorgerà dalle cose, che verremo dicendo. —
2° I caratteri intrinseci di questo libro non danno vedere nessuna cosa, opposta alla opinione, la quale lo attribuisce al padre e figlio
Tobia: quegli parla sempre in prima persona nel testo greco, siriaco ed ebraico, dal primo capitolo sino al quarto esclusivamente. —
3° Leggiamo (XII, 20, *Vulg.*), che Raffaele prima che lasciasse la
casa di Tobia, disse rivolto al padre ed al figlio: *Benedite Dio, e
pubblicate tutte le sue meraviglie*; ovvero come dicono il greco,
l'antica versione latina, la siriaca e le due ebraiche di Fagio e Munster: *Scrivete in un libro tutto l'avvenuto.*Nel capitolo XIII,verset-
to 1 riferiscono i citati testi, che Tobia padre *scrisse una preghiera.* Non potrebbesi dubitare, che questi due fedeli servi di Dio non
abbiano accuratamente eseguito il comando avuto dall'Angelo, specialmente considerando, che gli Ebrei avevano costumanza di porre
in iscritto quanto loro avveniva, secondo che nota il dotto Huet [1].
Nè debbesi por mente alla osservazione del Jahn, il quale pretende,
che lo scrittore abbia con questo comando dell'Angelo voluto cattivarsi l'indulgenza del lettore quanto allo stile ed alla elocuzione a-
doperata nel suo libro [2]. Questa congettura è non solo gratuita, ma
altresì affatto inverisimile.[*]— 4° Coloro i quali tengono avere i due
Tobia rimaso delle memorie raccolte poi da altro Scrittore, confessano che è difficilissimo discernere le cose scritte dal padre e dal figlio da quelle del compilatore: imperocchè essi non negano, che
tutta l'opera è uguale bastantemente tanto nello stile,che nella connessione degli avvenimenti e nelle riflessioni dell'Autore. Noi aggiungiamo, che non solo è difficilissimo fare la cennata distinzione,
ma anzi impossibile : e questa è una pruova non equivoca , che
tutto il libro è opera de' due Tobia.

[1] Huet, *Demonstr. evang.* Propos. IV, *de lib. Tob.* § 2.
[2] Jahn, *Introd.* p. II, sect. IV, § 241.
[*] L'autore è sempre preso da eccessiva indulgenza nel giudicare delle
temerarie ed irriverenti opinioni di Jahn. Non fia maraviglia se questo
scrittore, preso da smodato amore di novità, e ligio colpevolmente a'
Protestanti, giudichi così di un libro divinamente inspirato. Egli tiene, che
i *deutero-canonici* dell'Antico Testamento non sono autorevoli al par de'
proto-canonici; perciò senza contraddirsi ha potuto scrivere a quel modo.
Rimane però sempre a sciogliere il grave enigma, come egli possa senza
contraddire alla Fede Cattolica, di cui si nomina cultore, sostenere tante
opinioni, che o più, o meno ripugnano a' documenti di essa. La congettura dunque del Jahn non solo è inverisimile,ma opposta all'indole di un libro divinamente inspirato. Sarebbe un aperto mendacio quel finto comando, e mendacii non possono stare nella Bibbia. (*Nota del Traduttore*)

Difficoltà *proposte contro la opinione, che attribuisce a' due Tobia il libro avente il loro nome, e* **Repliche** *alle medesime*

Diff. 1ª. Leggesi nel libro di Tobia più d' un luogo, il quale chiaramente parla della vita eterna e della beatitudine celeste: debbesi dunque affermare, che un libro, contenente dottrine così chiare sulla vita eterna, debba essere opera scritta dopo il ritorno dalla schiavitù babilonese.

. *R.* I luoghi opposti sono questi: *Perocchè noi siamo figliuoli de' santi, ed aspettiamo quella vita, la quale Dio darà a coloro, i quali non violeranno mai la fedeltà a Lui promessa* (II, 18). — *La limosina libera dalla morte, scancella i peccati e fa trovare la misericordia e la vita eterna* (XII, 9). In questi versetti non è nessuna parola, la quale possa dimostrare documenti non convenevoli all' età di Tobia. Gli antichi Ebrei sapevano bene, che l' uomo non ha la sola vita di questo mondo; essi erano istruiti nel dogma dell' altra vita, la quale è eterna. Il libro di Giobbe, cui nessuno dirà scritto dopo la schiavitù di Babilonia, è anzi più chiaro del libro di Tobia intorno a questo punto.* Nè meno gratuita è l' asserzione, con la quale si pretende sostenere, che la descrizione di Gerusalemme (XIII) convenga solo a' tempi posteriori alla mentovata captività: negli antichi Profeti leggonsi simili descrizioni. Del resto, se noi non siamo illusi, le osservazioni seguenti distruggono affatto le difficoltà proposte in questa obiezione. Colle parole del capitolo II, versetto 18, le quali formano il subbietto della obiezione, parla il medesimo Tobia: anzi le cose, che immediatamente precedono, mostrano che egli deve necessariamente parlare. Or, comechè gli avversari pretendano che il discorso messo dal testo in bocca a Tobia sia opera composta dopo la schiavitù di Babilonia, seguita che questo luogo conterrebbe un falso presupposto: imperocchè esso farebbe dire a Tobia quelle parole, che egli mai profferì; anzi quelle, che non poteva mai profferire, perchè ignote a que' tempi. Se un compilatore moderno ha potuto, senza violare le leggi della verità storica, mettere in bocca a Tobia un linguaggio, che era inudito a que' dì ; chi ci farà sicuri, che esso non abbia fatto altrettanto in tutti i discorsi attribuiti dalla Scrittura al servo di Dio? E se tutti i discorsi di Tobia sono presupposti, si ridurrà a molto poco quello, che è opera sua in questo libro. La medesima osservazione va fatta quanto al versetto 9 del capitolo XII, ove si parla della *vita eterna.* Se questa espres-

---

*) Leggi le cose dette a questo proposito nello *Schizzo di Archeologia biblica,* Capo *Delle antichità domestiche* , articoli *Della morte e della sepoltura.* (*Nota del Traduttore*)

sione dinota un' epoca non più antica di quella venuta dopo la schiavitù babilonese; come ha potuto un compilatore recente attribuirle
all' Angelo, che fu guida a Tobia? Finalmente la Scrittura pone ancora in bocca a Tobia la descrizione di Gerusalemme, la quale leggesi nel capitolo XIII, e fa parte della preghiera, che l'Angelo gli
comandò di scrivere. Se fosse dunque probabile l'opinione degli avversari, ne verrebbe come conseguenza, che il compilatore, il quale in tempi più moderni prese a comporre una parte di questo cantico, tanto uniforme, la congiunse con quel di Tobia, e la diè conoscere
come opera di questo santo uomo. La quale conseguenza è opposta
all'indole del libro. Per lo che i luoghi opposti non solo non rifiutano
la nostra opinione, ma anzi vie meglio la confermano: essi provano,
che Tobia ha scritto questo libro, e che que' luoghi medesimi non
possono essere opera di un compilatore, vissuto dopo la captività di
Babilonia.

D. 2ª. Gli Ebrei generalmente insegnano, che i nomi *Raphaël,
Gabriel, Michaël,* come pure i nomi de' mesi sono derivati ad essi
da Babilonia. Se dunque è così, il libro di Tobia, nel quale leggesi
il nome Raffaele, non può essere anteriore alla captività di Babilonia, e però non potrebbe essere opera de' due Tobia.

R. Senza intrattenerci a discutere su' nomi *Raphaël, Gabriel,
Michaël,* ci limiteremo ad osservare che questi nomi sono di origine semitica: che essi erano certamente conosciuti innanzi l'esilio di
Babilonia, ed anche innanzi la captività avvenuta sotto Salmanasare [1]: al contrario nulla prova con certezza, che essi sieno stati dati
agli Angeli in tempi posteriori a Tobia, benchè quest' uso abbia potuto divenire generale dopo l'ultimo esilio degli Ebrei. Noi vediamo,
che l'Angelo apparso con umane forme a Daniele, che stava prigioniero in Babilonia, si diè conoscere al santo Profeta col nome di Gabriele [2], il quale suona *forza di Dio* ovvero *uomo di Dio,* come spiegano altri. Perchè dunque non potè darsi conoscere col nome di Raffaele, ossia *medicina di Dio,* quell'Angelo il quale indicò al giovane
Tobia i mezzi acconci a preservarlo dalla morte toccata a' precedenti mariti di Sara, ed a guarire il padre dalla cecità, che lo affligge-
va? Era perciò assolutamente necessario, che gli Ebrei di quel tempo fossero adusati a dare nomi particolari a questi celesti messaggeri? Ma ponendo da banda qualunque altra considerazione, la natura medesima del messaggio, di che era stato incaricato il duca del
piccolo Tobia, bastantemente dichiara questa manifestazione. Quindi, qualunque sia l'opinione de' Rabbini intorno all' origine de' nomi angelici, può stare, che innanzi la captività non sia stato molto

---

[1] Vedi le Concordanze della Bibbia in queste parole.
[2] Dan. VIII, 16, IX, 21.

comune l' uso di dare nomi particolari agli Angeli; ma è impossibile dimostrare, che nessun messo celeste non si sia mai manifestato con qualche particolare nome in questo periodo della storia giudaica.

Ancorchè noi concedessimo essere stato il nome *Raphaël* inserito nel libro di Tobia da una mano straniera; sarebbe questo un motivo sufficiente per conchiudere che i due fedeli servi di Dio, Tobia padre e figlio, abbiano rimaso semplici memorie, e che non abbiano potuto scrivere il libro nella sua forma attuale? Dunque sarebbe necessario negare a qualunque scrittore le opere attribuitegli, sol perchè qualcuno abbia potuto aggiungervi certi nomi propri, i quali forse non uscirono dalla sua penna. Questa sola considerazione dovrebbe, come pare, essere bastante a mostrare a' nostri avversari, quanto sia fiacco il fondamento della loro opinione. *

D. 3.ª Nel libro, che porta il nome di Tobia, si parla del demonio Asmodeo, come pure de' sette spiriti, che assistono innanzi a Dio. L' una e l' altra idea è certo tratta dalla dottrina di Zoroastro, la quale non ancora si era introdotta nella Religione mosaica: *Asmodeo* è un nome persiano, che suona *tentatore*, ed è quello stesso,

---

*) Anzi quanto sia la loro opinione strana ed erronea. Nella presente quistione, che l' Autore, *sit venia verbo*, ha trattato molto *alla sciamannata*, bisogna precidere bene i capi della difficoltà: essi sono due. 1° Origine di que' nomi angelici; 2° Uso del nome *Raphaël* nel libro di Tobia. Della prima non ci dobbiamo curare nè punto, nè poco; non perchè sia inutile o avversa a noi, ma perchè è affatto estranea alla quistione. Sia pure, che questo nome venga di Babilonia, che esso sia stato ignoto agli Ebrei vissuti innanzi questa età; che giova agli avversari, che nuoce alla nostra tesi? L' Angelo si manifestò con le forme e col nome di Azaria, non col nome di Raffaele: questo fu da lui svelato alla buona famiglia, allorchè essa confusa per i benefizi ricevuti voleva offerirgli in segno di riconoscenza la metà delle acquistate ricchezze: allora l' Angelo manifestando la sua vera natura disse: *Ego sum* Raphaël *Angelus, unus ex septem, qui adstamus ante Dominum* (XII, 15). Profferì un nome nuovo; sia tale: appunto perchè ignorato da loro dovè essere manifestato. L' obiezione degli avversari non potrebbe avere forza nemmeno nel caso, che il libro di Tobia fosse umano, e quindi soggetto a menzogne: imperocchè nemmeno quando per la detta ipotesi il discorso dell' Angelo fosse una fantasia dell' autore, potrebbesi sostenere che il nome debba essere posteriore alla captività. I nomi indicati sono di pretta, pura, genuina origine ebraica, ed è un mero sogno degli avversari e de' Rabbini la sentenza opposta. Il nome *Raphaël* è non solo ebraico, ma tanto antico, che fra i Leviti assegnati all' uffizio di portinai a' tempi di Davide (circa 500 anni innanzi il ritorno da Babilonia) si legge il nome suddetto, *I Par.* XXVI, 7.—Non sappiamo, che voglia intendere l' Autore con quella concessione fatta agli avversari intorno all' intrusione del nome *Raphaël* nel libro di Tobia: bisogna aver all' intutto dimenticato le parole del sacro testo allegate innanzi per fare quella ipotesi. (*Nota del Traduttore*)

che è espresso con l'altro nome Abrimane: i sette spiriti, che assistono innanzi il Trono di Dio, sono i sette spiriti celesti di Zoroastro.

R. A queste asserzioni affatto gratuite si risponde in varie guise: 1° Non potrebbesi provare, che questa dottrina sul demonio ed i sette spiriti sia tolta da Zoroastro, e che sia estranea alla Religione giudaica. Gli Ebrei avevano già cognizione de' demonii; se ne parla nel libro di Giobbe, il quale per sentenza del medesimo Jahn è opera di Mosè. 2° Non tutti sono concordi intorno alla etimologia del nome *Asmodeo*: e si vuole ancora notare, che gli argomenti fondati sulla etimologia raramente possono valere molto in sana critica. Chi potrebbe poi dimostrare, che a' tempi di Tobia questo nome non era dato al demonio in Ninive? 3° È molto più probabile, che Zoroastro, il quale è stato in tante cose plagiario degli Ebrei, abbia ancora da essi pigliata la dottrina de' sette spiriti. E poi qual pruova si può ricavare da una somiglianza tanto leggiera tra il libro di Tobia e quello di Zoroastro? L'idea de' sette spiriti provenne presso i Persiani da' sette pianeti, a' quali era reso culto da questo popolo; ma presso gli Ebrei il numero *sette* era tenuto come sacro, nè sempre suona un numero determinato. 4° Finalmente l'opinione di Jahn non solo è priva di fondamento, ma è ancora temeraria e pericolosa: imperocchè pericoloso è l'affermare, che autori inspirati abbiano mischiato opinioni pagane alla dottrina rilevata. *

D. 4.ª Leggesi nel libro di Tobia, che Tobia figliuolo morì in età di 99 anni; che i suoi figliuoli lo seppellirono; che la sua famiglia e posterità perseverando fedelmente nella virtù furono cari a Dio ed agli uomini, ed a tutti quelli della loro città (XIV, 16, 17). Questo luogo non ha potuto essere scritto nè dal padre, nè dal figlio, e ci mostra l'opera di un compilatore, il quale posteriormente ha raccolto le memorie da essi lasciate.

R. Due versetti, messi in fine del libro per compiere la narrazione riguardante a' due Tobia, non provano che l'intero libro non sia loro opera. Noi abbiamo gia fatto notare parlando dell'autenticità

_____

*) Siamo al solito caso. Non è *pericolosa* questa opinione, ma *empia*: ricordi il lettore quello, che abbiamo detto nella nota all'articolo IV (p. 267). Quanto al numero *sette* è da osservare, che in questo luogo non è applicabile la dottrina sposta dall'Autore, benchè sia vera. Qui non si deve esaminare, se quel numero sia sacro o profano, se sia determinato o indeterminato: tale quistione è estranea al subbietto. A coloro, che oppongono la simiglianza di questa dottrina con quella di Zoroastro, si deve rispondere, che quel numero *sette* è svelato dall'Angelo nel palesare la sua natura; perciò non può andar soggetto a nessuna comparazione con dottrine di altri popoli. La critica potrebbe trovare a ridire, se si trattasse di un libro umano; essa non può stendere il suo dominio sopra un libro divinamente inspirato; e tal è il libro di Tobia, come insegna la Tradizione costante e la Definizione della Chiesa Cattolica. (*Nota del Traduttore*)

del Pentateuco e di Giosuè, quanto sia assurdo e ridicola tale conseguenza. Perciò non v' ha nessuna ragione sufficiente per affermare, che i Tobia hanno rimaso memorie raccolte ed ordinate da un più recente compilatore, il quale avrebbe tolto ed aggiunto secondo il bisogno, in guisa da formare il libro, che oggidì abbiamo. Al contrario, noi teniamo più probabile, che con tutte le varietà delle versioni tanto la sustanza, che la forma di questo libro nulla contengano per obbligarci a negare, che esso sia interamente opera di Tobia.

CAPO VIII.

Del Libro di Giuditta

Osservazione preliminare

Il libro di Giuditta, il secondo de' deutero-canonici appartenenti all' Antico Testamento, è così nominato, perchè contiene la storia della liberazione di Bethulia operata da una santa vedova per nome Giuditta, secondochè verrem dicendo.

ARTICOLO I.

Del testo originale e delle versioni del libro di Giuditta

1. Origené ci fa sapere nella lettera a Giulio africano, che gli Ebrei de' suoi tempi avevano nella lingua ebraica (*ebraice*) la storia di Tobia e Giuditta; ma siccome abbiamo già notato altrove, per lingua ebraica in questo caso bisogna intendere la caldaica: perocchè verso gli ultimi tempi della repubblica giudaica la lingua caldaica è spesso confusa con la ebraica. S. Girolamo, nella Prefazione al libro di Giuditta, dice di aver tradotto questo libro dal caldaico in latino; ed egli non dubitava che l'originale fosse caldaico: *Chaldaeo tamen sermone conscriptus inter historias computatur*. A questa sentenza si appigliano quasi tutti gl' Interpreti.

2. Abbiamo versioni del libro di Giuditta in varie lingue. La più antica è la greca, citata in una lettera di s. Clemente I Papa. Considerando che questa versione era già ricevuta nella Chiesa primitiva, potrà fondatamente pensarsi che essa è più antica del Cristianesimo. Da questa versione greca è provenuta l'antica Itala, e la versione siriaca, che leggesi nella Poliglotta di Londra. Oltre alle citate versioni abbiamo la Volgata latina, dichiarata autentica dal Concilio di Trento: essa è appunto la versione fatta da s. Girolamo sul caldaico ad istanza delle sante sue discepole Paola ed Eustochia.

La versione greca e quella di s. Girolamo, benchè differenti, hanno però molta autorità: quella è stata sempre usata nella Chiesa greca dagli Apostoli sino a noi; e la Chiesa latina per molti secoli ha letto il libro di Giuditta secondo la versione *Itala*, la quale su questa versione greca era stata fatta.

ARTICOLO II.

Del subbietto del libro di Giuditta

Il principale subbietto di questo libro è la liberazione di Betulia stretta d'assedio da Oloferne. Nabuchodonosor re di Assiria, il quale regnava in Ninive, disfatto Arphaxad re de' Medi e fondatore di Ecbatana, fece, correndo il decimosecondo anno del suo regno, disegno di distruggere tutti i popoli vicini, e nell'anno tredicesimo mandò contro di loro Oloferne con un potente esercito (I-III). Gli Ebrei tornati di fresco dalla captività fecero gli apparecchi di una vigorosa resistenza comandati dal sommo sacerdote Eliachim e da' seniori del popolo : esercitandosi oltre a ciò nel digiuno e nella orazione imploravano l'aiuto di Dio. Oloferne maravigliato per la resistenza degli Ebrei chiese a' duci de' soldati ausiliarii che stavano nel suo esercito, qual fosse questo popolo audace sì da opporsi alle sue armi vittoriose. Achior, generale degli Ammoniti, gli delineò in poco la storia degli Ebrei, e procurò di distorlo dal continuare la guerra contro quella nazione. Irritato Oloferne da queste libere parole comandò, che Achior fosse messo in balìa de' Betuliesi, onde così essere involto anch'egli nella distruzione loro soprastante (IV-VI). Nel dì vegnente Oloferne assediò la città, e ruppe i corsi delle acque, che alimentavano le fontane. Scorsi 34 giorni, i Betuliesi stretti da estrema necessità pensavano di arrendersi, se tra cinque dì non avessero avuto soccorso. Allora Giuditta, donna d'illustri natali, vedova di Manasse, rimproverò a' duci del popolo la poca fiducia, che essi mettevano in Dio, ed ingiungendo preci e digiuni fece loro sperare il soccorso del Signore. Nella sera medesima, vestita de' più sfarzosi abiti, accompagnata dalla sola ancella che portava le provvigioni, si presentò ad Oloferne come fuggitiva; e dicendo che Iddio dovrebbe abbandonare a discrezione di lui gli Ebrei, chiese di rimanere nel campo nemico, a condizione però di uscire la notte per porgere preghiere al Signore. Ella promise ancora ad Oloferne di guidarlo sino nelle mura di Gerusalemme (VII-XI). Oloferne rapito da questo discorso, e dalla rara bellezza di Giuditta l'accolse graziosamente. Ma quattro giorni dopo, terminato un convito prolungato sino alla notte, Giuditta rimasa sola con Oloferne, il quale per avere intemperantemente bevuto era preso da profondo sonno, profittando dell'occasione gli troncò il capo, cui pose in un sacco portato da Abra, ed uscendo

GLAIRE, INTRODUZIONE I, 18

secondo il costume per orare rientrò in Betulia, mostrando a' concittadini il capo di Oloferne. Nel dì vegnente gli assediati uscirono incontro a' loro nemici costernati per la morte del loro generale, gli sforzarono a levare l'assedio, e perseguitandoli ne uccisero quanti incontravano : fecero ancora grande bottino. Gli Ebrei celebrarono questa strepitosa vittoria con una festa solenne. Giuditta ricolma di benedizioni continuò a vivere nel ritiramento, e pianta da tutt' il popolo per sei giorni morì in età avvanzata.

ARTICOLO III.

Della verità della storia di Giuditta

I Protestanti, seguitando le orme del loro fondatore Lutero, non solo hanno escluso dal Canone delle divine Scritture il libro di Giuditta; ma hanno ancora preteso, che i fatti in esso narrati contengono tante difficoltà d'ogni specie, e specialmente contraddizioni storiche e geografiche, che la storia ivi descritta debba essere considerata o come pura finzione, ovvero come parabola. Grozio specialmente si è studiato di volgere in allegorie i principali personaggi di questa storia. Jahn, benchè cattolico, pare molto inchinevole alla sentenza de' Protestanti; o al meno egli lascia in potestà del lettore il seguitarla [1]. Ma questa opinione è priva di fondamento. La verità storica de' fatti narrati in questo libro si dimostra co'medesimi argomenti usati a pro della verità storica de'fatti narrati nel libro di Tobia : cioè con la testimonianza di tutta l'antichità, e co' caratteri interni del libro stesso. Nondimeno i Protestanti hanno mosso molte difficoltà; noi ne risolveremo le principali.

Difficoltà

Diff. 1ª. Nella storia profana inutilmente si cerca quell'Arphaxad re di Media, e fondatore di Ecbatana, del quale è parola nel libro di Giuditta (I, 1). Aggiungasi, che secondo Erodoto [2], Ecbatana era stata già edificata da Dejoce innanzi quelle due epoche. Or questa manifesta contraddizione con la storia profana non potrebbe spiegarsi, presupponendo vera la storia di Giuditta.

R. Questa obiezione porge due differenti difficoltà. Alla prima si può rispondere, che l'Arphaxad di Giuditta è il *Phraortes* di Erodoto; e questo vocabolo è stato letto *Aphraartes* da Eusebio e dal Syncello. Chi poi non sa quanto è difficile, che un nome passando d'una

---

[1] Grotius, *Praef. in Judith*; Jahn, *Introd.* p. II, sect. IV, c. V, § 244, 245.
[2] *Herodot.* l. 1, c. XCVII seg.

in altra lingua non patisca alterazioni considerabili ? Ce ne ha molti, i quali hanno differenze più notabili, e nondimeno sono da' più sperti etimologisti riconosciuti concordemente come derivanti dalla medesima origine. Ma oltre la concordanza del nome sta tra l'Arphaxad della Bibbia ed il Phraortes di Erodoto tale simiglianza di fatti, che è impossibile non riconoscere sotto questi due nomi la medesima persona [1]. Quanto alla seconda difficoltà faremo notare: che Erodoto dice [2], avere Dejoce, padre di Phraortes, fondato Ecbatana; ma questa città è stata poi restaurata, allargata, abbellita o fortificata più di una volta, nè dal solo Dejoce. Nè l'espressione della Scrittura significa necessariamente, che Arphaxad ha fondato Ecbatana; essa può semplicemente significare, che questi l'ha abbellita, ristorata, ampliata o fortificata [3]. Anzi, come ha notato il Gibert, le opere attribuite dalla storia profana a Dejoce paiono affatto differenti da quelle, che la Scrittura dice essere state fatte in Ecbatana da Arphaxad: perocchè quegli vi aveva fatto edificare sette recinti, mentre questi ve ne fece un solo [4].

D. 2ª. Leggesi nella versione greca (I, 1), che Nabuchodonosor regnò nella grande città di Ninive; ma questa era stata distrutta dal padre di lui Nabopolassar; nè dopo fu mai riedificata. Dunque quell'asserzione dell'autore del libro di Giuditta deve essere intesa in senso puramente parabolico.

R. È certo che Nabuchodonosor il grande, figlio di Nabopolassar, non ha potuto regnare in Ninive già distrutta : ma è necessario intendere per quel Nabuchodonosor di Giuditta, Assaraddon figlio di Sennacherib, ovvero Saosduscin, successore di Assaraddon. Nabopolassar generale di Saraco, chiamato altrimenti Chinaladan e successore di Saosducin, avendo ribellato unì il suo esercito con quello di Astiage, figliuolo di Ciaxare, depose Saraco, distrusse Ninive, ed abbattè l'impero di Assiria negli anni del mondo 3378, cioè 626 anni innanzi l'éra volgare. Dalle rovine dell'impero d'Assiria uscirono i due imperi de' Babilonesi e de' Medi, governati da Nabopolassar e da Astiage. Nè fa ostacolo la varietà de' nomi nel medesimo principe : imperocchè gli scrittori profani nominavano i re di Assiria con nomi usati nelle storie persiane, i quali erano differenti da quelli conosciuti dagli Ebrei.

D. 3ª. Se non si trova nessun vestigio della storia di Giuditta nè ne' libri *de' Re*, nè in quelli de' *Paralipomeni*, che sono gli annali

---

[1] V. D. Montfaucon, *Vérité de l'histoire de Judith.*
[2] Herodot. *Op.* cit. c. XCVIII.
[3] Vedi la pruova di quest' asserzione a p. 261, 262.
[4] *Dissert. sur l'histoire de Judith*, p. II, p. 63, nel tom. XXI delle *Memorie* dell' Accademia.

degli Ebrei di que' tempi; dovrebbe al meno trovarsene qualche indizio presso Giuseppe, storico della nazione. S' aggiunga, che nessuno degli antichi Padri della Chiesa ha lasciato commenti sopra Giuditta : le quali circostanze si possono spiegare nel solo caso, che si tenga questa storia come una mera parabola.

R. Il silenzio mantenuto dagli autori de' libri *de' Re* e de' *Paralipomeni* non prova altro, se non che la storia di Giuditta non faceva parte delle memorie adoperate nel comporre i detti libri, ovvero che essa ne era stata staccata. Quanto a Giuseppe è da dire, che questo storico ha costume di parlare di quelle sole storie, le quali sono contenute nel Canone ricevuto dagli Ebrei: questo è un fatto noto a tutti; e di qui deriva che egli non ha fatto nemmeno parola della storia di Tobia. Diremo finalmente, che quantunque nessuno degli antichi Padri abbia commentato il libro di Giuditta, nè quello di Esther, essi però ne parlano come di opera appartenente alla santa Scrittura: tra gli altri è da notare Origene, il quale cita il libro di Giuditta dopo di aver detto: *Io ve ne darò un esempio tratto dalla Scrittura* [1].

D. 4.ª Dicono inoltre gli avversari: Il non aver l'autore di questo libro fatto nessuna menzione di qualche re degli Ebrei è una prova sicura per dire, che esso è una mera finzione. Certo l'autore di una vera storia non avrebbe omesso il nome del sovrano, sotto il cui regno avvenne quel fatto.

R. Supponendo co' moltissimi cronologi ed interpreti moderni [2], che l'assedio di Betulia avvenne sotto Manasse, re di Giuda, molti anni innanzi la schiavitù di Babilonia, cioè verso gli anni del mondo 3348, si può rispondere che Manasse non era ancora ritornato di Babilonia, ove era stato menato prigioniero dagli Assiri [3]. Posto ciò non v'era motivo per parlare di lui nel libro di Giuditta, sì del sommo Sacerdote Eliachim, il quale mancando il re governava le cose del regno. È vero, che Giuseppe nella nota de' Pontefici non cita nessuno Eliachim, il quale abbia governato gli Ebrei nel tempo della captività di Manasse: ma è noto, che questo storico non è stato sempre esatto in queste relazioni: la Scrittura nomina molti Pontefici, che egli ha intralasciato. Così, a modo di esempio, egli non nomina Azaria, il quale ne' Paralipomeni è nominato vigesimo primo Pontefice dopo Aronne. Potrebbe ancora essere, che Eliachim sia uno di que' Pontefici nominati con altro nome dalla Scrittura: Giuseppe è solito fare questo, e sia ad esempio il Johanam de' *Paralipomeni*, il quale è da esso nominato Joram. Per ritornare poi ad Eliachim diciamo, che il suo pontificato è rammentato nel capitolo XVIII del

---

[1] Origen. *Homil.* XIX *in Joan.*
[2] V. l'art. seg. — [3] *II Par.* XXXIII, 11.

IV *de' Re*, e nel capitolo XXII d'Isaia: egli fu successore di Sobna e fu predecessore del Pontefice Helcia: anzi secondo altri egli fu lo stesso Helcia o Eliacia, il quale visse sotto Giosia. Nè faccia maraviglia,che il sommo Sacerdote Eliachim abbia nel tempo di quella guerra pigliato cura de' negozi del regno: perocchè ancora sotto Ezechia, quando non ancora era ornato della tiara, regolava molte faccende in nome del re [']. Isaia aveva ancora predetto il suo pontificato nel capitolo XXII della sua Profezia: *Io chiamerò il mio servo Eliachim, figliuolo di Helcia . . . ed egli sarà quasi il padre degli abitanti di Gerusalemme e della casa di Giuda.*

D. 5.ª Oloferne, generale dell'esercito di Nabuchodonosor, sotto cui si suppone essere stato Manasse condotto schiavo in Babilonia, non potè trovare Ebrei in Palestina: esso non poteva ignorare questo popolo, nè chiedere *qual fosse il duce, che comandava l'esercito loro* (V, 3-35). Per ciò quando l'autore del libro di Giuditta suppone il contrario nel suo racconto, ci dà vedere che egli non ha voluto dare alla sua narrazione un senso letterale e strettamente storico.

R. Per rispondere alla prima difficoltà, che è contenuta nella detta obiezione, basta far osservare , che allorchè Manasse ritornò dopo un breve esilio in Gerusalemme, e fu, come dice la Scrittura [*], ricondotto dal Signore nel suo regno, non rientrò solo; egli al contrario fu accompagnato dagli Ebrei menati con esso in esilio, e da tutti gli altri, che per timore si erano dispersi e salvati in vari luoghi, quando i generali assiri s'impadronivano di Gerusalemme e di Manasse, che poi condussero in Babilonia. Nè deve far maraviglia, se Oloferne abbia chiesto novelle del popolo ebreo: egli potè essere un generale nuovo, di fresco venuto dal fondo della Persia o della Media: e per ciò poteva non conoscere bene gli Ebrei, anzi ignorare la schiavitù del loro re in Babilonia. Quelle dimande potevano ancora essere suggerite dal disprezzo o dalla collera, vedendo che un popolo di tanto poco numero e dispregevole avesse osato opporre resistenza alle sue schiere sotto le mura di Betulia.

D. 6.ª Se Giuditta avesse realmente ucciso Oloferne, oppongono ancora i protestanti, e se un pugno di Ebrei avesse disperso il potente esercito di Nabuchodonosor, questi, che aveva risoluto di soggiogare la Giudea e l'Egitto, non avrebbe certo lasciati impuniti gli Ebrei, come chiaramente dice il versetto 30 del capitolo XVI. Questa sola circostanza sarebbe sufficiente a provare che il libro di Giuditta non contiene una vera storia.

R. Nulla vieta supporre che Nabuchodonosor, Assaraddon o Saosduscin, trovandosi dopo questa disfatta occupato in una guerra con

---

[') *IV Reg.* XVIII,18.—[*) *II Par.* XXXIII.

altri popoli , non abbia potuto avere l' opportunità di vendicare lo smacco patito sotto Betulia. La storia moderna ed antica ci porgono molti esempi simiglianti. È ancora possibile, che la morte abbia prevenuta la vendetta, e che il successore abbia stimato convenevole rinunziare al disegno di soggiogare la Giudea e l' Egitto: nè sarebbe questo il primo esempio di un principe, che avesse abbandonato una spedizione impresa dal suo precessore. Del resto il discorso di Achior, l' avvenimento che gli tenne dietro, ed altri molti potenti motivi erano tali da mettere in pensiero qualunque re, il quale avesse avuto il disegno di dichiarare guerra agli Ebrei.

D. 7ª. La principale ragione, messa innanzi da' difensori della verità storica del libro di Giuditta, è la dichiarazione scritta dall'autore in fine del libro, con la quale afferma, che il giorno della vittoria riportata sopra Oloferne ed il suo esercito è stato sempre onorato dagli Ebrei come santo e festivo. Or questa solennità non è mai stata celebrata, perocchè di essa non fanno parola nè il greco, nè la versione siriaca; di essa non si trova vestigio in alcun calendario ebraico, e da tempo immemorabile non è più praticata.

R. È più facile spiegare, perchè il versetto mentovato manchi nelle versioni greca e siriaca, la quale è fatta sulla precedente; anzi che provare che esso è una interpolazione nella Volgata, o anzi nel testo caldaico usato da s. Girolamo: imperocchè la versione greca pare chiaramente troncata, in molti luoghi, e l' autore della Volgata ha piuttosto tolto che aggiunto al testo caldaico, sul quale ha composto la sua versione latina. La festa instituita in memoria della liberazione di Betulia, benchè al presente non si legga ne' calendari ebraici, pure sembra che in altri tempi vi sia stata scritta: imperocchè Leone di Modena, parlato della festa delle *luminarie*, la quale si celebrava a' 25 del mese *kislev* o *casleu* [1], aggiunge: *si celebra ancora in questa festa l' impresa di Giuditta sopra Oloferne, benchè essa non sia avvenuta nella medesima stagione, secondochè dicono alcuni* [2]. In certi rituali ebraici leggesi un inno pel detto giorno, nel quale si fa menzione della vittoria riportata da Giuditta sopra Oloferne [3]. San Tommaso, o l' autore del Commento su' Macabei pubblicato col nome di lui, spiegando il versetto 34 del capitolo X del primo libro, parla delle feste di Esther e di Giuditta. Finalmente gli Etiopi, i quali han mantenuto, più che altri Cristiani, molte usanze giudaiche, leggono nel quarto giorno del mese di *Elul* [4] la festa del-

---

[1]) V. *Introd. stor. e critica*, t. II, Sez. III, c. III, art. II, § II — Di questa festa troverà memoria il lettore nello *Schizzo di Archeologia* ecc. Cap. delle *Feste*, Art. *Dell'Encenie*.

[2]) *Cérémonies et coutumes des Juifs*, p. III, c. IX.

[3]) V. Selden, *De Synedr*. l. III, c. XIII.

[4]) V. la nostra *Introduz. stor. e critica*, t. II, sez. I, c. VI, art. II, appen-

la vittoria di Giuditta '. Ma ancorchè questa festa non si celebrasse più da gran tempo presso gli Ebrei, non perciò potrebbesi ragionevolmente conchiudere, che non è mai stata celebrata. «Questa festa, osserva il Calmet, è senza dubbio una di quelle, che hanno avuto breve durata; perchè essendo d' instituzione umana possono essere abolite o soppresse per autorità di coloro, che reggono la cosa pubblica, o ancora per dimenticanza. A' tempi di Giuseppe si celebrava ancora la vittoria di Giuda contro Nicanore ²; ma questa festa da gran tempo è soppressa. La schiavitù di Babilonia diede scosse tanto veementi alla nazione giudaica, che non è strano, se durante un esilio tanto lungo abbia questo popolo dimenticato parecchie feste ed antiche solennità; ed intendo parlare di quelle, che non erano prescritte dalla Legge di Dio'». Grozio, che è il caporione degli avversari nostri, concede che la festa instituita da Giuda Macabeo, e durata sino a' tempi dello storico Giuseppe, cadde in disuso dopo questi tempi. Perchè dunque quella stabilita quattro o cinque secoli prima in memoria della liberazione di Betulia non avrebbe potuto avere la stessa sorte?

ARTICOLO IV.

Del tempo nel quale è avvenuta la storia di Giuditta

I vari sentimenti degl' Interpreti intorno al tempo della storia di Giuditta possono ridursi a due principali: alcuni la collocano dopo la schiavitù di Babilonia; ma quando conviene determinare il re, sotto il cui regno sono avvenuti i fatti, i difensori di questa sentenza non concordano. L' altra sentenza assegna a questa storia un' epoca anteriore alla schiavitù; ma eguale discordia muove questi Interpreti, allorchè debbono determinare sotto qual re è stata Betulia liberata da Giuditta. Tra' partigiani della prima opinione sta Montfaucon, il quale ha pubblicato un' eccellente opera sulla *Verità della storia di Giuditta*: tra' difensori della seconda sentenza sta il Gibert, scrittore di una *Dissertazione sulla storia di Giuditta*, inserita nel tomo XXI delle *Memorie* dell' Accademia d' iscrizioni e belle lettere. Ambedue queste sentenze, bisogna confessarlo, sono soggette a gravi difficoltà: nondimeno parendoci più facili a risolvere quelle opposte alla prima, noi la teniamo come più fondata, essendo ancora più comune. Le ragioni di ambedue le opinioni si trovano nelle

dice al § II, n. 4.—V. lo *Schizzo di Archeologia biblica* Cap. *Delle divisioni del tempo*, Art. *De' mesi.*
¹) Scaliger, *De emend. temp.* l. VII, p. 633, 652.
²) *Antiq.* l. XII, c. XVI.
³) Calmet, *Comment. sur le liv. de Judith*, c. XVI, 31.

due citate opere del Montfaucon e del Gibert, nella Bibbia di Vence (ediz. di Rondet), nelle *Dissertat. prélim. sur la Bible* di Du Pin, nell'*Histoire générale des auteurs sacrés et écclés.* di D. Ceillier, nell'*Hermén. sacrée* di Janssens ecc. Perciò noi abbiamo stimato necessario limitarci a riferire la dissertazione seguente, perchè essa meglio, che le altre spiegazioni date sinora, risolve le difficoltà.

Dissertazione sulla storia di Giuditta [1]

La maggior parte de' cronologi fanno vivere Giuditta innanzi la schiavitù di Babilonia e sotto Manasse; ma discordano sul tempo della liberazione di Betulia, e sul Nabuchodonosor, il cui esercito fu distrutto sotto le mura di questa città. Alcuni vogliono che sia Assaraddon, altri Saosduscin, re di Babilonia: altri pretendono essere avvenuto l'assedio di Betulia durante la captività di Manasse: certuni altri pensano, che questo accadde dopo il ritorno di questo principe ne' suoi Stati. Finalmente quasi tutti concordemente affermano, essere i loro sistemi soggetti a molte difficoltà. Un dotto religioso, le cui riflessioni noi qui riduciamo in compendio, ricercando l'origine di queste difficoltà, l'ha trovata nell'errore degli storici, i quali collocano il regno del Nabuchodonosor di Giuditta ne' tempi di Manasse, e dopo i re di Assiria, de' quali parla la Scrittura. Ma la narrazione del sacro Scrittore e la serie naturale de' fatti vogliono, che il suo regno sia collocato in un tempo anteriore, cioè 120 anni prima in circa, in un interregno successo dopo la morte di Amasia: di guisa che questo Nabuchodonosor non sia l'ultimo, sì il primo de' re di Assiria ed il vero fondatore della monarchia assira. Questo noi ci argomenteremo di dimostrare: ma per ben intendere le nostre pruove è necessario avere sottocchi la serie de're di Assiria e di Giuda, siccome ci è data dal IV *de' Re*, dal II *de' Paralipomeni*, dal libro di Tobia e da quello d'Isaia.

RE DI ASSIRIA	RE DI GIUDA
NABUCHODONOSOR I, secondo noi. Soggioga la Media, ecc. Oloferne muore innanzi Betulia.	AMASIA, regna 29 an., interregno di 13 an.
PHUL. Impone al re d'Israele un tributo di 1000 talenti [2]; trasporta in Media le tribù di Ruben e di Gad, e la metà della tribù di Manasse [3].	AZARIA, regna 52 an.
THEGLATHPHALASAR. Saccheggia sotto Achaz il regno di Giuda [4]; trasporta in Media la tribù di Ne-	JOATHAN — 16 anni.
	ACHAZ — 16 anni.

[1] Questa dissertazione ci è stata comunicata dal compilatore dell'*Ami de la Religion*, ed il rispettabile ecclesiastico, che l'ha scritta, ci ha dato permesso di usarne parendoci bene. I dotti, a'quali l'abbiamo fatta esaminare, l'hanno giudicata opportuna a risolvere la quistione, al meno in una maniera ingegnosissima.

[2] *IV Reg.* XV, 19. — [3] *I Par.* V, 26. — [4] *II Par.* XXVIII, 20.

phtali e 'l rimanente delle tribù di Gad e Manasse[1].

SALMANASAR. Distrugge il regno d'Israele, ne tra- | EZECHIA—29 anni.
sporta gli abitanti in Assiria e Media[2]; ripopola il
paese con Babilonesi ed altre nazioni[3].

SENNACHERIB. Assale il regno di Giuda: il suo esercito è distrutto sotto le mura di Gerusalemme[4].

ASSARADDON[5]. Conduce Manasse schiavo in Babilo- | MANASSE—55 anni.
nia[6]. La Media, dopo la conquista fatta da Nabuchodonosor I, continua a far parte dell'impero
assiro. Tobia, prigioniero in Ninive capitale di questo impero, fa il viaggio di Rages nella Media[7]: il
figliuolo va in Media[8] : ritorna ivi con tutta la famiglia[9].

    N. B. Durante la serie di tutti questi re, essi ap-
pariscono padroni della Media e dell'Assiria nel
tempo stesso.

NABUCHODONOSOR I, secondo la maggior parte de'
cronologi.

Vediamo se essi hanno ragione di collocarlo qui in ultimo luogo
Tutti concordemente affermano, e debbono affermare, che il Nabuchodonosor di Giuditta regnava a Ninive, che vinto Arfaxad soggiog-
gò la Media, che Oloferne suo generale devastò o sommise la Mesopotamia, la Cilicia, la Siria, il paese de' Madianiti, de' Moabiti, degli Ammoniti e l'Idumea; che da questo paese egli entrò nella Giudea, pose l'assedio a Betulia, ove morì con quasi tutto l'esercito[10].
Secondo noi questo Nabuchodonosor ha regnato prima di Phul; secondo l'opinione più generale de' cronologi, egli regnò dopo Assaraddon, ovvero è il medesimo Assaraddon. Ma secondo il nostro
sistema tutto si spiega naturalmente: mentre gli altri sistemi presen-
tano non pure circostanze inverisimili, ma ancora difficoltà insolubili. Per abbreviare citeremo le più palpabili.

    DIFFICOLTÀ I. Il libro di Giuditta non nomina il re di Giuda, sotto
cui avvenne la liberazione di Betulia: questa omissione è contraria
all'uso della Scrittura Santa, la quale ovunque accuratamente indica il nome del re e l'anno del regno, in cui succedono i fatti. Se
dunque la storia di Giuditta avvenne sotto Manasse, perchè non è nominato questo re ? perchè si vede in esercizio di somma potestà il
sommo Sacerdote Eliachim ?

    Risp. I cronologi che combattiamo, applicano alla schiavitù di
Manasse quelle parole di Achior: *Plurimi ex Hebraeis abducti
sunt in terram non suam* (V, 22); dunque è necessario ancora applicare al suo ritorno quelle, che seguitano immediatamente: *Nu-
per reversi ex dispersione et ascenderunt montana haec omnia*

[1] *I Par.* V, 26; *IV Reg.* XVII, 6.—[2] Tob. I, 4; *IV Reg.* XVII, 6.
[3] *IV Reg.* XVII, 24.—[4] *IV Reg.* XVIII, 19.—[5] *IV Reg.* XIX, 37.
[6] *II Par.* XXXIII, 11.—[7] Cap. I.—[8] Cap. VI.—[9] Cap. XIV.
[10] Judith I, 15.

ecc. Nè il Calmet, nè gli altri commentatori rispondono a queste difficoltà in maniera satisfacente. Nel nostro sistema svanisce la difficoltà. Perchè non è nominato il re di Giuda? perchè apparisce il solo Pontefice? Perchè non v'era re, ma solo un reggente. Non v'era re, ed eccone la pruova. Alla morte di Amasia il figliuolo suo Azaria o Ozia contava appena due anni, nè fu dichiarato re prima de' sedici '; questo intervallo forma un interregno di 13 o 14 anni. Questo interregno apparisce dal sacro testo, ponendo a riscontro i regni di Amasia e di Azaria con quello di Geroboamo II re di Israele *: e per verità Amasia regnò 29 anni, Geroboamo II salì sul trono l'anno decimoquinto del regno di Amasia: Azaria salì sul trono di Giuda nell'anno XXVII del regno di Geroboamo, cioè 13 anni dopo la morte del padre, essendo questi morto nell'anno XIV del regno di Geroboamo. Il sommo Sacerdote Eliachim, il quale appare solo in questo interregno, dà ordini ovunque e governa, doveva dunque essere reggente del regno di Giuda.

DIFFICOLTÀ II. Arphaxad, prima che fosse vinto e vedesse conquistata da Nabuchodonosor I la Media, aveva edificato Ecbatana e soggiogato molte nazioni *.

Risp. Ma come avrebbe ciò potuto avvenire a' tempi di Assaraddon e di Manasse, come vogliono i nostri cronologi? Rispondono, che i Medi avevano allora scosso il giogo degli Assiri. Questa è una ipotesi, sfornita di ogni pruova, sacra e profana; essa non solo è gratuita, ma inverisimile: imperocchè questo preteso secondo regno della Media sarebbe surto, e divenuto vasto e potente, precisamente sotto il più potente de' re assiri. Possiamo noi pensare, che Assaraddon si sia divertito colla devastazione de' Filistei e dell'Egitto, tanto lontani da' suoi Stati, ed a traportarne gli abitanti nell'Assiria per tre intieri anni '; e frattanto abbia dato agio alla Media di ribellare quasi nel centro del suo impero, e creare un re, e dare a questo tutto il tempo di fabbricare e fortificare con pietre smisurate una potente città, e finalmente dargli comodo di soggiogare molte nazioni? La verità è, che secondo Erodoto e Diodoro di Sicilia, i quali concordano col libro di Tobia, Ecbatana è più antica che Assaraddon; che la Media conquistata una volta è rimasa costantemente sommessa a' re di Assiria sino a Ciro, 120 anni dopo Manasse, e che per conseguenza il Nabuchodonosor, il quale la conquistò, visse prima di Assaraddon, anzi prima di Phul, il quale non meno che i successori disponevano della Media da assoluti padroni.

DIFFICOLTÀ III. Il sommo Sacerdote Eliachim esortando gl'Israeliti rammenta loro la vittoria di Mosè sopra Amalech; Giuditta dal suo lato prega il Signore di trattare l'esercito degli Assiri come quello di Faraone.

') *IV Reg.* XIV, 21.—*) Cap. XIV, XV.—') *Judith.* I.—') *Jes.* XX.

Risp. Ma se l'assedio di Betulia fosse avvenuto sotto Manasse, non sarebbe stato più utile e più naturale citare la fresca rotta di Sennacherib, anzi che cercare esempi tanto antichi e meno acconci alla circostanza ?

DIFFICOLTÀ IV. Se la storia di Giuditta fosse avvenuta sotto Manasse, cioè dopo Phul, Theglathphalasar, Salmanasar, i quali tutti avevano portato le armi contro la Palestina, e specialmente dopo Sennacherib; sarebbe assurda la dimanda di Oloferne intorno a quel popolo, assurdo lo stupore venutogli dalle difese apparecchiate, e lo sdegno concepito dopo la risposta di Achior. Egli, tutti i suoi duci e soldati dovevano ben conoscere il popolo ebreo, tanto per le precedenti spedizioni, quanto per la rotta di Sennacherib avvenuta a' tempi suoi, e forse sotto i suoi occhi. Egli al contrario ha tutto dimenticato: interroga i capitani moabiti, ammoniti, ecc. vicini di quella terra degli Ebrei a lui ignota. « Signore, avrebbe dovuto rispondere Achior, vi sono scadute di memoria tante spedizioni fatte da' vostri re nella Giudea, quell' assedio di Samaria costato tre anni a Salmanasar, quel popolo d' Israele captivo tuttora in Assiria e Media? Non vi ricorda del padre del vostro re attuale, e de'124,000 uomini, che or sono pochi anni in una notte egli perdè sotto le mura di Gerusalemme ? »

Risp. Queste considerazioni se fossero fatte con seria riflessione, basterebbero da sè sole a rovesciare in tutto i sistemi, i quali collocano Giuditta dopo Ezechia: qui, come si vede, le inverisimiglianze si accavalcano le une sulle altre. Ponete al contrario Giuditta e Nabuchodonosor nell' interregno di Amasia, 100 anni innanzi la disfatta di Sennacherib, tutto si spiega da sè: imperocchè allora gli Assiri venuti per la prima volta alle mani con gli Ebrei, nè conoscendoli ancora, avevano diritto di dimandare a' principi limitrofi della Giudea, qual fosse questo popolo.

DIFFICOLTÀ V. La Scrittura parla di una sola città chiamata Betulia, e la colloca nella tribù di Simeone, a mezzodì della tribù di Giuda [1]. I cronologi ne suppongono, o meglio ne creano una seconda, cioè pigliano una città di Bethlehem della tribù di Zabulon a settentrione della Terra santa, e di propria autorità le mutano il nome in Betulia:la qual cosa non solo è temerità, ma ancora poco favorisce la loro causa. Per verità se la Betulia di Giuditta fosse stata, come vogliono,a borea nella tribù di Zabulon, sarebbe appartenuta al regno d' Israele,in questa ipotesi io dimando:Il fatto di Giuditta avvenne prima o dopo la rovina del regno d' Israele ? Se prima, e perchè non apparisce il re d' Israele ? perchè ivi comanda il sommo Sacerdote, che era tenuto straniero, anzi era odiato da quel regno

———

[1] *Jos.* XIX.

scismatico? perchè ivi fa apparecchi, prescrive digiuni e preci, parla di salvare non Samaria, che era più esposta, ma Gerusalemme ed il Tempio? Se poi mi si risponde, essere la storia di Giuditta avvenuta dopo la rovina d'Israele, io noto così: gl'Israeliti erano schiavi in Assiria, le città d'Israele erano piene di Assiri, che ivi Salmanasar aveva stabiliti per ripopolare il paese: e per ciò il sommo Sacerdote avrebbe indiritto le sue lettere ad Assiri, e loro avrebbe prescritto digiuni e preghiere, affinchè Dio li proteggesse contro gli Assiri.

Risp. Noi al contrario diciamo, che la città di Betulia, dove viveva Giuditta, stava a mezzodì della Palestina, presso l'Idumea; se bisognassero pruove, ne avremmo dalla strada tenuta da Oloferne. Questi, avendo conquistato o devastato la Cilicia, la Siria, la Mesopotamia, in vece di metter piede nella Terra santa verso borea, discese verso austro seguitando la riva sinistra del Giordano; nel passaggio domò i Madianiti, i Moabiti, gli Ammoniti, i cui duci principali portò con seco, e giunto nell'Idumea riunì tutte le schiere ed ivi si fermò per 30 giorni [1]. Allora con sorpresa ode essersi gl'Israeliti messi in difesa, e sin dal dì vegnente (nota questa data) comincia l'assedio di Betulia [2]. Dunque questa città stava su' confini dell'Idumea, ove era alloggiato Oloferne. La qual cosa è ancora più direttamente provata dalla sacra Scrittura: imperocchè non solo il marito di Giuditta ed Ozia, abitanti di Betulia, erano della tribù di Simeone [3]; ma Betulia stessa apparteneva a questa tribù [4]. La tribù di Simeone stava a mezzogiorno della tribù di Giuda e confinava con l'Idumea [5]: in origine il suo territorio fu uno smembramento del territorio di Giuda, al quale era naturalmente congiunto; ed il medesimo Giosuè aveva staccato da questo territorio tredici città, tra le quali Betulia, per darle alla tribù di Simeone [6]. Quindi questa tribù isolata e separata dal regno d'Israele mediante la tribù di Giuda, obbediva a' re di Giuda [7]; e de' discendenti di Simeone bisogna intendere quello, che dice il sacro Scrittore, che gl'Israeliti tremarono, e prima degli altri si posero nelle difese [8].

Noi non ci fermeremo a discutere il sistema seguitato da coloro tra gli antichi e moderni, i quali collocano Giuditta dopo il ritorno dalla captività di Babilonia, alcuni sotto Cambise, altri sotto Dario figliuolo d'Istaspe. Una sola parola basta a confutare questo sistema; cioè, a' tempi di Giuditta gli Assiri dominavano in Asia, e dopo la schiavità non furono più nè imperatore d'Assiria, nè Assiri. Alcuni moderni fanno vivere Giuditta sotto Giosia, sotto Sedecia; ma essi,

---

[1] Judith II, 16; III, 15. — [2] Judith V. 1: VIII, 1.
[3] Judith VI, VIII. — [4] Jos. XIX, 4. — [5] Jos. XV, 21.
[6] Jos. XIX, 4. — [7] II Par. X, 17. — [8] Judith IV.

oltre le sposte difficoltà, non possono trovare i lunghi anni di pace,
i quali tennero dietro alla vittoria riportata da quella pia donna; essi non possono nemmeno trovare il Nabuchodonosor di Ninive, perchè Ninive fu distrutta sotto Giosia, quando già si era ammollita ed
indebolita sotto i suoi ultimi re, i quali erano tutto, meno che con-
quistatori.

Qui rimangono ad illustrare tre o quattro punti, i quali a mala
pena hanno l' apparenza di difficoltà.

1° Perchè mettiamo noi nell' interregno dopo Amasia un sommo
Sacerdote nominato Eliachim ?

R. Perchè, provato che ivi deve essere collocata Giuditta, bisogna
ivi ancora collocare Eliachim, suo contemporaneo. Nulla si oppone
a questa conseguenza, non avendo noi nessuna lista completa de'
sommi Sacerdoti, e quella ricavata dalla Scrittura ha una lacuna
per lo meno di 100 anni.

2° Come si possono avverare de' tempi di Amasia quelle cose, che
Achior disse di una captività degli Ebrei e della loro recente liberazione ?

R. 1° Non tutto è scritto ne' libri *de' Re* o *de' Paralipomeni*; i
sacri Scrittori ce ne ammoniscono spesso. 2° Le parole medesime
di Achior [1] provano, che non si tratta nè della schiavitù delle dieci
tribù, nè di quella di Babilonia : imperocchè in ambedue i casi non
un gran numero di Ebrei, *plurimi*, ma la nazione intera fu menata
schiava non da molte nazioni insieme, *multis nationibus*, ma da'
soli Assiri. Abbiamo innanzi provato (I *Diff.*), che non si tratta della captività di Manasse; dunque è parola delle sciagure patite dagli
Ebrei a cagion de' loro peccati in vari tempi da varie nazioni: come gl' Idumei, i Siri, gli Egiziani, i Filistei, gli Ammoniti ecc. 3°
Nel IV *de' Re*(XIII), nel II *de' Paralipomeni* (XXIV), e nel II *de' Re*
(XIV) si legge il modo, onde Amasia ed il suo popolo furono trattati
da' re d' Israele; si scorge da' detti luoghi come sotto il regno di Joachaz, re d' Israele, e di Joas, padre di Amasia, Iddio consegnò Giuda ed Israele tra le mani di Hazael, poi di Benadad, re di Siria; e
come a preghiera di Joachaz gl' Israeliti furono liberati dall' oppressione. Le parole adoperate dal sacro storico per narrare questa liberazione verificano molto quelle di Achior:del resto bisogna osservare, che questi essendo straniero potè non usare tutta la esattezza
necessaria parlando della storia giudaica.

3° Come si spiegano quelle parole di Achior: *Templum Dei eorum factum est in pavimentum* ?

R. Queste parole, che si trovano aggiunte nella versione greca,
non significano solo che il tempio è stato abbattuto, ma ancora che

_____

[1] Judith V, 22.

è stato profanato dagl' infedeli, i quali ne hanno calpestato il pavimento, come fósse luogo profano. Nè Achior parla d' un fatto unico, sì di ciò che era accaduto sempre che gl' Israeliti avevano offeso la giustizia di Dio : per fermo il Tempio fu varie volte profanato, saccheggiato, ma non distrutto in queste circostanze. Se dunque il testo allegato fosse tanto autentico, quanto è soggetto a dubbi, nulla proverebbe contro il nostro sistema [1].

4° Perchè leggesi nel libro di Giuditta, che i figliuoli d' Israele mandarono sino a Gerico, sino a Samaria per guardare i passi ?

R. Perchè Gerico, relativamente a Betulia ed a tutta la tribù di Simeone stava all' estremità opposta del regno di Giuda, e poteva temersi che la cavalleria di Oloferne, per schivare i monti meridionali della Palestina, guadasse il Giordano verso Gerico, traversando il paese di Madian già conquistato da quel generale. Del resto il sacro Scrittore non dice essere gl' Israeliti entrati nel paese o nella città di Samaria, ma aver quelli fatto il giro de' confini : *per circuitum:* Leggesi pure che il sommo Sacerdote Eliachim percorse tutto Israele ; cioè percorse tutto il paese degl' Israeliti stabiliti nel mezzo ed a mezzogiorno della tribù di Giuda : e ciò vuol dire, che le tribù di Simeone e Beniamino fecero occupare i passi, pe' quali il nemico avrebbe potuto penetrare sino a Gerusalemme, movendo dall' Idumea, come abbiamo veduto altrove. Ma il sommo Sacerdote non entrò nel regno d' Israele : non ve n' era bisogno, nè Geroboamo II, che ivi regnava, avrebbe sofferto questo dominio [2].

ARTICOLO V.

Dell' autore del libro di Giuditta

L' autore del libro di Giuditta non ci è noto in maniera sicura. San Girolamo scrive : *Si quis tamen vult librum recipere mulieris* [3] ; dalle quali parole hanno conchiuso gl' Interpreti, che, secondo la sentenza del dotto Padre, Giuditta abbia scritto il libro che porta il nome di lei. Ma ancora che suppongasi legittima questa conseguenza, dobbiamo osservare che s. Girolamo non reca nessuna pruova. Jahn pretende, che questo libro sia stato scritto sotto i Macabei: noi

---

[1] Noi non aderiamo affatto a questa opinione dell' autore di questa dissertazione. Le regole di sana critica non consentono, come pare a noi, porre in dubbio l' autenticità di questo testo. Nè il senso dato ad esso qui, secondo il P. Montfaucon, è forse ben fondato, siccome si può scorgere dalla dissertazione di Gibert, citata nel principio di quest' articolo. Sarebbe meglio dire che questa frase sul Tempio è uno degli errori commessi da Achior nel suo discorso.
[2] *Judith.* IV, 3, 11. — [3] S. Hier. *Com. in Agg.* I, 6.

speriamo dimostrare fra poco, che questa asserzione è priva di solido fondamento. Noi, benchè siamo convinti che ogni opinione su questo subbietto non può avere altra autorità che quella conveniente a mere congetture: pure pensiamo che non sia priva di probabilità quella de' critici, i quali tengono autore di questo libro il sommo Sacerdote Eliachim. Ecco le ragioni: 1° Innanzi (p. 267) abbiamo osservato, che fu costume degli Ebrei il tramandare in iscritto le cose memorande, che avvenivano tra loro. Perciò Mosè ha scritto la storia di questo popolo non solo quanto a' fatti accaduti prima di sè, ma ancora i fatti contemporanei. Perciò Giosuè, che successe a lui nel reggimento degli Ebrei, ha scritto negli annali i più rilevanti avvenimenti, che resero illustre l'epoca del suo principato. Ne' tempi posteriori i Profeti tramandano a' posteri con la medesima diligenza i più notabili avvenimenti della repubblica. Samuele, Nathan e Gad scrissero la storia di David [1]: Addo ed Ahia quella di Salomone [2]: Isaia parimente scrisse le cose avvenute sotto Ezechia ed Achaz [3]: Osai fece lo stesso sotto Manasse ed Amon [4]. Non è dunque verisimile, come ha notato Claudio Frassen, che il sommo Sacerdote Eliachim, il quale avea preso tanta parte nel celebre avvenimento di Giuditta; abbia voluto lasciar nell' obblio, nè tramandare alla memoria de' posteri un benefizio tanto segnalato fatto da Dio agli Ebrei, e l' azione tanto meravigliosa operata da quella illustre donna [5]. 2° I caratteri intrinseci del libro, e spezialmente i ragguagli precisi, che l' autore dà spesso intorno a vari obbietti, dimostrano ancora, che esso quanto alla sostanza è stato scritto nel tempo, in cui erano avvenuti i fatti narrati. E tutto mena a credere, che questo scrittore sia il Pontefice Eliachim, contemporaneo di Giuditta: imperocchè nessuno poteva meglio di lui inserire negli annali della sua nazione fatti tanto importanti e gloriosi. Noi diciamo avere Eliachim scritto la sustanza del libro di Giuditta, perchè volentieri concediamo non essere egli autore della descrizione della morte di Giuditta, e di alcune altre circostanze più recenti del fatto principale: come a cagion di esempio quel luogo, nel quale leggesi, che mentre visse Giuditta, ed anche molti anni dopo la sua morte, la pace d' Israele non fu turbata (XVI, 30). Le quali addizioni, fatte da uno scrittore posteriore agli avvenimenti, non recano nocumento all' autenticità di un libro: tutti i critici ammettono questo principio, che noi più di una volta abbiamo disaminato.

---

[1] *I Par.* XXIX, 29. — [2] *II Par.* IX, 29.
[3] *II Par.* XXVI, 22; XXXII, 32; *Jer.* VII-IX.
[4] *II Par.* XXXV, 25.
[5] C. Frassen, *Disquisitiones biblicae*, p. 527.

Difficoltà

Diff. L' autore del libro di Giuditta, dice Jahn [*], è affatto ignoto; anzi tutto quello, che la narrazione stessa ci lascia scorgere in questa difficoltà, si riduce a questo: il libro è stato scritto in greco sotto i Macabei. Come dunque si può attribuire al Pontefice Eliachim? Le pruove poi sono queste: 1° Questo libro fu scritto con iscopo di animare il coraggio degli Ebrei contro i Siri, loro crudeli oppressori; perciò la sua composizione non potrebbe collocarsi in altri tempi, se non quelli de' Macabei. 2° A questi tempi può riferirsi il gusto delle arringhe, le quali formano il carattere principale di questo libro: questo gusto avevano gli Ebrei appreso da' Greci, essendosi quelli ne' mentovati tempi dati allo studio delle lettere greche. 3° L' autore parla del *prosabbato* (προσάββατον) e della *proneomenia* (προνουμηνία),ne' quali dì non era solita Giuditta digiunare (VIII,6). Ambedue questi giorni sono di usi recenti tra gli Ebrei. 4° Achior fu,mediante la circoncisione,noverato nel popolo ebreo; or quantunque questa iniziazione, per la circoncisione non fosse ignota all' antichità, pure è più addicevole agli ultimi tempi della repubblica giudaica.

R. Queste obbiezioni non sono tanto forti da contrappesare le pruove, su cui poggia la nostra opinione. 1° Se Jahn avesse dimostrato con qualche ragione solida, che la composizione del libro di Giuditta debba riferirsi a' tempi de' Macabei, avrebbe potuto dire con rigore che il subbietto stesso del libro favorisca questa opinione,essendo la storia di Giuditta acconcissima a consolare gli Ebrei nelle afflizioni di questi tempi. Ma non essendo fondate le altre ragioni, sulle quali e' poggia la sua asserzione,siccome verrem dimostrando, questa prima sua ragione non può avere nessun peso, nessun' autorità. Imperocchè , se altrimenti fosse, noi diremmo dal canto nostro (nè Jahn potrebbe legittimamente negare la nostra conseguenza), che il libro di Giuditta è stato composto mentre gli Ebrei erano schiavi in Assiria ; perciocchè in questo tempo di sventure avevano bisogno di grande consolazione.Quindi non può dirsi essere stato il libro di Giuditta scritto a' tempi de' Macabei,sol perchè questa storia era molto acconcia a consolare gli Ebrei de' mentovati tempi. — 2° San Girolamo conosceva senza dubbio il gusto e lo stile degli storici greci, e nondimeno egli ha creduto che il libro di Giuditta sia stato scritto in caldaico. Se questo Padre avesse scorto in questo libro le tracce di uno scrittore greco, non avrebbe intralasciato di notarlo: imperocchè egli ha notato, che i manoscritti contenevano lezioni vi-

---

[*] Jahn, *Introd.* § 246.

ziose, e che il testo caldaico, sul quale ha fatto la sua versione non era sempre perfettamente intelligibile. Aggiungasi, che il traduttore greco ha potuto volgere liberamente il suo originale, e dare alla sua versione un'aria di stile ellenico. L'uso delle arringhe è antichissimo presso gli Ebrei, non meno che presso gli altri popoli: solo la minore o maggiore idoneità nelle persone che avevano occasione di parlare, e mille altre ragioni tratte dalle circostanze de' tempi e de' luoghi, spiegano sufficientemente la cagione, per cui una storia contiene più discorsi ed arringhe di un'altra. Di qui si scorge, che la seconda ragione di Jahn non è più forte della prima, e però non può dare a questa qualche valore. — 3° Ancorchè concedessimo, che l'uso di non digiunare nella vigilia del sabbato e della nuova luna fosse ignoto a' tempi di Giuditta, non per ciò daremmo a Jahn diritto di conchiudere, che il libro scritto col nome di questa pia e santa matrona sia stato scritto a' tempi de' Macabei. Diremmo piuttosto col Calmet: « Potè avvenire, che l'interprete greco, da cui discende la versione attuale, abbia parlato secondo l'uso del suo tempo e del suo paese, e che abbia creduto necessario aggiungere al testo *le vigilie del Sabbato e della Noemenia*, perchè a' suoi dì quest'uso stava tra gli Ebrei; benchè quelle parole non stessero nè nell'originale da lui adoperato, nè in quello di san Girolamo, nè nel Siriaco ' ». La quale osservazione del Calmet è aggiustatissima. Quindi la terza ragione del Jahn non ha innanzi alla sana critica maggior robustezza delle due precedenti. — 4° Lo stesso Jahn ammette, che l'uso d'incorporare gli stranieri nel popolo di Dio mediante la circoncisione si praticava nell'antichità: *Non quidem repugnat aevo antiquiori*. E questo basta a distruggere interamente la sua opinione intorno alla composizione del libro di Giuditta; imperocchè se per forza delle circostanze quest'uso divenne più comune a' tempi de' Macabei, non perciò potrebbe conchiudersi, che Achior non abbia potuto sottomettersi a questa condizione imposta a tutti gli stranieri, i quali volevano abbracciare la Religione giudaica.

ARTICOLO VI.

Della divinità del libro di Giuditta

Le pruove da noi stabilite nella *Introduzione generale* a pro de' libri deutero-canonici si applicano in tutta la loro forza al libro di Giuditta. Noi dunque qui ci limiteremo solo a discutere le difficoltà de' protestanti e degl'increduli.

_____

') D. Calmet, *Comment. sur le livre de Judith*, VIII, 6.

Difficoltà

Diff. L'autore del libro di Giuditta, dicono gli avversari, ci rappresenta Giuditta come una donna santa, come un modello di virtù: come può questo libro essere inspirato divinamente, se esso rende una testimonianza tanto falsa alla condotta di Giuditta nè lodevole, nè santa? Imperocchè: 1° Giuditta approva (IX, 2, 3) la strage de' Sichimiti, uccisi a tradimento da Simeone per vendicare l'oltraggio fatto alla loro sorella Dina [1]; mentre nel *Genesi* [2] Simeone e Levi sono nominati *strumenti di una strage piena d'ingiustizia.* 2° È impossibile conciliare col carattere di una santa donna il lacciuolo teso da Giuditta ad Oloferne; come ancora sono disdicevoli alla santità l'astuzia usata per inspirare amore a quest'uomo, le menzogne profferite, la morte data a quel generale con un vile tradimento.

R. Se queste obbiezioni avessero qualche peso, sarebbe piuttosto necessario vituperare tutti i santi Dottori e tutta la Chiesa cristiana; perocchè questa e quelli hanno prodigato a Giuditta tanti elogi, quanti non ne ha ella avuto dall'autore del libro. Bisognerebbe rimproverare a Lutero stesso di essersi ingannato stranamente, allorchè ha detto essere il libro di Giuditta bello, buono, santo, utile, contenente discorsi di un santo poeta o di un Profeta animato dallo Spirito Santo, il quale per mezzo di questo ci parla e dà insegnamenti [3]. Questa sola riflessione basta a confutare la pretensione de' nostri avversari; ma rispondiamo direttamente alla loro difficoltà: 1° Basta leggere il contesto per vedere che Giuditta non approva la strage de' Sichimiti; ella considera quest'azione de' figliuoli di Giacobbe dal solo lato lodevole, spogliandola di tutte le circostanze che la rendono criminosa. Quindi gli elogi sono relativi al solo zelo, onde quel Patriarca punì l'onta fatta da' Sichimiti a Dina; essi non riguardano a' mezzi adoperati, nè alla violazione della buona fede. Del resto il sacro Scrittore non ci dà Giuditta come esempio d'infallibilità in tutte le parole da lei profferite; egli le riferisce, ma senza giudicarle positivamente. — 2° La seconda difficoltà è più speciosa; nondimeno esaminando attentamente e senza prevenzione tutta la condotta di Giuditta, ognuno dovrà scorgere che i nostri avversari hanno giudicato con quella parzialità, la quale è opposta ad una critica leale e giusta. E per fermo, Giuditta, ottenuto il consenso del governatore e del senato di Betulia, aveva risoluto di liberare la città dal nemico, che la stringeva d'assedio. Con questo disegno entra nel suo oratorio, e porge a Dio questa preghiera: Fate, o

---

[1] *Gen.* XXXIV. — [2] XXXIV, 30; XLIX, 5.
[3] Luther. *Praefat. in libr. Judith* (in ted.).

Signore, che il capo di questo superbo sia reciso dalla sua scimitarra; che egli sia preso da' propri suoi occhi come da un lacciuolo nel guardarmi, e percuotetelo con la dolcezza delle mie parole ». Il testo greco dice *con le labbra della mia astuzia*. Dalle quali parole chiaro si scorge, che Giuditta non aveva disegno d'indurre Oloferne ad un'azione colpevole, ma solo d'ingannarlo e cattivarsene la benevolenza. Poi ella si presenta al generale come fuggitiva, e gli dice che ella sa, dovere Dio consegnargli tra mani il popolo ebreo, per ciò essere venuta a trovare scampo sotto il suo tabernacolo. Tutte le cose precedenti fanno scorgere, che in ciò consisteva lo stratagemma, onde ella voleva ingannare Oloferne. Tutti poi ammettono l'uso lecito di questi stratagemmi in tempo di guerra: in queste circostanze la menzogna diviene una equivocazione lecita, una scaltrezza di guerra.*Tutto avvenne nel modo previsto da Giuditta: ella trovò benevolenza negli occhi di Oloferne; questi arse di amore per lei, ma nulla ottenne, che potesse macolare la virtù di questa donna (XIII, 20). Oloferne si ubbriaca, si addormenta, ella nel sonno gli recide il capo. Non è stata forse stimata lecita presso i popoli dell'antichità l'uccisione di un pubblico nemico? E però malamente giudicano i nostri avversari, quando dicono che Giuditta, la quale col consiglio de' duci di Betulia aveva assunto l'incarico di liberare la patria, non poteva legittimamente dar morte all'ingiusto aggressore della patria.

---

*) Nota, lettore, quale sia il senso, che l'Autore appone a queste parole oscuramente espresse. Non vuol dire che la menzogna, illecita di per sè e sempre, divenga lecita per la circostanza della guerra; ma in vece vuole significare che la equivocazione,la simulazione, la dissimulazione, le quali senza necessità e buon fine sarebbero illecite, divengono permesse nel tempo della guerra per schivare i danni de' nemici. E quest'ambiguità appunto si osserva nelle parole di Giuditta: *fugi*, perchè l'uscita dalla città fu simile a quella di chi fugge, cioè di notte; *futurum agnovi, quod dentur vobis in depraedationem*, lasciate le cose nell'ordinario corso e senza l'aiuto di Dio sarebbero stati gli Ebrei distrutti da Oloferne; essi erano ridotti agli estremi: *dicam illi secreta eorum*; cioè le strettezze, a cui erano ridotti, le mormorazioni e gli scontenti cittadini (X, 12, 13). Il fine per cui erano dette queste cose fu scambiato da Oloferne: egli pensava che tutto questo fosse per ossequio a lui e per dargli mezzo da domare gli Ebrei. Giuditta al contrario voleva renderselo benevolo per ucciderlo. Questo è lo stratagemma lecito contro un pubblico nemico. (*Nota del Traduttore*)
✳

CAPO IX.

Del libro di Esther

Osservazione preliminare

Questo libro è nominato così, perchè narra la storia di Esther, donna illustre della tribù di Beniamino, la quale ottenne da Assuero, re di Persia, la libertà degli Ebrei dannati tutti a morte da un editto di questo principe. In questo libro sono due parti ben distinte: la prima comincia dal primo capitolo, e giunge sino al versetto 3 del capo X inclusivamente; la seconda consiste in sette frammenti, i quali formano il resto del libro, cioè la fine del capo X ed i sei seguenti. Questi sette frammenti stanno nella Volgata.

ARTICOLO I.

Del testo originale e delle versioni del libro di Esther

1. La prima parte del libro di Esther, contenuta dal primo capitolo sino al versetto 3 del capitolo X, è stata scritta in ebraico; il testo originale sta nelle Bibbie ebraiche, e su di questo s. Girolamo ha fatto la sua versione latina. La seconda parte, la quale sta nella Volgata, è composta di addizioni, che s. Girolamo ha preso dall'antica Itala, fatta sul testo greco: il s. Dottore ha avuto cura di notar queste parti con un *obelo* o piccolo spiedo. Origene [1] pare abbia creduto, che questa seconda parte stava anticamente nel testo ebreo ; ed in questo idioma essa fu scritta secondo l'opinione di molti sperti critici.

2. La versione greca del libro di Esther non solo contiene i frammenti, che non sono nell'ebreo, ma ancora alquante differenze da questo testo. Nè le edizioni greche sono sempre tra loro concordi. Anticamente nella Chiesa erano molte versioni latine, le quali pure discordavano tra loro. Ma noi parleremo qui della sola *Itala*, dalla quale s. Girolamo ha preso le addizioni o frammenti, che formano la seconda parte del libro di Esther. Quest'antica versione latina si scosta molto dal testo ebreo e dalle versioni greche [2]; in essa sono moltissime varietà, addizioni ed omissioni considerabili. Lo stile è oscurissimo ; si può addurre in esempio il secondo editto di Artaserse, il quale come è da essa riferito è inintelligibile [3].

———

[1] Origen. *Epist. ad African.* — [2] Hier. *Praef. in libro Esther.*
[3] D. Calmet, *Préface sur le livre d'Esther.*

ARTICOLO II.

Del subbietto del libro di Esther

1. Assuero, con altro nome Artaserse, ripudiato la regina Vasthi (cap. I), coronò Esther figliuola di Abihail, e nipote o prossima parente di Mardocheo. Poco dopo Mardocheo svelò ad Assuero una congiura ordita contro di lui (II); ma comechè egli ricusasse di tributare ad Aman, primo ministro del re, gli omaggi comandati, con regio editto a tutti i sudditi; il ministro per vendicarsi ottenne dal re un decreto, il quale prescriveva la morte di tutti gli Ebrei, che stavano nell'impero: la strage doveva essere eseguita nello stesso giorno (III), Mardocheo pregò Esther d'intercedere presso il re a pro del popolo suo (IV): la regina digiunato tre dì si presentò ad Assuero senza esser chiamata, ed incuorata dalla benevola accoglienza del monarca, lo pregò di aggradire un banchetto preparatogli, e di condurre con seco Aman. Nel mezzo del banchetto, invitata dal re a chiedergli qualunque grazia le piacesse, lo pregò di avere nel dì vegnente il medesimo onore di accoglierlo a mensa insieme con Aman. Frattanto questi aveva fatto alzare un patibolo alto 50 cubiti per farvi appendere Mardocheo, a cui di dì in dì egli diveniva più accanito nemico (V). Assuero la notte preso da insonnio si fece leggere gli annali del suo impero, i quali gli rammentavano dovere egli la vita ad un Ebreo chiamato Mardocheo, il quale gli svelò una congiura tramatagli contro. Subito comanda ad Aman di far vestire questo Giudeo con abiti regali, di porgli il diadema, di fargli cavalcare il regio palafreno e condurlo così per le strade di Susa (VI). Poco dopo nel mezzo del banchetto Esther supplicò il re a far grazia al suo popolo, dimostrandogli Aman mortale nemico a questo: Aman fu appeso al patibolo fatto preparare per Mardocheo (VII). Questi mandò in nome del re per tutte le province ordini, co'quali era data facoltà agli Ebrei di uccidere tutti i loro nemici in quel medesimo giorno, che era stato assegnato alla loro rovina (VII). In conseguenza 75,000 uomini caddero sotto le spade degli Ebrei nelle diverse province della Persia, e 500 in Susa. Nel dì vegnente Esther avendo ottenuto dal re, che gli Ebrei compissero lo sterminio de' nemici loro rimasti in Susa, 300 altre vittime furono immolate alla loro vendetta. In memoria di questo avvenimento Mardocheo institui la festa de'*Purim* o delle *Sorti* [*].

2. La seconda parte di questo libro si compone di frammenti o ad-

---

[*] V. la nostra *Introd. stor. e critica*, t. II. Di questa festa è fatta menzione nello *Schizzo di Archeologia*, Capo *delle Feste*, Art. *della Festa de' Purim*.

dizioni, messe da s. Girolamo alla versione fatta da lui sull'ebreo, avvertendoci di averle trovate nell'antica Volgata. Questi frammenti sono collocati nella nostra versione latina nel modo seguente: Dopo i primi tre versetti del capo X del testo ebreo, s. Girolamo ha messo la spiegazione del sogno di Mardocheo; il quale sotto l'emblema di due dragoni dinota la lotta di costui con Aman, e la vittoria luminosa su questo acerrimo nemico del popolo giudaico. Quest'addizione occupava il medesimo luogo nella Volgata antica, ed occupa lo stesso luogo nella versione greca. Nella Volgata nostra giunge sino alla fine del capo X. Bisogna aggiungervi il primo versetto del capitolo XI, ove leggesi l'anno nel quale la versione greca di questo libro fu da Gerusalemme portata in Egitto: nel testo greco questo versetto è l'ultimo del capitolo X, e forma la conclusione del libro.

Dal versetto 2 del capitolo XI sino al versetto 9 del capitolo XII si legge un frammento, che contiene di nuovo il sogno di Mardocheo, ma con qualche nuovo ragguaglio, poi la scoperta della cospirazione de' due eunuchi. S. Girolamo ne avverte, che questo racconto formava il principio dell'antica Volgata; ed al presente così comincia ancora la Versione greca. I primi sette versetti del capo XIII riferiscono l'editto o la lettera di Artaserse mandata da Aman a' governatori delle province per far morire tutti gli Ebrei. Si fa menzione di questo editto ne' versetti 13 e 14 del capitolo III; ed in questo luogo esso è citato intieramente nel greco. Dal versetto 8 del capo XIII sino alla fine del capo XIV leggesi la preghiera di Mardocheo per la liberazione degli Ebrei, e quella di Esther prima di presentarsi ad Assuero. Ambedue queste preghiere leggonsi nella versione greca dopo il versetto 17 del capitolo IV. I tre primi versetti del capitolo XV contengono l'ammonizione fatta da Mardocheo ad Esther di presentarsi al re e d'intercedere pel suo popolo. La versione greca pone questa giunta dopo il versetto 8 del capitolo IV. Il rimanente del capitolo XV, cioè dal versetto 4 sino alla fine narra l'avvenuto, allorchè Esther si presentò al re Assuero. Questo racconto forma il principio del capitolo V nel greco, e contiene con più ragguagli i fatti narrati più concisamente ne' due primi versetti del capitolo V del testo ebreo e della Volgata. Finalmente il capitolo XVI riferisce la lettera o editto, onde Assuero rivocò l'editto anteriore ottenuto da Aman contro gli Ebrei. La versione greca colloca questa giunta dopo il versetto 12 del capo VIII '.

----

*) Quest'ordine mantenuto dalla nostra Volgata rende oscura la seconda parte del libro di Esther, perchè i frammenti sono confusi. Nelle ultime edizioni della Bibbia di Vence essi sono divisi ed allogati secondo il loro naturale ordine.

L' Assuero (chiamato sempre Artaserse nella versione greca), di cui è parola nel libro di Esther, alcuni vogliono che sia Astyage, altri Dario il Medo, altri Cambise: molti tengono che sia Dario figliuolo d' Istaspe, ovvero Artaserse Longimano, ecc. Noi teniamo più probabile quella sentenza, la quale afferma essere questo principe Serse il Grande: imperocchè tutto quello, che dicesi in questo libro, pare meglio convenire a questo che a qualunque altro re di Persia.

ARTICOLO III.

Della verità della storia di Esther

Molti protestanti, tra' quali Le Clerc [1], hanno osato affermare, che il libro di Esther contenga un romanzo o una specie di tragedia, nella quale s'introducono personaggi finti, appunto come nelle rappresentanze teatrali. Altri, come Bauer e Seiler [2], opinano che la sostanza del libro è storica, quantunque sia adornata da molte circostanze favolose. A confutazione di questi errori noi indirizziamo la seguente

PROPOSIZIONE

Il libro di Esther contiene una vera storia

1. Il libro di Esther è sempre stato ricevuto non solo da' Cristiani, ma ancora dagli Ebrei, i quali non lo hanno mai stimato favoloso o allegorico. Come vero è stato inserito nel canone di Esdra, formato circa tre secoli innanzi Gesù Cristo.—2. Esther e Mardocheo, i quali ebbero la maggior parte negli avvenimenti, non sono mai stati tenuti come enti di ragione, ma in cambio sono stati in ogni tempo tenuti come persone vere. — 3. La festa de' *Purim* o delle sorti fu instituita in memoria degli avvenimenti narrati in questo libro. Questa festa, che è tuttora in uso presso gli Ebrei, è stata sempre da essi celebrata, essendo nominata nel II de', *Macabei* (XV, 37), ove è dinotata col nome di *Giorno di Mardocheo*. Di essa si fa pure memoria nella storia di Giuseppe e nel Codice Teodosiano [3]. Chi vorrà per ciò affermare, che pubbliche solennità sieno instituite per avvenimenti chimerici? Chiude volontariamente gli occhi alla luce della ragione, chiunque pretende, che una solennità generalmente celebrata dagli Ebrei circa un secolo dopo l'avvenimento, che le ha da-

---

[1] *Sentiments de quelques théologiens de Hollande*, lett. VIII e XI.
[2] Bauer, *Entwurf einer Einleitung in die Schriften des Alten Testaments*, Seit. 513; Fr. Seiler, *Das groessere Bibl. Erbauungsbuch*. Th. X, Seit. 67.
[3] Joseph. *Antiq.* l. XI, c. VI; *Codex Theodos.* Tit. *de Judaeis*.

to occasione, abbia per fondamento un romanzo allegorico, composto con nomi di persone imaginarie. Questa sola considerazione, messe da banda tutte le altre, sarebbe sufficiente a determinare ogni spirito scevro da prevenzione a seguitare il sentimento da noi difeso. — 4. La narrazione è semplice e senza ornamento: l'autore spone la genealogia di Mardocheo, fa conoscere i maggiori di Esther. Egli dinota i dieci figliuoli di Aman, rimanda il lettore agli Annali de' Persiani, ne' quali era riferita l'esaltazione di Mardocheo : assicura che Mardocheo ed Esther scrissero lettere a tutti gli Ebrei sparsi nell'impero Persiano. La quale maniera di scrivere, questa scrupolosa esattezza ne' ragguagli di ogni cosa, queste minute circostanze non si addicono ad uno scrittore, il quale foggia o amplia le cose narrate: esse presuppongono uno scrittore veridico, il quale ha tratto la sua narrazione da fonti pure ed autentiche.—5. Finalmente la precipua ragione, per la quale gli avversari rigettano la verità della storia di Esther, è tratta dalla narrazione di fatti inverisimili : ma chi esamina queste pretese inverisimiglianze con critica imparziale, certo si tiene lungi dalla loro sentenza. Gli storici e viaggiatori, i quali hanno scritto su' costumi ed usanze degli Orientali, massime de' Persiani, nelle loro narrazioni confermano tutti i fatti narrati nella storia di Esther, i quali offendono i nostri avversari. A convincersene basta leggere i soli *Viaggi* di Chardin in Persia. Ma una pruova, che nulla lascia a desiderare, si ricava dalla comparazione instituita dal p. Cibot tra la storia di Esther e quella degli scrittori cinesi. Questo dotto Gesuita ha dimostrato, che nessun tratto della storia, la quale parla le geste della rinomata Ebrea, è privo del suo parallelo nelle storie cinesi; e che le usanze, i costumi descritti nel libro di Esther sono perfettamente concordi con quelli de' Cinesi [1].

ARTICOLO IV.

Dell' autore del libro di Esther

Spinosa pretende essere questo libro opera di un Sadduceo, il quale lo ha imaginato molto prima che Giuda Macabeo ristabilisse il culto del Tempio [2]. Molti scrittori tedeschi de' nostri tempi sostengono egualmente, che la composizione di questo libro debbasi a qualche Ebreo di Palestina, il quale scrisselo molto dopo i fatti narrati. Ma la maggior parte de' critici ed interpreti lo attribuiscono a Mardocheo: e questa opinione è da noi tenuta per più probabile, es-

[1] I tre volumi del P. Cibot sulla Cina sono stati compendiati ne' tomi XIV e XV delle *Memorie sulla Cina*.
[2] Spinosa, *Tract. theolog. polit.* c. X.

sendo non solo quasi universale, ma confermata ancora da' caratteri intrinseci del libro. E dapprima l'Autore nomina la moglie e i dieci figliuoli di Aman (V, 10; IX, 7-10). Egli cita i giorni, ne' quali avvennero i fatti rilevanti (I,4,5;III,12,V,1 ecc.); e ciò fa presupporre, aver egli scritto in un tempo molto vicino agli avvenimenti: perocchè in un'epoca più rimota difficilmente avrebbe potuto riferire narrazioni tanto precise e determinate. In secondo luogo, egli ha dovuto scrivere il suo libro innanzi la distruzione della monarchia de' Persiani, solendo egli spesso mandare il lettore agli Annali di questo impero (II, 23; VI, 1; X, 2). Terzamente, l'autore mostra una conoscenza perfetta della Corte de' re persiani, delle usanze ivi praticate, degli uffizi e dignità, che a que' tempi erano in vigore. Le circostanze di questo genere frequenti nel libro mostrano ancora chiaramente, che esso ha dovuto essere scritto da uno, che conosceva e frequentava la Corte. Quindi Heeren, il quale è profondamente versato nelle cose asiatiche, cita come autorità frequentemente il libro di Esther; e per ciò il Rosenmüller ha scritto: « E strano, che Heeren mentre ha rigettato il libro di Esther come finzione, lo stimi una fedele dipintura de' costumi Persiani a que' tempi; anzi lo adopera come fonte storica, perchè afferma essere l'interno degli *harem* de' re di Persia, quale ci è descritto dalla storia, fedelmente rappresentato nel libro di Esther. Può essere verisimile, che un Ebreo di Palestina, il quale viveva molto tempo dopo, abbia potuto in un'opera supposta descrivere la Corte de' re Persiani in maniera affatto concordante con quello, che ce ne narrano gli storici antichi e moderni ? [1] » Per vie meglio afforzare questa osservazione del Rosenmüller aggiungiamo, che non bisogna mai dimenticare essere stati sempre gli Ebrei un popolo singolare ne' pensamenti e nella condotta. Essi poco curandosi di ciò che avveniva fuori de' loro paesi, ignoravano i costumi e le storie di tutti gli altri popoli. E se la storia contenuta nel libro di Esther riguarda affatto ad un popolo straniero, ed i fatti in esso narrati sono strettamente connessi co' costumi ed usi persiani, chiaro apparisce che non solo nessun Ebreo di Palestina vissuto molto dopo gli avvenimenti ha potuto comporre questa storia uniforme e costante nello stile e ne' fatti; ma ancora che l'autore ha dovuto necessariamente usare nella Corte di Persia, ed essere testimone oculare de' fatti. Le quali condizioni si veggono insieme riunite nel solo Mardocheo: per ciò debbesi conchiudere, lui essere autore del libro di Esther.

Ma attribuendosi da noi a Mardocheo la composizione di questo libro, intendiamo parlare della sostanza: imperocchè molte cose certo appartengono ad uno scrittore posteriore. Notisi bene però, que-

---

[1]) Rosenmüller, *Bibl. Alterthumsk.* I, 376.

ste cose, le quali facilmente si discernono, sono una parte poco notabile del libro e potrebbero esserne tolte senza recare alterazione a' fatti costituenti la storia, senza nuocere nè alla serie de' fatti, nè al filo storico.

ARTICOLO V.

Della veracità del libro di Esther

I protestanti pretendono trovare contraddizioni tra la prima e seconda parte di questo libro: se queste contraddizioni fossero vere, sarebbero tante difficoltà contro di noi, i quali teniamo per canoniche e divine le addizioni o frammenti di Esther; ma noi mostreremo che esse sono apparenti.

Difficoltà

Diff. 1ª. Il capitolo XI, vers. 2, 3, così oppongono i protestanti, ci mostra Mardocheo *un uomo potente e tra' primi della Corte* fin dal secondo anno del regno di Artaserse: ma il capitolo VIII, 2, dice che questa potenza avvenne nell'anno VII del regno, e dopo la morte di Aman.

R. È facile risolvere questa obbiezione col principio dell'anticipazione, ammesso da' medesimi protestanti, ed usato da essi per togliere gli *anticronismi* non meno speciosi, i quali si trovano in molte parti della Scrittura avute da essi per canoniche e divine. Qui dunque daremo la risposta, che essi stessi darebbero in altra circostanza. I versetti 2 e 3 del capo XI debbono essere intesi in un senso anticipato: ivi si parla di Mardocheo non come di uomo già esaltato, ma come di colui, il quale poi salì a molta potenza. Mardocheo già faceva parte della Corte prima della morte di Aman: e per verità egli *stava alla porta del re*, cioè nell'anticamera, sicome dice il capitolo II, vers. 21.

D. 2ª. Leggesi nel capitolo XV, 10, che allorquando il re guardò Esther, se gli pinse negli occhi scintillanti tale un furore, che la regina svenne; ma nel capitolo V, 2, dicesi, che questa fu benignamente da lui accolta.

R. È molto semplice ed affatto naturale, che il re scorgendo Esther da lungi senza conoscerla, sia salito in furore, perchè una donna temeraria avesse osato metter piede nella sala contro gli ordini da lui dati; ma poi conosciutala, se le mostrò piacevole e dolce.

D. 3ª. Stando al capitolo XII, 1, gli eunuchi Bagatha e Thara conspirarono contro la vita di Assuero nel secondo anno del regno suo; ma il capitolo II, 16-21, pone questa trama nell'anno settimo del regno di Assuero.

R. Ancora qui la contraddizione è apparente, e nasce da quelle parole *eo tempore*, le quali leggonsi nella Volgata, XII, 1, ma non già nel testo greco: esse paiono rannodare la cospirazione degli eunuchi all'epoca del sogno di Mardocheo, cioè nell'anno II di Assuero. Solo chi è poco sperto nel linguaggio della Bibbia, può ignorare la forza di quelle parole *eo tempore*: esse non sempre dinotano un tempo connesso col fatto particolare, che immediatamente precede; ma spesso notano l'epoca generale, nella quale sono avvenuti i fatti principali della storia.

D. 4ª. Stando al capitolo XII, 5, Mardocheo avrebbe ricevuto doni dal re per avere scoperta la congiura degli eunuchi; ma come riferisce il capitolo VI, 3, egli non aveva avuto nessuna ricompensa.

R. È verisimile, che Mardocheo ricevè da principio doni tanto tenui, che gli storici non giudicarono convenevole farne memoria negli Annali: ed è questa la ragione, per la quale i lettori degli Annali nulla ne sapevano e dissero al re, che nessuna rimunerazione aveva ottenuto Mardocheo, VI, 4. Aggiungi, che il re non chiese, se Mardocheo avesse ricevuto doni, ma onori e dignità. Il testo ebreo dice così: *Quid honoris* (seu *dignitatis*) *et magnitudinis factum est Mardochaeo?* VI, 3. Questa spiegazione risolve affatto la difficoltà: perocchè Mardocheo potè ricevere qualche ricompensa, ma senza essere innalzato a, nessuna onorificenza.

D. 5ª. L'editto regio a pro degli Ebrei, rammentato nel capo XVI, e mandato in tutte le province della Persia, dice nel versetto 10, che Aman era *Macedone di origine*; nel capitolo III, 1, sta scritto, che egli discendeva da Agag, re degli Amaleciti.

R. Ma il testo ebreo non dice espressamente, che Aman fosse *Amalecita*, siccome è piaciuto spiegare allo storico Giuseppe [1]; ivi sta detto *Agageo* (אֲגָגִי *Agaghi*). Questa parola può significare, che Aman fosse di un paese chiamato Agag, ora ignoto, ma conosciuto a' tempi, ne' quali fu scritto il libro. È molto inverisimile, checchè dicane Flavio, che Aman discendesse da quell'Agag, che Saul fece prigioniero. Questi popoli nomadi non conservavano a simiglianza degli Ebrei le tavole genealogiche per dimostrare la loro origine. Quindi è più probabile, che qui si parli di un luogo o di una persona differente da Agag l'Amalecita. E di qui si pare, che non è certo se quanto a ciò sia contraddizione tra le due parti del libro di Esther. Può ancora dirsi, che nel capitolo XVI, 10, la parola *Macedone* sia un vocabolo generico adoperato a significare uno straniero come è spesso adusato ne' Macabei. Del resto un uomo della posterità di Agag bene potè stabilirsi nella Macedonia, e da lui potè discen-

[1] Joseph. *Ant.* I, XI, c. VI.

dere Aman e nascere ivi. Finalmente Aman poteva essere Agageo
per lato materno, e Macedone per lato paterno. *

Ripetiamo, i protestanti usano questi principì, quando debbono
conciliare le contraddizioni apparenti de' libri della Scrittura, che
essi tengono per canonici e divini : nè le ragioni, che usano in que‑
ste circostanze, sono più forti di quelle adoperate qui da noi a con‑
futare la loro sentenza.

CAPO X.

Del Libro di Giobbe

Osservazione preliminare

Il libro di Giobbe pare abbia avuto questo nome, perchè contiene
la narrazione delle sciagure patite da un uomo nominato Giobbe.
Nessuna delle storie narrate ne' santi Libri è andata soggetta a mag‑
giori difficoltà: imperocchè non solo si muovono dubbi intorno alla
verità di essa, ma ancora intorno alla persona di Giobbe, al tempo,
al paese natale, alla origine e religione di lui. Noi sceglieremo tra
tutte queste difficoltà quelle, che sono più confacenti al nostro pro‑
posito; per le rimanenti mandiamo il lettore a'commentatori e criti‑
ci, i quali le hanno trattate diffusamente.

*) A maggior dilucidazione bisogna notare, che Agag, celebre solo per
la sua morte, perchè scannato per mano del santo Profeta Samuele; e per
la sua pinguedine (ritenendo la lezione della Volgata, la quale discorda
dall' Ebreo *I Reg.* XV, 32, 33); non poteva dare nome al suo popo‑
lo, il quale era già celebre con quello di *Amalecita*, עֲמָלֵקִי, *Nghamaleqì*
(*Gen.* XIV, 7; *I Sam.* XXX, 1), ovvero semplicemente *Amalec*, עֲמָלֵק, *Ngha‑*
maléq (*I Sam.* XV, 2, 3, 5, 7, 8 ecc.) Non v' era dunque ragione per dare
a questo popolo un nome nuovo derivato dal suo re, morto con tanta igno‑
minia. Di fatti ne' tempi posteriori esso è sempre dinotato col nome antico.
(*II Reg.* I, 8, 13; VIII, 12. *I Par.* I, 36; IV, 43; XVIII, 11.) Questo dimostra,
che quel nome vuole significare tutto altro che la discendenza di Agag. Ag‑
giungasi, che la versione greca non legge nel capo III, 1, 'Αμαλήκ, comè
traducesi sempre la parola ebraica negli altri luoghi citati; ma βουγαιον: la
quale diversità importa più di quello, che pensar si possa, cioè una perfet‑
ta differenza nel significato della parola ebraica *Agaghi*. Questa, ignota a
noi attualmente, poteva forse essere comunemente spiegata per *Bugaeus* e
Macedo, come leggesi nel capo XVI (vers. greca VIII, 13). Che poi la voce
Macedo sia pigliata a dinotare nell' editto del re un uomo non tanto stra‑
niero, quanto malvagio, appare da due ragioni; primo da queste parole :
Revera alienus a Persarum sanguine, et multum distans a nostra beni‑
gnitate (cit. loc.) ; secondo dalla voce βουγαιος, la quale è una parola dè
contumelia, e dinota un uomo grande per statura e per bestiale ferocia.
(*Nota del Traduttore*)

ARTICOLO I.

Del testo originale e delle versioni del Libro di Giobbe

1. Molti critici han preteso, che il libro di Giobbe essendo pieno di *arabismi* o locuzioni arabe, fosse stato scritto originalmente in lingua araba : però il testo ebreo attuale sarebbe versione dell'originale arabo. Ma a nostro giudizio gli *arabismi* sono minori degli *arameismi*, o locuzioni caldaiche e siriache. E poi, come potrebbe lo stile così scorrevole, bello, perfetto appartenere ad una versione? Ogni versione porta sempre impressa la difficoltà, in cui necessariamente deve avvenirsi qualunque interprete benchè valente, nel voltare fedelmente l'originale d'una in altra lingua. E chi potrebbe poi dimostrare compiutamente, che queste pretese locuzioni arabe o aramee fossero primitivamente ignote alla lingua ebraica; se di questa abbiamo pochissime reliquie, cioè i Libri della Bibbia? Finalmente si vuole osservare, che essendo il libro di Giobbe scritto con forma poetica, l'autore ha potuto adoperare vocaboli e frasi usate più particolarmente negli idiomi stranieri sì, ma tanto analoghi e simiglianti all'ebreo.

2. La versione de' Settanta è in molti luoghi discordante dal testo ebreo. E dapprima alla fine delle Bibbie greche ed arabe si legge una genealogia di Giobbe con altri ragguagli intorno al suo paese : le quali cose non leggonsi nel testo ebreo. In secondo luogo spesso trovavansi nell'ebreo, come riferisce Origene, tre o quattro, e taluna volta sino a 14,16 e 19 versetti continui, i quali mancavano nel greco: ed al contrario ne' Settanta leggevansi molti luoghi mancanti nell'ebreo [1].

Gli esemplari dell'Itala antica non erano meno della versione greca discordanti dall'ebreo: imperocchè quella versione era stata fatta sulla greca. S. Girolamo scrive, che prima della versione fatta da lui su Giobbe, le altre versioni avevano una mancanza di sette o ottocento versetti, messe in confronto col testo ebreo [2]. Egli dice ancora, che non si è limitato solo a riempire queste lacune, ma si è pure adoperato di rendere più chiaro quello che era oscuro in quest'antica versione, di emendarne le cose corrette o alterate, in somma di aggiustare tutti gli errori commessi dagli amanuensi [3].

[1]) Origen. *Epist. ad Africanum.*
[2]) S. Hier. *Praef. in Job.*—[3]) *Ibid.*

ARTICOLO II.

Del subbietto e dello scopo del libro di Giobbe

1. Il libro di Giobbe si compone di tre parti ben distinte, cioè, il prologo, il corpo dell'opera, l'epilogo. Il prologo è contenuto ne' due primi capitoli. Due sentenze sono profferite nel Cielo. Iddio si manifesta a noi come reggitore dell'Universo ed il giustissimo de' giudici: Egli permette a Satan di tentare Giobbe suo servo, e subito quest'uomo ricco e virtuoso è oppresso da tremende sciagure. Perde tutte le sostanze, ed una specie di lebbra gli rode il corpo : tutti questi mali piovutigli contemporaneamente addosso, servono per appalesare pienamente tutta la sua virtù. Il corpo dell'opera contiene i seguenti 38 capitoli. Giobbe caduto nella voragine delle sventure è per soprassello esposto al ludibrio ed agli scherni degli amici Eliphaz, Baldad, Sophar: questi vengono in disputa con lui intorno alla causa delle sue sventure, e conchiudono dicendo, che egli se le ha tirate addosso co' suoi peccati. Giobbe difende la sua innocenza, e sostiene che i suoi mali provvengano da una causa impenetrabile. Eliu, quarto amico di Giobbe, esce in mezzo e ripete con altri vocaboli molte delle cose dette da' primi tre amici ; Giobbe non gli risponde, ed in vece prega Dio affinchè risponda in sua vece. Iddio di mezzo ad un turbine fa udire la sua voce per provare, che nessuna umanamente può intendere i fini avuti da Lui nella creazione.

Una lettura attenta del libro di Giobbe non lascia dubitare, che l'Autore scrivendo questa storia ha avuto per iscopo principale dimostrare, che sono impenetrabili quelle cause, per le quali spesso vediamo gli uomini dabbene lottare colle avversità sino alla morte, mentre i malvagi si pigliano tutti gli spassi di questo mondo.

ARTICOLO III.

Della verità della storia di Giobbe

Molti antichi Ebrei e parecchi interpreti cristiani moderni han pensato, che Giobbe sia un personaggio ideale, ed il suo libro una parabola. Altri, come Jahn e Rosenmüller non negano la esistenza di Giobbe, nè la verità de' principali punti della sua storia; nondimeno credono che lo scrittore del libro di Giobbe, imitando i poeti, i quali dalla storia pigliano il subbietto de' loro poemi, ha preso a narrare la storia di un giusto infelice, le cui memorie erano sopravvanzate mediante una tradizione popolare [1]. Finalmente Huet, il p. Lamy (V. lo

---

[1] Rosenmüll. *Schol. in Job.* Prolg. § I; Jahn, *Introd.* § 190.

Scolio dopo l'Art. IV) e Du-Pin, i quali Jahn pretende stare dalla parte sua, non hanno con molta chiarezza sposto il loro pensiero scrivendo, che l'autore della storia di Giobbe l'ha trattata poeticamente, e l'ha abbellita, ampliata ed ornata in molte cose. La vera dottrina intorno a ciò si trova espressa nelle proposizioni seguenti

PRIMA PROPOSIZIONE

Giobbe veramente fu, nè il suo libro è parabolico

1. In Ezechiele (XIV, 14) leggesi il nome di Giobbe con Noè e Daniele. « Se questi tre uomini, Noè, Daniele e Giobbe si trovano in mezzo a quel paese, essi libereranno le loro anime con la loro giustizia, dice il Signore degli eserciti ». Essendo nella medesima frase citati come esempio Noè, Daniele e Giobbe, ed essendo citati pel medesimo fine, cioè per dimostrarli sottratti a maggiori pericoli per ispeciale favore di Dio; bisogna necessariamente affermare che tutti e tre abbiano davvero esistito. Se Giobbe fosse un personaggio ideale, sarebbe la verità talmente mescolata col mendacio, che sarebbe difficile sceverare l'una dall'altro: mentre leggendoli nel testo allegato, nella mente non si suscita nessun dubbio intorno alla verità di questi tre uomini. Nè si opponga, che da quel luogo di Ezechiele non si può dedurre altro, se non *che ha potuto anticamente esistere un uomo qualunque nominato Giobbe, celebre per la sua pietà*; imperocchè l'antichità sacra non ha conosciuto altro Giobbe, se non quello de'Libri santi. E poi quando a' personaggi veri sono aggiunti altri imaginarii, sono sempre alcuni indizi, i quali fanno discernere la verità dalla finzione. Leggesi ancora nel libro di Tobia (II, 12): « Iddio permise che questa pruova lo esercitasse, affinchè la pazienza di lui fosse modello a' posteri, come quella del santo Giobbe ». Ma questo elogio della pazienza di Giobbe non è forse una pruova, la quale ci dimostra avere quest'uomo esistito siccome cel descrive la storia sua ? È vero, che i partigiani della parabola dicono non stare il citato versetto 12 nel testo greco, nelle versioni siriaca, arabica, ed ebraica; e però esso deve esser tenuto come interpolazione. Ma è cosa molto possibile, che il citato versetto sia stato per inavvertenza omesso nel testo greco, e però sia stato ancora omesso in tutte le versioni fatte su quel testo. Al meno sfidiamo i critici che confutiamo, a mettere innanzi una pruova soddisfacente del contrario. L'Apostolo s. Giacomo scrive così nella sua Epistola (V, 11): « Voi vedete che noi li chiamiamo beati, perchè tanto han patito. Voi avete ancora imparato quale sia stata la pazienza di Giobbe, ed avete veduto la fine del Signore: imperocchè il Signore è pieno di compassione e misericordia ». S. Giacomo, adunque, rammentando agli Ebrei la pazienza di Giobbe e il guiderdone concesso alla

virtù di lui, prova che egli credeva Giobbe un vero personaggio, e veri egualmente i fatti contenuti nella sua storia: altrimenti egli non avrebbe potuto esortare i fedeli ad imitare gli esempi di quest'uomo santo. « Certo, dice D. Ceillier, è affatto improbabile, che lo Spirito Santo volendo proporre agli uomini l'esempio di una pazienza consumata, abbia adoperato una storia finta: quasi che non avesse Egli potuto con la grazia sua corroborare la costanza di un suo servo per farlo modello perfetto di questa virtù. Questa condotta sarebbe ad un tempo indegna di Dio ed inutile all'uomo. È noto, e la quotidiana esperienza lo conferma ogni dì, che l'uomo non si lascia facilmente trarre agli esempi di virtù speculative, ed invano sarebbe eccitato a patire mettendogli sottocchi un personaggio finto, il quale non fu mai [1] ».

2. Origene, Tertulliano, s. Cipriano, s. Basilio, s. Giovanni Crisostomo, s. Girolamo, s. Ambrogio, s. Agostino, s. Gregorio il Grande ed altri hanno parlato di quel Giobbe rammentato dalla Scrittura, nè han mai dubitato della sua vera esistenza. I nostri avversari pretendono di eludere la forza delle citate testimonianze dicendo, che nessun Padre ha scritto *ex professo* intorno a questo personaggio prima della fine del secolo VI, quando s. Gregorio Magno pubblicò il libro de' *Morali* sopra Giobbe: di qui essi conchiudono, che inutilmente si adduce l'unanime consentimento de' Padri intorno a ciò. Ma questo discorso è insipido: gli scritti de' Padri chiaramente dicono, che essi tenevano Giobbe in conto di un uomo vero, non imaginario: nè era necessario a far conoscere questa loro opinione scrivere *ex professo* intorno a quest'uomo, siccome non era nemmeno necessario per qualunque altro punto della Scrittura.

3. La pratica della Chiesa cristiana pruova sempreppiù quello che dimostriamo: imperocchè Ella ha scritto il nome di lui ne' più antichi martirologi. I Greci ne fanno memoria addì 6 maggio, ed in questo stesso giorno i Cristiani dell'Arabia, dell'Etiopia, dell'Egitto e della Russia: i Latini poi ne fanno la festa a' 10 dello stesso mese.

4. Finalmente il libro di Giobbe tiene tutti i caratteri di un racconto veramente storico, ed è esente perfettamente da que' caratteri, i quali sono addicevoli ad una parabola. In fatti non solo i personaggi sono ivi designati col proprio nome, ma sono ancora determinate nel modo più preciso tutte le circostanze. Quindi oltre i nomi propri di Giobbe, della moglie, de' suoi antenati ed amici, vi si legge l'esatta numerazione de' figliuoli, delle figliuole, de' vari armenti, del paese natale, nel quale egli abitava. Finalmente questa storia dà minutissimi ragguagli intorno alla condotta particolare di Giobbe, alla disciplina usata da lui verso i figliuoli e servi, al nu-

---

[*] *Hist. génér. des auteurs sacrés*, t. I, p. 200.

mero degli anni da lui vissuti dopo che fu rimesso nella pristina salute e ricchezza; e finalmente intorno a molte altre circostanze, le quali non possono in modo alcuno essere convenienti ad una parabola.

Difficoltà

Diff. 1.ª Se la storia di Giobbe fosse un fatto veramente storico, Giuseppe non avrebbe intralasciato di parlarne nelle sue *Antichità*: ma egli ha serbato profondo silenzio intorno ad esso.

R. Non è certo che Giuseppe abbia omesso la storia di Giobbe; imperocchè egli ammette, come gli altri Ebrei, ventidue libri canonici; nè potrebbe ammettere questo numero escludendone il libro di Giobbe. Nè egli era poi obbligato ad inserire nelle *Antichità* giudaiche una storia pertinente ad un uomo estraneo al suo popolo, e però non collegata co' fatti della sua nazione, che egli prese a narrare. Ma quanti avvenimenti veri, i quali facevano parte del suo subbietto, sono stati da lui dimenticati ! Egli tace dell'incesto di Giuda e Thamar, dell'omicidio commesso da Mosè sull'Egiziano, dell'adorazione del vitello d'oro, della nube che fu guida agl'Israeliti nel deserto, e della colonna di fuoco, la quale gl'illuminava in tempo di notte. Nè per ciò siamo obbligati a rilegare questi fatti tra le finzioni e parabole. Finalmente il silenzio dello storico Giuseppe, presupponendo che potesse essere addimostrato, non potrebbe prevalere contro la testimonianza aperta di Tobia, Ezechiele e dell'Apostolo s. Giacomo come abbiamo detto nella proposizione.

D. 2.ª È certo, che il consiglio tenuto da Dio con i suoi Angeli, ed a cui fu presente Satan, non può essere un fatto storico: or se non è storico il prologo, che è il fondamento di tutta la narrazione, come può avere il carattere di vera storia il corpo dell'opera ?

R. Questo ragionamento è mal fondato tanto nel suo principio, che nella conseguenza dedotta contro le regole logiche. La falsità delle premesse sarà mostrata nella proposizione seguente: la conclusione rimane pienamente confutata dicendo, che essa è gratuita. I nostri avversari non potranno mai dimostrare, specialmente poggiati sul loro sistema, che l'autore del libro di Giobbe non ha potuto scrivere una vera storia facendole precedere un prologo allegorico, il quale è pel lettore come una chiave per penetrare nella intelligenza de' fatti storici, che sono da lui narrati. Nelle storie sono state sempre distinte la sustanza dell'opera, composta da avvenimenti reali e positivi, e le quistioni filosofiche o morali, che sono come la introduzione. Queste discussioni filosofiche o morali possono poggiare sopra mere allegorie, nè il lettore è per ciò obbligato a tenere come mere finzioni i fatti storici componenti il corpo dell'opera, i quali sono dimostrati veri da molte ed irrefragabili pruove. Del resto i luoghi a noi opposti non formano tutto il prologo; essi ne sono una parte, e tutto quello che strettamente sen potrebbe conchiudere, si riduce a questo: la mentovata narrazione non è interamente storica, e l'autore come poeta vi ha messo qualche ornamento. *

D. 3ª. Lo stile pomposo e ricercato del Libro di Giobbe non è confacente ad una vera storia. Chi può credere, che l'eroe di questo poema, punto da sì vivi dolori abbia potuto volgere agli amici discorsi tanto lunghi ed elaborati, sedendo sul letamaio ? chi può pensare che gli amici parlando alla loro volta abbiano risposto col medesimo tuono e con lo stesso stile ? Come può tenersi, che Iddio sia realmente venuto in un turbine, ed abbia sì a lungo favellato a Giobbe, e sempre con stile poetico, per metter fine alla disputa surta tra Giobbe e gli amici ?

R. Questo ragionamento non prova che il libro di Giobbe sia una finzione morale, e che Giobbe sia un ente imaginario. Essendo questa difficoltà in sostanza simile alla precedente, noi ripetiamo quello che ivi abbiam detto. Da questi lunghi e belli discorsi non potrebbero ricavare altro gli avversari rigorosamente parlando , se non che i versi sublimi indirizzati da Giobbe a'suoi amici ed a 'Dio, e quelli dati in risposta a lui, non appartengono nè a Giobbe, nè agli amici, nè a Dio, sì all'autore del libro; il quale saputi i discorsi veramente profferiti da' personaggi, a' quali egli attribuisceli, gli ha messi in verso ', e gli ha disposti nell'ordine ammirabile, che rende questo

---

*) Queste parole vanno intese nel senso cattolico, non già nel senso de' Razionalisti. I sacri poeti degli Ebrei sono stati uomini inspirati da Dio, anzi hanno ancora avuto il dono della Rivelazione. La narrazione adunque del concilio tenuto innanzi a Dio tra gli Angeli santi e Satan, ancorchè non si abbia a tenere per vera e reale come molti Padri hanno scritto, deve essere sempre tenuta come inspirata al sacro Scrittore. Anzi quei Padri ed Interpreti, i quali l'hanno spiegato allegoricamente, hanno nel tempo stesso insegnato, che essa sia stata dimostrata allo Scrittore per via di visione intellettuale come ordinariamente avveniva a'Profeti. L'ornamento dunque, di che parla l'Autore, non vuol dire altro, se non che quella narrazione, benchè non riferisca un fatto reale, è stata ivi allogata per documento nostro. Iddio ci ha voluto insegnare la provvida cura, che piglia de' fedeli, per preservarli dalle insidie di Satan. Se pare troppo dura la spiegazione di quella parola *ornamento*, non ne siamo da accagionar noi, sì l'Autore, il quale volendo esprimere appunto quello che abbiamo indicato, non ha usato parole adeguate al suo pensiero. (*Nota del Traduttore*)

') Usiamo qui il nome *versi* per non uscire dal comune linguaggio. Vedi quello, che abbiamo detto su'pretesi versi ebraici nella nostra *Introduzione storica e critica*, t. II.—Nel luogo, che citasi qui, l'Autore sostiene co' moderni, che gli Ebrei non conobbero versi *metrici* come i Greci e Latini: noi di ciò ci curiamo poco. Ma non sappiamo poi conciliare con questa senten _

libro superiore a qualunque poema. Se l' intervento di Dio potesse essere un motivo per negare la verità del racconto di Giobbe, sarebbe necessario rigettare tutte le storie dell' Antico e Nuovo Testamento. Questa rivelazione non ha poi nulla, che si appalesi indegno della Divinità: essa principalmente è intesa ad insegnare agli uomini le vie della Provvidenza impenetrabili, alle quali essi debbono sottomettersi adorandole in silenzio. Il turbine era certamente una nube accompagnata da tempesta mossa dall' Angelo, il quale parlava in nome di Dio, a fin di inspirare spavento e riverenza : imperocchè il medesimo leggiamo essere avvenuto, allorchè il Signore dando le leggi agli uomini coprì il monte Sinai con una densissima nube, e fece udir la sua voce di mezzo al guizzo de' baleni ed al rombo de' tuoni [1].

D. 4ª. La regolarità, che costantemente si osserva ne' numeri, annunzia un poeta, il quale sommette la materia alla sua volontà, anzi che uno storico, il quale si uniforma alla esatta verità delle cose: la stessa significazione de' nomi propri non lascia dubitare, che il libro di Giobbe sia una parabola.

R. Nel libro di Giobbe leggonsi molti numeri rotondi; ma potrebbero per ciò gli avversari fondatamente negare la veracità dell' autore quanto a ciò ? Con qual pruova lo convincerebbero d' inesattezza ? Nè poi è necessario ammettere questi numeri nel rigore de' termini, onde sono espressi: imperocchè i più severi critici confessano, che i sacri Scrittori senza pregiudizio della verità storica spesso omettono le frazioni ed usano numeri rotondi.

Nè i nomi propri usati nel libro di Giobbe debbono far maraviglia, se qualche volta hanno una significazione analoga a' fatti di questa storia: imperocchè molti nomi simiglianti leggonsi negli altri libri dell' Antico Testamento, come Abele, Noè, Abramo, ecc. Finalmente, non è lecito ignorare che in ebreo tutti i nomi propri sono significativi, e però possono avere una relazione più o meno espressa con gli avvenimenti [2].

---

za, che egli co' moderni sostiene *mordicus*, quello che qui dice a proposito di Giobbe e de' discorsi poetici di lui e degli amici. Se la poesia ebraica fosse stata metrica, come con Flavio hanno affermato Eusebio di Cesarea, s. Girolamo, e tra' più recenti massime il Buxtorf, potrebbe stare quello che dice l' Autore a confutazione degli avversari ; ma se la poesia ebraica fu senza metro, e poeti furono quelli, che scrissero con stile immaginoso, ricco di figure, pieno di energia e notabile per frequenti *catacresi*; chi potrà mandare giù quell' osservazione intorno a' discorsi di Giobbe e degli amici. Tolte tutte le cose accennate, le quali sono talmente congiunte co' discorsi, che ne formano la sustanza, dimandiamo che rimarrebbe di proprio a Giobbe ed agli amici ? (*Nota del Traduttore*)

[1] *Exod.* XIX.

[2] Dobbiamo osservare, che le spiegazioni comunemente date a' nomi pro-

Passiamo alla seconda proposizione: se essa non è affatto irrefragabile, è al meno più conforme a' principi da noi stabiliti intorno alla inspirazione della Scrittura, i quali teniamo per veri [1]: cioè noi teniamo l'opinione spiegata nella proposizione seguente per più sicura (*tutior*).

SECONDA PROPOSIZIONE

Tutti i fatti e discorsi contenuti nel libro di Giobbe sono veri

Bisogna ricordarsi, che i critici da noi combattuti pretendono, i soli fatti principali essere veri nella storia di Giobbe: cioè che un uomo pio nominato Giobbe, ridotto ad estrema miseria per la perdita de' beni e de' figliuoli e per la sua infermità, tollerate pazientemente le sue sciagure, sia stato rimesso nell'antico splendore. Tutte le altre cose, come il consiglio tenuto da Dio con gli Angeli, nel quale il demonio voleva rendere sospetta la virtù di Giobbe; i lunghi discorsi messi in bocca a lui e agli altri personaggi della sua storia, sono da questi critici tenuti come giunte messe ad ornamento.

1. Se nella storia che esaminiamo, dovessero aversi per veri e storici i soli fatti principali; ne verrebbe in conseguenza, che nel libro di Giobbe sarebbero miste con le verità le finzioni, nè sarebbe a noi dato qualche mezzo per discernere queste da quella: imperocchè l'autore non pone nessuna differenza tra queste cose, anzi la narrazione è ugualmente affermativa tanto ne' fatti secondarii, che ne' sustanziali. E chi può mai sospettare, che uno Scrittore inspirato dallo Spirito Santo narri con eguale forma i fatti veri e gl'immaginarii, cioè il vero ed il falso? Se così fosse, non solo potrebbesi dirittamente dubitare della sua inspirazione, ma ancora dare allo Scrittore taccia di poca sincerità e buona fede. I fatti, su' quali fanno tanto peso gli avversari, non sono nè meno veri, nè meno reali degli altri: e per verità l'autore di Giobbe, che noi crediamo divinamente inspirato, non distingue due maniere di fatti, nè si è lasciato sfuggire al meno qualche parola, la quale renda ragionevole quella distinzione. Questa osservazione, che già abbiamo fatta, è importantissima; e però la ripetiamo in questa pruova, alla quale propriamente pertiene. Che se non è lecito riconoscere nel libro di Giobbe due differenti maniere di fatti, cioè alcuni storici, ed altri imaginarii; è assolutamente necessario distinguere in tutti i fatti la medesima sustanza dalla forma, la quale è come la buccia di quella. Tenendo ferma questa distinzio-

---

pri del libro di Giobbe sono per lo più false, o molto incerte. Per ciò l'obbiezione scapita affatto.

[1] Ved. l'*Introduzione generale*, c. I, art. II.

ne comune a tutti i fatti della Bibbia, noi possiamo dire, che il consiglio tenuto da Dio con gli Angeli, presente Satan, è un vero fatto manifestato da Dio, ed allegoricamente espresso dal sacro Scrittore: nè dalla interpretazione metaforica di un fatto deriva, che esso debba essere stimato come pura allegoria. Per esempio, non devesi letteralmente intendere quel luogo del Genesi, capo XI, nel quale dicesi essere Iddio disceso del Cielo per confondere il linguaggio
degli edificatori di Babel: ma non per questo debbesi tenere per mera
finzione la confusione delle lingue operata da Dio in quella circostanza. Quella espressione *discendere del cielo* dinota l'intervento
positivo di Dio in quella confusione.

2. Distinta così la sostanza dalla forma, la quale consiste nello
stile e nella disposizione de' pensieri, diremo che sarebbe temerario
pretendere essere foggiati dallo scrittore i discorsi, che l'autore positivamente attribuisce a' personaggi della storia. Imperocchè, comunque gli avversari spieghino la cosa, sarà sempre vero l'affermare,
secondo la loro opinione, che l'autore c'inganni, allorchè egli a dimostrazione della pazienza e rassegnazione di Giobbe usa parole non
profferite da Giobbe, ma inventate da sè: *Iddio mi ha largito i beni, Iddio me gli ha tolti; sia benedetto il suo santo Nome.* Nel medesimo errore ci ha indotto l'autore, allorchè ha scritto avere Iddio
positivamente detto ad Eliphaz di Theman: *Il mio furore si è acce-
so contro di te, e contro i due amici tuoi; perocchè voi non avete
parlato innanzi a me secondo verità, siccome ha parlato il mio
servo Giobbe.* Queste parole sarebbero false, perchè foggiate dall'autore. La verità non iscapita, il lettore non è messo in pericolo, quando Omero e Virgilio pongono in bocca a' loro eroi e numi discorsi
ed arringhe composte da loro: ognuno sa, che nell'*Iliade* e nell'*E-
neide* sono finzioni poetiche, e qual conto debba farsi di tutto quello,
che è detto intorno agli dei e deesse, ed al costoro intervento nelle
storie narrate. Uno scrittore inspirato, e riconosciuto tale per divina autorità, la quale ci dà come opera dello Spirito Santo il libro
scritto da lui, non può inventare discorsi e massime, nè attribuirle
a Dio senza divenire un impostore, e senza ingannare la semplicezza de' suoi lettori, a' quali il suo scritto è dato come norma di fede e
regola di costumi. Se l'autore di questo libro avesse inventato i discorsi messi in bocca a Giobbe, avrebbe con ogni studio procurato
di non farlo spesso parlare in una maniera strana, attribuendogli parole, le quali sono maravigliosamente opposte al carattere, onde ce
lo ha descritto. « Un autore, che avesse lo scopo di rappresentare
un prodigio di pazienza, quale fu Giobbe, dice opportunamente il
Sacy, potrebbe mai ragionevolmente credere di darcene un' idea molto magnifica esprimendone i sentimenti in modo, che ci farebbe

piuttosto pensare aver egli finalmente perduto la pazienza? ¹ » È certo, che esaminando con gli occhi della critica letterale non solo i discorsi di Giobbe, ma ancora quelli de' suoi amici, vi si trovano difetti ed imperfezioni: queste cose facilmente si spiegano considerando
le condizioni particolari di ciascun personaggio; ma in esse non sarebbe mai caduto uno scrittore qualunque, il quale avesse imaginato que' discorsi.

Quindi nessun fatto del libro di Giobbe deve tenersi per imaginario, tutti sono veri e reali quanto alla sostanza: e parimente ogni discorso quanto alla sostanza è stato veramente profferito da colui, cui
è attribuito. *

S C O L I O

Tra' critici, che hanno impugnato la verità della storia di Giobbe,
alcuni hanno negato ancora l' esistenza di questo sant'uomo, ed hanno avuto in conto di finzione morale quanto è contenuto nel suo libro: altri hanno ammesso per veri una parte de' fatti. Ma non è
molto facile discernere, sino a qual punto i critici della seconda sentenza si oppongono alle cose da noi dette nella seconda proposizione: imperocchè non tutti hanno le stesse idee, ed alcuni non hanno
usato molta chiarezza nelle loro espressioni; quindi non osiamo giudicare del loro vero sentimento. Diremo solo, che il sentimento di
Rosenmüller e Jahn ci pare più ardito di quello di Huet, del p. Lamy e di Du Pin; benchè il Jahn citi in suo favore tutti e tre questi
critici ². Il p. Lamy particolarmente, parlando del libro di Giobbe,
si limita a dire, che la lettura di questo libro sarebbe utile a' popoli, ancorchè Giobbe non fosse stato: ed alquanto più giù aggiunge,
senza apporre nessuna riflessione sua, che alcuni critici han pensato
essere parabole i libri di Giobbe, di Tobia e di Giuditta.

---

¹) Sacy, *Préface sur Job.*
²) Per le cose dette nella nota a p. 806, pare che e sustanza e forma
possano attribuirsi a' singoli interlocutori. Solo chi non ha letto il libro di
Giobbe può ignorare la differenza, che passa tra l' un discorso e l' altro, essendo ognuno conforme al genio ed a' sensi dell' interlocutore. Se Eliu non
avesse di propria bocca confessata la sua età giovanile (XXII, 6), bene a-
vrebbela appalesata l' arroganza delle sue parole. (*Nota del Traduttore*)
³) V. Rosenmüller, *Schol. in Job, Proleg.* § I; Jahn, *Introd.* § 190; Huet,
Demonstr. evang. Prop. IV, *de lib. Job,* § 4; Lamy, *Appar. bibl.* l. II, c.
II, p. 335.

ARTICOLO IV.

Dell' autore del libro di Giobbe

È grande discordia di pareri intorno all' autore del libro di Giobbe. Origene, s. Gregorio il Grande, Suida ed alcuni altri, i quali at-
tribuisconlo al medesimo Giobbe si fondano sulle parole del capo
XIX, 23: *Chi mi darà, che le mie parole sieno scritte? Chi mi
concederà, che esse siano segnate in un libro, o scolpite sul piom-
bo con uno stile di ferro, ovvero sulla pietra con lo scalpello?*
Ma con queste parole Giobbe vuol dimostrare, che egli è estremamente persuaso della verità, che profferisce: qui non si parla di un
libro comune, che Giobbe abbia intenzione di scrivere, nè da questo luogo si può dimostrare essere Giobbe autore del libro. Altri
pensano, che esso appartenga ad Isaia, e son tratti a questa sentenza dalla somiglianza di stile, che corre tra questo Profeta ed il libro
di Giobbe. Alcuni ne fanno autore Daniele, e s. Gregorio di Nazianzo, come riferisce Polychronio, lo teneva per opera di Salomone.
Warburton, seguitato dalla scuola de' Cappuccini ebraizzanti di Parigi, pretendeva che questo libro fosse stato scritto nel tempo della
captività di Babilonia. Tutte queste opinioni sono state abbandona-
te, come quelle che non hanno nessuna buona ragione per fondamento. Una però è stata molto vagheggiata in questi ultimi tempi,
ed è appunto quella, che attribuisce il libro a' tempi di Salomone.
Tra tutte le ragioni addotte a pro di questa sentenza, una sola ci
appare verisimile, cioè la varietà e la estensione delle conoscenze,
di cui dà saggio l'autore in questo bel poema: la qual cosa presuppone
necessariamente un secolo molto illustre per civiltà e lettere. Imperocchè ivi si fa memoria della scienza degli astri, dello scavo delle
miniere, della storia naturale, dell' architettura de' palagi, degli strumenti musici, de' vasi preziosi, delle macchine belliche, come la te-
stuggine, ecc.: Finalmente in tutto il poema si scorge un' arte, una
regolarità, una convenienza, le quali presuppongono, che gli uomini
fossero di molto progrediti nella poesia ed eloquenza, quando esso è
stato composto. Di qui si è conchiuso, che siccome nessun secolo
possa vantare tante cognizioni e coltura di spirito, quanto il secolo
di Salomone; bisogna necessariamente ammettere, che il libro di
Giobbe sia stato scritto in questo periodo della storia ebraica. Ma
Jahn [1] ha molto ben dimostrato, come ci pare, che tutte queste cognizioni esistevano già in Egitto gran tempo innanzi, e che quasi
tutte si trovano nel Pentateuco. Aggiungasi, che se il libro di Giob-

---

[1] Jahn, *Introd.* ediz. tedesca.

be fosse stato scritto sotto Salomone, bisognerebbe attribuirlo a questo principe: imperocchè nessuno a que' tempi possedeva al par di
lui le cognizioni estese e svariate, che leggonsi in questo poema.
Ma nessun indizio ci dimostra esserne egli autore ; imperocchè lo
scrittore del *III de' Re*, facendo accurata enumerazione degli scritti di questo principe, nomina i proverbi, i cantici , la storia naturale (IV, 32, 33); ma nulla dice del libro di Giobbe, nè lo avrebbe o-
messo, se Salomone ne fosse stato veramente autore.

Ma l' opinione, più generalmente ammessa in questi ultimi tempi,
attribuisce questo libro a Mosè: nondimeno discordano tra loro quelli, che la sostengono. Alcuni, e sono i più, tengono che quantunque
Mosè abbia ridotto alla forma attuale questo sacro poema, pure ha
fatto uso delle memorie scritte da Giobbe, il quale per ciò dev'essere
considerato primo autore del libro. Noi siamo molto inchinevoli a
pensare, che Giobbe abbia scritto la sostanza dell' opera, perchè solo egli poteva esattamente riferire tutti i discorsi, i dialoghi e molte
altre circostanze, che vi si leggono: ma non per ciò ammettiamo, che
il sacro Scrittore, il quale ha ridotto il libro alla forma attuale, sia
stato un mero interprete. I caratteri intrinseci del libro poco possono
giovare a conoscere il nome di questo scrittore, o a definire il tempo
in che visse: imperocchè i critici più valenti se ne sono valuti egualmente per sostenere le più opposte sentenze. Noi dunque non defi-
niremo nulla intorno all' autore del libro di Giobbe, nè intorno al-
l'epoca della composizione sua: solo diremo che esso deve riferirsi a
tempi antichissimi, siccome dimostrano le descrizioni degli usi e costumi. Aggiungeremo, che le cognizioni, di cui dà saggio l' autore,
ci sono sempre parse minori di quelle che leggonsi ne' trattati de'
critici, i quali le hanno sposte scientificamente: il qual carattere esse non hanno originalmente. Vi ha, per modo di esempio, molti vocaboli semplicissimi e naturalissimi, i quali considerati scientificamente esprimono sensi profondi ed idee sublimissime; ma forse l'autore non ha mai pensato a tali cose. Il disegno ed ordine del poema
non sono ricercati: e benchè sia quanto al tutto ammirabile, pure
nelle parti non è affatto cònsono con le regole dell' arte. In somma,
il libro di Giobbe è a nostro giudizio, pieno di bellezze, ma naturali, le quali nascono anzi dalla natura della lingua, in cui è scritto,
e da' subbietti sublimi ivi trattati, che dallo straordinario ingegno
dell' autore, e dalla superiorità del secolo, in cui fu scritto. *

*) Oh forza ammirabile della verità ! Vedi , lettore, se qui non leggi in
parte quelle cose, che innanzi notammo (p. 306, 310). Perchè dunque far
uso di altri principi nel confutare le difficoltà di que' critici, i quali muovono da imaginazioni e fantasie? Diciamo in parte essere qui detto ciò, che
innanzi abbiam notato, perchè non possiamo nè punto, nè poco accondi-
scendere alla sentenza, la quale vorrebbe dire frutto dell' ingegno dello

ARTICOLO V.

Della divinità del libro di Giobbe

La divinità del libro di Giobbe è stata sufficientemente dimostrata mediante quelle ragioni, che abbiamo addotte nel primo capo della *Introduzione generale*, ove abbiam detto della inspirazione de' libri dell' Antico Testamento. Per ciò qui ci staremo a risolvere le difficoltà opposte dagli avversari contro l'autorità divina del libro di Giobbe.

Difficoltà

Diff. 1ª. Ne' discorsi di Giobbe e de' suoi amici leggonsi collere e sdegni : le quali cose, essendo anzi acconce a distruggere che ad edificare la pietà de' fedeli, non possono far noverare tra' libri divinamente inspirati quello di Giobbe.

R. Questa difficoltà è più speciosa che solida. Imperocchè quelle collere, quegli sdegni non sono dal sacro Scrittore riferiti come subbietti di edificazione, sì solamente per integrità convenevole ad una fedele narrazione. Anzi lo Scrittore in vece di scusarli, ne' fa al possibile una giusta censura, allorchè dice che Dio di propria bocca riprese ed emendò quello, che era riprensibile ne' discorsi di Giobbe e degli amici.

D. 2ª. Nondimeno Giobbe è chiaramente proposto come obbietto di pazienza : ma sono diametralmente avversi a questa bella virtù le collere da esso sfogate.

R. Tobia, Ezechiele, l'Apostolo s. Giacomo e l'Autore del libro di Giobbe ci mostrano Giobbe come modello di pazienza; ma questa deve scorgersi nella sua rassegnazione alla volontà di Dio, che lo percosse, e lo privò de'beni e de'figliuoli, e lo coperse di una lebbra generale. Che egli non ci sia proposto a modello nelle dispute sostenute con gli amici, si desume chiaro dall'accuratezza, onde lo Scrittore sacro fa osservare, che Iddio lo biasimò per gli eccessi commessi, e dalla penitenza fattane nella cenere e nella favilla. Ma è necessario tener sempre a mente, che i lamenti di Giobbe sono scritti con istile orientale e poetico : e per ciò le sue imprecazioni sono non più

———

scrittore del libro tutto quello, che sente nobiltà e sublimi pensieri. Se i discorsi sono veramente di coloro, cui vengono attribuiti, come si potrà disgiungere la forma dalla materia, essendo questa appunto alta e sublime ? La forma apparisce forse più alta e nobile a noi, che siamo più poveri di fantasia nelle nostre favelle. Ci duole, ed oh quanto! di dovere essere sobriissimi in un subbietto più rilevante di quello, che possa imaginarsi. — (*Nota del Traduttore*)

che espressioni enfatiche, dettate agli Orientali da un vivo dolore, da una profonda malinconia: il vero significato di queste espressioni deve essere stimato non col rigoroso senso delle parole, ma con le condizioni di chi parla. Così spiegansi le espressioni, che paiono tanto violente ed esorbitanti ne' Salmi, in Geremia, in Giona ecc.[1]. Finalmente si deve notare quello, che scrive Ceillier: « Se Giobbe non avesse usato espressioni tanto vive e tanto forti per esprimere il suo dolore, non ce ne avrebbe disegnato una vera imagine, nè forse ne avrebbero tratto molta edificazione coloro, pe' quali egli scriveva. Anzi avrebbe potuto qualcuno sospettare, come nota s. Giovanni Crisostomo, che la sua virtù fosse stata una stupidità indegna di qualunque elogio »[2].

D. 3ª. L'autore di questo libro discorda con sè stesso: imperocchè avendoci rappresentato Giobbe come uomo giusto, e mondo di labbra, nondimeno lo rappresenta penitente, e gli fa confessare il peccato. Esso è poco uniforme nelle parole messe in bocca a Dio: perocchè Iddio dapprima biasima Giobbe pe' discorsi fatti, e poi dichiara non avere gli amici del santo uomo parlato secondo la verità, come aveva parlato Giobbe. Uno scrittore divinamente inspirato non potrebbe cadere in simili contraddizioni.

R. I soli spiriti prevenuti possono scorgere queste pretese contraddizioni. E dapprima, ancorchè Giobbe avesse peccato in questa occasione, non perciò dovrebbeglisi negare il nome di giusto. Per quanto si voglia mostrare enorme il suo peccato, non mai potrà provarsi che egli abbia peccato mortalmente: imperocchè i suoi lamenti sono, è vero, eccedenti, ardito è il suo appello al divin tribunale; ma egli difende sempre la verità, sempre riconosce il dominio supremo di Dio sopra di sè, e solennemente dichiara di non abbandonare mai il culto di Dio. Molte sono le ragioni acconce ad iscemare il peccato commesso trascorrendo oltre i giusti limiti nella manifestazione del suo dolore. Sono estremi i mali da lui patiti, ed i suoi amici in vece di consolarlo, come e' giustamente desiderava, lo colmano d'ingiurie e vitupèri. Il sentimento della sua innocenza, e l'orrore de' peccati a lui attribuiti naturalmente dovevano eccitarlo a viva indignazione. E poi essendo i suoi lamenti espressi secondo il genio della lingua orientale, come abbiamo detto nella precedente replica, non debbono le parole essere intese in istretto senso, essendo gli orientali iperbolici all'estremo. Finalmente se non fossero state adoperate espressioni tanto forti e vive per esprimere il dolore di quell'uomo oppresso dalle tribolazioni, queste non sarebbero state a noi

---

[1] Vedi soprattutto i seguenti luoghi: *Ps.* LIV, 16; LVIII, 5-11; LXVIII, 5, 23-25; Jer. XX, 14; Jon. IV, 1, 9.
[2] *Hist. génér. des auteurs sacrés*, t. I, p. 203.

riferite aggiustatamente. Nè l'Autore del libro è da riprendere per la condotta attribuita a Dio. Giobbe oppresso dalle sciagure si duole con troppa amarezza. Dio lo riprende: ingiustamente accusato di peccati non commessi, pensa non potersene meglio scagionare che appellando al tribunale del supremo Giudice, il quale gli rinfaccia la troppo grande presunzione: ma comechè Giobbe in tutta la disputa non si fosse mai scostato da' veri principi, da' quali si erano pur troppo allontanati i suoi avversari sostenendo che il Cielo non punisce mai i giusti, Iddio dichiara che solo Giobbe suo servo parlò con aggiustatezza e verità.

D. 4.ª Come può dirsi, che il libro di Giobbe sia stato divinamente inspirato al suo autore, se i discorsi di Eliphaz, Baldad, Sophar, ed Eliu, parte considerabile del libro, sono per lo più falsi ed ingiuriosi alla giustizia e sapienza di Dio; e se il Signore stesso tacciò questi discorsi d'imprudenza e d'ingiustizia?

R. Non è necessario che un libro sia in ogni cosa inspirato per dirlo divinamente inspirato all'Autore. Se così fosse, dovremmo cacciare dal numero delle sante Scritture una gran parte de' Libri dell'Antico e Nuovo Testamento: imperocchè essi riferiscono discorsi e parole empie, le quali non poterono certo essere divinamente inspirate. Dovrebbe, a cagion di esempio, essere profano il libro dell'Esodo, nel quale sono riferite le empietà di Faraone e le mormorazioni del popolo ebreo: profano pur sarebbe quello de' Salmi, nel quale gli empii spesso negano Iddio e la Provvidenza; quello della Sapienza, la quale riferisce i falsi ragionamenti e le pessime dottrine de' perversi. Sarebbe finalmente a radere dal catalogo degli scritti sacri tutto il Nuovo Testamento: imperocchè gli Evangeli, gli Atti Apostolici, le Epistole e l'Apocalisse riferiscono le bestemmie degli Ebrei e le empietà de' Gentili. A rendere divinamente inspirato un libro basta, che lo Spirito Santo abbia mosso e determinato l'Autore di esso a scrivere, e che abbia diretto la costui penna in modo da tenerlo lontano da qualunque errore. Quindi la storia di Giobbe può essere un libro inspirato, benchè i discorsi degli amici, e qualche parte de' suoi meritino biasimo: la quale osservazione è approvata dalla censura, che Iddio medesimo fece di que' discorsi. Quindi bene scrisse il Ceillier: « Del resto quantunque sieno erronei ed empii i discorsi degli amici di Giobbe, essi non possono recare nessun nocumento alla pietà de' fedeli, essendo stati da Dio medesimo condannati: Iddio ha emendato e riformato tutto quello, che poteva essere esorbitante e disordinato ne' discorsi di Giobbe [1] ».

___

[1] *Hist. génér. des auteurs sacrés*, t. I, p. 201.

SCOLIO

Benchè l'autore del libro di Giobbe sia stato inspirato dallo Spirito Santo per riferire i discorsi di Eliphaz, Baldad, Sophar, ed Eliu; pure questi discorsi non contengono una dottrina divina, essendo certo che quando furono profferiti, gli autori non erano favoriti da quel dono soprannaturale. Ciò si addimostra chiaro dal rimprovero, col quale Iddio affermò non avere quelli parlato secondo verità. Quindi ognuno intende, che questi discorsi non hanno nessun'autorità per confermare le verità della Fede. Non si nega, che essi contengono molte cose belle, e molte verità irrefragabili; anzi il difetto di questi discorsi procede più dalle massime troppo generali e falsamente applicate, che dalla loro falsità: perciò possono citarsi le verità contenute in questi discorsi, ma non come verità segnate dal suggello della divina autorità. Non così avviene de' discorsi di Giobbe: imperocchè avendo Iddio giustificato i principi da lui profferiti, può tenersi come suggellata dalla divina autorità la sostanza di que' principi [1].

CAPO XI.

De' Libri de' Macabei

Osservazione preliminare

Quattro sono i libri de' Macabei; ma il terzo e quarto sono apocrifi, e perciò non ne faremo parola. Sono così chiamati, perchè contengono la storia de' figliuoli di Mathathia, illustre eroe della nazione giudaica, tra' quali uno nominato Giuda ebbe a soprannome *Macabeo*, o come dice il greco *Maccabeo*, ὁ Μακκαβαῖος [2]. Gli Ebrei,

---

[1] Diciamo la *sostanza de' principi*, perchè l'approvazione, data da Dio a' discorsi di Giobbe, naturalmente riguarda la sostanza de' principi usati da questo savio uomo nella sua controversia: l'approvazione non può cadere su tutte le espressioni usate per difendere que' principi, avendo Iddio ripreso molte di queste parole, delle quali Giobbe fece ritrattazione e penitenza.

[2] La più comune sentenza tiene essere provvenuto il nome *Macabeo* da una iscrizione messa da Giuda sulle sue bandiere; essa era formata da cinque lettere י, א, ב, כ, מ, M. C. B. A. I., le quali erano le iniziali delle parole יהוה באלים כמכה מי, *Mi Camòcha Baelim Jehováh* (*Chi simile a te fra gl'iddii, o Jehováh?*) Questa sentenza leggesi nell'Esodo XV, 11. I Romani similmente portavano su' loro stendardi le quattro lettere S. P. Q. R., iniziali di *Senatus Populus Que Romanus*. Altri vogliono, e forse con più ragione, che se questa fosse l'origine di quel nome, dovrebbe nel

parlando de' libri de'Macabei, li dinotano con questo titolo *Sépher Hascemuním* o *Hascemanním* (ספר הושמונים), o vogliam dire Libro degli *Hasmonei*, o *Asmonei*: probabilmente perchè questo era il nome patronimico della famiglia di Mathathia, come si scorge da Giuseppe [1].

ARTICOLO I.

Del testo originale e delle precipue versioni de' libri de' Macabei

1. Il primo libro de' Macabei è stato originalmente scritto nella lingua siro-caldaica, molto affine con la ebraica, antica lingua degli Ebrei, la quale perciò ha mantenuto il nome di lingua ebraica. E per verità senza far motto de' moltissimi ebraismi contenuti in questo primo libro, ci attesta s. Girolamo di averlo trovato scritto in ebreo: *Machabaeorum primum librum hebraicum reperi*: ed Origene riferisce, che esso aveva il titolo *SARBAT SAR BANE EL*, comunemente tradotto *Verga de' ribelli contro il Signore*, ovvero *Scettro del principe de' figliuoli di Dio*. Ma queste parole sarebbero meglio voltate in *Storia de' figliuoli* o *degli adoratori di Dio*: imperocchè nella lingua siriaca שרבא, *Sciarbà*, vuol dire *Storia*, e quella interpretazione meglio si addice al titolo di un libro [2]. L' originale veduto da Origene e s. Girolamo è da gran tempo perduto, e ne abbiamo due versioni, una greca, l' altra siriaca. La prima deve essere molto antica, imperocchè è molto verisimile, che un libro tanto rilevante per gli Ebrei sia stato subito messo in uso presso gli Ebrei ellenisti, i quali furono moltissimi ne' due secoli precedenti la natività di Gesù Cristo [3]. La seconda pare fatta sul testo originale e non sul greco, benchè l' autore avesse potuto usare tanto il testo primitivo, che la versione greca [4]. La versione latina, di cui facciamo uso, è stata fatta sul greco, ed era usata nella Chiesa ben prima di s. Girolamo.

---

greco scriversi Μαχαβαῖοι, non Μαχχαβαῖοι: e perciò doversi derivare dall' ebreo מקבי, *Maqqâbi, martellatore*. Il quale nome fu dato a Giuda per le sue geste, siccome fu poi dato in Francia a Carlo Martello. A que' critici, i quali oppongono, che Giuda Macabeo era così chiamato prima della guerra, nella quale si rese illustre, può rispondersi naturalmente, che l'autore del primo libro lo nomina così per anticipazione (cap. II, v. 4), siccome spesso usano gli storici.

[1]) Joseph, *Ant.* l. XII, c. VIII. — Leggesi in Giosuè (XV, 28) una città della tribù di Giuda chiamata חשמון, *Chesemón*, dalla Volgata *Hassemon*: alcuni hanno pensato, che di qui derivasse il cognome *Asmonei*.

[2]) Hier. *Prolog. Galeat.*; Origen. apud Euseb. *Hist. eccl.* l. VI, c. XXV.

[3]) V. Jahn, *Introd.* § 260.

[4]) V. M. Sainte-Croix, *Examen critique des anciens historiens d'Alexandre le Grand*, p. 564, 2 edia.

2. Il secondo de'Macabei originalmente è stato scritto in greco, siccome sensibilmente dimostrano lo stile e la struttura delle frasi. S. Girolamo già aveva fatto quest' osservazione: *Secundus graecus est: quod ex ipsa quoque phrasi probari potest* [1].Lo stile in fatti è molto puro,anzi qualche volta elegante: in guisa che l' Ebreo,che lo ha scritto, doveva avere molta pratica nella lingua greca, siccome ha osservato il Jahn [2]. La versione latina della nostra Volgata è stata fatta sul greco, e quantunque se ne ignori il tempo preciso,pure è certo che essa è più antica di s. Girolamo. La versione siriaca stampata nella Poliglotta di Londra è stata fatta sul greco,dal quale alcune volte si scosta: non potrebbesene determinare l' epoca.

ARTICOLO II.

Del subbietto de' libri de' Macabei

1. Antioco Epifane,il quale si era fatto signore del regno di Siria, venne nella Giudea per devastare Gerusalemme e le sue città negli anni 175 innanzi Gesù Cristo, dopo la vittoria riportata sopra Tolomeo re di Egitto. Una parte degli Ebrei cadde sotto le spade de' soldati, un' altra fu menata schiava: egli saccheggiò e profanò il Tempio di Dio, abbruciò i Libri santi, fece collocare idoli sugli altari del Signore, e scannare tutti quegli Ebrei, i quali furono costanti nel ricusare omaggi alle false divinità. Mathathia,sacerdote con cinque figliuoli,radunò buona mano di Ebrei rimasi fedeli nella Religione de' padri loro, ne compose un esercito, percorse il paese,uccise i governatori di Antioco e gli Ebrei apostati.Quest' uomo,che con zelo straordinario manteneva l' osservanza della Legge di Dio, morì nell' anno 166 innanzi Gesù Cristo; Giuda Macabeo suo figliuolo pigliò in sua vece il comando dell' esercito: questi con un branco di soldati disfece i formidabili eserciti de're di Siria.A Giuda caduto in una battaglia successe, nell' anno 150 innanzi Gesù Cristo,il fratello Gionata,morto otto anni dopo per tranello de'nemici.Simone fratello suo, primogenito di Mathathia, pigliò la cura della guerra: a lui per diritto di successione spettava e il comando ed il Pontificato.Questi fu ucciso dal genero Tolomeo nell' anno 135 innanzi Gesù Cristo. Questo libro dunque contiene la storia di 40 anni, cioè dal principio del regno di Antioco sino alla morte del Sommo Sacerdote Simone.

2. Il secondo libro de' Macabei è composto di molte parti,le quali non sono connesse. Comincia con una lettera degli Ebrei di Gerusalemme e della Giudea a'loro fratelli di Egitto (I, 1-9). Quelli fanno sapere a questi , che essi offriranno sacrifizi nel Tempio di Gerusa-

---

[1] Hier. *Prolog. Galeat.*—[2] Jahn, *Introd.* § 264.

DE' LIBRI DE' MACABEI

lemme per la nuova dedicazione di questo Tempio, e gl' invitano a
celebrare con sè questa festa. Dal versetto 10 del capitolo I sino al
versetto 19 del capo II leggesi un' altra lettera anteriore alla prima,
la quale fu indirizzata dagli Ebrei della Giudea, dal Senato e da Giuda Macabeo ad Aristobulo precettore del re Tolomeo, ed agli Ebrei
di Egitto. Tratta de' gravi pericoli corsi sotto la tirannia di Antioco
Epifane, e della costui morte. Gli Ebrei di Egitto sono invitati a celebrare la nuova dedicazione del Tempio e la festa della invenzione
del fuoco sacro. Nel capitolo II, versetti 22, 23, leggesi la prefazione del libro, nella quale l' autore dichiara di aver ridotto in compendio di un sol libro la storia di Giasone Cireneo, contenuta in cinque
libri. Seguitando Giasone narra le persecuzioni e le guerre avvenute
in Giudea sotto i due re Antioco Epifane ed Antioco Eupatore figliuolo del primo. I due ultimi capitoli paiono affatto opera dell' autore:
perocchè come dice il versetto 21 del capitolo II, Giasone aveva scritto i soli avvenimenti della Giudea sotto Antioco Epifane ed Eupatore. I capitoli IV e V contengono la narrazione di alcuni fatti, i quali poterono dare occasione alla persecuzione mossa da Antioco Epifane [1].

ARTICOLO III.

Dell' autore de' libri de' Macabei

1. L' Autore del I de' Macabei è affatto ignoto. È nondimeno molto probabile come tengono i migliori critici, che lo abbia scritto un
Ebreo vissuto sotto Giovanni Hyrcano, o al meno poco dopo (circa
l' anno 106): imperocchè l' autore termina la sua storia con questo
principe e cita gli annali del Sacerdozio di lui, siccome ha osservato
il Jahn [2].

2. Non è più facile determinare l' autore del II de' Macabei: generalmente è ammesso, che l' autore del secondo sia ben altro da quello del primo. Jahn crede osservare, che l' autore del II libro sia vissuto fuori la Siria, ma a qualche distanza degli avvenimenti narrati da
lui: nè egli pensa commettere un grave errore allogandolo nella prima metà del secolo precedente la natività di Gesù Cristo [3].

---

[1] Da quest' analisi appare, che i due libri de' Macabei narrano quasi i
medesimi fatti, e che a vicenda s' illustrano: perciò è molto utile leggerli
parallelamente.
[2] *1 Mach.* XVI, 24; Jahn, *Introd.* § 253.
[3] Jahn, *Introd.* § 263.

ARTICOLO IV.

Della veracità de' libri de' Macabei

I protestanti non ammettono l'autorità divina de' Libri de' Macabei, e perciò sono costretti a negare la fedeltà storica de' fatti in essi contenuti: nondimeno i più abili tra essi, come Usserio, Scaligero, Drusio, Prideaux, Michaëlis, ed altri allegano questi libri come monumenti degni di fede. Il barone di Sainte-Croix, parlando della canonicità de' Macabei, dice: « Senz' allegare qui l'autorità di molti Padri della Chiesa e de' Concili di Cartagine e di Trento, i quali gli hanno noverati nel Canone delle Scritture; io mi contenterò della confessione de' Protestanti, i quali hanno in riverenza questi due libri, *come quelli che contengono una storia vera e degna di venerazione, nella quale Iddio ha manifestato magnificamente il potere del suo braccio ed i consigli della sua Provvidenza per la conservazione del suo popolo eletto* [1] ».

Difficoltà

Diff. 1ª I due libri de' Macabei sono costantemente opposti tra loro quanto alla cronologia: questa differenza adunque dimostra, che al meno l' uno de' due libri non è verace.

R. Le differenze cronologiche de' due libri de' Macabei sono apparenti, ed in parte nascono dal modo di numerare gli anni dell' éra de' Seleucidi [2]: imperocchè l' autore del primo libro fa cominciare questi anni nel mese di *Nisan*, mentre l'autore del II li numera dal mese di *Tiscri* [3], cioè sei mesi dopo. Le altre differenze possono per la maggior parte essere facilmente risolute mediante il principio dell' anticipazione e della ricapitolazione: i quali princìpi sono da' Protestanti ammessi, ed usati per risolvere gli altri *anticronismi* non meno speciosi, i quali trovansi ne' libri della Scrittura ammessi da loro come divini ed inspirati, cioè sommamente veridici. Chiunque è lievemente addimesticato con lo stile biblico, sa che gli Storici sacri sono obbligati, quando non vogliono interrompere il filo della narrazione, a riferire certi avvenimenti innanzi gli altri anteriori, e *vice versa*. In questo modo si dichiarano le differenze, che paiono

[1]) *Examen crit. des hist. d' Alexandre*, p. 563, 564.
[2]) L'éra de' Seleucidi comincia negli anni 398 innanzi Gesù Cristo, e 312 innanzi l' era volgare: in questa epoca Seleuco I, re di Siria e generale di Alessandro Magno, ricuperò Babilonia.
[3]) V. la nostra *Introduz. stor. e critica*, t. II. V. lo *Schizzo di Archeologia biblica*, Cap. *Della divisione del tempo*, Art. *De' mesi*, in fine della presente Opera.

stare tra' due autori de' Macabei intorno all' epoca della purificazio-
ne del Tempio, e di certe spedizioni di Giuda Macabeo, da uno col·
locate innanzi la morte di Antioco Epifane, dall' altro dopo. Finalmente, alcune apparenti contraddizioni cronologiche possono derivare dal confondere le persone e le cose, che debbono essere realmente distinte. Quindi Giuda, il quale scrisse nell' anno 188 col popolo e 'l Senato una epistola ad Aristobulo, verisimilmente non è il
Macabeo, morto nel 152 dell' éra de' Seleucidi, ossìa 36 anni prima;
ma è Giuda l' Esseno, rammentato da Giuseppe e lodato come Profeta, le cui predizioni non fallivano mai [1]. Similmente il trattato di
Lisia riferito nel primo libro, cap. VI, 58-60, nell' anno 150, è ben
differente dall' altro narrato nel II, capo XI, 21, e collocato negli
anni 148. Finalmente può risolversi l' obbiezione relativa alla diversità delle epoche assegnate da' due autori de' Macabei alla profanazione del luogo santo dicendo, essere stato il Tempio profanato più
volte: nè questa ipotesi è contraddetta da verun fatto.

D. 2ª. La morte di Antioco Epifane è riferita ne' Macabei in tre
differenti modi. Nel II libro, capo I, vers. 13-17, dicesi essere stato questo re finito a colpi di pietre scagliategli addosso da' sacerdoti, e fatto in pezzi nel tempio di Nanea, che egli voleva saccheggiare. Nello stesso libro si legge, capo IX, che Antioco ritornando
da Persia fu scacciato dalla città di Persepoli, che i vermi lo rosero,
e che stando su' monti della Persia chiuse con una morte miseranda
la sua scelleratissima vita, lontano dalla patria. Finalmente l' autore del primo libro narra nel capo VI, versetti 1-16, che Antioco,
costretto a levar l' assedio da Elimaide in Persia, ritornò in Babilonia, ove udita la sconfitta del suo esercito in Giudea, fu soprappre-
so da una melanconia profonda, la quale lo condusse al sepolcro.

R. Non è impossibile sciogliere queste apparenti contraddizioni.
E dapprima facilmente saranno conciliati i due scrittori considerando, che l' autore del primo libro si riduce a narrare in modo generale la morte di Antioco ; per ciò egli dice solamente essere costui
morto di tristezza e di languore sopraggiuntogli par eccesso di malinconia. L' autore del II libro entrando in ragguagli, oltre questo languore provvenuto dal displacere, e designato con molta verisimiglianza da quella piaga insanabile e da quel dolore profondo, onde Iddio lo percosse; aggiunge ancora un' altra circostanza i-
gnota all' autore del primo libro, ovvero stimata da esso inopportu-
na alla sua storia. La circostanza è questa : Antioco correndo a bri-
glia sciolta verso la Giudea cadde dal cocchio, ed ebbe il corpo scon-
quassato. Aggiungi con Janssens, che l' autore del primo libro omet-

[1] Joseph. *Ant.* l. XIII, c. XIX; ved. pure D. Calmet, *Comment. sur les deux
liv. des Machab.* c. I, v. 10.

te, è vero, la malattia di Antioco; ma riferisce i lamenti e le parole novissime di questo principe, capo VI; dalle quali facilmente si raccoglie lo stato miserando, in che si era quel tiranno avvenuto [1]. La contraddizione dunque, che corre tra questi due storici, non è maggiore di quella, che si scorge tra gli Evangelisti, allorchè uno tra loro narra un fatto con circostanze omesse dall'altro. Quindi i due scrittori non sono in opposizione tra loro quanto alla sostanza del fatto: ora passiamo a dimostrare, che nessuna contraddizione sta tra le loro narrazioni relativamente al luogo, in cui stava il tempio voluto saccheggiare da Antioco.

L'autore del primo libro chiama questo luogo la *città di Elymaide*, capo VI, versetto 1; quello del secondo, *Persepoli*, IX, 2; ma ogni contraddizione sfuma considerando, che il nome *città* spesso è adusato a significare *provincia*, non pure presso gli Scrittori sacri, ma altresì presso i profani. Secondo questa spiegazione, l'autore del primo de' Macabei direbbe, che nella Persia era una provincia chiamata Elymaide, celeberrima e ricchissima, con un tempio sopraccarico di dovizie: questo è irrefragabilmente vero, nè si oppone in qualche modo alla narrazione del II libro, il quale determinando la città, in cui stava questo tempio, dice essere avvenuto quel fatto in Persepoli. Una semplice comparazione della narrazione de' due Scrittori basta a mostrare, che essi non sono in contraddizione quanto al luogo, in cui morì Antioco. Quello del primo libro dice essere Antioco morto su' monti lontano dalla patria; nè a questa narrazione contraddice l'autore del II: imperocchè quantunque questi scriva, che quel principe, perseguitato dagli abitanti di Elymaide, si era rimesso sulla strada di Babilonia, chiaro dà a vedere che non ancora era giunto ivi, perchè dice con espressi vocaboli, che *esso era tuttora in Persia, allorchè ebbe le novelle della disfatta toccata alle sue armi nel paese di Giuda*, cap. VI, 4-5; e che *morì per eccesso di dolore in terra straniera*, versetti 13-16.

Benchè sia più difficile concordare il racconto della morte di Antioco, come è narrata nella lettera degli Ebrei di Palestina nel capitolo I del II libro, co' due passi del primo libro, i quali fanno parola della medesima; pure non è impossibile. In fatti abbiamo per lo meno tre modi molto probabili per far pruova della veracità storica degli autori de' Macabei. Il primo suppone, che Antioco di cui parla la lettera degli Ebrei, non sia Epifane, ma Antioco Sidete: imperocchè non solo il carattere di costui perfettamente si attaglia al ritratto fattone in questo libro, ma ancora la data della lettera, la quale segna l'anno 188 dell'éra de' Seleucidi, meglio conviene a Sidete che ad Epifane. E per fermo si tratta di un persecutore di fresco morto, la cui recente fine è con premura manifestata dagli autori della lettera a' fratelli di Egitto, affinchè questi ne rendessero a Dio le debite grazie. Or Antioco Epifane era già morto da circa 40 anni, mentre Antioco Sidete era di fresco morto. Il secondo modo dice, che gli Ebrei di Gerusalemme, i quali scrissero questa lettera sin dal primo annunzio avuto sulla morte di Antioco Epifane, poterono avere novelle non esatte intorno alle circortanze di essa: nondimeno l'Autore del II libro, al quale erano ben note le circostanze vere, volendo conservare fedelmente questa lettera, non recò nessuna mutazione al racconto degli ultimi momenti di quel principe, e si riservò di riferire più esattamente le circostanze nella continuazione della sua storia. Finalmente il terzo modo ci è dato dal medesimo testo greco, al quale comunemente è attribuito un senso falso: imperocchè esso dice chiaro, che il duce dell'esercito di Antioco morì nel tempio di Nanea, e non già Antioco [1].

ARTICOLO V.

Della divinità de' Libri de' Macabei

Gl'increduli moderni, tenendo dietro alle orme de' Protestanti, hanno negata la divinità de' libri de' Macabei. Qui esamineremo le difficoltà da essi opposte alle pruove da noi recate a pro dell'autorità divina di questi libri nella *Introduzione generale*.

Difficoltà

Diff. 1ª. Oppongono gli avversari: L'autore del II de' Macabei ci addimostra colle sue proprie parole di non essere stato favorito del dono della inspirazione divina: perocchè egli dice di avere impreso un lavoro di seria applicazione e molto penoso, capo II, v. 27; dichiara di avere compilato i libri di Giasone Cireneo, il quale probabilmente non fu inspirato; e di essere egli solo responsabile di errore, se la narrazione è scritta in maniéra poco degna del subbietto; capo II, vers. 24.

R. L'inspirazione divina, come abbiamo detto a p. 11, 22, non esclude nè il lavoro, nè l'industria de' sacri Scrittori: se altrimenti fosse, i nostri avversari sarebbero costretti ad ammettere, che s. Luca non fu ispirato nello scrivere il suo Vangelo; perchè egli confessa di averlo scritto dopo un'esatta ricerca di quanto avevano scritto altri storici prima di sè intorno alla vita di Gesù Cristo: capo I, versetti 1-3.

_____

[1] Vedi questa pruova sviluppata nella nostra opera: *I Libri Santi vendicati*, t. II, p. 256 segg. ediz. cit.

*

In secondo luogo se dalla dichiarazione dell'autore de' Macabei, intorno al compendio delle 'storie di Giasone, si potesse legittimamente ricavare, non essere il libro suo divinamente inspirato; sarebbe necessità rigettare la divinità de' libri *de' Re* e *de' Paralipomeni*, i quali non sono altro che compendii di più estese memorie. Ma la maggior parte de' nostri avversari retrocederebbe innanzi a questa conseguenza: imperocchè per seguitarla sarebbe necessario ad un tempo essere scemo di logica e di critica. Nè poi era necessario, che Giasone fosse inspirato: bastava che la sua storia fosse veridica, ovvero che nel caso di qualche errore lo Spirito Santo assistesse il compilatore di quelle storie, affinchè questi evitasse ogni errore, e discernere il vero dal falso. L'indulgenza chiesta dallo scrittore a' suoi lettori riguarda unicamente le regole del genere storico, o l'eleganza dello stile; dalle quali cose e' suppone essersi forse qualche volta scostato: egli non teme di essere caduto in errori di fatto nelle sue narrazioni [1]. Finalmente è da osservare, che questo sacro Scrittore potè essere inspirato senza saperlo: è noto che Caifas profferì un oracolo divino e profetico, benchè ignorasse di profetare [2].

D. 2ª. Chi può supporre favoriti dal dono della inspirazione divina quegli scrittori, i quali approvano la preghiera e l'oblazione del sacrifizio fatte per uomini morti in peccato mortale? quegli scrittori, i quali lodano e canonizzano i suicidii di Eleazaro e Razia?

R. I nostri avversari avrebbero non poca pena per dimostrare, che i soldati rammentati nel II *de' Macabei*, capo XII, 40 e seguenti, sieno davvero morti in peccato mortale. Ed ancorchè riuscissero a bene in questa prova, non però sarebbe vero che l'autore malamente approvi la condotta di Giuda Macabeo verso i suoi soldati. Questo pio generale potè e dovè per obbligo di carità presumere, che i guerrieri morti nella mischia si fossero pentiti del loro peccato innanzi la morte, e ne avessero chiesto mercè a Dio; ovvero pensò che essi avessero predato obbietti sacri agl'idoli sol per fare bottino, non con intenzione di commettere idolatria. L'azione di Eleazaro, il quale forata la pancia ad un elefante restò schiacciato sotto la bestia caduta, come narra il I *de' Macabei*, capo VI, 43-46, e quella di Razia, il quale stretto da' soldati di Nicanore e temendo di esser preso si cacciò la spada nel ventre, *II Mac.* XIV, 37-46, sono per un lato biasimevoli, ma dall'altro meritano ammirazione ed elogi. Eleazaro non si uccise, ma si espose al pericolo di morire per una causa legittima. Janssens poi fa aggiustate riflessioni sulla morte di Razia: « Dimandiamo, se nelle circostanze, in cui si avvenne Razia, non possa essere scusato il pensare, che fosse lecito il

---

[1] Riscontra *I Cor.* II, 4, 13; *II Cor.* XI, 6.
[2] Joan. XI, 49-51.

suicidio. Razia non potè ingannarsi ? Non potè Iddio, che è arbitro
supremo della vita e della morte degli uomini , ispirare a Razia il
pensiero di darsi morte per non cadere nelle mani degli empi ? Ma
non è necessario co' deisti insistere su quest' ultima ragione : imperocchè l'autore de' *Macabei* loda Razia per lo strettissimo amore alla
Religione giudaica, pe' servigi renduti alla patria ed a' cittadini. Lo
loda, perchè cadendo invocò il Dio de' padri suoi, perchè lacerandosi
le viscere mostrò il coraggio di un martire: il suicidio non è nè lodato, nè scusato. Supponete Razia o greco o romano, ed allora gli
increduli loderanno a cielo il suo coraggio e magnanimità, siccome
fanno parlando di Catone [1] ».

TERZA SEZIONE

Introduzione particolare a' Profeti

Osservazioni preliminari

Presso gli Ebrei furon due classi di Profeti ben distinte: i נביאים
Nevijím, o *Profeti* propriamente detti; ed i חזים *Chozím* o ראים
Rojím, Veggenti. I primi, come ha bene notato Haevernick, non a-
vevano altro uffizio, se non quello di messaggeri straordinari di Dio,
e però si addicevano affatto alla direzione del popolo quanto alla Religione: specialmente quando i Sacerdoti erano corrottissimi, ed il
popolo viziato da' peccati e dall'idolatria. Il loro unico scopo era
l'opera del Signore, e si occupavano solamente del popolo suo: perciò il loro ministero era una professione pubblica. Gli altri erano
uomini, a' quali Iddio dava rivelazione, ma rimanevano nel loro stato e condizione ordinaria: mantenevano l'uffizio, che tenevano nella
società, nè erano investiti di qualche particolare vocazione. Essi senza essere incaricati delle funzioni de' Profeti profetavano, avevano
visioni e rivelazioni importanti. Così, per esempio, Davide e Salomone essendo re furono illustrati da rivelazioni divine, ma rimasero
sempre nel luogo loro [2].

----

[1] Janssens, *Hermen. sacr.* § CLXXI, n. 416.
[2] Haevernick, *Einleit. in das A. T.* Erster Theil, Erste Abtheilung. Seit.
55-60; e *Mélanges de Théol. réformée,* 2 cahier, p. 193-200. Questo Scrittore ha compiutamente replicato alle obbiezioni, che possono essere mosse
contro questa distinzione.— Noi non abbiamo l'opportunità di leggere queste vittoriose repliche dell' Haevernick, per ciò non possiamo giudicarne:
nondimeno non possiamo ammettere questa distinzione, lodata ed approvata dal Glaire, per una semplicissima ragione. Samuele, il quale fu certo
Profeta della prima classe, non fu chiamato נביא, *Naví* , ma ראה, *Roéh*:
la prova è manifesta. Così dice il 1 de' Re, capo IX, vers. 9 (Hebr. *I Sam.*):

I Profeti, i quali fanno obbietto di questa terza sezione, sono sedici Scrittori sacri dell'Antico Testamento, i quali ci han tramandato i loro oracoli profetici. Quattro sono chiamati *Profeti maggiori*, dodici *Profeti minori*: nelle Bibbie greche i minori sono premessi a' maggiori; nelle Bibbie latine questi vanno innanzi a quelli. Questi sedici Profeti fiorirono nello spazio di 300 anni, scorsi dal regno di Osia sino alla riedificazione di Gerusalemme e del Tempio. Le loro Profezie, riguardanti principalmente o agli Ebrei, o alle nazioni gentili, o finalmente al Messia, avevano per iscopo d'indurre gli uomini a prestar fede alla Rivelazione, onde Iddio voleva condurre gli uomini alla salvezza; di perpetuare tra gli Ebrei la cognizione del vero Dio; di annunziare il Messia e la Religione, che Egli avrebbe stabilito; di mantenere l'esatta osservanza di tutte le leggi mosaiche, e di conservare la purezza de'costumi in quel popolo tanto proclive alla idolatria ed allo scostume, che è inevitabile conseguenza della perduta Fede.

Prima che veniamo a trattare di ogni Profeta in particolare, dobbiamo dire alcun che sulle Profezie in generale.

CAPO I.

Delle Profezie in generale

Le quistioni, che trattiamo qui, sono rilevantissime non solo in sè stesse, ma altresì per quelle cose, cui verrem dicendo ne' capi seguenti.

ARTICOLO I.

De' mezzi, onde Iddio si rivelava a' Profeti e della certezza delle rivelazioni profetiche

§ I. De' mezzi, onde Iddio si rivelava a' Profeti

Iddio si rivelava a' Profeti mediatamente, cioè usando il ministero degli Angeli, siccome fece quando annunziò ad Abramo ed a Lot la distruzione di Sodoma e Gomorra; o immediatamente, ed in questo

---

Nam כִּי-נָבִיא, *LANNAVI, hodie, vocabatur antiquitus* הָרֹאֶה, *HAROÈH; o* come bene spiega la Volgata: *Qui enim PROPHETA dicitur hodie, vocabatur olim VIDENS.* Di qui si pare, che questi nomi a parlar rigorosamente non hanno una differenza atta a distinguere la duplice classe di Profeti. Si può ancora notare quello, che spesso abbiamo osservato, cioè quanto i moderni sono facili ad ergere sistemi senza fondamenta. Tutto questo però va detto, salve sempre le riflessioni, che ha potuto fare l'Haevernick. (*Nota del Traduttore*)

caso la Rivelazione era esterna o interna. Nella Rivelazione esterna Iddio faceva udire una voce, la quale insegnava al Profeta ciò, che egli doveva fare, ovvero quello che era per avvenire: queste cose alcuna volta erano al Profeta indicate per via di segni simbolici. La Rivelazione interna avveniva, o quando il Profeta dormiva, o era rapito in estasi, o agitato da una straordinaria emozione, la quale lo faceva uscir di sè; o finalmente quando esso era desto, ed aveva l'uso de' sensi. Le Rivelazioni divine fatte nel sonno erano di varie maniere: alcune volte avvenivano per via di rappresentazioni enigmatiche e simboliche, altre volte mediante manifestazioni chiare ed intelligibili, e certe altre mediante le parole di un Angelo, di un uomo o di Dio medesimo, udite dal Profeta nel sonno. Nell'estasi il Profeta vedeva ed udiva cose, di cui conservava la memoria, e dava cognizione passata l'estasi. Allorchè egli era mosso da questa straordinaria commozione, si sentiva violentemente agitato, e la sua imaginazione si riscaldava talmente, che pareva non essere più padrone de' suoi pensieri, nè delle sue parole: allora egli doveva secondare con la lingua, o con la penna lo Spirito Santo, che lo animava, e gli faceva profferire i suoi oracoli con una forza straordinaria, con una specie di trasporto. Questa è quella Rivelazione indicata dalla Scrittura, allorchè parlando di un Profeta dice essersi il Signore impadronito di lui: *Irruit super eum Spiritus Domini;* ed allorchè Geremia esclama: *Alla vista del Signore, ed a cagione delle sue sante parole, io son divenuto come un uomo ubriaco, come un uomo a cui il vino ha fatto perdere le forze* [1]. Finalmente Iddio si rivelava internamente a' suoi Profeti, mentre erano svegliati e col libero esercizio della ragione, illuminando il loro intelletto con una viva luce, ed eccitando fortemente la loro volontà a manifestare le verità loro communicate. Questa specie di Rivelazione, che era più comune, non differisce dalla inspirazione propriamente detta, quale è stata da noi definita nella *Introduzione generale* (capo I, quist. I).

Quindi lo stato de' Profeti, allorchè ricevevano le rivelazioni divine, benchè fosse differente dal loro stato naturale, nondimeno non era per nulla simigliante alle estasi, o meglio demenza e furore delirante degl' indovini gentileschi e delle profetesse di Montano, siccome ha giudiziosamente osservato Hengstenberg. Imperciocchè quantunque le loro facoltà corporali, le quali avrebbero potuto impedire l'impressione divina, stessero sospese; nondimeno conservavano l'uso delle facoltà intellettuali, ed il loro intelletto purificato dalle imagini terrene, innalzato di sopra il mondo sensibile e materiale, era trasportato in alto, ove liberamente contemplava gli obbietti fu-

---

[1] Jer. XXIII, 9. Cf XX, 7, 8.

turi rivelati loro da Dio. Di qui è chiaro, le profezie divine differiscono dalle pagane non tanto per l'estasi, quanto per la natura di
questa: l'estasi de' falsi profeti era artificiale, prodotta da naturali
eccitamenti o dalla operazione diabolica, la quale rendevali furiosi
e maniaci; al contrario l'estasi de' veri Profeti era operata dallo Spirito Santo, e dopo qualche combattimento dalla parte inferiore fini-
va nel riposo e nella contemplazione della verità. Quindi l'estasi de'
Profeti di Dio era uno stato soprannaturale, quella de' profeti diabo-
lici uno stato contro natura [1].

_____

[1] E. W. Hengstenberg. *Christologie des A. T. Ersten Theiles erste Abtheilung.* Seit. 293, ff. Bisogna notare, che san Girolamo nelle Prefazioni
ad Isaia e Nahum dicendo, non avere i Profeti degli Ebrei parlato *in estasi*
(ἐν ἐκστάσει), subito soggiunge *ut Montanus cum insanis feminis som-
niat . . . . ut Montanus et Priscilla Maximillaque delirant.* Di qui si scorge chiaro qual senso egli dava al vocabolo *estasi.*—Le parole dette nella seconda parte del § I debbono ammollire molte espressioni inesatte dette nella
prima parte del medesimo § I. *Violenta agitazione, imaginazione riscaldata, secondare con la lingua o con la penna lo Spirito Santo.* Quest'ultima frase specialmente vuol esser notata, perchè non è dichiarata dalle
cose seguenti: nell'atto dell'estasi il solo intelletto secondava le divine illu-
strazioni; la lingua restava mutola, e quando anche avesse secondato i lumi
e dichiarato le celesti visioni, non certo può dirsi della mano. I Profeti,
dopo le visioni dichiaravano gli oracoli manifestati loro da Dio. L'utilità
derivante dalla osservazione seguente vince la temerità, di che potremmo essere da qualcuno accusati: perciò non ci vogliamo rimanere di far-
la. Se il dotto Autore avesse fatto uso più temperato degli Scrittori moderni, massime tedeschi, tenendosi alla mera confutazione degli errori loro, ed alle testimonianze loro non equivoche nè sospette in confermazione
della verità; avrebbe schivato molte inesattezze. Le magnificenze de' moderni, ed i loro paroloni non valgono quanto una sola delle povertà degli
antichi. Questo si vuole notar bene da' giovani, affinchè non si lascino a-
descare dall'apparente sapienza. Egualmente non pare plausibile la condotta dell'Autore quanto all'insegnare un punto di dottrina tanto rilevante con l'autorità dell'Hengstenberg: che forse dobbiamo noi Cattolici andare a scuola presso i protestanti per apprendere i documenti teologici?
Allegare l'autorità di un simile scrittore in una quistione tanto acremente
dibattuta co' Razionalisti, sarebbe stato ben fatto; ma assolutamente, come
fa l'Autore, non ci pare addicevole all'autorità augusta della Cattolica
Dottrina. A leggere quelle parole chi non penserebbe essere quella una
nuova considerazione dovuta all'ingegno di uno scrittore eterodosso? Sappiano dunque i giovani, che sin da' primordii della Chiesa la caratteristica
per discernere la vera Profezia dalla mentita e diabolica è stata la qualità
dell'estasi. Allorchè surse Montano, quale fu la nota seguitata da' buoni e
fedeli Cristiani, illuminati e governati da' loro Pastori? Essi al vedere tanta agitazione, e commovimenti, e furore, e predizione di cose future, *praeter
morem atque institutum Ecclesiae a majoribus traditum et continua dein-
ceps successione propagatum. . . . . . UT ABREPTICIUM ET DAEMO-
NIACUM AC SPIRITU ERRORIS ACTUM . . . . . indignabundi objur-*

§ II. Della certezza delle rivelazioni profetiche

La certezza delle rivelazioni profetiche può riguardare o a' Profeti stessi, ovvero a coloro cui i Profeti indirizzavano i loro vaticinii: sì gli uni che gli altri avevano mezzi infallibili per assicurarsi della verità di queste Rivelazioni soprannaturali. 1° I Profeti dovevano avere una certezza della loro inspirazione, allorchè predicavano avvenimenti da compiersi ne' tempi loro: imperocchè la legge di Mosè puniva di morte chiunque avesse predetto avvenimenti non comprovati dal successo [1]. Quando i Profeti annunziavano avvenimenti lontani dalla loro età, ricevevano sicurtà della loro inspirazione e della loro vocazione al ministero profetico o con una vocazione straordinaria e miracolosa [2], ovvero con impressioni tanto forti e vive nell'anima loro, che non potevano non tenerle come provenienti da Dio. A un dipresso in questo modo nell'ordine naturale l'evidenza, il senso intimo ecc., fanno nascere le propensioni invincibili. Nelle impressioni poi soprannaturali l'azione immediata della virtù divina spargeva nell'anima de' Profeti una luce ed un convincimento tale, che essi erano fatti assolutamente certi della communicazione dello Spirito Santo, il quale gli elevava a quell'ordine soprannaturale [3]. 2° Quelli, cui erano indirizzate le Profezie avevano molti mezzi infalli-

---

gabant, et loqui ulterius prohibebant (Euseb. *Hist. eccl.* l. V, c. XVI, circ. med.). Tali sono stati i documenti de' Dottori posteriori, che può lo studioso leggere ricapitolati negl' insegnamenti dell' acutissimo s. Tommaso (2ª 2ᵃᵉ Q. CLXXII, Art. 3. Conclus.). In conclusione è da notarsi: la frase *Irruit super eum Spiritus Domini* non indica nè commovimenti, nè agitazione; ma solo la subitanea elevazione del Profeta alla contemplazione delle visioni: nè i luoghi allegati di Geremia comprovano le agitazioni e riscaldamenti d'imaginazione. Nel primo luogo il Profeta parla del zelo, che gli consumava il cuore vedendo le prevaricazioni: nel secondo parla della veemenza dello Spirito di Dio, il quale lo costringeva con le sue dolci attrattive a profetare, benchè tanto caro gli costasse il ministero profetico a cagione degli scherni patiti. Se questo luogo provasse quel, che dice l'Autore, o meglio l'Hengstenberg, come avrebbe potuto il santo Profeta, dolcemente dolendosi con Dio, risolversi a desistere dal suo ministero? *Non recordabor ejus, neque loquar ultra in nomine illius* (vers. 9). Chi non è padrone di sè, chi è preso da irresistibile commozione, non è acconcio di risolversi a desistere da ciò, a cui la violenta agitazione lo spinge. La fragilità umana lo indusse a questa risoluzione; ma la fiamma del zelo, che scottandolo lo corroborava, non gli fece abbandonare l'alto uffizio: *Dominus autem mecum est quasi bellator fortis* (vers. 11). (*Nota del Traduttore*)

[1] *Deut.* XVIII, 20-22.
[2] *Jes.* XLIX; 1-4; Jer. I-4; Dan. IX, 21, 22; Luc. 1, 13-15; *III Reg.* XIX, 16-21.
[3] V. Jahn, *Introd.* § 85.

bili per convincersi della verità di quegli oracoli. In primo luogo
stavano i miracoli, se il Profeta ne aveva operato a confermare la
sua missione. In secondo luogo le stesse Profezie; imperocchè se
quegli, che si dichiarava messo di Dio, aveva fatto altre predizioni
compiute, queste facevano fede della verità delle nuove. Perciò leggonsi presso i Profeti dell'antico Testamento moltissime predizioni
particolari riguardanti ad avvenimenti prossimi: imperocchè essendosi compiuti questi oracoli particolari, dovevano necessariamente
dimostrare agli Ebrei la vera inspirazione de'loro Profeti : e questa
dimostrazione li conduceva ancora ad aver fede nelle predizioni più
lontane, quali sono per esempio quelle riguardanti al Messia, ed aggiungere a'loro petti quella confidenza, onde essi ne hanno sempre
atteso il compimento. Finalmente gli Ebrei potevano essere fatti
sicuri della inspirazione de'Profeti , ancor quando non si fosse
compiuta nessuna delle predizioni fatte da questi; allorchè un altro
uomo, del cui ministero profetico erano certi, riconosceva per divinamente inspirato quello, che profetava: ovvero quando la Chiesa
giudaica, la quale non poteva ingannarsi quanto a ciò, noverava le
Profezie tra le sante Scritture inserendole nel Canone de' Libri divinamente inspirati.

Gl'Interpreti han fatto quistione, a proposito di un luogo di s. Pietro, se le Profezie sieno una pruova più stringente de' miracoli: noi
non discuteremo questo punto, contentandoci ad affermare che ambedue questi mezzi sono certi per conoscere la Rivelazione divina: i
miracoli hanno più forza per quelli, che ne sono spettatori, cioè pe'
presenti, le Profezie poi sono di gran peso per coloro, che ne vedo-
no il compimento, cioè per gli avvenire. Diremo pure che allorquando s. Pietro, dimostrata la divinità di Gesù Cristo col miracolo della trasfigurazione, di cui era egli stato testimone, soggiunge : Ma
noi abbiamo ancora un oracolo profetico, che è una pruova ancora
più forte: *Et habemus firmiorem propheticum sermonem* [1]; il Principe degli Apostoli non dice essere la Profezia per sè medesima un
argomento più forte del miracolo: ma solo afferma che le Profezie
dell'Antico Testamento erano divenute più stringenti quanto a noi
a cagione del compimento avuto in Gesù Cristo ; che esse erano in
modo particolare quanto agli Ebrei più convincenti del miracolo della trasfigurazione, la quale non era avvenuta sotto i loro occhi, e
poggiava solo sulla testimonianza de'tre Apostoli Pietro, Giacomo e
Giovanni. La quale testimonianza, perchè avrebbe potuto essere ri-
cusata come sospetta dagl'increduli ed ostinati Ebrei, è afforzata
dall'Apostolo con l'autorità de'Profeti, i cui oracoli erano stati sem-

---

[1] *II Petr.* I, 19-21.

pre riveriti dagli Ebrei, e si erano chiaramente compiuti in Gesù Cristo [1].

ARTICOLO II.

Della natura e della elocuzione delle Profezie

§ I. Della natura delle Profezie

La Profezia propriamente detta, e come la intendiamo qui, è secondo l'ordinaria definizione de' Teologi la predizione certa di un avvenimento futuro, il quale non può naturalmente essere noto nella sua causa. Bossuet ha detto, parlando de' Profeti dell' Antico Testamento : *Tutti hanno anticipatamente scritto la storia del Figliuol di Dio* ecc. [2]; ma gli scritti di questi uomini inspirati non sono rigorosamente narrazioni storiche di avvenimenti futuri. Imperocchè, siccome ha da suo pari osservato s. Girolamo: « Altra cosa è scrivere una storia, altro riferire Profezie. I Profeti non si curavano dell'ordine de' tempi, il che è un dovere sacro per lo storico: quello che essi dicevano, fu utile agli uditori delle loro parole, ed a' lettori de' loro scritti: essi non facevano nessuna attenzione alla maniera, ond' erano composti [3] ». Perciò le Profezie debbono essere considerate come cognizioni particolari sull'avvenire, date da Dio a' suoi servi, i quali così erano fatti certi di essere mandati da Lui per mantenere la credenza del vero Dio e preparare le vie al Messia. Per questa ragione i Profeti sono spesso nelle Scritture parago-

---

[1] Bossuet confrontando, in un passo della sua opera *Supplenda in Psalmos*, la certezza delle Profezie con quella de'miracoli, ed allegando in pruova della superiorità di quelle su questi il luogo di s. Pietro da noi riferito ; ha usato un linguaggio poco esatto e formalmente opposto al sentimento difeso altrove ne' suoi scritti. Il Le-Roi fa a questo proposito la seguente riflessione : « Io mi penso poterai dire a scagionare il Bossuet, che questo Vescovo stando alle prese con Grozio ed altri critici, i quali senza pudore usavano la interpretazione arbitraria degli oracoli profetici , e mettevano lo spirito a tortura per farli, bene o male che fosse, combaciare colle loro più chimeriche idee, nella qual cosa essi si mostravano dispregiatori affrontati degli oracoli divini ; mi penso, io dico, che il Bossuet credeva poterli obbligare ad una maggior riverenza allegando un passo, che la maggior parte de' Protestanti tiene come una pruova della superiorità della Profezia su' miracoli. Quello, che dice qui, non deve dunque tenersi come suo sentimento, se si vuole bene intendere ; ma come argomento chiamato dalle scuole *ad hominem* (*Dissert. sur les Psaumes*, etc., par Bossuet, traduite du latin etc. par M.Le-Roi; VIII Dissert. p. 271. V. il principio e la continuazione di questa nota).

[2] *Dissert. sur l'Hist. univ.* p. II, c. IV.

[3] Hier. *Comment. in Jerem.* c. XXV.

nati a sentinelle, a vedette collocate su luoghi eminenti per annunziare a' loro concittadini quelle cose, che esse scoprono da lungi. Di qui senza meno derivano il nome di *Veggenti*, e le loro predizioni sono addimandate חָזוֹן, *Chazón*, o מַרְאֶה, *Maré*, *visioni*. Le visioni profetiche hanno per verità molt' analogia co' quadri di prospettiva: imperocchè siccome in questi non sono gli obbietti con la medesima chiarezza dipinti, ma i più prossimi con colori più vivi e forti, i più lontani con tinte più sbiadate e confuse nella lontananza; così nelle prospettive profetiche gli avvenimenti prossimi sono di ordinario descritti con maggior lume e distinzione, i più lontani più oscuramente, é quasi confusi nella notte de' tempi. E siccome nelle prospettive de' dipintori gli obbietti prossimi e lontani realmente si toccano sulla tela, ed appariscono divisi mediante quelle mezze tinte, che il pennello artistico ha saputo maestrevolmente ombreggiare; così nelle Profezie, le quali non hanno questi adombramenti artificiali acconci a far scernere la distanza degli obbietti, appariscono a noi congiunti tra loro gli avvenimenti prossimi ed i lontani. Il Profeta li descrive indistintamente, secondo che sono veduti dal suo sguardo profetico: passa dall'uno all'altro senza darcene avvertenza, e qualche volta si trattiene più a lungo sugli avvenimenti più rimoti, quando sono più rilevanti. La differenza tra le due prospettive, cioè l' artistica de' quadri, e la soprannaturale delle Profezie, è questa: nelle prime le mezze tinte ci danno scorgere gli obbietti lontani, mentre nelle seconde è certe volte impossibile determinare innanzi l' avvenimento con maniera precisa l' intervallo del tempo, il quale separa l'obbietto prossimo dal rimoto; anzi taluna volta è impossibile distinguere questi obbietti medesimi [1]. Ma nessuno pensi, che una Profezia oscura prima del compimento non possa divenir chiara ne' tempi posteriori: una predizione di simil fatta può paragonarsi al segnale di un uomo; quelli che tengono questo segnale non possono conoscere l'uomo prima di vederlo; ma appena che questi compare, il segnale fa conoscer lui, ed egli fa conoscere il segnale. V' ha pure un' altra differenza: ne' quadri profetici l' obbietto più vivo forma spessissimo il tipo dell' obbietto più lontano: il che

---

[1]) V. Jahn, *Introd.* § 81.—Affinchè non sospettino i giovani, che solo ne' libri del Jahn abbiano a leggere queste dottrine, di cui al solito pare fatto primo speculatore questo irriverente scrittore; sappiano che questi sono documenti ricavati pe' pregevolissimi Interpreti Cattolici dagli scritti de' SS. Padri e Dottori, tra' quali maggioreggia s. Girolamo. Chi legge i *Prolegomeni* dell' A Lapide su' Profeti, ove questo Interprete bistrattato e non curato, perchè ignorato, diffusamente spone quanto è necessario alla intelligenza degli oracoli profetici; troverà i potissimi principi sposti qui sopra, ed infiorati dalla fantasia del Jahn, il quale bene spesso ha poetato nelle interpretazioni e critiche. (*Nota del Traduttore*)

non avviene nella pittura. Questa simiglianza fa frequentemente passare il Profeta dall'obbietto prossimo al rimoto, e quando ha descritto questo, egli ritorna novellamente a quello. Così Davide, come osservò Bossuet[*], dapprima celebrava il figliuolo Salomone; ma lo Spirito Santo subito lo innalzò al Messia, di cui Salomone era figura, e dopo di averlo dipinto con alcuni tratti caratteristici, ritorna a parlar di Salomone. La liberazione della schiavitù di Babilonia è tipo della nostra redenzione spirituale operata dal Messia: perciò Isaia negli ultimi 26 capitoli della sua Profezia rapidamente passa dall'una all'altra, ma con inesprimibile naturalezza[*].

§ II. *Della elocuzione delle Profezie*

1. La maggior parte delle Profezie dell'Antico Testamento sono scritte con stile poetico: imperocchè negli Scrittori inspirati da Dio per pubblicare questi oracoli scorgonsi i caratteri dominanti della poesia ebraica, i quali sono il parallelismo, lo stile figurato, il genere sublime. Il parallelismo si trova in certi scritti profetici tanto strettamente adoperato, quanto ne' Salmi ed in Giobbe. Le figure usate da' poeti ebrei, quali sono la metafora, la comparazione, l'allegoria, la prosopopea, abbondano negli scritti profetici. Le varie maniere di sublime, cioè la sublimità della elocuzione, de' concetti e de' sentimenti, sono cose frequentissime negli scritti d'Isaia, Geremia, Michea, Nahum, Habacuc. Deve altresì considerarsi, che lo stile poetico è molto addicevole all'indole della Profezia: imperocchè avendo i Profeti per iscopo d'inspirare timore o speranza predicendo beni o mali futuri, era necessario per destar queste passioni l'uso d'imagini dolci o terribili, di descrizioni vive, varie, e taluna volta arditissime. Era pure necessaria sublimità nello stile, ne' pensieri, ne' sentimenti; essendochè questa sia molto acconcia ad infiammare gli animi ed a soggiogarli. E queste cose noi troviamo negli oracoli profetici. Si aggiunga: i Profeti non essendo storici, i quali narrano fatti ordinatamente, ma dipintori che gli abbelliscono co' più vaghi colori; avevano bisogno della poesia la quale è una dipintura, siccome insegna Orazio: *Ut pictura poesis*[*]. Finalmente, comechè i Profeti non dovevano sempre scendere a particolari ragguagli intorno a' futuri successi, ma in vece dovevano occultarne alcune parti a'nostri sguardi, per non far violenza alla libertà dell'uomo che un dì doveva dar compimento a quelle predizioni; le loro descrizioni larghe e generali meglio si addicevano alla poesia, la qua-

---

[*] *Discours sur l'Hist. univers.* p. II, c. IV.
[*] V. Lowth, *De sacra poësi Hebr.* prael. XI.
[*] Horat. *De art. poetica*, v. 361.

le dipinge gli obbietti oscuramente, che alla prosa la quale narra i
fatti con rigorosa precisione. Se dunque la maggior parte delle Profezie sono scritte con stile poetico, necessariamente di qui conseguita, che non debbonsi spiegare letteralmente le figure ed imagini, che
vi si leggono. Ma non per questo si può conchiudere, come empia-
mente han fatto i Razionalisti, che le predizioni profetiche non sono
altra cosa se non se descrizioni vaghe in ogni loro parte, le quali
non riferiscono nessun determinato obbietto; ovvero amplificazioni
iperboliche lecite a' poeti, o meri ornamenti del discorso. Questo discorso è al postutto avverso alla sana logica, e contraddicente alle
massime della Fede intorno agli oracoli profetici.

2. Benchè la più considerabile parte delle Profezie dell' Antico
Testamento sia stata scritta con stile poetico, pure molte sono state
scritte in prosa: tali sono precipuamente le predizioni profetiche del
Pentateuco, meno le benedizioni di Giacobbe [1] e di Mosè [2], e gli oracoli di Balaam [3]. Se ne trovano pure molte scritte in prosa presso i
Profeti più recenti, come Malachia, Aggeo, Zaccaria, Daniele, Ezechiele, ed anche presso Isaia. Queste debbono essere interpretate più
strettamente, pigliando le parole in un senso più letterale.

3. Tutte le azioni simboliche de' Profeti, le quali sono pure Profezie, sono state parimente scritte in prosa. Staeudlin, citato e confutato da Jahn, ha preteso che queste azioni simboliche non fossero
state veramente eseguite, e fossero non più che parabole, mere finzioni poetiche, figure di discorso usate ne' tempi antichi. Questa sentenza non può essere ammessa, appunto perchè è troppo generale:
imperocchè concedendo essere qualcuna di simil fatta, come quelle
di Geremia (XXV, 15 29) e di Ezechiele (XXIV, 3-12); moltissime
altre non potrebbero essere spiegate con una mera finzione parabolica: e lo stesso Staeudlin è stato costretto ad ammettere questa verità. In secondo luogo egli è difficile sostenere, che la maggior parte delle altre azioni simboliche non sieno veri fatti: imperocchè non
solo i Profeti, che a noi le narrano, non danno nessun indizio per
darci conoscere il loro linguaggio parabolico; ma la maniera stessa,
onde riferiscono questi fatti, non consente di farli spiegare come mere finzioni, senza fare violenza al testo. In terzo luogo, le azioni simboliche sono state sempre in uso presso gli Orientali; e pare che
malamente ne facciano alcuni le maraviglie: imperocchè esse sono
acconcissime ad eccitare l'attenzione ed a scolpir profondamente nella memoria le cose rappresentate. Era dunque naturale, che i Profeti ebrei, i quali vivevano in Oriente, adoperassero queste azioni straordinarie, le quali erano altresì un mezzo efficacissimo a propagare la
conoscenza delle loro predizioni. Finalmente, queste azioni simboli-

---

[1] *Gen*. XLIX.—[2] *Deut*. XXXIII.— [3] *Num*. XXIV.

che sono inverisimili o indecenti, e perciò rigettate dallo Staeudlin e suoi partigiani, perchè essi malamente spiegano i luoghi del testo, ne' quali sono riferite. Ognuno sea può convincere leggendo gl' Interpreti e gli Apologisti della Religione [*].

CAPO II.

Delle Profezie d' Isaia

ARTICOLO I.

Della storia d' Isaia

Isaia, ebraicamente שְׁעַיָהוּ, *Jescianghjáhu*, ossia *Salute di Dio*, in greco 'Ησαΐας, tiene il primo luogo tra' Profeti maggiori. Era figliuolo di Amos, differente da Amos Profeta ; quegli, secondo una tradizione degli Ebrei riferita da s. Girolamo [*], aveva avuto per padre Joas re di Giuda [*]. E' medesimo ci fa sapere (I, 1) di aver profetato sotto i quattro re di Giuda: Ozia, Joathan, Achaz ed Ezechia; ed è ancor verisimile che sia stato superstite ad Ezechia, perchè secondo l' autore del II de' *Paralipomeni* ha scritto la vita di questo re [*]. È sentenza comunemente ricevuta tra gli Ebrei e Cristiani, che esso sia stato spaccato per mezzo con una sega di legno per ordine di Manasse: il quale supplizio, usitatissimo in Oriente [*], proverebbe ancora, che Isaia fosse vissuto sotto Manasse. Questa sentenza è ancora molto confacente alla natura de' suoi oracoli contenuti negli ultimi 27 capitoli: imperocchè i lamenti levati dal santo Profeta contro l' idolatria, contro il disumano costume d' immolare i fanciulli agli idoli, e contro i delitti de' condottieri del popolo, non potrebbero convenire nè a' tempi di Ezechia, nè a quelli della captività; in ambedue queste epoche il popolo rimase fedele a Dio , il che non accadde a' tempi di Manasse. Questa ipotesi è molto fondata: perocchè non solo i difensori dell' antenticità di questi 27 capitoli, ma ancora Eichhorn e De Wette, i quali li rigettano, trovano in molti di essi una dipintura fedele de' tempi di Manasse, la quale non potrebbe essere ad altro tempo assegnata [*]. Isaia era ammogliato ed aveva due figliuoli, VII, 3, VIII, 3. Supponendo che avesse dato principio al suo mini-

---

[*] Jahn, *Introd.* § 87.
[*] Hier. *Praef. in Jes. e lib. V Comment. in cap. XX Jes.*
[*] Il nome del Profeta Amos scrivesi in ebreo עָמוֹס, *Nghamós;* quello del padre di Isaia אָמוֹץ, *Amótz.*
[*] *II Par.* XXXII, 32.
[*] V. la nostra *Introd. stor. crit.* t. II.
[*] Haugstenberg, *Christologie*, Th. I, Abth. II, S. 205.

stero profetico in età di 20 anni, la quale ipotesi gli darebbe 82 anni nel tempo della morte di Ezechia, egli potè sopravvivere altri 8 anni sotto Manasse, e però chiudere la vita a 90 anni.

ARTICOLO II.

Del subbietto e della disposizione delle Profezie d'Isaia

1. Le Profezie d'Isaia, le quali generalmente sono relative al regno d'Israele e specialmente a quello di Giuda, possono essere divise in due parti eguali: la prima contiene i primi 39 capitoli, la seconda gli ultimi 27. Nella prima sono molte Profezie miste ad alcuni tratti meramente istorici, i quali riguardano principalmente a'regni di Giuda ed Israele. I due primi capitoli contengono Profezie contro Giuda e Gerusalemme ; esse seguitano esattamente l'ordine cronologico, meno il capitolo VI, il quale descrive l'inaugurazione di Isaia al ministero profetico, la quale appartiene all'anno della morte di Ozia, come dice il medesimo capitolo. I capitoli II-V appartengono al regno di Joathan; i rimanenti sino al X, versetto 4, appartengono al regno di Achaz, e dal versetto 6 sino al capitolo XII al regno di Ezechia. Vengono poi molte predizioni contro i popoli stranieri cap. XIII-XXIII, e tra queste leggesi un oracolo profferito contro Gerusalemme, cap. XXII. I capitoli XXIV-XXXV contengono in gran parte Profezie sopra Giuda, e debbono, come pare, riferirsi al regno di Ezechia. Finalmente i capitoli XXXVI-XXXIX hanno per obbietto le relazioni d'Isaia con Ezechia; tutto è storico, eccetto alcune particolari predizioni ed il cantico di ringraziamento profferito da questo re dopo la guarigione miracolosamente ottenuta. La seconda parte, cap. XL-LXVI, è una sola Profezia, la quale riferisce ad un tempo la distruzione dell'impero de'Caldei, il ritorno dalla schiavitù di Babilonia, ed i tempi venuti dopo. Ma Isaia oltre la liberazione dall'esilio, la quale forma l'obbietto prossimo di quest'oracolo, vede e predice la liberazione dalla schiavitù spirituale per Gesù Cristo, il quale è obbietto lontano di questa Profezia; e predice ancora molte cose, le quali esclusivamente appartengono al Messia. Pare certo, che tutta questa seconda parte sia stata scritta sotto Manasse, siccome abbiamo osservato nell'articolo precedente.

2. I critici moderni discordano moltissimo intorno alla disposizione del libro d'Isaia. Alcuni pretendono scorgervi un ordine rigorosamente cronologico; altri hanno affermato essere necessario cercar ordine e disposizione nelle sole cose. Certun'altri, come Koppe ed Augusti, volendo per dir così sminuzzare alcuni oracoli, i quali non possono per nulla essere divisi, e piacendo loro attribuirli ad autori vissuti in varie epoche, hanno confuso in modo orrendo l'ordine del

libro: per forma che Gesenius non ha potuto tenersi dal riprovare
questa sentenza, la quale è ad un tempo assurda ed avversa a tutte le
leggi della sana critica. Noi, quantunque teniamo per certo non essere le Profezie d' Isaia disposte secondo l'ordine cronologico, essendo al meno il capitolo VI non collocato nel suo natural luogo ; pure
pensiamo che la maggior parte degli oracoli esattamente seguitino
i regni de' principi, sotto i quali profetò Isaia. È difficile poi sostenere, che le predizioni contro le nazioni straniere siano disposte secondo l'ordine de' tempi, in cui sono state fatte: pare più verisimile che
esse siano state riunite secondo la simiglianza degli obbietti, a' quali
hanno relazione. Quindi possiamo conchiudere, che nella disposizione attuale delle Profezie d' Isaia si è seguitato in parte l' ordine de'
tempi, in parte quello delle cose.

ARTICOLO III.

Dell' autenticità delle Profezie d' Isaia

Spinosa è stato il primo, che abbia osato muovere dubbi sull' autenticità del libro, che porta il nome d' Isaia [1]. Negli ultimi tempi i
critici di Germania si sono argomentati di provare con mille svariati argomenti, che molte Profezie attribuite ad Isaia, specialmente
quelle che non appartengono agli Ebrei, ed i 27 ultimi capitoli siano
opera di ignoti autori vissuti dopo Isaia. I principali difensori di questa sentenza sono Koppe, Doederlein, Paulus, Eichhorn, Bauer, Rosenmüller, Bertholdt, De Wette, Gesenius ed Hitzig. Nondimeno è
necessario osservare, che questi scrittori, quantunque concordemente rigettino la seconda parte , cioè gli ultimi 27 capitoli , discordano tra loro intorno alla moltiplicità degli autori, che l' hanno scritta: alcuni ne ammettono molti, altri un solo; questa seconda opinione è più in voga al presente tra loro. Dissentono ancora circa il tempo, in cui sarebbe stata scritta questa seconda parte: i primi pensano essere stata composta in sullo scorcio della schiavitù babilonese,
i secondi poi dopo questa schiavitù. Gesenius si è appigliato alla
prima sentenza: egli pretende, che i 27 capitoli, in controversia siano opera di un Ebreo esiliato, il quale per lenire il cordoglio a'suoi
concittadini prigionieri indirizzò loro questo discorso acconcio insieme a consolarli ed istruire. Questi assalti, indirizzati a distruggere l'autenticità degli oracoli d' Isaia, non sono rimasi senza confutazione: sperti critici gli hanno compiutamente trionfato.

Un esame sincero e profondo della quistione prova sino alla evidenza, che l' autenticità della intiera raccolta delle Profezie d' Isaia

---

[1] Spinosa, *Tract. theol. polit.* c. X, § 128.

poggia sopra una tradizione degli Ebrei solidamente stabilita. Questo esame dimostra ancora chiaramente, che i caratteri intrinseci del libro, appartenente al nostro illustre Profeta, formano una dimostrazione invincibile per que' critici, i quali al par de' nostri avversari si pregiano di sacrificar tutto agli argomenti filologici. E dapprima è irrefragabile pe' documenti storici, 1° che la tradizione degli Ebrei, la quale attribuisce ad Isaia tutte le Profezie contenute nel libro che porta il nome suo, è tanto antica che non se ne può assegnare l' origine. Giuseppe la fa giungere sino a Ciro, il *Talmud* sino ad Ezechia, sotto il cui regno è stato scritto questo libro: questa tradizione adunque è di circa 2500 anni. 2° Che questa tradizione è universale ed unanime. 3° Che essa non ha mai variato da Isaia sino a' dì nostri. In secondo luogo è ugualmente irrefragabile, che non solo lo stile e la elocuzione, ma ancora gl' idiotismi e molte particolarità relative o al metodo tenuto dall' autore, o alla natura stessa del subbietto trattato da esso, distinguono gli oracoli attribuiti da noi ad Isaia da tutti gli altri scritti profetici, nè permettono che si dubiti menomamente della loro autenticità. Nondimeno parecchi esegeti di questi ultimi tempi non hanno temuto, come dicevamo, di negare ad Isaia una parte considerabile de' sacri oracoli, a' quali è prefisso il suo nome. Udiamo le loro obbiezioni, e procuriamo di confutarle.

Difficoltà *proposte da' Razionalisti contro l' autenticità di certe parti delle Profezie d' Isaia, e* Repliche *alle medesime* [1]

Diff. 1ª. Nelle parti del libro di Isaia, le quali certamente appartengono a questo Profeta, non incontra nessun caldaismo, nessuna forma grammaticale o locuzione di tempi più recenti: al contrario le Profezie a lui contese, e precipuamente gli ultimi 27 capitoli contengono vocaboli, forme ed espressioni usate verso i tempi della schiavitù. Aggiungi, lo stile de' frammenti appartenenti davvero ad Isaia è stretto, conciso, pieno di sentimento, e spesso oscuro; mentre l' elocuzione degli ultimi 27 capitoli è chiara, scorrevole, prolissa, abbondante di ripetizioni. Una differenza di stile tanto notevole necessariamente dimostra non essere tutto il libro opera d' Isaia.

R. Trattandosi di un libro tanto antico e scritto in una lingua, di cui sopravvanzano poche reliquie, è affatto impossibile opporre contro la sua autenticità una pruova dimostrativa ricavata dalla differenza dello stile. Una sola osservazione è sufficiente a giustificare la nostra asserzione. Se questa diversità di stile fosse così chiara, così evidente, come suppone Gesenius, non sarebbe certo sfuggita nè alla

---

[1] Ci atterremo soprattutto alle obbiezioni di Gesenius e di Hitzig, perchè esse sono quasi un compendio di tutte le altre.

perizia de' dottori ebrei, tanto versati nella lettura della Bibbia, nè alla spertezza e diligenza di tanti ebraizzanti moderni, i quali da 200 anni si sono applicati tanto felicemente alla critica ed alla interpretazione de' Libri santi. Nondimeno è cosa da non poter essere volta in dubbio, che quasi sino al termine dell' ultimo secolo i più celebri interpreti, ed Ebrei e Cristiani, non sono mai stati scossi da questa differenza di stile, che tanto colpisce i Razionalisti de' dì nostri. Questa differenza è passata inosservata a Grozio, Vitringa, Riccardo Simon, Bochart, Michaëlis, Dathe, Lowthe, e a parecchi altri critici nè meno attenti, nè meno illuminati di loro. Gesenius ed i suoi soci diranno certo, che questi interpreti sono stati occecati dal pregiudizio, onde avevano occupata la mente, intorno alla divina inspirazione delle Scritture; ma noi dal canto nostro possiamo con maggior ragione affermare, che i Razionalisti si son lasciati abbacinare da' loro pregiudizi dogmatici, e che il dotto professore di Halle nel più strano modo è stato abbarbagliato dalle stranezze del Razionalismo. In fatti se i dotti interpreti rammentati v' avessero scorto questa pretesa differenza di stile, essi l' avrebbero notato senza temere che avesse per ciò avuto a scapitarne la inspirazione della seconda parte di Isaia: imperocchè essi sapevano bene non essere la divina inspirazione legata al solo nome d' Isaia, e la sana critica avrebbe loro forniti i mezzi legittimi per spiegare quelle differenze di stile, che si trovano nelle opere dello stesso scrittore. Dovrebbero finalmente rammentare a sè medesimi Gesenius e gli altri nostri avversari, che Grozio, Ricardo Simon, Michaëlis ed altri non sono stati mai presi da tanta riservatezza da trapassare inosservate tutte quelle difficoltà che essi han creduto trovare nella Bibbia, qualunque esse fossero.

Questa obbiezione, da che è stata fatta, ha avuto pochissimi partigiani, tanto in Inghilterra ed in Olanda, che nella Svezia e Danimarca: ne' quali paesi la critica sacra è con tanto ardore coltivata. Nè essa ha raccolto i suffragi universali in Alemagna, ove è nata: perciocchè Piper, Bechaus, Hensler, Jahn, Kleinert, Hengstenberg, Möhler ed altri, i quali con tanto buon esito han difeso l' integrità degli oracoli d' Isaia, ed hanno con particolare studio esaminato lo stile e l' elocuzione di questo Profeta, non v' hanno scorto la diversità, che i Razionalisti gridano evidentissima. Anzi il dotto Olandese Greve appunto dall' uniformità di stile tra le due parti del libro trae argomento per attribuire la seconda al figliuolo di Amos [1]. Augusti, benchè rigetti l' autenticità degli ultimi 27 capitoli, li vede talmente simili a' precedenti quanto a stile ed elocuzione, che di qui appunto egli pensa essere provenuta la sentenza di attribuire all' autore della prima parte ancor la seconda. Aggiungasi, che se la differenza

---

[1] Greve, *Ultima capita Jesaiae*, Prolegom.

di stile fosse tanto manifesta, dovrebbero intorno a ciò essere concordi le opinioni, al meno tra' Razionalisti: ma ciò non accade. Gesenius par che non rigetti che soli 34 capitoli, i quali e' dice scritti non da Isaia; ma altri critici, come Koppe, Eichhorn, Bertholdt, De Wette non si stanno alla sua sentenza, procedono oltre: imperocchè essi pretendono non essere tutto il libro altro che un' antologia di vari frammenti composti in varie epoche e da diversi autori. Perciò quello che alcuni chiamano autentico, da altri è stimato apocrifo, e *vice versa*. Gesenius fa derivare da due autori tutte le parti non autentiche: gli altri critici credono scorgere in esse l'impronta di molte mani differenti. Gesenius pretende, che gli ultimi 27 capitoli hanno assolutamente lo stesso stile, e provengono dalla stessa penna; mentre Koppe, Eichhorn, Bertholdt e De Wette sostengono, che essi sono opera di vari scrittori. Eichhorn e De Wette affermano, che il capitolo XIX riguardante all'Egitto non può appartenere ad Isaia, non solo per lo stile, ma ancora per le circostanze storiche. Questi stessi critici, a' quali possono essere aggiunti Bertholdt e Rosenmüller, non giudicano altramente del capitolo XXIII, il quale contiene la Profezia contro Tiro. Gesenius al contrario ragionevolmente revindica ad Isaia questi due capitoli. Il medesimo Gesenius nega a questo Profeta i capitoli XXIV, XXV, XXVI, XXVII; mentre il Rosenmüller nella seconda edizione de' suoi *Scolii* sostiene essere i detti capitoli opera d' Isaia. Le quali differenze di opinioni tra' Razionalisti, che sono stimati i più sperti della setta, evidentemente addimostrano qual conto debba farsi della opposta diversità di stile, alla quale tanto si appoggiano i Razionalisti per negare ad Isaia la maggior parte de' suoi oracoli [1].

Ma esiste veramente questa varietà di stile tanto proclamata? In primo luogo, nessuno può favellar con certezza intorno alle espressioni e forme grammaticali, che diconsi stare nelle parti contese ad Isaia, e sono stimate pertinenti a tempi più moderni. E per verità non sono state simili forme trovate nel capitolo XXIII, il quale contiene la predizione contro Tiro? e nondimeno Gesenius poco mosso dalle ragioni allegate da molti Razionalisti, sostiene l' autenticità di questo capitolo. Nè poi abbiamo tale cognizione della lingua ebraica, nè possediamo tanti monumenti letterari contemporanei d' Isaia, che possiamo affermare con giudizio sicuro non essere certe locuzioni e forme grammaticali, che al presente sono chiamate nuove, in uso a' tempi di Isaia. La favella aramea o siriaca non era ignota in Gerusalemme a' tempi di Ezechia: imperocchè gli uffiziali di questo re pregarono Rabsace, messo di Sennacherib, affinchè parlasse *sy-*

---

[1]) Leggi lo sviluppo di questa riflessione nella nostra *Introduz. storica e critica*, t. IV.

*riace(IV Reg.*XVIII, 26). Isaia poteva benisssimo conoscere questa lingua, molto affine alla ebraica; però non deve far maraviglia, se ne abbia usato qualche costrutto, o qualche vocabolo. L' istesso Bertholdt dice che si trovano alcuni arameismi in certi luoghi, come XXI, 11, 12, XXIII, 1-18; ma poi confessa che nel rimanente libro non si trova nessun vestigio di miscela delle due favelle. Anzi soggiunge, alquanto più giù, essere necessario ammettere, che regnando Achaz, Ezechia e Manasse le circostanze erano tali, che gli scrittori ebrei potevano facilmente viziare la purezza della loro lingua a cagione della grande influenza, che aveva a que' tempi l' uso del dialetto arameo, se non avessero usato grande diligenza [1].

Nè la differenza di elocuzione è tale, quale dicono i nostri avversari : essa può spiegarsi variamente. Essendo stata la seconda parte d' Isaia scritta probabilmente venti anni dopo la prima, qual maraviglia se differisce da questa ? Pochi sono gli scrittori, i quali mantengono il medesimo stile in sì lungo intervallo. La differenza è ancora spiegata dalla diversità di obbietti descritti nelle due parti, e dalla diversità di scopo prefissosi dall' autore. Imperocchè ne' primi capitoli il Profeta annunzia castighi e si scaglia contro i peccati della generazione presente, cui egli si studia di rimettere sul sentiero della virtù : ma ne' secondi capitoli egli consola e promette; e queste consolazioni e promesse sono fatte ad un popolo futuro, che egli da lungi vede gemere ne' ceppi. E chi vorrà negare, che debba essere differente lo stile in queste due differenti circostanze? Che poi la differenza di stile debba essere ascritta a questa causa, apparisce chiaro dalla uniformità di elocuzione, che si scorge in tutti gli oracoli, i quali hanno il medesimo obbietto: questi non mostrano nessun vestigio di differenza nella maniera di scrivere. Per esempio, nella descrizione del Messia, la quale leggesi nelle due parti, l' autore sostiene tanto bene il suo stile, che non si scorge mai differente nelle più minute circostanze: tra le molte possiamo citare quella *del lupo e dell' agnello, che pascoleranno insieme* (cap. LXV, 25 ed XI, 6). Il tuono veemente e minaccioso, che tanto spesso apparisce nella prima parte, si scorge pure nella seconda , sempre che il subbietto lo addimanda: chi scorre i capitoli LVI, LVII, LVIII, LIX, LXV, facilmente può convincersene. Finalmente la diversità di stile può naturalmente provenire dalle varie disposizioni di spirito, nelle quali si trovava il nostro santo Profeta: scrivendo egli la prima parte de' suoi oracoli, stava in tutta l' attività del suo zelo profetico, pieno di fuoco per riprendere ed emendare i suoi concittadini; ma allorchè scrisse la seconda, si era già ritirato dall' esercizio del ministero profetico. In questo tempo il presente era cagione di scoramento e dolore: il

---

[1] Bertholdt, *Einleit.* Th. IV, 1373, 1374.

Profeta si volge verso l'avvenire felice mostratogli dal Signore, e dipinge la futura redenzione del suo popolo co' più ridenti e leggiadri colori. Or questa differenza di circostanze e di disposizioni di spirito ha dovuto necessariamente menar con sè una differenza di elocuzione: e però questa prima difficoltà de' nostri avversari non potrebbe menomamente indebolire le pruove sposte nella nostra proposizione.

D. 2.ª Isaia dovè scrivere per gli Ebrei, de' tempi suoi, e però quelli a' quali si volge nelle sue Profezie, sono necessariamente gli stessi contemporanei di Achaz ed Ezechia. Or gli Ebrei rammentati negli ultimi 27 capitoli non sono que' medesimi de' tempi antichi, ma i loro discendenti, i quali stavano esuli in Babilonia. Quando scriveva l'autore de' 27 capitoli, Gerusalemme era in rovine e la Giudea appariva uno spaventevole deserto; la città e 'l tempio rovesciati cominciavano ad essere rifabbricati; il popolo riprovato da Dio gemeva ne' ferri, ma il suo servaggio volgeva al termine. Allora non sacrifizi, non culto nel tempio; non si parla di altro che di digiuni e di sabbati, i quali si mantenevano nella schiavitù. Nè i popoli stranieri, nominati in questi capitoli, sono i medesimi che fiorivano a' tempi d'Isaia, ma le nazioni che tenevano il di sopra ne' tempi della schiavitù. Per ciò l'Autore non parla del regno di Assiria, il quale, vivendo Isaia era nel vigore della sua potenza, e minacciava d'invadere la Giudea: parla al contrario dell'impero caldeo, il quale salito al più alto splendore, stava per rovinare sotto le armi di Ciro. Questo principe, nominato financo dall'Autore, dopo aver conquiso molti popoli, ci è rappresentato in questi capitoli nell'atto d'invadere Babilonia, la quale fu presa di notte, in tempo di un convito, da' Persiani e Medi riuniti sotto le sue bandiere. L'autore di questi capitoli conosce le disposizioni di Ciro favorevoli a' Giudei, ed annunzia il ritorno della captività, la ricostruzione delle mura della città e del tempio. Tutte queste circostanze storiche non sono narrate come future, ma descritte come presenti o passate: esse costituiscono la situazione attuale del Profeta, sono il punto, donde egli muove per trasportarsi nell'avvenire sull'esempio di tutti i Profeti: imperocchè questi pigliano sempre le mosse da' tempi, in cui vivevano, per predire gli avvenimenti futuri. Gli Ebrei de' tempi d'Isaia nulla avrebbero inteso di tutte queste descrizioni: imperocchè i Caldei appena noti a quel tempo erano vassalli de' re di Assiria; i Medi benchè più antichi erano sotto la dominazione de' re di Ninive; il solo nemico formidabile a' tempi d'Isaia era l'impero di Assiria. Erano inoltre privi di scopo que' lunghi discorsi per gli Ebrei di quest'epoca: perocchè essi non stavano in ischiavitù, nè l'autore di questi capitoli aveva loro annunziato la futura deportazione in Babilonia. Quindi tutte le circostanze storiche del tempo, in che scrisse l'autore delle Profezie relative alla distruzione di Babilonia ed al ritorno dalla captività, determinano non l'epoca d'Isaia, ma il tempo precedente la fine della schiavitù. E siccome, secondo le leggi della critica, l'epoca, in cui visse uno scrittore, deve determinarsi dalle circostanze storiche del tempo, di cui esso parla; così chiaro si scorge, che l'autore di tutte queste Profezie non può essere Isaia, ma un Profeta vissuto verso la fine dell'esilio.

R. Essendo questa obbiezione una delle più speciose tra quelle proposte da' Razionalisti, e bastando a giudizio di Gesenius a decidere la quistione, noi l'abbiamo riferita con tutte le circostanze, affinchè il lettore possa bene intenderla, e meglio valutare la nostra risposta. Quest'argomento dunque, che Gesenius ha diretto contro i 27 ultimi capitoli, e che a lui pare tanto evidente, ha dovuto saltare agli occhi di tutti i critici ebrei e cristiani, i quali hanno spiegato il libro di Isaia: imperocchè a sentirne la forza non è necessario nè conoscenza di lingue, nè grande erudizione; la lettura attenta del libro, ancorchè malamente tradotto, basta a mostrare quell'argomento. Donde proviene adunque, che nessun critico sino a questi ultimi *tempi* non v' ha mai incontrata questa difficoltà nè l' ha sposta e confutata? Perchè essa è di peso solo a' Razionalisti; a chi poi crede alla Rivelazione immediata de' Profeti, essa non solo non oppone nessuna ragione contro l' autenticità degli oracoli d' Isaia, ma forma una delle più luminose pruove della divina inspirazione avuta da questo Profeta. Imperocchè ammessa questa Rivelazione si può naturalmente supporre, che Dio ha manifestato ad Isaia tutte quelle *circostanze storiche*, sulle quali poggia l'argomento del Gesenius: Iddio trasportò il santo Profeta con lo spirito ne' tempi della captività e gli mostrò tutti gli avvenimenti futuri, come se fossero presenti. In questa ipotesi, cui nessun Razionalista può rifiutare come impossibile, il tempo della schiavitù diveniva la situazione profetica d' Isaia, benchè non fosse la situazione reale: di qui moveva il suo spirito, ivcollocato dallo Spirito Santo, per trasportarsi nel più lontano avvenire. Iddio aveva rivelato ad Isaia que' divini oracoli per alleggiare l'amarezza al suo popolo nell' esilio di Babilonia, annunziato da Mosè e dalla maggior parte de' Profeti, e chiaramente predetto al re Ezechia, cap. XXXIX. Perciò questi oracoli consolanti non furono indirizzati agli Ebrei de' tempi d' Isaia, ma a quelli mostratigli dallo Spirito di Dio tra le catene babilonesi. È poi una gratuita asserzione quella, onde si sostiene non avere i Profeti predetto altro, se non quello che riguardava a' loro contemporanei: imperocchè lo Spirito di Dio, a cui son presenti tutti i tempi, potè benissimo farli parlare per le generazioni future. Noi dunque ripetiamo, in questa ipotesi, la quale è possibilissima, tutte le difficoltà accavallate dal Gesenius si spiegano facilmente. Imperocchè allora s'intende che Isaia abbia dovuto dipingere gli Ebrei come erano al tempo della schiavitù, cioè

con la città distrutta, col Tempio abbattuto senza culto e senza sacrifizi, gementi nelle catene e sospiranti per la redenzione. Allora
non sarebbe nemmeno impossibile, che Iddio avesse suggerito allo
spirito del Profeta le espressioni popolari, di cui avrebbero fatto uso
gli uomini di que' tempi. Questo Profeta dovè pure descrivere i nemici di questi tempi, i re ed i popoli destinati ad operare la liberazione del popolo: egli non poteva dimenticar Ciro, famoso liberato-
re della sua gente. In somma il tempo della schiavitù era quello della sua situazione profetica, o come parlano i critici, del suo tempo
profetico; non è dunque maraviglioso che egli parli delle circostanze storiche di quel tempo, quasi fossero presenti. I Caldei non erano
affatto ignoti al tempo d' Isaia, il quale li rammenta nella sua Profezia contro Tiro (XXIII, 13). Aggiungasi, che egli predice ad E-
zechia dovere un giorno i figliuoli di lui essere portati in Babilonia
(XXXIX, 6, 7). I Medi erano pure noti a que' tempi, e però Isaia
potè ben essere inteso dagli Ebrei in tutto quello, che esso ne riferisce.

D. 3.ª Ma, seguitano i nostri avversari, è impossibile spiegare
tutti questi fenomeni supponendo una Rivelazione divina: imperocchè questa nel modo che conviene ammetterla, è contraria all' analogia delle altre Profezie. — 1° I Profeti nella predizione delle cose
future muovono sempre da' tempi loro per passare agli avvenire: ma
qui il punto, donde muove Isaia, è lontano più di 200 anni da' tempi di lui. —2° I Profeti non predicono gli avvenimenti lontani che
in una maniera generale ed indeterminata: ma qui un avvenimento lontanissimo è annunziato con tutta la precisione storica. —
3° I Profeti non danno peso ad un avvenimento futuro, se non quando gli avvenimenti antecedenti, de' quali il futuro è continuazione
naturale, sieno già noti o predetti dal Profeta; ma qui si parla della
schiavitù senza aver nulla detto della deportazione. — 4° Gli altri
Profeti non parlano mai di un popolo straniero, il quale non abbia
avuto nessuna relazione col popolo ebreo; ma qui si parla de' Caldei i quali non ancora avevano avuto relazioni politiche con gli E-
brei. — 5° Gli altri Profeti non dinotano mai i personaggi predetti
co' propri nomi; ne disegnano le qualità: ma qui è nominato Ciro
200 anni prima che nascesse. — 6° Se lo Spirito di Dio avesse manifestato con tanta precisione ad Isaia la rovina di Babilonia e lo stato degli Ebrei nel tempo dell' esilio; il Profeta non avrebbe certo descritto tanto iperbolicamente e con poca esattezza la maniera, onde
gli Ebrei dovevano ritornare da Babilonia: la magnificenza della nuova Gerusalemme, la quale doveva essere da essi riedificata, lo splendore e la felicità, che dovevano avere ritornando dall' esilio in Palestina; tutta la descrizione brillante delle cose predette è un bello i-
deale non mai avvenuto, anzi opposto alla povertà, umiliazione ed

oppressione, in cui stette il popolo dopo il suo ritorno.—7° Se l'autore de' 27 ultimi capitoli è vissuto in tempi tanto antichi quanto quelli di Isaia, perchè mai ricorda continuamente il compimento delle antiche Profezie intorno alla fine della captività e ritorno in Palestina, le quali non erano fatte a' tempi suoi? Questo linguaggio si addice ad uno scrittore vissuto a' tempi dell'esilio, cioè quando erano perfettamente compiute le Profezie di Ezechiele e Geremia. — 8° Finalmente è manifesto, che tutte le predizioni della seconda parte, le quali riferiscono questa captività, non esistevano a' tempi di Geremia: perocchè in caso diverso questo sant'uomo, il quale fu tanto bistrattato dagli Ebrei per averla predetta, non avrebbe intralasciato di citarle, invocando l'autorità di un Profeta tanto venerando, quale fu Isaia.

R. Tutte queste obbiezioni sono del pari più speciose che solide, siccome apparirà dalle cose, che verrem dicendo per confutarle. 1° Il punto di partenza de' Profeti non è precisamente il tempo reale, in cui si trovano nel momento delle loro predizioni; ma quello, in cui sono trasportati dallo Spirito Santo nell'estasi profetica. Quindi allorchè lo Spirito di Dio trasportò Ezechiele nella pianura delle ossa aride, le quali simboleggiavano gli Ebrei a Babilonia (cap. XXXVII); e quando lo trasportò novellamente in Gerusalemme per fargli prendere le dimensioni della città e del Tempio, e per fargli misurare e spartire la terra (cap. XL e segg.); la situazione del Profeta non era quella del luogo e del tempo, in cui si trovava, ma quella del tempo venuto dietro alla schiavitù. Quindi lo Spirito Santo, avendo trasportato Isaia nel tempo della schiavitù per far da lui recar conforto agli Ebrei esiliati; la situazione profetica è per lui il tempo dell'esilio; non quello della vita. I Profeti, mentre durava lo stato estatico, vivevano per dir così nelle cose annunziate, e queste cose future erano per essi presenti. Qualche volta movevano dal loro tempo presente per annunziar l'avvenire; ma certe altre volte movevano da un avvenire prossimo contemplato come presente, affinchè di qui appuntassero lo sguardo sopra un avvenire più rimoto. In questa situazione l'avvenire prossimo era il loro presente profetico, ed essi consideravano come passato tutto quello che era anteriore a' tempi prenunziati dal Profeta: i quali tempi costituivano un presente nella mente del Profeta, benchè in sè fossero futuri. Potremmo citare molti esempi di questa particolarità delle Profezie. Mosè nel suo cantico (*Deut.* XXXIII, 7, 30), si trasporta, come nota Giovanni Leclerc, talmente nelle cose future, che le deplora come presenti, e dice cose che non potevano essere dette se non mentre avvenivano [*]. Osea, pre-

---

[*] « Haec quasi praeterita cantico deplorat Moses, quod ea ita futura praeviderel, et quasi in illas aetates futuras se animo transferat, eaque dicat, quae tum demum debebant dici » (Clericus, *Com. in Deut.* XXXII, 30).

detto la devastazione e rovina del regno d'Israele, XIII, si trasporta
nel tempo di quest'avvenimento, XIV: egli esorta Israele alla penitenza, e muove da questo tempo per annunziare le benedizioni future del Signore. Michea, IV, 8, disegna il tempo, in cui la famiglia
regale di Davide scadrebbe dalla sua dignità; ciò doveva avvenire dopo duecento anni; ed egli predice pure la futura ristorazione di essa.
Interpella Gerusalemme nel tempo della captività, parla al popolo
menato schiavo, gli annunzia la prigionia in Babilonia e la liberazione. Quindi il tempo del trasporto degli Ebrei a Babilonia è per lui
il tempo presente, e la liberazione dalla schiavitù è il tempo futuro. Nel capo VII, versetto 7, e' fa parlare il popolo schiavo in Babilonia, e gli fa esprimere ad un tempo e la giustizia del castigo mandato dal Signore, e la confidenza nella misericordia di Dio. La risposta di Jehova espressa nel versetto 11 suppone Gerusalemme distrutta, perchè promette la riedificazione delle mura di essa. Il medesimo Isaia nella Profezia contro Tiro, riconosciuta autentica da
Gesenius, contempla come presente la punizione, che Nabuchodonosor doveva portare 200 anni dopo a quella florente città. Egli descrive, come se la vedesse con gli occhi corporei, la fuga degli abitanti, l'impressione prodotta sull'animo de' popoli confederati dalla
novella della caduta di Tiro. Da questo avvenire prossimo, contemplato dal Profeta come presente, predice che dopo 70 anni la città
di Tiro farà ritorno alla sua antica grandezza. Mena ancor più lungi il suo sguardo, e vede i Tirii obbedienti alla vera Religione ne'
tempi del Messia. Questi esempli, che avremmo potuto moltiplicare,
mentre provano chiaramente che non è contrario all'uso de' Profeti
il trasportarsi in un avvenire prossimo considerato come presente, e di
qui passare ad un avvenire più rimoto; mostrano ancora non essere
opposto all'analogia delle altre Profezie quello, che noi supponiamo. Bertholdt, stretto dalla stessa evidenza de' fatti, riconosce che
i Profeti si trasportano qualche volta con lo spirito ne' tempi futuri
e precipuamente in quelli del Messia: solo pretende affermare, che
essi ritornano poi alle circostanze particolari del proprio tempo,
mentre l'autore di questa seconda parte rimane sempre fisso al tempo della captività [1]. Ma noi abbiamo già mostrato con molti luoghi,
che il nostro Profeta esce spesso dal suo presente profetico per far
ritorno al suo tempo reale. Questo mezzo spiega naturalmente i vari fenomeni, che danno vedere questi 27 ultimi capitoli. In fatti, le
circostanze relative all'epoca della captività si spiegano col presente
profetico; e quelle che si riferiscono all'epoca, in cui viveva Isaia,
sono dichiarate dal suo presente reale, al quale di quando in quando egli fa ritorno. Finalmente, ancorchè questa supposizione fosse

---

[1] Berthold, *Einleit.* Th. IV, Seit. 1384.

contraria all' analogia degli altri Profeti, non si potrebbe perciò negare l'autenticità di questa seconda parte, la quale è stabilita con argomenti invitti: imperocchè Iddio libero nelle sue operazioni soprannaturali, non può essere sommesso ad una condotta uniforme. Del resto Isaia aveva una ragione per derogare a quest' analogia; imperocchè questo Profeta non scrivendo pe' contemporanei, ma per gli Ebrei di Babilonia, doveva trasportarsi nel loro tempo e descriverli quali sarebbero stati allora. — 2° È affatto falso, che i Profeti predicono sempre gli avvenimenti lontani in maniera vaga ed indeterminata. Questa è una pretensione de' Razionalisti, cui non possono dimostrare. Michea ha predetto la deportazione degli Ebrei a Babilonia e la futura redenzione 200 anni innanzi l'avvenimento. I Profeti in generale hanno assegnato molti caratteri particolari del Messia, i quali tutti si sono verificati in Gesù Cristo. — 3° Non è necessario per rendere vera una predizione di qualunque avvenimento, che tutti gli avvenimenti precedenti relativi ad esso sieno stati annunziati dal medesimo Profeta: imperocchè le Profezie, siccome abbiamo già osservato a carte 331-332, non sono storie scritte secondo l'ordine de' tempi, ma dipinture rappresentanti gli obbietti avvenire secondochè sono questi dati vedere allo sguardo del Profeta. Spesso avviene, che un obbietto futuro è mostrato al Profeta senza i precedenti avvenimenti, i quali sono la causa di quello predetto, e senza i fatti posteriori, i quali ne saranno la conseguenza. È falso poi che Isaia non abbia predetto la schiavitù. Nella prima parte, sulla quale generalmente non v'è controversia, sono molti oracoli, i quali non possono senza estrema violenza essere intesi di altro se non se della Giudea devastata da' Caldei, e della dispersione degli abitanti in Babilonia. Tali sono i capitoli V, VI, XI, XII, XIII. Aggiungi: noi non abbiamo tutte le Profezie d' Isaia, e però bene si può dire che altre ancora ve ne fossero intorno a quel celebre avvenimento. Ma è egli mestiero fare uso d' ipotesi? Il capitolo XXXIX ci pone sottocchi una Profezia, la quale chiarissimamente annunzia che il popolo ebreo sarà trasportato nella Caldea, e che i figliuoli di Ezechia faranno l' uffizio di servi nel palagio del re di Babilonia. Gesenius, messo tra le spine da questo testo, ricorre, benchè non senza qualche timidità, al sospetto che questa Profezia abbia potuto essere scritta con tanta precisione dopo l' avvenimento. Ma questo sospetto è privo di ogni fondamento, e con tali ipotesi possono essere infiacchite tutte le Profezie. Oltre a ciò che cosa risponderà Gesenius all' oracolo di Michea, il quale per lo meno 150 anni innanzi predisse la captività degli Ebrei a Babilonia e la loro liberazione? Dovrà dunque dirsi che quest' oracolo è stato scritto dopo il fatto? — 4° Nè poi è vero, checchè ne dicano gli avversari, che i Profeti non parlano mai d' un popolo straniero, se prima esso non abbia avuto

relazioni politiche con gli Ebrei : imperocchè l'autore de' 27 ultimi
capitoli, i quali portano il nome d' Isaia, e Zaccaria han parlato de'
Greci, prima che questi avessero avuto qualunque relazione con gli
Ebrei. Ma questa poi non sarebbe una ragione per negare l'autenticità di que' capitoli, essendo dimostrato dalla storia di Ezechia,
che questo principe aveva molte relazioni col re di Babilonia; tanto
che que' gli mandò ambasciadori con lettere e doni per congratu-
larsi con lui della ricuperata sanità (cap. XXXIX). — 5° Noi non
ammettiamo la sentenza di Jahn, il quale pretende che il nome *Ciro*,
ebraicamente כֹּרֶשׁ, *Koresc*, sia non un nome proprio, ma una mera
denominazione [1]; ed in vece diciamo, che non è a Dio impossibile
derogare alla regola generale, ancora che si avesse da dire, che Isaia
oltre il costume degli altri Profeti abbia nominato Ciro col nome proprio. I Profeti son soliti di non determinare l'epoca precisa degli avvenimenti annunziati da essi; nondimeno in certe occasioni gli hanno determinati. Falso è poi, che i Profeti non esprimano mai i nomi
propri de' re futuri, che annunziano: un esempio, a cui non può
contraddirsi, cen porge il III *de' Re* (cap. XIII, 2); ivi un Profeta
mandato a Geroboamo per riprenderlo intorno all'altare eretto a'
vitelli d' oro, gli predice che un re futuro della famiglia di Davide,
chiamato Giosia, immolerà su questo altare i sacerdoti de'luoghi ec-
celsi: e ciò si compì esattamente 300 anni dopo la Profezia. Gli avversari per trarsi d' impaccio pretendono essere stato il nome *Giosia* aggiunto al libro *de' Re* da qualche recente amanuense; la quale supposizione non solo è gratuita, ma rovescerebbe ancora il loro
argomento. Imperocchè noi potremmo dal canto nostro affermare,
sebbene non osiamo nemmeno pensarlo, essere il nome *Ciro* forse
un'addizione de'tempi posteriori, e però incapace di pregiudicare al-
l'autenticità di questi oracoli. — 6° Supponiamo un momento co'
nostri avversari, che le Profezie relative alla rovina di Babilonia
ed alla liberazione degli Ebrei siano più chiare e precise di quelle,
le quali riguardano alle circostanze del ritorno e della felicità, che
doveva tener dietro a quello; non però avrebbero gli avversari ragione per negare l'autenticità di questi capitoli. Perocchè Iddio,
checchè dicano i Razionalisti, essendo libero nelle comunicazioni
de' suoi lumi soprannaturali, può per motivi, che a noi non lice
scandagliare, aver voluto fare annunziare i primi avvenimenti in modo più chiaro e preciso, i secondi in modo più generale e meno preciso. Ma non è poi così: le Profezie accusate da' nostri avversari,
benchè in sostanza siano molto conformi con la storia, non hanno però tutta la chiarezza e precisione storica: imperocchè il loro obbietto

---

[1] Jahn, *Introd.* § 104, vers. la fine. — V. Hengstenberg, *Christologie*, Th. I,
Abth. II, Seit. 192, 193.

si riduce a certi punti principali, cioè alla rovina di Babilonia presa da Ciro, aiutato da' Persiani e Medi, di notte, nel tempo di un convito, ed al favore concesso agli Ebrei di far ritorno nella patria per riedificare città e Tempio. Uno scrittore, il quale avesse composto il suo libro dopo l'avvenimento, senza meno ci avrebbe descritto gli apparati bellici fatti da Ciro, e la maniera onde egli disseccò l'Eufrate per entrare in Babilonia. In somma egli avrebbe toccato moltissime circostanze storiche, le quali non leggonsi in questa seconda parte. Rileva molto poi osservare, che questa Profezia è più oscura quanto a' tempi venuti dopo la schiavitù, perchè essa ha duplice obbietto, cioè la liberazione dalla captività temporale per Ciro, e la redenzione dal servaggio spirituale pel Messia. Il primo essendo ogimai compiuto deve certo apparirci chiaro: il secondo poi, essendo compiuto in parte, non può venirci sottocchi senza il velo di una certa oscurità. E perciò è troppo vero, che gli oracoli riguardanti al Messia sono stati chiaramente compiuti mediante la prima venuta di Gesù Cristo: a restarne convinto basta leggere gli Apologisti della Religione Cristiana. Tutto quello poi, che ha relazione alla gloria del regno del Messia, alla fondazione della sua Chiesa, al ritorno universale degli Ebrei al loro Messia, ed alla felicità di che godranno dopo questo ritorno; non ha ancora avuto il suo compimento. Allorchè questo felice avvenimento succederà, sarà inteso il vero senso di quella magnifica descrizione, delle grandi imagini, onde il Profeta dipinge la gloria della nuova Gerusalemme e de' suoi abitanti. Ammesso in queste Profezie il duplice obbietto, cioè il ritorno dalla schiavitù e la felicità de' tempi del Messia, va in dileguo totalmente l'obbiezione degli avversari: imperocchè in questo caso non abbiamo descrizioni ideali e speranze fantastiche, ed avendo avuto già compimento una parte di queste Profezie mediante la prima venuta di Gesù Cristo, abbiam diritto di attendere nella serie de' tempi il compimento della rimanente parte. Questi oracoli non possono essere applicati ad altri che al Messia, siccome è dimostrato dall'analogia manifesta con le Profezie de'capitoli IX ed XI; i quali sono senza difficoltà spiegati del Messia da'medesimi avversari nostri. Finalmente tutti ammettono, che queste descrizioni figurate e simboliche non debbono essere spiegate letteralmente. Il Profeta non ha certo creduto, che fiumi scorrerebbero su per le colline, o spiccerebbero dalle rupi; che le mura di Gerusalemme sarebbero incastrate di zaffiri e smeraldi: egli, al contrario, ha voluto dinotare con queste imagini la provvidenza speciale, onde sarebbero stati ricondotti nella patria gli esuli Ebrei, e la magnificenza del Tempio o della Chiesa Cristiana. Queste descrizioni simboliche ebbero un primo compimento dopo il ritorno dalla captività; gli Ebrei furono soccorsi da' re di Persia nel ritorno in Gerusalemme, e con questi aiuti riedificarono città e Tempio. I popoli stranieri entrarono in commercio con loro, ed offerirono ricchi doni nel loro tempio; molti Gentili abbracciarono la Religione del vero Dio; ma oltre questo primo compimento, il quale fu debole imagine delle promesse magnifiche fatte agli Ebrei, v'ha un secondo compimento in quelle pompose predizioni, e questo riferisce la formazione della Chiesa Cristiana, nel cui seno sono entrate tutte le nazioni della terra. Questo compimento sarà più perfetto, allorchè gli Ebrei si convertiranno e faran ritorno al Messia: ma il perfettissimo e totale compimento succederà nella eternità *. — 7°

---

*) Le parole brillanti, le descrizioni magnifiche, le promesse di felicità eccedenti ogni espettazione, e non avverate nel ritorno del popolo da Babilonia, non sono un mero parlare figurato, diretto a descrivere in generale la Provvidenza di Dio quanto al popolo, e la fondazione della Chiesa; ma sono un indizio manifesto della interpretazione, che bisogna dare agli oracoli dello Spirito Santo. Allorchè il Profeta prometteva cose inudite, sorprendenti, magnifiche voleva alzare la mente del lettore a qualche obbietto assai più dignitoso, che non fu il ritorno dall'esilio. E quest'obbietto più nobile era più chiaramente addimostrato dopo l'esilio: imperocchè avverata la prima parte delle promesse, cioè il ritorno, la riedificazione, il culto sacro rimesso; mancava la seconda parte, cioè l'ampiezza della terra posseduta, l'innumerabile moltitudine di abitanti, le dovizie immense, e quel che è più la pace profonda. *Dilata locum tentorii tui, et pelles tabernaculorum tuorum extende, ne parcas; longos fac funiculos tuos, et clavos tuos consolida. Ad dexteram enim et ad laevam penetrabis: et semen tuum gentes haereditabit, et civitates desertas inhabitabit..... Ecce ego sternam per ordinem lapides tuos, et fundabo te in sapphiris..... universos filios tuos doctos a Domino, et multitudinem pacis filiis tuis.* Isaia LIV, 2, 3, 11, 13. Come potevano queste ed altre parole simili e più energiche essere limitate al solo ritorno ed alla sola riedificazione, se tanto ebbero gli Ebrei a patire da' nemici in questa circostanza? Avevano davvero bisogno di dilatare *locum tentorii*, i residui di due tribù d'Israele! si consolavano davvero per la copia delle ricchezze que' vecchi, i quali rammentando lo splendore dell'antico Tempio, piangevano vedendo la umiltà del secondo! Potevano veramente dire di avere conquistato le genti, e di aver ottenuta la pace coloro, i quali non furono senza tribolazione nel tempo stesso del favore de' re di Persia, e non furono mai esenti dalla verga de' dominanti stranieri. Tutti questi erano chiari indizi, che quelle Profezie avverate in parte avevano un obbietto molto più nobile, del quale erano guarentigia le promesse già avvenute. E comechè l'obbietto più nobile delle Profezie, cioè il regno del Messia, fosse un bene eccedente qualunque altezza, un bene cui umana mente non può imaginare e descrivere; Iddio lo ha fatto esprimere da' Profeti con le imagini più sorprendenti e magnifiche di questo mondo. Queste imagini paiono straboccevoli a' Razionalisti, perchè essi sono adusati a contemplar l'uomo nella condizione della bestia; ma in sostanza sono infinitamente inferiori al vero, da cui distano tanto, quanto dalla luce naturale del sole quella di una poverissima lucerna. Sono questi i documenti della Tradizione, che ci hanno tramandato gli scritti de' SS. Padri, e dalla quale nessun motivo può farci discostare. Per-

Isaia trasportandosi nella sua visione a' tempi dell' esilio, i quali allora formavano il suo presente profetico, e indirizzando parole di consolazione agli Ebrei esiliati, dovè parlare col linguaggio di un Profeta contemporaneo della schiavitù. Perciò egli potè rammentare le antiche Profezie relative alla liberazione degli Ebrei prenunziata da esse, e che nel tempo della schiavitù ebbero pieno compimento. È falso poi che a' tempi d' Isaia non fosse compiuta nessuna Profezia. Oltre quelle avverate ne' tempi antichi, i contemporanei di Isaia avevano veduto compiersi sotto i loro occhi quella relativa alla prigionia delle dieci tribù, e l' altra intorno alla sconfitta di Sennacherib. Gesenius dice, che riguardano il ritorno dalla captività quelle Profezie, le quali sono mostrate compiute dall' autore della seconda parte in pruova della prescienza di Dio, ed in guarentigia del compimento di quelle fatte da esso: ma il dotto critico non dà pruove della sua asserzione. E per verità, questi oracoli possono essere intesi di qualunque altro obbietto; anzi egli non potrebbe sostenere quella sentenza senza contraddirsi: imperocchè secondo la sua sentenza la schiavitù di Babilonia durava ancora, nè gli Ebrei erano stati ancora liberati. Finalmente egli contraddice a' suoi principi razionalisti ammettendo Profezie antiche, e tanto perfettamente compiute, che sono necessariamente una pruova invitta della prescienza infinita di Dio comunicata all' uomo. — 8° L' argomento tratto dal silenzio di Geremia non solo è inconcludente, ma proverebbe due cose; cioè che nè la seconda, nè la prima parte d' Isaia è autentica; perocchè ancora in questa è descritta la captività. Esso proverebbe ancora che tutti gli altri oracoli de' sacri Scrittori, i quali han vaticinato del trasporto degli Ebrei in Babilonia, non esistevano a' tempi di Geremia, il quale non ha allegato la loro autorità. Del resto, se Geremia avesse dovuto citare le antiche Profezie, avrebbe certo scelto quelle del capitolo XXXIX, nel quale è tanto chiaro annunziata la prigionia, anzi che gli oracoli della seconda parte, ne' quali l' Autore sacro non parla precisamente del trasporto in Babilonia: imperocchè supponendolo già avvenuto, l' unico suo pensiero è la consolazione degli Ebrei esiliati. Aggiungi: questi oracoli tanto consolanti, e privi di ogni minaccia erano poco acconci a giustificare Geremia, le cui terribili minacce erano state tanto malamente accolte dagli Ebrei, ed avevano esasperato i costoro animi. A lui era necessario un oracolo simile al suo, quale sarebbe quello del capo III vers. 12 di Michea, ovvero quello del capo IV, vers. 10, il quale è molto più preciso. A questo punto dovrebbero gli avversari nostri maravigliarsi vedendo il silenzio mantenuto da Geremia, il quale a-

---

ciò debbono accuratamente essere scolpiti nella mente de' giovani, nè possono senza danno essere trasandati. (*Nota del Traduttore*)

vrebbe potuto con tutto pro allegare queste Profezie: essi certo ne fanno le maraviglie, ma non per questo concludono, che queste Profezie non esistevano a' tempi di Geremia.

D. 4ª. È vero, dice Hitzig [*], che nella seconda parte delle Profezie, dateci col nome di Isaia, leggonsi espressioni proprie di questo Profeta; ma esse sono studiate imitazioni fatte dall' autore della seconda parte, il quale ha voluto fedelmente imitare quel Profeta, massime quanto a morale e Religione. Nondimeno vi ha differenza tra ambedue: essi non insistono egualmente sulle stesse cose, e guardano gli obbietti in maniera diversa. Nel primo lo stile è più conciso ed energico, mentre nel secondo è più diffuso ed abbondante: nè la distanza di 20 anni è tale da recare cangiamento nello stile di uno scrittore; anzi gli ultimi oracoli lasciano scorgere una immaginazione viva, ricca, brillante, la quale male si addice ad un vecchio affralito dagli anni.

R. Non v' ha ragione per pretendere, che le espressioni proprie d' Isaia, le quali leggonsi nella seconda parte, sieno mere imitazioni di uno scrittore, il quale abbia voluto esemplare lo stile d'Isaia. I critici razionalisti, i quali continuamente appellano all' analogia delle altre Profezie, non trovano nulla di simile ne' Profeti posteriori, i quali hanno letto ed imitato gli antichi. È molto più naturale pensare, che Isaia pieno delle idee ed espressioni degli oracoli antecedenti, le abbia usate nelle ultime Profezie [*]. Chi ammette conformità tra le idee morali e religiose, concede molto alla causa, che noi sosteniamo: imperocchè in questo caso le differenze opposteci saranno facil-

---

[*] F. Hitzig, *Der Prophet Jesaia übersetzt und ausgelegt*, S. 469, 470. Qui proponiamo quelle sole obiezioni di Hitzig, le quali possono in qualche parte parere nuove: le altre non sono più che riproduzioni di quelle di Gesenius, già vittoriosamente confutate da Kleinert e da Hengstenberg. Aggiungi: tutte queste difficoltà presuppongono come verità chiaramente dimostrate i principi del Razionalismo.

[*] Questo è un discorso ἀνθρωποπαθῶς, o vogliam dire fatto a forma umana. Quando si dice che l' un Profeta ha imitato l'altro, s' intende, che Iddio ha scoperto alla mente dell' uno il futuro con circostanze e maniere simili a quelle, onde lo ha manifestato all' altro. E siccome la parola è effetto del pensiero, così uguali pensieri han prodotto simiglianza di parole; se pure non debba essere preferita la opinione più cordata e probabile, che nelle Profezie non le sole cose, sì ancora le parole sono divinamente inspirate. Checchè si voglia tenere di tal quistione, rimarrà sempre vero, che quelle parole da noi notate debbano essere intese nel senso accennato: imperocchè chi altramente le spiegasse distruggerebbe tutta la efficacia delle Profezie; i Profeti diverrebbero i Poeti classici, tra' quali i più recenti hanno imitato gli antichi. Virgilio imitò Omero; Dante ambedue; Tasso i precedenti, e via dicendo. Lungi dalle menti nostre questo profano ed empio pensiero, il quale può allignare solo nelle menti de' Razionalisti. (*Nota del Traduttore*)

mente risolute. Isaia in questa seconda parte aveva un disegno, che non fu a lui svelato nella prima parte, e però ne fece differente applicazione. La differenza di stile non pretendiamo, che provenga unicamente dall'età del Profeta; noi l'attribuiamo ancora, siccome abbiam detto a p.341, alle diversità di obbietti, di disegni e di disposizioni di spirito, nelle quali si trovava il sacro Scrittore, allorchè compose le due parti del libro. E per non rimanere senza risposta qualche parte dell'obbiezione di Hitzig soggiungeremo, non essere affatto impossibile, che un vecchio conservi tanta imaginazione da fare tutte le descrizioni, che leggonsi negli ultimi capitoli; massime allorchè lo Spirito Santo, illustrandolo con la sua inspirazione, lo riscalda col suo fuoco e gli dà vedere le cose in modo vivo ed animato. *

D. 5ᵃ. Soggiunge Hitzig[1] : L'autore degli ultimi capitoli attribuiti ad Isaia non fu Profeta , e si prova chiaro da che egli ha letto e copiato Nahum, Geremia , anzi il medesimo Isaia. Una prova più manifesta si deduce dalle molte analogie, che sono tra questi capitoli ed alcuni Salmi composti verso la fine della schiavitù.

R. Questa difficoltà non è più solida della precedente. Sfidiamo Hitzig a provare che l'autore della seconda parte d'Isaia ha preso qualche cosa da Nahum e da Geremia: egli avrebbe al meno dovuto distruggere le ragioni addotte da Jahn per dimostrare, che al contrario Geremia ha letto ed imitato l'autore della seconda parte[2]. Le a-

---

*) Questa è l'unica cagione delle differenze, della sublimità, della energia, e di quant'altro si può scorgere ne' Libri Profetici, che magnifico sia e sorprendente. Lo Scrittore non doveva esporre i propri pensamenti, ma quello che lo Spirito Santo davagli conoscere: le parole, che sono effetto del pensiero, dovevano secondare la natura del subbietto svelato alla mente profetica. Perciò non ci paiono esatte quelle parole, con le quali si tiene conto dall' Autore dell'età vecchia d'Isaia. Che monta sapere l'età dell'uomo, quando noi siamo assicurati dalla testimonianza irrefragabile de' secoli, e dall'autorità divina della Chiesa Cattolica, che quegli scritti non sono frutto d'ingegno, ma dettati dello Spirito Santo, a cui diceva il Salmista preso da profonda ammirazione per la magnificenza della gloria di Lui: *Ex ore infantium, et lactentium perfecisti laudem propter inimicos tuos, ut destruas inimicum et ultorem?* (*Ps.* VIII, 2) Ogni maraviglia, nascente da facondia e vivacità di pensieri in un corpo affralito dagli anni, vien meno per chi ha idee giuste, rette, sante sulla natura di quegli scritti: le dubbiezze non cessano mai per coloro i quali, adeguando a' libri umani i divini, giudicano di questi colla limitata intelligenza umana, e pretendono, non si sa con qual diritto, che il loro giudizio sia autorevole, mentre essi calpestano ogni autorità. (*Nota del Traduttore*)

[1]) *Op. cit.* Seit. 471 ff.

[2]) Jahn, *Einleit.* II, 463 ff., ivi il critico ha messo in confronto queste Profezie. Nella edizione latina del 1814 egli cita molti luoghi, che non si leggono nell'opera tedesca, e che potrebbero essere ancora più moltiplicati (§ 104, n. 111).

nalogie tra' capitoli negati ad Isaia e certi Salmi non sono nè tanto
numerose, nè tanto manifeste, quanto suppone il nostro avversario.
Del resto, se volessimo adoperare contro lo stesso Hitzig il suo ragionamento, sarebbe molto facile addimostrare, che sono molte le differenze tra la elocuzione e composizione di questi Salmi e tra quella
degli ultimi 27 capitoli d'Isaia: e queste differenze non possono addimostrare essere quelli e questi opera della medesima mano.

D. 6ª. La lingua, nella quale è scritta questa seconda parte, continua lo stesso Hitzig [1], è un argomento dimostrativo, che essa non
può essere opera d'Isaia: imperocchè non solo vi si scorgono forme
grammaticali proprie alla lingua aramea ed araba; ma ancora costrutti, forme di vocaboli e significazioni, le quali non si leggono
nelle parti da tutti attribuite ad Isaia, e che furono usate dalla lingua ebraica molto meno antica dell'epoca in cui viveva questo Profeta.

R. Se lo scopo principale propostoci in quest'opera non ci vietas-
se le discussioni puramente filologiche, mostreremmo ad Hitzig, che
malamente egli pretende soprastare a' filologi versati nella conoscenza delle lingue bibliche, e che tra tutti gli esempi allegati a pro della sua pretensione nemmeno uno regge all'esame della critica [2]. Ci
contenteremo adunque affermare, e ciò basti al trionfo della causa
difesa da noi, che ancor quando tutti gli esempi allegati da lui fossero senza replica, nè la sua opinione sarebbe per ciò fondata solidamente, nè sarebbero distrutte le prove positive e forti da noi allegate a pro dell'autenticità di tutto il libro d'Isaia. E per verità, facilmente potè avvenire, che il commercio, più abitualmente avuto da
Isaia negli ultimi suoi anni con gli Assiri ed Arabi, abbia introdotto
nel suo linguaggio questi vocaboli e costrutti, i quali sono disegnati
negli ultimi 27 capitoli. Chi poi è tanto certo da poter sicuramente
affermare, che questi arameismi o arabismi non erano trascorsi nella lingua ebraica prima della schiavitù? Abbiam noi sufficienti scritti ebraici di que' tempi rimoti, i quali sicuramente ci facciano testimonianza di ciò? E come uno scrittore vissuto in Babilonia, ove parlavasi il solo caldaico, avrebbe potuto sapere quelle forme arabiche,
vivendo in paesi tanto lontani dalle loro native sedi? La medesima
osservazione va fatta quanto alle costruzioni, alle forme, ed alle significazioni de' vocaboli: le nostre conoscenze intorno alla lingua e-
braica sono limitatissime ed imperfettissime, e però non possiamo affermare con diritto che esse non esistevano ne' tempi più antichi,
perchè non si leggono negli scrittori più recenti. Finalmente tutti i
buoni critici confessano, che un libro ebreo è dimostrato recentemen-

---

[1] *Op. cit.* S. 472 ff.

[2] I lettori pratici nella lingua ebraica e tedesca possono leggere la confutazione di questa difficoltà dell' Hitzig presso Haevernick, *Einleit. in das
Alte Test.*, Theil. I, Abth. 1, Seit. 214 ff.

te scritto non da qualche forma aramea sparsa qua e là, ma dal gran numero di esse. Se fosse diversamente, nessun libro dell' Antico Testamento sarebbe immune dalla nota di recente. Quindi avendo il Profeta Isaia scritto la seconda parte de' suoi oracoli molto dopo la prima, non v' ha ragione per dire che egli non abbia in quella potuto adoperare alcuni costrutti non usati nella prima parte : massime considerando che egli potè esservi astretto dalle circostanze del luogo, in cui stava, e delle persone con cui viveva, quando scrisse la seconda parte del suo libro. *

———

*) Non sappiamo per qual ragione l' Autore abbia intralasciata la massima delle pruove, che in maniera decretoria stabilisce l' autenticità dell' intero libro d' Isaia. Essa deducesi da' Libri del Nuovo Testamento: S. Matteo nel capo III, 3, cita le parole contenute nel capo XL, 3, d' Isaia; nel capo VIII, 17, allega quelle del capo LIII, 4. S. Luca riferisce nel capo IV, 17, che Gesù Cristo entrato di Sabbato nella Sinagoga di Nazareth ebbe in mano il volume delle Profezie d' Isaia, e ne lesse le parole scritte nel capo LXI, 1; finita la lettura dichiarò il Salvatore, che quelle parole profetiche si erano compiute in quel giorno (Luc. IV, 21). Sappiamo che potrebbero replicare i Razionalisti, avere Gesù Cristo e gli Apostoli, allegate quelle parole e attribuitele a quel Profeta, secondando la comune opinione. Ma noi omettendo le altre risposte, che potrebbero essere fatte a questa difficoltà, adduciamo un argomento palmare. S. Giovanni nel capo XII, 38 cita le parole contenute nel capo LIII, 1, d' Isaia, e le attribuisce ad Isaia : *Ut sermo Isaiae Prophetae impleretur* ecc. ; ma di qual Isaia intende egli parlare? forse di quello, che era erroneamente creduto autore della seconda parte? No; ma e' parla d' Isaia, il santo e riverito Profeta, di colui che è autore della prima parte: imperocchè adducendo la ragione della incredulità giudaica predetta nel capo LIII, 1, d' Isaia, egli dice che la incredulità era figlia dell' accecamento pur predetto da Isaia, allorchè vide la gloria di Dio : e però quell' Isaia, che nel capo 53 aveva scritto: *Domine quis credidit* ecc., aveva altrove scritto, cioè nel capo VI, 9: *Excaecavit oculos eorum* ecc. S. Giovanni adunque non lascia alcun dubbio sulla quistione presente: quelle parole del vers. 39 : *Propterea non poterant credere, quia ITERUM DIXIT ISAIAS*, sono il cappio, che strangola l' idra spaventosa suscitata da' Razionalisti contro l' autenticità della seconda parte. Le altre pruove tratte dalle rimanenti citazioni, che gli Scrittori del Nuovo Testamento fanno di Isaia, possono essere facilmente investigate dal diligente lettore. Dirà forse taluno: Ma qual peso fanno queste ragioni sull' animo di critici severissimi, i quali hanno per unica norma de' loro giudizi la ragione, e però disconoscono l' autorità de' Libri Santi ? Molte cose potremmo rispondere a questa difficoltà; ma la strettezza non ci consente troppe parole; però staremmo contenti ad una sola risposta, cioè quella, che ebbe l' Epulone da Abramo: *Si Moysen et Prophetas non audiunt, neque si quis ex mortuis resurrexerit, credent* (Luc. XVI, 31). Se i Razionalisti dispregiando l' autorità della Chiesa Cattolica, dispregiano egualmente l' autorità de' Santi Libri, le più miracolose risposte saranno sempre obbietto del loro scherno, insino a che essi rimanendosi nella loro superbia saranno da essa occecati. (*Nota del Traduttore*)

*

CAPO III.

Delle Profezie di Geremia

ARTICOLO I.

Della storia di Geremia

Geremia, ebraicamente יִרְמְיָהוּ, *Iirmejáhu*, della tribù sacerdotale di Levi, era figliuolo di Helcia abitante di Anathoth (capo I,1); questo era un villaggio della tribù di Beniamino, lontano tre miglia da Gerusalemme, come dice s. Girolamo [*]. Iddio lo santificò dal seno della madre, e lo stabilì Profeta tra le nazioni innanzi che nascesse. Cominciò il ministero profetico nella sua giovinezza, correndo l'anno XIII del regno di Giosia re di Giuda, 40 anni innanzi l'eccidio di Gerusalemme (I, 2); e continuò nell'esercizio di questo ministero sino dopo il principio della schiavitù di Babilonia. Il suo zelo e gli sforzi incredibili per la salute della patria gli attirarono addosso gli insulti ed oltraggi degli Ebrei: però fu sottoposto eziandio al supplizio delle battiture e messo in carcere. Durante l'assedio di Gerusalemme, a cui aveva predetto tutte le sopraggiunte calamità, gli abitanti lo chiusero in una fossa, ove sarebbe morto, se uno degli eunuchi di Sedecia non avesse avuto da questo re la licenza di cavarnelo. Quando la città fu presa da' Caldei, Geremia fu liberato dal carcere, ove era stato di nuovo gittato, ed ebbe da Nabuchodonosor la scelta di rimanere in Giudea, o di andare in Babilonia. Il santo Profeta amò meglio rimanere in patria tra gli abitanti rimasivi da' Caldei sotto il reggimento di un governatore da questi nominato: ucciso questo govenatore, Geremia fu ob-

---

[*] Hieron. *Praef. in Hier.* Presso Giosuè (XXI,18) leggesi, che Anathoth fu assegnata a' Sacerdoti nella divisione della terra promessa. Geremia era un Sacerdote ordinario, e però non deve far maraviglia se non abitava in Gerusalemme. — Questa distinzione tra Sacerdoti ordinari e non ordinari, non apparisce, per quanto è a noi noto, dalla Bibbia. I Sacerdoti ed i Leviti, erano distribuiti in varie schiere, e per giro l'una dopo l'altra servivano al Tempio, come abbiamo detto nello *Schizzo di Archeologia*;finito il tempo del ministero, ognuno naturalmente si ritirava nella propria casa;e siccome queste non erano, nè potevano essere tutte in Gerusalemme, ognuno andava in una di quelle città,che furono assegnate a'Leviti. Ecco la ragione,per cui Geremia non abitava in Gerusalemme: sebbene,a parlar rigorosamente,dal testo non apparisce, che egli non abitasse in Gerusalemme;solo si dice che era di que' Sacerdoti, che abitavano in Anathoth, cioè che avevano le *possessioni levitiche* in questo villaggio. (Vedi il Capo *Delle persone sacre* nel citato *Schizzo)*—(*Nota del Traduttore*)

bligato ad andare in Egitto insieme con Baruch suo discepolo. Ivi rimproverò a' suoi concittadini con vive parole l'idolatria, alla quale s'erano senza rossore dati in balìa : e continuando ogni dì i rimproveri e le minacce, surse contro di lui un ammutinamento, nel quale fu lapidato, secondochè riferisce un'antica tradizione [*]. Geremia profetò sotto i re Giosia, Joakim, Sellum, altrimenti chiamato Joachaz, il quale successe a Giosia [*]; finalmente sotto Geconia e Sedecia. Egli dovè profetare per quasi mezzo secolo: perocchè dall'anno XIII del re Giosia sino al XI di Sedecia (capo I, vers. 2, 3), corrono 41 anno e mezzo. I pochi anni, che egli visse in Giudea dopo l'eccidio di Gerusalemme, ed in Egitto quando fu ivi trascinato da' ribelli, compiscono il numero di cinquant'anni, o vi si approssimano [*].

ARTICOLO II.

Del subbietto e dell'ordine del libro di Geremia

Col nome di libro di Geremia intendiamo dinotare tutte le opere di quest'illustre Profeta, ossia la raccolta delle Profezie contenute in 52 o meglio 51 capitolo, essendo generalmente ammesso che il capo LII non sia opera sua ; e le Lamentazioni contenute in 5 capitoli [*]. Queste due opere non hanno uguale scopo, e però noi ne discorreremo divisamente.

§ I. Del subbietto ed ordine delle Profezie di Geremia

1. Le Profezie di Geremia contengono oracoli profetici propriamente detti, discorsi morali e narrazioni storiche. I principali avvenimenti predetti nella parte profetica sono questi: 1° La distruzione del regno di Giuda, la rovina di Gerusalemme e del Tempio, la deportazione degli Ebrei in Babilonia, il loro ritorno dopo 70 anni, la ristorazione della loro repubblica, la fedeltà costante nel culto di Dio, la loro prosperità sotto i Macabei , le conquiste fatte in questi tempi su' popoli vicini. 2° La Persona e 'l regno del Messia : impe-

---

[*] *Taphnis, Aegypti urbe, a populo lapidibus oppressus interiit* (Epiphan. *De vita et obitu Prophetar*.). Tertulliano parlando de' mali patiti da' Profeti dice: *David exagitatur, Helias fugatur, Hieremias lapidatur*, ecc. (*Scorpiace*, n. VIII). S. Girolamo egualmente dice che Geremia fu lapidato: *Jeremias captivitatem nuncians, lapidatur a populo* (*Adv. Jovin*. l. II, verso la fine).

[*] Quegli, che Geremia e l'Autore de' Paralipomeni (*I Par.* III, 15) chiamano *Sellum*, è nominato *Joachaz*, nel IV de' Re (XXIII, 30).

[*] Ved. C. B. Michaëlis, *Dissert. de Jeremia et vaticinio ejus*, § IV.

[*] Oltre le due mentovate opere, abbiamo ancora una Epistola di Geremia, la quale forma il capo VI di Baruch.

roechè, quantunque i Razionalisti vi si oppongano, sono in Geremia oracoli, i quali necessariamente riferiscono il Messia, e sono stati compiuti in Gesù Cristo. 3° Molte altre Profezie hanno per obbietto le nazioni straniere, come gli Egiziani, i Filistei, i Moabiti, gli Ammoniti, gl'Idumei, i Siri, gli abitanti di Cedar, i popoli di Assur e di Elam; ma un oracolo degno di attenzione è quello sull'eccidio di Babilonia, il quale è riferito con tutte le sue circostanze. 4° Finalmente questa prima parte contiene alcune Profezie particolari, le quali riguardano a Joakim, Sedecia, Phassur, principe de' Sacerdoti, a cui Geremia predice cattura, schiavitù e morte in modo molto preciso e minuto. Queste Profezie sono congiunte con discorsi morali, i quali sono indirizzati a spingere gli Ebrei alla riforma de' costumi, all'abbominio dell'idolatria, a non fidarsi delle alleanze con popoli stranieri, a chiudere gli orecchi a' falsi profeti, a sottomettersi con rassegnazione a' castighi divini tanto giustamente meritati, i quali erano per scaricarsi sul loro capo. Il santo Profeta fa pure loro rimprovero degli oltraggi sanguinolenti e delle persecuzioni molteplici, onde essi lo sopraffecero. La parte storica ha per obbietto i ragguagli della caduta di Gerusalemme, la condotta de' re, che governarono a' tempi del Profeta, quello che riguarda il medesimo Profeta, come le persecuzioni e contumelie patite, le sue relazioni particolari con Sedecia, e con Baruch suo discepolo.

2. Nella raccolta delle Profezie di Geremia, quali sono nelle nostre Bibbie così greche che ebraiche, gli oracoli non sono disposti con ordine cronologico: anzi la disposizione varia negli esemplari ebraici, a' quali è uniforme la Volgata; e gli esemplari de' Settanta, ne' quali trovansi alcune considerabili omissioni [1]. Questi tre fenomeni hanno molto esercitato l'ingegno de' critici moderni. Noi pensiamo, che sia mestiero valersi di molte cause simultanee per ispiegare queste varietà tra il testo ebraico e la versione greca. In primo luogo, il manoscritto ebraico usato dall'interprete greco poteva essere meno compiuto del testo attuale, e però poteva in esso mancare qualche luogo, che oggidì non si legge nella versione greca. Secondamente, v'ha ogni motivo per sospettare che l'interprete non ha tradotto qualcuno de' mentovati passi, o per inavvertenza, o perchè erano brevi e stavano altrove. Terzamente, non è impossibile che gli amanuensi ne abbiano per negligenza omessi molti, i quali terminavano con le medesime parole: al meno otto sono di simil fatta. Finalmente alcuni di questi luoghi possono essere stati soppressi da critici arditi, i quali gli hanno stimati affatto superflui e ridon-

---

[1] Vedi in fine di questo paragrafo il quadro comparativo delle differenze, che stanno tra il testo ebraico ed i Settanta, come ancora il quadro cronologico delle Profezie di Geremia.

danti. Tutti concordemente affermano, che la versione de' Settanta
ha patito molte delle dette correzioni critiche. Se tutte queste cause
riunite non rendono ragione di tutte le omissioni, esse possono per
lo meno dichiararne il maggior numero. Del resto, queste omissioni
non possono pregiudicare all'autenticità della versione greca; essendo per lo più poco considerabili , e leggendosi in altri luoghi i passi
tralasciati : in tanto che generalmente essa rappresenta sufficientemente la sostanza e forza del testo inspirato, al meno quanto alle cose riguardanti la fede ed i costumi.

* * *

Non porremo termine a questo paragrafo, se prima non avremo
messo sottocchi al lettore due quadri: il primo dà leggere il numero de' capitoli de' Settanta, i quali corrispondono a quelli del testo
ebreo; come ancora le omissioni della versione greca. Il secondo di-
spone le Profezie secondo il loro ordine cronologico. Il primo è indispensabile a chiunque vuol confrontare i Settanta col testo ebreo,
o ancora con la Volgata , la quale tiene fedelmente lo stesso ordine
di capitoli che il testo ebraico. Il secondo poi è necessario alla retta
intelligenza del libro di Geremia [1].

CAPITOLI DELL'EBREO E DELLA VOLGATA	CAPITOLI DE' SETTANTA secondo l' edizione romana
XXV sino al versetto 13.	XXV sino al versetto 13.
XXV dal versetto 15.	XXXII.
XXVI	XXXIII.
XXVII fino al versetto 19	XXXIV.
— dal versetto 19	manca.
XXVIII	XXXV.
XXIX	XXXVI.
XXX	XXXVII.
XXXI.	XXXVIII.
XXXII	XXXIX.
XXXIII sino al versetto 14	XL.
— dal versetto 14	manca.
XXXIV	XLI.
XXXV	XLII.
XXXVI	XLIII.
XXXVII	XLIV.
XXXVIII.	XLV.
XXXIX	XLVI.
Undici versetti, cioè dal 8 sino al 14	mancano.
XL	XLVII.
XLI	XLVIII.
XLII	XLIX.
XLIII.	L.

[1] Molti critici han fatto i quadri da noi mentovati. Noi abbiamo qui usato
quelli, che sono stati stampati nelle ultime edizioni della *Bibbia di Vence*.

CAPITOLI DELL'EBREO E DELLA VOLGATA	CAPITOLI DE' SETTANTA secondo l'edizione romana
(continuazione)	
XLIV.	LI sino al versetto 30.
XLV.	LI dal versetto 30.
XLVI.	XXVI.
XLVII	XXIX sino al versetto 7.
XLVIII sino al versetto 44 . . .	XXXI.
— dal versetto 44	manca.
XLIX sino al versetto 5. . . .	XXX sino al versetto 5.
— il versetto 6.	manca.
— dal versetto 6 sino al 22 . .	XXIX dal versetto 7.
— dal versetto 22 sino al 27 . .	XXX dal versetto 33.
— dal versetto 27 sino al 33 . .	XXX dal versetto 5 sino al 33.
— dal versetto 33 sino alla fine .	XXV dal versetto 13.
L.	XXVII.
LI.	XXVIII.
LII	LII.

L' ordine cronologico delle Profezie di Geremia non è nemmeno osservato nel testo ebreo, e nella versione greca; noi già lo abbiamo osservato. Molte Profezie hanno la data, la quale giova ad ordinarle; ma molte non ne hanno, ovvero non sono molto determinate quelle, che esse riferiscono: e però in questi casi solo le congetture possono usarsi per metterle in ordine. Le Profezie di Geremia naturalmente si spartiscono in 5 classi : la prima contiene gli oracoli profferiti nel regno di *Giosia*: la seconda quelli detti nel regno di *Joakim*: la terza quelli del regno di *Sedecia*: la quarta si compone delle profezie posteriori all' *eccidio di Gerusalemme* : la quinta comprende le profezie *particolari*, cioè quelle relative a Baruch ed alle nazioni straniere [1].

I. Nell'anno XIII di *Giosia* comincia la missione di Geremia contenuta nel capitolo.	I.
Negli ultimi 18 anni di questo re possono essere collocati gli oracoli contenuti negli undici capitoli seguenti, cioè	II e III, 1-5, III, 6 seg. VI, VII, VIII, IX, X, XI, XII.
II. Ne' primi tre anni del regno di *Joakim* possono essere collocati gli oracoli contenuti negli otto capitoli seguenti, cioè.	XIII, XIV, XV, XVI, XVII, 1-18, XVII, 19 e seg. XVIII-XX.
Nel medesimo tempo possono essere collocate le Profezie contenute ne' capitoli.	XXII e XXIII, XXVI.
Al principio dell' anno IV di *Joakim* deve essere riferita la Profezia del capitolo.	XXV.*
In questo anno IV può essere collocata la Profezia del capitolo	XXXV.*
Alla fine di questo anno IV ed al principio del V deve essere riferito il capitolo	XXXVI.*

[1]) I capitoli, segnati con asterisco nel quadro seguente, sono quelli, che paiono star fuori del loro naturale ordine.

co' due primi versetti del capitolo XXXVII, i quali servono di passaggio da questa seconda classe alla seguente.

§ II. *Del subbietto e scopo delle Lamentazioni di Geremia*

Le Lamentazioni di Geremia sono dette ebraicamente קִינוֹת, *Qinód*, in greco Θρῆνοι: gli Ebrei le chiamano ancora אֵיכָה, *Echáh*, o vogliam dire *quomodo*, *come*; perocchè questa è la prima parola del libro. Esse non contengono più che cinque capitoli. Nel primo Geremia piange sulla desolazione di Gerusalemme presa da' Caldei: la città, che era tanto bella e potente, è caduta in dispregio ed umiliazione: i nemici l'assaltano, ne abbattono le mura, e profanano il Tempio, menano schiavo il popolo di Giuda: nel tempo stesso si vede abbandonata dagli amici. Confessando di aver co' suoi peccati meritato la collera del Signore, essa espone a Lui l'avvilimento e l'opprobrio, a cui è scesa, e fiduciosa annunzia le vendette celesti riserbate a coloro, i quali esultano ne' suoi mali. Nel secondo, il Profeta continua la descrizione delle sciagure di Gerusalemme, considerando con istupore la rovina di questa superba città. Israele è abbattuto; i Sacerdoti ed i Principi del popolo sono divenuti schiavi delle nazioni; il Signore ha sconosciuto il suo Tempio; uomini bugiardi pascono i suoi figliuoli con vane speranze, mentre il Profeta gli e-

sorta a gemere sempre ed a sporre la loro afflizione a Dio. Nel terzo, Geremia dipinge le proprie sventure, e la confidenza sua nel Signore, che se gli ha aggravato la mano sul capo, sarà pure il distrug-
gitore di tutti i nemici. Nel quarto capitolo ritorna a parlare della
caduta di Gerusalemme, e descrive il luttuoso quadro delle calamità,
a cui l'han ridotta i Caldei, mentre la stringevano d'assedio. Descritto il duolo de' figli di Sion per la vana speranza nudrita verso
gli Egiziani, e 'l loro cordoglio per la cattura del re, rimprovera a-
gl'Idumei il gaudio, che menavano sulla sciagura de' figliuoli di Giuda, ed annunzia totale sterminio ad essi, liberazione a Sionne. Finalmente nel capitolo quinto Geremia rappresenta al Signore i mali
innumerabili, che han desolato i figli di Giuda, e lo supplica di ri-
chiamarli a sè e di restituirli nell'antico splendore.

Alcuni Interpreti, tanto antichi che nuovi, han preteso che la morte di Giosia, re di Giuda, e le calamità venutele dietro fossero il vero subbietto delle lamentazioni. Le ragioni principali, che adducono a pro di questa sentenza, sono queste: 1° Nel II de' *Paralipomeni*, cap. XXXV, vers. 25, sta scritto: *Precipuamente Geremia, le
cui lamentazioni sulla morte di Giosia si cantano sino a questo
giorno da' cantori e cantatrici*. 2° Nel capitolo I vers. 4 di questa
elegia l'autore suppone essere tuttora in piedi Gerusalemme ed il
Tempio. 3° Nel vers. 20 del capitolo IV sta scritto: *Il Cristo, il Signore, il fiato della nostra bocca è stato preso a cagione de' nostri
peccati*; le quali parole naturalmente si applicano a Giosia, il quale
fu un re pietosissimo ed amatissimo dal popolo; esse non possono essere intese di Sedecia, che fu empio, ed anzi fu piuttosto vittima de'
propri peccati, che di quelli del popolo [1]. Ma è facile osservare, che
nelle Lamentazioni non è in nessun luogo rammentato nè Giosia, nè
il suo morire, e nulla ha direttamente relazione con queste cose,
nemmeno il versetto 20 del capitolo IV: imperocchè, secondo la lezione dell'ebreo, il re, di cui si fa in esso parola, *fu preso nelle fosse*, o vogliam dire nelle imboscate tesegli da' nemici, che lo perse-
guitavano (riscontra il versetto 19). Or Giosia morì in Gerusalemme, ove si era fatto trasportare, allorchè fu ferito nella pugna con
gli Egiziani [2]; mentre Sedecia fu veramente perseguitato e preso da'
Caldei [3]. Al contrario è molto evidente, che l'obbietto principale delle Lamentazioni riferisce la distruzione di Gerusalemme e la schiavitù di Babilonia: imperocchè gli stessi partigiani dell'avversa sentenza sono obbligati, alcuni a dire che in occasione della sventura

[1]) V. D. Ceillier *Hist. génér. des auteurs sacrés*, ecc. t. I, p. 281-283;
I. D. Michaëlis, not.97 *ad Lowthi de sacr. poesi Hebraeorum.*, Prael. XXII;
J. A. Dathe nelle sue note aggiunte alla prima edizione della sua versione
latina delle Lamentazioni pubblicata nel 1779.
[2]) *II Par*. XXXV, 22-24. — [3]) *Jer*. XXXIX, 5.

di Giosia predisse Geremia la rovina di Gerusalemme, innanzi che avvenisse; altri poi a supporre che nella morte di quel re Gerusalemme fu assediata e presa: i quali fatti non ha la Scrittura riferito. Aggiungasi, che Michaëlis e Dathe, i quali avevano dapprima seguitato questa sentenza, l'hanno ritrattata dopo un esame più maturo: il primo nella nuova *Biblioteca* orientale ed esegetica, l'altro nella seconda edizione della versione latina di Geremia. Anzi questi rimprovera vivamente sè stesso per non avere scorto l'evidenza delle pruove, che fanno a pro dell'opinione comune: *Aliud accedit argumentum, adeo evidens, ut ipse indigner, me ejus vel oblitum, vel negligentiorem fuisse* [1]. Queste varie ragioni bastano per far tenere, che le Lamentazioni, di cui parlano i Paralipomeni, non sono giunte a noi; esse erano ben altre da queste sopravvanzate. Quindi si può con moltissima verisimiglianza tenere, che lo scopo delle Lamentazioni di Geremia furono la caduta di Gerusalemme a' tempi di Sedecia, e le sventure della captività. Questo sentimento è ancora confermato dal prologo, che serve ad esse di prefazione nella versione de' Settanta e nella Volgata, e dal capitolo LII delle Profezie, il quale è una specie di prologo alle Lamentazioni.

2. Basta leggere le Lamentazioni per vedere che Geremia, benché descriva la rovina di Gerusalemme sotto Nabuchodonosor e la schiavitù del popolo ebreo a Babilonia, ha avuto un duplice scopo consentaneo alla missione avuta da Dio. Egli volle convincere gli Ebrei, che i loro peccati erano stati cagione delle loro sciagure: volle nel tempo stesso suscitare ne' loro petti la fede nelle promesse di Dio, e preservarli dalla disperazione, facendo brillare a' loro occhi la speranza di rivedere un dì la patria e di ricuperare l'antica floridezza.

ARTICOLO III.

Dell'autenticità del libro di Geremia

I critici, che più sono corrivi a negare generalmente l'autenticità delle divine Scritture, non hanno mai impugnata quella del libro di Geremia: ben pochi fra essi negano a questo Profeta la composizione di una tenuissima parte dell'opera attribuitagli. Ecco le obbiezioni proposte da essi, ed i mezzi per confutarle.

Difficoltà

Diff.1ª. Nelle Profezie attribuite a Geremia, obbietta Spinosa e dopo di lui Tommaso Payne, è un rimestamento e una confusione uni-

---

[1] V. Rosenmüller, *Schol. in Jerem. vaticin.* t. II, p. 458, 459.

versale e senza esempio: le quali cose bastano ad addimostrare, che questa raccolta non può contenere l'opera del Profeta, il cui nome falsamente le è messo in fronte [1].

R. Ben concediamo agli avversari il disordine nella raccolta delle Profezie di Geremia; ma non per questo è vera la conseguenza trattane. Questo disordine non può in alcun modo nuocere all'autenticità di questi oracoli; siccome il libro di Tommaso Payne non lascerebbe di essere autentico, sol perchè il ligatore per inavvertenza ne avesse disordinato i fogli. Così spiritosamente ha osservato Riccardo Watson, vescovo di Landaff nella sua *Apologia della Bibbia*, ove confuta il libro del Payne, chiamato *Età della ragione*. Nell'articolo precedente abbiam dimostrato, che non è al postutto impossibile il rendere conto di questo disordine cronologico, ed i mezzi da noi proposti lo spiegano in modo satisfacente; ma nel caso che la nostra ipotesi con quelle di tutti gli altri critici non aggiungesse al suo scopo, nessun potrebbe conchiudere legittimamente, che queste Profezie non sieno autentiche, quantunque giunte a noi così disordinate. Imperocchè è cosa evidente, che il disordine nelle parti di un libro non è necessaria conseguenza di supposizione, nè ragione concludente per affermare, che esso non sia opera dell'autore, a cui è attribuito. Questo disordine, per cui sono le Profezie di Geremia scadute dalla primitiva disposizione, non ha recato alterazione alla interezza sustanziale: esso non è tale, che possa nuocere alla verità de' fatti, perchè non dà nessun senso falso nè alle parole, nè a' pensieri. Esso potrebbe produrre una sola conseguenza dannosa, cioè l'oscurità di qualche passo; ma in questo caso la critica rimettendo la vera lezione del testo, farebbe dileguare le dubbiezze.

D. 2.ª Obbietta ancora Spinosa: Nel libro attribuito a Geremia sono manifeste contraddizioni le quali mettono in opposizione le varie parti tra loro. Ciò dimostra chiaro, che esso è una compilazione, un estratto di altre opere scritte da differenti autori.

R. Spinosa non doveva rimanersi alla mera asserzione delle contraddizioni nel libro di Geremia; egli era obbligato a darne pruove solide, al meno una. Questo non ha egli fatto, nè avrebbe potuto fare, essendo apparenti le opposte contraddizioni: chi vuole convincersene, non deve far altro che svolgere qualche commento. Ne daremo un saggio, il quale mostrerà tutta la debolezza degli assalti del nostro avversario: egli pretende trovar contraddizione tra i capitoli XXXVII e XXXVIII, adducendo per pretesto la differenza delle cause attribuite alla cattura di Geremia; ma solo chi è cieco può non scorgere, che ne' luoghi citati non si parla del medesimo fatto. Im-

---

[1] Spinosa, *Tract. theol. polit.* X; T. Payne, *Age de la raison*, p. 11.

perocchè leggesi nel capitolo XXXVII, versetti 11-15, che Geremia uscito di Gerusalemme per andare nel paese di Beniamino fu arrestato sulle porte della città, e fu messo nel carcere di Jonatham menante di Sedecia, perchè fu tenuto per un fuggitivo, il quale volesse arrendersi a' Caldei; il Profeta supplicò il re per esserne tratto, e fu messo nel vestibolo della prigione. Nel capitolo XXXVIII, versetti 1-6, si dice, che Geremia continuando le sue predizioni, mentre stava in quel vestibolo; gli uffiziali della corte ottennero da Sedecia, che il Profeta tolto dal vestibolo fosse gittato nella fossa di Melchia, figliuolo di Amelech.

D. 3ª. Chi posatamente legge la Profezia contenuta nel capitolo XXXIII, versetti 14-26, dicono G. D. Michaëlis e Jahn, resta persuaso che essa non è opera di Geremia: 1° Perchè ivi dicesi, che Dio darà a un rampollo di Davide moltissimi figliuoli, i quali gli succederanno nel trono; ivi leggesi pure la promessa di un numero prodigioso di Sacerdoti e Leviti, i quali senza interruzione eserciteranno il loro ministero sacro, ed offriranno sacrifizi al Signore. Le quali cose sono contrarie all' analogia di tutte le altre Profezie riguardanti al Messia, nelle quali non si legge nulla di simigliante; anzi ciò non può avvenire, perocchè il Messia non potrebbe avere successori, ed essendo distrutto il Sacerdozio levitico, non possono essere nè Sacerdoti, nè Leviti, nè Sacrifizi. 2° Perchè questa Profezia non si legge in nessun esemplare de' Settanta, e manca in tutte le versioni, che da quella derivano[1].

R. La prima parte di questa obbiezione appartiene piuttosto al dogma, che alla critica: perciò noi non siamo tenuti a replicarle in quest' opera. Nondimeno diremo, che applicando al Messia quest' oracolo, il quale necessariamente deve a Lui essere riferito, se ne troverà senza fastidio il compimento così nel regno e Sacerdozio eterno di Gesù Cristo, che nella Chiesa cristiana[2]. In fatti Davide, capo della stirpe reale, rappresenta la perpetuità del regno di Gesù Cristo; Levi, capo della stirpe levitica, è il simbolo del Sacerdozio eterno del Messia; finalmente la prodigiosa moltiplicazione di queste due stirpi ebbe compimento nella moltitudine de' Cristiani e de' Sacerdoti della nuova Legge, come dice s. Pietro nella prima Epistola (capo II, vers. 9).[3] Alla seconda parte della obbiezione rispondiamo, che quel pas-

---

[1] Ved. J. D. Michaëlis nelle sue osservazioni sulle Lamentazioni congiunte alla versione tedesca della Bibbia, e Jahn nel suo *Appendix hermeneuticae*, fasc. II, p. 122, 123.

[2] Ved. gl'interpreti, e precipuamente Hengstenberg, *Christologie*, Theil III, S. 605-619.—Leggi, se non t' incresce, la nota del Traduttore apposta a p. 328.

[3] Non intendiamo, perchè abbia l' Autore usato col linguaggio oratorio la *reticenza* in una difficoltà, che se è *dommatica* non lascia di essere trat-

so si legge in tutti i manoscritti ebraici, ed in tutte le versioni fatte sopra quest'originale: e però leggesi nella Volgata, nella parafrasi caldaica, nella versione siriaca ed in quella di Teodozione. La critica ragionevole non può dunque dimostrare non autentico questo luogo, sol perchè non leggesi nella versione de' Settanta: imperocchè possiamo sfidare i nostri avversari a dimostrare, che i Settanta lo hanno omesso unicamente per non averlo trovato ne'loro manoscritti. Noi abbiamo molte altre cause di questa omissione, ed esse sono ad un tempo naturali e satisfacenti. E primieramente, questa Profezia essendo già espressa in parte e quasi a parola ne'capitoli precedenti, massime nel capitolo XXIII [*], il traduttore forse stimò non conveniente ripeterla. In secondo luogo, questo stesso interprete non potendo comprendere quella prodigiosa moltiplicazione de' figliuoli di Davide, e quello sterminato numero di Leviti, i quali non si leggono mai nelle altre Profezie; stimò dovere omettere questa parte. Che se queste ed altre ragioni non fossero acconce a contentare uno spirito ragionevole, e se il luogo in quistione non fosse stato nel manoscritto usato dal traduttore greco; non per questo potrebbero gli avversari negare l'autorità del testo originale, il quale è stato con grande accuratezza custodito dagli Ebrei; ed in cambio preferire una versione, il cui autore per consenso di tutti i critici è caduto in molte negligenze, ed ha spesso arbitrariamente voltato il testo originale; o una versione, la quale ha patito tante correzioni critiche [*]. Aggiungasi che, come la stessa critica c'insegna, è molto più naturale supporre una omissione nel traduttore, massime quando è nota la poca esattezza sua, che una interpolazione formale ed antichissima in tutti

----

ta dalla *critica*. Che! forse la critica de' Cattolici è simigliante a quella de' Protestanti e Razionalisti? Cessi Dio tal peste! Se uffizio del critico cattolico è quello di reprimere le audacie della critica intemperante, usando a tal fine i monumenti venerandi della Tradizione e i documenti celesti della Fede Cattolica; chi vorrà biasimare l'Autore per aver confutato, sebbene sobriamente, la prima parte della difficoltà? Egli avrebbe anzi dovuto far noto al lettore, che il Jahn tra gli altri errori ha sostenuto questo: Essere molto complicata, grave e difficile la controversia de' *tipi profetici*, alla quale egli non ha voluto mai metter mano. Ecco la *critica* intesa a manomettere la Tradizione della Chiesa! come dunque non può fare obbietto di questa Instituzione la risposta, se ne ha fatto parte la proposta? (*Nota del Traduttore*)

[*] Confronta XXXIII, 15, 16, con XXIII, 5, 6; e XXXIII, 20, 25, con XXXI, 35-37.

[*] Di queste negligenze, e versioni arbitrarie non si può formare giudizio esatto, appunto per la mancanza di codici antichissimi e contemporanei. La moltiplicità delle edizioni e delle correzioni può rendere ragione delle varietà, omissioni e disordine. Leggi le cose da noi notate a p. 98. (*Nota del Traduttore*)

i manoscritti ebraici. Finalmente, ancorchè questo luogo non si fosse realmente trovato nel manoscritto ebreo, sul quale l'Interprete greco ha fatto la sua versione; non si potrebbe preferire questo esemplare difettoso a tutti i manoscritti ed a tutte le versioni del testo ebreo; imperocchè le leggi ordinarie della critica prescrivono preferenza al maggior numero di testimonianze.

CONTINUAZIONE DEL CAPO III.

Del Libro di Baruch

ARTICOLO I.

Della Storia di Baruch

Baruch è dallo storico Giuseppe detto discendente da una illustre famiglia di Giuda, e versatissimo nella conoscenza della lingua ebraica[1]: era figliuolo di Neria, nipote di Maasia[2], e verisimilmente fratello di Saraia[3], uffiziale alla corte di Sedecia. Imperocchè noi teniam per certo, che questi sia quel medesimo Baruch, cui Geremia dinota col nome di *Baruch, figliuolo di Neria*, siccome dimostreremo nell'Articolo IV; egli fu menante e discepolo del santo Profeta, e compagno di tutti i travagli e pericoli corsi da lui. Abbattuta Gerusalemme, Baruch si ritirò in Egitto con Geremia[4]; morto questo Profeta si partì di Egitto per recarsi in Babilonia, ove la comune opinione tiene aver egli chiusa la mortale carriera. L'iscrizione del libro ne fa sapere, che Baruch scrisse le sue Profezie in Babilonia. Bisogna avvertire, che molti Padri della Chiesa hanno citato questo libro col nome di Geremia, o perchè anticamente erano riuniti in un volume gli scritti di ambedue questi Profeti[5], o perchè Baruch inserì nel suo libro non solo gli oracoli inspirati a sè da Dio, ma ancora quelli uditi dalla bocca del suo maestro Geremia, e non scritti da questo Profeta[6].

ARTICOLO II.

Del testo originale e delle versioni del libro di Baruch

1. Il libro di Baruch è stato originalmente scritto in ebraico, siccome dimostreremo in molte quistioni, che verremo trattando. Però

---

[1]) Joseph, *Antiq.* l. X, c. XI.—[2]) Bar. I, 1.—[3]) Jer. LI, 59.—[4]) Jer. XLIII, 9.
[5]) Epiphan. *De ponder. et mens.* n. 5.
[6]) Theodoret. *Praef. Comment. in Baruch; Synops. in Oper. Athanas.* p. 167.

il testo primitivo da lungo tempo è perduto: imperocchè s. Girolamo nella Prefazione a Geremia dice: *Del libriccino* (libellum) *di Baruch, il quale sta nella edizione de' Settanta, non faremo parola: gli Ebrei non lo leggono, anzi non lo hanno più* [1]. Nondimeno esisteva ancora nel II secolo, perchè Teodozione lo voltò in greco, come vedremo nell'Articolo IV, dove confuteremo le obbiezioni apposte all'autenticità delle Profezie di Baruch.

2. La versione più antica del libro di Baruch è la greca, la quale al presente fa le veci di originale: la sua alta antichità è addimostrata da che si trova nella Bibbia de' Settanta. La versione latina, la quale sta nella Volgata, è stata fatta sulla greca; e comechè la Chiesa latina ha sempre riconosciuto la canonicità del libro di Baruch, bisogna dire che questa versione sia al meno del II secolo della Chiesa. Giuseppe M. Caro pubblicò in Roma nel 1688 un'altra versione latina, egualmente fatta sul greco. Il tomo IV della Poliglotta londinese contiene due versioni, una siriaca, l'altra arabica; ambedue fedelmente consuonano col greco, donde hanno origine: ma la versione siriaca, la quale leggesi nella Poliglotta parigina, se ne scosta bene spesso.

ARTICOLO III.

Del subbietto del libro di Baruch

Le Profezie di Baruch naturalmente dividonsi in tre parti. Nella prima, che è una specie di prefazione ed occupa il capitolo I sino al capitolo III, versetto 8 inclusivamente, si dice, che nell'anno V della distruzione di Gerusalemme, Baruch lesse il suo libro al re Geconia ed agli Ebrei schiavi in Babilonia, i quali mossi da questa lettura risolsero di convertirsi: essi mandarono a' loro concittadini rimasi sulle rovine di Gerusalemme il libro di Baruch insieme con una lettera, con doni, ed alquanti vasi d'argento; pregarono inoltre i loro fratelli, affinchè offerissero sacrifizi per sè, e porgessero preci al Signore per Nabuchodonosor e 'l figliuolo di lui; finalmente prescrissero che fosse publicamente letto tra le rovine del Tempio il libro di Baruch, cui loro mandavano.

Nella seconda parte, cioè dal versetto 9 del capitolo III sino al capitolo V inclusivamente, Baruch volgendosi a tutti i figliuoli d'Israele gli esorta a confessare, che la loro infedeltà è unica causa de' mali, i quali sono piovuti loro addosso. Egli insegna, che la Sapienza non riconosce altra origine che Dio, il quale con ispezial favore l'ha manifestata ad Israele, dando loro la sua Legge per mano di

------

[1] Hier. *Praef. in Hierem.*

Mosè; ed annunzia, che Iddio stesso verrà sulla terra per erudire in essa gli uomini. Bisogna parlare a Gerusalemme, come ad una vedovella desolata, la quale piange sulla captività de' suoi figliuoli, ed esorta questi a porre tutta la loro fiducia in Dio. Il Profeta non lascia d'incuorare lei stessa, e la esorta a gittar via le gramaglie, promettendole lo sterminio de' nemici, il ritorno glorioso de' figliuoli dispersi. Finalmente nel capitolo VI, il quale forma la terza parte del libro di Baruch, leggesi una epistola di Geremia agli Ebrei captivi, che dovevano essere menati schiavi in Babilonia da Nabuchodonosor, quando Gerusalemme sarebbe stata presa. In questa lettera Geremia non omette veruno di que' motivi, che erano acconci a tener gli Ebrei lontani dall'idolatria babilonese: specialmente è ivi dimostrato il nulla e la vanità degl'idoli.

ARTICOLO IV.

Dell' autenticità del libro di Baruch

Grozio, Ludovico Cappel, Eichhorn, Bertholdt e de Wette sono que' Protestanti, che con maggior calore han preso a combattere l'autenticità del libro di Baruch: essi pretendono che questo sia opera di qualche Ebreo ellenista, il quale per rendere più autorevole e diffuso il suo libro, lo ascrisse a Baruch discepolo e menante di Geremia. La lettera, che forma il capitolo VI di Baruch, non è stata meno bistrattata, benchè probabilissimamente essa sia stata scritta da Geremia.* Del resto noi sporremo qui appresso le ragioni, sulle quali i nostri avversari si fondano per opporsi alla sentenza universalmente ammessa.

Difficoltà

Diff. 1ª. Una delle ragioni, che si adducono a pro dell'autenticità delle Profezie di Baruch, è che l'autore di esse è quel Baruch, il quale fu menante di Geremia: or questa ipotesi è affatto falsa. Imperocchè Baruch discepolo di Geremia andò in Babilonia nell'anno IV del regno di Sedecia, cioè prima della caduta di Gerusalemme; e dopo l'eccidio insieme col suo maestro si ritirò in Egitto: l'autore poi del libro, che noi esaminiamo, stava in Babilonia cinque anni dopo la distruzione di Gerusalemme.

_____

*) E perchè non si deve dire *certamente*? Ammessa la canonicità del libro di Baruch, siccome dimostrano la Tradizione de' Padri, e le decisioni della Chiesa Cattolica, non rimane verun dubbio intorno all'Autore della Epistola: imperocchè il sacro testo apertamente l'attribuisce a Geremia. Solo chi sconosce l'autorità della Chiesa, come gli avversari, può dubitarne. (*Nota del Traduttore*)

R. Tutta l' antichità concordemente afferma, essere uno Baruch autore del libro e menante di Geremia: e questa sola testimonianza è un argomento irrefragabile, più solido e più imponente che la obbiezione degli avversari. Imperocchè Baruch discipolo di Geremia avrebbe potuto fare più che un solo viaggio a Babilonia, regnando Sedecia; se non fosse meramente imaginaria la supposizione, onde gli avversari pretendono che Baruch nell' anno IV di Geremia sia andato in Babilonia. Essi si poggiano sul vers. 59 del capo LI di Geremia ; ma questo non fa parola di Baruch, e nomina il solo Saraia, il quale fu compagno a Sedecia nella trasmigrazione babilonese: *Cum pergeret* (Saraias) *cum Sedecia rege in Babylonem.* Perciò nulla si oppone per ammettere con la iscrizione, che sta a capo alle Profezie di Baruch, che questo Profeta abbia scritto il libro in Babilonia, cinque anni dopo la caduta e l' arsione di Gerusalemme. È vero che il segretario di Geremia fu menato in Egitto con questo Profeta dopo quell' avvenimento luttuoso; ma questo fatto non si oppone all' epigrafe del libro: imperocchè Baruch potè benissimo lasciare l'Egitto dopo la morte del maestro, perchè non vi era ritenuto da nessun legame, e far ritorno in Babilonia.

D. 2ª. Il libro attribuito a Baruch è stato certamente scritto in greco: imperocchè il plagiario, che lo ha composto, non ha fatto uso del testo originale di Geremia e Daniele, da' quali ha tolto molti passi; ma si è limitato a copiare la versione greca. Or secondo questa ipotesi non potrebbe tale libro essere opera di Baruch, menante di Geremia, essendo la lingua ebraica la naturale favella sua e degli Ebrei, a' quali scriveva.

R. Questa obbiezione al più proverebbe, che l' interprete greco di Baruch si è uniformato alla versione greca di Geremia e Daniele ne' luoghi, che sono in tutti e tre i libri. E se quest'argomentazione fosse concludente, sarebbe spacciata l'autenticità di ogni libro ebraico, avente la versione greca conforme a quella di un libro posteriore, nel quale fossero citate testimonianze del primo libro. Così, per esempio, se i traduttori greci degli Scrittori sacri posteriori ad Isaia, avessero tenuto sottocchi la versione greca di questo Profeta ne'luoghi presi dalla prima parte de' suoi oracoli; dovrebbesi necessariamente conchiudere, che questa prima parte non è stata composta in ebreo da Isaia, ma in greco da un più recente scrittore. Ma abbiamo pruove dirette da opporre a questa futile obbiezione: e primamente, se questo libro fosse stato scritto in greco, l' autore avrebbe dovuto comporlo o sotto Tolommeo figliuolo di Lago, o sotto Tolommeo Filadelfo, cioè quando in Egitto stavano molti Ebrei i quali avevano mestiero di conforto per perseverare nella patria Religione. Ed in questo caso qual pro ridondava agli Ebrei rammentando loro il ritorno dall'esilio, il quale non più li moveva, ed era già da gran tempo cessato ? Chi può pensare, che uno scrittore giunga a tanta fatuità da cadere in un errore così grossolano ? Questo libro adunque ha dovuto essere scritto in un tempo, nel quale non ancora era avvenuto il ritorno dall'esilio, e però in un tempo, nel quale gli Ebrei, a' quali scriveva l'autore, parlavano l'ebreo. Secondamente, il libro di Baruch è pieno di ebraismi, nè vi si scorge quel dire gonfio ed affettato degli Ebrei ellenisti, come facilmente si scorge nella *Sapienza* e nel II de' *Macabei*. Lo stile è semplice nel libro di Baruch, ed è molto consonante co' costrutti della lingua ebraica. Nè si dica, che uno scrittore di origine ebrea ha potuto scrivere grecamente con ebraismi: imperocchè Huet ha osservato, che se l'ebraico fosse stato tanto familiare all'autore, quanto presuppongono gli ebraismi che leggonsi nel suo libro; avrebbe egli fatto parlare Baruch nella lingua propria, anzi che in una lingua poco convenevole a sè medesimo ed a coloro, pe' quali scriveva [1]. Ma oltre i costrutti ebraici scopronsi in questo libro indizi non equivoci, i quali ne manifestano la origine ebraica: questi sono molti vocaboli greci, il cui senso è malamente espresso ne' luoghi occorrenti, ed è tolto chiaramente da' vocaboli ebrei corrispondenti; de' quali non sono altro che mera traduzione [2]. In terzo luogo, se l'originale di Baruch fosse greco, non si potrebbe capire la ragione, per la quale Teodozione fece la sua versione greca: egli è pur certo che Teodozione tradusse questo libro in greco, perocchè nel manoscritto siriaco esaplare, il quale si conserva in Milano, sono riferite le lezioni della versione di Teodozione; siccome assicura Bjœrnsthal critico svedese, il quale lo ha riscontrato [3].

D. 3ª. Il libro che porta il nome di Baruch, è una compilazione de' libri di Daniele e Nehemia, un centone composto di vari passi. Or Baruch discepolo e menante di Geremia essendo più antico di Daniele e Nehemia, nè avendo potuto allegare i costoro scritti, dobbiamo dire essere stato scritto molto tempo dopo di lui quel libro, che ne porta in fronte il nome.

R. Non neghiamo che si trovano presso Baruch alcuni luoghi, i quali leggonsi pure presso Daniele e Nehemia; ma trovandosi i luoghi communi a questi tre scrittori nelle preghiere indirizzate a Dio, si può benissimo dire con Calmet e Jahn [4], che queste sono formole di preci usate a que' tempi : e però Baruch, Daniele e Nehemia han potuto usarle, senza togliere l'uno dall'altro. Ma supposto, che l'u-

---

[1] Huet, *Demonstr. Proph.* IV *de Proph.* n. 6.
[2] Possono questi luoghi leggersi nella nostra *Introduzione stor. e critica.* t. IV, *Del libro di Baruch,* Art. III, Prop. I, Diff. 2, Repl. not.
[3] V. il *Repertorio di Eichhorn,* t. III, p. 169 e seg. Eichborn fa inutili sforzi per eludere quest'argomento: vedi la nostra *Introduzione stor. crit.* loc. cit.
[4] Calmet, *Préface sur Baruch,* in fine; Jahn, *Einleit.* § 219.

no avesse tolto dall' altro, ne verrebbe come legittima conseguenza, che l'autore del libro di Baruch ha citato Daniele e Nehemia ? Questa sarebbe una conclusione arbitraria ed avversa alla logica. Gli avversari per isfuggirla dicono, che Nehemia non è solito usare le parole de' precessori ; ma questa nuova obbiezione non distrugge la nostra tesi. Imperocchè quantunque questo sacro Scrittore non tolga da' precedenti nessuna cosa nelle narrazioni storiche ; pure egli ha potuto imitarli nella preghiera del capo I, 5 seg. la quale è simile a quella di Baruch.

Il libro di Baruch non è un centone di passi altrui, quantunque contenga vari luoghi pertinenti agli Scrittori sacri de' tempi anteriori, come Mosè, Isaia ed anche Geremia : ma quali Profeti non han fatto il medesimo ? Chi apre le concordanze della Bibbia scorge che questo è un uso generalmente praticato dagli scrittori dell' Antico e Nuovo Testamento : e quest' uso non solo non è avverso all' autenticità de' divini scritti, ma anzi la conferma ed afforza.

D. 4ª. Se la lettera , che forma il capo VI del libro di Baruch, fosse realmente di Geremia, si leggerebbe negli esemplari greci, nè sarebbe stata rigettata dagli Ebrei. Inoltre s. Girolamo non l'avrebbe nominata ψευδεπίγραφος (*epistola*)cioè *lettera avente un titolo falso*, perchè falsamente attribuita a Geremia: nè Teodoreto l' avrebbe omessa ne' suoi commenti.

R. Questo ragionamento non è retto. Nelle precedenti sezioni abbiamo osservato, che tra' Libri santi v' erano certi scritti certamente autentici, benchè mancassero in taluni esemplari o de'testi originali, o delle versioni; benchè gli Ebrei non gli avessero ammessi nel Canone sacro, benchè finalmente alcuni Padri non gli avessero nè tradotti, nè commentati. Ma per rispondere direttamente alla obbiezione diremo, che non deve far maraviglia se l'Epistola di Geremia non si legge in alcuni esemplari greci: imperocchè essa forma un volume di poca mole, e però facile a sfuggire agli occhi di un amanuense. Essa non occupava il medesimo luogo in tutti i manoscritti: in alcuni veniva dopo la Profezia di Baruch, in altri era unita alle Lamentazioni di Geremia. Un amanuense, il quale trascrisse Geremia da uno de' primi manoscritti, e Baruch da uno de' secondi, potè facilmente ometterla senza addarsene, perciocchè non stava in nessuno degli esemplari adoperati. Finalmente non è poco verisimile, che questa lettera simile nel subbietto al capo X, 1-16 di Geremia, sarà parsa a qualche scrivano, ed ancora a qualche critico una parte inutile e superflua, la quale poteva essere omessa senza nocumento alla interezza delle Sante Scritture. La qual cosa è probabilmente avvenuta quanto a molti luoghi delle Profezie di Geremia (cf p 358). Comechè poi la lettera di Geremia facesse parte del libro di Baruch, gli Ebrei non poterono inserirla nel Canone: e quando ancora fosse sta-

ta separata dal libro, non poteva essere messa nel Canoue, se il testo ebreo non fu trovato, allorchè il Canone fu formato: imperocchè
gli autori di questa sacra raccolta non inserirono in essa nessun libro scritto in greco. Il nome dato da s. Girolamo a questa Epistola
non mostra altro, se non che questo Padre conformandosi alla sentenza degli Ebrei metteva in egual grado la lettera di Geremia e 'l libro
di Baruch, a cui quella era congiunta: ma il sentimento privato di
questo Dottore non può prevalere a quello di tutti gli altri santi Padri, i quali discordano da lui intorno a questo punto.

D. 5ª. Questa lettera non potrebbe essere opera di uno scrittore
ebreo, come Geremia: imperocchè la lingua, lo stile non hanno nessun indizio di un originale ebreo: anzi la maniera di trattare il subbietto è propria di uno scrittore greco. Finalmente Geremia determina costantemente la durata della schiavitù a settant' anni, mentre
lo scrittore di questa lettera l'estende a sette generazioni, cioè a più
di duecento anni.

R. Ancorchè concedessimo quello che non è affatto certo, cioè, la
lettera attribuita a Geremia non avere nessun indizio di un originale ebreo, e lo stile e le altre cose essere convenienti al gusto di uno
scrittore greco; non si può conchiudere essere stata questa epistola
originalmente scritta in greco. Imperocchè il traduttore ben potè scostarsi dal senso sostanziale del testo, e voltarlo liberamente vesten-
dolo per dir così alla greca. Apparente è poi la contraddizione, che
vorrebbero statuire gli avversari tra Geremia e l'autor dell' epistola intorno alla durata dell' esilio babilonese, al meno secondo l'opinione di Bertholdt. Imperocchè secondo questo critico il numero di
70 anni, e lo spazio di sette generazioni non sono altro che numeri
profetici, i quali non debbono essere intesi secondo il valore aritme-
tico. Or comiechè questi due numeri non significhino altro che uno
spazio di tempo vago ed indeterminato, perchè non avrebbe potuto
il Profeta adoperarli indeterminatamente? È vero che Bertholdt aggiunge, che l'espressione *per molti anni ed un lungo tempo* deve
dare un senso più esteso di 70 anni a quella che viene dopo, cioè
sino a sette generazioni; ma uno spazio di 70 anni d' esilio non era
un tempo lunghissimo per un popolo, il quale non aveva per lo ad-
dietro sperimentato una schiavitù simile a quest' ultima? Essendo
l' opinione di Bertholdt, intorno al preteso numero indeterminato de'
70 anni, priva di ogni fondamento [1], noi passiamo all' altra parte
della obbiezione. Non è certo, che l' autore della lettera abbia voluto
dare al vocabolo greco γενεά, *generazione*, il senso della parola ebraica דור, *Dor*; mentre è possibile, anzi naturalissimo supporre, che il
traduttore abbia voltato l' originale ebraico שבעים שנה, *Scept-*

---

[1] Ved. l' altr' opera nostra *Introd. stor. e critica*, t. IV.

nghím scianáh(*settant'anni*)in sette generazioni.Tanto più che,sicco-
me tutti sanno, il vocabolo γενεὰ si usa presso gli scrittori greci per
indicare lo spazio di dieci anni.Potrebbesi pur dire con Grozio,che in
luogo di γενεῶν bisogni leggere δεκάδων.Ma qualunque sia l'esito di questa disputa,pare certo che lo spazio voluto esprimere dall' autore della lettera deve necessariamente restringersi a 70 anni; imperocchè
o questa lettera è opera di Geremia,o è stata scritta da un altro autore, il quale l'ha attribuita a Geremia.Nel primo caso,Geremia non
può discordare da sè medesimo; nel secondo, il falsatore, il quale fa
parlare Geremia, dovè necessariamente leggere le Profezie di lui, e
però non potè mettere il Profeta in contraddizione intorno ad un punto, il quale per testimonianza chiara del Profeta non può ammettere
veruna contraddizione.   Nè possiamo appigliarci alla sentenza del
Jahn,il quale pretende, che ivi si parli della captività delle 10 tribù:
imperocchè l'autore parla chiaro degli Ebrei, *i quali debbono esse-*
re menati schiavi in Babilonia da Nabuchodonosor re de' Babilo-
nesi; egli non dice nemmeno una parola,la quale possa indicare che
quivi si parli delle dieci tribù.Finalmente la congettura di Bertholdt,
il quale presuppone avere l'autore di questa epistola a bello studio u-
sato l'espressione *sette generazioni* per 70 anni,è non solo priva di
fondamento, ma impossibile: e per verità come mai avrebbe potuto
rappresentare l'esilio prolungato più che 200 anni uno scrittore, il
quale viveva 200 anni dopo l'eccidio di Gerusalemme, cioè quando
nessun Ebreo poteva ignorare,nè ignorava lo spazio di settanta anni
della durata schiavitù, e la liberazione ottenuta da Ciro insieme con
la facoltà di ritornare in patria scorsi i settanta anni? Nessuno
scrittore,per quanto voglia presupporsi stupido,può incorrere in simile scempiaggine.

D. 6ª.Prosegue Bertholdt. L'autore della lettera fa chiaro allusio-
ne nel vers. 57 al sacco, che i corsali diedero al tempio di Apollo
derubandone tutti i tesori. Quest' avvenimento è di molto posteriore
a' tempi di Geremia. Generalmente, continua il critico, quest' autore
mostra una conoscenza rara nelle pratiche idolatriche; esso ne dà
ragguagli tanto minuti, che non se ne può attribuire il racconto ad
un Profeta affatto occupato ne' grandi casi, che erano per piovere
sul suo popolo.

R. Nemmeno una parola del vers. 27 può far nascere in mente
sospetto di quello, che dice il critico intorno al sacco del tempio di
Apollo. Ivi sta detto solamente,che gl'idoli de'Caldei sono tanto im-
potenti da lasciarsi spogliare dell'oro, dell'argento e delle vesti,on-
de sono coperti. Or simiglianti furti hanno potuto essere commessi
presso i Caldei, siccome varie volte sono stati commessi presso altri
popoli. Bertholdt oppone la sopraffina conoscenza,che aveva l'autor
della lettera nelle cerimonie idolatriche, e pretende che Geremia non

poteva occuparsi di queste cose tanto minutamente tra i più gravi interessi, di che doveva esser pieno l'animo suo profetico: ma pare che il critico dimentichi, che Geremia non poteva ignorare queste pratiche superstiziose, le quali seguitano l'idolatria dovunque, e verisimilmente sono contemporanee alla origine di questa. Egli pare dimenticare ancora, che era necessario premunire gli Ebrei contro il culto degl'idoli; anzi era uffizio di ogni Profeta, il quale si trovasse in circostanze simili a quelle dell'esilio babilonese. Perciò appunto Geremia ne'suoi oracoli spesso parla della vanità e follia degli onori renduti a'falsi numi, siccome si può scorgere da'capitoli X e XXII.

CAPO IV.

Delle Profezie di Ezechiele

ARTICOLO I.

Della storia di Ezechiele

Ezechiele, in ebreo יְחֶזְקֵאל, *Jechezqél*, terzo tra'Profeti maggiori, ne fa sapere che egli era figliuolo di Buzi, di stirpe sacerdotale (capo I, 1-3). Egli fu menato schiavo in Babilonia col re Geconia e 10,000 Ebrei: nell'anno V del suo esilio e sette anni innanzi la distruzione di Gerusalemme fu chiamato al ministero profetico, mentre stava sul margine del fiume Chobar, dove era stato rilegato. Probabilmente questo Chobar è il Chaboras, il quale mette foce nell'Eufrate dopo avere bagnato la Mesopotamia. Ezechiele compì la sua divina missione sino all'anno XXVII della schiavità (capo XXIX, 17), e forse ancora più lungamente. Esso fu contemporaneo di Geremia, le cui Profezie hanno grandissima relazione con le sue. Morì ucciso da un giudice ebreo, la cui idolatria egli aveva biasimato, siccome riferisce un'antica tradizione.

ARTICOLO II.

Del subbietto e dell'ordine delle Profezie di Ezechiele

1. Il libro di Ezechiele può esser diviso in quattro parti principali. Nella prima, cioè dal principio sino al capitolo III inclusivamente, è narrata con tutte le circostanze l'inaugurazione profetica di Ezechiele: essa è una visione simbolica, nella quale il Signore gli annunzia, che Egli lo manda a'fratelli prigionieri per far loro manifesti i suoi divini oracoli; perciò lo esorta a non temer delle loro mi-

nacce e soprattutto a non imitare la loro indocilità. Nella seconda parte, cioè dal capitolo IV-XXIV, il Profeta tuona contro i delitti degli Ebrei, predice la rovina di Gerusalemme e l'intiera distruzione della nazione, descrivendo minutamente l'arsione della città, la prigionia del re, la strage de' cittadini. La terza parte, dal cap. XXV-XXXII, contiene gli oracoli contro le genti straniere, cioè contro gli Ammoniti, i Moabiti, gl'Idumei, i Filistei, i Tirii, i Sidonii, gli Egiziani. Il Profeta singolarmente descrive con più circostanze l'eccidio di Tiro e la devastazione di Egitto, su cui piange con cantici lugubri. Finalmente nella quarta parte, cap. XXXII-XLVIII, il Profeta ritorna agli Ebrei, a' quali fa prima rimproveri e poi cuore con la promessa di consolazioni. Egli per ciò annunzia il perdono, che Dio darà al suo popolo, ed il Messia che gli darà per duce. Ezechiele dipinge il Messia con l'imagine di un buon pastore, il quale viene per aver cura delle sue pecorelle disperse; annunzia il ristabilimento degli Ebrei sotto l'imagine delle ossa disperse ed aride, riunite e rianimate dal soffio di Dio: finalmente parla della riunione di Giuda e d'Israele col simbolo di due legni separati, i quali saranno ricongiunti. Descrive ancora la distruzione degli eserciti di Gog, simbolo de' nemici della Chiesa, e lo splendore della santa città dopo lo sterminio di questo terribile persecutore. Predice un nuovo Tempio, una nuova divisione della terra promessa: il quale oracolo non deve essere spiegato letteralmente, perché esso è una descrizione simbolica di quello, che dovea avvenire nel regno del Messia.

2. Le Profezie di Ezechiele sono disposte nell'ordine, con che sono state profferite, al meno sino alle Profezie riguardanti alle nazioni straniere: imperocché queste ultime non sono disposte secondo l'ordine cronologico. Così quella del cap. XXVI, 1 seg. porta la data dell'anno XI o XII[1] della trasmigrazione di Geconia, mentre quella del capitolo XXIX, 1 seg. è dell'anno X[2] di questa trasmigrazione. Un'altra Profezia del medesimo cap. XXIX, 17 seg. appartiene all'anno XXVII dopo la prigionia di Geconia; mentre quella del cap. XXXII, 1 seg. segna l'anno XII[3].

---

[1] La Volgata e l'edizione romana de' Settanta leggono l'*anno undecimo*: Il manoscritto alessandrino de' Settanta e 'l testo ebreo leggono l'*anno dodicesimo*.

[2] L'edizione romana de' Settanta legge l'*anno duodecimo*, ed egualmente leggeva s. Girolamo nella versione de' Settanta.

[3] Il manoscritto alessandrino de' Settanta dice l'*anno undecimo*; l'ebreo e la Volgata l'*anno duodecimo*.

ARTICOLO III.

Dell' autenticità delle Profezie di Ezechiele

I Razionalisti tedeschi, quantunque per sistema negano o al meno mettono in dubbio l'autenticità de' Libri santi;| pure i più abili tra loro hanno senza veruna difficoltà attribuito ad Ezechiele il libro, che ha in fronte il nome di lui. Possiamo tra gli altri nominare Eichhorn, Rosenmüller, Bertholdt, Gesenius, De Wette e Winer. Però alcuni negano che gli ultimi nove capitoli appartengano al Profeta, ed altri gli contendono l'autorità di tutti gli oracoli relativi alle nazioni straniere: noi per ciò verremo sponendo le ragioni, su cui fondano la loro opinione, e le confuteremo.

Difficoltà

Diff. 1ª. Molte ragioni dimostrano, che i nove ultimi capitoli, i quali nelle nostre Bibbie mettono termine al libro di Ezechiele, non possono appartenere a questo Profeta. 1° Questi nove capitoli sono oscurissimi, mentre il rimanente è chiaro; 2° Ezechiele non avrebbe potuto mai ricordarsi tutti i numeri e tutte le misure mostrategli da Dio nelle visioni; 3° finalmente, gli Ebrei non hanno mai adempiuto a' comandi dati loro da Dio in questa visione, quanto alla costruzione del Tempio e della città, come ancora quanto alla divisione della terra. Queste cose essi non avrebbero intralasciato di fare, se avessero creduto che questi ultimi capitoli contenessero una Profezia rivelata da Ezechiele.

R. Basta leggere le dette ragioni per affermarne di presente la debolezza e futilità: imperocchè 1° è falso tutto essere chiaro nella prima parte; i capitoli I e XXI mostrano bene il contrario. Nè poi l'oscurità de' nove ultimi capitoli proviene dallo stile, il quale è pressochè simile a quello de' precedenti, ma dalla materia: imperocchè avendo questa relazione all'architettura non si intende facilmente con la mera lettura; essa ha bisogno di schiarimenti, i quali non possono darsi senza la conoscenza dell'architettura antica affatto dissimile dalla nostra. 2° È al tutto impossibile, che Ezechiele abbia conservato a memoria tutti i numeri e le misure mostrategli nella visione? non mancano esempi di uomini, i quali hanno conservato memoria di cose molto più complicate. Ma nel caso nostro vi ha qualche cosa di più: quel divino lume, che avevagli rivelato quelle dimensioni, potè fargliene conservare la memoria, sino a che le mettesse in iscritto.*3° Quanto alla terza parte della obbiezione diremo,

---

*) Bisogna ne' Profeti distinguere due cose: la *visione*, e la *inspirazione*;

che la difficoltà dipende unicamente dal senso che bisogna dare a
questa visione simbolica, la quale certo non dovea essere eseguita
secondo il natural senso de' vocaboli. I commentatori ne spongono
il senso in maniera soddisfacente: ma ancorchè non fossero le loro
spiegazioni plausibili, nè si potesse in alcun modo interpretare chiaro
ro questa visione; nessuno potrebbe a diritto conchiudere, che non
sono per ciò autentici questi capitoli. Se così fosse, bisognerebbe rigettar come apocrife tutte le opere antiche, e sacre e profane; perocchè nessuna è esente da difficoltà più o meno inesplicabili.

D. 2ª. Chi attentamente legge gli ultimi nove capitoli di Ezechiele, chiaro scorge essere quest' opera di un Samaritano, il quale gli
attribuì al Profeta per meglio imporre agli Ebrei, e così riuscire nello scopo prefisso di obbligarli ad unirsi con quelli della sua setta
per fabbricare un nuovo tempio, e fare una nuova divisione della
terra, a cui dovevano partecipare ancora i Samaritani.

R. I Samaritani non erano, nè potevano essere tanto stupidi da
sperare buon esito in questa impresa: essi perfettamente sapevano,
che gli Ebrei loro mortali nemici non si sarebbero lasciati muovere
da checchefosse per associarsi ad essi, nè avrebbero ricevuto dalle
loro mani un libro ignoto sotto il nome di Ezechiele: massime in
una faccenda di tanto rilievo, quale era la riedificazione di un nuovo Tempio, e la nuova distribuzione della terra, nella quale quegli
scismatici pretendevano pigliar parte. Chi non avrebbeli avuto in sospetto vedendoli sostenere con tanto calore il loro privato interesse?
È inutile spendere più parole intorno a questa obbiezione, la quale
non ha avuto altri partigiani, che il solo suo autore.

D. 3ª. L'oracolo degli ultimi nove capitoli di Ezechiele contiene
un espresso comando di attribuire al principe una porzione particolare della terra: questo comando è strano; esso non venne mai in
pensiero nè a Mosè, il quale diede le leggi relative a're, nè a Samuele, il quale di molto ampliò i limiti del potere regale. Nè meno
strana è la divisione della terra, che l'autore descrive e dice dover
essere fatta tra le tribù. La quale divisione non poteva certo essere

---

con la *visione* fu ad essi rivelato da Dio il futuro, con la *inspirazione* furono spinti a scrivere e preservati da qualunque errore. Non tutti i Profeti
furono *inspirati* nel senso, onde noi intendiamo parlare de'sacri Scrittori.
Samuele, Nathan, ed altri Profeti hanno annunziato per divino lume il futuro; ma non hanno avuto la inspirazione per scrivere. Avendo bene fermi
in mente questi principi si risolve facilmente la difficoltà sciocca de' Razionalisti. Come poteva rammentarsene? Caso che gli fossero caduti di
mente i numeri in guisa che scrivendo avesse avuto a commettere uno sbaglio, la divina inspirazione ne lo preservò suggerendogli le dimensioni.
L' Autore non ha con molta precisione sposto questo pensiero. (*Nota del
Traduttore*)

fatta prima del ritorno delle tribù nella Palestina; perocchè mentre erano schiave, nessuno sapeva certo se avessero volontà di rientrare nella patria; anzi il successo medesimo ha dimostrato che la maggior parte non ne aveva davvero voglia, perocchè di dodici tribù appena due ritornarono nel paese natale. Finalmente l'autore di questi capitoli suppone, che scriveva in un tempo, nel quale la nazione non aveva re, ma duci: e questa circostanza bene si addice all'epoca posteriore all'esilio, quando gli Ebrei furono governati non da re, ma duci soggetti all'impero persiano. Questa sola circostanza è bastante a mostrare, che questi capitoli pertengono ad un tempo posteriore all'esilio, e debbono esser opera di un Ebreo dell'antico regno delle dieci tribù: il quale tornando dall'Assiria gli avrebbe scritti col nome di Ezechiele sperando di ottenere una nuova divisione della terra, nella quale pigliassero parte i discendenti dell'antico regno d'Israele.

R. Questa obbiezione suppone, che debbano essere letteralmente spiegate tutte le parole riguardanti alla descrizione del Tempio ed alla nuova distribuzione della Palestina. La quale ipotesi è affatto falsa: imperocchè intralasciando la sentenza de' Razionalisti, i quali generalmente pretendono che tutta questa descrizione profetica sia frutto della imaginazione di Ezechiele, il quale pensava che a' tempi del Messia tutto accadrebbe nel modo da lui concepito; noi diremo che i Padri e generalmente tutti gl'Interpreti cattolici intendono quelle parole della Chiesa Cristiana; massime quando sarà stata adornata con la conversione degli Ebrei. Aggiungi: Ezechiele sapeva benissimo, che gli Ebrei, a' quali parlava, erano assuefatti alle imagini ardite del suo stile figurato, delle quali aveva spesso dato loro spiegazione, e però non avrebbero intese quelle parole nel senso grammaticale ed ovvio; nè mai gli Ebrei le hanno così spiegate. Tutta questa descrizione è molto simile a quella fatta da s. Giovanni, il quale nell'*Apocalisse* narra le maraviglie della Gerusalemme celeste: or nessuno mai ha inteso questa descrizione altramente, che nel senso allegorico. L'autore de' capitoli controversi, chi che egli sia, mostra chiaro di essere dotto e letterato: nè mai un uomo tale avrebbe avuto tanto scemo il senno da argomentarsi di far credere agli Ebrei, che Iddio gli avesse comandato di fabbricare un Tempio sopra un alto monte verso il centro della Palestina: imperocchè ed egli, e tutti gli Ebrei istrutti sapevano a maraviglia, che nel luogo indicato non vi era nessuna montagna tanto spaziosa da bastare a quell'edificio. Nè era mestiero di profonde cognizioni geografiche per sapere, che tutte le dimensioni assegnate a quel tempio non erano proporzionate all'estensione della Palestina.

Nessun valore ha poi l'argomento tratto dalla parola נָשִׂיא, *Nasi*, *principe*, usata dall'autore di questi capitoli in vece di מֶלֶךְ, *Mélech*, *re:* dicono gli avversari, non avrebbe l'autore adoperata la prima, lasciando la seconda, se non fosse vissuto in tempo, nel quale dominavano *duci* non *re*. Questa ragione è futile: imperocchè gli stessi Razionalisti, i quali altro non sanno scernere in quelle descrizioni, che giuochi d'imaginazione poetica di Ezechiele, confessano che questo Profeta potè aggiustatamente nominare *Nasì* il sovrano, che avrebbe governato il popolo dopo l'esilio, volendo quel vocabolo significare propriamente un *capo,* cioè *chi è innalzato,* sopra gli altri. Il Bertholdt opportunamente nota, che non deve parere strano l'uso di quel vocabolo negli ultimi nove capitoli, se Ezechiele in tutti i suoi oracoli usa non pure la voce *Nasì,* ma ancora il sinonimo נגיד, *Naghid,* parlando de' re. Solo chi è ignorante affatto dello stile ebraico può ignorare, che *Nasì* e *Naghid* sono vocaboli generici, i quali si addicono a qualunque dignità, non esclusa la regale.

Ridicola è poi ed arbitraria la supposizione, colla quale si fa autore de' nove capitoli un Ebreo ritornato dall'esilio, il quale sperando di conseguire qualche parte nella nuova distribuzione delle terre attribuì ad Ezechiele il suo scritto. Imperocchè un impostore simigliante non avrebbe parlato con tanta precisione della costruzione del Tempio e della distribuzione delle terre alle dodici tribù: nè avrebbe un impostore lasciato d'insistere molto sulla distribuzione da farsi tra' privati; il che non apparisce in tutti questi nove capitoli. Un falsatore avrebbe soprattutto evitato l'uso di misure e dimensioni non proporzionate all'estensione ed alla popolazione della Palestina: perchè queste avrebbero indotto gli Ebrei ad intendere allegoricamente tutta la descrizione, ed una descrizione allegorica non poteva essere obbietto di una divisione reale delle terre di Palestina.

D. 4ª. Tra le Profezie generalmente attribuite ad Ezechiele sono alcune certamente apocrife, come quelle riguardanti alle nazioni straniere, capitoli XXV, XXXII, XXXV, XXXVI, XXXVIII, XXXIX: imperocchè non solo sono scritte con stile molto più terso, che nelle altre Profezie, ma ancora mostrano talune conoscenze geografiche, di cui non si scorge nessun vestigio nelle parti, che sono senza dubbio opera di Ezechiele. Questi oracoli, che più particolarmente riferiscono le spedizioni di Nabuchodonosor, non poterono essere scritti da altri, che da un poeta di corte, il quale forse seguitava Nabuchodonosor: e perciò debbono essere attribuiti a Daniele allevato nella corte di Babilonia, e probabilmente socio delle militari spedizioni del nominato principe. In fatti Daniele è nominato espressamente nel capitolo XXVIII, 3, ed egli poteva sapere di quelle materie meglio che un povero Ebreo rilegato nell'estremità della Mesopotamia sulle rive del Chaboras.

R. Questa obbiezione non ha nemmeno il pregio di essere speciosa. Non neghiamo essere più sublime e dotto lo stile de' capitoli stimati apocrifi; ma questa circostanza non può essere cagione di stupore ad un buon critico. Imperocchè questa differenza nasce solo dalla diversità di subbietto, il quale dimandava imagini grandi e magnifiche, usate ancora dagli antichi Profeti per descrivere la rovina delle nazioni straniere. Nè poteva il sacro Scrittore dare una idea aggiustata della catastrofe delle nazioni straniere senza usare cognizioni relative alla storia e geografia di questi popoli. E chi avrebbe diritto di negare queste cognizioni ad Ezechiele,il quale fu educato come a sacerdote si addiceva,e ci ha dato saggio del suo sapere ne' capitoli, che sono riconosciuti come opera sua? Ridicolo è poi l'attribuire questi oracoli ad un poeta cortigiano] di Nabuchodonosor: imperocchè, siccome ragionevolmente osserva Bertholdt, quel principe sì fiero e disdegnoso non avrebbe tollerato nella sua corte un poeta tanto indiscreto da nominarsi l'uomo più saggio del suo secolo, siccome si dice nel capitolo XXVIII, 3.

Nessun critico sennato vorrà mai attribuire questi capitoli a Daniele: imperocchè lo stile e l'elocuzione degli oracoli che essi contengono,non sono conformi allo stile di Daniele. È vero che questo Profeta è nominato nel capitolo XXVIII, 3 di Ezechiele; ma nessuna parola di quel luogo indica, che si debba attribuire a Daniele questa parte del libro contesa ad Ezechiele: anzi il medesimo Daniele è pure espressamente nominato ne' versetti 14 e 20 del capitolo XIV, nè per questo ha mai chicchessia pensato di attribuire a lui questo capitolo.

CAPO V.

Del libro di Daniele [*]

ARTICOLO I.

Della storia di Daniele

Daniele apparteneva ad una illustre famiglia della tribù di Giuda (cap. I, 3-6): nell'anno IV del régno di Joachim fu trasportato a Babilonia per ordine di Nabuchodonosor insieme con alcuni altri nobili giovanetti, tra' quali sono da notare Anania, Misaele, Azaria : tutti questi furono destinati ad essere eruditi nella favella e sapienza caldaica, per essere poi addetti al servigio ed alla corte del re. A Daniele fu cangiato il nome in Baltassar. Egli era nudrito nel pala-

---

[*] Nella Bibbia ebraiche il libro di Daniele sta tra' libri chiamati dagli Ebrei כתובים,Kedurìm, o Agiografi, non già dopo i tre Profeti maggiori come nella Volgata e ne' Settanta. Ved. più innanzi a fac.39.

gio di Nabuchodonosor, ma osservò sempre fedelmente la Legge di
Mosè. Iddio gli concesse il dono di spiegare le visioni ed i sogni mi-
steriosi, di penetrare nelle cose più nascoste, di predire il futuro. Ancor giovanetto salvò Susanna dalla falsa accusa di adulterio, che le
avevano mossa contro due vecchioni. Avendo spiegato a Nabuchodonosor un sogno, che questi aveva veduto, fu fatto governatore di Babilonia, e capo de' sapienti della Caldea. Dario succeduto a Nabuchodonosor pubblicò un editto, col quale era vietato per trenta dì a tutti
di porgere dimanda a chiunque, fosse nume, fosse uomo, eccetto il
re: Daniele fu sorpreso in orazione, e perciò fu gittato nella fossa de'
lioni, donde fu tratto illeso nel dimane. Ciro, successore di Dario,
mantenne Daniele nell'uffizio, che il suo precessore avevagli concesso: probabilmente sotto questo principe Daniele scoperse la ma-
gagna de'sacerdoti di Bel; ed avendo il santo Profeta ricusato di ado-
rare un dragone, a cui tributavano culto i Babilonesi, fu nuovamente
messo nel lago de'lioni, donde uscì dopo sette giorni senza veruno segno di lesione. Daniele profetò sin da' primi anni della schiavitù sotto il re Joachim sino al regno di Ciro, e viveva ancora nell'anno III
del regno di questo principe [1]. S'ignora il tempo preciso e 'l luogo
della sua morte. Ezechiele, che fu portato in Babilonia sette anni dopo
Daniele, lo dice uomo di straordinaria sapienza e virtù, e lo pone in
parallelo con Noè e Giobbe [2]. Questa testimonianza congiunta con
la tradizione degli Ebrei antica, costante, universale a pro della esistenza di Daniele, basta a mostrare assurda l'opinione di certi moderni increduli, alla cui sapienza è piaciuto affermare che Daniele
è un personaggio imaginario.

ARTICOLO II.

Del testo originale e delle versioni del libro di Daniele

Il libro di Daniele è stato originalmente scritto parte in ebraico,
e parte in caldaico: nella parte ebraica leggonsi molte parole caldaiche ed esotiche. Questa è contenuta ne' capitoli I, II, 1-3; VIII-XII;
la caldaica poi ne' capitoli II, 4-49 (siccome leggesi nelle Bibbie e-
braiche, cioè composta di 33 versetti), IV-VII. I versetti 24-90 del
capitolo III della Volgata non si leggono nell'ebreo, essi sono inter-
calati tra' versetti 23 e 24 dell'originale ebraico: egualmente non leggonsi nè in ebraico, nè in caldaico i capitoli XIII, XIV, i quali mancano nel testo originale. Tutti questi frammenti stanno nel greco, il
quale in questa circostanza fa le veci di testo originale: essi sono o-
pera di Daniele, e però necessario è affermare che in origine siano
stati scritti in ebreo o caldaico, e tradotti su questo testo.

_____

") Dan. X, 1. — ") Ezech. XIV, 14, 20; XXVIII, 3.

2. Tra le versioni di Daniele sono da notare le versioni greche e la Volgata latina. Le greche principali sono due, quella de' Settanta, e quella di Teodozione. La prima, quantunque meno antica che quella del Pentateuco, è nondimeno molto anteriore all'éra cristiana: essa era in uso presso gli Ebrei ellenisti, e presso la primitiva Chiesa Cristiana. Essendovi però col correr degli anni caduti molti errori ed inesattezze, fu messa da banda non solo dagli Ebrei ellenisti, ma ancora dalle Chiese Cristiane, che sino a que' tempi ne avevano fatto uso, e le fu sostituita la versione di Teodozione, la quale fu stimata più emendata e conforme all'originale. La versione de' Settanta venuta in discredito pareva affatto smarrita; ma essa fu trovata nella Biblioteca Chigi in Roma, e fu ivi stampata nel 1772. La versione Volgata è opera di s. Girolamo: la parte proto-canonica fu da lui tradotta sul testo ebreo, la parte deutero canonica sulla versione greca di Teodozione.

ARTICOLO III.

Del subbietto e dell'ordine del libro di Daniele

1. Nel libro di Daniele, come sta nella Volgata, sono due parti ben distinte; una ebraica e caldaica, cioè la parte proto-canonica; un'altra greca, che è la deutero-canonica. La prima contenuta ne' primi dodici capitoli spone fatti storici e Profezie: i primi sei capitoli sono storici, e narrano la storia di Daniele, l'interpretazione del sogno di Nabuchodonosor relativo alla statua, e la storia de' tre giovani ebrei messi nella fornace. Vi si legge ancora la spiegazione di un altro sogno di Nabuchodonosor riguardante un grande albero, il quale dovea essere reciso, e la cui cima dovea essere incatenata per sette tempi, cioè sette anni; dopo ciò viene il compimento di questo sogno profetico nella persona di Nabuchodonosor mutato in bestia, la spiegazione della scrittura misteriosa segnata sulle mura del palagio di Baltassar [*], e 'l compimento di essa nella caduta di Babilonia; finalmente la storia di Daniele gittato nella fossa de' lioni. Gli ultimi sei capitoli contengono le visioni profetiche di Daniele, nelle quali è predetto il ristabilimento di Gerusalemme e del Tempio, la

---

[*] Baltassar era con molta verisimigliaosa nipote di Nabuchodonosor. Egli regnò insieme con Nabonide, usurpatore del trono, straniero alla famiglia reale, il quale forse pensando di assodare il potere usurpato, associò all'impero un rampollo della famiglia di Nabuchodonosor. Pare che nulla lascino a desiderare le ragioni spiegate a questo proposito da Stefano Quatremère. Leggi la sua breve, ma dotta Memoria su *Dario Medo e Balthassar, re di Babilonia*, inserita negli *Annales de Philosophie chrétienne*, n. 95, t. XVI, p. 317.

venuta del Messia dopo 70 settimane di anni, una nuova distruzione di Gerusalemme e del Tempio, la rovina dell'impero persiano, le imprese di Alessandro il Grande, de' Re di Egitto e di Siria. Finalmente l'Angelo Gabriele fa una predizione al Profeta, la quale da alcuni è riferita alla persecuzione di Antioco Epifane ed al ristabilimento della nazione giudaica dopo la morte di quest'empio; ma da altri è meglio riferita alla fine del mondo ed a' tempi dell'Anticristo; nè bisogna maravigliare, se alcune cose sembrino convenire ad Antioco; perocchè questi fu tipo dell'Anticristo. Daniele descrive un tempo di tribolazione tale, che il simile non è mai stato veduto. Questa persecuzione deve durare un tempo, due tempi e la metà di un tempo, cioè tre anni e mezzo, i quali sono il tempo della persecuzione dell'Anticristo [1]. La seconda parte è contenuta in due capitoli, i quali narrano la storia della casta Susanna, avvenuta nel tempo della schiavitù babilonese (cap. XIII), e quella di Belo e del dragone, probabilmente avvenuta in sul cominciare del regno di Ciro (cap. XIV).

2. Tutte queste Profezie non sono nel libro di Daniele disposte secondo l'ordine cronologico. I capitoli V e VI dovrebbero essere collocati tra il capitolo VIII e IX: questo disordine può trarre origine dal disordine de' rotoli. I capitoli XIII e XIV nemmeno sono allogati nella loro naturale sede. Nelle Bibbie greche il capitolo XIII sta a capo al libro, il XIV in fine; ma seguitando l'ordine cronologico il XIII dovrebbe stare tra' capitoli I e II, ed il XIV tra' capitoli IX e X.

ARTICOLO IV.

Dell'autenticità del libro di Daniele

§ I. Dell'autenticità della parte proto-canonica del libro di Daniele

L'autenticità del libro di Daniele è molto importante per la verità della Religione: imperocchè confessando i più accaniti nemici di essa, che la maggior parte delle cose ivi predette sono state letteralmente compiute, e che Daniele non poteva conoscere queste cose, mediante la naturale sagacità; ognuno intende, che se si dimostra appartenere veramente a Daniele questo libro, ne viene per conseguenza che questo libro sia divinamente inspirato, e contenga vere Profezie. Perciò tanto gli antichi, che i recenti avversari della Rivelazione hanno messo in dubbio l'autenticità di questo libro. Noi nell'altro nostro lavoro (*Introduzione stor. crit.* ecc. t. IV), abbiamo stabilito l'autenticità di esso con pruove di ogni maniera, le quali non potrebbero essere con-

---

[1] *Apoc.* XI, 2.

trappesate che da argomenti invincibili ed affatto dimostrativi. Qui ci terremo a disaminar quelle cose che oppongono i nostri avvesari.

Difficoltà

Diff. 1ª. Il libro di Daniele è messo nel numero degli agiografi, anzi sta tra gli ultimi. Se lo scrittore che raccolse i Profeti maggiori e minori, avesse tenuto per autentico questo libro, certo lo avrebbe allogato dopo Geremia, ove naturalmente va messo, nè lo avrebbe rilegato tra gli agiografi. Perciò il luogo inferiore che occupa Daniele nel Canone degli Ebrei, chiaro dimostra, che la sua autenticità è stata conosciuta molto tardi, cioè dopo la conchiusione della seconda parte del Canone, verso i tempi de' Macabei.

R. È impossibile non iscorgere la fiacchezza di questa difficoltà, solo leggendola: imperocchè in primo luogo non è certo, se il libro di Daniele abbia sempre avuto nel Canone degli Ebrei il luogo attuale: anzi abbiam forti ragioni per tenere il contrario. E per verità, Daniele ne' Settanta è noverato tra' Profeti, e così era pur collocato ne' canoni dati da Giuseppe, da Melitone di Sardi, da s. Epifanio ed Origene. È poi molto verisimile, che gli Ebrei talmudisti non hanno voluto porre Daniele tra' Profeti per alcune peculiari ragioni. I Rabbini medesimi ci dicono, che questo avvenne, o perchè Daniele fosse eunuco (opinione falsa e strana), o perchè si tenesse che lo spirito profetico non usciva della Giudea, o perchè Daniele vivendo in corte non menava il genere di vita de' Profeti, o finalmente perchè Daniele non era un vero נָבִיא, *Navi*, o Profeta di professione, specialmente inviato per esortare gli Ebrei, e mantenere la Teocrazia giudaica, come facevano gli altri Profeti [1]; ma per annunziare agli avvenire la successione degl'imperi. Checchè si abbia a tenere di ciò, gli Ebrei hanno sempre ammessa l'inspirazione di Daniele ed i suoi lumi profetici: la qual cosa costituisce il carattere essenziale della missione profetica. In secondo luogo l'obbiezione suppone, che il canone degli Ebrei sia stato formato successivamente, e sia stato chiuso definitivamente ne' tempi moderni: la quale supposizione non solo non può essere provata, ma è ancora opposta alla tradizione unanime degli Ebrei e de' Cristiani, e formalmente contraddetta da Giuseppe: il quale parlando a nome della intiera nazione dice che non fu ricevuto più nessun libro canonico, da che la Profezia cessò presso gli Ebrei [2]. L'ordine, nel quale gli Ebrei hanno disposto nel canone i Libri santi non proviene dalle raccolte fatte in vari tempi, siccome gratuitamente affermano i nostri avversari; ma da' vari gradi di eccellenza, che essi attribuiscono a' Libri santi. I cinque di Mosè, i quali

---

[1]) Ved. a p. 325. — [2]) Ved. a p. 42. 43.

contengono la Legge, furono collocati in primo luogo, e formarono
la prima divisione. I Profeti annunziati da Mosè, i quali dovevano
far parte del reggimento teocratico degli Ebrei, dovevano occupare
il secondo luogo e dar materia alla seconda divisione, nella quale sono contenuti Isaia, Geremia, Ezechiele e i dodici Profeti minori: imperocchè tutti questi avevano scritto come uomini specialmente addetti al ministero profetico. Vennero da questa classe escluse le Lamentazioni, perchè queste furono scritte elegiacamente anzi a lenire
il dolor del Profeta, che in virtù della sua professione di pubblico
Profeta. Per questa stessa ragione troviamo esclusi dalla raccolta degli scritti profetici ancora i Salmi.* Al contrario Giosuè, *i Giudici*,
Samuele ed *i Re*, i quali sono storia autentica della teocrazia, e che
gli Ebrei credevano scritti da' Profeti propriamente detti, sono stati
collocati in questa classe. Daniele, il quale aveva menato i suoi dì
fuori della Palestina, nè aveva esercitato l'uffizio profetico strettamente tra gli Ebrei di Babilonia compagni del suo esilio sulle rive
del Chobar; non aveva diritto di esser allogato nella seconda classe,
e naturalmente doveva appartenere alla terza, nella quale sono alla
rinfusa collocati i rimanenti Libri santi. Gli Ebrei, adunque, ponendo Daniele tra gli Agiografi, non han preteso negargli l'inspirazione
profetica; siccome non l'hanno negata a' Salmi, i quali similmente
nella terza classe sono messi.

Lo stesso Bertholdt confessa, che nulla si può concludere contro
l'autenticità di Daniele dal luogo inferiore, che è ad esso dato tra
gli agiografi: imperocchè esso è collocato innanzi a quello di Esdra,
la cui autenticità è addimostrata. In verità non si può dubitare, che
l'autore del Canone nel collocare gli agiografi non ha avuto riguardo nè alla storia, nè alla cronologia, nè al valore intrinseco de' vari
libri: egli non ha avuto altro pensiero, che di riunire insieme tutti

*) Tieni ben fermo nella mente, o lettore, che qui si parla di una distri-
buzione non autorevole, perchè s'ignora se i santi Libri sieno stati disposti nell'ordine attuale per opera della Sinagoga e de' Profeti, allorchè fu
formato il Canone. Per ciò non credere, che questi giudizi di mera congettura influiscano sull'origine e sullo scopo di ciascun Libro in particolare:
non perchè le Lamentazioni ed i Salmi stanno fuori la classe de' Profeti,
lasciano di essere vere Profezie. Sappi ancora che non è della essenza delle divine Scritture la disposizione de' Libri nelle varie classi: questa è piuttosto una conseguenza della scienza, la quale si piace di ordinare e comporre i subbietti secondo le speciali classi, a cui si riferiscono. Questa è la
ragione, per la quale non ti deve fare nessuna impressione sull'animo, il
vedere collocato Daniele fuori la classe profetica, della quale non fan parte i Salmi e la Cantica. Il carattere profetico di un Libro non è designato
dall'ordine, sì dalla Tradizione ed autorità della Chiesa Cattolica, la quale sola ha il mezzo efficacissimo di dissipare tutte le dubbiezze della vacillante ragione. (*Nota del Traduttore*)

gli scritti sacri, i quali non appartenevano alle due classi precedenti, senza osservare nessun ordine nella loro disposizione.

D. 2ª. L' Autore dell'Ecclesiastico nel capitolo XLIX piglia a lodare gli uomini illustri della sua nazione, e nondimeno omette Daniele. Il quale silenzio dimostra chiaro, che quello scrittore non aveva notizia di Daniele, ovvero che aveva dubbio intorno alle cose maravigliose ivi narrate di lui.

R. L'autore dell'Ecclesiastico non ha avuto intenzione di celebrare tutti gli uomini illustri della sua nazione; imperocchè se questo pensiero avesse egli avuto, non avrebbene omesso nessuno; e ciò egli non ha voluto fare. Egli, a modo di esempio, loda molto Zorobabele e Nehemia, e frattanto tace di Esdra ben più di questi illustre: omette ancora Mardocheo celebratissimo nel libro di Esther, il quale tanto era benemerito della nazione. Benchè la critica aggiustata e sana per difendere l'autenticità di Daniele non ci obblighi ad assegnare la causa precisa, per la quale è stato omesso il nome di questo Profeta dall'autore dell'Ecclesiastico; pure possiamo dire, nè vi ha chi possa ragionevolmente smentirci, che l'autore dell'Ecclesiastico ha dovuto necessariamente trasandare Daniele, perchè egli ebbe pensiero di lodare gli uomini illustri, i quali avevano menato vita in mezzo al popolo. Daniele, al contrario, quantunque avesse avuto il dono di maravigliose visioni divine, visse sempre tra i Babilonesi, ed ivi esercitò dignitosi uffizi. Finalmente comunque si spieghi questo silenzio, esso sarà sempre un argomento negativo.

D. 3.ª La principale pruova esterna, che è usata a pro dell'autenticità di Daniele, è tratta dalle parole di Gesù Cristo, il quale nel Vangelo ha dato a Daniele il titolo di Profeta: *a Daniele Propheta.* Queste parole non appartengono a Gesù Cristo, ma a s. Matteo: anzi non trovandosi nel luogo parallelo di s. Marco, fanno sospettare che sieno state aggiunte da qualche amanuense. Ed ancorchè s. Marco le riferisse, non sarebbe ciò bastante, perchè quelle parole non leggonsi presso s. Luca.

R. Questa obbiezione merita molte risposte. In primo luogo gli avversari non hanno nessuna ragione per sostenere che quelle parole *a Daniele Propheta* sieno state aggiunte da s. Matteo: da nessuno indizio si può raccogliere questa interpolazione. Tutti gl'Interpreti han sempre creduto, che esse facciano parte delle parole profferite dal Salvatore; nè gli Evangelisti sogliono intercalare le proprie riflessioni con le parole del loro divino Maestro. Ma in sostanza che pro verrebbe agli avversari dalla loro ipotesi? Si dovrebbe concludere che l'Evangelista ha messo quelle parole in bocca a Gesù Cristo, perchè sapeva bene il sentimento del Maestro divino, il quale più di una volta ne' privati colloquii aveva ciò significato ad essi. In secondo luogo, è contro le regole di qualunque critica pretendere,

*

che l'espressione *a Daniele Propheta* non è autentica: perocchè essa leggesi in tutti i manoscritti ed antiche versioni, non meno che negli scritti de' Padri. In terzo luogo, audacissimo oltre ogni segno sarebbe quel critico, il quale pretendesse che le citazioni di s. Matteo e s. Marco non sieno autentiche, perchè non si leggono presso s. Luca. Se questo principio fosse vero, dovrebbero essere ammesse come autentiche quelle sole citazioni, le quali si trovano presso tutti i quattro Evangelisti: e questo principio è inudito, anzi rigettato dagli stessi Razionalisti.

D. 4.ª Gesù Cristo ha supposto l'autenticità e l'inspirazione di Daniele, generalmente ammesse dagli Ebrei del suo tempo. Egli ha citato questo Profeta a quel modo, onde lo citavano gli Ebrei, conformandosi per saggia economia alla loro opinione in questo punto; ma non si può concludere da ciò che questo fosse il vero suo sentimento. S. Giuda ha similmente allegato un luogo profetico del libro di Enoch: possiamo forse da ciò conchiudere, che egli teneva per autentico un libro apocrifo? La citazione di Gesù Cristo potrebbe essere ancora una mera accomodazione, cioè Gesù Cristo descrive una desolazione simile a quella descritta da Daniele.

R. È cosa chiarissima che la citazione di Daniele non può a diritto esser tenuta come mero argomento *ad hominem*; imperocchè, come abbiamo dimostrato altrove, questo argomento non può essere adoperato, quando poggia su qualche errore della comune opinione. Se la citazione fatta da Gesù Cristo s'intendesse in questo senso, menerebbe a gravissimi errori. Allora un impostore vilissimo sarebbe proclamato Profeta del vero Dio, sarebbe spacciata come vera Profezia da compiersi una di quelle Profezie, che gli avversari pretendono essere state scritte dopo il fatto. Gesù Cristo falsamente annunzierebbe, che essa ha un senso profondo, al quale non può giungersi senza un gran dono d'intelligenza: *Qui legit intelligat*. La citazione di s. Giuda è ben differente: quest'Apostolo non cita il libro di Enoch, il quale forse non esisteva a' tempi suoi, ma una Profezia di Enoch, la quale con lo scorrere degli anni potè essere inserita nel libro apocrifo. Finalmente non può affermarsi, che Gesù Cristo, verità infallibile, abbia usato il senso accomodatizio [1], quando questo è falso ed erroneo.

D. 5.ª L'iscrizione, che attribuisce a Daniele il libro di che ragioniamo, è puramente falsa; essa somiglia a quella dell'autore del libro della Sapienza, il quale appone a Salomone quest'opera, benchè questi non possa esserne autore. Così Cicerone pone in bocca agli amici certi discorsi filosofici, i quali non sono stati certamente tenuti da costoro. Omero, Virgilio, Tasso ed altri poeti fan predire da' loro

___

[1] Ved. a p. 165.

eroi molti casi futuri, che non sono mai stati predetti da essi. Anzi la forma, onde sono espressi gli oracoli profetici della seconda parte di Daniele, è un bel modo di scrivere la storia: essa è un felice saggio per scrivere la storia con forme poetiche.

R. Quest'ipotesi è evidentemente assurda. E per verità chi potrebbe ragionevolmente paragonare il libro di Daniele tanto semplice e prosaico ad un'epopea? Chi potrebbe paragonare gli oracoli profetici del santo Profeta alle discussioni filosofiche, nelle quali si usano gl'interlocutori per ben trattare una quistione? Con qual fondamento si potrebbe pretendere, che sia affatto storico un libro, il quale nella seconda parte non ha verun carattere storico, e somiglia in tutto i libri profetici dell'Antico Testamento? Se questa seconda parte fosse non più che una storia scritta con [forme profetiche, l'autore avrebbe dovuto consegnarla agli Ebrei come storia di passate vicende, se non avesse avuto pensiero d'ingannare: e se questa dichiarazione fosse stata fatta, non sarebbe mai stato messo quel libro nel Canone come profetico. Differente è la faccenda quanto al libro della Sapienza: imperocchè l'autore di esso volendo esporre i precetti della Sapienza, può fare in esso parlare Salomone per via di prosopopea: potrebbe anche stare, che ne' due o tre capitoli, in cui fa parlare Salomone, riferisca parole di Salomone conservate per tradizione, o in qualche opera di questo re non pervenuta fino a noi. Finalmente questa ipotesi è direttamente opposta all'autorità di Gesù Cristo e degli Apostoli, i quali han sempre considerato il libro di Daniele come profetico.

D. 6.ª L'autore ha voluto attribuire a Daniele quegli scritti per conciliar loro maggiore autorità. In un tempo, in cui era cessata la Profezia, giudicò opportuno mettere in bocca a Daniele, di cui narrava tante maraviglie, la tradizione giudaica, la predizione de' destini degli Ebrei, e de' regni succeduti gli uni agli altri. Egli ebbe per iscopo di sostenere la costanza de' suoi concittadini tra le persecuzioni di Antioco Epifane, e di eccitare la loro fede quanto alle liberazioni non ancora avvenute. Queste sono pie frodi, che in ogni tempo sono state tenute lecite.

R. Quest'obbiezione tende a dimostrare, che l'autore ha avuto intenzione d'ingannare, attribuendo a Daniele oracoli profetici, che questi non aveva mai fatto, che non provenivano da divina Rivelazione, ed erano unicamente tratti dalle cognizioni storiche. Noi abbiamo già dimostrato, che contro ogni ragione pretendono gli avversari scorgere l'opera di un impostore in un libro sacro ammesso nel Canone degli Ebrei e de'Cristiani, tenuto come divinamente inspirato e profetico, approvato come tale dalle testimonianze infallibili di Gesù Cristo e degli Apostoli. Arroge, a vie meglio confutare le stoltizie degli avversari, che non v'ha nessuna pruova dimostrativa contro la sincerità dell'autore, e che nulla ne' suoi scritti dà indizio d'impostura.

D. 7.ª Il caldaico di Daniele è corrottissimo, anzi è un miscuglio di caldaico e di ebraico. Come avrebbe potuto usare una favella tanto corrotta quel Daniele, il quale fu da' più teneri anni educato in corte de' re di Babilonia, e studiosamente erudito nella lingua e scrittura caldaica?

R. Si dà per certo, che Daniele fosse stato erudito nella lingua che parlavasi in Babilonia, la quale poi divenne vernacola agli Ebrei; ma abbiamo buone ragioni per credere il contrario. In fatti, la lingua caldaica, nella quale venne erudito Daniele, non fu l'aramea parlata in Babilonia, ma la lingua propriamente caldaica, la quale era un altro dialetto dell'idioma semitico. Quindi, benchè Daniele conoscesse a maraviglia questo dialetto, poteva non sapere bene la lingua aramea, di che facevano uso i Babilonesi, e nella quale è scritto il libro. Ciò basta a spiegare il difetto di purezza nel dettato. L'autore stesso del libro di Daniele presuppone questo duplice dialetto: perocchè egli dice che Nabuchodonosor avendo interrogato i sapienti babilonesi, costoro risposero in *favella aramea*: la quale cosa suppone, che il re gli avesse interrogati in caldaico. La conoscenza esatta de' due dialetti, che parlavansi in Babilonia a' tempi di Daniele, è molto conveniente a questo Profeta, mentre malamente si addice ad un Ebreo de' tempi de' Macabei. Ma suppongasi pure, che il nostro Profeta fosse stato erudito nella lingua aramea parlata dagli Ebrei in Babilonia; potè usarla non molto puramente, sia perchè non l'ebbe studiata grammaticalmente, la quale cosa era difficilissima per essere a que' tempi ben poco progredita la scienza grammaticale; sia perchè egli non volle usare in ciò molto studio. L'affinità delle due lingue e la grande familiarità con l'ebraica, che era favella patria, rendevangli difficilissima la cognizione pura e perfetta del linguaggio: anzi una favella troppo raffinata mal sarebbe stata intesa dagli Ebrei di Babilonia, i quali usavano un caldaico corrottissimo, nè si curavano di perfezionarlo.

D. 8.ª Il libro attribuito a Daniele è pieno di miracoli senza scopo, senza un fine degno di Dio, ed acconci ab abbattere la fede più salda. Chi dunque vuol dire che esso è autentico?

R. Hengstenberg ha distesamente e vittoriosamente discussa questa difficoltà. Lengerke l'ha riprodotta dal canto suo, ma non ha aggiunto nessun nuovo argomento a quelli proposti da' suoi precessori, e senza curarsi delle pruove robuste dell'Hengstenberg. Noi diremo, che i miracoli sono possibili, che debbono essere creduti come tutti gli altri fatti storici, quando sono riferiti da testimoni di veduta, i quali sono dimostrati saggi e veraci *; finalmente diremo che i veri miracoli

*) L'autore vuol dire, che siccome si aggiusta fede alla narrazione di

sono avvenuti, e ne sono pieni i Libri sacri scritti innanzi Daniele. Faremo altresì notare, che i miracoli narrati da Daniele avevano per iscopo di mostrare la infinita maggioranza del Dio degli Ebrei sopra le divinità bugiarde de' pagani: ogni prodigio tiene scolpita la impronta di questo fine, tanto che lo stesso Griensinger ha dovuto confessarlo. E qual cosa può esserci più sublime, più nobile, più degna di Dio ? Questi prodigi erano molto acconci a confermare gli Ebrei nella fede del vero Dio; perocchè gli stornavano dall' idolatria, alla quale furono molto esposti nel tempo dell'esilio, e sostenevano il coraggio de' loro posteri nel tempo dell'invelenita persecuzione, che avrebbe loro mossa Antioco Epifane. Erano questi miracoli un mezzo potente per conciliare a Daniele grande autorità presso i re babilonesi, massime presso Ciro: così questo principe si veniva disponendo a pro degli Ebrei, ed avrebbe poi nel tempo presignato concesso loro il ritorno nella patria e la riedificazione del Tempio. Lo stesso Bertholdt non può non confessare, che Daniele col suo credito molto contribuì al famoso editto, onde Ciro fu largo agli Ebrei di duplice favore. La manifestazione della potenza del vero Dio non era senza importanza relativamente a' re pagani, i quali erano testimoni de' prodigi: imperocchè quantunque i miracoli non gli abbiano convertiti, avevano nondimeno l'efficacia di suscitar loro nel cuore senso di venerazione pel Dio d'Israele, e di sminuire il disprezzo, che ne facevano dicendo, che questo Dio non aveva potuto sottrarre quel popolo al furore delle armi nemiche. Ma ponendo da banda qualunque altro motivo dimandiamo, non era conveniente alla Maestà di Dio, allorchè veniva in competenza con vani idoli, giustificarsi operando que' prodigi, a cui i bugiardi idoli non possono aggiungere ? Que' miracoli non dovevano muovere i soli contemporanei di Daniele; essi dovevano avere influenza sulle generazioni future, tanto giudaiche che cristiane, le quali per essi sarebbero state confermate nella fede della Rivelazione.

D. 9.ª Nel libro attribuito a Daniele leggonsi tali racconti, i qua-

---

storici senzati e probi, quanto a' fatti riferiti nelle loro storie; così non può negarsi credenza a' miracoli, quando sono narrati da testimoni oculati e fededegni, non essendo i miracoli ripugnanti alla divina Sapienza e Potenza. Ma qui si voleva soggiungere la differenza, che corre tra' miracoli ricevuti per divina Rivelazione, e quelli narrati semplicemente da privati scrittori: i primi sono di *Fede divina*, cioè fan parte della Rivelazione, e perciò non possono essere messi in dubbio senza peccato d'infedeltà o d'incredulità: de'secondi, quando ad essi non mancano i requisiti di un fatto autentico, non può dubitarsi senza ripugnanza al buon senso; ma chi volesse perfidiare sulla loro esistenza, non si renderebbe reo di incredulità, quando dubitasse della veracità dello storico, tenendo ferma la possibilità e l'esistenza de' miracoli. I miracoli dunque contenuti nel libro di Daniele appartengono alla prima classe. (*Nota del Traduttore*)

li parendo inverisimili e favolosi non convengono ad un uomo saggio come Daniele; anzi in essi scontransi errori storici tanto palpabili e contraddizioni tanto manifeste, che non si può l'opera di quel
libro ascrivere ad un contemporaneo.

R. 1º Delle narrazioni dette favolose ed inverisimili, alcune sono
male intese e malamente dichiarate da coloro, i quali ne fanno obbiezione; altre sono affatto consentanee a'costumi, agli usi ed alle idee,
che erano dominanti nel tempo e luogo, in che visse Daniele. 2º Gli
errori storici apposti con tanta rigidezza all'autore delle Profezie
di che trattiamo, sono apparenti: chi li piglia a disaminare accuratamente e spregiudicatamente, rimane pienamente convinto della
concordia perfetta, la quale corre tra' fatti narrati in questo libro ed
i monumenti storici: anzi questo forma una dimostrazione sensibile
della sua autenticità. 3º Le contraddizioni pretese si conciliano faci-
lissimamente, facendo uso delle regole ammesse da una critica saggia ed illuminata. Gli avversari non possono ragionevolmente insistere sulle dette contraddizioni. Bertholdt le ha messe innanzi per
istabilire la sua ipotesi intorno alla pluralità degli autori del libro
di Daniele; ma questa ipotesi è stata convinta di falsità, e gli stessi
Razionalisti l'hanno abbandonata. Aggiungasi, che secondo i loro
principî essi non possono stimarla gran fatto: imperocchè concedendo alla composizione di questo libro tanta destrezza ed industria, che
la furberia dell'autore abbia tratto in inganno moltissimi critici in-
telligentissimi; sarebbe ridicolo poi supporre, che quegli sia inciam-
pato in contraddizioni tanto palpabili, quanto sono le opposte dagli
avversari.   Sarebbe pur strano ed inesplicabile un miscuglio di sopraffina furberia e di stomachevole stupidità.

D. 10ª. Nel libro attribuito a Daniele leggonsi idee ed usi molto
più recenti dell'epoca, nella quale si suppone vissuto questo Profeta. Tali sono il costume di pregare tre volte il giorno col viso volto
a Gerusalemme, ed in una camera riservata a quest'uso; il merito di
espiazione attribuito alla limosina; la virtù ascritta a'digiuni, per
apparecchiare lo spirito alle visioni profetiche; finalmente le idee sublimi dateci dall'autore intorno al Messia, e la dottrina degli Angeli
da lui sposta e dichiarata molto esplicitamente.

R. Intorno a questo punto non sono concordi tutti gli avversari
di questo libro: ecco un grande pregiudizio contro le opposte difficoltà. Bleek, per esempio, rigetta affatto l'opinione degli altri critici, ed osserva ancora che queste idee, comuni agli Ebrei moderni,
derivano unicamente dal contatto co'popoli asiatici, tra'quali menò
gran parte degli anni suoi Daniele. Adunque, secondo Bleek, queste
idee sono antichissime, nè possono far ombra all'autenticità di Daniele. E per verità, chi potrà mai giungere a dimostrare non essere

note a' tempi di Daniele queste usanze ed idee, le quali sono dette moderne? Comunissima è tra' popoli la consuetudine di rivolgersi verso il tempio nel pregare: tra gli altri possiamo allegare i maomettani, gli adoratori di Ormuzd, i neri dell'Affrica. Perchè dunque debbesi fare eccezione de' soli Ebrei in un uso tanto volgare presso i popoli? Non pregava forse Davide col viso rivolto al Santuario? Non dovevano forse gli Ebrei avere ivi sempre il loro cuore, ed ivi pure affisare gli occhi? Lo stesso De Wette confessa, che gli Ebrei captivi a Babilonia oravano col volto verso Gerusalemme. Gli Ebrei non han lasciato di rivolgersi, nel pregare, alla santa città dopo la distruzione del Tempio avvenuta sotto Tito. * Nè poi è vero quello, che dice Bertholdt intorno all'uso di un luogo separato per la preghiera, il quale pare a questo critico bacchettoneria degli Ebrei moderni. Il sacro testo non dice che quello fosse un luogo esclusivamente riservato alla preghiera, quali sono i nostri oratorii o cappelle domestiche: quel luogo era una sala alta usata sempre dagli Orientali ', nella quale Daniele si ritirava per non essere frastornato. L'uso di pregare in questi luoghi appartati è antichissimo presso gli Ebrei: si legge praticato da Davide ', e dal Profeta Elia '. Finalmente il costume di pregare tre volte il dì non è provenuto dagli Ebrei moderni, come piace dire al Bertholdt: imperocchè Davide ne fa sapere che egli tre volte il dì porgeva a Dio i suoi voti e preghiere: *Vespere et mane et meridie narrabo et annuntiabo : et exaudiet vocem meam* '. Il quale uso è tanto fondato sulla natura stessa delle cose, che, come nota l'Hengstenberg, esso trovasi presso que' popoli, i quali certo non lo hanno appreso dagli Ebrei. Così praticano gl'Indiani, presso cui i Bramini sono da inviolabile legge obbligati a far le loro pie meditazioni il mattino, il mezzodì e la sera.

Gli Ebrei in ogni tempo hanno conosciuto la virtù satisfattoria dell'elemosina: questa è stata sempre tenuta come un atto di carità, il quale non può essere senza merito innanzi agli occhi di Dio. Lo stes-

---

*) Ancorchè mancassero esempi di questa usanza anteriori alla schiavitù babilonese, non dovrebbe parere strano il vederla praticata da Daniele, nè questa pratica potrebbe essere indizio di falsità nel libro di Daniele. A' tempi dell'esilio era naturale, che gli Ebrei si rivolgessero avidamente verso quel luogo, che era cagione di tante memorie dolci, di tanti affetti santi. Non la sola carità patria, la quale è caldissima nel tempo dell'esilio, ma molto più la riverenza, che nudrivano gli Ebrei verso il luogo santo, naturalmente doveva stimolarli a quella pratica religiosa. La maraviglia verrebbe, se si leggesse la loro non curanza quanto a ciò : ed è molto da maravigliare, come possano opporre una difficoltà tanto sguaiata coloro, i quali si pregiano di essere affatto *razionali*. (*Nota del Traduttore*)

') Ved. la nostra *Introd. stor. e crit.* t. II.
') *II Reg.* XVIII, 33.—') *III Reg.* XVII, 20.—') *Ps.* LIV, 18.

so dicasi del digiuno: nè Daniele si mortificava con questo esercizio per prepararsi alle rivelazioni profetiche, come pretende Bertholdt; egli digiunava con ispirito di penitenza per ottenere la remissione de'peccati del popolo, come hanno in ogni tempo praticato gli Ebrei.

Le idee sublimi, che ci dà il libro di Daniele intorno al Messia, non appartengono ad un'epoca recente, come vogliono sostenere i Razionalisti. L'idea del Messia venuto dal Cielo non è nuova: gli Ebrei han sempre creduto che il Messia sarebbe Dio, e perciò sino alla sua apparizione abiterebbe nel Cielo con gli spiriti celesti: essi han pure creduto che sarebbe universale il suo regno. Lo stesso deve dirsi della risurrezione: quest'idea è antichissima, come quella che leggesi presso Isaia (cap. XXVI, 21), e presso Ezechiele (XXXVII, 1-14); presso Daniele quest'idea è alquanto più sviluppata, ed è congiunta col tempo della venuta del Messia. La teogonia, o generazione de'numi messa da Daniele in bocca a Nabuchodonosor, non è idea nuova: il dotto Münter la dice comune a tutti i popoli dell'Oriente [1].

Finalmente la dottrina degli Angeli è antichissima: ogni pagina dell'Antico Testamento ne parla. Quella relativa a'due ordini di Angeli, uno superiore, l'altro inferiore, apertamente si scorge da vari luoghi contenuti ne'libri anteriori alla schiavitù babilonese. Imperocchè è molto probabile, che fosse un Angelo superiore quello apparso ad Abramo, quello che condusse il popolo, quello che diede la Legge sul Sinai: Mosè lo nomina *Jehovâh*, e con ciò lo dimostra rappresentante la divina Maestà. Il capitolo VI d'Isaia, non conteso da chicchessia, ci mostra il trono di Dio cinto di Serafini: i quali a giudizio di tutti gl'Interpreti, non escluso Gesenius, rappresentano i Principi delle schiere angeliche. Daniele nel suo libro non usa altra particolarità: egli dinota con nomi particolari gli Angeli, e perciò ne chiama uno *Michaël*, l'altro *Gabriel*. Ma questi nomi non sono propri, sono appellativi, e servono a dinotare le qualità, l'uffizio degli Angeli. E poi chi degli avversari sarebbe acconcio di dimostrare, che questi nomi sono recenti e posteriori all'età di Daniele ? [2] Un'altra particolarità del libro di Daniele è questa: egli parla di Angeli protettori de'regni. Ma questi Angeli sono affatto diversi dagli *Amsciaspand* o buoni genii di Zoroastro, i quali non avevano altro uffizio che quello di tener lungi dal regno della luce i mali fisici e morali, propri del regno delle tenebre : mentre gli Angeli di Daniele hanno l'incarico di liberare il popolo di Dio. E perciò al solo Daniele bisogna attribuire la dottrina degli Angeli protettori de'regni: essa non è, co-

---

[1] Münter, *Relig. der Babylon*, S. 17.
[2] Ved. a p. 269, 270, le riflessioni fatte intorno all'origine de'vocaboli *Raffaele, Gabriele, Michele*, relativamente al loro uso presso gli Ebrei.

me pensano Jahn e Dereser, una descrizione meramente simbolica, ma una verità dommatica sostenuta da alcuni passi del Nuovo Testamento e professata dalla Chiesa cattolica *.

D. 11ª. Gli avvenimenti predetti da Daniele sono espressi con tale precisione, esattezza, e specialmente con tante particolarità minute, da apparire anzi racconto storico di fatti avvenuti, che Profezie dell'avvenire. Questi caratteri sono contrari all'analogia delle altre Profezie.

R. È impossibile determinare sino a qual segno possa giungere la chiarezza e precisione della Rivelazione profetica. E poi affatto falso, che negli altri libri profetici non leggansi predizioni molto precise sull'epoca de' futuri avvenimenti, i quali sono espressi con molte circostanze. Questa stessa difficoltà è stata mossa relativamente ad alcuni oracoli d'Isaia, di Geremia, e di Ezechiele: ma noi abbiam

---

*) A meglio scolpire in petto a' giovani i principi della Fede Cattolica, ed a smascherare gli spauracchi de' baldanzosi critici e degli eretici, è necessario fare una osservazione. Malamente giudica chi pensa, che tutte le dottrine della Fede, tutti i documenti di Religione debbano necessariamente trovarsi ne' Libri della Santa Scrittura; in tanto che s'abbiano a rigettare tutte quelle cose, che in questi Libri non sono espresse. I Protestanti sostengono questo errore, ed hanno tutto l'interesse per mantenerlo: imperocchè su questo falso principio essi fondano tutti i loro errori. La Rivelazione di Dio si contiene nella Tradizione e nella Scrittura, non solo quanto al Nuovo Testamento, ma ancora quanto all'Antico. Agli antichi Patriarchi, i quali furono cultori esimi del vero Dio, non furono date Scritture divinamente inspirate: al popolo Ebreo, discendente da que' Patriarchi, dapprima non furono date Scritture: Mosè a voce comunicò i comandi ed insegnamenti di Dio, e poi questi furon messi in iscritto. Ma fu forse tutto scritto? furono ne' Libri dell'Antico Testamento notati tutti i dogmi della Religione? Ne sia pruova appunto la dottrina degli Angeli: parla Mosè frequentemente di questi spiriti, ma senza aver mai detto ne' suoi Libri nessuna cosa riguardante alla loro creazione, ed a' loro uffizi: e frattanto ne parla, come di cosa nota. Rammenta il medesimo Legislatore il luogo, ove si congregavano le anime de' defunti; fa memoria de' supplizi assegnati a' prevaricatori; ma ne' suoi scritti non si leggono documenti intorno a queste verità di Fede. Perchè? forse perchè non erano stati dati al popolo questi documenti? non già; ma perchè le Scritture non erano state fatte per dare ad essi un compiuto simbolo della Fede: questo lo ebbero con la viva voce, e la Tradizione della Chiesa giudaica perpetuò i documenti della Rivelazione. Qual maraviglia adunque, se Daniele fa parola degli Angeli più ampiamente, e ne spone uffizi non rammentati ne' precedenti libri? Egli ne parla senza quegli schiarimenti necessari a chi legge una cosa ignorata per lo innanzi; qual pruova maggiore si vuole per persuadersi, che egli parla di una dottrina già nota al popolo? Come dunque osano gli orgogliosi critici affermare, che il libro di Daniele non è autentico, perchè da esso traspare la dottrina di *Zoroastro*? *Excoeca cor populi hujus*; Is. VI, 10. (*Nota del Traduttore*)

chiaramente mostrato, che essa è priva di sostegno, ed avremo ancora occasione di smentir formalmente su questo punto i critici razionalisti. Imperocchè il loro sistema scrolla sotto le sue rovine, se noi proviamo contro di loro il compimento di una sola Profezia propriamente detta. È vero che certe Profezie di Daniele sono più chiare delle altre ; ma ciò nasce da talune cause particolari, le quali non sono comuni alle altre predizioni. La prima causa è questa: noi abbiamo istorie esatte e minute degli avvenimenti ivi predetti; Porfirio non ha lasciato nulla di ciò, che la storia profana poteva contenere conforme agli oracoli di Daniele. Il che non accade quanto agli altri Profeti, i quali han predetto il destino di popoli stranieri : noi abbiamo ben poche memorie intorno a questi. Secondamente, le Profezie di Daniele sono in istile prosaico, e però più facili ad essere intese; mentre le Profezie più antiche furono scritte con istile profetico, nel quale è difficile scoprire il reale dal figurato e parabolico, le circostanze storiche da quelle, che sono messe semplicemente come ornato. Finalmente, la molta chiarezza delle Profezie di Daniele procede dallo scopo delle Profezie, al quale quella è affatto coerente: imperocchè se la Profezia dovè essere sempre corrispondente a' bisogni del popolo di Dio, se dopo la schiavitù babilonese doveva cessare il ministero profetico, e gli Ebrei erano per patire la fiera persecuzione di Antioco Epifane; era necessario che essi fossero preparati alla prossima venuta del Messia, e per ciò erano pur necessarie Profezie chiare: affinchè compiendosi le cose pronunziate, essi non avessero ricusato di confessare l'azione dello Spirito di Dio, il quale a confortarli aveva tanto tempo innanzi predetto quelle cose. Ognuno leggendo e vedendo compiuti tanti casi così precisi e minutamente predetti sulla sorte degl' imperi succeduti nel mondo gli uni agli altri, sulle conquiste di Alessandro, sulle guerre ed alleanze de' costui successori, sull'orribile persecuzione di Antioco Epifane; doveva necessariamente concludere che infallibilmente si sarebbe ancora compiuta la venuta del Messia, la quale era collegata a que' grandi successi, ed era stata predetta da Daniele con tanta chiarezza e precisione, che era stato persino determinato il numero degli anni, dopo i quali il Messia doveva apparire. Non era simile la condizione degli Ebrei innanzi la schiavitù: allora l'azione della Provvidenza visibilmente appariva nella condotta del popolo di Dio; il ministero profetico era nel suo pieno vigore; nessuna calamità avveniva senza essere innanzi predetta da qualche Profeta; gli avvenimenti prossimi erano predetti con le più minute circostanze; le esortazioni caldissime ammorzavano i vizi del popolo , e lo mantenevano fedele alla Teocrazia. Gli antichi Profeti erano per uffizio più specialmente destinati alla loro generazione particolare: e per ciò le cose avvenire erano da essi annunziate in maniera più generale, massime quando

erano molto lontane; mentre poi gli avvenimenti, che dovevano succedere ne' tempi loro, sono spesso predetti con molte e minute circostanze. Daniele al contrario non era Profeta di professione, nè
scriveva precisamente pe' contemporanei, sì per gli avvenire, doveva
perciò abbondare di ragguagli molto precisi intorno alle cose più ri-
mote del suo tempo , affinchè nel silenzio de' Profeti i suoi oracoli
avessero potuto confermare la fede delle generazioni future sino al
Messia. Quindi la grande chiarezza delle Profezie di Daniele in vece di inflacchire la loro autenticità , la stabilisce e vie meglio cor-
robora: imperocchè essa è consona allo scopo di ogni Profezia, la
quale deve essere confacente a' bisogni di quelli, a cui è indirizzata.
Ed è pur questa la ragione, per la quale in Zaccaria si trovano alcuni oracoli relativi allo stato degli Ebrei ed alla venuta del Messia,
i quali sono più precisi di tutte le altre Profezie.

Nondimeno questa maggior chiarezza non distrugge la differenza,
che necessariamente corre tra la Profezia e la storia. Gli oracoli di
Daniele, i quali paiono a noi tanto chiari, non eran tali prima che
sortissero il compimento. Anzi talune volte lo stesso Profeta non gl'intendeva; e noi saremmo in grande impaccio per intenderli, se non a-
vessimo il lume della storia: e qualche volta avviene, che con tutti
questi aiuti essi mettono innanzi difficoltà tali, che senza grande fastidio non possono essere risolute.

D. 12ª. Tra le Profezie attribuite a Daniele quelle pertinenti a'
tempi di Antioco Epifane sono chiare, minutissime e conformi con
la storia; al contrario quelle che oltrepassano quest' epoca, sono vaghe, oscure, nè hanno avuto compimento. Non è forse questa una
pruova evidente, che l' autore di questi pretesi oracoli profetici ha
annunziato i primi avvenimenti, perchè avevali precedentemente im-
parati dalla storia? comechè poi i secondi fossero a lui ignoti, perchè non erano ancora successi, sono stati da lui predetti per congettura ed imaginazione.

R. Ancorchè si dimostrasse vittoriosamente, che le Profezie di Daniele sono precise sino a' tempi di Antioco Epifane, non potrebbesi
ragionevolmente conchiudere contro l' autenticità del libro che porta il nome di quel Profeta. E per fermo, Iddio è padrone assoluto de'
suoi doni, e può a suo piacimento distribuire i suoi lumi a' Profeti
secondo la misura convenevole a' suoi disegni. Potrebbe stare, che
per afforzare l'animo degli Ebrei contro le seduzioni di Antioco Epifane, Iddio abbia voluto far predire i futuri avvenimenti con grande
precisione sino al regno di questo empio: mentre pe' tempi consecu-
tivi abbia tenuto una condotta diversa, essendo mutate le circostanze. Ma gli altri Profeti ben ci mostrano esempi di questa differenza: imperocchè essi talora annunziano il futuro precisamente, e
talora generalmente. La Rivelazione profetica non dipende dalla

volontà del Profeta, sì dalla volontà di Dio; perciò può essere limitata ad un tempo particolare, e non procedere oltre: e comechè i bisogni degli Ebrei fossero più stringenti a' tempi di Antioco Epifane, di leggieri si intende che Iddio abbia voluto maggior chiarezza nelle Profezie anteriori al secolo di questo principe, e minore in quelle relative a' tempi posteriori. Ben ingiustamente pretendono i nostri avversari, che le predizioni oltrepassanti il tempo di Antioco non hanno avuto compimento, allegando per pretesto che il Messia non è venuto dopo la caduta del detto principe, che non sono stati distrutti tutti i regni opposti al suo, e che i giusti non sono stati risuscitati: le quali circostanze sono predette dall'autore di queste Profezie. Imperocchè Daniele potè ragionevolmente congiungere insieme le sue predizioni intorno ad Antioco Epifane e le Profezie relative al Messia ed alla risurrezione de'morti: ma non per questo si può con eguale ragionevolezza conchiudere, che egli abbia predetto dover queste cose avvenire in un medesimo tempo. Sogliono i Profeti congiungere gli avvenimenti lontani con i prossimi, perchè gli uni e gli altri sono da Dio palesati al loro sguardo profetico: ma questa maniera di annunziare il futuro non determina per nulla il tempo preciso degli uni e degli altri: siccome abbiamo avuto occasione di notare a facc. 320 seg., allorchè abbiamo discorso dell'indole delle visioni profetiche.

Nè meno bugiardamente sostengono gli avversari, che tutte le predizioni di Daniele oltrepassanti i tempi di Antioco Epifane sono vaghe, generali ed indeterminate: imperocchè qual Profezia è più determinata che quella del capo IX, la quale riguarda al Messia? L'autore determina persino il numero degli anni, che debbono scorrere sino alla venuta di Lui; ne predice la morte violenta, ed annunzia l'eccidio di Gerusalemme, il quale dovea essere conseguenza della morte fatta patire al Messia. Gli avversari del libro di Daniele non possono negare, che la visione profetica del quarto impero, descritta nel capitolo II con la quarta parte della statua, e quella del capitolo VII, espressa con la imagine della quarta bestia, sono chiarissime. Or queste Profezie non hanno avuto compimento innanzi Antioco Epifane, siccome essi falsamente affermano: esse chiaramente riferiscono l'impero romano, il quale dovea estendersi molto dopo il regno di questo principe: imperocchè diversamente spiegando sarebbe impossibile trovare i quattro imperi annunziati in questi due capitoli. E qual perspicacia umana, qual preveggenza poteva far noto a Daniele che l'impero romano, il quale appena esisteva a' tempi suoi, vincerebbe in possanza e terrore tutti gli altri imperi del mondo, e soggiogherebbe la vasta monarchia de'Greci? come avrebbe Daniele umanamente potuto sapere, che questo novello impero dapprima sarebbe stato diviso in due, e poi si sarebbe venuto scindendo in molti altri regni meno considerabili?

D. 13ª. Daniele nel capitolo XII, 4, ebbe comando di legare il volume contenente le Profezie a lui communicate, e di tenerle suggellate sino al tempo dell'avvenimento. La quale prescrizione finta non è priva di premeditazione: imperocchè il falsatore con questo mezzo pretendeva rendere ragione della ignoranza degli Ebrei intorno alle sue pretese profezie, e chiudere la bocca a coloro, che usassero negarne l' autenticità.

R. Qui gli' avversari ragionano sopra una ipotesi sfornita di ogni pruova, e la conseguenza loro è affatto contraddicente alle regole logiche. In primo luogo è da osservare, che gl' interpreti cattolici e protestanti disputano intorno al senso del luogo oppostoci. Alcuni credono che letteralmente dovesse eseguirsi il comando dato da Dio a Daniele: ma la maggior parte di quelli, che hanno seguitato questa sentenza, non pretende perciò che Daniele avesse dovuto assolutamente nascondere a tutte le sue Profezie. Essi al contrario mantengono, che quel divieto riguardava a' soli empii, i quali col pretesto della grande lontanana tra la predizione e 'l complmento avrebbero avuto in derisione le Profezie: non era divietata la loro comunicazione agli Ebrei fedeli e pii, i quali ne avrebbero fatto buon uso. Altri interpreti pensano con maggior probabilità, che qui sia parola d'un' azione simbolica, mediante la quale Iddio fa conoscere al Profeta dover quegli oracoli rimanere oscuri e nascosti sino al compimento : e però sono paragonati ad un libro legato e suggellato, il quale non che essere compreso, non può esser letto. Ma supponiamo che necessariameate debba intendersi nel senso letterale proprio il comando dato a Daniele, i nostri avversari non perciò possono ragionevolmente conchiudere, che esso sia una furberia del falso Daniele: imperocchè l' autore di questo libro non solo si scorge di condotta irreprensibile, ma tanto penetrato dallo spirito di *Dio*, che in tutto non cerca altro che la gloria di Lui. I critici temerarii che qui combattiamo, dànno al contrario occasione infinitamente maggiore per far sospettare della loro buona fede: perocchè essi hanno sconsigliatamente e senza escir de' debiti riguardi fatto prova di distruggere l' autorità di tutti i sacri Scrittori [*].

§ II. *Dell' autenticità della parte deutero-canonica di Daniele*

I frammenti, che compongono la parte deutero-canonica del libro di Daniele, e che leggonsi solo nel testo greco, sono da' Protestan-

---

[*] Le obbiezioni di *Volney* contro l' autenticità di Daniele sono in parte risolute nelle risposte date alle difficoltà de' Razionalisti. Delle rimanenti, che hanno relazione a certi punti storici particolari, formammo obbietto di discussione nell'altra opera nostra, *I Libri santi vendicati* ecc. t.II.

ti avuti in conto di apocrifi, e però sono stimati privi di ogni autorità.

Jahn, stringendo alquanto queste false pretensioni, ha opinato che questi frammenti sono mere parabole, composte in epoca posteriore a Daniele con iscopo morale. Noi qui non ci fermeremo a mostrare la falsità di questa sentenza distruggente i fatti veri contenuti in questi frammenti: imperocchè non faremmo che ripetere le cose già dette innanzi, allorchè abbiamo dimostrato la verità storica de' libri di Tobia, Giuditta, Esther e Giobbe.

Difficoltà

Diff. 1ª. Lo storico Giuseppe a lungo tratta di Daniele e de' suoi scritti, ma non dice nemmeno una parola de' frammenti. È ancora certo, che a' tempi di s. Girolamo questi frammenti non leggevansi nell'ebreo; Giulio Africano gli ebbe in conto di supposti; s. Girolamo stesso li chiama favole, e fa osservare che Metodio, Eusebio, Apollinare opinarono appartenere questi frammenti ad Habacuc figliuolo di Gesù della tribù di Levi.

R. Il silenzio di Giuseppe è un argomento negativo, e però non può prevalere sulle pruove positive, che stanno a pro de' frammenti, a' quali i Protestanti negano autorità. Chi poi ignora le molte cose trapassate silenziosamente da questo storico? Ne' santi Libri sono altre storie più rilevanti che queste de' frammenti di Daniele, e pure da Giuseppe sono state omesse. Basti accennare quella del vitello d'oro adorato dal popolo, e le conseguenze prodotte da questa idolatria. Qual critico vorrebbe per ciò sostenere, che sia apocrifo ed aggiunto da mano posteriore quel luogo dell'Esodo, ove questo fatto è narrato? Origene nelle epistole a Giulio Africano ne fa sapere, che gli Ebrei conoscevano la storia di Susanna, e che i due vecchi insidiatori ed accusatori erano da essi chiamati Sedecia ed Achab, rammentati da Geremia. Donde proveniva agli Ebrei la cognizione di questa storia, e donde deriva la versione greca, se si nega un testo primitivo ebraico o caldaico?

Noi senza smarrirci concediamo, che a' tempi di s. Girolamo i frammenti di Daniele non stavano nel testo ebreo; ma questa ragione non basta a dimostrarli apocrifi: sarebbe necessario provare ancora, che essi non hanno mai fatto parte del testo ebreo. Questo non potranno mai fare gli avversari. Basta leggere il testo caldaico del capo III per iscorgere, che ivi manca qualche cosa: e questa lacuna è perfettamente colmata da quello, che leggesi nel testo greco [*]. Quanto alla storia di Susanna, Origene positivamente dice nella

---

[*] Noi abbiamo dimostrato ciò chiaramente nel tom. IV dell'altr' opera nostra, *Introd. stor. e crit.* ecc.

lettera ad Africano, che se essa non si trova al presente nel testo e-
breo, vi si leggeva anticamente.

È vero che Giulio Africano teneva per apocrifi questi frammenti;
ma all' opinione privata di questo scrittore noi opponiamo il sentimento di tutte le Chiese, e la concorde opinione di moltissimi Padri
greci e latini, i quali hanno attribuito a Daniele questa parte deutero-canonica del libro. L'illustre Dottore s. Girolamo si difende dalle
accuse di Rufino, il quale lo mostrava a dito per aver rigettato questi frammenti, e dice che egli riferì la sentenza degli Ebrei senza ap-
provarla. Nè la cordata critica potrebbe trarre conseguenza dal nome *fabula* usato da questo Dottore: egli non lo adopera nel senso
stretto, che noi comunemente diamo a quel vocabolo, cioè di una
narrazione imaginaria; in vece lo usa come sinonimo di storia; imperocchè avendo usato il nome storia per la narrazione di Susanna,
ed il nome inno pel cantico de'tre Ebrei nella fornace, adopera poi
il nome *fabula* per la storia di Belo e del dragone, quantunque met
ta ad un livello tutti i tre frammenti [1]. Anzi come avrebbe potuto
questo Padre usare il nome *fabula* in senso cattivo ancora nello
scritto opposto a Rufino, il quale gli faceva rimprovero di aver meno che riverentemente parlato di questa storia? Finalmente, s. Girolamo qui col nome *fabula* intende parlare di una storia piacevole e
dilettosa, ma vera, siccome l'ha adoperata parlando di Sansone [2].

Non è certo, se Metodio, Eusebio, Apollinare abbiano rigettato i
frammenti, come quelli che contengono storie favolose: anzi è molto verisimile, che questi scrittori, tanto deferenti alla sentenza di O
rigene, non se ne sarebbero discostati intorno ad un punto tanto vivamente difeso da lui. Essi non han preso a difendere questi frammenti dagli assalti di Porfirio; ma e' bisogna rammentare, che questi
non erano ammessi universalmente, e perciò non avevano autorità
tale, che tutti fossero obbligati a riverirli: quegli scrittori adunque
si astennero e dall'usarli e dal difenderli. Essi occupati della parte
principale, cioè delle Profezie di Daniele, naturalmente potevano non
entrare in discussione quanto a' frammenti, i quali formavano parte
accessoria delle controversie loro con Porfirio.

D. 2. Se Daniele fosse autore di questi frammenti, gli avrebbe
scritti in ebraico o caldaico; ma noi non abbiamo nessuna pruova, la
quale ci faccia sicuri della esistenza di qualche originale caldaico od
ebraico. Anzi taluni passi apertamente manifestano un originale greco: tal è quello del capitolo XIII (54, 55, 58, 59), ove parlandosi del-

---

[1] Hier. *Adv. Rufin.* l. II.
[2] Del resto questo vocabolo è adoperato nella detta significazione anche
dagli scrittori classici. V. Jacob. Facciolati *Totius latinitatis Lexicon*, secundum tert. edit. t. II, p. 263.

la storia di Susanna, si legge la paranomasia o giuoco di parole, la quale è affatto greca, e non può reggere nelle lingue ebraica e caldaica.

R. Questa obbiezione è fiacca in ogni parte. 1° È certo, che anticamente questi frammenti hanno avuto un originale ebraico o caldaico: altrimenti non sapremmo donde fossero procedute le versioni greche, che abbiamo oggidì; cioè quella de' Settanta anteriore a Gesù Cristo, e quella di Teodozione ebreo. Nè può far maraviglia che questo testo originale si sia perduto col volgere degli anni, avendo altri libri corso egual fortuna: anzi e' sembra che l'originale sia stato accorciato innanzi la formazione del Canone, e perciò alcune parti ne siano state tolte. I motivi di questo accorciamento non sono certi, ma possono essere supposti con molta naturalezza. Possiam pensare che sia stato tolto il cantico de' tre giovanetti e la preghiera di Azaria, perchè queste cose leggevansi in altri luoghi della Bibbia: la storia di Susanna potè esser tolta, perchè forse temevasi che essa scemasse l'autorità de' vecchi: la storia di Belo e del dragone, perchè essa riguardava direttamente i Babilonesi, la cui follia apertamente palesava. Queste ipotesi, le quali non sono inverisimili, spiegano naturalmente le due differenti edizioni del libro di Daniele, quella degli Ebrei di Palestina e quella degli Ebrei ellenisti. Del resto nessuno potrebbe negare, che è stato più facile a que' della Sinagoga fare ritagli del testo ebreo, posseduto solamente da essi; che ad un interprete greco interpolare questi frammenti in tutti gli esemplari de' Settanta. 2° È affatto falso, che ne' frammenti di Daniele siano alcuni luoghi manifestanti una origine greca. La paronomasia della storia di Susanna non vale a dar pruova di quest'asserzione: primo perchè a noi sono ignoti i nomi ebraici degli alberi, su cui si aggira quel giuoco di parole; e perciò nessuno può affermare che esso non regga nella lingua ebraica. E qui si vuole notare, che Origene avendo interrogato gli Ebrei de' tempi suoi intorno a' nomi degli alberi, quelli confessarono ingenuamente la loro ignoranza. In secondo luogo, potè avvenire che il traduttore greco abbia malamente voltato que' nomi, ovvero che traducendoli a parola abbia prodotto una paronomasia, che non stava nell'originale. Ciò avviene nelle versioni da qualunque lingua.

CAPO VI.

Delle Profezie di Osee

ARTICOLO I.

Della storia di Osee

Osee, in greco Ὠσηὲς, era nominato ebraicamente יְהוֹשֻׁעַ, *Hoscéangh*: questo nome secondo s. Girolamo vuol dire *Salvatore*; ma secondo la forma grammaticale suona *salvare*, *salute*, se si prende come infinito; significa *salva*, se si tiene come imperativo. Egli occupa il primo luogo tra' Profeti minori [1], tanto nel testo ebreo e nella Volgata, che nella versione de' Settanta e nell'antica Itala. Osee nel titolo della sua profezia è detto figliuolo di בְּאֵרִי, *Beeri*, il quale da' Rabbini è stato falsamente confuso con בְּאֵרָה, *Beerâh*, duce de' Rubeniti, trasportati da Theglathphalasar in Assiria [2]: a questa sentenza si oppone non pure la forma del nome differente, ma ancora la cronologia, la quale ci dimostra distanti tra loro di molti anni queste due persone. Del pari senza fondamento è il giudizio de' Rabbini e del falso Epifanio intorno alla patria: quelli lo fan nativo di Gerusalemme, questi di Belemoth; a questo nome s. Girolamo ed altri critici stimano necessario sostituire quello di Betscemes, città della tribù di Issachar. Tutti sanno che Osee profetò precipuamente contro il regno delle dieci tribù, essendo tutte le sue predizioni dirette contro Ephraim, Israele e Samaria: egli alcuna volta parla di Giuda, ma di passaggio e con una specie d'indulgenza, affinchè meglio apparisca l'iniquità del regno d'Israele. Di qui possiamo senza dubbio conchiudere, che Osee fosse Israelita, e sia vissuto nel regno di Samaria, cioè delle dieci tribù. Il contenuto del libro di Osee dimostra, che il suo ministero durò lungo tempo: l'iscrizione ne fa sapere che profetò sotto Osia, Joathan, Achaz ed Ezechia, re di Giuda, e sotto Geroboamo, figliuolo di Joas, re d'Israele, cioè sotto Geroboamo II. Molti critici de' tempi moderni hanno apposto dubbi all'autenticità di questa iscrizione, col pretesto che essa farebbe vivere Osee più di un secolo. Ma non è necessario supporre, che egli abbia esercitato il suo ministero in tutta la durata di que' regni: potè cominciare a profetare nell'anno XXVI o ultimo di Osia, il quale concorre col primo di Geroboamo II, e finire nell'anno I o II di Ezechia. Con ciò il suo ministero sarebbe bastato 60 anni, e la vita 85.

[1] Ved. a p.326. — [2] *I Par.* V, 6.

ARTICOLO II.

Del subbietto e dell'autenticità delle Profezie di Osee

1. Le Profezie di Osee naturalmente dividonsi in due parti: la prima contiene tre capitoli(I-III), e parla di azioni simboliche. Iddio comanda ad Osee di torre in moglie una prostituta, cioè una donna guasta e viziosa, la quale potesse bene adombrare le infedeltà della casa d'Israele. Da questa donna il Profeta ebbe figliuoli, a' quali per comando di Dio impose nomi simbolici. Osee spiega questi simboli tuonando contro i vizi degl'Israeliti, ed annunziando loro la rovina della repubblica: nel tempo stesso promette loro tempi più felici, il ritorno dalla schiavitù, i giorni beati del Messia (cap. II). Iddio comanda al Profeta di torre un'altra donna, la quale essendo adultera potesse figurare le infedeltà d'Israele: il Profeta non la sposa subito, la compera, e le prescrive continenza, alla quale sommette sé stesso sino al dì delle sponsalizie. Il Profeta spiegando questo simbolo annunzia un tempo futuro, nel quale i figliuoli d'Israele, quantunque puri da idolatria, non saranno stretti al Signore co' vincoli della carità, nè sperimenteranno le dolcezze della sua Bontà: scorso questo tempo torneranno e cercheranno il Signore loro Dio, e 'l loro re Davide, cioè il Messia figliuolo e successore di Davide secondo la carne (cap. III). — La seconda parte contenuta in undici capitoli generalmente riferisce il medesimo obbietto. Il Profeta alza la voce contro l'idolatria, maledice a' vitelli d'oro eretti in Samaria, in Bethel, in Galgala: rimprovera agl'Israeliti i vizi dominanti ordinariamente in un popolo corrotto ed agitato dall'anarchia. Osee non eccettua nè re, nè sacerdoti; estende le sue minacce ancora al regno di Giuda, se esso imita le prevaricazioni d'Israele. Tutti gli avvenimenti predetti in questa seconda parte sono que' medesimi, che il Profeta aveva simbolicamente annunziati nella prima parte; cioè la distruzione del regno d'Israele, la deportazione degli abitanti in Assiria, il loro ritorno in tempi più felici, la venuta ed il regno del Messia.

2. L'autenticità delle Profezie di Osee non è mai stata combattuta: i più audaci critici moderni l'hanno ammessa senza difficoltà. De Wette specialmente confessa, che tutto il volume delle Profezie di Osee è uscito dalle mani di questo Profeta nella forma, in cui attualmente lo abbiamo tra mani [1]. E per fermo si deve confessare, che ne' quattordici capitoli di Osee lo stile, il subbietto, le circostanze storiche, i costumi, in somma tutto è chiaramente e perfettamente con-

---

[1], De Wette, *Lehrbuch der Einleit.* § 229.

cordante con la persona di Osee e co' tempi, ne' quali egli visse : di modo che dovrebbe chiudere gli occhi per non vedere il fulgore di tanta luce, chi volesse sconoscere l'autenticità del libro.

ARTICOLO III.

Della divinità delle Profezie di Osee

Voltaire nella *Bibbia finalmente spiegata* pretende, che Osee, nato presso i Samaritani, era scismatico ; meno se per grazia speciale di Dio non fosse stato addetto al culto di Gerusalemme. Il medesimo filosofante nel *Trattato della tolleranza* chiama scandalosi i comandi dati da Dio ad Osee intorno alla prostituta ed all'adultera [1]. I critici razionalisti, i quali negano la divinità di queste Profezie, non fanno uso delle dette ragioni, poggiati sull'unica ragione della impossibilità della divina Rivelazione. Avendo noi nella *Introduzione* alla presente opera addotte pruove certe della Rivelazione fatta da Dio agli uomini in varie occasioni, qui ci terremo a confutare le obbiezioni di Voltaire.

1. Dapprima il nostro avversario sarebbe in grande impaccio, se dovesse lievemente provare la sua asserzione intorno alla origine samaritana di Osee: imperocchè è affatto ignota la patria di questo Profeta. Ma concedasi pure, essere stato il figliuolo di Beeri samaritano, potrebbe per ciò il filosofante conchiudere che era quegli scismatico? Tra tutti i logici il solo Voltaire stimerà buona e giusta questa conseguenza: e quantunque egli per una specie di pudore abbia supposto, che una grazia speciale di Dio avesse chiamato il Profeta al culto di Gerusalemme; pure in questo luogo la buona fede esclude qualunque dubbio: imperocchè Osee non solo non ha lasciato i più insensibili vestigi, i quali potessero far dubitare della purezza e sincerità de' suoi sensi religiosi; ma ha rimaso validissimi argomenti, che robustamente la sostengono. Il santo Profeta con grande veemenza tuonò contro il culto scismatico stabilito da Geroboamo in בֵּית אָוֶן *Béd áven*, o *casa dell'idolo*, e letteralmente *casa del nulla, della vanità* [2].

---

[1] I manichei ed alcuni filosofi pagani abusavano ancora di questi comandamenti, e se ne scandalizzavano. V. August. *Cont. Faustum Manich.* l. XXII, c. LXXX; Hier. *Comm. in Os.* I, 2.

[2] Os. IV, 15; X, 4. —Il raziocinio del *buffone* tra'letterati e filosofi poggia sopra un falso presupposto, che l'Autore non ha dichiarato. Quegli pensava che bastasse ad essere scismatico il solo fatto della natività nel regno delle dieci tribù: presupposto, adunque, che Osee sia nato in Samaria o altra delle città pertinenti a questo regno, ne viene per conseguenza, essere stato scismatico. Questa presupposizione è contraddetta dal diritto e dal fatto. La ra-

2. Nè possono essere ripresi e biasimati come scandalosi i comandi fatti da Dio al Profeta intorno alla prostituta ed all'adultera: questi fatti sono biasimevoli solo agli occhi di coloro, i quali gli storna-
no dal vero significato. Questo han dimostrato tutti i commentatori
ed apologisti della Religione Cristiana, e noi pure ci siam provati di
dimostrarlo in altra nostra opera ¹. Qui monta osservare, che nè i
Profeti e gli altri Scrittori dell'Antico Testamento, nè la Sinagoga, nè
la Chiesa Cattolica, nè Gesù Cristo, nè gli Apostoli hanno insegnato
che questi comandi fatti ad Osee fossero ragioni per far tenere come
non inspirato il libro di lui.

———

gione ci dà conoscere, che siccome il cuore è la sede de' sentimenti, così
dal cuore non dalla terra si deve argomentare per conoscere la Religione
di alcuno. Voltaire nacque in Francia, ma non perciò fu mai religioso e
pio. La storia conferma quel che diciamo: Elia ed Eliseo, Profeti santissi-
mi, e di molto anteriori ad Osee, furono nativi d'Israele, il primo in Thesbi (*III Reg.* XVIII, 1), il secondo in Abelmeula (*ibid.* XIX, 16). Thesbi perteneva alla tribù di Gad, Abelmeula a quella di Manasse, ambedue province del regno scismatico. Affermerebbe il filosofo, che furono scismatici
questi due uomini? Aggiungi: allorchè il zelante Elia si doleva di essere
rimaso solo cultore di Dio in Israele, il Signore gli rivelò che 7000 non si
erano maculati nelle profanazioni di Baal (*ibid.* XIX, 18). La Religione non
è conseguenza della nascita, è conseguenza de' sentimenti nudriti nell'anima e professati col corpo. (*Nota del Traduttore*)

¹) Ved. *I libri santi vendicati*, t. II.—Senza entrare nelle lunghe e difficili quistioni, che gl'Interpreti e Teologi hanno trattato intorno alla dispen-
sa da' precetti della legge naturale; è necessario fare una osservazione rilevantissima, la quale non pare possa essere intralasciata in una Instituzione, e quel che è più in una difficoltà di grande peso sull'animo de' semplici. Ne' due comandi dati da Dio ad Osee non può essere nulla di riprensibile per due ragioni. La prima, e massima è questa: perchè noi siamo certissimi, mediante l'infallibile autorità della Chiesa Cattolica, che quelli vengono da Dio, il quale non può comandare cose illecite e scandalose. La seconda è questa: Iddio non comandò al suo Profeta nè la fornicazione, nè
l'adulterio; la prima donna, cioè Gomer, è chiamata אֵשֶׁת זְנוּנִים, *Esced
zenunim, uxor fornicationum* con un ebraismo, il quale vuol dire una
donna viziata e corrotta. E chi vorrà mai dire scandaloso e reo il matrimonio contratto con una donna simile? Agli occhi degli uomini riesce poco decoroso, ne scapita la dignità dell'uomo; ma nulla contiene, che in-
trinsecamente sia male: anzi è azione lodevole, eroica, quando è fatta con
intenzione di sottrarre una vittima alla pubblica libidine. I figliuoli nati da
questa donna sono chiamati יַלְדֵי זְנוּנִים, *Jaldè zenunim, filii fornicationum*, con ebraismo simile a tanti altri, col quale non si dinota che essi fossero nati da illecita unione, ma da una madre licenziosa prima di essere di-
sposata lecitamente ad Osee. La seconda donna, cioè l'adultera, non si legge che sia stata moglie al Profeta: egli la sottrasse alla vita disordinata, la
dispose a sè, ossia le impose continenza sino ad un dato tempo, per poi ri-
metterla in potestà del legittimo marito. Questa conseguenza non è espres-

CAPO VII.

Delle Profezie di Gioele

ARTICOLO I.

Della storia di Gioele

Gioele tiene il secondo luogo tra' Profeti minori nel testo ebreo e nella Volgata, ed il quarto nella versione de' Settanta. Di Gioele non sappiamo altro, se non che quello dettone da lui stesso, cioè che era figliuolo di Phatuel (cap. I, 1). Il contenuto della sua Profezia pare dimostri, che egli viveva nel regno di Giuda: imperocchè ivi si parla di Giuda, del Tempio, del monte Sion e de' Sacerdoti; ma non si dice nemmeno una parola di Samaria e delle dieci tribù scismatiche. Perciò generalmente tutti gl' Interpreti hanno seguitato questa sentenza. È ancora difficilissimo a determinare il tempo, nel quale Gioele esercitò il suo ministero profetico: perocchè l' iscrizione della Profezia sua non ne dice nulla, ed uguale silenzio si trova presso tutti gli altri sacri monumenti. Nondimeno tutto il libro di Gioele essendo molto conforme a quello di Amos, noi possiamo pensare che i due Profeti sieno stati contemporanei. Alcuni pensano che Gioele abbia profetato sotto Joakim, credendo che la carestia, di cui parla Geremia, sia quella stessa, di cui parla il nostro Profeta: ma se Gioele avesse profetato in tempi così prossimi, certo avrebbe parlato degli Assiri e Caldei, allorchè descrive il quadro de' nemici degli Ebrei: egli si limita a parlare degli Egiziani ed Idumei. La purezza del dettato, che si trova nel libro di Gioele, mostra ancora chiaro che questo Profeta non potè scrivere a' tempi di Geremia, ne' quali la lingua era scaduta dalla nativa purezza. Altri, tra' quali Credner [1], collocano il tempo della Profezia di Gioele a' tempi di Gioas, cioè 80 o 70 anni innanzi la composizione di tutti gli altri scritti profetici: ma questa sentenza non può seguitarsi per due ragioni; primo perchè i Profeti antichi, come Elia ed Eliseo, non posero in iscritto i loro oracoli; secondo, perchè negli scritti di Gioele non si trova veruna cosa, la quale assolutamente dimostri un tempo tanto rimoto. Di qui nasce che molti cri-

----

sa nel testo, ma è ben dichiarata dalle cose seguenti (III, 45): imperocchè leggendosi ne' citati versetti che il popolo dopo l' astinenza temporaria dall' idolatria farebbe ritorno a Dio, debbesi conchiudere che quella donna adultera, tipo di questo avvenimento, abbia ancor fatto ritorno al marito. È manifesto adunque, che nell'uno e nell'altro caso non sia quello scandalo, che vi hanno voluto scorgere i nemici della Fede. (*Nota del Traduttore*)

[1] Credner, *Der Prophet. Joel*, S. 41 ff.

tici, tra' quali Abarbanel, Vitringa, Carpzovio, Rosenmüller, Hengstenberg [1] fanno Gioele contemporaneo di Osee e di Amos.

ARTICOLO II.

Del subbietto e dello scopo delle Profezie di Gioele

1. Le Profezie di Gioele, benchè quanto alla sustanza sieno le stesse nel testo ebreo e nella Volgata, pure non sono divise similmente
in ambedue i testi. Il capitolo II dell' ebreo termina col versetto 27,
ed il capitolo III è composto di soli 5 versetti: di qui deriva che il libro di Gioele nel testo ebreo è composto di quattro capitoli; mentre
nella Volgata, la quale unisce i 5 versetti col capitolo II, è composto
di tre capitoli. Gioele dà principio alla sua Profezia annunziando nu-
bi d'insetti, i quali debbono devastare i campi e produrre una spaventevole carestia nel regno di Giuda: di qui piglia opportuna occasione per esortare i Sacerdoti ed il popolo al digiuno ed alla penitenza (cap. I). Il Profeta descrive un esercito sterminato e formidabile,
il quale addurrà desolazione alla Giudea: esorta nuovamente gli E-
brei alla penitenza e promette loro il favore di Dio. Annunzia la venuta di un Dottore, il quale insegnerà loro la giustizia; poi predice
l'effusione dello Spirito di Dio sopra ogni carne, e descrive i prodigi
stupendi, che terranno dietro a questa maravigliosa effusione(cap.II).
Finalmente passa a trattare del giudizio e della distruzione de' nemici del popolo di Dio; poi dipinge leggiadramente i tempi avventu-
rosi, ne' quali Gerusalemme e la Giudea fruiranno i doni della libertà, dell'abbondanza, della sicurezza perfetta e della eterna pace
(cap. III).

2. Gl'Interpreti antichi e moderni sono discordanti intorno allo
scopo delle Profezie di Gioele: alcuni intendono letteralmente i due
primi capitoli, ed affermano che ivi si parla di vere locuste, dalle quali sarebbe stata dopo poco tempo invasa la Giudea; altri al contrario
considerando questa descrizione come allegorica, intendono sotto il
simbolo di quegl'insetti esiziali i nemici del popolo ebreo. I Razionalisti, innanzi a' quali i santi Profeti sono meri poeti, non sanno scorgere in questa narrazione altro, se non che una vera devastazione recata dalle locuste, espressa con tutta la vivacità della poesia orientale. A questa sentenza precipuamente si sono appigliati Eichhorn,
Justi, Rosenmüller, De Wette, Credner. Il senso allegorico è stato

---

[1] Abarbanel, *Comment in Joel*; Vitringa, *Typus doctrinae prophet.* c. IV,
§ XII, p. 35 seg.; Carpzovius, *Introd. ad libr. Biblic. V. Test.* p. III, c. VIII,
n. 5; Rosenmüller, *in Joel* Prooemium, p. 433; Hengstenberg, *Christol.* Th. III,
S. 137, ff.

difeso da moltissimi interpreti e famosi, tanto antichi che moderni: tali sono s. Girolamo, Teodoreto, Ribera, Sanzio, Theiner e la maggior parte de' Cattolici; tra' Protestanti poi Grozio, Ecchermann, Bertholdt, Hengstenberg, e molti altri. Questa opinione abbiamo noi pure mantenuta nella nostra *Introduzione storica e critica* (t. IV): qui diremo in poco le pruove stabilite ivi. Chi considera tutta la Profezia di Gioele vede chiaro, come a noi sembra, che essa solo con questo senso allegorico può essere connessa ed armonizzata in tutte le sue parti. La predizione di Gioele è, come quelle degli altri Profeti, consona con quelle cose, che predisse Mosè intorno a' mali, che dovevano scaricarsi addosso a' prevaricatori Ebrei. I Razionalisti debbono ripudiare questa interpretazione, benché molto fondata a preferenza di qualunque altra, perchè ammettendola farebbero la condanna del loro errore. Imperocchè ammettendo l' interpretazione allegorica, ammetterebbero ancora una vera Profezia; ed una vera Profezia non può stare secondo i falsi princìpi del Razionalismo, il quale disconosce la divina Rivelazione, necessario fondamento di ogni Profezia. Ecco i loro particolari interessi! chi oserà affermare che essi debbano prevalere a' sacrosanti diritti della verità e della buona critica ?

CAPO VIII.

Delle Profezie di Amos

ARTICOLO I.

Della Storia di Amos

Amos occupa il terzo luogo tra' dodici Profeti minori nelle Bibbie ebraiche e nella Volgata; ma ne' Settanta sta in secondo luogo. Dalla iscrizione del libro sappiamo, lui essere stato pastore di Thecue, villaggio della tribù di Giuda, distante circa 4 miglia da Gerusalemme verso mezzodì. Lo stesso Profeta, parlando ad Amasia sacerdote di Bethel, il quale gli vietava di profetare, disse: *Io non sono nè Profeta, nè figliuolo di Profeta* [1], *ma io meno al pascolo i buoi e pungo i sicomori* [2]. *Il Signore mi prese, quando io conduceva il mio*

---

[1] Amos con queste parole vuol significare, che egli non era nè maestro, nè discepolo nelle scuole di Profeti ebrei stabilite da Samuele, alle quali appartenevano Elia ed Eliseo.

[2] *Vellicans sycomoros*, dice la Volgata. Il frutto del sicomoro non viene a maturità, se non è inciso con unghie di ferro, o in altro modo, siccome abbiamo detto nella *Introduzione storica e critica*, t. II. Il vocabolo ebraico בּוֹלֵס, *Bolès*, non è di certa significazione: alcuni lo spiegano *coltivatore*, altri *coglitore*, altri *mangiante*; ma nessuno di questi sensi è fondato sopra etimologia soddisfacente.

armento, e mi disse: *Va, e parla da Profeta al mio popolo Israele* (cap. VII, 10 seg.). Amos, quantunque non fosse erudito nelle scuole al ministero profetico, non era ignorante della Religione: conosceva la legge mosaica, perchè le frequenti allusioni ad essa mostrano, che egli vi aveva studiato in modo particolare. Mentre profetava in Bethel, Amasia lo accusò presso Geroboamo II di crimenlese, e lo costrinse a lasciare il regno delle dieci tribù ed a ritirarsi in quello di Giuda; ma il santo Profeta gli manifestò, che egli era stato mandato dal Signore per parlare a' figliuoli d'Israele: la quale risposta fu seguitata da una predizione, la quale ebbe compimento (cap. VII). L' iscrizione del libro di Amos ne fa sapere, che egli profetò sotto Ozia, re di Giuda, e sotto Geroboamo, figliuolo di Joas re d'Israele, cioè Geroboamo II: Ozia salì sul trono nell'anno XXVII di Geroboamo II [1], e perciò pare, l'epoca della Profezia di Amos debba essere statuita negli ultimi 14 anni di questo re, cioè dall'anno 798 al 784 innanzi Gesù Cristo. La data cronologica può essere ancora sino ad un certo segno determinata da un'altra circostanza, cioè dal silenzio profondo del Profeta intorno a' tumulti avvenuti nel regno d'Israele dopo la morte di Geroboamo: il che non si scorgerebbe, se la Profezia fosse stata scritta dopo la morte di questo re. Il contenuto del libro è perfettamente concordante col tempo, a cui l'iscrizione lo riferisce: i vizi, contro cui si scaglia con veemenza Amos, sono affatto addicevoli al regno di Geroboamo. L'epigrafe determina la data della Profezia nel secondo anno precedente il terremoto; ma questo tempo, che Zaccaria (cap. XIV, 5) dice avvenuto sotto il regno di Ozia, è per noi un vero problema, benchè fosse notissimo agli antichi Ebrei[*].

---

[*]) Nel *IV de' Re*, XV, 1, leggesi *Azaria* in luogo di *Ozia*; ma nella serie del detto capitolo e nel *II de' Paralipomeni*, XXVI, 1 seg. leggesi sempre *Ozia*.

[*]) Volendo seguitare la narrazione di Flavio non sarebbe più problematica la cognizione di quest'epoca. Quello storico scrive, che il tremuoto rammentato da Amos e Zaccaria avvenne appunto nel tempo, in cui Ozia inorgoglito volle offerir l'incenso nel Tempio, contravvenendo alla Legge di Dio. La Santa Scrittura parla della lebbra, onde fu punito il re sacrilego, non fa parola di terremoto; *II Par.* XXVI, 19; *IV Reg.* XV, 5. Flavio soggiunge, che in quella circostanza del tremuoto *scisso templo splendida lux solis emicuit, et in regis faciem incidit, ita ut statim eum invaderet lepra* (*Ant.* l. IX, c. X, n. 4). Questa narrazione non è opposta alla Scrittura. (*Nota del Traduttore*)

ARTICOLO II.

Del subbietto delle Profezie di Amos, e del tempo nel quale furono scritte

1. Amos ebbe principalmente in mira il regno d'Israele, al quale era stato specialmente mandato. Benchè il suo libro contenga predizioni relative alle nazioni vicine ed al regno di Giuda; pure tutto il peso delle minacce si aggrava precipuamente sul regno delle dieci tribù. Il santo Profeta ne' due primi capitoli annunzia le vendette del Signore contro Damasco, i Filistei, i Tirii, gl'Idumei e gli Ammoniti; ma non dimentica Giuda ed Israele. Dal capo III sino all' VIII inclusivamente si scaglia contro i delitti ed i disordini delle dieci tribù, tra le quali viveva, e dove la sua divina missione lo chiamava in modo affatto speciale: egli annunzia calamità spaventosissime al loro regno. Finalmente, nel capo IX, con cui finisce il libro, ritorna a' figliuoli d'Israele, a' quali minaccia le vendette del Signore e predice la loro dispersione: poi annunzia il ristabilimento della casa di Davide e consola i figliuoli d'Israele facendo loro sperare un ritorno certo, ed una prosperità continua nella patria. Bisogna però evitare l'inganno in questo luogo: perocchè Amos sotto il velo misterioso di questo ritorno parla del tempo del Messia, nel quale la Profezia trova compimento perfetto.

2. I critici han fatto vani sforzi per determinare in qual tempo, ed in quale occasione Amos abbia composto gli oracoli contenuti nel suo libro. Ma è probabile, che egli abbia scritto tutto il libro in un sol tempo, ed abbia voluto darci quasi un sommario delle predizioni fatte da lui in varie circostanze.

ARTICOLO III.

Dell' autenticità delle Profezie di Amos

Tutti i critici, anche i più temerarii, ammettono l'autenticità di queste Profezie: il solo Hobbes, benchè confessi che il libro col nome di Amos contiene le predizioni di questo Profeta, nega che sia stato scritto da lui: *Liber Amos prophetia ipsius est. An tamen ab ipso scriptus sit, non apparet* [1]. La quale opinione non è strettamente opposta ad una verità di fede cattolica, ma è frutto di *audacissima temerità*. Hobbes ha pensato bene non indicare le ragioni, sulle quali poggia la sua sentenza: perciò è impossibile conoscerle,

---

[1] Th. Hobbes, *Leviathan*, cap. XXXIII.

anzi non possiamo nemmeno venirne in sospetto. Nessun libro della Bibbia di tanto poca mole ha maggior numero di proove a pro della sua autenticità: e per ciò l'istesso buon senso e la critica sana ci obbligano a rigettare senza discussione l'opinione singolare di Hobbes, la quale ha un sol fondamento, cioè una mera asserzione.

CAPO IX.

Della Profezia di Abdia

ARTICOLO I.

Della storia di Abdia

Abdia, in ebraico עֹבַדְיָה, *Nghovadjáh,* quarto tra' minori Profeti negli esemplari ebraici ed in quelli della Volgata, sta in quinto luogo nella edizione de' Settanta, i quali lo pongono dopo Gioele. Siamo sforniti di ogni notizia intorno alla patria, a' genitori, alla condizione di Abdia: la Scrittura parla di tre uomini diversi nominati così, ma nessun motivo basta a farci credere, che il Profeta sia uno di questi tre [*]. È cosa difficile determinare il tempo, nel quale e' visse: perocchè l'iscrizione del libro dice questo solo: *Visione di Abdia*; le quali parole non danno altro che congetture. Del resto, nell'articolo seguente diremo che si possa pensare di ciò.

ARTICOLO II.

Del subbietto delle Profezie di Abdia, e del tempo in cui sono state scritte

1. Gli oracoli profetici di Abdia sono contenuti in un sol capo, e peculiarmente riguardano agli Idumei nemici mortali del popolo ebreo. Egli predice loro eccidio in pena del male fatto a' figli di Giacobbe, i quali avrebbero dovuto essere cari ad essi pe' legami del sangue: essi in vece di aiutarli come fratelli si sono congiunti co' loro nemici, anzi sono giunti a tanto di crudeltà da guardare le porte di Gerusalemme per scannare colle proprie mani i fuggitivi. Annunziata ad Edom una rovina inevitabile, promette al popolo ebreo il ritorno dalla captività e 'l ristabilimento dell'antica potenza; finalmente la conquista delle nazioni nemiche e precipuamente degl'Idumei.

2. Abbiam detto essere obbietto di quistione il tempo, in cui Abdia scrisse il libro: i critici discordano. Alcuni pensano che sia stato

---

[*]) V. Carpzovius, *Introd. part. III*, c. X, § 1; D. Calmet, *Préface sur Abdias.*

composto dopo la caduta di Gerusalemme, altri prima: la seconda sentenza pare più probabile [*].

CAPO X.

Delle Profezie di Giona

ARTICOLO I.

Della storia di Giona

Giona, quinto de' Profeti minori nelle Bibbie ebraiche e nella Volgata, tiene il sesto luogo ne' Settanta. L'iscrizione del libro dice che egli era figliuolo di Amathi. Alcuni di qui han conchiuso che egli fosse quel Giona rammentato nel *IV de' Re*, XIV, 25, del quale sta scritto, che *Geroboamo, figliuolo di Gioas, re d' Israele, rimise i confini d' Israele dall' ingresso di Emath sino al mar del Deserto, secondo la parola, che il Signore Dio d' Israele aveva profferita mediante il suo servo Giona, figliuolo di Amathi, Profeta di Geth-Opher* [*]. Le quali parole non dicono, se Giona esercitasse il suo ministero sotto Geroboamo, ovvero innanzi questo re. La prima ipotesi è più generalmente ammessa; anzi comunemente dicesi che Giona sia antichissimo de' Profeti, che hanno scritto. Non è così per chi tiene, che i Profeti minori sieno stati collocati secondo l'ordine cronologico dagli autori, che han raccolto gli scritti profetici. Intorno a Giona non abbiamo altre notizie certe, se non che quelle dateci dalla Scrittura: imperocchè tutto il rimanente intorno alla sua vita, morte e sepoltura è fondato su tradizioni, le quali non sempre sono autorevoli.

ARTICOLO II.

Del subbietto delle Profezie di Giona

Giona ebbe da Dio comando di andare a predicare la penitenza a Ninive: egli non obbedisce, ed in vece s'imbarca a Joppe per recarsi in Tharsis. Iddio suscita una tempesta sì violenta, che i marinai persuasi di essere puniti dal Cielo gittano le sorti, per sapere chi tra loro avesse meritato questo castigo. La sorte cade sopra Giona, il quale si fa precipitare nel mare e la tempesta cessa (cap. I). Un pe-

---

[*] Leggi i motivi di questa preferenza nella nostra *Introduzione stor. e crit. t. IV.*

[*] Presso Giosuè, XIX, 13, leggesi che *Geth-Opher* era città della tribù di Zabulon.

sce smisurato inghiottisce il Profeta,il quale rimane tre dì e tre notti
nel ventre del mostro: ivi prega,e nel terzo dì il pesce lo vomita sulla riva (cap. II). Riceve nuovamente ordine di andare a Ninive, e
compie la sua missione.Annunzia a'Niniviti la distruzione della città
tra quaranta dì: questi spaventati si convertono,e Dio fa loro grazia
(cap.III). Il Profeta scontento per non essersi compiute le minacce
da sè fatte,se ne addolora sino a chiedere la morte: dice a Dio, che
avendo egli preveduto il perdono concesso a'Niniviti, aveva risoluto
di fuggire in Tharsis, perchè temeva di essere tenuto falso Profeta.
Iddio rimprovera a Giona questi stolti lamenti: però il Profeta, sperando sempre che il Signore desse compimento alle fatte minacce,si
ritira poco distante dalla città: ivi si aggiusta una capannuccia di
foglie, e con impaziente animo aspetta lo sterminio di Ninive. Iddio fece crescere un arboscello, il quale stese sul capo al Profeta u-
na piacevole frescura[1]; ma dopo poco un verme suscitato dal Signore punge l'arboscello, e questo intristisce.Giona arso dalla canicola
novellamente invoca la morte.

---

[1] Probabilmente quest'arboscello è la *palma-christi*.Ved. quello,che ne
abbiamo detto nella *Introduz. stor. e crit.* t. II. La maggior parte degl'Interpreti analizzano diversamente questo luogo: essi suppongono che Giona
fosse già uscito della città, allorchè indirizzò a Dio i suoi lamenti, e perciò
dicono che i verbi del versetto 5 debbono essere voltati nel piuccheperfetto. Ma questo è un errore formale, come pare a noi: oltre le molte ragioni, che potremmo allegare, faremo osservare, che se tale fosse stata l' intenzione del Profeta, non avrebbe lasciato di usare il preterito in luogo del
futuro conversivo.Questo principio di sintassi ebraica è immutabile[2],sicco-
me abbiamo dimostrato nel *Pentateuque avec une traduction française et
des notes philologiques*, ecc. Quanto all' arboscello può pensarsi,che Iddio
lo fece crescere o tra le foglie della capannuccia fattasi da Giona, o dallato in modo che coprisse coll' ombra sua il Profeta. —

[2] Affinchè i semplici non restino illusi dalla franchezza,onde i moderni
statuiscono principi grammaticali,e li proclamano come articoli di Fede;è
necessario dimostrare la inesattezza di quello, che dall' Autore è chiamato
principio immutabile di sintassi. La disamina non può essere minuta; primo
perchè quest'opera è destinata a'giovani,non agli ebraizzanti; secondo perchè usciremmo de'riguardi convenienti:ci terremo dunque a mere citazioni
di que'luoghi,i quali dimostrano *mutabile* il canone grammatico.Chi'è pratico nella lingua ebraica,si darà la pena di riscontrare le nostre citazioni, e
scorgerà il vero: *Gen.* II, 6,7,8,9; XVIII,5; XXVII,1;XLI, 2; XLIV,4;*Ex.* I,
13, 14, 17; 18, 19; *Deut.* II, 11, 20; VII, 15; *Judic.* VI, 4; *I Sam.* VI, 12;
II Reg. XVI, 4; XVII, 11 ecc.; *Ps.* LXXVIII, 37; *Ezech.* XXXIV, 3, 8; Job
XXIX, 6, 7, 8 ecc.; *Esdr.* X, 44. In questi luoghi si usano futuri semplici e
futuri conversivi nel senso d' imperfetti e *piuccheperfetti*. Come dunque
possono essere appuntati di *errore formale* quegl' Interpreti, i quali vogliono spiegare que' luoghi di Giona come piuccheperfetti? (*Nota del
Traduttore*)

Allora Iddio lo riprese per lo smodato dolore, da cui si lasciò prendere per aver perduto una pianticella, mentre non sentiva nessuna pietà pe' Niniviti, anzi mal gli sapeva che Iddio avesse perdonato ad una città penitente, nella quale erano più di 120,000 fanciulli di tenera età (cap. IV). È impossibile determinar con precisione il tempo della storia riferita, la quale forma subbietto al libro di Giona.

ARTICOLO III.

Della verità della storia di Giona

Le difficoltà, che sono nella storia di Giona, servirono di pretesto a molti critici per sostenere, che le cose ivi narrate non sono veramente avvenute. Le molte ipotesi imaginate a tal fine sono più o meno erronee, perchè non tutte sono eguali in audacia e temerità. Alcuni han preteso essere vera la sostanza della storia, ma essere adornata con finzioni poetiche: ovvero che l'autore del libro co' simboli del nome di Giona ha voluto coprire la storia della repubblica giudaica. Questa sentenza è stata peculiarmente sostenuta da Hermann von der Hardt: questi afferma che ne' due primi capitoli Giona dinota Manasse, la nave è imagine della repubblica giudaica, il pesce è simbolo del re di Assiria, il quale restituì all' impero Manasse dopo di averlo fatto schiavo. Nel terzo capitolo è figurato Giosia, il quale con grande ardore desiderava la caduta di Ninive, ed avendo concepito speranza che i Medi l'avrebbero abbattuta, cade nella tristezza, ed è da' Profeti richiamato a sentimenti più conformi con la misericordia divina. Altri sostengono semplicemente che questo racconto è parabolico, il quale moralmente significa che Dio non abbandona i pagani, i quali del paro che gli Ebrei sono obbietto della misericordia divina : questa dottrina doveva essere ben inserita ne' petti degli Ebrei, perchè essi tendevano troppo al *particolarismo*. Jahn pare assai propenso a questa opinione. Pareau nemmieno pare dissentir gran fatto da essa, benchè ammetta la storia vera quanto alla sustanza. Certi altri ammettono come reale una parte della storia, ma pretendono che sia una finzione il fatto di Giona inghiottito dal pesce: questa opinione tiene Eichhorn: al contrario Errico Adolfo Grimm sostiene che la storia del pesce sia avvenuta in sogno. Altri han detto che questo pesce fu una nave, sulla cui poppa stava dipinto un mostro marino; Goffredo Less ha seguitato questa interpretazione. Egli pretende che la cosa ha potuto essere perfettamente espressa così nello stile conciso ed allegorico di que' tempi antichi. Finalmente il Rosenmüller, poco contento a tutte queste stravaganze, pretende con l'autorità di molti altri critici razionalisti, che il libro di Giona non contiene nulla di vero: esso è il mito di Ercole, il quale divorato da un mostro marino uscì sano e salvo dal ventre di questo. Sì fatto mito originalmente surto in Fenicia passò presso i Greci: uno scrittore ebreo poi lo espose con forme ebraiche. Speriamo di riuscire a confutar pienamente questi svarioni nella proposizione seguente, la quale per noi è certa.

PROPOSIZIONE

Il Libro di Giona contiene una vera storia

L'indole del subbietto ci spinge a tenere una strada differente da quella battuta sinora nello sviluppo delle singole proposizioni. Noi ripiglieremo a una a una tutte le sposte sentenze, e confutandole stabiliremo la verità della nostra asserzione. Cominceremo da quella del Rosenmüller, perchè essa in ardimento ed empietà soprasta a tutte le altre.

1. Molti sono i legittimi motivi, che rigettano l'opinione del Rosenmüller, il quale pretende che la storia di Giona è un puro mito tolto a' Greci. In primo luogo questa sentenza è diametralmente opposta al sentimento generale ed unanime degli Ebrei e de' Cristiani: essa è priva di solido fondamento, anzi è inverisimile. — 1° Nessuno oserà negare che gli Ebrei abbiano in ogni tempo noverato nella raccolta delle sante Scritture la storia di Giona, contenuta nel libro che noi possediamo: nessuno oserà negare che i Cristiani abbiano ricevuto dagli Ebrei questo stesso libro di Giona senza veruno richiamo contro la verità della storia ivi contenuta; i Cristiani hanno parimente inserito questo libro tra' profetici del loro sacro Canone. Questa riverenza evidentemente dimostra, che nè la Sinagoga, nè la Chiesa Cristiana hanno mai tenuto questo libro essere una favola tolta dalla mitologia gentilesca. Come avrebbero potuto i Cristiani precipuamente tener per favolosa questa storia, se Gesù Cristo dà a Giona il titolo di Profeta, paragona il miracolo della sua Morte e Risurrezione a quello di Giona chiuso per tre dì e tre notti nel ventre del pesce e poi ritornato alla luce? Come avrebbero potuto i Cristiani tenere in conto di favola la storia di Giona, se il Salvatore e Dio nostro apertamente afferma essere questa una storia vera, e dice che nel dì estremo sorgeranno i Niniviti per condannare gli Ebrei; perchè quelli si arresero alla predicazione di Giona, mentre questi ricusavano di credere ed obbedire a Lui, il quale aveva ben'altra autorità che Giona? [1] — 2° L'opinione, che combattiamo, è priva di ogni fondamen-

---

[1] Matth. XII, 39-41. — Da questa dimostrazione apparisce, che la proposizione stabilita dall'Autore, e qui difesa, non solo è *certa*, ma è ancora di *Fede*; come quella che esplicitamente è insegnata dalla Santa Scrittura, ed

to. Rosenmüller afferma, che la storia di Giona rassomiglia alla favola di Ercole narrata da Licofrone; e per ciò conchiude che quella narrazione è tratta da questa favola: ma un critico erudito ed imparziale al contrario direbbe essere il mito di Ercole una imitazione del racconto di Giona. Imperocchè questo libro è più antico di quello scritto da Licofrone; esso è anteriore a questo di circa 400 anni: e più naturale quindi supporre che i Greci avendo avuto notizia di questa storia maravigliosa, l'abbiano stravolta colle loro finzioni mitologiche, siccome han fatto con molte altre. — 3° L'opinione di Rosenmüller è affatto inverisimile. Chi può pensare, che uno scrittore ebreo abbia tratto da' pagani una favola tanto ridicola, ed applicatala ad un Profeta di Dio? Chi avrebbe osato degradare a tal segno la dignità profetica, e dare a Giona un carattere tanto odioso? Nè il popolo ebreo avrebbe concordemente ammesso una rapsodia tanto assurda ed affatto opposta a quello che la sua storia riferiva intorno al Profeta Giona. La Chiesa giudaica, la quale tanto zelo nudrì per conoscere i santi Libri, e tanto fedele fu nel conservarli interamente, non avrebbe mai noverato tra le Scritture canoniche come parola di Dio uno scritto contenente una favola pigliata dalla mitologia gentilesca, dalla quale è stata sempre abborrente la nazione giudaica. Chi potrebbe mai sospettare, che Gesù Cristo, Verità per essenza, abbia voluto dimostrare la verità della sua Risurrezione con una finzione mitologica, ed abbia allegato a rendere inescusabili gli Ebrei quella conversione de' Niniviti, la quale non avvenne mai? Avrebbe il Salvatore dato il nome di Profeta ad uno scrittore favoloso, a un vile impostore? Questa supposizione non solo è una orrenda bestemmia, ma trapassa tutti i riguardi della stravaganza.

2. Nè meglio fondata è l'opinione di coloro, che stanno per la parabola, benchè sia esente da empietà *. Imperocchè essa non solo è diametralmente opposta al sentimento di tutti gli Ebrei e di tutti i Cristiani; ma è ancora opposta alle regole della legittima interpretazione. — 1° La tradizione degli Ebrei sulla realtà di questa storia è antichissima: essa si trova presso i più antichi Rabbini, nel Talmud,

è solennemente insegnata dalla universale credenza della Chiesa Cattolica. Leggi le osservazioni fatte a proposito dell'autenticità del Pentateuco, a p. 190, 191 del presente tomo. (*Nota del Traduttore*)

*) Questa sentenza è *esente da empietà* nel solo caso della buona fede, cioè quando uno senza fare riflessione alla interpretazione data da Gesù Cristo, e tenuta dalla Chiesa Cattolica, come abbiamo precedentemente osservato, tenesse per divinamente inspirato il libro di Giona, senza però intenderlo nel senso proprio e storico, ma nel parabolico. Imperocchè se poi si parla di chi fa riflessione alle cose predette, e nondimeno si rimane nella intelligenza parabolica, non sappiamo come la sua sentenza potrebbe essere *esente da empietà*. (*Nota del Traduttore*)

presso Giuseppe, nell' autore della versione greca di Tobia, le cui parole sono queste: *Figliuol mio, prendi i tuoi figliuoli: io sono vecchio e prossimo alla morte. Ritirati nella Media, o figliuol mio,
perchè son persuaso della verità di quanto ha predetto Giona,
che Ninive sarà rovinata* [1]. La tradizione de' Cristiani non è meno
antica: essa è stata loro data dagli Ebrei, ed approvata da Gesù Cristo, fondatore della Chiesa Cattolica. Il Salvatore non teneva questa
storia come parabolica, perchè paragonò il prodigio di Giona ingoiato dal pesce e la liberazione di lui con la sua Morte e Risurrezione, la quale non fu un' allegoria. Il Salvatore non mostrò quella storia come parabola, allorchè disse che i Niniviti convertiti sorgereb-
bero nel dì del giudizio a condannare gli Ebrei increduli: queste parole suppongono vera e non imaginaria la conversione de' Niniviti. Di
qui proviene la sentenza concorde de' Padri e Dottori della Chiesa
intorno alla verità storica del libro di Giona: di qui deriva quel bel
pensiero di s. Agostino, che il Profeta Giona non ha annunziato il
Salvatore colle sole parole, ma colle azioni e col patire: *Jonas Propheta non tam sermone Christum, quam sua quadam passione
prophetavit* [2]. — 2° Questa opinione è del pari opposta alle regole
della legittima interpretazione. La retta esegesi insegna, che non
debbe essere tramutata in parabola senza stringenti ragioni una storia riferita semplicemente; ed ogni imparziale esegeta deve affermare, che qui non v' ha ragione per appigliarsi all' allegoria. Lo stile
del libro è semplice e senza inviluppo parabolico, nè l' autore ci dà
indizi per farci porre mente alla parabola. I fatti maravigliosi narrati in esso non possono farci a diritto supporre una parabola: se fosse
altramente, sarebbe necessario mutare in allegorie la maggior parte
de' racconti dell' Antico e del Nuovo Testamento. Finalmente non si
può supporre che l' autore dando il libro suo agli Ebrei, lo abbia
proposto non come vera storia, ma come una parabola: imperocchè
questa ipotesi non solo è affatto gratuita, ma è ancora opposta alla
tradizione giudaica, la quale nel caso della parabola dovrebbe insegnarci, che questo libro contiene una narrazione finta. Ma questo
non si scorge, e gli Ebrei sin dalla rimota antichità hanno costantemente tenuta per vera e reale questa storia.

3. Eichhorn, come abbiamo detto in principio, confessa che vi ha
qualche cosa di vero nel libro di Giona: riconosce come vera la missione del Profeta a Ninive, la sua predicazione, l' impressione prodotta da essa su' Niniviti: dice ancora che avendo corso fortuna la

---

[1] Tob. XIV, 5. San Girolamo, allegando questo luogo nella Prefazione a
Giona, lo legge secondo la versione greca, la quale esprime il nome *Giona*
tralasciato dalla Volgata.

[2] August. *De Civit. Dei*, l. XVIII, c. XXX.

nave, Giona fu condotto al lido sul dorso di un mostro marino. Quel critico poi soggiunge, che questi fatti originali sono stati adornati con la tradizione orale delle circostanze maravigliose, che tiene oggidì. Un Ebreo ha tratto pro da questo fatto maraviglioso per scrivere un libro utilissimo, il quale tende ad insegnare agli Ebrei che ancora i Gentili sono obbietto delle misericordie divine. Quindi secondo Eichhorn il libro di Giona sarebbe parte storico, e parte parabolico: la quale ipotesi non può essere ammessa. Imperocchè essendo stato l'intero libro scritto nella stessa maniera, deve necessariamente essere o tutto storico, o tutto parabolico: e se questa conseguenza non è strettamente vera, sarà necessario fondare nuovi principi di esegesi. La sentenza di Eichhorn pone nella parte parabolica del libro il fatto più maraviglioso, cioè il racconto di Giona inghiottito dal mostro, e la sua liberazione: e comechè questa narrazione sia stata sempre avuta come positiva e reale dagli Ebrei e da' Cristiani, l'opinione dell'Eichhorn rimane sempre salde tutte le difficoltà, che noi abbiam opposto alla sentenza de' critici, i quali pretendono che tutta la narrazione sia parabolica.

4. Strana è del pari l'opinione di Grimm, il quale pretende essere avvenuta in sogno la storia del pesce. Tutta la forza della ipotesi poggia su quella parte della narrazione, la quale dice, che mentre la tempesta infuriava, Giona disceso nella carena saporitamente dormiva (cap. II, 5); di qui il Grimm conchiude, che tutte le cose dette appresso avvennero in sogno. Ognuno intende che non v'ha diritto per sostenere questa combinazione: imperocchè non si può dal sonno di qualcuno inferire, che tutte le cose riferite come fatte da lui dopo il sonno sieno avvenute in sogno, avuto mentre dormiva. Questo si può ammettere nel solo caso, che lo storico chiaramente lo dica. Nella storia di Giona si dice che questo Profeta dormiva, quando si levò la tempesta; ma non si ha nessun lieve indizio, il quale possa far sospettare, che Giona durante un sogno avuto avesse imaginato di essere gittato in mare e raccolto dal mostro. L'autore del libro al contrario osserva, che il pilota si avvicinò a lui, ed amaramente lo rimproverò dopo d'averlo svegliato; finito il colloquio, Giona fu precipitato nel mare. Grimm per dare qualche apparenza di verità a questa spiegazione pretende, che gli Scrittori dell'Antico Testamento raccontano taluna volta cose avvenute in sogno senza parlar di sonno, e cita ad esempio la lotta di Giacobbe con l'Angelo, la quale è riferita nel cap. XXXII, 24 del *Genesi.* Ma quest'altra interpretazione da lui addotta in esempio è affatto arbitraria: anzi noi potremmo dire che questo critico, il quale vede sogni dovunque, sognava mentre leggeva l'opinione di Abarbanel, od al meno era assopito mentre la trascriveva. Il medesimo Rosenmüller confessa che questa opinione è priva di ogni prova solida. Quanto alla lotta di

Giacobbe con l'Angelo il medesimo critico soggiunge, che a suo giudizio l'autore del Genesi era intimamente persuaso della verità di quel fatto: disse poi che l'induzione di Grimm è una mera congettura, la quale non ha alcun fondamento.

5. La sentenza di Less è falsa come quella di Grimm. Imperocchè per affermare che il pesce non sia altro che una nave, sulla cui poppa stava dipinta l'immagine di un mostro marino, la quale secondo il linguaggio parabolico di que' tempi poteva essere nominata pesce, bisognerebbe egualmente affermare che l'autore passi da una narrazione estremamente semplice, naturale e priva di qualunque ornamento non pertinente al fatto, ad un linguaggio sommamente figurato e straordinario senza darne veruna avvertenza. E chi potrebbe credere ad un fenomeno simile, osserva a proposito il Rosenmüller? Non mai gli Ebrei hanno usato questo linguaggio, nemmeno ne' più antichi tempi: lo stile figurato senza dubbio appartiene all'origine della loro lingua; ma il nostro avversario non giungerà mai a produrre un solo esempio analogo, nel quale certamente si scorga usato il linguaggio parabolico. Secondo il Less il pesce non è altro che una seconda nave, nella quale entrò il Profeta uscendo dalla prima; con essa egli giunse felicemente in porto. E qui gli stessi Eichhorn e Rosenmüller non han potuto tenersi di notare, che è incredibile potere un uomo gittato da furiosa tempesta in mare essere subito raccolto da un'altra nave con tutta l'agitazione delle onde. Ogni lettore s'accorge a prima vista della scempiaggine di questa spiegazione del Less: per ciò noi tralasceremo di sporre le altre difficoltà, a cui essa va soggetta.

6. Finalmente la interpretazione, la quale spiega il nome di Giona ed i fatti a lui attribuiti come simboli della storia di Manasse e di Giosia re di Giuda, fa molto onore alla imaginazione ed erudizione di Hermann von der Hardt. Essa però non lascia di essere affatto arbitraria e violentissima, nè è capace di satisfare ad uno spirito giudizioso; siccome ha osservato il medesimo Rosenmüller.

Adunque tutte queste spiegazioni, che sono stiracchiature messe su da' loro autori per solo scopo di negare un miracolo, sono chiaramente false: quindi ogni uom saggio e prudente terrà insiem con la tradizione il libro di Giona per una vera storia [1].

---

[1] Ricordiamo che l'esistenza di un solo miracolo atterra compiutamente il Razionalismo: non fia dunque maraviglia, se i Razionalisti spiegano molti luoghi della santa Scrittura in questo modo violento: allorchè non si tratta di miracoli essi sono i primi a rigettare queste interpretazioni.

ARTICOLO IV.

Dell' autore delle Profezie di Giona

I critici, specialmente moderni, discordano intorno all'autore del libro di Giona: nondimeno la maggior parte di essi concorda nel dire, che questo libro non può essere opera del detto Profeta. Noi siamo convinti che questa opinione non è fondata bene a quel modo, ond'è l'altra, la quale tiene essere Giona autore del libro; quantunque questa sentenza non sia affatto certa. Ecco le pruove a pro della nostra opinione.

1. La tradizione degli Ebrei e de' Cristiani intorno all'autore del libro che noi esaminiamo, non è soggetta a dubbi: essa in ogni tempo ha insegnato che Giona lo ha scritto. La tradizione poi unanime di questi due popoli è di gran peso in una quistione di simil fatta, e forma una presunzione validissima. La sua autorità dovrebbe essere infiacchita da ragioni validissime: ma i nostri avversari non giungeranno mai ad allegarne per distruggere la nostra.

2. Tutte le ragioni loro sono cavate da' caratteri interni del libro. Dicono dunque: 1° che in questo libro sono parole caldaiche, particelle composte, ed altre espressioni, le quali leggonsi solo negli scritti contemporanei o posteriori alla schiavitù; 2° che il cantico di Giona è una compilazione di sentenze tratte da antichi libri: e questo genere di composizione appartiene a tempi più recenti; 3° finalmente che la riflessione: *Ninive fu una grande città* (cap. III, 3) chiaro dimostra che quella città era stata già distrutta, quando l'autore scriveva questo libro. — Rispondiamo così. 1° Noi abbiamo in varii luoghi osservato, che l'uso di alcune parole caldaiche non dimostra che il libro, nel quale esse leggonsi, sia stato scritto negli ultimi tempi della repubblica ebraica. Noi non abbiamo nessun mezzo, onde conoscere in qual tempo questi vocaboli sieno stati introdotti nella lingua ebraica: questa ci ha tramandato scarsissimi monumenti, i quali non sono bastevoli a far profferire sentenza ad ogni sennato critico. Questa osservazione ha molto peso, perchè simiglianti vocaboli leggonsi in altri scritti biblici antichissimi. Nè l'origine di questi pretesi vocaboli caldaici è stata definita: essa è un problema, che non hanno potuto risolvere satisfacentemente i filologi moderni. Chi poi non sa che il Pentateuco offre molti esempi di particelle ed altre espressioni, che sono dette de' tempi moderni? Paulus, che per audacia è insuperabile, ha scorto tutta la debolezza di questi argomenti [1]; questo

---

[1] H. E. G. Paulus, *Zweck der Parabel Jonah, in Memorabilien*, Th. IV, S. 32, ff. Leipz. 1794.

razionalista non ha difficoltà di ammettere, che il libro di Giona sia stato realmente scritto da questo Profeta sotto Geroboamo II; anzi egli pretende che lo stile particolare di esso è un saggio della favella, che si usava in alcuni luoghi d'Israele a que' tempi. E chi potrebbe mai conoscere gli svariati idiotismi, che potevano essere in uso in tutti i luoghi delle dieci tribù sotto Geroboamo, per affermare audacemente che le poche espressioni singolari del libro di Giona non fossero usate in qualche cantuccio di quel regno ? Qual paese del mondo ha una favella nella capitale e nelle varie province ? o meglio qual provincia non ha certi vocaboli, certe locuzioni proprie ? Non è poi impossibile, nè inverisimile, che Giona nel soggiorno di Ninive abbia contratto idiotismi assiri, i quali non sono molto differenti da' caldaici.—2° Ne' libri di Geremia, di Daniele ed in altri sacri Scrittori leggonsi preghiere prese in parte da' scrittori precedenti; mà non per questo si ha da affermare, che tale uso di scrivere preci sia di più recente epoca, come pretende Jahn: *Qui mos preces componendi, recentior est.* Qual maraviglia che Giona precipitato nel mare tempestoso, ove avrebbe dovuto morire, ed ingoiato da un mostro, che lo mantenne in vita e poi sano lo depose sul lido, abbia celebrato questo miracolo con un inno di riconoscenza verso Dio autor del prodigio ? Qual maraviglia, se questo cantico abbia talune espressioni de' Salmi, i quali erano più antichi di Giona, nè potevano essergli ignoti ? Il Profeta bene potè usare espressioni analoghe a quelle usate dal re Profeta per rendere grazie al Signore, quando lo ebbe tratto di mano a' nemici. Del resto è inutile rammentare, che i sacri Scrittori sogliono spesso pigliare qualche cosa da quelli, che gli hanno preceduti *.—3° Gli avversari pretendono che Giona non avrebbe detto: *Ninive fu una grande città,* perchè questa osservazione era inutile pe' contemporanei, a' quali non era ignota l'estensione di questa capitale dell'Assiria: inoltre l'autore usa il verbo הָיְתָה, *Hajedàh, fu,* il quale essendo preterito, deve assolutamente intendersi di un tempo affatto passato. Queste due difficoltà non han mestiero di gran fatica per essere risolute. Alla prima risponde il medesimo Rosenmüller, il quale la chiama fiacca per una semplicissima ragione: a que' tempi rimotissimi non erano i popoli in quelle relazioni commerciali, che hanno a' dì nostri, nè molti avevano cognizioni geografiche; per ciò ben pochi Ebrei potevano sapere notizie intorno all'estensione di Ninive. Giona, o l'autore del libro chiunque sia, sapeva bene nello scriverlo, che esso non era destinato a' soli contemporanei. La seconda difficoltà è interamente distrutta affermando, che è affatto falso quello, che dicono gli avversari intorno al verbo di tempo passa-

---

*) Leggi a questo proposito la nota del Traduttore, apposta a p. 352 di questo tomo.

to;essi lo vogliono assolutamente spiegare per passato,mentre quello
dinota non un'azione transitoria, ma una maniera di essere; e però
corrisponde all'imperfetto: questa è la regola della sintassi ebraica.
D'altronde l'uso di questo tempo verbale ebreo era necessario:impe-
rocchè, siccome abbiamo dimostrato in altra scrittura [*], allorchè gli
storici dell'Antico Testamento volevano inserire nell'avvenimento
raccontato qualche riflessione particolare, la quale formava parte
necessaria della narrazione, avevano cura di distinguerla dal racconto principale usando il passato, non già il futuro conversivo, che essi adoperavano sempre nella narrazione principale [*]. Quindi il vero
senso, anzi il solo confacente alla frase appostaci dagli avversari è
questo : *Ninive poi era una grande città* : la quale locuzione potè
benissimo usare Giona, il quale scriveva con istile storico, benchè
tuttora stesse questa metropoli dell'Assiria.

SCOLIO

Ancorchè il libro, che porta il nome di Giona, non appartenesse a
questo Profeta, e fosse stato scritto più recentemente; non potrebbe
conchiudersi da ciò che sia alterata la storia ivi contenuta. La tradizione del popolo ebreo avrebbe potuto conservare nella interezza naturale una storia così breve e memoranda:essa avrebbe potuto essere
scritta negli Annali de' re di Giuda e d'Israele, i quali non sono giunti sino a noi. Un autore più recente, ma divinamente Inspirato, a-
vrebbe potuto usare questa fonte per raccogliere il necessario allo
scrittore, nel quale potè bene usare gl'idiotismi del suo tempo.

_____

[*] Vedi i molti esempi, che abbiamo allegati intorno a questa importante
regola di esegesi nel *Pentatéuque avec une traduction française et des notes philologiques*, ecc. passim.

[*] Leggi pure la nota apposta a p. 414 di questo tomo, ove abbiamo addotto alquanti esempi avversi a questo principio. È maraviglioso l'affanno
degli avversari nel proporre una difficoltà tanto puerile, e dell'Autore nel
confutarla con tante sottigliezze ideologiche : perocchè è nota *lippis atque
tonsoribus* la povertà, noi diremmo semplicezza, della lingua ebraica ne'
tempi de' verbi. Chiunque poi ha gustato i primi elementi di questa lingua,
sa il genio di usare frequentissime euallagi di tempo : e siccome il passato
contiene la significazione di tutte le altre forme secondarie, che nelle altre
lingue sono dette passato imperfetto, piuccheperfetto, passato prossimo ;
necessariamente deve avvenire che usandosi il futuro in vece del passato,
quello deve vestire non la semplice significazione della forma primaria,
ma altresì quelle di tutte le secondarie. Ciò è confermato dal fatto, siccome può scorgere lo studioso dagli esempi allegati innanzi. Questa è la risposta semplicissima, soda, vera da opporsi alle parole degli avversari, i
quali sol quando si tratta di contraddire alla Fede Cattolica perdono quel
raziocinio e quella scienza, di che vanno pettoruti e tronfii.(*Nota del Traduttore*)

CAPO XI.

Delle Profezie di Michea

ARTICOLO I.

Della storia di Michea

Michea è detto ebraicamente מיכה, *Michàh*, forse contratto di מיכיה, *Michajàh*, o מיכיהו, *Michajàhu*; donde è provenuto il greco Μιχαίας, ed il latino *Michaeas*. Sta nel sesto luogo tra' Profeti minori delle Bibbie ebraiche e della Volgata; ma nella Bibbia de' Settanta occupa il terzo luogo, e sta tra Amos e Gioele. Nel titolo della Profezia è chiamato המורשתי, *Hammoraseti*, cioè *Morastite* [x], ed aggiunge che egli profetò sotto Joathan, Achaz ed Ezechia. Le quali circostanze distinguono bene il nostro Profeta da un altro Michea, figliuolo di Jemla, rammentato nel *III de' Re*, XXII, 8, e vissuto in Israele sotto Achab re di Israele, e Josaphat re di Giuda: da queste notizie si pare, che Michea il Morastite fu posteriore ad Osea ed Amos, i quali profetarono sotto Osia, e quasi contemporaneo d'Isaia. Comechè il nostro Profeta taccia assolutamente della distruzione del regno d'Israele, pare che egli avesse cessato di profetare innanzi la caduta di questo regno sotto Salmanassare, cioè ne'primi anni di Ezechia re di Giuda: o al meno debbesi dire, che il libro contenente gli oracoli profetici di lui fosse stato scritto innanzi il detto tempo.

ARTICOLO II.

Del subbietto e dell' ordine delle Profezie di Michea

1. Gli oracoli di Michea contenuti in sette capitoli hanno per subbietto Samaria e Gerusalemme, siccome leggiamo nella epigrafe del libro. Il Profeta fa loro rimprovero della idolatria e delle altre iniquità: poi annunzia le vendette, che Dio eserciterà dapprima sul regno d'Israele mediante le armi assire, poi il duplice castigo di Giuda, cioè la spedizione di Sennacherib, la conquista di Nabucbodonosor. Predice ancora l'unione e 'l ristabilimento delle due case d'Israele e di Giuda, il giudizio tremendo che Dio eserciterà su'nemici della

---

[x] Gl'interpreti non sono concordi intorno alla etimologia di המורשתי, *Moraseti*: alcuni lo fan discendere da מראשה o מרשה, *Maresciàh*, città della tribù di Giuda (Jos. XV, 44): altri da מרשת גת, *Moréseed Gad* (Mich. I, 14), villaggio poco distante da Eleutheropoli.

Teocrazia, e 'l Messia, che egli vede nascere in Bethlehem: da una banda descrive la venuta umile del Dio Salvatore, dall' altra il glorioso regno di Lui. Finalmente annunzia, che le nazioni stordite dalle grandi maraviglie operate dal Signore, tremeranno innanzi a Lui e si convertiranno.

2. Avendo Michea profetato sotto i tre re di Giuda, Joathan, Achaz ed Ezechia, alcuni critici moderni hanno preteso, che il suo libro fosse una raccolta di oracoli sparsi scritti in varie epoche: ma chi ne considera il contenuto senza prevenzione, non può non iscorgervi un' opera continuata. Esso può rigorosamente essere diviso in tre parti: la prima contiene i capitoli I e II; la seconda i capitoli III, IV, V; la terza i capitoli VI e VII : imperocchè ogni parte non solo comincia con la medesima parola *Udite*, ma dimostra ancora la compiuta orditura di un discorso profetico, il quale deve avere rimproveri, minacce, promesse. Queste tre parti non possono essere suddivise in altre minori senza interrompere, anzi senza spezzar violentemente i membri degli oracoli, cioè ponendo dall' un de'lati i rimproveri e le minacce, dall' altro le promesse. Quantunque le dette parti sono distinte quanto al loro obbietto, non però debbonsi tenere scritte in tempi differenti, come quelle che sono tra sè ligate e connesse. La seconda è certamente continuazione della prima: imperocchè l' autore sacro, detto in fine al cap. II, che Dio riunirà le reliquie d' Israele e Giacobbe, e camminerà innanzi ad esse, soggiunge quelle cose, le quali formano il cominciamento al cap. III: *Ed io ho detto: Udite, principi di Giacobbe, duci della casa d'Israele* ecc. La terza parte egualmente dipende dalla seconda, perchè il cap. V finisce così: *Ed io mi vendicherò . . . . . . di tutti i popoli, i quali non mi hanno udito;* ed il VI ha principio in questo modo : *Udite dunque* (נָא שִׁמְעוּ, *Scimnghu-na*) *ciò, che dice il Signore: Va, e difendi la mia causa contro i monti, e le colline odano la voce tua.* Perciò le Profezie di Michea, benchè quanto all' obbietto spartiscansi in tre oracoli, sono nondimeno una sola opera contenente predizioni; le quali perchè sono tra loro connesse, han dovuto essere scritte nello stesso tempo.

ARTICOLO III.

Dell' autenticità delle Profezie di Michea

I critici moderni pretendono, che il libro di Michea è una raccolta di vari oracoli scritti in tempi diversi, sol per negare a questo illustre Profeta l'autenticità delle sue Profezie. Esaminiamo le ragioni che essi adducono.

che nel testo ebreo e nella Volgata esso viene dopo Michea, mentre
ne'Settanta è messo dopo Giona. L'epigrafe gli dà l'epiteto, אלקשי,
Haelqosci, da' Settanta tradotto ἐλκεσαῖος, dalla Volgata *Elcesaeus*.
Il quale nome certo dinota la patria del Profeta : imperocchè *Elces*
o *Elcese*, come dicono Eusebio e san Girolamo [*], era un villaggio di
Galilea, di cui sopravvanzavano ancora i ruderi a'tempi del santo dottore. Il tempo del ministero profetico di Nahum può probabilmente
essere assegnato nell'intervallo scorso tra la spedizione di Sennacherib e la ruina di Gerusalemme; e verisimilmente negli ultimi anni
di Ezechia, o ne' primi di Manasse. Le altre circostanze relative alla
vita e morte di Nahum sono a noi ignote.

ARTICOLO II.

Del subbietto e dello scopo delle Profezie di Nahum

1. I tre capitoli di Nahum sono diretti contro Ninive, come si raccoglie dall'epigrafe. Nel capitolo I il Profeta rappresenta Jehovah come un giudice severo e terribile contro i malvagi, ed al contrario a-
mante e benevolo verso i giusti. Poi tuona contro i Niniviti, e consola gl'Israeliti promettendo loro, che Iddio li sottrarrà a'nemici, benchè innumerabili. Nel cap. II annunzia a Giuda la rovina di Ninive e la vendetta strepitosa, onde il Signore punirà gli Assiri pe'
mali fatti alle due case d'Israele e Giuda : descrive gl'inutili sforzi
di Ninive per evitare la rovina, e dichiara che essa sarà abbattuta,
nè più sarà innanzi udita la voce empia de'messi spediti a'danni di
Gerusalemme. Nel capitolo III il Profeta continua nell'annunziare a Ninive la totale distruzione, le rimprovera i delitti, le disegna
il quadro delle vendette divine, le riduce a mente l'esempio di No-
Ammon, città di Egitto, i cui abitanti erano stati menati schiavi in
terra straniera, i giovanetti schiacciati da'nemici sulle strade, i più
illustri cittadini divisi a sorte.

2. L'iscrizione ed il contenuto delle Profezie di Nahum ne fan sapere, che questo santo Profeta precipuamente ebbe a scopo l'eccidio
di Ninive: non si conosce precisamente di quale eccidio parli il Profeta,
comechè questa città abbia patito due volte ruina, come riferisce Diodoro di Sicilia sulla testimonianza di Ctesia; la prima sotto Sarda-
napalo per Arbace governatore de' Medi, e per Belesis o Nabonassar
governatore di Babilonia, verso gli anni 877-867 innanzi Gesù Cristo, quando in Israele regnava Jehu, in Giuda Gioas; la seconda
sotto Chinaladan per Nabopolassar e Ciassare I, verso gli anni 625

[*] Euseb. et Hier. in locis, ἐλκεσι, *Elcese*. V. Hier. *Proem. in Com. in Nahum*.

innanzi Gesù Cristo '.Il vers.9 del cap.I pare confermi quella opinione, che noi abbiamo accennata nell'articolo precedente, e c'induce a tenere che il Profeta parli della seconda distruzione.

CAPO XIII.

Delle Profezie di Habacuc

ARTICOLO I.

Della storia di Habacuc

Habacuc, da' Settanta 'Αμβακοὺμ, è l'ottavo de' Profeti minori nel testo ebraico e nelle versioni de' Settanta e Volgata. Non sappiamo con certezza nè la sua patria, nè il tempo del ministero profetico; perchè non possiamo attenerci alle narrazioni del falso Epifanio, di Doroteo e di altrettali scrittori. Nondimeno, comechè egli annunzia imminente l'irruzione de' Caldei, generalmente si pensa aver egli profetato innanzi la schiavitù. Aggiungasi, che la purezza e leggiadria del suo stile si affanno ad un'epoca anteriore di molto all'esilio, il quale tanto influì sulla lingua ebraica. Per lo che la quistione non si riduce a sapere, se Habacuc sia stato precedente o posteriore alla captività, ma a determinare ne' tempi anteriori a questa, l'epoca nella quale egli abbia profetato e scritto i suoi oracoli. Alcuni critici riferiscono questi oracoli a' tempi di Manasse, altri al cominciamento di Joachim, cioè immediatamente innanzi la prima irruzione de' Caldei: imperciocchè dalla stessa Profezia appare, che Iddio era per pigliar subito vendetta su gli Ebrei. Ammessa questa sentenza, non v'ha necessità di distinguere questo Profeta dall'Habacuc pigliato pel ciuffetto e mandato in Babilonia a Daniele per portargli cibo, mentre questo santo Profeta stava nella fossa de' lioni ². Imperocchè ponendo che avesse cominciato a profetare nell'età di 30 anni, cioè nel primo anno di Joachim, avrebbe potuto essere contemporaneo di Daniele, nè essere smodatamente vecchio. Rosenmüller crede che Habacuc abbia scritto il suo libro in varie epoche: parleremo di questa opinione nell'articolo seguente.

ARTICOLO II.

Del subbietto e dell'autenticità delle Profezie di Habacuc

1. Il libro di Habacuc è spartito in tre capitoli, come quello di Nahum. Nel I il Profeta geme su'delitti ed iniquità de'figliuoli di Giu-

---

') Diod. Sic. l. II, c. XXXII.—²) Dan. XIV.

da, poi annunzia le vendette del Signore sopra di essi per le armi
de' Caldei. Nel II predice la distruzione della monarchia de' Caldei e
de' Babilonesi. Nel III conchiude con una bella preghiera: rammentate le maraviglie di Dio a pro degli Ebrei, si addolora vedendo la
desolazione minacciata al suo popolo; la speranza dell' aiuto che Iddio darà a questo popolo, lo racconsola.

2. I Razionalisti ammettono l' autenticità del libro. Rosenmüller
non si scosta da questa generale sentenza, ma pretende che Habacuc
lo abbia scritto in tre epoche differenti; il primo capitolo sotto Joachim, quando cominciò il rumore della irruzione de' Caldei ; il secondo, nel quale amaramente piange il Profeta sull' ambizione de' Caldei e sulla tirannia loro contro gli Ebrei, vuole sia stato scritto a'
tempi di Jeconia, quando questo re ed i principi furono menati in
Babilonia, presa per la prima volta Gerusalemme. Finalmente dice
che il terzo capitolo, il quale contiene una preghiera tanto fervida
per liberare il popolo dal totale abbandono di Dio, debbe riferirsi al
tempo del secondo assedio di Gerusalemme, il quale durò tre anni.
Ma chi legge attentamente questi santi oracoli, necessariamente deve scorgere la loro unità, perfettamente armonizzata nelle varie parti, le quali sono indivisibilmente congiunte. Ed uno scritto simigliante non può essere opera di vari tempi. Secondo il Rosenmüller Habacuc non avrebbe fatto nessuna predizione profetica; sarebbe in vece stato lo storico degli avvenimenti caduti ne' tempi suoi: ed è naturale che a questo scopo riescano tutti gli sforzi di un Razionalista.
Ma questa opinione è apertamente opposta al sentimento unanime
degli Ebrei e de' Cristiani, i quali hanno sempre tenuto come profetici gli scritti di Habacuc.

CAPO XIV.

Delle Profezie di Sofonia

ARTICOLO I.

Della storia di Sofonia

Sofonia, secondo l'Ebreo צְפַנְיָ֫ה, *Tzephanjáh*, in tutte le Bibbie
tiene il nono luogo tra' Profeti minori. Il titolo lo dice figlio di Chusi,
figliuolo di Godolia, figliuolo di Amaria, figliuolo di Ezechia. Aben-
Ezra con sentenza concorde de' Rabbini, Huet, Rondet, Eichhorn ed
altri, pensano che Ezechia, stipite della genealogia di Sofonia sia il
re di Giuda. Altri critici, tra' quali Carpzovio, Calmet, Jahn, Rosenmüller seguitano altra opinione [*]. L' epigrafe dice, che Sofonia pro-

---

[*] Leggi quanto a questa trattazione, che è obbietto di mera erudizione,
la nostra *Introduzione stor. e crit. t. IV.*

fetò sotto Giosia, figliuolo di Amon, re di Giuda. La maniera, onde
il Profeta parla de' disordini di Giuda, le invettive, le minacce contro gli adoratori ed i sacerdoti di Baal provano, che egli profetò innanzi che quel principe riformasse gli abusi, ed interamente estermi-
nasse l'idolatria: la qual cosa avvenne nell'anno XVIII del suo regno. Sofonia predice la rovina dell'impero assiro e la caduta di Ninive; questa circostanza conferma l'epoca assegnata innanzi: imperocché quelle predizioni ebbero compimento nell'anno XVIII, o secondo altri nell'anno XVI di Giosia, circa 625 innanzi Gesù Cristo.
Per ciò è necessario collocare questa Profezia ne' primi anni di Giosia, quando tuttora reggeva il culto degl'idoli, introdotto da Manasse padre di Giosia.

ARTICOLO II.

Del subbietto e dell'autenticità delle Profezie di Sofonia

1. Questo libro contiene tre capitoli: nel primo Sofonia predice le
vendette di Dio sopra Giuda e Gerusalemme; tutto sarà sommesso
allo sterminio, uomini e bestie; Gerusalemme sarà perlustrata a lume di lucerna, nessun delitto, nessuna iniquità sarà nascosta. Questo giorno si avvicina, e sarà giorno di collera e di sciagure. La descrizione di questo terribile giudizio riferisce senza dubbio la distruzione di Gerusalemme pe' Caldei; ma questo solo obbietto non esau-
risce tutta la predizione, siccome ha insegnato il Dottore s. Girolamo: questa prenunzia ancora la distruzione avvenuta pe' Romani, e 'l
giudizio universale nella fine de' secoli [*]. Nel capitolo II il Profeta,
esortato i malvagi a prevenire i castighi celesti con un sincero ritorno a Dio, annunzia le vendette che il Signore piglierà su' Filistei,
su' Moabiti, sugli Ammoniti, sugli Etiopi: predice poi la desolazione
dell'Assiria e la rovina di Ninive. Nel capitolo III il Profeta ritorna
à Gerusalemme, le rinfaccia le infedeltà, le pone novellamente sottocchi le vendette del Signore. Poi passa alle consolazioni, e predice la ristorazione di Sionne, la riunione de' due popoli nel culto del
vero Dio, la fedeltà de' figli d'Israele, la liberazione e riedificazione
della casa di Giuda. Sotto il velo di queste promesse è annunziato
il tempo avventuroso del Messia.

2. L'autenticità di questo libro non potrebbe essere posta in dubbio, né mai è stata negata. Gli stessi Razionalisti confessano essere
Sofonia vissuto sotto Giosia, e tanto il subbietto quanto lo stile della
Profezia ammirabilmente concordare col carattere di questo Profeta
nel tempo, in cui visse.

_____

[*] Hier. *in Sophon.*

CAPO XV.

Delle Profezie di Aggeo .

ARTICOLO I.

Della storia di Aggeo

Aggeo, in ebraico חגי, *Chaggáj*, è decimo de' Profeti minori in tutti i testi della Bibbia. La Scrittura non dice nulla intorno alla famiglia ed a' natali di Aggeo. L' iscrizione ne fa sapere, avere Iddio fatto a lui le rivelazioni nell' anno II di Dario, il quale stando a' computi de' cronologi non può essere altri, che Dario figliuolo d' Istaspe, venuto al trono di Persia negli anni 521 innanzi Gesù Cristo. Perciò Aggeo ha profetato dopo il ritorno da Babilonia, e dovè cominciare nell' anno 520 innanzi Gesù Cristo.

ARTICOLO II.

Del subbietto delle Profezie di Aggeo

1. Questo libro, la cui autenticità non è negata da nessuno, naturalmente si divide in quattro parti, benchè abbia due capitoli. La prima parte, compresa in tutto il primo capitolo, contiene una esortazione agli Ebrei per obbligarli a riprendere la costruzione del Tempio trascurata per edificar case: questa esortazione non fu vuota di effetto, perchè tutti gli Ebrei si rimisero all' opera. La seconda parte, contenuta ne' primi dieci versetti del capitolo II, è una consolazione indirizzata da Aggeo a' vecchi; i quali avendo ne' tempi anteriori all' esilio veduto la magnificenza del Tempio di Salomone, piangevano nel vedere quanto il nuovo stesse di sotto all' antico. Egli annunzia la maggioranza del nuovo sull' antico, non già per oro o argento, ma perchè deve essere riempito con la presenza e con la gloria del Desiderato delle genti. Nella terza parte, che comincia col vers. 11 del cap. II, e finisce col vers. 20 inclusivamente, Aggeo per comandamento del Signore propone a' Sacerdoti due quistioni sulla Legge. Poi ricorda loro la sterilità, da cui sono afflitti, e loro annunzia grande fertilità, lieta abbondanza in premio del zelo, onde avevano ripreso i lavori della casa del Signore. Nella quarta parte, cioè dal vers. 21 sino alla fine del cap. II, Aggeo predice una grande commozione nel Cielo e sulla terra: i regni rovesciati, i troni abbattuti, la potenza de' popoli umiliata; nondimeno il Profeta promette a Zorobabele la protezione invincibile di Dio.

CAPO XVI.

Delle Profezie di Zaccaria

ARTICOLO I.

Della storia di Zaccaria

Zaccaria, undecimo de' Profeti minori in tutte le Bibbie, era, come dice l'epigrafe del suo libro, figliuolo di Barachia, e nipote di Addo, ebraicamente עִדּוֹ e עִדּוֹא, *Nghiddo* [1]. Egli ritornò da Babilonia con Zorobabele ed altri esiliati, i quali usarono il benefizio della libertà concessa da Ciro agli Ebrei: insieme con Aggeo eccitò i suoi concittadini a ripigliare l'opera del Tempio interrotta alquanti anni innanzi [2]. La Scrittura non dice nulla di particolare nè intorno alla nascita, nè alla vita, nè alla morte di questo Profeta. Il discorso, che serve quasi d'introduzione alle Profezie, segna l'ottavo mese dell'anno II di Dario comunemente figliuolo d'Istaspe: perciò a quest'epoca conviene assolutamente riferire il principio del ministero di Zaccaria, cioè due mesi dopo quello di Aggeo [3]. Le visioni, riferite nel vers. 8 del cap. I sino al cap. VI inclusivamente, hanno per data il XXIV giorno del mese XI, chiamato *Sabath* o *Scebat* [4]; e sono certamente collocate secondo l'ordine cronologico. Quelle contenute ne' capitoli VII ed VIII mantengono probabilmente il medesimo ordine; ma la più antica non può andare oltre il dì IV del mese IX, cioè *Casleu* o *Kislev*, dell'anno IV di Dario: perocchè questa data segna il capitolo VII. Finalmente le Profezie degli ultimi capi IX-XIV sono senza data precisa, ma paiono scritte in tempo posteriore a quello delle visioni [5].

ARTICOLO II.

Del subbietto e dello scopo delle Profezie di Zaccaria

1. I quattordici capitoli di Zaccaria si dividono naturalmente in due parti. La prima (I-VIII) contiene un discorso d'introduzione al

---

[1] Esdra, V, 1, dice semplicemente che Zaccaria era figlio di Addo; ma il vocabolo בֶּן, *Ben*, suona *figliuolo e nipote*. Esdra potè pure omettere Barachia, padre di Zaccaria, se non era molto noto agli Ebrei: imperocchè sogliono i sacri Scrittori omettere nelle genealogie gli antenati meno illustri.

[2] *I Esdr.* IV, 1-24, V, 1.—[3] Agg. I, 1.

[4] Ved. l'*Introduz. stor. e crit.* t. II.—Leggi lo *Schizzo di Archeologia* Cap. *Della divisione del tempo*, art. *De' Mesi*.

[5] Ved. intorno a questa congettura l'*Introd. stor. e crit.* t. IV.

libro, visioni simboliche, le quali principalmente predicono avvenimenti prossimi, e specialmente la riedificazione del Tempio, alla quale esorta gli Ebrei. Predice ancora il regno de' Sacerdoti del Signore, e pronunzia l'abolizione de' digiuni istituiti in occasione delle pubbliche calamità. La seconda parte (IX-XIV) contiene Profezie propriamente dette, cioè predizioni relative ad avvenimenti più lontani, come l'eccidio de' Siri e de' Filistei, la venuta del Messia, il dominio de' Macabei, la propagazione della vera Religione, ed altrettali cose.

2. L'occasione della missione profetica di Zaccaria fu simile a quella di Aggeo, cioè l'interrompimento della edificazione del Tempio [']; ma non uno lo scopo di ambedue. Aggeo, il quale fu primo, prese ad incuorare gli Ebrei, i quali avevano desistito da' lavori; Zaccaria intese a riformare i costumi del popolo mutandone le disposizioni di animo; e primo frutto di questa mutazione doveva essere la riedificazione del Tempio. Gli Ebrei, a' quali parlava Zaccaria, appartenevano a due classi ben differenti. La prima conteneva gli Ebrei fedeli, i quali credevano alle promesse di Dio; essi erano caduti in una specie di scoraggiamento per l'apparente contraddizione tra gli oracoli profetici, i quali parevano annunziare tanta felicità dopo il ritorno dall'esilio, e lo stato presente. Il Profeta doveva per ciò ravvivar le speranze, rimettere il coraggio; e questo fece Zaccaria stornando gli occhi dallo stato presente, e rivolgendoli nell'avvenire: egli annunzia tempi più felici, ne' quali le Profezie, già in parte compiute col ritorno da Babilonia, avranno pieno e perfetto compimento. La seconda classe di Ebrei, a' quali volgeva il discorso Zaccaria, era composta di infedeli ed ipocriti; i quali erano ritornati dalla schiavitù per mero interesse personale, per partecipare de' benefizi temporali promessi da' Profeti a quelli che, avendone libertà, sarebbero ritornati dall'esilio. Questi uomini carnali pensavano, che fosse titolo bastevole al godimento di questi beni la rinunzia all'idolatria, la esterna osservanza della Legge. Forse tra questi erano alcuni, i quali non vedendo il compimento delle Profezie secondo il loro desiderio, erano divenuti increduli, anzi si gloriavano della loro incredulità. Zaccaria loro annunzia per eccitarli a conversione le benedizioni future promesse a' primi; ma nel tempo stesso dichiara, che la sola conversione schietta e cordiale può renderneli degni. Adunque riduce loro a mente i terribili castighi mandati da Dio a' loro padri, i quali avevano disprezzato le ammonizioni degli antichi Profeti: anzi ne prenunzia altri più terribili, cioè un nuovo eccidio di Gerusalemme, una novella dispersione del popolo, quando essi avranno disprezzato il massimo de' benefizi, il più segnalato favore di Dio, cioè quando avranno ripudiato il Messia. Ecco le circostanze storiche dell'e-

---

') *I Esdr.* IV, 1-24; V, 1.

poca, in cui profetò Zaccaria, e delle persone, a cui parlò: esse sono necessarie per afferrare il vero scopo degli oracoli profetici, e per bene intenderne il senso.

ARTICOLO III.

Dell'autenticità delle Profezie di Zaccaria

Sempre e generalmente si è tenuto, che i primi otto capitoli delle Profezie di Zaccaria sono veramente opera di questo Profeta; ma parecchi critici de' giorni nostri hanno negato l'autenticità degli ultimi sei. Alcuni pretendono che questa seconda parte ha dovuto essere scritta in tempo molto anteriore a Zaccaria, cioè in tempo di Gioas o di Achaz: altri al contrario han sostenuto, che essa non ha potuto essere scritta che a' tempi di Alessandro Magno, di Antioco Epifane, o anche del re Hircano. Esaminiamo le ragioni, sulle quali poggiano queste temerarie e false opinioni.

Difficoltà

Diff. 1ª. La seconda parte (cap. IX-XIV) delle Profezie attribuite a Zaccaria suppone, che la famiglia di Davide fosse sul trono, quando essa fu scritta: suppone altresì, che Giuda aveva i suoi duci, i quali necessariamente dovevano essere discesi da questa stirpe: che i torchi de' re sussistevano ancora; finalmente ivi si parla di un re di Gerusalemme, il quale fa il suo ingresso in questa città. Anzi il regno d'Israele non era distrutto a quest'epoca, perchè esso è opposto a quello di Giuda. Or Zaccaria avendo scritto dopo la schiavitù, non può essere autore di questa seconda parte.

R. L'autore della seconda parte presuppone, che la famiglia di Davide esisteva, quando egli scrisse; ma egli non dice che regnava, sì che avrebbe un giorno regnato: un altro senso non può trovare se non chi fa violenza al testo. I duci di Giuda governavano il popolo dopo la schiavitù; ma non tutti discendevano da quel Patriarca. La menzione de' torchi regii non presuppone, che essi fossero allora usati da' re di Giuda: il Profeta vuole indicare il luogo da essi occupati innanzi la distruzione. Il sacro testo evidentemente dimostra, che il re, di cui si fa menzione nel cap. IX, vers. 9, non è uno de' re ordinari avuti dagli Ebrei, ma il Messia: *Figliuola di Sion, sii ricolma di gioia; figliuola di Gerusalemme, metti grida d'allegrezza: ecco il tuo Re viene a te; egli è giusto e Salvatore; è povero e cavalca un'asina ed un polledro di asina*. Finalmente a torto pretendono gli avversari, che il regno d'Israele stesse ancora, quando fu scritta la seconda parte, essendo questo regno messo in opposizione

di Giuda: se questo raziocinio fosse fondato, sarebbe necessario conchiudere che le Profezie di Geremia e Malachia, le quali espressamente distinguono tra Giuda ed Israele [1], sono state scritte prima
della distruzione di quel secondo regno. Aggiungi: gli avversari ammettono l'autenticità della prima parte di Zaccaria, la quale mette
egualmente in opposizione i due regni nel cap. I, 19 [2], e nel cap.
VIII, 13. Finalmente questo argomento sarebbe valido, se i luoghi
opposti supponessero esistente il regno d'Israele, ma ciò non si scorge ne' vers. 6, 7, 8 del cap. X; ivi i figliuoli d'Israele sono al contrario rappresentati come rilegati dalla loro patria, e viventi nella
captività venuta dietro alla distruzione del loro regno.

D. 2ª. Nella seconda parte si parla non solo di Assiri, di Egiziani
e del regno di Damasco, ma ancora di Fenici e Filistei, i quali sono rappresentati floridi e minacciosi alla Giudea. Ma tutto ciò non
concorda co' tempi di Zaccaria, dunque non può questo Profeta essere autore della parte contenente queste narrazioni.

R. Questa seconda parte presuppone l'esistenza de' predetti regni;
ma essa non dice se fossero indipendenti e potentissimi, come ne' tempi anteriori alla schiavitù. Il re attribuito a Gaza dal sacro Scrittore
(cap. IX, 5), era sommesso a' Persiani, il quale si arrogava l'orgo-
glioso titolo di *re de' re*, siccome si può scorgere presso Daniele (II,
36, 37), ed *Esdra I* (cap. VII, 12). Il Profeta annunzia guai a' Tirii,
al regno di Damasco, a' Filistei, non perchè minacciavano gl'Israeliti, ma per far meglio apparire la protezione di Dio verso il popolo:
perocchè mentre gli altri popoli infedeli avrebbero sentito il peso del
braccio di Alessandro il Grande, solo il popolo ebreo ne avrebbe per-
cepito beneficenze e favori.

D. 3ª. Ma l'autore suppone, che Gerusalemme sia stata assalita,
non presa; che i cittadini non sieno stati menati prigionieri, che i discendenti de' Jebusei stavano a' suoi dì tuttavia in Gerusalemme (cap.
XII, XIV, 2, 21). Or ne' tempi di Zaccaria, cioè dopo l'esilio, Gerusalemme era stata abbattuta da gran tempo, i cittadini erano stati
trasportati in Babilonia da' Caldei, i discendenti de' Jebusei non abitavano più in Gerusalemme.

R. Nessuna espressione del testo annunzia, che il sacro Scrittore
parli della presa di Gerusalemme pe' Caldei, o della schiavitù ad essa
congiunta, o di altro successo anteriore all'eccidio. La storia del popolo ebreo chiaro dimostra al contrario, che Zaccaria scriveva in
qualità di Profeta, il quale vede ne' tempi avvenire, e che le sue predizioni su Gerusalemme hanno avuto compimento. Secondamente,
l'autore non dice che a' suoi tempi i Jebusei abitavano Gerusalemme: il più naturale senso delle parole contenute nel capo IX, 7, è,

_____

[1] Jer. XXIII, 6, L, 20; Mal. II, 11.—[2] La Bibbia ebraica, II, 2.

che in un tempo avvenire i Filistei saranno congregati col popolo di Dio, e trattati come i naturali di Gerusalemme. Questa città era stata lungamente occupata da' Jebusei, anzi anticamente era chiamata Jebus *.

D. 4ª. Nel capitolo IX, 10, si parla di un re, la cui potenza si distenderà dall' un mare all' altro, e dal fiume sino all' estremità della terra. È impossibile che Zaccaria, il quale viveva a' tempi dell'impero persiano, abbia osato scrivere tale predizione. Le minacce dominanti nella seconda parte del libro non si addicono all' epoca di questo Profeta, nella quale il popolo doveva anzi essere incuorato con promesse liete.

R. Queste difficoltà sono comuni ancora alla prima parte: in fatti ne' capitoli ammessi da tutti sono predizioni riguardanti questo grande Re più espresse, e più memorande (cap. VIII); e vaticinii di sciagure più terribili, le quali debbono scendere sul capo a' popoli nemici degli Ebrei (cap. II, 6-9). Geremia viveva in Egitto, e predisse la morte del suo re (cap. XLVI):Ezechiele profetava tra' Caldei, ed annunziò la distruzione dell' impero babilonese (cap. XVII,24). Finalmente Aggeo contemporaneo di Zaccaria non temè di predire la distruzione degl'imperi pagani più potenti, ed anche del Persiano (cap. II, 3).Perchè dunque Zaccaria non avrebbe potuto predire il pacifico impero del Messia, il quale dovea raffermarsi non con le armi, ma con la dolcezza inesprimibile della grazia e della dottrina ? Diremo parimente che la prima parte, la quale è ammessa dagli avversari, contiene minacce (cap.V); e Malachia, il quale profetava in circostanze simili a quelle di Zaccaria, ha pure tuonato contro gli Ebrei in tutti i suoi oracoli (cap. III, 19 ').Finalmente se questa seconda parte contiene oracoli minacciosi e terribili, finisce con predizioni consolanti, siccome i libri di Aggeo e Malachia.

D. 5ª. L'autore degli ultimi capitoli fa lamenti sull'idolatria e su' falsi profeti: questi lamenti non possono spiegarsi co' tempi di Zaccaria, perchè allora non più vigevano que' disordini.

R. Da quello che l'autore dice intorno all'idolatria ed a'falsi profeti (cap. X, 2; XIII, 2-6),non può desumersi, che queste cose esistevano a' tempi di Zaccaria. Se questi disordini severamente puniti dalla legge mosaica, fossero stati nel suo tempo, non avrebbe omesso di mostrarli al popolo quali cause de' castighi annunziati, siccome avevano fatto gli antichi Profeti ; ma egli fa il contrario, perchè attribuisce questi castighi al terribile peccato, di cui si sarebbero resi colpevoli rigettando il Messia. Dichiara altresì, che questa vendetta di-

---

*) Leggi quello, che ne abbiamo scritto nello *Schizzo di Archeologia*, Cap. *Della Geografia* ecc.
') La Bibbia ebraica, IV, 1.

vina non cesserà sino a che essi con viva fede e sincero pentimento
non faranno ritorno a Dio. L' autore della seconda parte non presuppone nemmeno, che ne' tempi futuri da lui annunziati l' idolatria ed
i falsi profeti avranno dominio; egli vuol dire solamente, che in que'
tempi felici nulla varrà a stornare dalla Religione il popolo fedele; e
siccome l' idolatria. ed i falsi oracoli erano il maggiore impedimento
alla Rivelazione divina, così egli naturalmente adopera queste imagini familiari agli Ebrei per meglio far loro sentire, che in que' tempi di felicità nulla potrà assolutamente opporsi alla Religione.

D. 6ª. La seconda parte di Zaccaria contiene varie cose, le quali
dimostrano un autore differente da quello che ha scritto la prima.
— 1° Nella prima parte il Messia è rappresentato nello stato glorioso, Sacerdote e Re ad un tempo ; Egli siede sul trono, e largisce al
suo popolo piene benedizioni. Nella seconda, al contrario, apparisce
profondamente umiliato, rigettato dal suo popolo, venduto per trenta danari d'argento, percosso dalla spada, piagato ed ucciso. — 2°
Una grande oscurità si scorge ne' primi capitoli, mentre tutto è chiaro negli ultimi. — 3° Lo stile della seconda parte è energico, sublime, vivo, animato, pieno d'imagini ; in somma ha tutti i caratteri
poetici: quello della prima è affatto prosaico, non ha le dette qualità,
o al meno non ne ha qualcuna, la quale aggiunga alla forza di quelle. Nella prima parte leggonsi iscrizioni, le quali segnano la data
delle Profezie; il nome di Zaccaria si legge nel corso della narrazione, e qualche volta questo Profeta è introdotto nel racconto parlando in propria persona: ma nella seconda parte non leggesi nessuna
di queste cose. — 4° I primi otto capitoli contengono visioni ed azioni simboliche, ed ivi domina l' *angelologia* (nomenclatura degli Angeli) caldaica: negli ultimi sei capitoli tu non scontri nessun vestigio di queste cose. — 5° Quanto dicesi nella seconda parte intorno
alla rovina del popolo ebreo sviato da' pastori, ed intorno all'eccidio
di Gerusalemme, deve adattarsi solamente all' invasione de' Caldei, i
quali la presero e posero a sacco. In questa ipotesi l' autore ha dovuto scrivere innanzi la schiavitù venuta dopo quell' eccidio; e però
esso è differente dallo scrittore, che compose la prima parte del libro. — 6° Finalmente i subbietti trattati dall' autore della seconda
parte non hanno nulla di comune con quelli trattati non pure nella
prima, ma altresì nelle Profezie di Aggeo e Malachia contemporanei di Zaccaria, a cui senza dubbio deve essere attribuita la prima
parte.

R. È facile rispondere satisfacentemente a tutti questi argomenti.
— 1° Le due maniere differenti, onde Zaccaria riguarda il Messia,
sarebbero opposte all'autenticità degli ultimi capitoli, se fossero contraddicenti l' una all' altra; ma ciò non avviene, anzi que' due stati si
addicono perfettamente al Messia. Aggiungi: quello, che dicesi nella

prima parte intorno alla riunione del Sacerdozio e della dignità regia nella Persóna del Messia,è presupposto nella seconda. Nè le umiliazioni del nostro divin Salvatore sono opposte alla sua gloria: perocchè nella seconda parte, ove sono riferite, dicesi ancora che Egli regnerà su tutte le nazioni del mondo, e che il suo impero correrà dall' un capo all'altro della terra (cap. IX, 10). La differenza tra ambedue è questa: in una, cioè quando era mestiero far cuore agli Ebrei, paiono scomparire le umiliazioni del Messia, le quali non erano naturalmente acconce a dar coraggio; ma nell'altra, quando era già compiuta l'edificazione del Tempio, era conveniente fare udire agli Ebrei per quali vie il Messia giungerebbe a tanta gloria. Quindi Zaccaria, indirizzandosi nel principio della Profezia a' contemporanei per incuorarli, doveva principalmente insistere sulla gloria del Messia, siccome avevano fatto Geremia, Ezechiele e gli altri Profeti; ma negli ultimi sei capitoli, ne' quali parlava anzi agli avvenire che a'contemporanei, ha dovuto far parola de' patimenti e della morte del Messia; le quali cose dovevano avvenire più tardi e servire come pretesto per rigettarlo un dì. Questo si scorge pure negli oracoli d'Isaia. — 2° L'oscurità della seconda parte nasce dalla grande differenza degli obbietti annunziati. Il santo Profeta predice i destini futuri del popolo di Dio dalle vittorie di Alessandro il Grande sino alla fine del mondo; egli annunziali secondochè sono offerti al suo sguardo profetico, senza distinguerli mediante la differenza de'tempi. Questa riunione di obbietti futuri tanto distinti tra loro, e nondimeno concentrati in un sol punto del quadro profetico, ha dovuto necessariamente produrre oscurità difficilissima a penetrare dagli Ebrei contemporanei, i quali non potevano mettere gli oracoli in parallelo col compimento futuro. La quale oscurità si è in gran parte dileguata quanto a noi, i quali vediamo compiuti molti avvenimenti predetti, e possiamo scernerli da quelli non ancora compiuti. — 3° Il medesimo De Wette confessa, che tra le due parti corre un' affinità di lingua e stile [1]. Perciò concedendo agli avversari le differenze di stile ecc., diciamo che esse sono facili a spiegare senza necessità di presupporre due autori. La differenza di stile non deve far maraviglia: imperocchè sono ben differenti gli obbietti descritti, e lo scopo prefissosi dall' autore nel descriverli. La prima parte consiste principalmente in narrazioni di visioni: or è chiaro che il Profeta favorito da una visione simbolica deve riferirla nel modo, onde vienegli presentata allo spirito; cioè con le medesime forme e con gli stessi colori. Egli somiglia un pittore, il quale dovendo copiare un quadro si tiene a ritrarre fedelmente l'originale, nè si fa lecito aggiungervi altri ornamenti. Lo Spirito Santo rappresentò semplicemente allo sguar-

---

[1] De Wette, *Lehrbuch der hist. crit. Einleit.* § 250.

do profetico di Zaccaria le visioni simboliche riferite dal Profeta; la quale supposizione è dimostrata ben fondata non solo dalla maniera semplice e piana, onde sono generalmente scritte le visioni simboliche degli altri Profeti; ma ancora dalla visione del Pastore, che pasce il suo gregge: essa è riferita nella seconda parte di Zaccaria(cap. XI, 4-15), ed è scritta con stile semplice e prosaico affatto simile a quello contenuto negli otto precedenti capitoli. Nondimeno si deve confessare, che allorchè nella prima parte l'autore lascia le narrazioni simboliche e guarda il futuro, il suo stile diviene più alto, nè questo è inferiore a quello delle descrizioni contenute nella seconda parte. Se vi ha differenza, questa nasce dalla varietà del tempo: imperocchè gli ultimi capitoli sono stati scritti molto tempo dopo i primi, cioè quando Zaccaria era in età matura e poteva avere acquistato maggior perfezione nello stile e più nobile mediante la lettura più lunga ed uno studio più profondo negli antichi Profeti, ed in questo modo emendarsi delle frequenti ripetizioni, che si trovano nella prima parte *. La differenza di espressioni non è ben ferma ; perocchè nell'una e nell'altra parte leggonsi parole e locuzioni, che radamente trovansi altrove, e però appunto paiono proprie di Zaccaria. La differenza delle altre può essere spiegata mediante la diversità degli obbietti, che dovevano essere descritti dal Profeta. Finalmente nella seconda parte non trovansi iscrizioni, le quali come nella prima dinotino l'autore e la data degli oracoli, perchè esse non erano necessarie nella seconda parte, nella quale nessuna cosa riguarda alla persona del Profeta, si che necessario fosse determinare il tempo delle avute rivelazioni. La stessa cosa si opera nel libro d'Isaia; la prima parte abbonda d'iscrizioni, mentre la seconda ne è affatto priva. — 4° E falso affermare, che nella parte contesa a Zaccaria non sono azioni simboliche; nel capitolo XI ve ne ha una ben manifesta, cioè quella del Pastore suscitato da Dio e de' tre pastori infedeli. Qual maraviglia poi che gli Angeli appariscano nelle visioni, che essi debbono interpretare ? ma queste apparizioni angeliche trovansi pure ne' primi capitoli, ed il lettore di Zaccaria può osservare in ambedue le parti del libro, che gli Angeli non intervengono più, quando sono finite le visioni. Nè minore è l'illusione e l'errore degli avversari nell'attribuire alla teologia caldaica quella, che essi dicono *Angelologia*: questa dottrina è Scritturale, ed è letta quasi ad ogni facciuola del Pentateuco. Il nome *Angelo di Jehovah* frequentemente ripetuto ne' primi capitoli di Zaccaria, ed usato ancora negli ultimi, è una espressione pura di un dogma essenzialmente ebraico, di cui si

*) A questo giudizio noi non possiamo acquietarci per le ragioni che spesso abbiamo allegato. Perciò il lettore benevolo riscontrerà, se gli piace, le note apposte a facc. 306, 352, 353. (*Nota del Traduttore*)

trova memoria in ogni pagina della Scrittura.—5° Non v' ha nessuna ragione per pretendere, che la caduta di Gerusalemme rammentata dal Profeta nella seconda parte sia quella avvenuta pe' Caldei: questo popolo non è nominato, nè le circostanze della distruzione predetta da Zaccaria sono simili a quelle avvenute sotto i Caldei. Non sarà inutile far osservare, che Isaia e Geremia, dovendo predire la rovina di Gerusalemme pe' Caldei, li nominano espressamente. Finalmente nel capitolo V si parla di una deportazione futura del popolo nella terra di Sennaar, cioè in Babilonia: ma si può egli di qui conchiudere che l' autore viveva innanzi la schiavitù, e però non può questo libro essere attribuito a Zaccaria? Chi vuole ammettere i falsi princìpi degli avversari, e vuole trarre conseguenze consentanee a que' princìpi, non solo può, ma deve trarre quella falsissima conseguenza.— 6° Perchè Zaccaria avrebbe ripetuto nella seconda parte quello, che aveva già detto nella prima, ed aveva trattato sufficientemente ? L' obbietto principale de' primi oracoli era la edificazione del Tempio: or questa aveva già ottenuto il suo effetto, e però non v' era ragione, che obbligasse il Profeta a trattare questo subbietto novellamente. L' altro obbietto delle sue Profezie era il benefizio della venuta del Messia, ed il terribile castigo, che un dì doveva aggravarsi sul capo a molti Ebrei, i quali avevano ripudiato il Salvatore. Questo secondo obbietto è indicato nella prima parte, come abbiamo osservato a p. 433, 434, quando abbiamo esposto lo scopo delle sue Profezie: tale è stato pure lo scopo delle predizioni di Aggeo e Malachia, siccome può chiunque scorgere dalla lettura non prevenuta da spirito di opposizione.

CAPO XVII.

Delle Profezie di Malachia

ARTICOLO I.

Della storia di Malachia

La Scrittura non ci fa sapere nulla intorno alla famiglia, nascita, vita privata e morte di Malachia. Il luogo a lui assegnato nel Canone pare dimostri, aver egli profetato dopo Aggeo e Zaccaria: il subbietto delle sue Profezie indicano ancora tempi posteriori all'epoca de' due precedenti Profeti. Perciò non v' ha quasi dubbio, che Malachia sia stato contemporaneo di Nehemia, e che abbia profetato dopo il secondo ritorno di questo nella Giudea, cioè dopo l' anno XXXII di Artaserse, ossia verso il 412-408 innanzi Gesù Cristo, siccome pensano quasi tutti gl' Interpreti.

ARTICOLO II.

Del subbietto e dell'ordine delle Profezie di Malachia

Innanzi tratto è da notare, che nella Volgata queste Profezie sono divise in quattro capitoli; ma nel testo ebraico esse formano tre soli capitoli:il III capitolo della versione latina finisce col versetto 18,ed i rimanenti sei versetti costituiscono il IV capitolo, il quale nell' e-breo è aggiunto a' precedenti diciotto versetti.

1.Il libro di Malachia può dividersi in sei parti.Nella prima(I, 1-5), rimprovera agli Ebrei l' ingratitudine loro verso Dio. Nella seconda, (I, 6; II,1-9), accusa i Sacerdoti di empietà ed insaziabile avarizia, e fa loro conoscere che il Signore rigettando le loro offerte accetterà l' oblazione pura, che sarà a Lui offerta in ogni luogo dall' oriente all' occidente. Nella terza (II, 10-16) volgendosi a' figli di Israele e di Giuda li riprende acerbamente, perchè essi ripudiando le mogli ebree disposavansi a donne straniere, contravvenendo a' precetti del-la Legge. Nella quarta (II, 17; III, 1-6), narrato i lamenti degli E-brei sulla floridezza de' malvagi ed infedeli, e sul ritardo del venturo Messia, dice loro che Iddio manderà il suo precursore per prepara-re la via: e subito dopo il Dominatore, l' Angelo del Testamento en-trerà nel suo Tempio per purificare i figliuoli di Levi;allora sarà ag-gradevole agli occhi del Signore il sacrifizio di Giuda e di Gerusa-lemme, e Dio sarà giudice e testimone contro i malvagi.Nella quin-ta (III, 7-12), il Profeta esorta i figliuoli di Giacobbe a far ritorno a Dio,e promette che Dio ritornerà ad essi,e tutte le nazioni annunzie-ranno tanta felicità. Finalmente nella sesta parte (III, 13; IV), spo-ne novellamente le mormorazioni degli Ebrei, i quali dolevansi del-la prosperità grande, in cui si vivevano gl' idolatri, e della miseria, in che erano caduti essi, popolo eletto di Dio; di qui essi pigliavano occasione per accusare Dio d' ingiustizia:egli risponde a queste mor-morazioni. Conchiude esortando gli Ebrei ad osservare la legge di Mosè, promettendo che il Profeta Elia verrà prima del giorno gran-de e terribile.

2. Eichhorn pretende, che questo libro nella forma attuale non contiene le Profezie di Malachia interamente, ma le prime bozze, o al più i sommari: la ragione,sulla quale e' si fonda,è questa. In uno scritto tanto breve l' autore spessissimo passa da un subbietto all' al-tro, avendolo leggermente delibato ; frequentemente ritorna al me-desimo obbietto,cioè allo scontento del popolo:la quale cosa bastan-temente dimostra che ivi non è scritto un solo discorso riferito di-stesamente, ma sono frammenti di più discorsi profferiti in tempi di-versi ed in varie occasioni. A noi pare il contrario. Chi attesamente

considera lo scopo principale del Profeta, deve necessariamente av-
vedersi che esso è uno, e campeggia in tutte le parti. È ancora forza scernere nella condotta generale del libro una certa uniformità
dal principio alla fine:imperocchè a' rimproveri del Profeta succedono sempre le dimande del popolo intorno alle cause di questi rimproveri; quindi il Profeta spone diffusamente i disordini degli Ebrei. Lo
scopo principale di Malachia è precisamente la cattiva disposizione
degli Ebrei; e comechè questa fosse perseverante, egli non poteva
non ritornare spesso a parlarne ed a combatterla con le medesime
parole. L'opinione di Eichhorn è tanto priva di fondamento, che è
stata rigettata dallo stesso De Wette,troppo noto per l'audacia temeraria della sua critica. Ma l'argomento usato da questo per combattere quella sentenza non è concludente: perocchè egli pretende, che
gli stessi discorsi interi sarebbero più meschini (*dürftiger*) degli stessi sommarii [1].

---

[1] De Wette, *Lehrbuch der Einl.* § 252, Vergl. mit. § 247.

FINE DEL TOMO PRIMO

INDICE
(del tomo I.)

FINE DELL'INDICE DEL TOMO I.

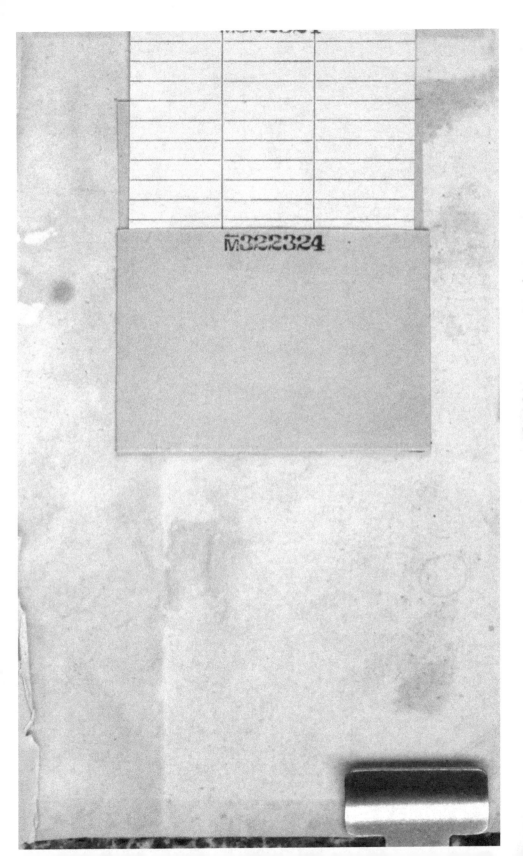

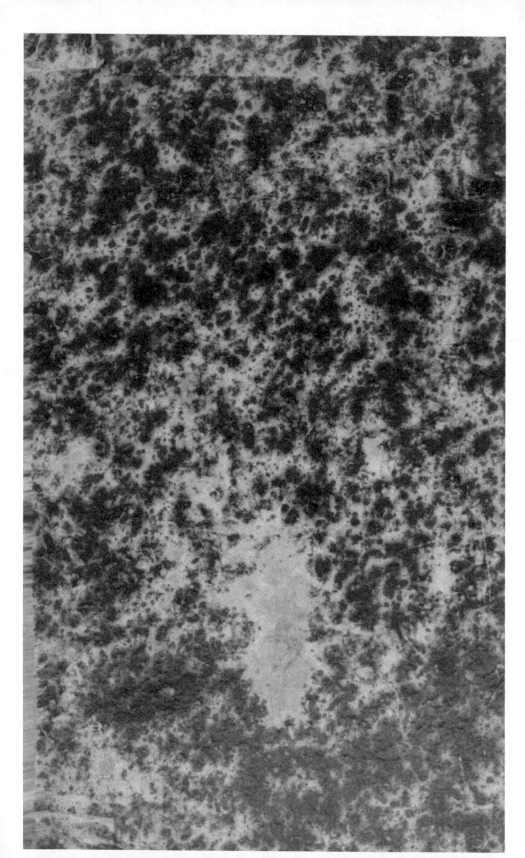